Matthias Schmidt (Hrsg.)
Benjamin Auer / Peer Schmidt

Buchführung und Bilanzierung

Benutzername:
Abschreibung

Passwort:
Wertaufholung

Matthias Schmidt (Hrsg.)
Benjamin Auer / Peer Schmidt

Buchführung und Bilanzierung

Eine anwendungsorientierte
Einführung

Bibliografische Information der Deutschen Nationalbibliothek
Die Deutsche Nationalbibliothek verzeichnet diese Publikation in der
Deutschen Nationalbibliografie; detaillierte bibliografische Daten sind im Internet über
<http://dnb.d-nb.de> abrufbar.

1. Auflage 2012

Alle Rechte vorbehalten
© Gabler Verlag | Springer Fachmedien Wiesbaden GmbH 2012

Lektorat: Irene Buttkus

Gabler Verlag ist eine Marke von Springer Fachmedien.
Springer Fachmedien ist Teil der Fachverlagsgruppe Springer Science+Business Media.
www.gabler.de

Das Werk einschließlich aller seiner Teile ist urheberrechtlich geschützt. Jede Verwertung außerhalb der engen Grenzen des Urheberrechtsgesetzes ist ohne Zustimmung des Verlags unzulässig und strafbar. Das gilt insbesondere für Vervielfältigungen, Übersetzungen, Mikroverfilmungen und die Einspeicherung und Verarbeitung in elektronischen Systemen.

Die Wiedergabe von Gebrauchsnamen, Handelsnamen, Warenbezeichnungen usw. in diesem Werk berechtigt auch ohne besondere Kennzeichnung nicht zu der Annahme, dass solche Namen im Sinne der Warenzeichen- und Markenschutz-Gesetzgebung als frei zu betrachten wären und daher von jedermann benutzt werden dürften.

Umschlaggestaltung: KünkelLopka Medienentwicklung, Heidelberg
Druck und buchbinderische Verarbeitung: AZ Druck und Datentechnik, Berlin
Gedruckt auf säurefreiem und chlorfrei gebleichtem Papier
Printed in Germany

ISBN 978-3-8349-2803-0

Geleitwort des Herausgebers

Buchführung zählt in nahezu jedem wirtschaftsbezogenen Studium zu den Einführungsveranstaltungen und gilt als das Ursprünglichste der kaufmännischen Handwerkszeuge. Das elementare Verständnis der Technik des betrieblichen Rechnungswesens, ist eine kaum zu unterschätzende Kernkompetenz und das nicht nur für Studierende mit rechnungslegungsbezogenem Berufsziel.

Das Verständnis des Geschäftsberichtes setzt einen Zugang zu den Kernrechenwerken des Jahresabschlusses voraus. Der Begriff Bilanzierung bezieht sich dabei nicht nur auf Bilanzen, sondern umfasst inhaltlich alle notwendigen Reflexe eines erfassten Geschäftsvorfalls in Bilanz, Gewinn- und Verlustrechnung sowie im erläuternden Anhang. Die zu erschießende Regelwelt, die man für das Entstehen und Verstehen dieser Rechenwerke maßgeblich zu beachten hat, ist insbesondere für international operierende Unternehmen komplex und dynamisch. Ein Verständnis der Regelwelt setzt nicht nur das Beherrschen der Technik des Buchführung voraus, sondern auch das Begreifen der ökonomischen Intuition hinter jenen Elementen, die Eingang in den Jahresabschluss finden.

Das vorliegende Buch von Benjamin Auer und Peer Schmidt versucht genau dies zu erreichen und hebt sich dadurch vom großen Angebot an Fachliteratur zum externen Rechnungswesen ab. Es eignet sich ausgezeichnet als Literaturgrundlage für Bachelorstudiengänge, sowohl für das fundierte Erlernen der reinen Buchführungstechnik, als auch für weiterführende Bilanzierungvorlesungen. Es verwendet viele Schaubilder, Beispiele und Übungsaufgaben und wird zudem durch Online-Aufgaben ergänzt. „Learning by Doing" wird mit diesem Buch leicht gemacht. Es liefert wie kein anderes Buch branchenunabhängig und zielgenau sowie in verständlicher Sprache die Basis für jegliche weitergehende Vertiefung der Rechnungslegungskenntnisse. Ich wünsche dem Werk deshalb eine gute Verbreitung.

Leipzig, im September 2011   Matthias Schmidt

Vorwort

Liebe Leserinnen und Leser,

viele Studierende der Wirtschaftswissenschaften an Fachhochschulen oder Universitäten quälen sich regelrecht durch die Veranstaltungen zur Buchführung und Bilanzierung. Nicht selten bleibt dabei insbesondere die Bilanzierung ein Buch mit sieben Siegeln. Dies ist häufig der Tatsache geschuldet, dass den Studierenden zunächst isoliert die Technik der doppelten Buchführung, also das Aufstellen von Buchungssätzen beigebracht wird, sich die spätere Auseinandersetzung mit der Bilanzerstellung dann jedoch nur auf die Auseinandersetzung mit gesetzlichen Bilanzierungsnormen beschränkt und die Intuition der Regelungen unbehandelt bleibt.

Die Buchführung ist eine reine Technik die sich schon fast als Trivialität darstellt, sobald man deren Grundlagen und die innere Logik durchschaut hat. Auch die Bilanzierung nach deutschem Handelsrecht basiert auf festen Grundprinzipien und der Logik der doppelten Buchführung. Der Ansatz dieses Buches erscheint vor diesem Hintergrund, wie die Buchführung selbst, letztlich vollkommen logisch, eben fast schon trivial. Es werden zunächst die Grundlagen der Buchführung und dann die formale Technik dargestellt und anhand von Beispielen verdeutlicht. Wer die Technik der Buchführung verstanden hat und die Grundprinzipien des deutschen Handelsrechts kennt, dem erschließen sich die Inhalte der Bilanzierung ohne große Anstrengungen. Dabei unterstützt dieses Buch durch die konsequente Darstellung sämtlicher Inhalte anhand von Beispielen, denn es gibt keinen Sachverhalt der nicht anhand eines Beispiels diskutiert und nach dem System der doppelten Buchführung verbucht wird.

Zum Buch wurde unter *www.buchfuehrung-bilanzierung-auer-schmidt.de* ein Online-Service eingerichtet. Als Dozent finden Sie hier beispielsweise alle Abbildungen des Buches zum Einsatz in der Vorlesung. Für Studenten sind unter anderem Excel-Tools enthalten, mit denen Beispiele des Buches rechnerisch nachvollzogen und zu Übungszwecken variiert werden können. Auf die Verfügbarkeit derartiger Tools wird im Text durch das Symbol ▣ am Seitenrand hingewiesen. Zur Unterstützung der Prüfungsvorbereitung haben wir außerdem eine Linksammlung mit Online-Gesetzestexten und anderen nützlichen Quellen angelegt. Da der Online-Service kontinuierlich ausgebaut werden soll und auch ein Lehrbuch von Auflage zu Auflage durch Leserhinweise stetig verbessert wird, würden wir uns bei Fragen, Anregungen und Kritik über eine E-Mail via *www.buchfuehrung-bilanzierung-auer-schmidt.de* sehr freuen.

Wir wünschen Ihnen viel Spaß mit diesem Buch und hoffen, dass es bei Ihnen dieselbe Begeisterung für dieses Fach weckt, wie sie bei uns im Laufe unseres Studiums aufgekommen ist. Diejenigen (wenigen) bei denen es nicht ganz soweit kommt, werden jedoch feststellen, dass sie mit Hilfe dieses Buches die jeweiligen Veranstaltungen ohne bleibende Schäden überstehen werden.

Abschließend möchten wir noch all denjenigen unseren Dank aussprechen, die an der Erstellung dieses Buches mitgewirkt haben. Ein besonderer Dank gilt Herrn Michael Forstmeier, der durch die kritische Reflektion des Manuskriptes wesentlich zur Sicherung unseres Anspruchs einer leichten Verständlichkeit der Inhalte beigetragen hat. Nicht vergessen wollen wir auch Frau Annett Ebert sowie Herrn Steffen Burkhardt, deren wertvolle Hinweise sowie das abschließende Korrekturlesen und -rechnen für uns eine wesentliche Hilfe darstellten.

Leipzig, im September 2011

Benjamin Auer
Peer Schmidt

Inhaltsverzeichnis

Geleitwort des Herausgebers..V
Vorwort VII
Inhaltsverzeichnis..IX
Abkürzungsverzeichnis.. XIX
Abbildungsverzeichnis XXIII

A. Grundlagen der Buchführung... 1
1. Gliederung des betrieblichen Rechnungswesens 3
2. Grundbegriffe des betrieblichen Rechnungswesens................................ 5
3. Organisation, Pflicht und Grundsätze der Finanzbuchhaltung 9
   3.1 Organisation 9
   3.2 Buchführungspflicht...10
      3.2.1   Buchführungspflicht nach Handelsrecht 10
      3.2.3   Buchführungspflicht nach Steuerrecht 13
   3.3 Grundsätze ordnungsmäßiger Buchführung I.................................14
4. Ergebnis der Finanzbuchhaltung..17
   4.1 Allgemeines...17
   4.2 Inventur und Inventar..18
      4.2.1   Inventar..18
      4.2.2   Inventur 21
   4.3 Bilanz...22
      4.3.1   Grundlegendes..22
      4.3.2   Grundsätze ordnungsmäßiger Buchführung II 23
         4.3.2.1   Allgemeine Bilanzierungsvorschriften 23
         4.3.2.2   Ansatzvorschriften...27
         4.3.2.3   Ausweisvorschriften 29
         4.3.2.4   Bewertungsvorschriften...31
         4.3.2.5   Maßgeblichkeit der Handelsbilanz für die Steuerbilanz 39
   4.4 Gewinn- und Verlustrechnung 40
      4.4.1   Grundlegendes..40
      4.4.2   Struktur und Inhalt der Gewinn- und Verlustrechnung......40
   4.5 Anhang 44

4.6 Lagebericht ... 45

B. Technik der Buchführung ... 47

1. Veränderung der Bilanz durch Geschäftsvorfälle ... 49
2. Buchungen auf Bestandskonten ... 53
   2.1 Auflösung der Bilanz in Konten ... 53
      2.1.1   Konto in Staffelform ... 53
      2.1.2   Konto in Reihenform ... 54
      2.1.3   T-Konto ... 54
   2.2 Wesen von Bestandskonten ... 56
   2.3 Konteneröffnung ... 57
   2.4 Verbuchung von Geschäftsvorfällen ... 58
   2.5 Kontenabschluss ... 61
   2.6 Verbuchung von Konteneröffnung und -abschluss ... 63
   2.7 Buchungslesen ... 66
   2.8 Zusammenfassendes Beispiel ... 67
3. Buchungen auf Erfolgskonten ... 71
   3.1 Gewinn- und Verlustrechnung ... 71
   3.2 Verbuchung von Aufwendungen und Erträgen ... 73
      3.2.1   Direkte Verbuchung im Eigenkapitalkonto ... 73
      3.2.2   Indirekte Verbuchung im Eigenkapitalkonto ... 74
   3.3 Kontenabschluss ... 75
   3.4 Zusammensetzung des Gesamterfolges ... 77
   3.5 Zusammenfassendes Beispiel ... 78
   3.6 Umsatz- und Gesamtkostenverfahren ... 81
   3.7 Gesamtzusammenhang Bestands- und Erfolgskonten ... 83
4. Kontenrahmen ... 85

C. Laufende Buchungen in Industriebetrieben ... 89

1. Umsatzsteuer ... 91
   1.1 Vorbemerkungen ... 91
   1.2 Wesen und Rechtsgrundlage der Umsatzsteuer ... 91
      1.2.1   Das Prinzip der Besteuerung der Wertschöpfung ... 91
      1.2.2   Bestimmungen des Umsatzsteuergesetzes ... 92
   1.3 Rechnerische Ermittlung der Zahllast ... 94
   1.4 Buchhalterische Erfassung der Zahllast ... 95
   1.5 Umsatzsteuerbehandlung beim Jahresabschluss ... 100

2. Beschaffung von Werkstoffen 105
   2.1 Produktionsfaktoren und Leistungserstellung 105
   2.2 Angebotsvergleich (Kalkulation von Einstandspreisen) 106
   2.3 Verbrauchsorientierte Verbuchung 108
      2.3.1   Verbuchung von Eingangsrechnungen 108
      2.3.2   Nebenkosten 109
      2.3.3   Behandlung von Preisnachlässen 112
          2.3.3.1   Rabatte 112
          2.3.3.2   Nachlässe aufgrund von Mängelrügen 113
          2.3.3.3   Boni 114
          2.3.3.4   Skonti 115
      2.3.4   Buchung von Rücksendungen 115
      2.3.5   Buchung der Bezahlung 118
      2.3.6   Geleistete Anzahlungen 120
      2.3.7   Ermittlung des Werkstoffverbrauchs 122
   2.4 Bestandsorientierte Verbuchung 126
      2.4.1   Eingangsrechnungen, sofortige Preisnachlässe, Nebenkosten 126
      2.4.2   Nachträgliche Preisnachlässe 128
      2.4.3   Rücksendungen 129
      2.4.4   Ermittlung des Werkstoffverbrauchs 130
      2.4.5   Spezielle Behandlung erhaltener Boni 134
3. Verbuchung weiterer Produktionsfaktoren 137
   3.1 Allgemeines 137
   3.2 Betriebsmittel (Miete, Pacht, Leasing) 137
   3.3 Arbeit (Lohn- und Gehaltsabrechnung) 138
      3.3.1   Grundlagen 138
          3.3.1.1   Allgemeines 138
          3.3.1.2   Steuern 139
          3.3.1.3   Sozialversicherungsbeiträge 139
      3.3.2   Buchungen 140
          3.3.2.1   Lohn- und Gehaltszahlung 140
          3.3.2.2   Vorschüsse 142
          3.3.2.3   Vermögenswirksame Leistungen 143
          3.3.2.4   Gesetzliche Unfallversicherung 145
4. Verkauf von Fertigerzeugnissen 147
   4.1 Kalkulation von Verkaufspreisen 147

4.2 Ausgangsrechnungen 148
4.3 Versandkosten 149
4.4 Nachlässe 151
    4.4.1 Sofortrabatte 151
    4.4.2 Nachlässe aufgrund von Mängelrügen, Boni und Skonti 151
4.5 Rücksendungen 152
4.6 Zahlungseingänge (inkl. erhaltene Anzahlungen) 153
    4.6.1 Gewährte Skonti 153
    4.6.2 Erhaltene Anzahlungen 155

5. Handelswaren 157
   5.1 Kalkulation von Verkaufspreisen 157
   5.2 Bestandsorientierter Ein- und Verkauf 158
      5.2.1 Gemischtes bzw. ungeteiltes Warenkonto 158
      5.2.2 Getrennte Warenkonten 159
          5.2.2.1 Trennung in Wareneinkaufs- und Warenverkaufskonto 159
          5.2.2.2 Trennung in drei Warenkonten 160
      5.2.3 Ausgewählte Aspekte des Warenverkehrs 161
          5.2.3.1 Buchung von Rücksendungen 162
          5.2.3.2 Buchung von Nebenkosten 163
          5.2.3.3 Buchung von Preisnachlässen 164

6. Beschaffung von Anlagegütern 167
   6.1 Allgemeines 167
   6.2 Eingangsrechnungen 167
      6.2.1 Geringfügige Wirtschaftsgüter 170
      6.2.2 Geringwertige Wirtschaftsgüter 171
          6.2.2.1 Behandlung als GWG im Sinne des § 6 II EStG 171
          6.2.2.2 Behandlung als GWG im Sinne des § 6 IIa EStG 173
      6.2.3 Sachanlagegüter 175
   6.3 Anschaffungsnebenkosten 175
   6.4 Preisnachlässe und Rücksendungen 177
   6.5 Bezahlung 179
   6.6 Zusammenfassendes Beispiel 180
   6.7 Instandhaltung von Sachanlagen 181

7. Beschaffung von unbeweglichen Anlagegütern 185
   7.1 Kauf unbebauter Grundstücke 185
   7.2 Kauf bebauter Grundstücke 186

7.3 Bau von Gebäuden	188
8. Verkauf von beweglichen und unbeweglichen Anlagegütern	191
8.1 Allgemeines	191
8.2 Auswirkung auf den Unternehmenserfolg	191
8.3 Buchungen	192
8.3.1 Variante A (mit Interimskonto)	192
8.3.2 Variante B (ohne Interimskonto)	195
8.3.3 Inzahlungnahme gebrauchter Anlagegüter	196
9. Aktivierte Eigenleistungen	199
9.1 Allgemeines und Wertermittlung	199
9.2 Besonderheiten immaterieller Vermögensgegenstände	203
9.3 Verbuchung	204
10. Kauf und Verkauf von Wertpapieren	207
10.1 Grundlagen	207
10.2 Kauf und Verkauf von Aktien	208
10.2.1 Grundbegriffe im Aktienhandel	208
10.2.2 Buchung des Kaufs	209
10.2.3 Buchung des Verkaufs	211
10.2.4 Buchung der Dividende	213
10.3 Kauf und Verkauf festverzinslicher Wertpapiere	215
10.3.1 Kaufabrechnung und -buchung	215
10.3.2 Verkaufsabrechnung und -buchung	217
11. Fremdfinanzierung	221
11.1 Allgemeines	221
11.2 Kreditvergleiche	221
11.3 Kreditarten	223
11.3.1 Lieferantenkredit	223
11.3.2 Kontokorrentkredit	224
11.3.3 Anschaffungsdarlehen	225
11.3.4 Investitionsdarlehen	226
11.4 Verbuchung von Fremdfinanzierungsaktivitäten	228
11.4.1 Kreditauszahlung	228
11.4.2 Laufende Buchungen	228
11.4.2.1 Gebühren und Zinsen (Kreditinstitute)	229
11.4.2.2 Gebühren und Zinsen (unter Kaufleuten)	230
11.4.3 Rückzahlung	231

11.4.4 Darlehen mit Disagio ... 231
12. Leasing ... 235
   12.1 Begriffliche Grundlagen ... 235
   12.2 Abbildung von Leasingverhältnissen ... 236
      12.2.1 Wirtschaftliche Zurechnung des Leasingobjektes ... 236
      12.2.2 Abbildung bei Zuordnung zum Leasinggeber ... 237
      12.2.3 Abbildung bei Zuordnung zum Leasingnehmer ... 239
13. Privatkonto ... 245
   13.1 Wesen des Privatkontos ... 245
   13.2 Buchungen und Abschluss ... 246
      13.2.1 Private Entnahmen ... 246
      13.2.2 Private Einlagen ... 248
      13.2.3 Kontenabschluss ... 249
   13.3 Erweiterte Distanzrechnung ... 250
14. Steuern ... 251
   14.1 Verbuchung nach Steuerkategorien ... 251
      14.1.1 Aktivierungspflichtige Steuern ... 251
      14.1.2 Betriebliche Aufwandsteuern ... 252
      14.1.3 Private Steuern ... 253
      14.1.4 Steuern als durchlaufende Posten ... 253
   14.2 Steuerrückerstattungen und -nachzahlungen ... 254

D. Jahresabschluss ... 257

1. Schritte der Jahresabschlusserstellung ... 259
   1.1 Allgemeines ... 259
   1.2 Aufstellung ... 259
      1.2.1 Buchungskreislauf ... 259
      1.2.2 Aufstellungsfristen ... 261
   1.3 Prüfung ... 263
   1.4 Feststellung ... 263
   1.5 Offenlegung ... 263
2. Bewertung des Anlagevermögens ... 265
   2.1 Planmäßige Abschreibung des Anlagevermögens ... 265
      2.1.1 Allgemeines ... 265
      2.1.2 Abschreibungsbasis ... 267
      2.1.3 Nutzungsdauer ... 267

    2.1.4   Abschreibungsmethode (inkl. Verbuchung) 267
        2.1.4.1   Lineare Abschreibung 268
        2.1.4.2   Degressive Abschreibung...271
        2.1.4.3   Progressive Abschreibung..274
        2.1.4.4   Leistungsabschreibung 275
        2.1.4.5   Absetzung für Substanzverringerung...275
    2.1.5   Besonderheiten 276
        2.1.5.1   Abschreibung bei Zugang während des Geschäftsjahres 276
        2.1.5.2   Abschreibung bei Abgang während des Geschäftsjahres.............276
        2.1.5.3   Geringwertige Wirtschaftsgüter..277
        2.1.5.4   Wechsel der Abschreibungsmethode 279
        2.1.5.5   Abschreibung von Grundstücken und Gebäuden 281
2.2 Außerplanmäßige Abschreibung des Anlagevermögens 281
    2.2.1   Außerplanmäßige Abschreibung in der Handelsbilanz 281
        2.2.1.1   Handelsrechtlicher Tageswert..281
        2.2.1.2   Niederstwertprinzip und außerplanmäßige Abschreibung 282
        2.2.1.3   Wertaufholung...282
    2.2.2   Außerplanmäßige Abschreibung in der Steuerbilanz 283
        2.2.2.1   Teilwertabschreibung..283
        2.2.2.2   Steuerrechtlicher Teilwert 283
        2.2.2.3   Wertaufholung...284
    2.2.3   Verbuchung außerplanmäßiger Abschreibung bei Sachanlagen........284
    2.2.4   Verbuchung außerplanmäßiger Abschreibung bei Wertpapieren.....288
2.3 Geschäfts- oder Firmenwert...289
3. Bewertung des Umlaufvermögens 295
3.1 Allgemeine Bewertungsgrundsätze 295
    3.1.1   Anschaffungswertprinzip 295
    3.1.2   Strenges Niederstwertprinzip 295
3.2 Bewertung von Vorräten...296
    3.2.1   Allgemeines 296
    3.2.2   Ausgewählte Bewertungsvereinfachungsverfahren für Vorräte.........297
        3.2.2.1   Festbewertung 297
        3.2.2.2   Durchschnittswertverfahren 297
        3.2.2.3   Verbrauchsfolgeverfahren 299
    3.2.3   Bestandsveränderungen fertiger und unfertiger Erzeugnisse 300
        3.2.3.1   Lagerbestandsveränderungen und Periodenabgrenzung.............300

3.2.3.2	Gesamtkostenverfahren	303
3.2.3.3	Umsatzkostenverfahren	307
3.2.4	Niederstwertabschreibungen im Vorratsvermögen	311
3.2.4.1	Allgemeines	311
3.2.4.2	Abschreibungen bei Roh-, Hilfs-, und Betriebsstoffen	313
3.2.4.3	Abschreibungen bei fertigen und unfertigen Erzeugnissen	316
3.2.5	Zuschreibungen im Vorratsvermögen	317

3.3 Bewertung von Forderungen 318
    3.3.1 Allgemeines 318
    3.3.2 Bewertung zweifelhafter Forderungen 319
    3.3.3 Abschreibung uneinbringlicher Forderungen 324
    3.3.4 Zahlungseingänge aus abgeschriebenen Forderungen .. 327
    3.3.5 Bewertung einwandfreier Forderungen 328
    3.3.6 Bewertungsbesonderheit Fremdwährungsforderungen . 332

3.4 Bewertung von Wertpapieren des Umlaufvermögens 336

4. Rechnungsabgrenzungsposten 339
    4.1 Allgemeines 339
    4.2 Arten der Rechnungsabgrenzung 340
        4.2.1 Transitorische Rechnungsabgrenzung 340
            4.2.1.1 Aktive Rechnungsabgrenzung 340
            4.2.1.2 Disagio als aktiver Rechnungsabgrenzungsposten 342
            4.2.1.3 Passive Rechnungsabgrenzung 343
        4.2.2 Antizipative Rechnungsabgrenzung 344
            4.2.2.1 Sonstige Verbindlichkeiten 344
            4.2.2.2 Sonstige Forderungen 345
        4.2.3 Umsatzsteuerpflichtige Abgrenzungsfälle 346

5. Rechsformabhängige Eigenkapitalbilanzierung und Erfolgsbuchung ... 349
    5.1 Einzelunternehmen und Personengesellschaften 349
        5.1.1 Allgemeines 349
        5.1.2 Einzelunternehmen 349
        5.1.3 Offene Handelsgesellschaft (OHG) 350
        5.1.4 Kommanditgesellschaft (KG) 351
    5.2 Kapitalgesellschaften 353
        5.2.1 Allgemeines 353
        5.2.2 Gezeichnetes Kapital 353
            5.2.2.1 Grund- und Stammkapital 353

        5.2.2.2   Ausstehende Einlagen 354
    5.2.3   Rücklagen 355
        5.2.3.1   Allgemeines 355
        5.2.3.2   Kapitalrücklage 357
        5.2.3.3   Gewinnrücklagen 357
    5.2.4   Eigene Anteile 360
    5.2.5   Ergebnisverwendung und Eigenkapitalausweis 362
        5.2.5.1   Grundlagen 362
        5.2.5.2   Verbuchung der Ergebnisverwendung 365
6. Fremdkapital 371
  6.1 Allgemeines 371
  6.2 Rückstellungen 371
    6.2.1   Allgemeines 371
    6.2.2   Ansatz und Ausweis von Rückstellungen 372
    6.2.3   Bewertung von Rückstellungen 374
        6.2.3.1   Allgemeines 374
        6.2.3.2   Besonderheiten bei langfristigen Rückstellungen 374
    6.2.4   Verbuchung von Rückstellungen 376
  6.3 Verbindlichkeiten 382
    6.3.1   Allgemeines 382
    6.3.2   Ansatz und Ausweis von Verbindlichkeiten 383
    6.3.3   Bewertung von Verbindlichkeiten 384
        6.3.3.1   Allgemeines 384
        6.3.3.2   Bewertungsbesonderheit Fremdwährungsverbindlichkeiten 387
7. Latente Steuern 391
  7.1 Intention der Bilanzierung latenter Steuern 391
  7.2 Bilanzierung latenter Steuern nach § 274 HGB 394
    7.2.1   Ansatz latenter Steuern 394
    7.2.2   Bewertung latenter Steuern 398
  7.3 Beispiele latenter Steuern nach HGB 399
    7.3.1   Beispiele aktiver latenter Steuern 399
    7.3.2   Beispiele passiver latenter Steuern 402
8. Weitere Bestandteile von Jahresabschlüssen 407
  8.1 Anlagengitter/Anlagespiegel 407
  8.2 Kapitalflussrechnung 411
  8.3 Eigenkapitalspiegel 413

Anhang **415**
Übungskontenplan gemäß IKR 417

Literaturverzeichnis 425
Stichwortverzeichnis 429

Abkürzungsverzeichnis

A.	Aktiva
AB	Anfangsbestand
AfA	Absetzung für Abnutzung
AG	Aktiengesellschaft
AGe	Arbeitgeber
AGeA	Arbeitgeberanteil
AHK	Anschaffungs- und Herstellungskosten
AK	Anschaffungskosten
AktG	Aktiengesetz
ANe	Arbeitnehmer
ANeA	Arbeitnehmeranteil
AO	Abgabenordnung
AP	Angebotspreis
AV	Anlagevermögen
BDI	Bundesverband der deutschen Industrie
BEP	Bareinkaufspreis
BFH	Bundesfinanzhof
BGA	Betriebs- und Geschäftsausstattung
BGB	Bürgerliches Gesetzbuch
BGH	Bundesgerichtshof
BilMoG	Bilanzrechtsmodernisierungsgesetz
BStBl.	Bundessteuerblatt
BV/BVFE/BVUE	Bestandsveränderungen/ … an FE/ … an UE
BVP	Barverkaufspreis
BZK	Bezugskosten
EBK	Eröffnungsbilanzkonto
eG	eingetragene Genossenschaft
EGHGB	Einführungsgesetz zum HGB
EHUG	Eletronische Handels-, Unternehmens- und Genossenschaftsregister
e. K.	eingetragener Kaufmann
EK	Eigenkapital
EP	Einstandspreis
EStG/EStH	Einkommensteuergesetz/-hilfen

EStR/EStDV	Einkommensteuerrichtlinien/-durchführungsverordnung
EU	Europäische Union
EWB	Einzelwertberichtigung
FE	Fertige Erzeugnisse
FGK	Fertigungsgemeinkosten
FK	Fremdkapital
FL	Fertigungslöhne
FLL	Forderungen aus Lieferungen und Leistungen
FM	Fertigungsmaterial
GAAP	Generally Accepted Accounting Principles
GenG	Genossenschaftsgesetz
GewSt	Gewerbesteuer
GKHW	Gemeinkosten für Handelswaren
GKR	Gemeinschaftskontenrahmen der Industrie
GmbH	Gesellschaft mit beschränkter Haftung
GmbHG	GmbH-Gesetz
GMZ	Grundmietzeit
GoB/GoBil	Grundsätze ordnungsmäßiger Buchführung/Bilanzierung
GuV	Gewinn- und Verlustrechnung
GuV-Konto	Gewinn- und Verlustkonto
GWG	geringwertiges Wirtschaftsgut
H	Habenseite eines Kontos
HB	Handelsbilanz
HGB	Handelsgesetzbuch
HK	Herstellungskosten
HR	Handelsrecht
IKR	Industriekontenrahmen
KG	Kommanditgesellschaft
KGaA	Kommanditgesellschaft auf Aktien
KW	Kurswert
KWG	Kreditwesengesetz
LEP	Listeneinkaufspreis
LStDV	Lohnsteuerdurchführungsverordnung
M&A	Mergers and Aquisitions
MGK	Materialgemeinkosten
MwSt	Mehrwertsteuer

ND	Nutzungsdauer
NVW	Nettoveräußerungswert
OHG	Offene Handelsgesellschaft
P	Passiva
PAngV	Preisabgabenverordnung
PublG	Publizitätsgesetz
PWB	Pauschalwertberichtigung
RAP	Rechnungsabgrenzungsposten
RBW	Restbuchwert
RHB-Stoffe	Roh-, Hilfs- und Betriebsstoffe
RND	Restnutzungsdauer
S	Sollseite eines Kontos
SA	Sachanlagen
SB	Schlussbestand
SBK	Schlussbilanzkonto
SEKFE/SEKVT	Sondereinzelkosten der Fertigung/... des Vertriebs
SGB	Sozialgesetzbuch
SKP	Selbstkostenpreis
SolZ	Solidaritätszuschlag
SR	Steuerrecht
StB	Steuerbilanz
StGB	Strafgesetzbuch
UE	Unfertige Erzeugnisse
USt/UStG	Umsatzsteuer/-gesetz
UStDV	Umsatzsteuerdurchführungsverordnung
UV	Umlaufvermögen
VermBG	Vermögensbildungsgesetz
VKP	Verkaufspreis
VLL	Verbindlichkeiten aus Lieferungen und Leistungen
VSt	Vorsteuer
VTGK	Vertriebsgemeinkosten
VVP	vorläufiger Verkaufspreis
VWGK	Verwaltungsgemeinkosten
WBK	Wiederbeschaffungskosten
WEK	Wareneinkaufskonto

WHK .... Wiederherstellungskosten
WVK .... Warenverkaufskonto

ZEP .... Zieleinkaufspreis
ZVP .... Zielverkaufspreis

Abbildungsverzeichnis

Abbildung 1: Teilbereiche des internen Rechnungswesens 3
Abbildung 2: Betriebliches Rechnungswesen 4
Abbildung 3: Grundbegriffe des betrieblichen Rechnungswesens 6
Abbildung 4: Organisation der Buchführung 9
Abbildung 5: Buchführungspflicht nach Handels- und Steuerrecht 11
Abbildung 6: Wichtige Abschnitte des Handelsgesetzbuches 12
Abbildung 7: Bemessungsgrenzen für Buchführungspflicht nach Steuerrecht 13
Abbildung 8: Größenklassen bei Kapitalgesellschaften 17
Abbildung 9: Beispielhafte Inventargliederung 19
Abbildung 10: Bilanz 23
Abbildung 11: Werterhellende und -begründende Tatsachen 24
Abbildung 12: Bilanzansatzentscheidungen 28
Abbildung 13: Vereinfachte Bilanz 29
Abbildung 14: Beispiele zu Bilanzposten 30
Abbildung 15: Bewertungsmaßstäbe bei Zugangsbewertung nach HGB 32
Abbildung 16: Vorsichtsprinzip 36
Abbildung 17: Imparitätsprinzip 38
Abbildung 18: Maßgeblichkeit und Durchbrechung der Maßgeblichkeit 39
Abbildung 19: Zusammenhang Bilanz und GuV 40
Abbildung 20: GuV in Staffelform (Gesamtkostenverfahren) 41
Abbildung 21: GuV in T-Konten-Form (Gesamtkostenverfahren) 43
Abbildung 22: Bilanzverändernde Geschäftsvorfälle 51
Abbildung 23: Aktiv- und Passivkonten 56
Abbildung 24: Bilanz mit negativem Eigenkapital 63
Abbildung 25: Eröffnungs- und Schlussbilanzkonto 63
Abbildung 26: Buchungsabläufe von Eröffnungs- zur Schlussbilanz 66
Abbildung 27: Einfache Distanz- vs. Gewinn- und Verlustrechnung 73
Abbildung 28: Erfolgskonten 74
Abbildung 29: Abschluss des GuV-Kontos 75
Abbildung 30: Abschluss des GuV-Kontos bei Verlust 76
Abbildung 31: Abschluss des GuV-Kontos bei Gewinn 76

Abbildung 32: Beispiele verschiedener Aufwands- und Ertragstypen 77
Abbildung 33: Zusammensetzung des Gesamterfolges 77
Abbildung 34: Zusammensetzung des Gesamterfolges im GuV-Konto 78
Abbildung 35: GuV nach Umsatzkostenverfahren 81
Abbildung 36: GuV nach Gesamtkostenverfahren 82
Abbildung 37: Gesamtzusammenhang Kontenarten und Bilanz 84
Abbildung 38: Aufbau des Industriekontenrahmens 86
Abbildung 39: Aufbau Gemeinschaftskontenrahmen der Industrie 87
Abbildung 40: Zahllast an das Finanzamt 92
Abbildung 41: Bestimmung der Dezemberumsatzsteuerzahllast 102
Abbildung 42: Betriebswirtschaftliche Produktionsfaktoren 105
Abbildung 43: Produktionsprozess und Märkte 106
Abbildung 44: Einkaufskalkulation 107
Abbildung 45: Lieferbedingungen 111
Abbildung 46: Arten von Preisnachlässen 112
Abbildung 47: Skontoschema (Einkauf) 118
Abbildung 48: Werkstoffverbrauch 130
Abbildung 49: Miete, Pacht, Leasing 137
Abbildung 50: Lohn- und Gehaltsabrechnung (grobes Schema) 139
Abbildung 51: Beitragssätze gesetzliche Sozialversicherung 139
Abbildung 52: Verbuchung vermögenswirksamer Leistungen 143
Abbildung 53: Beispiele für Lohnzusatzkosten 146
Abbildung 54: Ermittlung des Personalaufwands des Arbeitgebers 146
Abbildung 55: Angebotskalkulation (selbst erstellte Erzeugnisse) 147
Abbildung 56: Skontoschema (Verkauf) 154
Abbildung 57: Angebotskalkulation (Handelswaren) 157
Abbildung 58: Gemischtes bzw. ungeteiltes Warenkonto 158
Abbildung 59: Nettoabschluss des Wareneinkaufskontos 159
Abbildung 60: Bruttoabschluss des Wareneinkaufskontos 159
Abbildung 61: Anschaffungskosten beweglicher Anlagegüter 167
Abbildung 62: Anschaffungsnebenkosten beweglicher Sachanlagegüter 168
Abbildung 63: Wertgrenzen bei Aktivierung nach Steuerrecht 169
Abbildung 64: Werterhaltende und -erhöhende Reparaturen 182
Abbildung 65: Nebenkosten beim Grundstückskauf 185
Abbildung 66: Anschaffungsnebenkosten von Gebäuden 186
Abbildung 67: Gründe für den Verkauf von Anlagegütern 191

Abbildung 68: Interimskonto beim Verkauf von Anlagegegenständen 192
Abbildung 69: Einzel- und Gemeinkosten 199
Abbildung 70: Selbstkostenermittlung in der Kosten- und Leistungsrechnung 200
Abbildung 71: Herstellungskostenermittlung nach Handels- und Steuerrecht 201
Abbildung 72: Vertretbare Effekten 207
Abbildung 73: Aufbau gedruckter Effekten 208
Abbildung 74: Kaufabrechnung bei Aktien 209
Abbildung 75: Aktien des Anlage- und Umlaufvermögens 210
Abbildung 76: Verkaufsabrechnung bei Aktien 212
Abbildung 77: Kursgewinn- und -verlustkonten beim Aktienverkauf 213
Abbildung 78: Dividendenertragskonten 214
Abbildung 79: Kaufabrechnung bei festverzinslichen Wertpapieren 215
Abbildung 80: Verkaufsabrechnung bei festverzinslichen Wertpapieren 217
Abbildung 81: Kreditarten nach Fristigkeit 223
Abbildung 82: Girokonto und Kontokorrentkredit 225
Abbildung 83: Investitionsdarlehen nach Art der Tilgung 226
Abbildung 84: Ermittlung des wirtschaftlichen Eigentümers 237
Abbildung 85: Privateinlagen- und -entnahmen 245
Abbildung 86: Privatkonto 245
Abbildung 87: Umsatzsteuerpflichtigkeit privater Entnahmen 246
Abbildung 88: Abschluss des Privatkontos 250
Abbildung 89: Erweiterte Distanzrechnung 250
Abbildung 90: Buchhalterische Steuergruppen 251
Abbildung 91: Betriebliche Aufwandsteuern (Konten) 252
Abbildung 92: Steuerrückerstattungen (Konten) 254
Abbildung 93: Allgemeine Schritte der Rechnungslegung 259
Abbildung 94: Buchungskreislauf 260
Abbildung 95: Grundstruktur der Handelsbilanz 261
Abbildung 96: Pflicht zu Erstellung bestimmter Rechnungslegungsdokumente 262
Abbildung 97: Aufstellungs-, Feststellungs- und Offenlegungsfristen 262
Abbildung 98: Vereinfachte Einteilung der Gegenstände des Anlagevermögens 265
Abbildung 99: Abschreibungs-/Absetzungsmethoden 268
Abbildung 100: Abschreibungsmethoden im Handels- und Steuerrecht 268
Abbildung 101: Restbuchwert 269
Abbildung 102: Lineare Abschreibung 269
Abbildung 103: Geometrisch-degressive Abschreibung 272

Abbildung 104: Außerplanmäßige Abschreibungen (Anlagevermögen) 282

Abbildung 105: Zuschreibungsgebot 287

Abbildung 106: Geschäfts- oder Firmenwert (beiderseitig vorteilhaftes Geschäft) 291

Abbildung 107: Außerplanmäßige Abschreibungen im Umlaufvermögen 295

Abbildung 108: Bewertungsvereinfachungsverfahren 297

Abbildung 109: Gegenüberstellung von Lifo- und Fifo-Methode 299

Abbildung 110: GuV in Staffelform (Gesamtkosten- vs. Umsatzkostenverfahren) 304

Abbildung 111: Schritte der Erstellung der GuV nach Gesamtkostenverfahren 307

Abbildung 112: Schritte der Erstellung der GuV nach Umsatzkostenverfahren 310

Abbildung 113: Absatz-/Beschaffungsmarkt und Tageswert bei Vorräten 313

Abbildung 114: Ausweis außerplanmäßiger Abschreibungen auf RHB-Stoffe 314

Abbildung 115: Ausweis außerplanmäßiger Abschreibungen auf Erzeugnisse 317

Abbildung 116: Forderungsklassen 318

Abbildung 117: Bewertung von Wertpapieren des UV (Kapitalgesellschaften) 336

Abbildung 118: Rechnungsabgrenzungsposten 339

Abbildung 119: Eigenkapitalgliederung großer Kapitalgesellschaften 353

Abbildung 120: Rücklagen 356

Abbildung 121: Gewinnverwendung 362

Abbildung 122: Ansatzvorschriften für Rückstellungen 373

Abbildung 123: Aufwertungsgebote und -verbote bei Verbindlichkeiten 384

Abbildung 124: Steuerlatenzen 397

Abbildung 125: Mögliche Darstellungsform eines Anlagengitters 408

Abbildung 126: Mindestgliederungsschema der Kapitalflussrechnung 412

Abbildung 127: Eigenkapitalspiegel für den Jahresabschluss nach HGB 414

A. Grundlagen der Buchführung

In diesem Kapitel werden Sie in die organisatorischen und rechtlichen Grundlagen der Buchführung eingeführt. Konkret lernen Sie zunächst, was man unter Buchführung versteht, wie sie in das industrielle Rechnungswesen einzuordnen ist und welche Ziele mit ihr verfolgt werden. Darüber hinaus wird behandelt, welche Personen bzw. Unternehmensgruppen nach deutschem Recht buchführungspflichtig sind und welchen Grundsätzen eine ordnungsmäßige Buchführung unterliegt. Besonderes Augenmerk wird auf das Ergebnis der Buchführung, den Jahresabschluss, gelegt. Seine Komponenten und die für ihre Gestaltung relevanten gesetzlichen Vorschriften werden in übersichtlicher und kompakter Form dargelegt.

Im Zuge der Darstellung der Inhalte werden vereinzelt Begriffe verwendet, die erst in Folgekapiteln im Detail erklärt werden können. Lassen Sie sich als Leser daher nicht entmutigen, wenn sich Ihnen Sachverhalte dieses ersten Kapitels nicht sofort erschließen. Spätestens wenn sich nach Durcharbeiten aller weiteren Kapitel der „Kreis der Buchführung" geschlossen hat, werden anfängliche Unklarheiten beseitigt sein.

1 Gliederung des betrieblichen Rechnungswesens

Allgemein ausgedrückt dient das Rechnungswesen der zahlenmäßigen Erfassung und anschaulichen Aufbereitung des Unternehmensgeschehens zur Information der Adressaten (z. B. Eigentümer, Gläubiger, Management). Ergebnisse der Aufbereitung sind etwa Umsatzstatistiken, Kostenentwicklungstabellen, die Gewinn- und Verlustrechnung oder Preiskalkulationen. Nur mit Hilfe des Zahlenmaterials können fundierte Entscheidungen über zukünftige Aktionen getroffen werden. Abhängig davon, welche Personengruppen durch das betriebliche Rechnungswesen mit Informationen versorgt werden, unterscheidet man zwischen dem internen und dem externen Rechnungswesen.

Das **interne Rechnungswesen**, welches im Regelfall von jedem Unternehmen beliebig gehandhabt und strukturiert werden kann und keinen gesetzlichen Vorgaben oder Bestimmungen unterliegt, soll in erster Linie das Management informieren. Es dient der Entscheidungsunterstützung sowie der Verhaltenssteuerung im Unternehmen und umfasst die sog. Kosten- und Leistungsrechnung, Statistik (Vergleichsrechnung) und Planung (Vorschaurechnung). Die genauen Aufgaben dieser Teilbereiche sind in Abbildung 1 näher dargestellt.

Kosten- und Leistungsrechnung
- Aufzeigen der im Unternehmen anfallenden Kosten (Kostenartenrechnung)
- Aufteilung der Kosten auf die verursachenden Stellen (Kostenstellenrechnung)
- Zurechnung der Kosten zu den entsprechenden Leistungen (Kostenträgerrechnung)
- Kalkulation der Verkaufspreise für betriebliche Leistungen

Statistik
- Aufbereitung und Auswertung des Zahlenmaterials der Buchführung und der Kosten- und Leistungsrechnung zur Bildung von betrieblichen Kennziffern
- Vergleich der aufbereiteten Daten mit früheren Zeitabschnitten oder mit Unternehmen der gleichen Branche (Benchmarking)
- Grundlage für die Überwachung des Betriebsgeschehens und für unternehmerische Entscheidungen

Planung
- Einschätzung der zukünftigen Entwicklung aufgrund der Daten aus Buchführung, Kosten- und Leistungsrechnung und Statistik
- Vorausrechnung (Umsatz- und Kostenentwicklung, Absatzmärkte)
- Entscheidungsfindung (Investitionen, Finanzierung, Änderungen im Fertigungs- und Sortimentsprogramm)

Abbildung 1: Teilbereiche des internen Rechnungswesens

Das auch als **Finanzbuchhaltung** (oder auch Geschäftsbuchführung) bezeichnete **externe Rechnungswesen** ist der wichtigste Teil des betrieblichen Rechnungswesens. Es ist Grundlage für alle Bereiche des internen Rechnungswesens und dient der Information (Rechenschaftslegung) von unternehmensfremden Personen, Personengruppen und Institutionen. Dazu gehören z. B. Gläubiger oder Aktionäre.

Die Finanzbuchhaltung hat die Aufgabe, innerhalb eines bestimmten Zeitraums anhand von Belegen systematisch und lückenlos alle wirtschaftlich relevanten Ereignisse des Unternehmens aufzuzeichnen. Die wirtschaftlich relevanten Ereignisse sind dabei die für den Geschäftsbetrieb gewöhnlichen und auch die nicht gewöhnlichen Vorgänge. Zu den *gewöhnlichen Vorgängen* zählen etwa die Beschaffung (z. B. von Material, Maschinen, flüssigen Mitteln), der Fertigungsprozess (z. B. Materialverbrauch, laufende Betriebskosten für Maschinen, Lohn- und Gehaltszahlung) und der Absatz (z. B. Verkauf von Erzeugnissen, Vertriebskosten). *Nicht gewöhnliche (außergewöhnliche) Vorgänge* sind hingegen z. B. Spekulationsgewinne aus Wertpapiergeschäften, Steuerstrafen wegen Steuerhinterziehung oder die Vernichtung von Sachanlagen durch z. B. Feuer, Wasser oder Diebstahl.

Die **chronologische Dokumentation** dieser Vorgänge erfolgt im so genannten **Grundbuch**. Die **sachliche Gliederung** der Daten des Grundbuchs hingegen wird im **Hauptbuch** vorgenommen.

Nach außen hin wird über die Bilanz und die Gewinn- und Verlustrechnung ein Bild über die Vermögens-, Finanz- und Ertragslage des Unternehmens vermittelt. Bei der **Bilanz** handelt es sich um eine übersichtliche Gegenüberstellung des Vermögens und der Schulden einer Unternehmung zu einem bestimmten *Zeitpunkt*. Die **Gewinn- und Verlustrechnung (GuV)** zeigt anhand des Vergleichs von Aufwendungen und Erträgen den Erfolg einer *Abrechnungsperiode* auf.

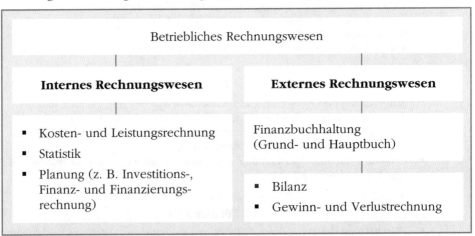

Abbildung 2: Betriebliches Rechnungswesen

Um eine Täuschung von Aktionären und Gläubigern zu verhindern, unterliegt die Finanzbuchhaltung anders als das interne Rechnungswesen umfangreichen gesetzlichen Vorschriften. Diese sind unter anderem im Handelsgesetzbuch (HGB), dem Aktiengesetz (AktG), dem Einkommensteuergesetz (EStG) und der Abgabenordnung (AO) zu finden.

2 Grundbegriffe des betrieblichen Rechnungswesens

Die Informationen, die die verschiedenen Teilgebiete des betrieblichen Rechnungswesens vermitteln sollen, unterscheiden sich zum Teil stark. So ist es beispielsweise das Ziel einer *Finanzrechnung* (Liquiditätsrechnung), Informationen über die Liquidität des Unternehmens zu vermitteln, d. h. über die Fähigkeit des Unternehmens, fristgerecht die Zahlungsansprüche Dritter bedienen zu können. Durch gezielte Steuerung aller Zahlungsflüsse des Unternehmens seitens des Managements im Rahmen der Finanzrechnung soll eine mögliche Zahlungsunfähigkeit (Insolvenz) und deren Konsequenzen vermieden werden. Eine *Investitionsrechnung* hingegen dient zur Unterstützung des Managements bei der Entscheidung, ob ein potentielles Investitionsprojekt durchgeführt werden soll oder ob dessen Durchführung unvorteilhaft für das Unternehmen wäre. Ziel einer *Gewinn- und Verlustrechnung* wiederum ist es, den externen Adressaten Informationen über die wirtschaftliche Entwicklung des Unternehmens in einer Periode zu geben. Im Vordergrund stehen dann nicht länger alleine die Geldflüsse in einem Unternehmen, sondern ebenso die Güterbewegungen. Ein Unternehmen beschafft Inputgüter (Geldabfluss und Güterzufluss), produziert daraus Outputgüter (Inputgüterverbrauch und Outputgütererstellung) und verkauft diese (Outputgüterabfluss und Geldzufluss). Im Rahmen der Unternehmenstätigkeit werden also Güter verbraucht und Güter erstellt. Der zusätzliche Wert, der bei dieser Geschäftstätigkeit geschaffen wird, stellt den Gewinn (positiver Erfolg) der Periode dar.

Unterschiedliche Teilgebiete des Rechnungswesens erfordern also unterschiedliche Informationen. Je nach Teilgebiet muss demnach mit anderen Größen gerechnet werden. Teilgebiete, die nur auf die Generierung von Informationen über Geldflüsse ausgerichtet sind, erfordern daher eine Rechnung, die sich auf Zahlungsgrößen (und evtl. zahlungsäquivalenten Größen) stützt. Dagegen müssen Teilgebiete, die über das Wirtschaften im Unternehmen informieren wollen, mit Erfolgsgrößen operieren. Abbildung 3 gibt einen Überblick über die jeweils geeigneten Rechengrößen bei den verschiedenen Teilgebieten des Rechnungswesens.

Einzahlungen sind definiert als Mehrungen und **Auszahlungen** als Minderungen des Bestandes an Zahlungsmitteln (liquide Mittel). Darunter fallen sowohl Bargeld als auch Buchgeld (verfügbare Guthaben auf Bankkonten).

▶ Beispiel:
Die Telefonrechnung des Unternehmens wird per Banküberweisung bezahlt. Der Zahlungsmittelbestand des Unternehmens nimmt ab. Es liegt eine Auszahlung vor.

Bei der Ermittlung von **Einnahmen** und **Ausgaben** werden nicht nur Veränderungen des Bestandes an Zahlungsmitteln berücksichtigt, sondern ebenso Vorgänge, bei denen heute bereits rechtlich ein Anspruch (Forderung) auf den künftigen Erhalt von Finanzmitteln bzw. eine Verpflichtung (Verbindlichkeit) zu einem künftigen Abfluss von Zahlungsmitteln begründet wird. Einnahmen sind definiert als Zunahmen, Ausgaben als Abnahmen des sog. *Nettogeldvermögens* (Zahlungsmittelbestand plus Forderungen abzüglich Verbindlichkeiten).

Beispiele:

a) *Zieleinkauf:* Ein Unternehmen kauft Rohstoffe auf Ziel, d. h. es bezahlt die Rohstoffe nicht sofort bei Warenübergang sondern begleicht die Rechnung erst später. Beim Lieferanten entsteht mit der Übergabe der Rohstoffe an das Unternehmen rechtlich ein Anspruch auf die (künftige) Bezahlung. Dem steht beim belieferten Unternehmen eine entsprechende Verpflichtung zur Zahlung gegenüber. Eine Verpflichtung zu einer künftigen Auszahlung ist also bereits heute beim Käufer rechtlich entstanden. Es liegt eine Ausgabe vor, da das Nettogeldvermögen abnimmt (Verbindlichkeiten steigen).

b) *Zielverkauf:* Ein Unternehmen liefert bestellte Ware an einen Kunden, die dieser laut Rechnung binnen 30 Tagen bezahlen muss. Durch Übergang der Ware erhält der Verkäufer einen rechtlichen Anspruch auf (künftige) Begleichung (Einzahlung) der Forderung. Der Warenübergang stellt eine Einnahme für den Verkäufer dar, da sein Nettogeldvermögen zunimmt (Forderungen steigen).

c) Kredittilgung: Ein Unternehmen tilgt einen Kredit per Banküberweisung. Der Zahlungsmittelbestand nimmt ab. Es liegt eine Auszahlung vor. Gleichzeitig reduziert sich dadurch die rechtliche Verpflichtung zur Tilgung (Auszahlung) in der Zukunft. Die Verbindlichkeiten nehmen folglich in gleicher Höhe ab. Es liegt keine Ausgabe vor, da es zu keiner Änderung des Nettogeldvermögens kommt (Abnahme des Zahlungsmittelbestandes und Abnahme der Verbindlichkeiten heben sich gegenseitig auf).

Grundbegriffe (Rechengrößen)	Art der Größen	Definition	Teilgebiete des Rechnungswesens
Ein- und Auszahlungen	Zahlungsgrößen	Veränderungen (Δ) des Zahlungsmittelbestandes	Finanzrechnung, Investitionsrechnung
Einnahmen und Ausgaben	Zahlungs- und zahlungsäquivalente Größen	Veränderungen des Nettogeldvermögens = Δ Zahlungsmittelbestand + Δ Forderungen – Δ Verbindlichkeiten	Finanzierungsrechnung
Erträge und Aufwendungen	Erfolgsgrößen	Veränderungen des Reinvermögens = Δ Nettogeldvermögen + Δ Sachvermögen	Gewinn- und Verlustrechnung
Leistungen und Kosten	Erfolgsgrößen	Betrieblich bedingte Erträge/Aufwendungen + kalkulatorische Leistungen/Kosten	Kosten- und Leistungsrechnung

Abbildung 3: Grundbegriffe des betrieblichen Rechnungswesens

Erträge sind Wertzuwächse und **Aufwendungen** sind Wertverzehre des Reinvermögens einer Periode. Unter *Reinvermögen* (oder Eigenkapital) versteht man dabei die Summe aus Nettogeldvermögen und Sachvermögen (oder einfacher ausgedrückt die Differenz aus Vermögen und Schulden). Neben Änderungen des Zahlungsmittelbestandes, der Forderungen und der Verbindlichkeiten werden bei der Ermittlung von Aufwendungen und Erträgen somit auch Änderungen des Sachvermögens (z. B. Sachanlagen, Vorräte) berücksichtigt.

▶ Beispiele:
a) Eine Maschine (Sachanlage) verliert durch Abnutzung im Produktionsprozess an Wert. Zahlungsmittelbestand und Nettogeldvermögen bleiben davon unberührt (keine Auszahlung, keine Ausgabe). Da sich das Sachvermögen jedoch verringert, sinkt das Reinvermögen. Die Abnutzung verursacht einen Aufwand.
b) Ein Unternehmen erhält für das Guthaben auf seinem Geldmarktkonto von seiner Bank eine Zinsgutschrift für das abgelaufene Quartal (Einzahlung). Der Zahlungsmittelbestand nimmt dadurch zu. Es ergibt sich keine Änderung der Forderungen, der Verbindlichkeiten und des Sachvermögens, sodass es insgesamt zu einer Reinvermögensmehrung kommt und ein Ertrag vorliegt.

Leistungen und **Kosten** sollen als Erfolgsgrößen das Management (interne Adressaten) bei Entscheidungen unterstützen. So spielen beispielsweise die Stückkosten eines hergestellten Produkts bei der Bestimmung des Verkaufspreises eine wichtige Rolle. Denn werden die Kosten, die bei der Herstellung der Outputgüter angefallen sind, nicht durch ausreichend hohe Umsatzerlöse (Leistung) gedeckt, macht das Unternehmen Verlust. Man betrachtet daher in der Kosten- und Leistungsrechung nur solche Änderungen des Reinvermögens, die betrieblich bedingt sind, d. h. durch die Erfüllung der gewöhnlichen Aufgaben des Betriebs (Herstellung und Absatz von Gütern und Leistungen) verursacht worden sind. Zudem ist es zweckmäßig, auch Größen im Kalkül zu berücksichtigen, die nicht Ertrag oder Aufwand sind, sog. *kalkulatorische Leistungen und Kosten*. Beispielsweise möchte ein Einzelunternehmer für seine Tätigkeit im eigenen Betrieb eine angemessene Entlohnung erzielen. Immerhin hätte er alternativ auch als Angestellter in einer vergleichbaren Managerposition in einem anderen Unternehmen tätig werden können. Würde ein derartiger kalkulatorischer Unternehmerlohn (kalkulatorische Kosten) nicht bei der Preissetzung berücksichtigt, würde der Unternehmer unter Umständen nicht genügend Zahlungsüberschüsse im Monat erwirtschaften, um sich eine angemessene Entlohnung für seine Tätigkeit entnehmen zu können.

▶ Beispiele:
a) Rohstoffe werden bei der Produktion eingesetzt. Das Nettogeldvermögen bleibt dabei unverändert. Dennoch sinkt das Sachvermögen, da Vorräte verbraucht werden. Es liegt also Aufwand vor. Da dieser Aufwand bei der gewöhnlichen betrieblichen Geschäftstätigkeit des Unternehmens anfällt, handelt es sich bei dem Rohstoffverbrauch zugleich um Kosten.
b) Der Inhaber eines Unternehmens stellt diesem seine Privaträume im Rahmen der betrieblichen Tätigkeit zur Verfügung. Es besteht kein Vertrag zwischen Inhaber und Unternehmen, der ihm eine Mietzahlung sichert. Das Nettogeldvermögen bleibt unverändert. Das Sachvermögen ändert sich ebenso nicht, da die Privaträume nicht dem Unternehmen, sondern der Privatperson (Unternehmer) gehören. Es liegt also kein Ertrag/Aufwand vor. Jedoch hätte der Unternehmer seine Privaträume auch an Dritte vermieten und für das Unternehmen anderweitig Räume entgeltlich anmieten können. Da er auf diese Alternative verzichtet hat, kalkuliert er eine angemessene Miete bei der Preissetzung mit ein. Es liegen also in dieser Höhe (kalkulatorische) Kosten vor.

3 Organisation, Pflicht und Grundsätze der Finanzbuchhaltung

3.1 Organisation

Wie bereits in Abschnitt A 1 erwähnt wurde, dokumentiert die Finanzbuchhaltung in zwei getrennten Büchern alle wirtschaftlichen Vorgänge (sog. **Geschäftsvorfälle**), die den Betrieb innerhalb einer Abrechnungsperiode berühren. Dieser auch als **Geschäftsjahr** bezeichnete Zeitraum umfasst maximal 12 Monate, beginnt i. d. R. am 01.01. und endet am 31.12. Eröffnet ein Geschäftsmann sein Unternehmen z. B. im August, so kann er auch ein vom Kalenderjahr abweichendes Geschäftsjahr wählen. Stellt ein Geschäftsmann seinen Geschäftsbetrieb im laufenden Geschäftsjahr ein, so kann das Geschäftsjahr auch kürzer als 12 Monate sein. Unabhängig von der Länge des Geschäftsjahres müssen alle auftretenden Geschäftsvorfälle lückenlos aufgezeichnet werden.

Die Aufzeichnung aller Vorfälle (d. h. Eröffnungsbuchungen, laufende Buchungen, Abschlussbuchungen) in chronologischer Reihenfolge ist Grundlage der gesamten Buchführung. Sie erfolgt auf Basis der vorliegenden Belege im **Grundbuch**. Bei der sachlichen Aufbereitung werden alle Aufzeichnungen aus dem Grundbuch auf die T-Konten des **Hauptbuches** übertragen (z. B. Mehrungen und Minderungen des Bankguthabens auf das Konto „Bank"). Auch für die Bilanzen ist im Rahmen der Organisation der Buchführung ein eigenes Buch, das sog. **Bilanzbuch** anzulegen. Da diese drei sog. **Systembücher** nur wertmäßige Aufzeichnungen der Geschäftsvorgänge enthalten, werden sie um mengenmäßige Aufzeichnungen in den sog. **Nebenbüchern** (z. B. Kundenbuch: Umfang und Häufigkeit von Bestellungen) ergänzt. Den Zusammenhang dieser Bücher zeigt Abbildung 4.

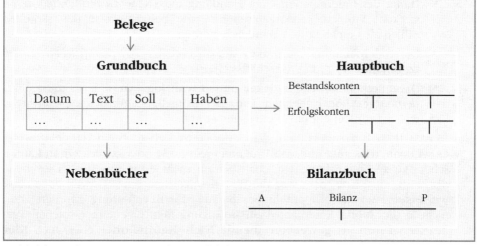

Abbildung 4: Organisation der Buchführung

3.2 Buchführungspflicht

3.2.1 Buchführungspflicht nach Handelsrecht

Für einen Unternehmer kann sich die Pflicht, Bücher zu führen, sowohl aus dem Handelsrecht (Handelsgesetzbuch, HGB) als auch aus dem Steuerrecht (Abgabenordnung, AO) ergeben. In der Bundesrepublik Deutschland ist nach § 238 I HGB jeder **Kaufmann** verpflichtet, Bücher nach den Grundsätzen ordnungsmäßiger Buchführung zu führen, um die Vermögens-, Finanz- und Ertragslage seiner Unternehmung gegenüber z. B. Steuerbehörden, anderen staatlichen Institutionen oder Gläubigern offenlegen zu können, sofern er nicht nach §§ 241a und 242 IV HGB davon befreit ist. §§ 241a und 242 IV HGB sind aus dem Bilanzmodernisierungsgesetz (BilMoG) resultierende Neuregelungen. Während bisher *alle* Kaufleute nach HGB buchführungs-, bilanzierungs- und inventurpflichtig waren, sind es nun nur noch *bestimmte* Kaufleute. Nach §§ 241a und 242 IV HGB sind nun Einzelkaufleute mit Umsatz von nicht mehr als 500.000 Euro *und* Jahresüberschuss von nicht mehr als 50.000 Euro in zwei aufeinander folgenden Geschäftsjahren oder am ersten Stichtag nach Neugründung von diesen Pflichten befreit. Für solche Kaufleute ist somit nur noch die Aufstellung einer Einnahmen-Überschuss-Rechnung (einfache Gegenüberstellung von Einnahmen und Ausgaben) erforderlich, sofern sie nicht freiwillig weiter bilanzieren möchten.

Nach § 1 I HGB ist derjenige Kaufmann (**Istkaufmann**), der ein Handelsgewerbe betreibt. Ein Gewerbebetrieb ist dabei durch folgende Merkmale charakterisiert:

- Der Unternehmer muss *selbständig* tätig sein und darf sich nicht etwa in einem Angestelltenverhältnis befinden.
- Bei dem Unternehmer darf es sich *nicht* um einen *Freiberufler* (z. B. Arzt, Notar, Steuerberater, Rechtsanwalt, Journalist, Architekt) handeln.
- Hinter der unternehmerischen Handlung muss eine *Gewinnerzielungsabsicht* stecken. Wohltätigkeitsorganisationen wie beispielsweise das „Rote Kreuz" zählen also nicht zu den Handelsgewerben.
- Die Unternehmung muss aktiv am allgemeinen *Wirtschaftsleben teilnehmen* (z. B. durch Werbung, Geschäftsstellen).
- Die unternehmerische Tätigkeit muss nachhaltig sein, d. h. es muss eine *Wiederholungsabsicht* gegeben sein. Der einmalige Verkauf eines privaten Pkw weist also nicht auf ein Handelsgewerbe hin.

Der § 1 II HGB besagt zudem, dass jeder Gewerbebetrieb ein Handelsgewerbe ist, es sei denn, dass aufgrund von Unternehmensgröße oder -zweck ein in kaufmännischer Weise eingerichteter Geschäftsbetrieb nicht erforderlich ist. Dies bedeutet, dass z. B. ein Kiosk, der zwar die fünf Kennzeichen eines Gewerbebetriebes aufweist, keine separate Unternehmensabteilung für Buchführung erfordert und auch nicht in die Rubrik Kaufmann kraft Betätigung fällt. Eigentümer solcher Gewerbe bezeichnet man als **gewerbetreibende Nicht-Kaufmänner** oder auch **Kleingewerbetreibende**. Sie sind nach Handelsrecht nicht buchführungspflichtig.

3. Organisation, Pflicht und Grundsätze der Finanzbuchhaltung

Abbildung 5: Buchführungspflicht nach Handels- und Steuerrecht

Nach § 29 HGB ist jeder Kaufmann verpflichtet, sich ins Handelsregister (beim Amtsgericht geführtes Verzeichnis aller Unternehmen einer Region) eintragen zu lassen. Der Kaufmann erwirbt die Kaufmannseigenschaft in diesem Fall nicht mit Eintragung ins Handelsregister, da diese nur deklaratorischen Charakter hat. Die Kaufmannseigenschaft wird bereits mit Beginn des Handelsgewerbes erworben.

Nach § 2 HGB *können* Kleingewerbetreibende, deren Tätigkeit keinen in kaufmännischer Weise eingerichteten Geschäftsbetrieb erfordert, durch Eintragung ihres Gewerbes ins Handelsregister den Status eines Kaufmanns erlangen. Man spricht in einem solchen Fall auch vom **Kaufmann kraft Eintragung** bzw. **Kannkaufmann**. In diesem Zusammenhang gilt, dass wenn eine Firma einmal im Handelsregister eingetragen ist, nicht geltend gemacht werden kann, dass das unter der Firma betriebene Gewerbe kein Handelsgewerbe ist (§ 5 HGB). Eine Löschung der Eintragung ist auf Antrag des Unternehmers solange möglich, wie es sich bei ihm um einen Kleingewerbetreibenden handelt (§ 2 S. 3 HGB).

Für Unternehmen der Land- und Forstwirtschaft finden die Vorschriften des § 1 HGB keine Anwendung (§ 3 I HGB). Nach § 3 II HGB sind land- und forstwirtschaftliche Unternehmen, die nach Art und Umfang einen in kaufmännischer Weise eingerichteten Geschäftsbetrieb erfordern, dazu berechtigt, eine freiwillige Handelsregistereintragung vornehmen zu lassen und dadurch zum Kaufmann kraft Eintragung zu werden.

Unternehmungen können auch bereits aufgrund ihrer **Rechtsform** die Kaufmannseigenschaft erlangen (**Formkaufmann**). Nach § 6 HGB (genauer: § 6 I HGB i. V. m. § 105 HGB und § 161 HGB; § 6 II HGB i. V. m. § 41 GmbHG, §§ 91 und 278 II u. III AktG und § 33 GenG) sind alle Handelsgesellschaften (*Personenhandelsgesellschaften*: z. B. offene Handelsgesellschaft - OHG, Kommanditgesellschaft - KG; *Kapitalgesellschaften*: z. B. Aktiengesellschaft - AG, Gesellschaft mit beschränkter Haftung - GmbH) Kaufleute. Die Eintragung ins Handelsregister ist sowohl für Kapitalgesellschaften (§ 36 I AktG, § 7 I GmbHG) als auch für Personengesellschaften (§ 106 HGB, § 161 II HGB) Pflicht.

▷ Beispiele:
1. Der selbständig Gewerbetreibende C. B. betreibt einen kleinen Gewürzladen und erzielt dabei Einkünfte aus Gewerbebetrieb. Sein Betrieb erfordert keine kaufmännische Organisation.
   → C. B. ist kein Kaufmann im Sinne des HGB, da sein Betrieb keine kaufmännische Organisation erfordert (hingegen erforderlich wenn: hoher Umsatz, hohe Mitarbeiterzahl, umfangreiches Warenangebot, vielfältige Geschäftskontakte). Er ist daher handelsrechtlich nicht buchführungspflichtig.
   → C. B. hätte gemäß § 2 HGB die Möglichkeit, sich ins Handelsregister eintragen zu lassen. Er wäre dann (Kann-)Kaufmann und damit buchführungspflichtig, wenn §§ 241a und 242 IV HGB nicht greifen.
2. Die Ärztin Nadja R. betreibt eine Facharztpraxis und erzielt daraus Einkünfte aus selbständiger Arbeit. Ihre Praxis erfordert eine kaufmännische Organisation.
   → Ein Arzt ist kein Kaufmann, da er nicht gewerblich tätig ist. Es besteht daher keine handelsrechtliche Buchführungspflicht.

Ist ein Unternehmen Kaufmann im Sinne des HGB (Achtung: Ausnahme §§ 241a und 242 IV HGB), so hat es insbesondere die *allgemeinen Vorschriften für bestimmte Kaufleute* in §§ 238-263 HGB und ggf. die *ergänzenden Vorschriften für Kapitalgesellschaften* in §§ 264-335b HGB zu befolgen (vgl. Abbildung 6). Abhängig von Rechtsform (AktG, GmbHG, GenG), Branche (§§ 340-341p HGB) und Unternehmensgröße (PublG) können sich weitere Pflichten ergeben.

Erster Abschnitt (§§ 238-263 HGB) Vorschriften für bestimmte Kaufleute	*Zweiter Abschnitt (§§ 264-335b HGB)* Ergänzende Vorschriften für Kapitalgesellschaften
• Allgemeine Vorschriften zur Buchführung (§§ 238-239) • Inventur/Inventar (§§ 240-241) • Jahresabschluss (§§ 242-245) • Ansatzvorschriften (§§ 246-251) • Bewertungsvorschriften (§§ 252-256a) • Aufbewahrungsvorschriften (§§ 257-261)	• Strengere Vorschriften für den Jahresabschluss (§§ 264-288) (Bilanzgliederung, GuV-Gliederung, Bewertung, Anhang) • Lagebericht (§ 289), Erklärung zur Unternehmensführung (§ 289a) • Konzernrechnungslegung (§§ 290-315a) • Prüfung (§§ 316-324a) • Offenlegung (§§ 325-329) • Straf- und Bußgeldvorschriften (§§ 331-335b)

Abbildung 6: Wichtige Abschnitte des Handelsgesetzbuches

Im Zusammenhang mit Abbildung 6 ist der Rechtsform der GmbH & Co. KG besondere Beachtung zu schenken. Es handelt sich hierbei zwar um keine Kapitalgesellschaft, doch müssen die Vorschriften der §§ 264-288 und 316-328 HGB trotzdem angewendet werden, wenn die Voraussetzungen des § 264a HGB (keine natürliche Person als persönlich haftender Gesellschafter) erfüllt sind. Gleiches gilt allgemein für alle offenen Handelsgesellschaften und Kommanditgesellschaften, bei denen nicht wenigstens ein persönlich haftender Gesellschafter eine natürliche Person oder eine OHG oder KG mit einer natürlichen Person als persönlich haftendem Gesellschafter ist. Mit dieser Regelung wird der Zweck verfolgt, eine kapitalistisch orientierte Personengesellschaft einer Kapitalgesellschaft gleichzustellen.

3.2.3 Buchführungspflicht nach Steuerrecht

Die ordnungsmäßige Führung von Handelsbüchern genießt vor Gericht Beweiskraft, da durch das Ineinandergreifen der einzelnen Buchungen ein Missbrauch weitgehend ausgeschlossen ist bzw. einer Prüfung der Bücher nicht standhalten würde. Aus diesem Grund knüpft auch das Steuerrecht an die handelsrechtliche Buchführungspflicht an. Nach § 140 AO sind alle Unternehmer, die bereits nach Handelsrecht buchführungspflichtig sind, auch nach Steuerrecht buchführungspflichtig (**derivative, abgeleitete Buchführungspflicht**). Außerdem erweitert das Steuerrecht die Buchführungspflicht nach § 141 AO auch auf *gewerbetreibende Nicht-Kaufleute* mit einem bestimmten Umsatz, Gewinn *oder* Betriebsvermögen (**originäre Buchführungspflicht**). Die Bemessungsgrenzen dafür sind folgende:

Kriterium	seit 01.01.2007
Umsatz	> 500.000 Euro
Gewinn	> 50.000 Euro
Wirtschaftswert der bewirtschafteten Fläche	> 25.000 Euro

Abbildung 7: Bemessungsgrenzen für Buchführungspflicht nach Steuerrecht

Wird nur eine der in Abbildung 7 genannten Grenzen überschritten, ist der betroffene Unternehmer nach Steuerrecht buchführungspflichtig. Die §§ 238 ff. HGB gelten dann sinngemäß auch für gewerbetreibende Nicht-Kaufleute, sofern sich nicht aus den Steuergesetzen etwas anderes ergibt (§ 141 I S. 2 AO). Die Buchführungspflicht für gewerbetreibende Nicht-Kaufleute ist vom Beginn des Wirtschaftsjahres an zu erfüllen, das auf die Bekanntgabe der Mitteilung folgt, durch die die Finanzbehörde auf den Beginn der Verpflichtung hingewiesen hat (§ 141 II AO). Unter einem **Wirtschaftsjahr** versteht man dabei die *steuerrechtliche Rechnungsperiode*. Sie muss nicht zwingend mit dem Geschäftsjahr übereinstimmen. Im weiteren Verlauf des Buches wird jedoch zur Vereinfachung angenommen, dass Geschäfts- und Wirtschaftsjahr identisch sind.

Es gilt allgemein, dass die **freiberuflichen Tätigkeiten** (also z. B. Ärzte, Steuerberater, Wirtschaftsprüfer, Rechtsanwälte und Notare) grundsätzlich von der **Buchführungspflicht befreit** sind. Befreiungen für Kaufleute können sich nur nach §§ 241a und 242 VI HGB ergeben.

▷ Beispiele:
1. Helena L. betreibt eine Buchhandlung, welche sich auf wirtschaftswissenschaftliche Fachliteratur spezialisiert hat und wegen ihres Umfanges einen in kaufmännischer Weise eingerichteten Geschäftsbetrieb erfordert.
   → Es besteht Buchführungspflicht nach Handelsrecht, da die Voraussetzungen §§ 1 I und II HGB i. V. m. 238 I HGB erfüllt sind. Hinweise auf eine Befreiung nach §§ 241a und 242 IV HGB liegen nicht vor.
   → Gemäß § 140 AO gilt die Buchführungspflicht nach § 238 I HGB auch für das Steuerrecht.
2. Ein selbständig freiberuflich tätiger Steuerberater erwirtschaftet bei einem Umsatz von 100.000,00 Euro einen Gewinn von 60.000,00 Euro.
   → Als Angehöriger eines freien Berufes mit Einkünften aus selbständiger Arbeit besteht keine handelsrechtliche Buchführungspflicht.
   → Infolge der nicht gegebenen gewerblichen Tätigkeit besteht trotz des Überschreitens der Gewinngrenze weder nach § 140 AO noch nach § 141 AO eine steuerrechtliche Buchführungspflicht.
3. Der Spielzeughändler Christian W. hat mit seinem Gewerbe, welches nach seinem Umfang keinen in kaufmännischer Weise eingerichteten Geschäftsbetrieb erfordert, im vergangenen Geschäftsjahr einen Umsatz von 600.000,00 Euro und einen Gewinn von 20.000,00 Euro erwirtschaftet.
   → Christian W. ist kein Kaufmann nach § 1 I und II HGB und damit nach § 238 I HGB auch nicht buchführungspflichtig nach Handelsrecht.
   → Es ergibt sich zunächst keine steuerrechtliche Buchführungspflicht nach § 140 AO, da auch keine handelsrechtliche besteht. Da allerdings die Umsatzgrenze des § 141 AO überschritten wird, ergibt sich für Christian W. eine steuerrechtliche Buchführungspflicht.
4. Martin S. hat zu Jahresbeginn einen Supermarkt eröffnet und rechnet mit einem Umsatz von 200.000,00 Euro und einem Gewinn von 20.000,00 Euro. Sein Betrieb erfordert einen in kaufmännischer Weise eingerichteten Geschäftsbetrieb.
   → Nach § 1 I und II HGB ist hier zwar die Kaufmannseigenschaft gegeben, es greift jedoch die Befreiung nach §§ 241a und 242 IV HGB, sodass keine handelsrechtliche Buchführungspflicht besteht.
   → Gemäß § 140 AO besteht auch keine steuerrechtliche Buchführungspflicht.

Mit steuerrechtlicher Buchführungspflicht muss das betroffene Unternehmen neben den handelsrechtlichen auch umfassende steuerrechtliche Regelungen befolgen. Dazu zählen z. B. die Vorschriften §§ 140-148 AO, des Einkommensteuergesetzes (insb. §§ 4-7k EStG) und der Einkommensteuerdurchführungsverordnung (EStDV).

3.3 Grundsätze ordnungsmäßiger Buchführung I

Unter den *Grundsätzen ordnungsmäßiger Buchführung* (GoB) fasst man eine Reihe von Buchführungs- und Bilanzierungsgrundsätzen zusammen. Unter **Buchführungsgrundsätzen** versteht man dabei anerkannte Regeln über die Führung der Handelsbücher. **Bilanzierungsgrundsätze** hingegen beschreiben anerkannte Regeln über die Erstellung des Jahresabschlusses von Unternehmen. Die Zuordnung einzelner Grundsätze zu diesen beiden Kategorien sowie die Art und der Umfang ihrer Darstellung sind in der Literatur teilweise stark unterschiedlich, da es dazu keinen breiten Konsens gibt.

Buchführung und Jahresabschluss werden vom HGB unter gewisse **Generalnormen** gestellt, die eindeutig Bezug auf die GoB nehmen. Für *Einzelkaufleute, Personen- und Kapitalgesellschaften* lassen sich diese wie folgt zusammenfassen:

- Generalnorm für die Buchführung (§ 238 I S. 1 HGB):

    „Bestimmte Kaufleute sind verpflichtet, Bücher zu führen und in diesen ihre Handelsgeschäfte und die Lage ihres Vermögens nach den *Grundsätzen ordnungsmäßiger Buchführung* ersichtlich zu machen."

- Generalnorm für den Jahresabschluss (§ 243 I HGB):

    „Der Jahresabschluss ist nach den *Grundsätzen ordnungsmäßiger Buchführung* aufzustellen."

Auch im Rahmen der steuerlichen Gewinnermittlung wird ausdrücklich auf die handelsrechtlichen GoB Bezug genommen (§ 5 I S. 1 EStG).

Für *Kapital- und Personengesellschaften nach § 264 und 264a HGB* lassen sich zudem folgende Normen finden:

- Zielvorschrift gemäß § 264 II S. 1 HGB:

    „Der Jahresabschluss der Kapitalgesellschaft hat unter Beachtung der *Grundsätze ordnungsmäßiger Buchführung* ein den tatsächlichen Verhältnissen entsprechendes Bild der Vermögens-, Finanz- und Ertragslage der Kapitalgesellschaft zu vermitteln."

- Abweichungsregelung gemäß § 264 II S. 2 HGB:

    „Führen besondere Umstände dazu, dass der Jahresabschluss einen den tatsächlichen Verhältnissen entsprechendes Bild im Sinne des Satzes 1 nicht vermittelt, so sind im Anhang zusätzliche Angaben zu machen."

In diesem Abschnitt werden zunächst die *Buchführungsgrundsätze* behandelt. Bei diesen Grundsätzen handelt es sich um unbestimmte Rechtsbegriffe (teilweise nicht gesetzlich geregelt) mit dem Zweck, auch bei den Sachverhalten eine Regelung zu definieren, für die der Gesetzgeber bewusst oder unbewusst keine Detaillösung vorgegeben hat. Dies hat den Vorteil, eine Aufblähung und Unverständlichkeit von Gesetzestexten zu vermeiden und ermöglicht eine permanente Anpassung der Grundsätze ohne Gesetzesänderung.

Zu den wichtigsten in der Literatur und der praktischen Anwendung zu findenden Buchführungsgrundsätzen zählen die Folgenden:

- **Systematischer Aufbau der Buchführung**

    Vorgänge müssen korrekt erfasst werden. Ein systematischer Kontenrahmen sowie ein daraus abgeleiteter Kontenplan sind für die Buchführung von entscheidender Bedeutung.

- **Unveränderlichkeit der Aufzeichnungen**

    Aufzeichnungen dürfen nicht im Nachhinein veränderbar sein (§ 239 III HGB, § 146 IV AO). Fehlerhafte Buchungen sind durch *Stornierung* (vgl. Abschnitt B 2.4) oder Neubuchung zu korrigieren.

- **Vollständigkeit und Richtigkeit**

  Alle relevanten Geschäftsvorfälle sind in der richtigen Höhe und auf dem richtigen Konto zu verbuchen (§ 239 II HGB, § 246 I HGB, § 146 I S. 1 AO). Es dürfen keine fiktiven Geschäftsvorfälle gebucht werden.

- **Verständlichkeit**

  Nach § 238 I S. 2 HGB und § 145 I S. 1 AO muss die Buchführung einem sachverständigen Dritten innerhalb einer angemessenen Zeit einen Überblick vermitteln können. Die Geschäftsvorfälle müssen sich also in ihrer Entstehung und Abwicklung (daher Aufzeichnung in Grund- und Hauptbuch) verfolgen lassen, wozu auch der nachfolgende Grundsatz beiträgt.

- **Ordnungsmäßigkeit des Belegwesens**

  Alle Geschäftsvorfälle müssen sich in ihrer Entstehung und Abwicklung verfolgen bzw. auch zurückverfolgen lassen (§ 238 I S. 3 HGB, § 145 I S. 2 AO). Dies bedeutet für die Buchführung:

  1. Keine Buchung darf ohne internen (z. B. Warenentnahmeschein) oder externen (z. B. Rechnung eines Lieferanten) Beleg durchgeführt werden.
  2. Die rechnerische Richtigkeit der Beleginhalte muss sichergestellt sein.
  3. Belege müssen in lebendiger Sprache verfasst werden (§ 239 I HGB).
  4. Das Unternehmen ist zur Aufbewahrung von Schriftgut verpflichtet, sofern es Belegcharakter hat.
  5. Die *Aufbewahrungsfristen* nach § 257 IV HGB und § 147 III AO müssen eingehalten werden. Diese liegen für Handelsbücher, Inventare, Bilanzen, GuV-Rechnungen, Lageberichte, Arbeitsanweisungen, sonstige Organisationsunterlagen und Buchungsbelege bei *10 Jahren*. Empfangene Handelsbriefe und Wiedergaben von abgesandten Handelsbriefen sind 6 Jahre lang aufzubewahren. Die Fristen beginnen am Ende des Kalenderjahres, in dem die letzten Eintragungen gemacht wurden. Das bedeutet: Ein Geschäftsvorfall, den das Unternehmen z. B. am 15. April abgeschlossen hat, muss ab dem 1. Januar des Folgejahres zehn oder sechs Jahre aufbewahrt werden.

  Nach Steuerrecht (§ 147 AO) gelten die gleichen Fristen. Sie werden lediglich um Unterlagen ergänzt, die für die Besteuerung von Bedeutung sind. Des Weiteren existiert eine sog. Ablaufhemmung. I. d. R. ist es erlaubt, die Geschäftsunterlagen nach Ablauf der Aufbewahrungsfrist zu vernichten. Kann die Finanzverwaltung aber z. B. noch durch einen Steuerbescheid eine Steuer erheben (§§ 169-171 AO), dürfen die betroffenen Unterlagen nicht vernichtet werden.

4 Ergebnis der Finanzbuchhaltung

4.1 Allgemeines

Besteht eine Buchführungspflicht, so ist am Ende eines jeden Geschäftsjahres aus den geführten Systembüchern gemäß § 242 I HGB ein sog. **Jahresabschluss** zu erstellen. Dieser setzt sich nach § 242 III HGB aus der *Bilanz* (§ 266 HGB) und der *Gewinn- und Verlustrechnung* (§ 275 HGB) zusammen. Kapitalgesellschaften (z. B. AGs oder GmbHs) sind verpflichtet, zusätzlich einen sog. *Anhang* (§ 264 I HGB) zu erstellen, der ebenfalls Bestandteil des Jahresabschlusses ist. Von mittelgroßen und großen Kapitalgesellschaften muss des Weiteren ein *Lagebericht* erstellt werden (§ 264 I i. V. m. § 264 III HGB), der jedoch *nicht* Teil des Jahresabschlusses ist. Die Größe einer Kapitalgesellschaft wird dabei nach § 267 HGB bemessen. Nach dieser Vorschrift gilt eine Kapitalgesellschaft als klein, mittelgroß oder groß, wenn sie die in Abbildung 8 angegebenen Kriterien (Beträge in Euro bzw. durchschnittliche Anzahlen) erfüllt. Sobald *mindestens zwei* der drei beschriebenen Merkmale an zwei aufeinanderfolgenden Stichtagen über- oder unterschritten werden, findet eine Neuklassifizierung gemäß § 267 IV HGB statt. Eine Kapitalgesellschaft, deren Aktien oder andere von ihr ausgegebene Wertpapiere (z. B. Anleihen) an einem organisierten Markt (Börse) gehandelt werden (kapitalmarktorientierte Unternehmen im Sinne von § 264d HGB), gilt unabhängig von diesen Grenzen als große Kapitalgesellschaft (§ 267 III S. 2 HGB).

Größenklasse	Bilanzsumme	Umsatz	Arbeitnehmer
klein (§ 267 I HGB)	≤ 4,84 Mio.	≤ 9,68 Mio.	≤ 50
mittelgroß (§ 267 II HGB)	≤ 19,25 Mio.	≤ 38,5 Mio.	≤ 250
groß (§ 267 III HGB)	> 19,25 Mio.	> 38,5 Mio.	> 250

Abbildung 8: Größenklassen bei Kapitalgesellschaften

Es ist allgemein zwischen einem **handelsrechtlichen** (HGB als Grundlage) und einem **steuerrechtlichen** (HGB, AO und EStG als Grundlagen) **Jahresabschluss** zu unterscheiden. Dies ist von Bedeutung, da ersterer Grundlage für die Bemessung der Ausschüttung (Dividende) an die Aktionäre und zweiterer Grundlage für die Berechnung der Ertragsteuern ist. Neben dieser *Ausschüttungs-* und *Steuerbemessungsfunktion* erfüllt der jeweilige Jahresabschluss insbesondere auch eine *Informationsfunktion*. Gemäß § 238 I S. 2 HGB muss nämlich Buchführung und damit auch der Jahresabschluss so beschaffen sein, dass sich ein sachverständiger Dritter jederzeit ein Bild über die wirtschaftliche Lage und Entwicklung des Unternehmens machen kann. Bei Kapitalgesellschaften ist dabei besonders die Vermögens-, Finanz- und Ertragslage (§ 264 II HGB) von Interesse:

- Die *Vermögenslage* gibt Aufschluss darüber, wie viel Vermögen zur Schuldendeckung vorhanden ist. Gerade hierbei ist die *Bilanz* (vgl. Abschnitt A 4.3) von Bedeutung. Sie zeigt die einzelnen Vermögensgegenstände (z. B. Grundstücke, Gebäude, Maschinen, Fahrzeuge, Vorräte, Bankguthaben) und Schulden (z. B. Darlehen, Lieferantenverbindlichkeiten) zu einem gewissen Zeitpunkt (Bilanzstichtag = i. d. R. Ende des Geschäftsjahres) auf. Verfügt ein Unternehmen also beispielsweise über einen hohen Schuldenstand und ein geringes Vermögen, so ist seine Kreditwürdigkeit gering.

- Bei der Betrachtung der *Finanzlage* befasst man sich hauptsächlich mit dem Grad der Liquidierbarkeit von Vermögensgegenständen. So sind beispielsweise Forderungen mit einer Restlaufzeit von mehr als einem Jahr (§ 268 IV HGB) und Verbindlichkeiten mit einer Restlaufzeit von weniger als einem Jahr (§ 268 V HGB) gesondert auszuweisen.

- Die z. B. durch die *Gewinn- und Verlustrechnung* (vgl. Abschnitt A 4.4) reflektierte *Ertragslage* gibt Aufschluss über die Verzinsung des in das Unternehmen investierten Kapitals. Dieses Kapital ist das Reinvermögen (oder Eigenkapital) des Unternehmens, welches als Differenz aus Vermögen und Schulden definiert ist (vgl. Abschnitt A 2). Die Veränderung des Eigenkapitals innerhalb eines Geschäftsjahres wird in der Gewinn- und Verlustrechnung dargestellt. Eine positive Veränderung bzw. eine Zunahme des Eigenkapitals bezeichnet man als Gewinn, eine negative Veränderung bzw. Abnahme als Verlust. Ein Unternehmen, welches also beispielsweise über mehrere Geschäftsjahre hinweg stets nur Gewinne erzielt hat, d. h. für die sich in das Unternehmen investiertes Kapital positiv verzinst, verfügt über eine sehr gute Ertragslage und somit auch über eine hohe Kreditwürdigkeit.

4.2 Inventur und Inventar

4.2.1 Inventar

Buchführungspflichtige Kaufleute müssen zu Beginn und Ende ihres Handelsgewerbes und zum Ende jedes Geschäftsjahres (Bilanzstichtag) sämtliche Vermögensgegenstände und Schulden genau verzeichnen und den Wert der einzelnen Positionen angeben (§ 240 I HGB, § 141 AO). Ein solches Verzeichnis der Vermögensgegenstände und Schulden nach Art (Marke, Typ), Menge (Stück, kg, m, l) und Wert (Euro) bezeichnet man als **Inventar**. Es sind alle Vermögensgegenstände und Schulden grundsätzlich *einzeln* aufzuzeichnen, sodass es oft umfangreich und unübersichtlich wird. Das Inventar ist 10 Jahre lang (ab Schluss des Aufstellungsjahres) aufzubewahren und kann wie in Abbildung 9 gegliedert werden.

Zu den wichtigsten Gliederungspunkten des Inventars ist Folgendes zu sagen. Die Definitionen gelten auch für die noch folgende Bilanz.

- Das **Anlagevermögen** ist zur dauernden (langfristigen) Verwendung im Betrieb bestimmt (§ 247 II HGB). Die Anordnung der einzelnen Posten im Inventar erfolgt nach Dauer der Nutzbarkeit.

- Das **Umlaufvermögen** verändert sich ständig und wandelt sich in andere Formen um (z. B. Forderungen in Bankguthaben). Ihm werden Vermögensposten zugeordnet, die nur vorübergehend in der Unternehmung gebunden sind (Umkehrschluss aus § 247 II HGB). Die Anordnung der Posten erfolgt nach steigender Liquidität (Bargeldnähe).

- Bei **Schulden** handelt es sich um (Fremd-)Kapital, welches dem Unternehmen nur befristet zur Verfügung steht und entsprechend seiner Fristigkeit (Zeit bis zur Rückzahlung) von lang- zu kurzfristigen Schulden geordnet wird.
- Das sog. **Reinvermögen** (Eigenkapital) zeigt an, in welcher Höhe der Betriebsinhaber (Gesellschafter) eigenes Kapital im Unternehmen eingesetzt bzw. gebunden hat. Es handelt sich also hier um Geldmittel, die der Unternehmung unbefristet zur Verfügung stehen.

Für die Aufgliederung des Vermögens und der Schulden innerhalb des Inventars gibt es keine gesetzlichen Vorschriften. Es empfiehlt sich aber, sich an die für Kapitalgesellschaften vorgeschriebene Bilanzgliederung nach § 266 HGB zu halten.

Vermögen
  Anlagevermögen
    Immaterielle Vermögensgegenstände (Lizenzen und Patente)
    Unbebaute und bebaute Grundstücke
    Betriebsgebäude
    Verwaltungsgebäude
    Technische Anlagen und Maschinen
    Fuhrpark
    Betriebs- und Geschäftsausstattung
  Umlaufvermögen
    Roh, Hilfs- und Betriebsstoffe
    Unfertige Erzeugnisse
    Fertige Erzeugnisse und Waren
    Forderungen aus Lieferungen und Leistungen
    Bankguthaben/Postgiroguthaben
    Kassenbestand

Schulden
  Langfristige Schulden
    Langfristige Bankverbindlichkeiten (Hypotheken und Darlehen)
  Kurzfristige Schulden
    Verbindlichkeiten aus Lieferungen und Leistungen
    Kurzfristige Bankverbindlichkeiten

Ermittlung des Reinvermögens
    Summe des Vermögens
  – Summe der Schulden
  = Reinvermögen (Eigenkapital)

Abbildung 9: Beispielhafte Inventargliederung

▷ Als *Beispiel* für ein typisches Inventar eines mittelständischen Unternehmens zum Zeitpunkt der Geschäftsgründung betrachte man Folgendes:

Inventar zum 11.05.20.. Schreinerei Bold, Hagendorf		
	Euro	Euro
Vermögen		
Anlagevermögen		
Bebautes Grundstück		120.000,00
Betriebsgebäude		250.000,00
Maschinen laut Verzeichnis 1		67.000,00
Fuhrpark		
Lieferwagen	10.500,00	
Personenkraftwagen	5.500,00	16.000,00
Geschäftsausstattung laut Verzeichnis 2		13.000,00
Umlaufvermögen		
Vorräte laut Verzeichnis 3		40.000,00
Bankguthaben		
Raiffeisenbank	3.400,00	
Postgiroguthaben	1.600,00	5.000,00
Kassenbestand		1.000,00
		512.000,00
Schulden		
Langfristige Schulden		
Darlehen bei der XY-Bank		250.000,00
Kurzfristige Schulden		
Holzgroßhandel Stangl	33.000,00	
Maschinenhandel Baierl	47.000,00	
Investmentberatung Schön	1.000,00	81.000,00
		331.000,00
Ermittlung des Reinvermögens		
Summe des Vermögens		512.000,00
– Summe der Schulden		331.000,00
= Reinvermögen (Eigenkapital)		**181.000,00**

Besteht ein Posten des Inventars aus mehreren Einzelposten, werden diese Werte in der Vorspalte erfasst und deren Summe in der Hauptspalte ermittelt. Bei sehr umfangreichen Posten wie etwa Maschinen, Geschäftsausstattung, Vorräten, Forderungen oder kurzfristigen Schulden können sog. **Verzeichnisse** eingesetzt werden, um eine gewisse Übersichtlichkeit des Inventars zu bewahren. In den Verzeichnissen werden Art, Menge und Wert der einzelnen Gegenstände aufgelistet und deren Wert als Summe in das Inventar übernommen. Die Verzeichnisse sind dem Inventar stets beizulegen.

▷ Beispiel:

Verzeichnis 3 (zur Eröffnungsbilanz vom 11.05.20..)		
Bezeichnung	Menge	Wert (in Euro)
Rohstoffe		
Fichte	450 Balken à 13,50	6.075,00
Eiche	350 Latten à 6,70	2.345,00
Buche	210 Platten à 23,40	4.914,00
Mahagoni	100 Bretter à 139,45	13.945,00
Hilfsstoffe		
Holzlasur	1.500 Liter à 1,20	1.800,00
Klarlack	950 Liter à 1,60	1.520,00
Scharnier Typ A	150 Stück à 3,40	510,00
Scharnier Typ B	230 Stück à 2,20	506,00
Scharnier Typ C	90 Stück à 5,70	513,00
Schrauben Typ 1	450 Stück à 0,10	45,00
Schrauben Typ 2	140 Stück à 0,20	28,00
Schrauben Typ 3	200 Stück à 0,05	10,00
Betriebsstoffe		
Dieselkraftstoff	400 Liter à 0,85	340,00
Schmierfett	130 kg à 0,60	78,00
Fremdbauteile		
Türgriffe	210 Stück à 16,70	3.507,00
Türschlösser	210 Stück à 18,40	3.864,00
Gesamt		**40.000,00**

4.2.2 Inventur

Um alle notwendigen Daten zur Aufstellung eines Inventars (und der Verzeichnisse) zu erhalten, sind alle Vermögensgegenstände und Schulden einzeln aufzunehmen. Diese Tätigkeit bezeichnet man als **Inventur**.

Nach dem *Zeitpunkt der Durchführung* der Inventur lassen sich drei Arten unterscheiden: Die **Stichtagsinventur** wird am Bilanzstichtag bzw. maximal zehn Tage davor oder danach durchgeführt. Sofern die Bestandsaufnahme nicht am Bilanzstichtag erfolgt, so ist auf Basis der Lagerbuchführung eine Rückrechnung auf den Bilanzstichtag vorzunehmen. Von der Stichtagsinventur ist die **vor- bzw. nachgelagerte Inventur** zu unterscheiden, die bis zu drei Monate vor bzw. zwei Monate nach dem Bilanzstichtag durchgeführt werden kann. Die dritte Art ist die **permanente Inventur**, bei der auf Basis einer umfassenden Lagerbuchhaltung zu jedem Zeitpunkt eine Ermittlung des (buchmäßigen) Bestandes möglich ist. Dieser buchmäßige Bestand wird mindestens einmal jährlich, meist über das Geschäftsjahr verteilt, mittels einer körperlichen Bestandsaufnahme überprüft. Eine körperliche Bestandsaufnahme zum Bilanzstichtag ist daher nicht unbedingt erforderlich.

Nach der *Art der Bestandsaufnahme* können, wie bereits indirekt genannt, folgende Inventurarten unterschieden werden:

- Eine **körperliche Bestandsaufnahme** erfolgt bei materiellen Gegenständen, wie z. B. Maschinen oder Rohstoffen durch Messen, Wiegen oder Zählen. Sie kann als Voll- (Aufnahme aller Vermögensgegenstände) oder als Stichprobeninventur (Teilerhebung und Hochrechnung auf die Grundgesamtheit) durchgeführt werden (§ 241 I HGB). Bei Gütern geringen Wertes, die sich nur schwer aufnehmen lassen (z. B. Schüttgüter), sind auch Schätzungen zulässig.

- Eine **buchmäßige Bestandsaufnahme** (Buch- oder Beleginventur) ist bei immateriellen Vermögensgegenständen (z. B. Patenten), Bankguthaben, Forderungen und Schulden durch Buchführungsunterlagen, Belege und Aufzeichnungen (z. B. Rechnungen, Verträge, Urkunden, Patentdokumente) möglich. Um die Beweiskraft der Beleginventur zu erhöhen, werden häufig die Geschäftspartner (z. B. Bank) angeschrieben, um Saldenbestätigungen einzuholen. Bei Sachanlagevermögen ist wegen der i. d. R. guten Überschaubarkeit eine jährliche körperliche Erfassung nicht erforderlich, wenn der Bestand am Bilanzstichtag aufgrund laufender Berücksichtigung aller Zu- und Abgänge des Geschäftsjahres und einer Wertfortschreibung (Zu- und Abschreibungen) aus einem sog. *laufenden Bestandsverzeichnis* ermittelbar ist. Inhalte eines solchen Verzeichnisses sind i. d. R. die genaue Bezeichnung des Gegenstandes, der Tag der Beschaffung/Herstellung, die Höhe der Anschaffungs- bzw. Herstellungskosten, der Wert am Bilanzstichtag und der Tag des Abgangs. Ein Bestandsverzeichnis wird steuerrechtlich lediglich für bewegliche Anlagegüter verlangt (R 5.4 I EStR). Unbewegliche Anlagegüter können anhand von Anlagekonten, Anlagekarteien und Grundbuchauszügen erfasst werden.

Durch die Inventur bzw. das Inventar lassen sich Schwund, Verderben oder Diebstahl von gelagerten Rohstoff-, Erzeugnis- oder Warenvorräten sowie Bilanzfälschungen durch das Management bzw. das Betriebspersonal aufdecken und nachweisen. Inventur und Inventar erfüllen demnach eine *Schutzfunktion* für Gläubiger und Gesellschafter. Weichen die tatsächlichen Inventurbestände von den in den Büchern verzeichneten ab, so sind dementsprechend Korrekturen vorzunehmen („Maßgeblichkeit des Inventars für den Jahresabschluss").

4.3 Bilanz

4.3.1 Grundlegendes

Besonders bei größeren Betrieben kann das Inventar umfangreich und damit (trotz Verzeichnissen) unübersichtlich sein. Größere Übersicht bietet die Kurzfassung des Inventars, die sog. **Bilanz**. Sie enthält nur die zusammengefassten Posten aus der Hauptspalte des Inventars und deren Euro-Werte und wird in Form eines sog. *T-Kontos* aufgestellt (vgl. Abbildung 10). Auf der linken Seite des Kontos sind die Vermögensgegenstände (Anlagevermögen, Umlaufvermögen), die zur Erreichung des Unternehmensziels eingesetzt werden, genannt **Aktiva**, zu finden. Anhand der rechten Seite (**Passiva**) ist zu erkennen, welche Kapitalgeber (Gläubiger: Fremdkapital, Eigentümer: Eigenkapital) die unternehmerische Tätigkeit ermöglichen. Die Aktivseite zeigt also die *Mittelverwendung*, die Passivseite die *Mittelherkunft*.

Aktiva	Bilanz	Passiva
Anlagevermögen		Eigenkapital
Umlaufvermögen		Fremdkapital
↑ **Mittelverwendung** (Vermögen)		↑ **Mittelherkunft** (Kapital)

Abbildung 10: Bilanz

Eine Bilanz (ital. bilancia = Balkenwaage) muss stets im **Gleichgewicht** sein. Die Summe aller Aktiva (Vermögen = Anlagevermögen + Umlaufvermögen) muss der Summe aller Passiva (Kapital = Eigenkapital + Fremdkapital) entsprechen. Vermögen und Kapital müssen der Höhe nach gleich sein, da schließlich alles Vermögen, das ein Unternehmen besitzt, Mitteln der Eigen- oder Fremdkapitalgeber entstammen muss. Aus diesem Gleichgewicht lässt sich die allgemeine Beziehung

Eigenkapital = Vermögen − Fremdkapital

ableiten, die in anderer Formulierung bereits mehrfach als Definition für Reinvermögen verwendet wurde (vgl. z. B. Abschnitt A 2 und A 4.1).

4.3.2 Grundsätze ordnungsmäßiger Buchführung II

In Abschnitt A 3.3 wurde ausgeführt, dass sich die Grundsätze ordnungsmäßiger Buchführung in Buchführungs- und Bilanzierungsgrundsätze aufteilen lassen. Während die Buchführungsgrundsätze in Abschnitt A 3.3 behandelt wurden und sich weitestgehend auf die buchhalterische Erfassung von Geschäftsvorfällen bezieht, wird sich nun den Bilanzierungsgrundsätzen gewidmet. Zu diesen zählen neben allgemeinen Rahmen- vor allem Ansatz-, Ausweis- und Bewertungsvorschriften. **Ansatzvorschriften** regeln, ob ein Sachverhalt (Anlagegegenstand, Rückstellung, Verbindlichkeit, Rechnungsabgrenzungsposten etc.) in der Bilanz ausgewiesen werden muss (*Ansatzgebote*), kann (*Ansatzwahlrechte*) oder nicht darf (*Ansatzverbote*). **Ausweisvorschriften** regeln, an welcher Stelle im Jahresabschluss die bilanzierten Positionen zu erfassen und auszuweisen sind. Mit welchem Wert die in der Bilanz und GuV angesetzten Positionen abzubilden sind, wird durch die **Bewertungsvorschriften** definiert. Diese Vorschriften werden im Folgenden beleuchtet. Die praktische Umsetzung von Ansatz- und Ausweisvorschriften wird vor allem im Kapitel C, die von Bewertungsvorschriften im Kapitel D behandelt.

4.3.2.1 Allgemeine Bilanzierungsvorschriften

Unter den allgemeinen Bilanzierungsvorschriften werden vier Grundsätze zusammengefasst. Diese sind im Detail:

1. Grundsatz der Vollständigkeit

Nach § 246 I HGB sind sämtliche Aktiva und Passiva, Aufwendungen und Erträge zu erfassen. Der Ausweis hat in Euro zu erfolgen (§ 244 HGB). Selbst bei einem Wert von Null ist der Mindestausweis einer Merkposition (z. B. Erinnerungswert von 1,00 Euro) vorzunehmen. Informationen, die zwischen Bilanzstichtag und Bilanzaufstellungszeitpunkt bekannt werden, sind ebenfalls zu berücksichtigen. Es ist in diesem Zusammenhang zwischen werterhellenden und wertbegründenden Tatsachen zu unterscheiden (vgl. Abbildung 11):

- *Werterhellende Tatsachen* (§ 252 I Nr. 4 HGB) beziehen sich auf Sachverhalte des abgelaufenen Geschäftsjahres. In der Nachfolgeperiode erworbene Kenntnisse sind bei der Bilanzerstellung für das Vorjahr zu berücksichtigen.

    Beispiele:
    - Mängelrügen von Kunden an im abgelaufenen Geschäftsjahr ausgelieferten Erzeugnissen
    - Ein Kunde meldet bis zur Bilanzaufstellung Insolvenz an, wobei die Zahlungsunfähigkeit bereits vor Bilanzstichtag bestand. Die Forderung gilt als uneinbringlich und ist daher abzuschreiben (vgl. Abschnitt D 3.3.3).

- *Wertbegründende Tatsachen* beziehen sich auf Ereignisse, die sich nach dem Bilanzstichtag ereignet haben. Die betreffenden Ereignisse sind dem neuen Geschäftsjahr zuzuordnen.

    Beispiele:
    - Mängelrügen von Kunden an im neuen Geschäftsjahr ausgelieferten Erzeugnissen
    - Insolvenz eines Kunden im Folgejahr, wobei es zum Bilanzstichtag noch keine Zahlungsschwierigkeiten gab. Diese Tatsache darf nicht in der Bilanz des abgelaufenen Geschäftsjahres durch Abschreibung berücksichtigt werden, da sie zum Bilanzstichtag nicht vorlag.

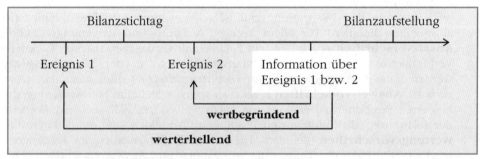

Abbildung 11: Werterhellende und -begründende Tatsachen

2. Grundsatz der Periodenabgrenzung

Eng verbunden mit dem Grundsatz der Vollständigkeit ist der der Periodenabgrenzung. Nach ihm müssen Erträge und Aufwendungen in dem Geschäftsjahr angesetzt werden, in dem sie wirtschaftlich verursacht wurden (sog. *periodengerechte*

Erfolgsermittlung). Auf den Zeitpunkt der Zahlung kommt es dabei nicht an (§ 252 I Nr. 5 HGB).

Innerhalb dieses Grundsatzes unterscheidet man allgemein zwischen einer Abgrenzung der Sache nach und einer Abgrenzung der Zeit nach:

- *Abgrenzung der Sache nach*: Realisierten Erträgen sind die zu ihrer Erzielung erforderlichen Aufwendungen zuzuordnen. Ausgaben werden in der Periode zum Aufwand, in der die sachlich zugehörigen Erträge realisiert werden.

    ▷ Beispiel:

    Im Jahr 2009 hergestellte Erzeugnisse können wegen Absatzschwierigkeiten erst im Jahr 2010 verkauft werden. Bis zum Anfallen der Erträge im Jahr 2010 dürfen keine den Erzeugnissen zurechenbaren Aufwendungen (z. B. Löhne, Material etc.) den Erfolg der Periode mindern. Erst im Jahr 2010 ergeben die wirtschaftlich zusammengehörenden Erträge und Aufwendungen einen sinnvollen Jahreserfolg (vgl. Abschnitt D 3.2.3.1).

- *Abgrenzung der Zeit nach*: Zeitraumbezogene Aufwendungen und Erträge sind der Periode zuzuordnen, zu der sie wirtschaftlich gehören und sind ggf. abzugrenzen, wenn die Zahlungsperiode eine andere ist.

    ▷ Beispiel 1:

    Im Jahr 2009 werden Mietausgaben in Höhe von 10.000,00 Euro für die Jahre 2009 und 2010 im Voraus bezahlt. Die Zahlung erfolgt zwar in 2009, es sind jedoch nur 50 % des Aufwands dem Jahr 2009 zuzuordnen. Die restlichen 50 % gehören zum Jahr 2010 und sind daher in dieses Jahr zu übertragen.

    ▷ Beispiel 2:

    Ein Leasingnehmer wird erst im Februar des Jahres 2010 die Leasingrate in Höhe von 2.000,00 Euro für einen ihm von Anfang Dezember 2009 bis Ende Januar 2010 überlassenen Pkw bezahlen. Die Zahlung erfolgt also im Nachhinein, ein Ertrag von 1.000,00 Euro ist beim Leasinggeber aber bereits im Jahresabschluss von 2009 anzusetzen.

Eine buchungstechnische Behandlung dieser Abgrenzungen durch *transitorische* (Übertragung von Gewinnauswirkungen in spätere Perioden; Bsp. 1) und *antizipative* (Vorwegnahme von Gewinnauswirkungen aus der Zahlungsperiode; Bsp. 2) Rechnungsabgrenzungsposten folgt in Abschnitt D 4.

3. Grundsatz der Bilanzklarheit und Übersichtlichkeit

Dieser formale Grundsatz ist in § 243 II HGB kodifiziert und besagt, dass sowohl die Bilanzgliederung als auch die -postenbezeichnung unter Beachtung der gesetzlichen Vorschriften so gestaltet sein soll, dass der Bilanzleser ein übersichtliches Zahlenwerk vorfindet. Bezüglich der Bilanzgliederung gibt es z. B. für Kapitalgesellschaften in § 266 HGB genaue Vorschriften (vgl. auch Abschnitt A 4.3.2.3). Eine Ergänzung dieser Mindestgliederung im Interesse der Bilanzklarheit ist möglich. Im Einzelnen umfasst der Grundsatz der Klarheit drei Aspekte:

- *Angemessene Gliederungstiefe* der Bilanz (und GuV): Eine zu tiefe Untergliederung der Posten kann allerdings wiederum zu Unübersichtlichkeit führen.

- *Eindeutige Postenbezeichnung* in der Bilanz (und GuV): Dem Jahresabschlussleser müssen die inhaltlichen Unterschiede der einzelnen Posten deutlich werden. Es sind also beispielsweise Beteiligungen (Eigentümerrechte) und Ausleihungen (Gläubigerrechte) deutlich in der Bezeichnung zu trennen.

- *Verrechnungsverbot:* § 246 II HGB verbietet die Verrechnung von Aktiva und Passiva (bzw. von Aufwendungen und Erträgen). Dies soll einen möglichst hohen Informationsgehalt des Jahresabschlusses im Interesse der Adressaten garantieren. So ist z. B. ein saldierter Ausweis des Nettogeldvermögens (Zahlungsmittelbestand + Forderungen – Verbindlichkeiten) nicht zulässig.

Der Bilanzklarheit dient außerdem die detaillierte Angabe von Informationen über die angewandten Bewertungsmethoden (z. B. Methoden der Vorratsbewertung) und deren Änderung. Abschließend sei noch erwähnt, dass auch eine *Erfolgsspaltung* vorzunehmen ist. Getrennt voneinander auszuweisen sind *betriebliche* und *neutrale* (betriebsfremde, periodenfremde, außerordentliche) Erfolgskomponenten:

- *Betriebliche Aufwendungen und Erträge:*

    fallen im Rahmen der Erfüllung des Betriebszwecks an (z. B. Löhne, Material, Verwaltungskosten);

- *Betriebsfremde Aufwendungen und Erträge:*

    stehen mit dem Betriebszweck in keinerlei Zusammenhang (z. B. Spekulationsgewinne einer Schreinerei, Spenden);

- *Periodenfremde Aufwendungen und Erträge:*

    wurden nicht in dem Jahr gebucht, in dem der Erfolg erzielt wurde (z. B. Steuernachzahlungen aus früheren Jahren);

- *Außerordentliche Aufwendungen und Erträge:*

    sind solche, die außerhalb der gewöhnlichen Geschäftstätigkeit des Unternehmens anfallen (§ 277 IV HGB) und eine nicht unbeträchtliche Höhe aufweisen (z. B. Erträge aus Versicherungsleistungen, Verlust aus Brandschaden). Sie kommen nicht regelmäßig vor und sind ggf. einem anderen Geschäftsjahr zuzurechnen.

4. Grundsatz der Bilanzwahrheit

Die Grundsätze der Richtigkeit und Willkürfreiheit werden oft unter dem Begriff Bilanzwahrheit zusammengefasst.

Unter *Richtigkeit* (sachbezogende Wahrheit) wird die objektive Übereinstimmung zwischen den Aussagen von Buchführung sowie Jahresabschluss und den zugrunde liegenden Sachverhalten verstanden. Der Grundsatz der Richtigkeit umfasst sowohl die formale als auch die materiell-inhaltliche Seite des Jahresabschlusses. Inhaltlich richtig müssen die im Jahresabschluss angegebenen Werte sein (korrekte Berechnung unter Berücksichtigung der GoB und gesetzlicher Rechnungslegungsvorschriften). Formal geht es darum, die Jahresabschlusspositionen ihrem Inhalt und den gesetzlichen Vorschriften entsprechend zu bezeichnen. Es dürfen also beispielsweise Gebäude nicht als maschinelle Anlagen bezeichnet werden.

Bei Schätzungen und Ermessensentscheidungen ist der Grundsatz der *Willkürfreiheit* (personenbezogene Wahrheit) zu beachten. Ein Wertansatz im Jahresabschluss darf demnach nicht willkürlich sein. Er muss auf ordnungsgemäßen Belegen, Büchern und reiflichen Überlegungen beruhen. Der Bilanzierende muss von der Richtigkeit der Schätzung bzw. der zugrunde liegenden Annahmen überzeugt sein und darf nicht bewusst von seiner Überzeugung abweichen, um bilanzpolitische oder steuerliche Ziele zu erreichen.

5. Grundsatz der Wirtschaftlichkeit und Wesentlichkeit

Bei jeder einzelnen Maßnahme der Buchführung und der Aufstellung des Jahresabschlusses muss die Verhältnismäßigkeit der Mittel gewährleistet sein. Auf eine geringfügige Verbesserung der Genauigkeit und damit des Informationsgehaltes für die Adressaten kann verzichtet werden, wenn der damit verbundene Aufwand unverhältnismäßig hoch ist. Es wäre z. B. ökonomisch nicht vertretbar, in einem Baumarkt jede einzelne Schraube einzeln zu bewerten. Dieser Grundsatz stellt daher die Rechtfertigung für alle gängigen Bewertungsvereinfachungsverfahren (vgl. Abschnitt D 3.2.2) dar.

Bei der Beurteilung der Ordnungsmäßigkeit der Buchführung ist es von Bedeutung, ob die Mängel im Hinblick auf die Generalnormen wesentlich sind oder nicht. Die Abgrenzung zwischen wesentlichen und unwesentlichen Einflüssen, Informationen oder Beeinträchtigungen ist nicht gesetzlich geregelt und bleibt daher der Beurteilung des Bilanzierenden bzw. des Abschlussprüfers überlassen.

4.3.2.2 Ansatzvorschriften

Ob Vermögensgegenstände oder Schulden in die Bilanz aufgenommen werden dürfen, richtet sich nach ihrer Bilanzierungsfähigkeit. Grundsätzlich wird zwischen der abstrakten und der konkreten Bilanzierungsfähigkeit unterschieden. Die **abstrakte Bilanzierungsfähigkeit** liegt vor, sofern ein bestimmter Sachverhalt die Charakteristika eines Vermögensgegenstandes oder einer Schuld erfüllt. Diese abstrakten Anforderungen an die Bilanzierungsfähigkeit eines Geschäftsvorfalls sind im Gesetz nicht explizit definiert, sondern leiten sich vielmehr aus den Grundsätzen ordnungsmäßiger Buchführung ab.

Ein **Vermögensgegenstand** liegt vor, wenn eine Position für das Unternehmen einen wirtschaftlichen Wert, z. B. in Form eines künftigen Einzahlungsüberschusses oder einer geringeren Auszahlung, besitzt. Dieser zukünftige wirtschaftliche Nutzen muss selbständig bewertbar sein. Demnach müssen die Anschaffungs- oder Herstellungskosten des Aktivpostens objektiv bestimmt werden können. Darüber hinaus muss ein Vermögensgegenstand einzeln verwertbar sein (z. B. durch Veräußerung, Vermietung oder Nutzung im Unternehmen).

Eine **Schuld** ist gegeben, wenn am Bilanzstichtag eine zukünftige Vermögensbelastung vorliegt oder zumindest hinreichend sicher erwartet wird. Eine Vermögensbelastung ist mit dem Abfluss finanzieller Mittel verbunden und resultiert aus einer bereits in der Vergangenheit begründeten rechtlichen oder wirtschaftlichen Verpflichtung des Unternehmens. Die Verpflichtung muss selbständig bewertbar und ihre Inanspruchnahme hinreichend wahrscheinlich sein.

Die **konkrete Bilanzierungsfähigkeit** ergibt sich hingegen aus gesetzlichen Regelungen und muss im Einzelfall geprüft werden. Liegen oben genannte Kriterien vor, ist ein Bilanzansatz nur möglich, wenn das Bilanzierungsobjekt in wirtschaftlicher Betrachtungsweise dem Bilanzvermögen zugerechnet werden kann. Demnach ist für die Zurechnung das **wirtschaftliche Eigentum** maßgeblich, wobei unter Umständen von den rechtlichen Bestimmungen abstrahiert werden muss, wie z. B. bei bestimmten Leasingverhältnissen (vgl. Abschnitt C 12).

Wirtschaftlicher Eigentümer ist, wer die tatsächliche Herrschaft über ein Bilanzierungsobjekt ausübt bzw. die Mehrheit der Chancen und Risiken daran trägt. Unter Chancen versteht man z. B. die Möglichkeit, andere Parteien (insb. den rechtlichen bzw. *juristischen Eigentümer*) von der Nutzung des Objektes auszuschließen und die Erträge aus der Verwertung zu vereinnahmen oder von möglichen Wertsteigerungen eines Objektes zu profitieren. Wirtschaftliche Risiken sind hingegen mit negativen Zahlungskonsequenzen verbunden, wie z. B. Wartungs- und Instandsetzungsverpflichtungen oder das Tragen eines Wertverlustes.

Neben der Zurechnung zum wirtschaftlichen Eigentum des Bilanzierenden ist im Rahmen der Beurteilung der konkreten Bilanzierungsfähigkeit zu prüfen, inwieweit ein verpflichtender Bilanzansatz durch explizite Bilanzierungsverbote untersagt oder aufgrund eines Wahlrechtes nicht erforderlich ist (vgl. Abbildung 12).

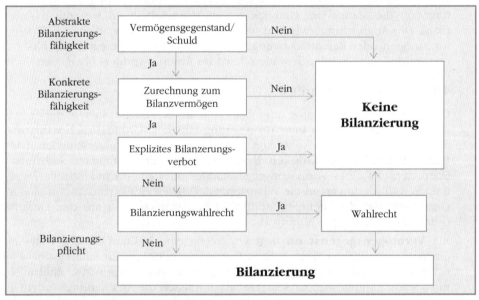

Abbildung 12: Bilanzansatzentscheidungen

Bilanzierungsverbote finden sich z. B. in § 248 I HGB. Demnach ist eine *Aktivierung* (Ansatz als Aktivposten in der Bilanz) von Aufwendungen für die Gründung des Unternehmens, die Beschaffung von Eigenkapital oder den Abschluss von Versicherungen untersagt. Nach § 248 II S. 2 HGB sind bestimmte selbst geschaffene immaterielle Vermögensgegenstände wie z. B. Marken, Kundenlisten oder das Know-how von Mitarbeitern ebenfalls von der Aktivierung ausgeschlossen. In diesen Fällen ist eine abstrakte Bilanzierungsfähigkeit ohnehin nicht gegeben. Das Kriterium der selbständigen Verwertbarkeit ist nicht erfüllt, da ein möglicher wirtschaftlicher Vorteil nur in Verbindung mit dem Unternehmen zu realisieren ist. Insofern handelt es sich bei diesen Verboten um eine Klarstellung des Gesetzgebers. Sie haben rein deklaratorischen Charakter. Im § 249 II HGB finden sich zudem explizite Verbote für bestimmte *Passivierungen* (Ansätze als Passivposten in der Bilanz). Ein Ansatz von Rückstellungen (vgl. Abschnitt D 6.2), außer für die in § 249 I HGB genannten Fälle, ist nicht gestattet. Von dieser Regelung sind insbesondere bestimmte Innenverpflichtungen betroffen, die vor dem Inkrafttreten des BilMoG wahlweise als Passivposten in der Bilanz angesetzt werden konnten.

Durch die Gewährung von **Bilanzierungswahlrechten** schafft der Gesetzgeber Ausnahmen vom Grundsatz der vollständigen Erfassung aller bilanzierungspflichtigen Sachverhalte. Dies betrifft z. B. bestimmte selbst geschaffene immaterielle Vermögensgegenstände des Anlagevermögens (§ 248 II S. 1 HGB; vgl. Abschnitt C 9.2), aktive latente Steuern (§ 274 I S. 2 HGB; vgl. Abschnitt D 7.2.1) oder das Disagio (§ 250 III HGB; vgl. Abschnitt C 11.4.4).

4.3.2.3 Ausweisvorschriften

Nach der Prüfung der Bilanzierungsfähigkeit von Vermögensgegenständen und Schulden gilt es, diese den korrekten Bilanzposten zuzuordnen. Zur verbesserten Übersicht folgt die Darstellung der Bilanz der allgemeinen Gliederungssystematik des § 266 HGB. Abbildung 13 bietet eine vereinfachte Zusammenfassung der wichtigsten Posten des § 266 HGB. Weitere Größen, die ebenfalls zu berücksichtigen wären (z. B. Rückstellungen, Rechnungsabgrenzungsposten), werden aus didaktischen Gründen erst in Kapitel D eingeführt.

Aktiva	Bilanz	Passiva
A. Anlagevermögen	**A. Eigenkapital**	
I. Immaterielle Vermögensgegenstände		
II. Sachanlagen		
III. Finanzanlagen		
B. Umlaufvermögen	**B. Fremdkapital**	
I. Vorräte	I. Langfristige Schulden	
II. Forderungen und sonstige Vermögensgegenstände	II. Kurzfristige Schulden	
III. Wertpapiere		
IV. Liquide Mittel		

Abbildung 13: Vereinfachte Bilanz

Typische Sachverhalte, die den Posten dieser vereinfachten Bilanz zugeordnet werden, sind in Abbildung 14 dargestellt. Die Anordnung der Posten der Aktivseite erfolgt dabei nach deren **Liquidierbarkeit** (Geldnähe/Kapitalbindungsdauer). Je einfacher es ist, einen Vermögensgegenstand wieder zu Bargeld zu machen, desto weiter unten ist er in der Auflistung zu finden. Kassenbestände sind deshalb unter den letzten und Gebäude unter den ersten Posten der Aktivseite zu finden.

Auf der Passivseite hingegen wird nach der **Fristigkeit** des Kapitals gegliedert. Je länger dem Unternehmen das Geld zur Verfügung steht, desto weiter oben ist der entsprechende Posten in der Anordnung zu finden. Mit dem Eigenkapital kann das Unternehmen natürlich am längsten arbeiten, sodass es auch als erster Posten der Passivseite erscheint. Kurzfristige Verbindlichkeiten gegenüber Lieferanten sind hingegen an letzter Stelle zu finden.

Anlagevermögen	
Immaterielle Vermögensgegenstände	entgeltlich erworbene Patente (selbst geschaffene Patente können gemäß § 248 II HGB in Höhe der Entwicklungskosten angesetzt werden, vgl. Abschnitt C 9.2)
Sachanlagen	Grundstücke, Gebäude, Maschinen, Betriebs- und Geschäftsausstattung, Fuhrpark
Finanzanlagen	Wertpapiere zur langfristigen Geldanlage und Beteiligungen
Umlaufvermögen	
Vorräte	Roh-, Hilfs- u. Betriebsstoffe, unfertige und fertige Erzeugnisse, Handelswaren
Forderungen und sonstige Vermögensgegenstände	Forderungen aus dem Verkauf von z. B. Fertigerzeugnissen
Wertpapiere	Wertpapiere zur kurzfristigen (spekulativen) Geldanlage
Liquide Mittel	Bankguthaben, Kassenbestände
Fremdkapital	
Langfristige Schulden	Darlehen, Hypotheken, Pensionsrückstellungen
Kurzfristige Schulden	Verbindlichkeiten aus Lieferungen und Leistungen

Abbildung 14: Beispiele zu Bilanzposten

▷ Beispiel:

Die Bilanz der Schreinerei Bold, für die bereits im Abschnitt A 4.2.1 das Inventar aufgestellt wurde, hat folgende Gestalt:

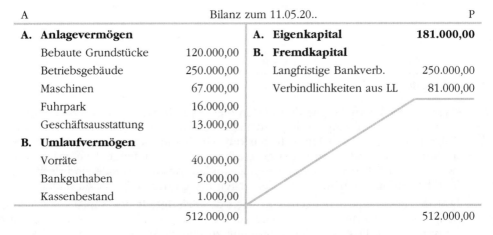

Die Summe von 512.000,00 Euro wird als *Bilanzsumme* bezeichnet. Das *Eigenkapital* ist die Differenz aus Vermögen (Summe aller Aktiva) und den gesamten Schulden. Dieses liegt im obigen Beispiel bei 181.000,00 Euro.

Großen Kapitalgesellschaften (§ 267 III i. V. m. II HGB) ist neben einer Beachtung allgemeiner Gliederungsgrundsätze (§ 265 HGB) eine Mindestgliederung für die *Handelsbilanz* (§ 266 II und III HGB) verbindlich vorgeschrieben (ggf. Erweiterungen der Mindestgliederung gemäß z. B. §§ 268 II, IV, V; 272 I; 274 HGB). Auch die Reihenfolge der Positionen muss eingehalten werden (§ 266 I S. 2 HGB). Gleiches gilt für *Einzelunternehmen und Personenhandelsgesellschaften*, die unter das *Publizitätsgesetz* fallen. Ein Einzelunternehmen oder eine Personenhandelsgesellschaft fällt unter das Publizitätsgesetz, wenn es/sie nach § 1 I PublG für drei aufeinanderfolgende Abschlussstichtage jeweils 2 der 3 Merkmale Bilanzsumme > 65 Mio. Euro, Umsatzerlöse > 130 Mio. Euro und Arbeitnehmer im Jahresdurchschnitt > 5.000 überschreitet. Die Anwendung des Publizitätsgesetzes bedeutet für ein Unternehmen nicht nur, dass es nach § 5 I PublG Bilanz und GuV aufstellen muss, sondern nach § 5 I S. 2 PublG auch, dass dabei die *Vorschriften der Kapitalgesellschaften zu Gliederung und Inhalt des Jahresabschlusses sinngemäß anzuwenden* sind.

Die *mittelgroßen Kapitalgesellschaften* (§ 267 II HGB) haben ihre Handelsbilanz in gleicher Weise wie die großen Kapitalgesellschaften zu erstellen. Bei *kleinen Kapitalgesellschaften* (§ 267 I HGB) reicht es aus, eine Handelsbilanz aufzustellen, die nur die in § 266 II und III HGB mit Buchstaben und römischen Zahlen bezeichneten Posten enthält (§ 266 I S. 3 HGB). § 265 HGB und Erweiterungen der Mindestgliederung können aber eine weitere Untergliederung erforderlich machen.

Für *Einzelunternehmen und Personenhandelsgesellschaften*, die *nicht* unter das Publizitätsgesetz fallen, gibt es keine detaillierte Gliederungsvorschrift zur *Handelsbilanz*. In § 247 I HGB werden lediglich die elementaren Komponenten (Anlage-, Umlaufvermögen, Eigenkapital, Schulden, Rechnungsabgrenzungsposten) ohne Festlegung einer Reihenfolge genannt. Diese Mindestgliederung ist allerdings mit der Forderung verbunden, eine hinreichende Aufgliederung unter Beachtung der Grundsätze ordnungsmäßiger Buchführung (bzw. den darin enthaltenen Bilanzierungsgrundsätzen) vorzunehmen. So müssen beispielsweise Unterposten exakt begrifflich voneinander abgegrenzt, Saldierungen (Verrechnung/Zusammenfassung verschiedener Posten) vermieden und eine einmal gewählte Gliederung in Zukunft beibehalten werden. Außerdem wird diese Mindestgliederung noch durch eine Reihe von Sondervorschriften (z. B. §§ 249, 250, 251 HGB) ergänzt. Nach herrschender Meinung sollten die Gliederungsvorschriften für kleine Kapitalgesellschaften (§ 266 I S. 3 HGB) Anhaltspunkte für die Handelsbilanz von Einzelunternehmen und Personenhandelsgesellschaften sein.

Der Vollständigkeit halber sei noch erwähnt, dass für eine Reihe von *Branchen* (z. B. Kreditinstitute und Versicherungsunternehmen) gemäß § 330 HGB abweichende Bilanzgliederungen vorgesehen sind.

Für die Gliederung der *Steuerbilanz* gibt es keinerlei Vorschriften. Auch hierfür könnten die Gliederungsvorschriften für kleine Kapitalgesellschaften als Orientierungshilfe dienen.

4.3.2.4 Bewertungsvorschriften

Nachdem feststeht, ob ein Vermögensgegenstand oder eine Schuld bilanzierungsfähig (Ansatz) ist und unter welcher Bilanzposition er/sie zu erfassen ist (Ausweis), muss in einem letzten Schritt die Höhe des Bilanzansatzes (Bewertung) bestimmt werden. Die Frage nach der Höhe des Bilanzansatzes stellt sich *an jedem Stichtag*, an dem das betreffende Objekt bilanziert wird. Im Rahmen der Bewertung von Vermögensgegenständen und Schulden wird allgemein zwischen Zugangs- und Folgebewertungen unterschieden:

Im **Zugangszeitpunkt** kommen nach §§ 253 I und II HGB folgende Bewertungsmaßstäbe für Vermögensgegenstände und Schulden in Betracht:

Vermögensgegenstände	Schulden
Anschaffungskosten (§ 255 I HGB)	Erfüllungsbetrag (§ 253 I S. 2)
Herstellungskosten (§ 255 II, III HGB)	Barwert (§ 253 II HGB)
Beizulegender Zeitwert (§ 255 IV HGB)	Beizulegender Zeitwert (§ 255 IV HGB)

Abbildung 15: Bewertungsmaßstäbe bei Zugangsbewertung nach HGB

Vermögensgegenstände sind gemäß § 253 I HGB im Zugangszeitpunkt im Falle eines käuflichen Erwerbes zu ihren *Anschaffungskosten* (vgl. Abschnitt C 6) und bei Erstellung im Unternehmen zu ihren *Herstellungskosten* zu bewerten (vgl. Abschnitt C 9). Verbindlichkeiten und Rückstellungen werden nach § 253 II HGB mit ihrem *Erfüllungsbetrag* bewertet (vgl. Abschnitt D 6.2 und D 6.3). Hierunter versteht man den Betrag, den ein Schuldner zur Erfüllung der Verpflichtung aufwenden muss, wobei künftige Preis- und Kostensteigerungen zu berücksichtigen sind. Da bei einer Rückstellung Höhe oder Zeitpunkt der Verpflichtung mit Unsicherheit behaftet sind, ist hier auf den nach vernünftiger kaufmännischer Beurteilung geschätzten Erfüllungsbetrag abzustellen. Beträgt die (Rest-)Laufzeit einer Rückstellung mehr als ein Jahr, ist auf den *Barwert* dieser Verpflichtung abzustellen. Hier erfolgt eine Diskontierung des Erfüllungsbetrages (vgl. Abschnitt D 6.2.3.2).

Der *beizulegende Zeitwert* entspricht dem Marktpreis, der auf einem aktiven Markt ermittelbar ist oder im Falle des Fehlens eines aktiven Marktes nach allgemein anerkannten Bewertungsmethoden bestimmt werden kann. Dieser Bewertungsmaßstab kommt u.a. bei der Bewertung von wertpapiergebundenen Pensionszusagen zur Anwendung.

Im Zeitablauf eintretenden Wertänderungen von Vermögensgegenständen und Schulden wird innerhalb der **Folgebewertung** Rechnung getragen. Die Wertänderungen können dabei vielfältige Ursachen besitzen:

Bei Vermögensgegenständen wird der Werteverzehr durch Abschreibungen erfasst (vgl. Abschnitt D 2 und D 3). Bei *abnutzbaren Vermögensgegenständen* ist zwischen planmäßigen Abschreibungen und außerplanmäßigen Abschreibungen zu unterscheiden. Während *planmäßige Abschreibungen* dem „natürlichen" Werteverzehr Rechnung tragen sollen, dienen *außerplanmäßige Abschreibungen* der Berücksichtigung unvorhergesehener Wertminderungen. Die Pflicht zur Wertminderung begründet sich aus dem sog. *Niederstwertprinzip* (vgl. Ausführungen am Ende dieses Abschnitts) und ist für das Anlagevermögen (§ 253 III HGB; vgl. Abschnitt D 2.2.1.2) und Umlaufvermögen (§ 253 IV HGB; vgl. Abschnitt D 3.2.4) unterschiedlich streng geregelt. Demnach ist ein niedrigerer Wert als der aktuell in den Büchern stehende Wert (Buchwert) anzusetzen, wenn für Vermögensgegenstände des Umlaufvermögens ein niedrigerer beizulegender Wert bzw. Börsen- oder Marktpreis zu beobachten oder bei Vermögensgegenständen des Anlagevermögens von einer dauerhaften Wertminderung auszugehen ist. Fällt in späteren Perioden der Grund für eine außerplanmäßige Abschreibung weg, so besteht nach § 253 V HGB ein *generelles Wertaufholungsgebot*. Die Obergrenze für eine (Wert-)Zuschreibung bilden die ggf. um planmäßige und andere außerplanmäßige Abschreibungen verminderten Anschaffungs- bzw. Herstellungskosten (sog. *fortgeführte Anschaffungs- und Herstellungskosten*). Für einen im Wert geminderten derivativen Geschäftswert ist hingegen eine Wertaufholung in den Folgeperioden explizit ausgeschlossen (§ 253 V S. 2 HGB; vgl. Abschnitt D 2.3).

Die Folgebewertung von *Schulden* sieht eine planmäßige Erhöhung des Wertansatzes vor, wenn die Position ursprünglich zum Barwert angesetzt wurde. Der Wertansatz der Vorperiode muss um den entsprechenden Zinsanteil des Geschäftsjahres erhöht werden. Auch außerplanmäßige Werterhöhungen sind bei allen Schulden denkbar. In Analogie zum Niederstwertprinzip bei Vermögensgegenständen ist für Schulden ein höherer Wert anzusetzen, wenn zum Bilanzstichtag von einer höheren tatsächlichen Belastung auszugehen ist, als dies bislang im Buchwert zum Ausdruck kommt (*Höchstwertprinzip*; vgl. Abschnitt D 6.3.3 und Ausführungen am Ende dieses Abschnitts).

Im Zuge der Bewertung von Vermögensgegenständen und Schulden ist eine Reihe **allgemeiner Bewertungsgrundsätze** zu beachten. Von besonderer Bedeutung ist dabei das *Vorsichtsprinzip*, aus dem die bereits angesprochenen Niederst- und Höchstwertprinzipien hervorgehen. Dieses bedeutende Prinzip und weitere Grundsätze werden im Folgenden näher behandelt:

1. Grundsatz der Bilanzidentität

Dieser Grundsatz schützt gegen Bilanzmanipulationen und besagt, dass die Eröffnungsbilanz eines Jahres mit der Schlussbilanz des Vorjahres übereinstimmen muss (§ 252 I Nr. 1 HGB; für Details zu diesen Bilanztypen vgl. Abschnitt B 1 und B 2). Hieraus resultiert die sog. *Zweischneidigkeit der Bilanz*, d. h. die Tatsache, dass alle bilanzbezogenen Buchungen Auswirkungen auf die Bilanz und den Gewinn des Folgejahres (oder mehrerer Folgejahre) haben.

▷ Beispiel:
Eine gewinnmindernde außerplanmäßige Abschreibung auf eine Anlage im Jahr 2009 führt dazu, dass der Anfangswert im Jahr 2010 entsprechend niedriger, die Abschreibungsbasis der Folgejahre mithin entsprechend niedriger und der Gewinn bzw. die Gewinne ceteris paribus entsprechend höher sind.

2. Grundsatz der Bilanzkontinuität bzw. -stetigkeit

Die *formelle Bilanzstetigkeit* schreibt die Beibehaltung der Form und Gliederung von aufeinanderfolgenden Bilanzen und GuV-Rechnungen vor (§ 265 I HGB). Unter besonderen Umständen sind Abweichungen bei aufeinanderfolgenden Gliederungen möglich, die aber im Anhang anzugeben und zu begründen sind. Auch wenn dieser Grundsatz nur für Kapitalgesellschaften kodifiziert wurde, da nur für diese eine bestimmte Mindestgliederung vorgeschrieben ist, ist er dennoch für alle Rechtsformen gültig.

Materielle Bilanzstetigkeit verpflichtet den Bilanzierenden zur kontinuierlichen Anwendung der gleichen Bewertungsmethoden (planmäßig und systematisch vorgenommene Bewertung) in aufeinanderfolgenden Bilanzen (Gleichmäßigkeit der Bewertungsmethoden nach § 252 I Nr. 6 HGB). So sind beispielsweise eine Gruppenbewertung mit Durchschnittswerten (§ 256 HGB; vgl. Abschnitt D 3.2.2.2) oder die Einbeziehung der allgemeinen Verwaltungskosten in die Herstellungskosten (§ 255 II HGB; vgl. Abschnitt C 9.1) beizubehalten. Die Bilanzstetigkeit umfasst nach BilMoG nunmehr auch eine explizit formulierte *Ansatzstetigkeit* (§246 III HGB), also die Pflicht der stetigen Ausübung von Ansatzwahlrechten. Dies gewährleistet eine Vergleichbarkeit des Unternehmenserfolges und -vermögens im Zeitablauf.

3. Grundsatz der Fortführung der Unternehmenstätigkeit

Dieser auch als Going-Concern-Prinzip (§ 252 I Nr. 2 HGB) bezeichnete Grundsatz besagt, dass normalerweise die Fortführung der Geschäftstätigkeit in einem übersehbaren künftigen Zeitraum von mindestens einem Jahr nach dem Bilanzstichtag anzunehmen ist und daher bei der Bewertung der Vermögensgegenstände eine mögliche Veräußerung des Gesamtunternehmens oder dessen Liquidation in Einzelteilen („Zerschlagung") keine Beachtung findet. Abschläge, die bei Zerschlagung notwendig wären, um kurzfristig einen Käufer zu finden, dürfen daher beispielsweise nicht verrechnet werden. Damit werden abschlagsbedingte negative Auswirkungen auf die Werte von Vermögensgegenständen vermieden.

4. Grundsatz der Stichtagsbilanzierung

Die Bilanz ist als Zeitpunktrechnung stichtagsbezogen. Bilanzstichtag ist meist der 31.12. Es gibt aber auch vom Kalenderjahr abweichende Geschäftsjahre mit anderen Bilanzstichtagen (z. B. 30.06., 30.09.). Das Vermögen und auch die Finanzlage sind auf diesen Stichtag bezogen darzustellen (§ 252 I Nr. 3 HGB).

Es dürfen in der Bilanz nur alle *am Stichtag vorhandenen* Vermögensgegenstände und Schulden *mit ihrem Stichtagswert* angesetzt werden. Alle bis zum Stichtag verursachten Erfolgswirkungen sind zu berücksichtigen. Alle später angefallenen Ereignisse dürfen nicht mehr berücksichtigt werden. Gerade deswegen müssen auch Informationen über die Verhältnisse am Bilanzstichtag, die den Bilanzierenden erst zwischen Bilanzstichtag und -aufstellung erreichen, berücksichtigt werden (werterhellende Tatsachen; vgl. Abschnitt A 4.3.2.1).

5. Grundsatz der Einzelbewertung

Nach § 252 I Nr. 3 HGB und § 6 I Nr. 1 EStG sind alle Vermögensgegenstände zum Bilanzstichtag *einzeln* zu bewerten. Dies bedeutet nun aber nicht, dass z. B. jedes Bauteil eines Pkws einzeln zu bewerten ist, da diese Einzelteile nur zusammen funktionsfähig sind und ihren Wert nur im Gesamtzusammenhang erhalten. Die kleinste zu bewertende Einheit besteht daher aus mehreren Einzelteilen, die in einem sehr engen Funktions- und Nutzenzusammenhang stehen.

Ziel des Grundsatzes ist eine Verhinderung der Verrechnung von positiven und negativen Wertänderungen bei verschiedenen Vermögensgegenständen (Gewährleistung der Nachvollziehbarkeit der Bewertung für Dritte und Schutz vor Bilanzmanipulation) sowie eine Erreichung größerer Genauigkeit bei der Bewertung. Aus Wirtschaftlichkeitsgründen sind in der Praxis jedoch folgende *Ausnahmen* von diesem Grundsatz üblich und zulässig:

- Gruppenbewertung: gleichartige Güter werden zu einer Gruppe zusammengefasst und als Gruppe bewertet (§ 240 IV HGB; vgl. Abschnitt D 3.2.1 - 3.2.2)
- Festbewertung: Festwert für eine Gruppe von Gegenständen: z. B. Schrauben, Hotelporzellan (§ 240 III HGB; vgl. Abschnitt D 3.2.1 - 3.2.2)
- Verbrauchsfolgeverfahren bei der Vorratsbewertung (§ 256 S. 1 HGB; vgl. Abschnitt D 3.2.1 - 3.2.2)
- Pauschalwertberichtigungen bei einwandfreien Forderungen (vgl. Abschnitt D 3.3.5)
- Pauschale Garantierückstellungen (vgl. Abschnitt D 6.2)

Ferner darf vom Grundsatz der Einzelbewertung gemäß § 254 HGB abgewichen werden, um sog. **Bewertungseinheiten** zu bilden. Ziel der Bildung von Bewertungseinheiten ist eine Verbesserung der Darstellung der Vermögens-, Finanz- und Ertragslage. Zu einer Bewertungseinheit können zum einen Vermögensgegenstände, Schulden, schwebende Geschäfte oder mit hoher Wahrscheinlichkeit erwartete Transaktionen (*Grundgeschäfte*) sowie zum anderen Finanzinstrumente oder Warentermingeschäfte (*Sicherungsgeschäfte*) zusammengefasst werden. Die Bildung einer Bewertungseinheit ist nur dann und nur solange zulässig, wie sich eventuelle Wertänderungen eines Grundgeschäftes durch gegenläufige Wertänderungen eines Sicherungsgeschäfts ausgleichen. Mittels solcher Sicherungsgeschäfte können Zins-, Währungs-, Delkredere- oder Preisrisiken aus den entsprechenden Grundgeschäften abgesichert werden.

Beispiel:

Ein Unternehmen verkauft Produktionsmaschinen nach Nordamerika. Die Rechnung lautet vereinbarungsgemäß auf US-Dollar. Da das Zahlungsziel 1 Jahr beträgt, schließt das Unternehmen zur Absicherung des bestehenden Fremdwährungsrisikos einen sog. Währungsswap ab. Bei einer Verschlechterung der Euro/Dollar-Relation würde das Unternehmen aus dem Verkauf der Maschine (Grundgeschäft) einen Währungsverlust erleiden. Gleichzeitig würde jedoch der Wert des Währungsswaps (Sicherungsgeschäft) steigen. Sofern sich Wertverlust beim Grundgeschäft und Wertgewinn Sicherungsgeschäft vollkommen gegeneinander ausgleichen, ergibt sich letztendlich keinerlei Wirkung auf die GuV und auch nicht auf die Bilanzsumme. Zur besseren Abbildung der Nettoeffekte aus solchen Transaktionen wird von der Einzelbewertung beider Geschäfte abgewichen und Grundgeschäft und Sicherungsgeschäft zu einer Bewertungseinheit zusammengefasst.

6. Grundsatz der vorsichtigen Bewertung

Der Grundsatz der vorsichtigen Bewertung (§ 252 I Nr. 4 HGB) - auch bezeichnet als Vorsichtsprinzip - besagt, dass der Jahresabschluss alle vorhersehbaren Risiken, die zum Bilanzstichtag bestehen, berücksichtigen und die Vermögens-, Finanz- und Ertragslage vorsichtig abbilden muss. Der Kaufmann soll sich tendenziell ärmer als reicher darstellen. Dabei dürfen aber die Grundsätze der Richtigkeit und Willkürfreiheit nicht verletzt werden. Dies bedeutet, dass der Kaufmann nicht durch ungerechtfertigte Wertansätze nach Belieben die Bilanz und GuV-Ausweise steuern darf. Insbesondere darf es nicht möglich sein, durch die Legung bzw. Auflösung stiller Reserven (vgl. Abschnitt D 5.2.3.1) die Höhe des Gewinns zu steuern, um so z. B. die Dividendenausschüttung an die Aktionäre zu beeinflussen.

Im Jahresabschluss sind neben vergangenheitsbezogenen Werten auch Werte einzubeziehen, die sich auf (unsichere) Erwartungen zukünftiger (Wert-)Entwicklungen gründen. Das **Vorsichtsprinzip (i. e. S.)** beinhaltet insbesondere die Forderung, bei der Bestimmung dieser zukunftsbezogenen Werte zurückhaltend (vorsichtig) vorzugehen. Die Art der vorliegenden Daten determiniert dabei erheblich die Vorgehensweise. Handelt es sich z. B. nur um subjektive Erwartungen auf Basis vergangener Ereignisse, so ist der Wert anzusetzen, der mit dem höchsten erfolgsmindernden Effekt einhergeht. Hierdurch wird einer zu hohen (Dividenden-)Ausschüttung entgegengewirkt. Im Falle einer Verfügbarkeit statistischer Daten wäre hingegen zur Prognose eines künftigen Wertes der Erwartungswert heranzuziehen.

Das **Vorsichtsprinzip (i. w. S.)** wird durch weitere Prinzipien konkretisiert bzw. ergänzt. Ihr Zusammenwirken kann wie folgt systematisiert werden:

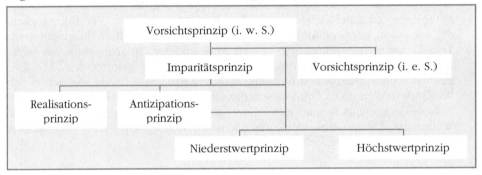

Abbildung 16: Vorsichtsprinzip

Die in Abbildung 16 dargestellten, das Vorsichtsprinzip (i. w. S.) konkretisierenden Prinzipien sollen nachfolgend von „unten nach oben" erläutert werden:

A. Niederstwertprinzip

Das Niederstwertprinzip ist in § 253 III und IV HGB verankert. Demzufolge müssen Vermögensgegenstände des Umlaufvermögens grundsätzlich auf einen niedrigeren Wert abgeschrieben werden, sofern der Stichtagswert bzw. der am Bilanzstichtag beizulegende Wert unterhalb des Buchwertes am Bilanzstichtag liegt (*strenges Niederstwertprinzip;* vgl. Abschnitt D 3.1.2). Vermögensgegenstände des Anlagevermögens sind hingegen nur dann abzuschreiben, wenn es sich um eine dauerhafte Wertminderung handelt (*gemildertes Niederstwertprinzip;* vgl. Abschnitt D 2.2.1.2)

Beispiel:
Eine Aktie, welche zu Anschaffungskosten von 50,00 Euro zur langfristigen Geldanlage eingekauft wurde, hat zum Bilanzstichtag einen Kurs (inkl. Nebenkosten bei Veräußerung) von 10,00 Euro. Da davon ausgegangen wird, dass diese Wertminderung von Dauer ist, muss die Aktie in der Bilanz auf 10,00 Euro abgewertet (abgeschrieben) werden (§ 253 III S. 3 HGB).

B. Höchstwertprinzip

In Analogie zu dem für Aktivposten geltenden Niederstwertprinzip lässt sich auf Basis des Imparitätsprinzips (vgl. nachfolgende Ausführungen) für die Fremdkapitalposten ein Höchstwertprinzip ableiten. Nach diesem Höchstwertprinzip ist der Wertansatz von Verbindlichkeiten und Rückstellungen grundsätzlich in all jenen

Fällen aufzustocken, in denen die künftige wirtschaftliche Belastung oberhalb des bisher angesetzten Erfüllungsbetrages liegt.

▷ Beispiel:
Am 01.01. des Geschäftsjahres wurde ein endfälliger Fremdwährungskredit mit Laufzeit von 3 Jahren in Höhe von 1 Mio. US-Dollar (Devisenkassamittelkurs gemäß § 256a S. 1 HGB: 1,00 Euro = 1,00 US-Dollar) aufgenommen. Zum Bilanzstichtag liegt der Wechselkurs bei 1,25 Euro = 1,00 US-Dollar. Das Darlehen ist nun aufgrund des Höchstwertprinzips nicht länger mit 1 Mio. Euro sondern mit 1,25 Mio. Euro in der Bilanz anzusetzen.

C. Antizipationsprinzip

Ziel des Antizipationsprinzips ist die Vorwegnahme absehbarer Verluste, die ihren Urprung in einem vergangenen Ereignis haben. Es schlägt sich insbesondere im § 249 I S. 1 HGB nieder, der die Bildung einer sog. *Rückstellung für drohende Verluste aus schwebenden Geschäften* regelt. Eine solche Rückstellung ist in den Fällen zu bilden, in denen beispielsweise ein Verlust bzw. Teilverlust bei der späteren Erfüllung eines bereits abgeschlossenen Kaufvertrages droht, da sich Preise oder Kosten inzwischen ungünstig entwickelt haben bzw. voraussichtlich entwickeln werden. Rückstellungen sind insofern für absehbare Verluste aus beiderseitig noch nicht erfüllten, aber am Bilanzstichtag bereits rechtswirksam abgeschlossenen Verträgen (sog. schwebende Geschäfte) gewinnmindernd zu bilden.

▷ Beispiel:
Ein PC-Händler bestellt 20 Komplettrechner zu einem Festpreis von 1.100,00 Euro aus Korea. Weder Lieferung noch Bezahlung sind bisher erfolgt. Da der Verkaufspreis auf dem deutschen Markt bis zum Bilanzstichtag auf 1.000,00 Euro gesunken ist, droht je Gerät ein Verlust von 100,00 Euro, sodass gemäß § 249 I S. 1 HGB eine Rückstellung in Höhe von 2.000,00 Euro für die gesamte Transaktion zu bilden ist.

D. Realisationsprinzip

Das Realisationsprinzip beantwortet einerseits die Frage, in welchem Jahr Erträge anfallen, denen dann die Aufwendungen nach dem Grundsatz der Periodenabgrenzung (sachliche Abgrenzung; vgl. Abschnitt A 4.3.2.1) zugeordnet werden. Somit wird durch das Realisationsprinzip und das Prinzip der Periodenabgrenzung letztlich geregelt, in welchem Jahr der Gewinn aus einem Geschäft zu verbuchen ist. Andererseits bestimmt das Realisationsprinzip auch, mit welchem Wert noch nicht abgesetzte Güter in der Bilanz auszuweisen sind.

Das Realisationsprinzip besagt, dass Gewinne erst ausgewiesen werden dürfen, wenn sie durch Umsätze verwirklicht worden sind. Im Umkehrschluss bedeutet dies folglich, dass Gewinne, die am Bilanzstichtag noch nicht realisiert worden sind, im Jahresabschluss nicht ausgewiesen werden dürfen.

Eine Forderung gilt in dem Zeitpunkt als entstanden bzw. ein Gewinn als realisiert in dem der Gefahrenübergang erfolgt und damit die Lieferung erbracht wurde. Der Zeitpunkt der Rechnungserteilung hat diesbezüglich keinerlei Bedeutung.

Bis zum Zeitpunkt der Lieferung (Gefahrenübergang) sind noch nicht abgesetzte Güter unter Anwendung des sog. *Anschaffungswertprinzips* (§ 253 I S. 1 HGB) zu bilanzieren. Hiernach sind vor dem Realisationszeitpunkt alle Gegenstände, die von Dritten bezogen wurden, höchstens mit den Anschaffungskosten (ggf. abzüglich

Abschreibungen), und alle Gegenstände oder Leistungen, die das Unternehmen selbst erstellt und noch auf Lager hat, lediglich mit den Kosten der Herstellung zu bewerten. Dies gilt selbst dann, wenn bald mit Gewinn verkauft werden soll. Man bezeichnet in diesem Zusammenhang die *Anschaffungs- und Herstellungkosten* auch als *Wertobergrenze* der Aktiva. Diese Wertobergrenze bewirkt letztlich, dass noch nicht realisierte Erträge keinen Eingang in Bilanz und GuV finden.

Beispiel:
Eine Unternehmung hat zum Preis von je 10,00 Euro (inkl. Nebenkosten) Aktien gekauft. Zum Bilanzstichtag liegt der Kurs (inkl. Nebenkosten) nun bei 15,00 Euro. Die Aktien sind weiterhin mit je 10,00 Euro in der Bilanz anzusetzen, da der Gewinn von 5,00 Euro je Aktie erst bei Verkauf realisiert werden würde.

E. Imparitätsprinzip

Das Prinzip der Periodenabgrenzung und das Realisationsprinzip bewirken, dass eine Erfolgswirkung (ein Gewinn) erst dann eintritt, wenn diese als realisiert gilt. Der Grundsatz „Erfolgswirkung erst bei Realisation" wird durch das auf dem Vorsichtsprinzip basierende Imparitätspinzip modifiziert bzw. ergänzt. Vom lateinischen „impar" (ungleich) abgeleitet, besagt dieses Prinzip, dass unrealisierte Verluste anders zu behandeln sind als unrealisierte Gewinne.

Nach dem Imparitätsprinzip sind bis zum Abschlussstichtag verursachte drohende Verluste bzw. Wertminderungen bereits vor ihrem tatsächlichen Eintreten zu berücksichtigen bzw. auszuweisen, wogegen unrealisierte Gewinne bis zu deren Realisation unberücksichtigt bleiben müssen. Basierend auf dem Beispiel zum Antizipationsprinzip ist der Zusammenhang noch einmal in Abbildung 17 verdeutlicht.

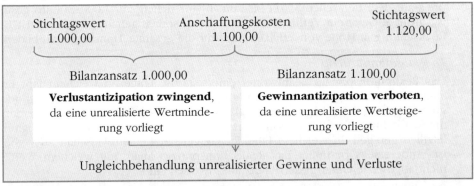

Abbildung 17: Imparitätsprinzip

Die Frage, ob aufgrund des Imparitätsprinzips auch Informationen und Ereignisse nach dem Bilanzstichtag zu berücksichtigen sind, wird im § 252 I Nr. 4 HGB beantwortet. Solange die Bilanz noch nicht fertig aufgestellt ist, sind Risiken und Verluste, die vor dem Abschlussstichtag wirtschaftlich verursacht worden sind und nach diesem bekannt werden (werterhellende Tatsachen; vgl. Abschnitt A 4.3.2.1) zu berücksichtigen. Wertbegründende Tatsachen (vgl. Abschnitt A 4.3.2.1) dürfen hingegen wegen des Stichtagsprinzips nicht einbezogen werden.

4.3.2.5 Maßgeblichkeit der Handelsbilanz für die Steuerbilanz

Handelsrechtliche Vorschriften sind grundsätzlich auch für die Erstellung der Steuerbilanz (und der steuerlichen Gewinn- und Verlustrechnung) relevant, es sei denn, im Steuerrecht sind abweichende Vorschriften enthalten (§ 5 I S. 1 EStG). Dieser Sachverhalt wird als Grundsatz der **Maßgeblichkeit der Handelsbilanz für die Steuerbilanz** bezeichnet. Man kann also sagen, dass grundsätzlich alle handelsrechtlichen Vorschriften (Ansatz, Ausweis, Bewertung) wie beispielsweise Aktivierungs- und Passivierungsverbote oder Aktivierungs- und Passivierungspflichten auch für die Steuerbilanz relevant sind. Aktivierung ist dabei der Ansatz eines *Vermögensgegenstands (Handelsrecht)* bzw. eines *Wirtschaftsguts (Steuerrecht)* auf der Aktivseite der Bilanz. Passivierung ist der Ansatz einer Schuld auf der Passivseite der Bilanz. Besteht also beispielsweise die Pflicht, einen Pkw in die Handelsbilanz aufzunehmen, so ist dieser auch in die Steuerbilanz aufzunehmen, sofern dies nicht durch eine steuerliche Sondervorschrift verboten wird.

AKTIVA		PASSIVA	
Handelsbilanz	Steuerbilanz	Handelsbilanz	Steuerbilanz
Ansatzpflicht →	Ansatzpflicht	Ansatzpflicht →	Ansatzpflicht
Ansatzverbot →	Ansatzverbot	Ansatzverbot →	Ansatzverbot
Ansatzwahlrecht →	Ansatzpflicht	Ansatzwahlrecht →	Ansatzverbot

Abbildung 18: Maßgeblichkeit und Durchbrechung der Maßgeblichkeit

Liegt im Handelsrecht aber ein Ansatzwahlrecht vor, so wird daraus in der Steuerbilanz eine Ansatzpflicht (Aktiva) bzw. ein Ansatzverbot (Passiva). Man spricht hierbei auch von einer **Durchbrechung der Maßgeblichkeit**. Sie liegt immer dann vor, wenn eine steuerrechtliche Vorschrift dem Handelsrecht entgegenstehende Regelungen vorsieht. Diese Durchbrechung ist z. B. gegeben bei

- der Passivierungspflicht für „Drohverlustrückstellungen" (vgl. Abschnitt D 6.2.2) in der Handelsbilanz (§ 249 I HGB), dem ein Passivierungsverbot in der Steuerbilanz (§5 IV a EStG) gegenübersteht,
- verschiedenen Bilanzierungswahlrechten, wenn aus bestimmten handelsrechtlichen Aktivierungswahlrechten steuerrechtliche Aktivierungsgebote werden (z. B. beim Disagio gemäß § 250 III HGB i. V. m. § 5 V EStG; vgl. Abschnitt D 4.2.1.2),
- den Wertansatzwahlrechten, weil z. B. bei Ermittlung der Herstellungskosten in der Steuerbilanz bestimmte Kostenarten einbezogen werden müssen, für die nach Handelsrecht ein Wertansatzwahlrecht eingeräumt wird (vgl. Abschnitt C 9.1).

Grundsätzlich gilt, dass Wertansätze der Handelsbilanz nur dann in die Steuerbilanz übernommen werden können, wenn sie den steuerrechtlichen Bewertungsregeln entsprechen. Sind also die handelsrechtlichen Wertansätze auf Grund strengerer steuerlicher Vorschriften nicht zulässig, gehen für die Steuerbilanz die steuerlichen Vorschriften vor. Dies führt zu voneinander abweichenden Handels- und Steuerbilanzen (und damit ggf. zu latenten Steuern; vgl. Abschnitt D 7).

4.4 Gewinn- und Verlustrechnung

4.4.1 Grundlegendes

Die Gewinn- und Verlustrechnung (GuV) ist neben der Bilanz Bestandteil des Jahresabschlusses (§ 242 II HGB). Sie stellt die Erträge und Aufwendungen des Geschäftsjahres gegenüber und ist somit eine **Periodenerfolgsrechnung**. Der gesamte Erfolg einer Periode spiegelt sich in der Bilanz als Veränderung des Eigenkapitals (zwischen Jahresanfang und -ende) wider. Die GuV bildet hiervon jedoch nur den Teil ab, der durch die betrieblichen Aktivitäten erwirtschaftet wurde. Darüber hinaus können Eigenkapitalveränderungen durch Einlagen und Entnahmen von Kapital seitens der Unternehmenseigner (vgl. Abschnitt C 13) bewirkt werden. Der Zusammenhang zwischen Bilanz und GuV stellt sich wie folgt dar:

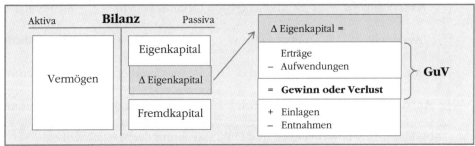

Abbildung 19: Zusammenhang Bilanz und GuV

In der GuV wird die erwirtschaftete Eigenkapitalveränderung näher erklärt. Sie liefert nicht nur Informationen über die Ertragslage des Unternehmens, sondern legt auch die Struktur des Erfolges offen. Durch die erfolgswirksame Erfassung von Geschäftsvorfällen auf verschiedenen Aufwands- und Ertragskonten der GuV wird die Zusammensetzung und Herkunft des Periodenerfolgs näher ersichtlich.

4.4.2 Struktur und Inhalt der Gewinn- und Verlustrechnung

Nach § 275 HGB darf die GuV entweder nach dem *Gesamtkostenverfahren* (Produktionserfolgsrechnung) oder nach dem *Umsatzkostenverfahren* (Absatzerfolgsrechnung) gestaltet werden. Diese beiden Verfahren werden nach Behandlung der allgemeinen Buchungstechnik in den Abschnitten B 3.6 und D 3.2.3 näher erklärt.

Allgemein kann die GuV in Staffelform oder Kontenform aufgestellt werden. Bei der **Staffelform** sind die Erträge und Aufwendungen wie in Abbildung 20 untereinander angeordnet. Wie man erkennt, erfolgt bei der Ergebnisermittlung eine *Erfolgsaufspaltung*. Betriebstypische oder regelmäßig anfallende Erfolgskomponenten fließen in das Ergebnis der gewöhnlichen Geschäftstätigkeit (auch ordentliches Ergebnis genannt) ein, welches sich aus Betriebs- und Finanzergebnis zusammensetzt. Betriebsuntypische und unregelmäßig anfallende Erfolgskomponenten spie-

4. Ergebnis der Finanzbuchhaltung

geln sich im außerordentlichen Ergebnis wieder. Ordentliches und außerordentliches Ergebnis ergeben den Jahresüberschuss/-fehlbetrag vor Ertragsteuern.

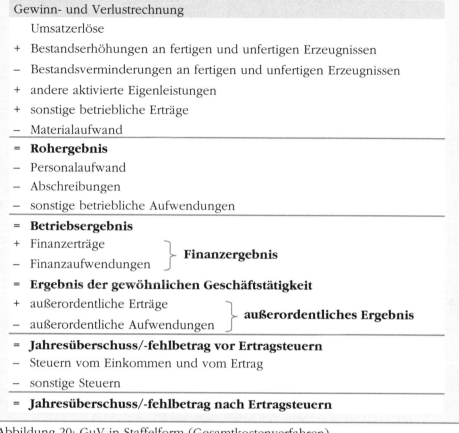

Abbildung 20: GuV in Staffelform (Gesamtkostenverfahren)

Die einzelnen Komponenten der GuV sollen nun im Überblick näher betrachtet werden. Im weiteren Verlauf des Buches werden diese noch vertieft (vgl. im Folgenden angegebene Kapitelverweise).

- **Umsatzerlöse** enthalten die Nettoerträge (ohne Umsatzsteuer) aus dem Absatz (vgl. Abschnitt C 4.2), der Vermietung oder Verpachtung der betrieblichen Leistungen aus der gewöhnlichen Geschäftstätigkeit der Gesellschaft, also der Erzeugnisse, Waren oder Dienstleistungen (§ 277 I HGB).
- Bei unfertigen und fertigen Erzeugnissen ergeben sich im Industriebetrieb von Bilanzstichtag zu Bilanzstichtag Veränderungen des Lagerbestandes. Um ein aussagekräftiges Jahresergebnis ermitteln zu können, sind **Lagerbestandserhöhungen** (als Ertrag) und **Lagerbestandsverminderungen** (als Aufwand) zu buchen (vgl. Abschnitt C 2.3.7, C 2.4.4 und D 3.2.3).
- Unter **aktivierten Eigenleistungen** (vgl. Abschnitt C 9) versteht man selbst erstellte Gegenstände des Anlagevermögens. Dies können z. B. Maschinen,

Anlagen, Gebäude sein, die das Unternehmen üblicherweise für Kunden erstellt, jedoch selbst als Produktionsmittel zu nutzen beabsichtigt.

- Unter den **sonstigen betrieblichen Erträgen** (z. B. Mieterträge bei einem Industriebetrieb) sind Erträge zusammengefasst, die weder aus dem Absatz der betrieblichen Leistungen noch aus dem Finanzanlagevermögen herrühren und auch keine außerordentlichen Erträge sind.

- Zum **Materialaufwand** (vgl. Abschnitt C 2.3 und C 2.4) gehören Aufwendungen für Roh-, Hilfs- und Betriebsstoffe, für bezogene Waren und für bezogene Dienstleistungen.

- Dem **Personalaufwand** (vgl. Abschnitt C 3.3) sind Löhne und Gehälter, soziale Abgaben und Aufwendungen für Altersversorgung/Unterstützung (z. B. Zahlungen an Unterstützungskassen, Bildung von Pensionsrückstellungen) zuzuordnen.

- Die **Abschreibungen** (vgl. Abschnitt D 2) sind untergliedert in
    - Abschreibungen auf immaterielle Vermögensgegenstände des Anlagevermögens und Sachanlagen, sowie
    - Abschreibungen auf Vermögensgegenstände des Umlaufvermögens, soweit diese die in der Kapitalgesellschaft üblichen Abschreibungen (je nach Branche und Unternehmensgröße unterschiedlich) überschreiten.

    Außerplanmäßige Abschreibungen gemäß § 253 III S. 3 und 4 HGB auf das Anlagevermögen sind nach § 277 III HGB gesondert auszuweisen oder näher im Anhang zu beschreiben. Entsprechendes gilt für außerplanmäßige Abschreibungen im Umlaufvermögen gemäß § 253 IV S. 2 HGB.

- Unter den **sonstigen betrieblichen Aufwendungen** (z. B. Verluste aus dem Abgang von Gegenständen des Anlagevermögens, Zuführung zu Rückstellungen) sind Aufwendungen zusammengefasst, die weder aus dem Absatz der betrieblichen Leistungen noch aus dem Finanzanlagevermögen herrühren, oder außerordentliche Aufwendungen sind.

- **Finanzerträge** umfassen
    - *Erträge aus Beteiligungen* (vgl. Abschnitt C 10): Dazu zählen Dividenden oder Gewinnanteile aus Beteiligungen (§ 271 I HGB) an Kapital- oder Personenhandelsgesellschaften. Bei erhaltenen Gewinnausschüttungen von Kapitalgesellschaften ist der Beteiligungsertrag einschließlich der anrechenbaren Kapitalertragsteuer zu erfassen.
    - *Erträge aus anderen Wertpapieren und Ausleihungen des Finanzanlagevermögens* (vgl. Abschnitt C 10): Hierzu gehören Dividenden von Unternehmen, zu denen kein Beteiligungsverhältnis besteht, Zinsen aus festverzinslichen Wertpapieren sowie Zinsen aus langfristigen Darlehensvergaben.
    - *Sonstige Zinsen und ähnliche Erträge* (vgl. Abschnitt C 11): Hierunter fallen z. B. Zinseinnahmen aus Bankguthaben und kurzfristig gewährten Darlehen sowie Disagioerträge und Provisionserträge aus Finanzgeschäften.

4. Ergebnis der Finanzbuchhaltung

- **Finanzaufwendungen** umfassen
  - *Abschreibungen auf Finanzanlagen und auf Wertpapiere des Umlaufvermögens* (vgl. Abschnitt D 2.2 und D 3.4): Es handelt sich hierbei beispielsweise um außerplanmäßige Abschreibungen auf Finanzanlagen nach § 253 III S. 4 HGB (gemildertes Niederstwertprinzip) oder um außerplanmäßige Abschreibungen auf Wertpapiere des Umlaufvermögens nach § 253 IV S. 1 und 2 HGB (strenges Niederstwertprinzip).
  - *Zinsen und ähnliche Aufwendungen* (vgl. Abschnitt C 11): Hierunter fallen Zinsausgaben aus Bankschulden, aus kurzfristigen Darlehensverbindlichkeiten u.ä. sowie Disagioaufwendungen, Provisionsaufwendungen und Bankspesen aus Finanzgeschäften.

- **Außerordentliche Aufwendungen und Erträge** sind solche, die außerhalb der gewöhnlichen Geschäftstätigkeit der Gesellschaft anfallen (§ 277 IV HGB). Sie kommen nicht regelmäßig vor, sind ggf. einem anderen Geschäftsjahr zuzurechnen (z. B. Steuernachzahlung oder -rückerstattung) und müssen eine nicht unbeträchtliche Höhe aufweisen.

- Aufwendungen für Gewerbeertragsteuer, Körperschaftsteuer und Solidaritätszuschlag sind unter dem Posten **Steuern vom Einkommen und vom Ertrag** zu finden. Private Steuerschulden (z. B. Einkommensteuer eines Einzelkaufmanns oder der Gesellschafter einer Personenhandelsgesellschaft) gehören nicht dazu.

- Unter dem letzten Punkt **sonstige Steuern** werden alle nicht gewinnabhängigen betrieblichen Steuern (z. B. Kraftfahrzeugsteuer, Grundsteuer) erfasst.

Bei der **Kontenform** werden die Aufwendungen und Erträge einander gegenüber gestellt (vgl. Abbildung 21). Für Kapitalgesellschaften und haftungsbeschränkte Personengesellschaften (z. B. GmbH & Co. KG) ist aber lediglich die GuV in Staffelform zugelassen (§ 275 HGB). Der *Jahresgewinn* ergibt sich bei der Kontenform allgemein als Differenz aller Erträge und aller Aufwendungen (vgl. dazu auch Abschnitt B 3.1). Aus dieser Kontenform kann dann schließlich die gesetzlich vorgeschriebene Staffelform abgeleitet werden.

Aufwendungen	GuV 20..	Erträge
Bestandsverminderungen		Umsatzerlöse
Materialaufwendungen		Bestandserhöhungen
Personalaufwendungen		Sonstige Erträge
Abschreibungen		
Sonstige Aufwendungen		
Jahresgewinn		

Abbildung 21: GuV in T-Konten-Form (Gesamtkostenverfahren)

4.5 Anhang

Da die Bilanz und die GuV nur quantitative Informationen enthalten und damit für sich allein oft wenig aussagekräftig sind, sollte der Jahresabschluss zusätzliche Informationen zur Erläuterung und Darstellung der Ertrags-, Finanz- und Vermögenslage enthalten. Diese Anforderung erfüllt der sog. **Anhang**. Die Bilanz und die GuV von *Kapitalgesellschaften, haftungsbeschränkten Personengesellschaften* und *nach PublG rechnungslegungspflichtiger Unternehmen* sind nach § 264 I HGB um einen Anhang zu erweitern. Dieser erfüllt folgende Funktionen:

- **Erläuterung** der Bilanz und GuV:

  Gemäß §§ 246 III und 252 I Nr. 6 HGB sind die einmal gewählten Ansatz- und Bewertungsmethoden beizubehalten (Stetigkeitsgrundsatz). Es sind daher beispielsweise die angewandten Bilanzierungs- und Bewertungsmethoden zu erklären sowie Abweichungen zum Vorjahr zu begründen.

- **Korrektur**funktion:

  Korrekturen des Bildes der Vermögens-, Finanz- und Ertragslage, die aufgrund besonderer Umstände erforderlich sind, werden aufgeführt.

- **Entlastung** von Bilanz und GuV:

  Bestimmte Informationen werden aus Bilanz oder GuV in den Anhang verlagert (z. B. konkrete Laufzeiten von Forderungen und Verbindlichkeiten).

- **Ergänzung** von Bilanz und GuV:

  Zusätzliche Informationen, die nicht in Bilanz oder GuV enthalten sind (z. B. Anzahl der Beschäftigten), werden in den Anhang aufgenommen.

Konkret beinhaltet der Anhang beispielsweise folgende Informationen (§§ 284 f. HGB und § 160 AktG):

- Erläuterungen zu Bilanz und GuV:
  - Angewandte Ansatz- und Bewertungsmethoden
  - Änderung der bisherigen Ansatz- und Bewertungsmethoden
  - Vorjahreszahlen
  - Gesamtbetrag der Verbindlichkeiten mit einer Restlaufzeit > 5 Jahre
  - Verbindlichkeiten gegenüber Gesellschaftern
  - Haftungsverhältnisse (Wechsel, Bürgschaften)
  - Aufgliederung zusammengefasster Positionen
  - Angaben zu Forschungs- und Entwicklungskosten bei Aktivierung selbst geschaffener immaterieller Vermögensgegenstände des Anlagevermögens gemäß § 248 II HGB
  - Aufgliederung Umsatzerlöse nach Tätigkeitsbereich sowie nach geografisch bestimmten Märkten
- zusätzliche Informationen:
  - sonstige finanzielle Verpflichtungen
  - durchschnittliche Arbeitnehmerzahl

- Mitglieder der Geschäftsführung (mit Angaben über deren Bezüge)
- Beteiligungen an verbundenen Unternehmen
- Gewinnverwendungsvorschlag
- Anlagengitter (vgl. Abschnitt D 8.1):

§ 268 II HGB fordert für Kapitalgesellschaften eine Darstellung der Entwicklung des Anlagevermögens (sog. **Anlagengitter/Anlagespiegel**) in Anhang oder Bilanz. Es sind hierbei mindestens die historischen Anschaffungs- und Herstellungskosten, Zugänge, Abgänge, Umbuchungen, Zuschreibungen und kumulierten Abschreibungen darzustellen.

Der Jahresabschluss einer kapitalmarktorientierten Kapitalgesellschaft, die nicht zur Aufstellung eines Konzernabschlusses verpflichtet ist, muss gemäß § 264 I S. 2 HGB neben Bilanz, Gewinn- und Verlustrechnung und Anhang eine sog. **Kapitalflussrechnung** (Darstellung der Kapitalzu- und -abflüsse; vgl. Abschnitt D 8.2) sowie einen sog. **Eigenkapitalspiegel** (Darstellung der Entwicklung des Eigenkapitals; vgl. Abschnitt D 8.3) und wahlweise eine Segmentberichterstattung enthalten.

4.6 Lagebericht

Nach § 264 I HGB sind *große und mittelgroße Kapitalgesellschaften* zur Erstellung eines **Lageberichts** verpflichtet, kleine Kapitalgesellschaften davon befreit. Aufstellungspflichtig sind auch *große und mittelgroße haftungsbeschränkte Personenhandelsgesellschaften* sowie *nach PublG rechnungslegungspflichtige Unternehmen*.

Der Lagebericht erfüllt gegenüber den Adressaten des Jahresabschlusses eine Rechenschafts- und Informationsfunktion, da er sowohl Einblick in die gegenwärtige als auch in die zukünftige wirtschaftliche Lage (insbesondere die Risiken) des Unternehmens gewährt. Nach § 289 HGB soll der Lagebericht ein den tatsächlichen Verhältnissen entsprechendes Bild vermitteln. Zum **Mindestinhalt** zählen beispielsweise folgende Bestandteile:

- Wirtschaftsbericht (Geschäftsverlauf und Lage):
    - Rahmenbedingungen (gesamtwirtschaftliche und Branchensituation)
    - Unternehmenssituation (Beschaffung, Produktion, Absatz, Auftragslage, Organisation, Verwaltung, rechtliche Unternehmensstruktur etc.)
    - finanzielle Leistungsindikatoren (Ergebnisentwicklung, Ergebniskomponenten, Liquidität, Kapitalausstattung etc.)
    - nichtfinanzielle Leistungsindikatoren (Umweltbelange, Entwicklung des Kundenstammes, Humankapital, gesellschaftliche Reputation etc.)
- Prognose- und Risikobericht (voraussichtliche Entwicklung mit wesentlichen Chancen und Risiken nebst Angabe der zugrunde liegenden Annahmen):
    - Chancen- und Risikokategorien (Naturereignisse, rechtliche, wirtschaftliche und politische Rahmenbedingungen, Technologie, Beschaffungs-, Absatz- und Kapitalmarkt, Aufbau- und Ablauforganisation etc.)
    - Internes Kontroll- und Risikomanagementsystem (Pflicht zur Beschreibung des Systems für kapitalmarktorientierte Unternehmen (Kapital- und gleichgestellte Personenhandelsgesellschaften) nach § 289 V HGB)

- Nachtragsbericht (besondere Vorgänge nach Schluss des Geschäftsjahres wie z. B. Abschluss wichtiger Verträge)
- Forschungs- und Entwicklungsbericht (Ziele, Schwerpunkte, Investitionen, Mitarbeiter, Ergebnisse etc.)
- Zweigniederlassungsbericht (Orte und Tätigkeitsfelder der Niederlassungen, Veränderungen gegenüber dem Vorjahr)
- Ergänzungsbericht (bei Aktiengesellschaften gemäß § 312 I und III AktG: Beziehungen zu verbundenen Unternehmen, Abhängigkeitsverhältnisse)
- Unternehmensführungsbericht (Pflicht zur Erklärung der Unternehmensführung nach § 289a HGB für börsennotierte Aktiengesellschaften innerhalb des Lageberichts oder durch dortigen Verweis auf die Verfügbarkeit im Internet)

Des Weiteren sind im sog. *Zusatzbericht* weitere freiwillige Angaben möglich. Dazu zählen z. B. Mehrjahresübersichten zu Bilanzdaten, Ergebnisdaten, Liquiditäts-, Effizienz-, Rentabilitäts- und Liquiditätskennzahlen, Dividende oder Aktienkurs.

B. Technik der Buchführung

In Kapitel A wurden der Jahresabschluss und die bei seiner Aufstellung zu beachtenden Grundsätze diskutiert. Um im Detail zu sehen, wie die einzelnen Komponenten des Jahresabschlusses (insbesondere Bilanz und Gewinn- und Verlustrechnung) entstehen, werden Sie in diesem Kapitel in die allgemeine Buchführungstechnik eingeführt. Es werden unter anderem

- die Grundzüge der doppelten Buchführung,
- das Wesen verschiedener Kontenarten,
- die Verbuchung von Geschäftsvorfällen,
- der Kontenabschluss sowie
- die buchhalterische Ermittlung des Unternehmenserfolges

vorgestellt, wobei zunächst allgemeine Kontenbezeichnungen verwendet werden. Zur Herstellung des Praxisbezuges wird dann der Industriekontenrahmen eingeführt, dessen Kontennummern in den Folgekapiteln für die Verbuchung von Geschäftsvorfällen herangezogen werden.

Im Rahmen der Vorstellung dieser allgemeinen Buchführungstechnik, wird im Kapitel B aus didaktischen Gründen auf die Berücksichtigung der Umsatzsteuer verzichtet. Diese wird erst in Kapitel C eingeführt.

1 Veränderung der Bilanz durch Geschäftsvorfälle

Im Abschnitt A 4.3 wurden u.a. der Aufbau und das Wesen der Bilanz behandelt. Welche Veränderungen erfährt die Bilanz nun aber, wenn ein Geschäftsvorfall eintritt? Mit dieser Frage befasst sich der nun folgende Abschnitt. Als Ausgangspunkt für jedes der aufgeführten Beispiele (Geschäftsvorfälle) wird folgende vereinfachte Eröffnungsbilanz (Bilanz zum Beginn des Geschäftsjahres oder bei Unternehmensgründung) verwendet:

A	Eröffnungsbilanz		P
Maschinen	5.000,00	Eigenkapital	9.000,00
Geschäftsausstattung	1.500,00	Langfristige Bankverb.	6.000,00
Vorräte	8.500,00	Verbindlichkeiten aus LL	3.000,00
Bankguthaben	2.000,00		
Kassenbestand	1.000,00		
	18.000,00		18.000,00

Es ereignen sich nun folgende Geschäftsvorfälle (Werte in Euro):

1. Kauf eines Schreibtisches gegen Barzahlung (Kasse)   600,00
2. Eine Verbindlichkeit gegenüber einem Lieferanten wird in eine Darlehensschuld bei der Bank umgewandelt.   1.500,00
3. Kauf einer Holzfräse gegen Bankdarlehen   9.500,00
4. Banküberweisung an einen Lieferanten   500,00

Zur besseren Veranschaulichung der Wirkung der einzelnen Geschäftsvorfälle wird jeweils von der Eröffnungsbilanz ausgegangen. In der Praxis wird natürlich jeweils auf die durch den letzten Geschäftsvorfall veränderte Bilanz zurückgegriffen.

Geschäftsvorfall 1: Mehrung (+) der Geschäftsausstattung   600,00
                    Minderung (–) des Kassenbestandes   600,00

A	Bilanz		P
Maschinen	5.000,00	Eigenkapital	9.000,00
Geschäftsausstattung	**2.100,00**	Langfristige Bankverb.	6.000,00
Vorräte	8.500,00	Verbindlichkeiten aus LL	3.000,00
Bankguthaben	2.000,00		
Kassenbestand	**400,00**		
	18.000,00		18.000,00

Die Bilanzsumme von 18.000,00 Euro bleibt unverändert. Durch den Geschäftsvorfall nimmt ein Aktivposten zu und ein anderer in gleicher Höhe ab. Man spricht daher in diesem Fall auch von einem sog. **Aktivtausch**.

Geschäftsvorfall 2: Mehrung (+) der langfristigen Bankverb.   1.500,00
Minderung (–) der Verbindlichkeiten aus LL   1.500,00

A	Bilanz		P
Maschinen	5.000,00	Eigenkapital	9.000,00
Geschäftsausstattung	1.500,00	Langfristige Bankverb.	**7.500,00**
Vorräte	8.500,00	Verbindlichkeiten aus LL	**1.500,00**
Bankguthaben	2.000,00		
Kassenbestand	1.000,00		
	18.000,00		18.000,00

Die Bilanzsumme von 18.000,00 Euro bleibt auch hier unverändert. Durch den Geschäftsvorfall nimmt ein Passivposten zu und ein anderer in gleicher Höhe ab. Man spricht von einem sog. **Passivtausch**.

Geschäftsvorfall 3: Mehrung (+) der Maschinen   9.500,00
Mehrung (+) der langfristigen Bankverb.   9.500,00

A	Bilanz		P
Maschinen	**14.500,00**	Eigenkapital	9.000,00
Geschäftsausstattung	1.500,00	Langfristige Bankverb.	**15.500,00**
Vorräte	8.500,00	Verbindlichkeiten aus LL	3.000,00
Bankguthaben	2.000,00		
Kassenbestand	1.000,00		
	27.500,00		**27.500,00**

Durch diesen Geschäftsvorfall erhöht sich die Bilanzsumme auf 27.500,00 Euro. Sowohl ein Aktiv- als auch ein Passivposten nehmen in gleicher Höhe zu. Man bezeichnet einen solchen Vorgang als **Aktiv- und Passivmehrung** oder auch als (erfolgsneutrale) **Bilanzverlängerung**.

Geschäftsvorfall 4: Minderung (–) der Bankguthaben   500,00
Minderung (–) der Verbindlichkeiten aus LL   500,00

A	Bilanz		P
Maschinen	5.000,00	Eigenkapital	9.000,00
Geschäftsausstattung	1.500,00	Langfristige Bankverb.	6.000,00
Vorräte	8.500,00	Verbindlichkeiten aus LL	**2.500,00**
Bankguthaben	**1.500,00**		
Kassenbestand	1.000,00		
	17.500,00		**17.500,00**

Die Zahlung an den Lieferanten verringert die Bilanzsumme auf 17.500,00 Euro. Ein Aktiv- und ein Passivposten nehmen in gleicher Höhe ab. Einen solchen Geschäftsvorfall nennt man **Aktiv- und Passivminderung** oder auch (erfolgsneutrale) **Bilanzverkürzung**.

Bei allen vier Geschäftsvorfällen bleibt stets die Bilanzgleichung „Summe der Aktiva = Summe der Passiva" erhalten. Einen Überblick über die vier beschriebenen Arten der Bilanzbeeinflussung bietet Abbildung 22.

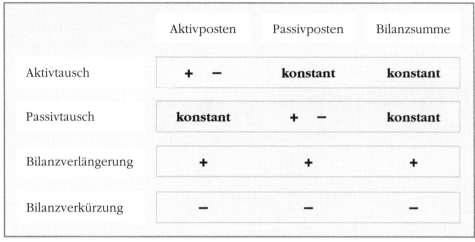

Abbildung 22: Bilanzverändernde Geschäftsvorfälle

2 Buchungen auf Bestandskonten

2.1 Auflösung der Bilanz in Konten

Es wäre äußerst umständlich und zeitraubend, nach jedem Geschäftsvorfall eine neue Bilanz zu erstellen, die den aktuellen Stand des Vermögens und der Schulden aufweist. Daher wird die Bilanz zu Beginn eines jeden Geschäftsjahres (Eröffnungsbilanz) in einzelne Rechnungsstellen, sog. **Konten**, aufgeteilt, auf denen dann im Verlauf des Geschäftsjahres die Verbuchungen der Geschäftsvorfälle erfolgen. Für jeden Bilanzposten existiert also ein eigenes Konto. Zum Jahresende werden diese dann wieder zu einer Schlussbilanz zusammengefasst.

2.1.1 Konto in Staffelform

Beim Konto in **Staffelform** wird, ausgehend von einem Anfangsbestand, nach jedem Zu- oder Abgang der aktuelle Stand des Kontos ermittelt.

Beispiel:

Das Bankkonto eines Unternehmens weist zum Jahresbeginn einen Bestand in Höhe von 21.000,00 Euro aus. Im Laufe des Monats Januar kommt es zu folgenden Zahlungsein- und -abgängen:

05.01.:	Zahlungseingang aus dem Verkauf von Fertigerzeugnissen	2.300,00
07.01.:	Überweisung der Miete für eine Lagerhalle	1.200,00
17.01.:	Bezahlung der Rechnung eines Lieferanten	450,00
30.01.:	Zinsgutschrift	18,04

Wird das Konto Bank nun in Staffelform geführt, so zeigt sich folgendes Bild:

Datum	Beschreibung	Wert in Euro
01.01.	Anfangsbestand	21.000,00
05.01.	Zahlungseingang aus dem Verkauf von FE	+ 2.300,00
		23.300,00
07.01.	Überweisung der Miete für eine Lagerhalle	− 1.200,00
		22.100,00
17.01.	Bezahlung der Rechnung eines Lieferanten	− 450,00
		21.650,00
30.01.	Zinsgutschrift	+ 18,04
		21.668,04

In dieser Art und Weise wird das Bankkonto bis zum Jahresende geführt und dann der Wert zum 31.12. (Schlussbestand) in die Schlussbilanz übernommen.

Der Vorteil dieser Kontenform liegt darin, dass ständig der aktuelle Stand des Kontos ersichtlich ist. Der Nachteil hingegen besteht darin, dass Zu- und Abgänge nicht getrennt dargestellt werden. Dieses Manko überwindet eine andere Darstellungsart des Kontos, die sog. Reihenform.

2.1.2 Konto in Reihenform

Beim Konto in **Reihenform** erfolgt eine Trennung der Zu- und Abgänge durch Verwendung verschiedener Spalten im Konto. Eine kontinuierliche Ermittlung des Zwischenstandes erfolgt nicht.

▷ Das Bankkonto aus Abschnitt B 2.1.1 würde dann wie folgt aussehen:

Datum	Beschreibung	Wert in Euro	
		Zugänge	**Abgänge**
01.01.	Anfangsbestand	21.000,00	
05.01.	Zahlungseingang aus dem Verkauf von FE	2.300,00	
07.01.	Überweisung der Miete für eine Lagerhalle		1.200,00
17.01.	Bezahlung der Rechnung eines Lieferanten		450,00
30.01.	Zinsgutschrift	18,04	

Zum Bilanzstichtag wird der Schlussbestand des Kontos als Differenz aus Zugängen (inkl. Anfangsbestand) und Abgängen ermittelt und dann in die Schlussbilanz übernommen.

2.1.3 T-Konto

Auch bei der letzten Darstellungsart, dem **T-Konto**, erfolgt eine Trennung von Zu- und Abgängen. Nach buchhalterischer Konvention werden der Anfangsbestand und die Zugänge auf der linken Seite und Abgänge auf der rechten Seite des Kontos erfasst. Die linke Seite des Kontos wird zumeist als **Soll**seite, die rechte als **Haben**seite bezeichnet.

▷ Für die Beispielzahlen aus Abschnitt B 2.1.1 ergibt sich damit:

Soll			Bankkonto		Haben
01.01.	Anfangsbestand	21.000,00	07.01.	Miete	1.200,00
05.01.	Verkauf von FE	2.300,00	17.01.	Rechnung Lieferant	450,00
30.01.	Zinsgutschrift	18,04			

Der Endbestand des Kontos wird am Jahresende durch einen sog. **Saldo** ermittelt. Dies geschieht in gleicher Weise wie die Bestimmung des Eigenkapitals in der Bilanz. Dazu wird zunächst die Kontosumme durch Aufsummieren der einzelnen Werte der Seite mit dem höheren Wert gebildet. Anschließend ergibt sich der Saldo aus der Differenz dieser Kontosumme und den Werten der wertmäßig geringeren Kontoseite. Zur Herstellung des Kontogleichgewichts wird der Saldo dann auf der wertmäßig geringeren Seite eingetragen. Es gilt stets:

Anfangsbestand + Zugänge – Abgänge = Schlussbestand (Saldo)

Der Schlussbestand des Kontos wird dann nach den bereits behandelten Vorschriften und Verfahrensweisen per Inventur (vgl. Abschnitt A 4.2.2) überprüft.

Der Vorgang des Kontenabschlusses sei nun exemplarisch an dem vorhergehend aufgeführten Bankkonto durchgeführt:

Soll			Bankkonto			Haben
01.01.	Anfangsbestand	21.000,00	07.01.	Miete		1.200,00
05.01.	Verkauf von FE	2.300,00	17.01.	Rechnung Lieferant		450,00
30.01.	Zinsgutschrift	18,04		**Saldo**		**21.668,04**
		23.318,04				**23.318,04**

In diesem Beispiel liegt die Kontosumme bei 23.318,04 Euro. Der Saldo erscheint auf der Habenseite (wertmäßig kleinere Kontenseite) und ergibt sich wie folgt:

Saldo = 23.318,04 – 1.200,00 – 450,00 = 21.668,04 Euro

Sollte es sich bei der Sollseite um die wertmäßig geringere Kontenseite handeln, so würde der Saldo dort erscheinen. Dies wäre z. B. bei einer Überziehung des Bankkontos der Fall.

Nach § 239 III HGB sind aus Gründen des Gläubigerschützes nachträgliche Änderungen in Buchhaltungsdaten verboten. Dazu zählt z. B. Eintragungen unleserlich zu machen oder durch andere zu ersetzen. Wie Korrekturen in den Büchern korrekt vorzunehmen sind, wird in späteren Abschnitten (vgl. Abschnitt B 2.4) behandelt. Eine Maßnahme zum Schutz vor nachträglichen Eintragungen sind die sog. **Buchhalternasen**, die in Leerräumen von Konten, Bilanzen und GuV-Rechnungen zu platzieren sind.

S		Konto …		H
AB	3.000,00	Abgang 1		6.000,00
Zugang 1	2.500,00	Saldo		6.000,00
Zugang 2	1.500,00			
Zugang 3	4.000,00			
Zugang 4	1.000,00			
	12.000,00			12.000,00

S		Konto ...		H
AB	17.000,00	Abgang 1	1.000,00	
Zugang 1	2.500,00	Abgang 2	2.000,00	
		Abgang 3	3.000,00	
		Abgang 4	4.000,00	
		Saldo	9.500,00	
	19.500,00		19.500,00	

Im weiteren Verlauf dieses Buches wird auf die Darstellung dieser Buchhalternasen verzichtet. Aus didaktischen Gründen wird jeder Buchungsvorgang auch in T-Konto-Form angegeben, obwohl in der Praxis Buchhaltungssoftware das T-Konto nahezu gänzlich verdrängt hat.

2.2 Wesen von Bestandskonten

Wie bereits erwähnt, wird die Bilanz zum Beginn des Geschäftsjahres in einzelne Bestandskonten aufgespalten. Die Konten, die aus den Bilanzposten der Aktivseite entstehen, bezeichnet man als **aktive Bestandskonten** oder Aktivkonten, die Konten der Passivseite als **passive Bestandskonten** oder Passivkonten. Man bezeichnet diese Konten als Bestandskonten, da sie Bestände aus der Bilanz übernehmen.

Soll	Aktivkonto	Haben
Anfangsbestand (AB)	Abgang 1	
Zugang 1	Abgang 2	
Zugang 2	Abgang 3	
Zugang 3	...	
...	**Endbestand (Sollsaldo)**	
Kontosumme	Kontosumme	

Soll	Passivkonto	Haben
Abgang 1	**Anfangsbestand (AB)**	
Abgang 2	**Zugang 1**	
Abgang 3	**Zugang 2**	
...	**Zugang 3**	
Endbestand (Habensaldo)	...	
Kontosumme	Kontosumme	

Abbildung 23: Aktiv- und Passivkonten

Wie Abbildung 23 zeigt, wird bei den **Aktivkonten** der Wert des Anfangsbestandes ins Soll übernommen. Zugänge werden im Soll und Abgänge im Haben erfasst. I. d. R. ist bei aktiven Bestandskonten die Summe aus Anfangsbestand und Zugängen größer als die Summe der Abgänge. Daher taucht der Schlussbestand bzw. der Saldo zum Ausgleich des Kontos i. d. R. im Haben auf. Ein solcher Saldo, der die Sollseite ausgleicht, heißt **Sollsaldo**.

Der Anfangsbestand der **Passivkonten** erscheint hingegen im Haben des Kontos, da er aus der rechten Seite der Bilanz stammt. Diese Kontenart nimmt im Haben zu und im Soll ab. Der Saldo der passiven Bestandskonten ist auf der Sollseite zu finden. Es handelt sich hier um einen sog. **Habensaldo**, da dieser die bei Passivkonten i. d. R. größere Habenseite ausgleicht.

2.3 Konteneröffnung

Die Bilanz zur Eröffnung des Geschäftsjahres heißt **Eröffnungsbilanz**. Sie muss mit der Schlussbilanz des Vorjahres identisch sein (*Grundsatz der Bilanzidentität*; vgl. Abschnitt A 4.3.2.4). Aus ihr werden die Anfangsbestände der einzelnen Konten entnommen.

⊠ Beispiel:

Im Folgenden ist die Eröffnung der Bestandskonten anhand einer vereinfachten Bilanz exemplarisch dargestellt.

A	Bilanz zum 01.01.20..		P
Maschinen	**7.000,00**	Eigenkapital	**18.500,00**
Geschäftsausstattung	**2.500,00**	Langfristige Bankverb.	**4.000,00**
Vorräte	**8.500,00**	Verbindlichkeiten aus LL	**3.500,00**
Forderungen	**1.000,00**		
Bankguthaben	**5.000,00**		
Kassenbestand	**2.000,00**		
	26.000,00		26.000,00

S	Maschinen	H	S	Eigenkapital	H
AB	**7.000,00**			AB	**18.500,00**

S	Geschäftsausst.	H	S	Langfr. Bankverb.	H
AB	**2.500,00**			AB	**4.000,00**

S	Vorräte	H	S	Verb. aus LL	H
AB	**8.500,00**			AB	**3.500,00**

S	Forderungen	H
AB	**1.000,00**	

S	Bankguthaben	H
AB 5.000,00		

S	Kassenbestand	H
AB 2.000,00		

2.4 Verbuchung von Geschäftsvorfällen

Durch jeden Geschäftsvorfall (Aktivtausch, Passivtausch, Bilanzverlängerung oder Bilanzverkürzung) werden mindestens zwei Posten der Bilanz angesprochen bzw. verändert. Da für jeden Bilanzposten ein eigenes Konto geführt wird, werden also durch jeden Geschäftsvorfall auch (*mindestens*) **zwei Konten** angesprochen. Diese Tatsache ist in der sog. **Doppik**, dem **System der doppelten Buchführung** (nach Gustav Freitag), verankert. Sie besagt, dass jeder Geschäftsvorfall auf mindestens zwei Konten verbucht werden muss.

Bei der Bearbeitung von Geschäftsvorfällen in der Buchführung ist allgemein folgende Vorgehensweise zu empfehlen:

1. Gründliche Sichtung der vorhandenen Belege und Prüfung auf sachliche und rechnerische Richtigkeit der Inhalte: Dabei sind **Fremdbelege** (von fremden Firmen oder Behörden eingegangene Schriftstücke: z. B. Eingangsrechnungen, Kontoauszüge der Bank, Quittungen für Barzahlungen) und **Eigenbelege** (z. B. Kopien von Ausgangsrechnungen, Materialentnahmescheine, Lohnlisten) zu unterscheiden.

2. Gedankliche Beantwortung folgender Fragen zum Geschäftsvorfall:
   a) Welche Konten sind betroffen?
   b) Um welche Art von Konto handelt es sich?
   c) Wie verändern sich die Konten?
   d) Auf welchem Konto wird im Soll und auf welchem im Haben gebucht?

3. Erstellung der sog. Buchungsanweisung:

Die auch als **Buchungssatz** bezeichnete Buchungsanweisung spricht in ihrer **einfachen Form** genau zwei Konten an. Eines wird auf der Soll-, das andere auf der Habenseite verändert. Die *Sollbuchung* wird *stets zuerst* genannt.

Konto im Soll	Betrag	an	Konto im Haben	Betrag

Sobald mehr als zwei Konten betroffen sind, spricht man von einem **zusammengesetzten Buchungssatz**. Dieser ist wie folgt aufgebaut:

1. Konto im Soll	Betrag			
2. Konto im Soll	Betrag			
...	...	an	3. Konto im Haben	Betrag
			4. Konto im Haben	Betrag
			...	...

2. Buchungen auf Bestandskonten

Für beide Varianten gilt:

Summe der Sollbuchungen = Summe der Habenbuchungen

4. Übertragung der Buchungsanweisung in die T-Konten:

   Es ist sowohl der **Betrag** als auch das entsprechende **Gegenkonto** (= Kontenanruf) in den betroffenen T-Konten anzugeben. Sollten die Geschäftsvorfälle (oder Buchungen) mit laufenden Nummern versehen sein, sind diese ebenfalls einzutragen. Dieses Vorgehen erleichtert eine spätere Prüfung der Buchung auf Vollständigkeit und Richtigkeit.

▷ Einfache Buchungsbeispiele auf Basis der Anfangsbestände aus Abschnitt B 2.3:

Einfacher Buchungssatz:

Es werden 200,00 Euro in bar auf das Bankkonto eingezahlt.

Betroffene Konten:	Bankguthaben	Kasse
Kontoart:	Aktivkonto	Aktivkonto
Veränderung:	Zunahme um 200,00	Abnahme um 200,00
Buchung im:	Soll	Haben

Buchungssatz:

Bankguthaben 200,00 an Kasse 200,00

Konteneintragung:

S	Bankguthaben	H		S	Kasse	H
AB	5.000,00			AB	2.000,00	Bank 200,00
Kasse	200,00					

Zusammengesetzter Buchungssatz (Bsp. 1):

Ein Industriebetrieb bezieht Vorräte im Wert von 900,00 Euro. Der Kauf erfolgt zu 60 % auf Ziel. Der Rest wird bar bezahlt.

Betroffene Konten:	Vorräte	Verbindl. aus LL	Kasse
Kontoart:	Aktivkonto	Passivkonto	Aktivkonto
Veränderung:	Zunahme um 900,00	Zunahme um 540,00	Abnahme um 360,00
Buchung im:	Soll	Haben	Haben

Buchungssatz:

Vorräte 900,00 an Verbindl. aus LL 540,00
                    Kasse 360,00

Man erkennt hier deutlich, dass die Pflichtbedingung Summe der Sollbuchungen = Summe der Habenbuchungen = 900,00 Euro erfüllt ist.

Konteneintragung:

S	Vorräte	H		S	Verb. aus LL	H
AB	8.500,00				AB	3.500,00
Verb., Kasse	900,00				Vorräte	540,00

				S	Kasse	H
				AB 2.000,00	Vorräte	360,00

Zusammengesetzter Buchungssatz (Bsp. 2):

Eine gebrauchte Maschine (1.000,00 Euro) und ein alter Schreibtisch (250,00 Euro) werden an einen Interessenten verkauft. Die Hälfte bezahlt er durch Banküberweisung, der Rest ist als Forderung zu betrachten.

Betroffene Konten	*Bankguthaben*	*Forderungen*	*Maschinen*	*Geschäftsausstattung*
Kontoart	*Aktivkonto*	*Aktivkonto*	*Aktivkonto*	*Aktivkonto*
Veränderung	*Zunahme* 625,00	*Zunahme* 625,00	*Abnahme* 1.000,00	*Abnahme* 250,00
Buchung im	*Soll*	*Soll*	*Haben*	*Haben*

Buchungssatz:

Bankguthaben	625,00			
Forderungen	625,00	an	Maschinen	1.000,00
			Geschäftsausstattung	250,00

Konteneintragung:

S	Bankguthaben	H		S	Maschinen	H
AB	5.000,00			AB	7.000,00	Bank, Ford. 1.000,00
Masch., Gesch.	625,00					

S	Forderungen	H		S	Geschäftsausstattung	H
AB	1.000,00			AB	2.500,00	Bank, Ford. 250,00
Masch., Gesch.	625,00					

Sollte es passieren, dass eine falsche Buchung getätigt wurde, ist es nicht zulässig, diese Buchung zu streichen, zu löschen oder anderweitig unkenntlich zu machen. Es ist eine sog. **Stornobuchung** durchzuführen, die die Falschbuchung neutralisiert. Dies geschieht durch die Umkehrung des fehlerhaften Buchungssatzes.

2. Buchungen auf Bestandskonten

▷ Beispiel:

Die Quittung für den Barkauf einer Maschine (Nr. 1) wurde versehentlich ein zweites Mal (Nr. 2) gebucht. Der Wert der Maschine lag bei 900,00 Euro. Die zusätzliche Buchung ist nun zu stornieren (Nr. 3).

Fehlerhafte Buchung (Nr. 2):

Maschinen   900,00   an   Kasse   900,00

Stornobuchung (Nr. 3):

Kasse   900,00   an   Maschinen   900,00

Kontendarstellung:

S	Maschinen	H	S	Kasse	H
AB	...	*3. Kasse* *900,00*	AB	...	1. Masch. 900,00
1. Kasse 900,00			*3. Masch.* *900,00*	2. Masch. 900,00
2. Kasse 900,00				

↑ Neutralisierung   Neutralisierung

2.5 Kontenabschluss

Zum Ende eines jeden Geschäftsjahres bzw. zum Bilanzstichtag werden alle Bestandskonten abgeschlossen und deren Schlussbestände (Salden) in die Schlussbilanz übernommen.

▷ Beispiel:

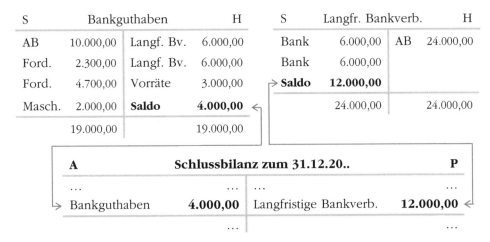

Beim **Abschluss** der Aktiv- und Passivkonten können bestimmte **Sonderfälle** auftreten, von denen im Folgenden einige näher betrachtet werden:

1. Ein Konto wird im Laufe des Geschäftsjahres ausgeglichen und erreicht somit einen Endbestand von 0,00 Euro. Ist dies der Fall, wird das Konto nicht mehr in die Schlussbilanz aufgenommen.
2. Muss ein Konto, das nicht in der Eröffnungsbilanz enthalten war, im Laufe des Geschäftsjahres neu eröffnet werden, so wird dieses wie jedes andere Bestandskonto abgeschlossen und in die Schlussbilanz integriert.
3. Es kann auch vorkommen, dass ein Konto die Bilanzseite wechselt. Ein Aktivkonto kann ein Passivkonto werden und umgekehrt.

▷ Beispiel 1: Das **Konto „Bank"**

Durch Überziehung des Bankkontos um 5.000,00 Euro wird das Aktivkonto „Bank" zum Passivkonto „Verbindlichkeiten gegenüber Kreditinstituten", da es seinen Saldo an dieses neue Konto abgibt. Es ist dadurch nicht mehr auf der Aktivseite der Schlussbilanz zu finden.

S		**Bank**		H
AB	21.000,00	Abgänge (gesamt)		30.000,00
Zugänge (gesamt)	4.000,00			
Saldo	5.000,00			
	30.000,00			30.000,00

A		**Schlussbilanz zum 31.12.20..**		P
...	...	...		...
(Bank)	(0,00)	Verb. ggü. Kreditinst.		5.000,00
		...		...

▷ Beispiel 2: **Aktivierung des Eigenkapitals**

Eine der schlimmsten unternehmerischen Situationen ist die sog. Aktivierung des Eigenkapitals. Wird das Eigenkapital durch ständige Verluste (Eigenkapitalminderungen) aufgezehrt und sogar negativ, wandert das Konto „Eigenkapital" auf die Aktivseite der Bilanz. Auf der Passivseite ist somit nur noch das Fremdkapital zu finden. Das Unternehmen ist also zu mehr als 100 % durch fremdes Kapital finanziert. Der Posten, der auf der Aktivseite entsteht, heißt nicht länger Eigenkapital, sondern gemäß § 268 III HGB „**Nicht durch Eigenkapital gedeckter Fehlbetrag**".

S	Eigenkapital (Passivposten)		H
Abgänge (Verlust)	40.000,00	AB	30.000,00
		Saldo	10.000,00
	40.000,00		40.000,00

S	Nicht durch Eigenkapital gedeckter Fehlbetrag (Aktivposten)		H
Eigenkapital	10.000,00	Saldo	10.000,00
	10.000,00		10.000,00

In der Bilanz zeigt sich negatives Eigenkapital also zusammenfassend wie folgt:

Aktiva	Bilanz	Passiva
Anlagevermögen	Fremdkapital	
Umlaufvermögen		
Nicht durch Eigenkapital gedeckter Fehlbetrag		

Abbildung 24: Bilanz mit negativem Eigenkapital

2.6 Verbuchung von Konteneröffnung und -abschluss

Bei allen bisher durchgeführten Buchungen, die im Laufe eines Geschäftsjahres erforderlich waren, wurde stets das System der doppelten Buchhaltung (Doppik) berücksichtigt. Dies bedeutet, dass jeder Geschäftsvorfall im Soll eines Kontos und im Haben eines anderen Kontos erfasst bzw. gegengebucht wurde. Bei der Übernahme der Anfangsbestände aus der Eröffnungsbilanz und der Übertragung der Schlussbestände in die Schlussbilanz wurde bisher gegen diese Prinzipien verstoßen. Die Übernahme des Anfangsbestandes eines Aktivkontos hat den Charakter einer Sollbuchung (Zunahme). Diese Buchung hat bislang jedoch noch keine korrespondierende Habenbuchung. Um die Buchungslogik zu gewährleisten, gibt es zwei spezielle Konten, auf denen Anfangs- und Schlussbestände gegengebucht werden. Wie Abbildung 25 zeigt, sind dies das **Eröffnungs- und** das **Schlussbilanzkonto**.

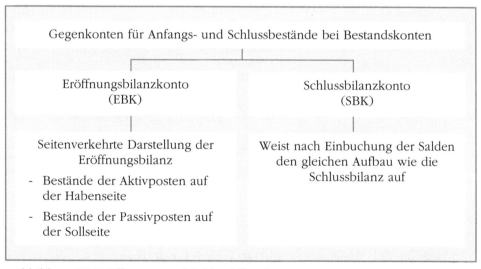

Abbildung 25: Eröffnungs- und Schlussbilanzkonto

Die Buchungssätze für die korrekte Eröffnung und den Abschluss der Bestandskonten sind wie folgt aufgebaut:

Eröffnung:

| Aktivkonto | an | Eröffnungsbilanzkonto |
| Eröffnungsbilanzkonto | an | Passivkonto |

Abschluss:

| Schlussbilanzkonto | an | Aktivkonto |
| Passivkonto | an | Schlussbilanzkonto |

▷ Beispiel:
Die Eröffnungsbilanz eines Unternehmens hat folgendes Aussehen:

A	Bilanz zum 01.01.20..		P
Fuhrpark	3.000,00	Eigenkapital	4.000,00
Geschäftsausstattung	1.500,00	Langfr. Bankverb.	5.500,00
Waren	4.500,00	Verbindlichkeiten aus LL	500,00
Bankguthaben	1.000,00		
	10.000,00		10.000,00

Spiegelbildlich resultiert daraus folgendes Eröffnungsbilanzkonto:

S	Eröffnungsbilanzkonto		H
Eigenkapital	4.000,00	Fuhrpark	3.000,00
Langfr. Bankverb.	5.500,00	Geschäftsausstattung	1.500,00
Verbindlichkeiten aus LL	500,00	Waren	4.500,00
		Bankguthaben	1.000,00
	10.000,00		10.000,00

Die Verbuchung der Anfangsbestände bzw. die Kontenöffnung wird nun folgendermaßen vorgenommen:

Fuhrpark	3.000,00	an	Eröffnungsbilanzkonto	3.000,00
Geschäftsausstattung	1.500,00	an	Eröffnungsbilanzkonto	1.500,00
Waren	4.500,00	an	Eröffnungsbilanzkonto	4.500,00
Bankguthaben	1.000,00	an	Eröffnungsbilanzkonto	1.000,00
Eröffnungsbilanzkonto	4.000,00	an	Eigenkapital	4.000,00
Eröffnungsbilanzkonto	5.500,00	an	Langfr. Bankverb.	5.500,00
Eröffnungsbilanzkonto	500,00	an	Verbindlichkeiten aus LL	500,00

Am Ende des Geschäftsjahres wurden folgende Schlussbestände (Salden) der aktiven und passiven Bestandskonten festgestellt:

2. Buchungen auf Bestandskonten

	Sollsaldo	Habensaldo
Fuhrpark	8.500,00	-
Geschäftsausstattung	2.500,00	-
Waren	1.500,00	-
Bankguthaben	2.000,00	-
Eigenkapital	-	8.500,00
Langfr. Bankverb.	-	3.500,00
Verbindlichkeiten aus LL	-	2.500,00

Abschlussbuchungen:

Schlussbilanzkonto	8.500,00	an	Fuhrpark	8.500,00
Schlussbilanzkonto	2.500,00	an	Geschäftsausstattung	2.500,00
Schlussbilanzkonto	1.500,00	an	Waren	1.500,00
Schlussbilanzkonto	2.000,00	an	Bankguthaben	2.000,00
Eigenkapital	8.500,00	an	Schlussbilanzkonto	8.500,00
Langfr. Bankverb.	3.500,00	an	Schlussbilanzkonto	3.500,00
Verbindlichkeiten aus LL	2.500,00	an	Schlussbilanzkonto	2.500,00

Daraus ergibt sich folgendes Schlussbilanzkonto, welches inhaltlich exakt mit der Schlussbilanz übereinstimmt.

S	Schlussbilanzkonto		H
Fuhrpark	8.500,00	Eigenkapital	8.500,00
Geschäftsausstattung	2.500,00	Langfr. Bankverb.	3.500,00
Waren	1.500,00	Verbindlichkeiten aus LL	2.500,00
Bankguthaben	2.000,00		
	14.500,00		14.500,00

A	Schlussbilanz zum 31.12.20..		P
Fuhrpark	8.500,00	Eigenkapital	8.500,00
Geschäftsausstattung	2.500,00	Langfr. Bankverb.	3.500,00
Waren	1.500,00	Verbindlichkeiten aus LL	2.500,00
Bankguthaben	2.000,00		
	14.500,00		14.500,00

Zusammenfassend stellt Abbildung 26 noch einmal die Buchungsabläufe zwischen Eröffnungs- und Schlussbilanz dar.

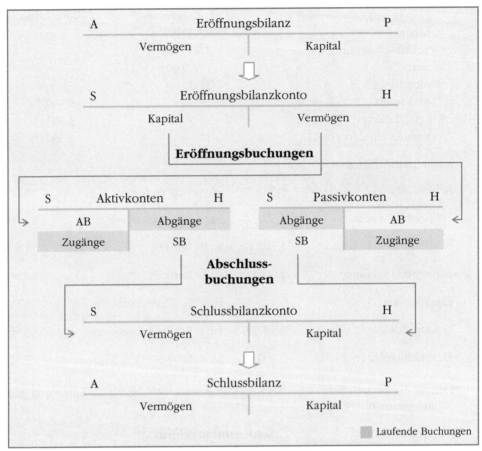

Abbildung 26: Buchungsabläufe von Eröffnungs- zur Schlussbilanz

2.7 Buchungslesen

Man kann aus Buchungssätzen oder Eintragungen in T-Konten die zugrunde liegenden Geschäftsvorfälle erkennen. Dieses Deuten von Buchhaltungsdaten bezeichnet man auch als **Buchungslesen**.

Beispiel 1:

Aus welchem Vorgang stammt folgender Buchungssatz?

| Fuhrpark | 4.500,00 | an | Verbindl. aus LL | 4.500,00 |

Beim Konto „Fuhrpark" handelt es sich um ein aktives Bestandskonto, welches im Soll zunimmt und durch diesen Geschäftsvorfall ein Plus von 4.500,00 Euro verzeichnet. Das Konto „Verbindlichkeiten aus Lieferungen und Leistungen" ist ein Passivkonto, welches in diesem Fall um 4.500,00 Euro im Haben zunimmt.

Ein möglicher Geschäftsvorfall, der diese Änderung der Bilanzposten hervorrufen kann, ist der Zielkauf eines Fahrzeugs im Wert von 4.500,00 Euro.

2. Buchungen auf Bestandskonten

▷ **Beispiel 2:**

Aus welchem Geschäftsvorfall könnte folgender Konteneintrag (Kasse) stammen?

S	Forderungen		H
AB	23.570,00	*Kasse*	*2.400,00*

Das Konto „Forderungen" ist ein Aktivkonto, bei dem Abgänge im Haben erfasst werden. In diesem Fall nimmt der Forderungsbestand also um 2.400,00 Euro ab. Da diese 2.400,00 Euro im Haben auftauchen, müssen sie auch im Soll des Kontos „Kasse" (Gegenbuchung) erscheinen, welches dadurch zunimmt.

Diese Buchung tritt also auf, wenn ein Kunde eine ihm gegenüber bestehende Forderung (2.400,00 Euro) durch Barzahlung begleicht.

2.8 Zusammenfassendes Beispiel

Zur Zusammenfassung der Inhalte dieses Abschnitts ist im Folgenden ein *einfacher Geschäftsgang* (ohne Beachtung von Umsatzsteuer) von der Eröffnungs- zur Schlussbilanz anhand eines einfachen Beispiels dargestellt:

Die Inventur am Ende des Jahres 2009 ergab folgende Endbestände:

Büro- und Geschäftsausstattung (BGA)	250.000,00	Eigenkapital	256.000,00
Vorräte	50.000,00	Langfr. Bankverb.	130.000,00
Ford. aus LL	85.000,00	Verb. aus LL	34.000,00
Bank	35.000,00		

Diese Werte sind Grundlage für die Eröffnungsbilanz des Jahres 2010 (Bilanzidentität; vgl. Abschnitt A 4.3.2.4) und die Eröffnung der aktiven und passiven Bestandskonten. Die Eröffnungsbilanz des Jahres 2010 zeigt daher folgendes Bild:

A	Eröffnungsbilanz zum 01.01.2010		P
BGA	250.000,00	Eigenkapital	256.000,00
Vorräte	50.000,00	Langfr. Bankverb.	130.000,00
Ford. aus LL	85.000,00	Verb. aus LL	34.000,00
Bank	35.000,00		
	420.000,00		420.000,00

Im Laufe des Geschäftsjahres 2010 fielen zudem (zur Vereinfachung) nur fünf Geschäftsvorfälle an:

Nr.	Geschäftsvorfall
01	Kauf einer EDV-Anlage gegen Banküberweisung: Rechnungsbetrag 20.000,00 Euro
02	Zieleinkauf von Vorräten für 15.000,00 Euro
…	…

... ...

03 Ein Kunde begleicht eine bereits gebuchte Rechnung über 1.000,00 Euro in bar.

04 Begleichen einer Lieferantenrechnung durch Banküberweisung: 4.000,00 Euro

05 Eine Lieferantenverbindlichkeit über 30.000,00 Euro wird in eine Darlehensschuld umgewandelt.

Mit der Darstellung der Eröffnungsbuchungen, Geschäftsvorfälle und der Kontenabschlüsse in T-Konto-Form wird sich im Folgenden befasst:

Eröffnungsbuchungen (Eröffnung der Konten zu Beginn des Geschäftsjahres):

BGA	250.000,00	an	Eröffnungsbilanzkonto	250.000,00
Vorräte	50.000,00	an	Eröffnungsbilanzkonto	50.000,00
Forderungen aus LL	85.000,00	an	Eröffnungsbilanzkonto	85.000,00
Bank	35.000,00	an	Eröffnungsbilanzkonto	35.000,00
Eröffnungsbilanzkonto	256.000,00	an	Eigenkapital	256.000,00
Eröffnungsbilanzkonto	130.000,00	an	Langfr. Bankverb.	130.000,00
Eröffnungsbilanzkonto	34.000,00	an	Verbindlichkeiten aus LL	34.000,00

Buchung der Geschäftsvorfälle des Geschäftsjahres:

01:

BGA	20.000,00	an	Bank	20.000,00

02:

Vorräte	15.000,00	an	Verbindlichkeiten aus LL	15.000,00

03:

Kasse	1.000,00	an	Forderungen aus LL	1.000,00

Man beachte hier, dass durch Buchung Nr. 03 ein Bestand gebildet wird, der in der Anfangsbilanz nicht enthalten war. Dies führt dazu, dass das Konto „Kasse" neu eingerichtet wird.

04:

Verbindlichkeiten aus LL	4.000,00	an	Bank	4.000,00

05:

Verbindlichkeiten aus LL	30.000,00	an	Langfr. Bankverb.	30.000,00

2. Buchungen auf Bestandskonten

Ermittlung der Kontensalden am Ende des Geschäftsjahres:

S	BGA		H
EBK	250.000,00	**SBK**	**270.000,00**
01. Bank	20.000,00		
	270.000,00		270.000,00

S	Vorräte		H
EBK	50.000,00	**SBK**	**65.000,00**
02. Verb. aus LL	15.000,00		
	65.000,00		65.000,00

S	Forderungen aus LL		H
EBK	85.000,00	03. Kasse	1.000,00
		SBK	**84.000,00**
	85.000,00		85.000,00

AKTIVA

S	Bank		H
EBK	35.000,00	01. BGA	20.000,00
		04. Verb. aus LL	4.000,00
		SBK	**11.000,00**
	35.000,00		35.000,00

S	Kasse		H
03. Forderungen	1.000,00	**SBK**	**1.000,00**
	1.000,00		1.000,00

S	Eigenkapital		H
SBK	**256.000,00**	EBK	256.000,00
	256.000,00		256.000,00

S	Langfr. Bankverb.		H
SBK	**160.000,00**	EBK	130.000,00
		05. Verb. aus LL	30.000,00
	160.000,00		160.000,00

PASSIVA

S	Verb. aus LL		H
04. Bank	4.000,00	EBK	34.000,00
05. Langfr. B.	30.000,00	02. Vorräte	15.000,00
SBK	**15.000,00**		
	49.000,00		49.000,00

Abschlussbuchungen (Übertragen der Salden der Konten in Schlussbilanzkonto):

Schlussbilanzkonto	270.000,00	an	BGA	270.000,00
Schlussbilanzkonto	65.000,00	an	Vorräte	65.000,00
Schlussbilanzkonto	84.000,00	an	Forderungen aus LL	84.000,00
Schlussbilanzkonto	11.000,00	an	Bank	11.000,00
Schlussbilanzkonto	1.000,00	an	Kasse	1.000,00
Eigenkapital	256.000,00	an	Schlussbilanzkonto	256.000,00
Langfr. Bankverb.	160.000,00	an	Schlussbilanzkonto	160.000,00
Verbindlichkeiten aus LL	15.000,00	an	Schlussbilanzkonto	15.000,00

Es ergibt sich damit folgende Schlussbilanz:

A	Schlussbilanz zum 31.12.2010		P
BGA	270.000,00	Eigenkapital	256.000,00
Vorräte	65.000,00	Langfr. Bankverb.	160.000,00
Forderungen	84.000,00	Verb. aus LL	15.000,00
Bank	11.000,00		
Kasse	1.000,00		
	431.000,00		431.000,00

Wie aus diesem Beispiel ersichtlich ist, erfolgt durch die hier vorgenommenen Buchungen auf Bestandskonten eine reine Vermögensumschichtung. Das Eigenkapital wurde im Geschäftsjahr 2010 nicht verändert. Es beträgt nach wie vor 256.000,00 Euro, sodass weder ein negativer noch ein positiver Unternehmenserfolg erzielt wurde. Geschäftsvorfälle, die das Eigenkapital (Reinvermögen) nicht berühren (d. h. positiv oder negativ verändern), bezeichnet man deshalb als sog. **erfolgsneutrale Buchungsvorgänge** bzw. erfolgsneutrale Geschäftsvorfälle. Im anschließenden Abschnitt wird näher auf betriebliche Vorgänge eingegangen, die zu einer Mehrung oder Minderung des Eigenkapitals führen. Diese werden auch als **erfolgswirksame Buchungsvorgänge** bezeichnet.

3 Buchungen auf Erfolgskonten

3.1 Gewinn- und Verlustrechnung

Wie bereits im vorhergehenden Abschnitt erwähnt, zählen zu den erfolgswirksamen Buchungen jene, die eine Veränderung des Eigenkapitals (Reinvermögens) herbeiführen. Eine Mehrung des Eigenkapitals (Reinvermögenszunahme) innerhalb einer bestimmten Periode bezeichnet man auch als **Ertrag**, eine Minderung (Reinvermögensabnahme) als **Aufwand**.

▷ Beispiel 1: Aufwand

Die Bank belastet das Unternehmensbankkonto mit Darlehenszinsen in Höhe von 120,00 Euro.

Überlegungen:

Durch die Zinsbelastung nimmt der Bestand des Aktivkontos „Bank" ab, ohne dass ein anderes Vermögens- oder Schuldenkonto berührt wird. Das Vermögen (Aktivseite der Bilanz) verringert sich und die Schulden bleiben unverändert. Das Eigenkapital (Saldo der Bilanz) nimmt dadurch um 120,00 Euro ab, da die Bilanz andernfalls nicht im Gleichgewicht wäre. Anhand der Pfeile in der untenstehenden Bilanz lässt sich diese „Wirkungskette" nachvollziehen.

A	Bilanz vor Beispiel 1		P
Vermögen	200.000,00	Eigenkapital	100.000,00
		Schulden	100.000,00
	200.000,00		200.000,00

A	Bilanz nach Beispiel 1		P
Vermögen	199.880,00	**Eigenkapital**	**99.880,00**
		Schulden	100.000,00
	199.880,00		199.880,00

erfolgswirksame Bilanzverkürzung

▷ Beispiel 2: Ertrag

Das Unternehmen erhält von einem Kunden die fällige Pacht für ein Grundstück: 750,00 Euro bar.

Überlegungen:

Wieder verändert sich der Bestand eines Aktivkontos (Zunahme des Kontos „Kasse"), ohne dass ein anderes Vermögens- oder Schuldenkonto angesprochen wird. Das Vermögen wächst also, wobei die Schulden gleich bleiben. Dadurch ist eine Erhöhung des Eigenkapitals um 750,00 Euro zu verzeichnen.

A	Bilanz vor Beispiel 2		P
Vermögen	199.880,00	Eigenkapital	99.880,00
		Schulden	100.000,00
	199.880,00		199.880,00

A	Bilanz nach Beispiel 2		P
Vermögen	200.630,00	**Eigenkapital**	**100.630,00**
		Schulden	100.000,00
	200.630,00		200.630,00

erfolgswirksame Bilanzverlängerung

Es existieren zwei mögliche Vorgehensweisen, mit denen bei Auftreten erfolgswirksamer Geschäftsvorfälle der **Erfolg eines Unternehmens** ermittelt werden kann:

Verfügt man über die Bilanzen zweier aufeinander folgender Jahre, so lässt sich daraus (ohne Kenntnis der in der GuV erfassten erfolgswirksamen Geschäftsvorfälle) durch Vergleich der beiden darin enthaltenen Eigenkapitalwerte (Bestandswerte zu einem bestimmten Zeitpunkt) der Erfolg des dazwischen liegenden Geschäftsjahres ermitteln. Eine Erfolgsermittlung dieser Art bezeichnet man als **einfache Distanzrechnung** (oder Reinvermögensvergleich, § 4 I EStG). Wird dabei eine *Eigenkapitalmehrung* festgestellt, hat das Unternehmen einen *Gewinn* (Jahresüberschuss) erzielt. Bei einer *Eigenkapitalminderung* ist ein *Verlust* (Jahresfehlbetrag) entstanden. Es ist hierbei zu beachten, dass bei der einfachen Distanzrechnung Transaktionen der Unternehmenseigner (Privatentnahmen und -einlagen) unberücksichtigt bleiben. Bei Existenz solcher Transaktionen ist eine *erweiterte Distanzrechnung* durchzuführen (vgl. Abschnitt C 13.3).

Beispiel:

Für die Jahre 2008 und 2009 wurden von einem Unternehmen ordnungsgemäß zum 31.12. (Bilanzstichtag) nach erfolgter Inventur die Schlussbilanzen aufgestellt. Diese weisen nun folgende Werte aus:

A	Schlussbilanz 2008		P
Vermögen	340.000,00	**Eigenkapital**	**150.000,00**
		Fremdkapital	190.000,00
	340.000,00		340.000,00

A	Schlussbilanz 2009		P
Vermögen	370.000,00	**Eigenkapital**	**190.000,00**
		Fremdkapital	180.000,00
	370.000,00		370.000,00

Das Eigenkapital ist in diesem Beispiel im Jahr 2009 um 40.000,00 Euro (190.000,00 abzüglich 150.000,00) angewachsen. Es wurde also ein Gewinn von insgesamt 40.000,00 Euro erzielt.

Die zweite Möglichkeit der Erfolgsermittlung ist die bereits angesprochene **Gewinn- und Verlustrechnung**. Sie ermittelt nach § 242 II HGB den Unternehmenserfolg einer Rechnungsperiode durch den Vergleich der darin erfassten Aufwendungen (Reinvermögensabnahmen) und Erträge (Reinvermögenszunahmen). Übersteigen die Erträge die Aufwendungen liegt ein *Gewinn* vor. Sind die Aufwendungen höher als die Erträge, entsteht hingegen ein *Verlust*.

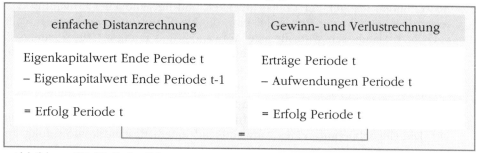

Abbildung 27: Einfache Distanz- vs. Gewinn- und Verlustrechnung

Durch das System der doppelten Buchführung wird gewährleistet, dass Distanzrechnung und Gewinn- und Verlustrechnung zum selben Ergebnis führen (*Erfolgsgleichheit von GuV- und Distanzrechnung;* vgl. Abbildung 27). Während die Distanzrechnung eine einfache Gewinnermittlung erlaubt, ist mit einer GuV höherer Arbeitsaufwand verbunden. Die Quellen des Erfolgs oder Misserfolgs sind bei einer Distanzrechnung nicht sichtbar. Die GuV bietet hingegen hohe Transparenz, da anhand der einzelnen Geschäftsvorfälle genau festgestellt werden kann, welche Erträge/Aufwendungen in welcher Höhe zum Gewinn/Verlust beigetragen haben. Gerade aus diesem Grund hat der Gesetzgeber der GuV den Vorzug gegeben und diese Buchführungspflichtigen zwingend vorgeschrieben (§ 242 II HGB).

3.2 Verbuchung von Aufwendungen und Erträgen

3.2.1 Direkte Verbuchung im Eigenkapitalkonto

Da Aufwendungen und Erträge Minderungen und Mehrungen des Eigenkapitals darstellen, können diese auch direkt über das Eigenkapitalkonto verbucht werden.

Die Buchung der Zinsbelastung (Beispiel 1) und des Mieteingangs (Beispiel 2) aus Abschnitt B 3.1 erfolgt somit folgendermaßen.

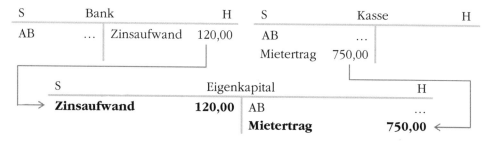

Da es sich beim **Konto „Eigenkapital"** um ein passives Bestandskonto handelt, werden **Abgänge (Aufwendungen) im Soll** und **Zugänge (Erträge) im Haben** des Kontos erfasst.

3.2.2 Indirekte Verbuchung im Eigenkapitalkonto

Aus Gründen mangelnder Übersichtlichkeit und umständlicher Ermittlung des Jahreserfolges wird in der Praxis auf eine direkte Verbuchung im Eigenkapitalkonto verzichtet. Stattdessen wird für jede Aufwands- und Ertragsart ein separates Konto eingerichtet, auf dem die Gegenbuchung an Stelle des Eigenkapitalkontos erfolgen kann. Diese Konten bezeichnet man als sog. **Erfolgskonten**.

Erfolgskonten verfügen anders als Bestandskonten über keinen Anfangsbestand. **Aufwandskonten** erfassen **Eigenkapitalminderungen** (im Soll). **Ertragskonten** nehmen grundsätzlich **Eigenkapitalmehrungen** (im Haben) auf (vgl. Abbildung 28). Die Gegenbuchung eines Aufwands auf einem Bestandskonto erfolgt im Haben, die Gegenbuchung eines Ertrags auf einem Bestandskonto im Soll.

S	Aufwandskonto	H	S	Ertragskonto	H
Eigenkapital-minderungen	Stornobuchungen		Stornobuchungen		**Eigenkapital-mehrungen**
	Saldo		Saldo		

Abbildung 28: Erfolgskonten

▷ Beispiel:

Aufwands- und Ertragsverbuchung anhand der Beispiele aus Abschnitt B 3.1

Buchungssätze:

| Zinsaufwand | 120,00 | an | Bank | 120,00 |

| Kasse | 750,00 | an | Mietertrag | 750,00 |

Darstellung auf T-Konten:

S	Bestandskonto „Bank"	H	S	Erfolgskonto „Zinsaufwand"	H
AB	...	*Zinsaufw.* 120,00	→	*Bank* 120,00	

S	Bestandskonto „Kasse"	H	S	Erfolgskonto „Mietertrag"	H
AB	...				
Mietertr. 750,00				*Kasse* 750,00	

3.3 Kontenabschluss

Im Gegensatz zu Bestandskonten werden Erfolgskonten am Jahresende nicht über das Schlussbilanzkonto abgeschlossen. Zur Ermittlung des Jahreserfolges wird ein spezielles Sammelkonto eingerichtet, in dem sich der Gewinn oder der Verlust des Geschäftsjahres als Saldo ergibt. Über dieses sog. **Gewinn- und Verlustkonto** werden alle Aufwands- und Ertragskonten abgeschlossen.

Die allgemeinen **Buchungssätze für den Abschluss von Erfolgskonten** lauten:

GuV-Konto	an	Aufwandskonto
Ertragskonto	**an**	**GuV-Konto**

Beispiel:

Abschluss von Erfolgskonten anhand der Beispiele aus Abschnitt B 3.1:

Buchungssätze

GuV-Konto	120,00	an	Zinsaufwand	120,00
Mietertrag	750,00	an	GuV-Konto	750,00

Darstellung auf T-Konten:

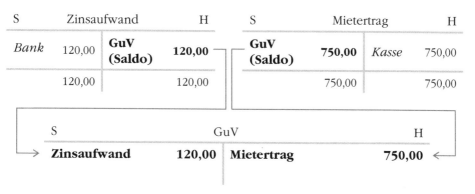

Im Soll des Kontos „GuV" tauchen zum Jahresende die Salden sämtlicher Aufwandskonten auf. Im Haben sind entsprechend die Werte der Ertragskonten zu finden. Anhand dieser Konstellation kann dann der Erfolg des Geschäftsjahres ermittelt werden (vgl. Abbildung 29).

S	GuV-Konto	H	S	GuV-Konto	H
Aufwendungen	Erträge		Aufwendungen	Erträge	
	Saldo (Verlust)		**Saldo (Gewinn)**		

Abbildung 29: Abschluss des GuV-Kontos

Übersteigen die Aufwendungen einer Rechnungsperiode deren Erträge, so entsteht ein **Verlust**, der auf der Habenseite des GuV-Kontos (Sollsaldo) ausgewiesen wird. Ein **Gewinn** hingegen (Erträge > Aufwendungen) taucht auf der Sollseite (Habensaldo) des GuV-Kontos auf.

Aus dem GuV-Konto wird die gesetzlich vorgeschriebene GuV-Rechnung in Staffelform (vgl. Abschnitt A 4.4.2) abgeleitet. Da es nach § 246 II HGB verboten ist, Aufwands- und Ertragsposten miteinander zu verrechnen (**Saldierungsverbot**), werden damit die Quellen des Erfolges eindeutig sichtbar. Eine Saldierung zwischen z. B. Zinsaufwendungen und Zinserträgen würde Informationen verschleiern und so den Informationsgehalt der GuV-Rechnung (für z. B. Gläubiger oder Kapitalgeber) reduzieren und eine genauere Erfolgsanalyse erschweren.

Das GuV-Konto selbst muss am Jahresende natürlich ebenfalls abgeschlossen werden. Dies geschieht über das Konto „Eigenkapital". Dabei sind allerdings zwei Fälle zu unterscheiden:

1. Fall: Es wurde ein **Verlust** (Reinvermögensminderung) erwirtschaftet.

Buchung:

Eigenkapital	**an**	**GuV-Konto**

Kontendarstellung:

S	GuV-Konto	H	S	Eigenkapital	H
Aufwendungen	Erträge		**Verlust**	Anfangsbestand	
	Saldo (Verlust)		Schlussbestand		

Abbildung 30: Abschluss des GuV-Kontos bei Verlust

2. Fall: Es wurde ein **Gewinn** (Reinvermögensmehrung) erwirtschaftet.

Buchung:

GuV-Konto	**an**	**Eigenkapital**

Kontendarstellung:

S	GuV-Konto	H	S	Eigenkapital	H
Aufwendungen	Erträge		Schlussbestand	Anfangsbestand	
Saldo (Gewinn)				**Gewinn**	

Abbildung 31: Abschluss des GuV-Kontos bei Gewinn

Der Saldo des Kontos „Eigenkapital" wird wie bei jedem passiven Bestandskonto auf das Schlussbilanzkonto gebucht.

3.4 Zusammensetzung des Gesamterfolges

Werden die Aufwendungen und Erträge, aus denen sich der Jahreserfolg (Gewinn oder Verlust) eines Unternehmens ergibt, im Hinblick auf ihre Nachhaltigkeit untersucht, so kann man zwischen betrieblichen und neutralen Erfolgskomponenten unterscheiden. Während **betriebliche Aufwendungen und Erträge** (Zweckaufwendungen und -erträge) mit der betrieblichen Leistungserstellung in unmittelbarem Zusammenhang stehen und einen repräsentativen Charakter für künftige Rechnungsperioden haben, fluktuieren **neutrale Aufwendungen und Erträge** (betriebsfremde, periodenfremde und außerordentliche; vgl. Abschnitt A 4.3.2.1) von Periode zu Periode. Die nachfolgende Abbildung bietet einen Überblick über typische betriebliche und neutrale Erträge.

	Aufwand	Ertrag
betrieblich	- Rohstoffverbrauch - Löhne/Gehälter - Zinsaufwendungen	- Umsatzerlöse - Zinserträge
neutral: betriebsfremd periodenfremd außerordentlich	- Verluste aus Wertpapiergeschäften - Steuernachzahlung - Brand- oder Unwetterschäden, Diebstahl, Unterschlagung	- Gewinne aus Wertpapiergeschäften - Steuerrückerstattung - Schadenersatz der Versicherung

Abbildung 32: Beispiele verschiedener Aufwands- und Ertragstypen

Diese Aufspaltung der Erfolgskomponenten ermöglicht eine etwas differenziertere Betrachtung des Gesamterfolges:

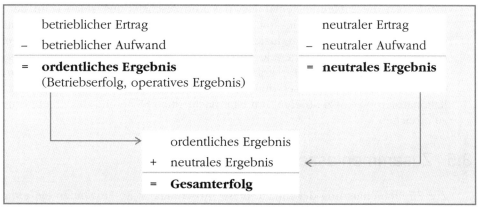

Abbildung 33: Zusammensetzung des Gesamterfolges

Im GuV-Konto stellt sich diese Aufspaltung der Aufwendungen und Erträge unter der Annahme positiver Ergebnisse wie folgt dar:

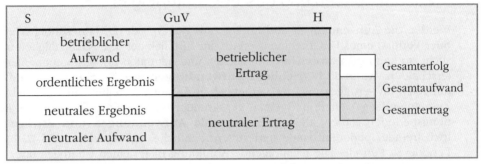

Abbildung 34: Zusammensetzung des Gesamterfolges im GuV-Konto

Gläubiger und Investoren betrachten zur Entscheidungsfindung niemals ausschließlich das Gesamtergebnis (ordentliches + neutrales Ergebnis) einer Unternehmung, da die darin enthaltenden neutralen Bestandteile (insb. außergewöhnliche Ereignisse eines Geschäftsjahres) den eigentlichen Erfolg des Kerngeschäfts verschleiern.

Beispiel:

	Periode 1	Periode 2	Periode 3
ordentliches Ergebnis	130.000,00	100.000,00	70.000,00
+ neutrales Ergebnis	30.000,00	55.000,00	88.000,00
= **Gesamtergebnis**	**160.000,00**	**155.000,00**	**158.000,00**

Würde man die Ergebnisentwicklung dieses Unternehmens von Periode 1 bis 3 nur anhand des Gesamtergebnisses beurteilen, so ergäbe sich ein recht stabiler Verlauf. Nach einem Blick auf den stetigen Rückgang des ordentlichen Ergebnisses (für zukünftige Perioden repräsentativ) würde ein Investor seine Entscheidungen unter Umständen noch einmal überdenken. Das neutrale Ergebnis gleicht zwar im Moment noch die sinkende Rentabilität des Kerngeschäfts aus, doch kann der Wert des neutralen Ergebnisses im folgenden Geschäftsjahr wieder fallen und damit das Gesamtergebnis erheblich reduzieren. Beispielsweise mag ein Spekulationsgewinn den Betrieb in Periode 3 gerade noch einmal „gerettet" haben, jedoch sollte sich die Unternehmensleitung für kommende Perioden unbedingt auf eine Korrektur des ordentlichen Ergebnisses durch z. B. Preiserhöhungen, Absatzsteigerung oder Rationalisierung konzentrieren, um eine nachhaltige Sicherung des Ergebnisniveaus zu erreichen.

3.5 Zusammenfassendes Beispiel

Zur Zusammenfassung der Inhalte dieses Abschnitts ist im Folgenden ein *einfacher Geschäftsgang mit Erfolgskonten* (ohne Beachtung von Umsatzsteuer) anhand eines einfachen Beispiels dargestellt:

3. Buchungen auf Erfolgskonten

Zu Beginn des Geschäftsjahres 2010 liegen einem kleinen Einzelhandelsunternehmen die folgenden Kontenanfangsbestände vor:

BGA	3.500,00	Eigenkapital	14.100,00
Waren	15.000,00	Langfr. Bankverb.	6.600,00
Bank	3.400,00	Verb. aus LL	2.400,00
Kasse	1.200,00		

Im weiteren Verlauf des Beispiels werden die erfolgsneutralen Geschäftsvorfälle des Geschäftsjahres 2010 außer Acht gelassen. Konteneröffnung und -abschluss der Bestandskonten werden nicht behandelt. Es wird zur Vereinfachung angenommen, dass es nur zu fünf erfolgswirksamen Buchungsvorgängen kam. Diese basieren auf folgenden Geschäftsvorfällen.

Nr.	Geschäftsvorfall
01	Barzahlung der Miete für die Verkaufsräume: 1.200,00 Euro
02	Zinsgutschrift für Sparguthaben: 21,50 Euro
03	Korrekturbuchung zu Nr. 02, da der korrekte Zinsbetrag 12,50 Euro betrug
04	Gehaltszahlung an Angestellte: 630,00 Euro
05	Auf dem Bankkonto eingegangene Umsatzerlöse: 20.400,00 Euro

Buchungssätze:

01:

Mietaufwand	1.200,00	an	Kasse	1.200,00

02:

Bank	21,50	an	Zinserträge	21,50

03:

Zinserträge	9,00	an	Bank	9,00

In diesem Fall muss nicht die komplette Buchung Nr. 02 storniert werden. Es reicht aus, das Konto „Zinserträge" um 21,50 – 12,50 = 9,00 Euro auf den korrekten Stand von 12,50 Euro zu korrigieren.

04:

Gehälter	630,00	an	Bank	630,00

05:

Bank	20.400,00	an	Umsatzerlöse	20.400,00

Konteneintragungen in den aktiven Bestandskonten:

S	Bank		H
EBK	3.400,00	03. Zinserträge	9,00
02. Zinserträge	21,50	04. Gehälter	630,00
05. Umsatzerlöse	20.400,00	**SBK**	**23.182,50**
	23.821,50		23.821,50

S	Kasse		H
EBK	1.200,00	01. Mietaufwand	1.200,00
	1.200,00		1.200,00

Durch die Bezahlung der Miete erreicht das Konto „Kasse" einen Bestand von Null. Es taucht daher später nicht mehr in der Schlussbilanz auf.

Konteneintragungen in den Erfolgskonten und Saldoermittlung:

S	Umsatzerlöse		H
GuV	**20.400,00**	05. Bank	20.400,00
	20.400,00		20.400,00

S	Zinserträge		H
03. Bank	9,00	02. Bank	21,50
GuV	**12,50**		
	21,50		21,50

S	Gehälter		H
04. Bank	630,00	**GuV**	**630,00**
	630,00		630,00

S	Mietaufwendungen		H
01. Kasse	1.200,00	**GuV**	**1.200,00**
	1.200,00		1.200,00

Die Salden der Erfolgskonten werden nun auf dem Konto „GuV" gegengebucht und dieses über das Konto „Eigenkapital" abgeschlossen.

Abschluss der Erfolgskonten:

Umsatzerlöse	20.400,00	an	GuV	20.400,00
Zinserträge	12,50	an	GuV	12,50
GuV	630,00	an	Gehälter	630,00
GuV	1.200,00	an	Mietaufwendungen	1.200,00

Abschluss des GuV-Kontos:

GuV 18.582,50 an Eigenkapital 18.582,50

S	GuV		H
Gehälter	630,00	Umsatzerlöse	20.400,00
Mietaufwend.	1.200,00	Zinserträge	12,50
Eigenkapital	**18.582,50**		
	20.412,50		20.412,50

S	Eigenkapital		H
SBK	*32.682,50*	EBK	14.100,00
		GuV	**18.582,50**
	32.682,50		32.682,50

Hieraus ergibt sich schließlich die Schlussbilanz des Geschäftsjahres 2010:

A	Schlussbilanz des Jahres 2010		P
BGA	3.500,00	**Eigenkapital**	**32.682,50**
Waren	15.000,00	Langfr. Bankverb.	6.600,00
Bank	23.182,50	Verb. aus LL	2.400,00
	41.682,50		41.682,50

3.6 Umsatz- und Gesamtkostenverfahren

Wie bereits angesprochen, kann die Gewinn- und Verlustrechnung nach dem sog. Umsatzkostenverfahren oder dem sog. Gesamtkostenverfahren aufgestellt werden.

Beim **Umsatzkostenverfahren** (UKV) wird der Betriebserfolg ermittelt, indem den Erlösen der einzelnen Leistungen einer Periode (zuzüglich neutraler Erträge) die Aufwendungen für die *abgesetzten* Leistungen (zuzüglich neutraler Aufwendungen) gegenübergestellt werden.

S	GuV nach UKV	H
Aufwand für *abgesetzte* Menge:		Umsatzerlöse aus *abgesetzter* Menge:
Produkt A		Produkt A
Produkt ...		Produkt ...
neutraler Aufwand		
Gewinn		neutraler Ertrag

Abbildung 35: GuV nach Umsatzkostenverfahren

Beim **Gesamtkostenverfahren** (GKV), nach welchem sich auch die Buchungen in diesem Buch ausrichten, werden die gesamten Aufwendungen (für alle hergestellten Leistungen) einer Periode, unterteilt nach Aufwandsarten (Material, Löhne etc.), als Blöcke den Erträgen gegenübergestellt. Wurden mehr Produkte in einer Rechnungsperiode produziert als abgesetzt, kam es zu Erhöhungen des Lagerbestands. Wurde in der Periode mehr abgesetzt als produziert, so hat sich der Lagerbestand abgebaut. Die Aufwendungen für die Herstellung dieser aus dem Lager entnommenen Produkte sind als sog. Bestandsminderungen (Aufwand) in der GuV zu erfassen. Im Fall einer Lagerbestandserhöhung kam es zu einer Einlagerung von Produkten, deren Aufwendungen in der Erfolgsbetrachtung der aktuellen Periode durch einen Ertrag in gleicher Höhe (sog. Bestandserhöhung) neutralisiert werden.

S	GuV nach GKV	H
Aufwand für *produzierte* Menge:	Umsatzerlöse aus *abgesetzter* Menge	
Material	Produkt A	
Personal	Produkt ...	
...		
neutraler Aufwand		
Bestandsminderungen	neutraler Ertrag	
Gewinn	*Bestandserhöhungen*	

Abbildung 36: GuV nach Gesamtkostenverfahren

Beispiel:

Im Januar des Jahres 2010 wurden in einem Unternehmen vom Produkt X 300 Stück gefertigt. Verkauft wurden allerdings nur 200 Stück zu 10,00 Euro je Stück. Die mit der Herstellung der 300 Stück verbundenen Aufwendungen beliefen sich in der Periode auf 1.800,00 Euro. An neutralen Aufwendungen fielen 200,00 Euro an. Neutrale Erträge liegen nicht vor.

Nach dem *Umsatzkostenverfahren* sind dem Umsatz von $200 \cdot 10{,}00 = 2.000{,}00$ Euro die Herstellungsaufwendungen der abgesetzten Menge von $200 \cdot 6{,}00 = 1.200{,}00$ Euro und die neutralen Aufwendungen von 200,00 Euro gegenüberzustellen (Hinweis: Der Herstellungsaufwand je Stück ergibt sich aus $1.800{,}00 : 300 = 6{,}00$ Euro). Das Periodenergebnis stellt sich damit folgendermaßen dar:

S		GuV nach UKV		H
Aufwand abges. Menge	1.200,00	Erlöse abges. Menge		2.000,00
Neutraler Aufwand	200,00			
Gewinn	**600,00**			
	2.000,00			2.000,00

Das *Gesamtkostenverfahren* stellt den Herstellungsaufwendungen für die insgesamt produzierte Menge in Höhe von $300 \cdot 6{,}00 = 1.800{,}00$ Euro und den neutralen Aufwendungen von 200,00 Euro den Umsatz von 2.000 Euro und zudem eine **Be-**

standserhöhung (Einlagerung der nicht verkauften 100 Stück) in Höhe von 100 · 6,00 = 600,00 Euro gegenüber. Es ergibt sich damit folgendes Bild:

S		GuV nach GKV	H
Aufwand prod. Menge	1.800,00	Erlöse abges. Menge	2.000,00
Neutraler Aufwand	200,00	Bestandserhöhung	600,00
Gewinn	**600,00**		
	2.600,00		2.600,00

Hieraus ist zu erkennen, dass **Umsatz- und Gesamtkostenverfahren** immer zum **selben Ergebnis** führen. Es ist auch ersichtlich, dass das Gesamtkostenverfahren zu einer höheren Kontensumme des GuV-Kontos führt. Da Steuerberater häufig aber nach dieser ihr Honorar bemessen, ist diese Tatsache bei der Verfahrenswahl zu berücksichtigen.

Allgemein kann gesagt werden, dass mit dem UKV der Erfolgsbeitrag eines jeden Erzeugnisses zum Gesamterfolg festgestellt werden kann. Häufig wird sogar für jedes Erzeugnis ein separates „Konto" geführt, in dem erzeugnisspezifische Aufwendungen und Erträge (also ohne neutrale) Aufschluss über den Erfolgsbeitrag geben sollen. Das UKV zeigt daher die Erfolgsquellen auf und ist insofern aussagekräftiger als das kostenartenorientierte GKV. Jedoch ist für die Anwendung des UKV eine ausgeprägte Kostenstellen- und Kostenträgerrechnung notwendig, damit die Aufwendungen je Erzeugnis ermittelt werden können.

3.7 Gesamtzusammenhang Bestands- und Erfolgskonten

Abbildung 37 zeigt die wichtigsten Zusammenhänge zwischen Bestands- und Erfolgskonten und der Schlussbilanz. Zur Vollständigkeit wurden dabei im Eigenkapital auch Entnahmen und Einlagen (vgl. Abschnitt C 13) dargestellt.

Abschlussbuchungen (Abu) sind in der Abbildung die Abschlüsse der Erfolgskonten über das GuV-Konto, der Abschluss des GuV-Kontos über das Eigenkapitalkonto und die Abschlüsse der Bestandskonten über das Schlussbilanzkonto. Darüber hinaus gibt es sog. **Vorabschlussbuchungen**, die den Jahresabschluss vorbereiten. Zu ihnen gehören die Abschlüsse von Unterkonten über zugehörige Hauptkonten (z. B. Abschluss des Kontos 6001 über das Konto 6000; vgl. Abschnitt C 2.3.7) und andere spezielle Buchungen (wie z. B. Abschreibungen; vgl. Abschnitt D 2.1).

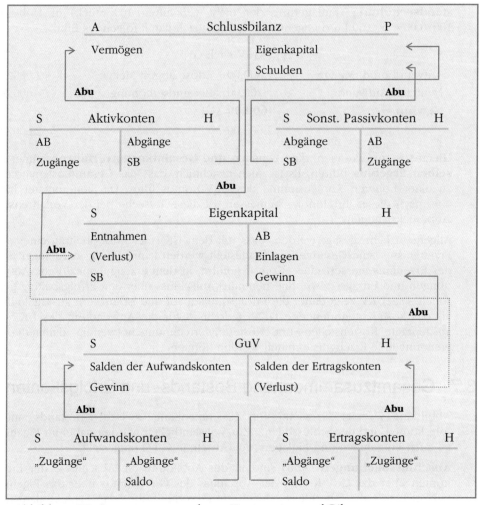

Abbildung 37: Gesamtzusammenhang Kontenarten und Bilanz

4 Kontenrahmen

Um bei der großen Zahl von Aufzeichnungen, die täglich in Unternehmen anfallen, nicht den Überblick und damit die Grundlage für betriebliche Entscheidungen zu verlieren, muss die Geschäftsbuchführung sachgerecht und rationell organisiert werden. Um dies zu gewährleisten, ist die Buchführung eines Unternehmens nach einem **systematischen Ordnungsschema** mit **einheitlichen Bezeichnungen** zu führen. An dieses Ordnungsschema werden folgende Ansprüche gestellt:

- Alle relevanten Konten müssen vorhanden sein.
- Das Ordnungsschema muss eine computergestützte Erfassung von Buchungsdaten ermöglichen (z. B. durch eindeutige Konten-IDs).
- Eine Vergleichbarkeit mit früheren Rechnungsperioden und anderen Betrieben (auch auf internationaler Ebene) muss gegeben sein.
- Die Buchungsarbeit (inkl. Einarbeitung Dritter und neuer Mitarbeiter) sollte dadurch vereinfacht werden.

Ein solches Ordnungsschema wird auch als **Kontenrahmen** bezeichnet. Industriebetriebe richten sich z. B. nach dem sog. **Industriekontenrahmen** (IKR) des Bundesverbands der deutschen Industrie (BDI). Dabei handelt es sich um eine Zusammenstellung aller Konten (inkl. eindeutiger Kontennummern), die in einem Industriebetrieb vorkommen können.

Der IKR ist auf der Basis des **dekadischen Systems** (Zehnersystem) aufgebaut. Alle Konten werden in 10 **Kontenklassen** (0 - 9) aufgegliedert. Jede Kontenklasse ist wiederum in 10 **Kontengruppen**, jede Kontengruppe in 10 **Kontenarten** und jede Kontenart in 10 **Konten** aufgeteilt. So lässt sich jedes Konto durch eine vierstellige Kontonummer eindeutig bezeichnen und in den Kontenrahmen einordnen.

▷ Beispiel:
Aufbau der Kontonummer: **6001** – Bezugskosten Rohstoffe

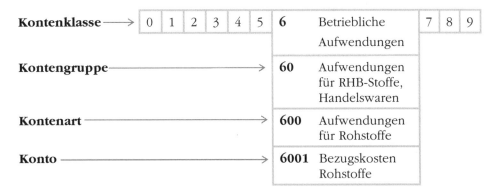

Diese individuelle ID eines jeden Kontos ermöglicht nun auch eine computergestützte Aufzeichnung der Buchhaltungsdaten. Da die durch den IKR vorgegebenen Kontenbezeichnungen und -nummern von vielen deutschen Industriebetrieben verwendet werden, ist eine nationale Vergleichbarkeit der Buchhaltungsdaten möglich.

Aus dem Kontenrahmen entwickelt jeder Industriebetrieb seinen eigenen ganz spezifischen **Kontenplan**, der nur die Konten enthält, die das einzelne Unternehmen tatsächlich benötigt. Wird eine Tiefengliederung einer Kontengruppe nicht benötigt, wird auch häufig nur ein Konto definiert, welches diese Kontengruppe vertritt. Von diesen Prinzipien wurde auch bei der Erstellung des Übungskontenplans im Anhang dieses Lehrbuchs Gebrauch gemacht.

Der IKR ist nach dem sog. **Abschlussgliederungsprinzip** aufgebaut. Das heißt, die aktiven und passiven Bestandskonten sowie die Ertrags- und Aufwandskonten werden in Anlehnung an die gesetzlichen Vorschriften des HGB angeordnet. Auf die Kontenklasse 9 (Kosten- und Leistungsrechnung), die zu den übrigen Konten (Klassen 0 - 8) keine direkte Verbindung aufweist, wird in diesem Lehrbuch nicht näher eingegangen, da sie keinen Bestandteil der Finanzbuchhaltung darstellt.

Bestandskonten (Schlussbilanzkonto)				
Aktivkonten			Passivkonten	
Klasse 0	Klasse 1	Klasse 2	Klasse 3	Klasse 4
Immaterielle Vermögensgegenstände und Sachanlagen	Finanzanlagen	Umlaufvermögen	Eigenkapital	Verbindlichkeiten

Erfolgskonten (GuV-Konto)		
Erträge	Aufwendungen	
Klasse 5	Klasse 6	Klasse 7
Erträge	Betriebliche Aufwendungen	Weitere Aufwendungen

Ergebnisrechnungen	
Klasse 8	Klasse 9
Ergebnisrechnungen	Kosten- und Leistungsrechnung

Abbildung 38: Aufbau des Industriekontenrahmens

Beispiel eines typischen Buchungsvorgangs unter Zuhilfenahme des IKR:

Eine Spende in Höhe von 150,00 Euro wird an das „Rote Kreuz" überwiesen. Der Anfangsbestand des Bankkontos liegt bei 3.450,00 Euro. Im Geschäftsjahr wurden keine weiteren Spenden getätigt. Es kam zu keinen weiteren Banküberweisungen oder Zahlungseingängen.

Eröffnungsbuchung:

| 2800 | Bank | 3.450,00 | an | 8000 | EBK | 3.450,00 |

4. Kontenrahmen

Buchungssatz:

6880 Spenden 150,00 an 2800 Bank 150,00

Kontendarstellung:

S	2800		H	S	6880		H
8000	3.450,00	6880	150,00	2800	150,00	8020	150,00
		8010	3.300,00		150,00		150,00
	3.450,00		3.450,00				

Abschlussbuchungen:

8020 GuV 150,00 an 6880 Spenden 150,00

8010 SBK 3.300,00 an 2800 Bank 3.300,00

In der industriellen Buchhaltung könnte auch der **Gemeinschaftskontenrahmen der Industrie** (GKR) verwendet werden. Dieser ist nach dem sog. **Prozessgliederungsprinzip** aufgebaut. Dies bedeutet, dass die Kontenklassen dem betrieblichen Produktionsprozess entsprechend angeordnet werden.

Klasse	Inhalt	
0	Anlagevermögen und langfristiges Kapital	
1	Umlaufvermögen und kurzfristige Verbindlichkeiten	
2	neutrale Aufwendungen und Erträge	Beschaffung
3	**Material- und Warenbestände**	
	↓	
4	Kostenarten	
5	Frei für Kostenstellenrechnung	
6	Frei für Kostenstellenrechnung	Produktion
	↓	
7	**Bestände an unfertigen und fertigen Erzeugnissen**	
8	Erlöse und andere betriebliche Erträge	Absatz
9	Abschlusskonten	

Abbildung 39: Aufbau Gemeinschaftskontenrahmen der Industrie

C. Laufende Buchungen in Industriebetrieben

In diesem Kapitel wird näher auf eine Reihe ausgewählter Buchungsvorgänge eingegangen, die im Laufe eines Geschäftsjahres in einem Industriebetrieb regelmäßig anfallen können.

Das Spektrum reicht dabei

- von typischen bei der Produktion von Erzeugnissen notwendigen Buchungen (Einkauf von Roh-, Hilfs- und Betriebsstoffen, Anlagen etc., Verbuchung von Personalaufwand, Kreditaufnahme und -tilgung)
- über den Kauf und Verkauf diverser Anlagegegenstände (z. B. Maschinen, Fahrzeuge, Wertpapiere)
- bis zum Verkauf von hergestellten Erzeugnissen.

Anders als in der gängigen Buchführungsliteratur lernen Sie dabei nicht nur, ob und wie (bzw. unter welchen Bilanzpositionen) gewisse Vorfälle zu verbuchen sind, sondern erhalten auch einen detaillierten Einblick, wie die zu verbuchenden Euro-Werte in Folge bestehender gesetzlicher Bewertungsvorschriften zu bestimmen sind.

1 Umsatzsteuer

1.1 Vorbemerkungen

Im Rahmen der allgemeinen Buchführungstechnik in Kapitel B sind umsatzsteuerliche Vorschriften bisher unberücksichtigt geblieben. Da eine Vielzahl von Geschäftsvorfällen/Buchungsvorgängen jedoch in den umsatzsteuerpflichtigen Bereich fällt, wird in diesem Abschnitt das System der Umsatzsteuer vorgestellt. Dabei wird im ersten Schritt das Prinzip der Besteuerung der Wertschöpfung erklärt. Anschließend wird im zweiten Schritt kurz ausgeführt, welche Geschäftsvorfälle in den Bereich der steuerbaren und steuerpflichtigen Umsätze fallen. Abschließend erfolgt dann die Behandlung der Verbuchung von Umsatzsteuerbeträgen.

1.2 Wesen und Rechtsgrundlage der Umsatzsteuer

1.2.1 Das Prinzip der Besteuerung der Wertschöpfung

Bevor ein Produkt den Endverbraucher erreicht, durchläuft es normalerweise verschiedene Fertigungsstufen in mehr als einem Unternehmen. Dabei wächst der Wert des Erzeugnisses i. d. R. von Stufe zu Stufe bzw. von Unternehmen zu Unternehmen an. Diese Wertsteigerung wird vom Staat mit der sog. **Umsatzsteuer** (USt) belastet, die im Volksmund auch als „Mehrwertsteuer" bezeichnet wird. Der zu besteuernde *Mehrwert* jeder Wertschöpfungsphase ergibt sich als *Differenz aus Ver- und Einkaufspreis*.

▷ Beispiel zur Wertschöpfung durch Produktion und Handel (Steuersatz 19 %):

Wertschöpfungs-phase	(Netto-)Ein-kaufspreis	(Netto-)Ver-kaufspreis	Mehrwert	Mehrwertsteuer (= 0,19 · Mehrwert)
Urerzeugung	-	500,00	500,00	95,00
Weiterverarbeitung	500,00	1.200,00	700,00	133,00
Großhandel	1.200,00	1.300,00	100,00	19,00
Einzelhandel	1.300,00	1.450,00	150,00	28,50
			1.450,00	*275,50*

Wie in der letzten Tabellenspalte ersichtlich ist, verteilt sich die Zahlung der Mehrwertsteuer an das Finanzamt auf die einzelnen Unternehmen der Wertschöpfungskette. Man erkennt, dass die insgesamt angefallene Mehrwertsteuerlast von 275,50 Euro genau der Umsatzsteuer von 19 % auf den Verkaufspreis in der letzten Wertschöpfungsphase (1.450,00 Euro) entspricht. Der Einzelhändler stellt dem Endverbraucher 1.725,50 Euro (= 1.450,00 + 275,50) in Rechnung. Damit trägt wirtschaftlich letztlich der Endverbraucher die gesamte Mehrwertsteuerlast.

Technisch wird dieses System der Mehrwertbesteuerung in Deutschland durch Gestaltung der Umsatzsteuer als *Allphasen-Netto-Umsatzsteuer mit Vorsteuerabzug* realisiert. Dieses System weist folgende Charakteristika auf:

- Die Besteuerung erfolgt in *allen Wertschöpfungsphasen.*
- Die Bemessungsgrundlage der Umsatzsteuer ist jeweils der *Nettoumsatz der Phase* (auch Nettoverkaufspreis, d. h. der Umsatz vor Umsatzsteuer).
- Die gezahlte Umsatzsteuer auf die Nettoeinkaufspreise wird von der erhaltenen Umsatzsteuer auf die Nettoverkaufspreise *abgezogen.* Dadurch ist von dem jeweiligen Unternehmen letztlich nur die Umsatzsteuer auf den Mehrwert an das Finanzamt abzuführen.

Die Umsatzsteuer ist für ein Unternehmen ein sog. **durchlaufender Posten** (vgl. auch Abschnitt C 14.1.4). Sie ist eine allgemeine Verbrauchsteuer, die wirtschaftlich allein vom Endverbraucher getragen wird und daher für das Unternehmen **keinen Aufwand** darstellt. Der Staat hat den Unternehmen lediglich die Aufgabe übertragen, die Steuer zu vereinnahmen und zu bestimmten Zeitpunkten an das Finanzamt abzuführen.

Verkauft ein Unternehmen Erzeugnisse, Waren oder Anlagegegenstände, so werden dem Kunden neben dem Nettoverkaufspreis zusätzlich i. d. R. 19 % **Umsatzsteuer** auf den Nettoverkaufspreis in Rechnung gestellt. Der Umsatzsteuerbetrag stellt für das Unternehmen eine **Verbindlichkeit gegenüber dem Finanzamt** dar. Bei der Beschaffung von Waren, Werkstoffen oder Anlagegegenständen ist wiederum an den Lieferanten eine Umsatzsteuer (sog. **Vorsteuer, VSt**) in Höhe von i. d. R. 19 % des vereinbarten Nettoeinkaufspreises zu zahlen. Da nur der Mehrwert vom Unternehmen an das Finanzamt abzuführen ist, stellt die an den Lieferanten beim Einkauf gezahlte Vorsteuer eine **Forderung gegenüber dem Finanzamt** dar. Die Differenz aus der eingezogenen Umsatzsteuer und der bezahlten Vorsteuer ergibt die Umsatzsteuerschuld gegenüber dem Finanzamt. Sie wird als **Zahllast** bezeichnet (vgl. Abbildung 40).

	Umsatzsteuer	Summe der erhaltenen Umsatzsteuer aus Verkaufsgeschäften mit den Kunden (gemäß Ausgangsrechnungen)
−	Vorsteuer	Summe der gezahlten Vorsteuer bei den Einkaufsgeschäften mit den Lieferanten (gemäß Eingangsrechnungen)
=	Zahllast	Umsatzsteuerschuld

Abbildung 40: Zahllast an das Finanzamt

1.2.2 Bestimmungen des Umsatzsteuergesetzes

Zu den sog. **steuerbaren Umsätzen** zählen nach § 1 UStG

- Lieferungen und Leistungen, die ein Unternehmer im Inland gegen Entgelt im Rahmen seines Unternehmens tätigt (inkl. Entnahme von Gegenständen für Zwecke, die außerhalb des Unternehmens liegen, wie z. B. die Entnahme von Fertigerzeugnissen für private Zwecke),
- die Einfuhr von Gegenständen aus dem Drittlandsgebiet (Nicht-EU-Länder),
- und der innergemeinschaftliche Erwerb im Inland gegen Entgelt.

Diese steuerbaren Umsätze sind unterteilt in *steuerpflichtige und steuerfreie Umsätze*. Von der **Umsatzsteuer befreit** sind etwa folgende Umsätze (§ 4 UStG):

- Ausfuhrlieferungen (Export)
- Versicherungsprämien
- Umsätze von Banken aus der Gewährung und Vermittlung von Krediten
- Vermietung, Verpachtung und Verkauf von Grundstücken
- Innergemeinschaftliche Lieferungen

Eine Befreiung von der Umsatzsteuerpflicht schließt auch einen Abzug von durch das Unternehmen gezahlten Umsatzsteuerbeträgen als Vorsteuer aus. Für ein Unternehmen kann es daher sinnvoll sein, auf die Steuerbefreiung zu verzichten. § 9 UStG sieht diesbezüglich ein **Optionsrecht** vor, welches es ermöglicht, dem Finanzamt zu erklären, dass gewisse Umsätze freiwillig der Besteuerung unterzogen werden sollen. So kann dieses Optionsrecht beispielsweise bei der *Vermietung von gewerblichen Räumen* in Anspruch genommen werden. Voraussetzung ist, dass der Mieter ein Unternehmen ist, welches die Räume gewerblich nutzt und zur Erzielung von Umsätzen einsetzt, für die ein Vorsteuerabzug nicht ausgeschlossen ist. Die Mieteinnahmen werden dann zwar mit Umsatzsteuer belastet, Vorsteuerbeträge, die im Zusammenhang mit Aufwendungen für Reparaturen etc. am Gebäude stehen, werden aber dadurch abzugsfähig (ohne Option stellt die Vorsteuer letztlich Aufwand dar). Für einen Unternehmer als Mieter stellt die Option wiederum keinen Nachteil dar, da er i. d. R. vom Vorsteuerabzug Gebrauch macht.

Bei steuerpflichtigen Umsätzen liegt der **Regelsteuersatz** (§ 12 I UStG) seit dem 01.01.2007 bei **19 %**. Diesem Satz unterliegen auch die Umsätze aus freiberuflicher Tätigkeit (Rechtsanwalt, Steuerberater, Notar, Tierarzt etc.). Umsätze von Ärzten und Zahnärzten hingegen unterliegen nicht der Umsatzsteuer.

Für Lebensmittel (außer bei Verzehr an Ort und Stelle), Druckerzeugnisse, sonstige Kulturgegenstände und -leistungen (z. B. Theater, Museum), Personenbeförderung im Linienverkehr usw. (§ 12 II UStG) galt und gilt noch immer ein **ermäßigter Steuersatz** von **7 %**.

Nach § 22 UStG ist der Unternehmer verpflichtet, zur Feststellung der Steuer für jeden Umsatzsteuertarif ein eigenes Konto zu führen und die Entgelte entsprechend den verschiedenen Umsatzsteuertarifen getrennt als Erlöse zu buchen. In diesem Lehrbuch werden aus Vereinfachungsgründen nur ein Umsatz- und ein Vorsteuerkonto (unabhängig vom Tarif) sowie nur ein Umsatzerlöskonto verwendet.

Grundlage (**Bemessungsgrundlage**) für die Berechnung der Umsatzsteuer ist, bei

- Lieferungen und sonstigen Leistungen das *vereinbarte Entgelt*, welches sich aus Nettorechnungsbetrag (§ 10 I UStG) berichtigt um Erlöskorrekturen (Skonti, Nachlässe; nach § 17 UStG) ergibt.
- Entnahme von Gegenständigen und sonstigen Leistungen der *Teil- bzw. Tageswert* (§ 10 V UStG).
- Einfuhren der *Zollwert* (§ 11 UStG).

Die **Umsatzsteuerschuld** entsteht nach § 13 I Nr. 1a UStG nach Ablauf des sog. Voranmeldungszeitraums (§§ 16 und 18 UStG), in dem die Leistung erbracht wurde. Dies ist i. d. R. ein Kalendermonat, kann jedoch auch ein Quartal sein. Die **Be-**

rechtigung zum Vorsteuerabzug besteht dagegen nach § 15 UStG erst, wenn die Leistung erbracht ist und die Rechnung vorliegt. Kommt es vor Ausführung einer Leistung zu *Anzahlungen*, so entsteht hierfür die Umsatzsteuer bereits mit Vereinnahmung der Anzahlung. Dementsprechend kann der Leistungsempfänger die ihm für die Anzahlung in Rechnung gestellte Steuer als Vorsteuer abziehen.

Eine **Rechnung** muss nach § 14 UStG gewissen Formvorschriften bzw. Mindestinhalten (z. B. auf das Entgelt entfallender Steuerbetrag) genügen, damit ein Vorsteuerabzug zulässig ist. Für Kleinstbetragsrechnungen (bis 150,00 Euro) sind jedoch nach § 33 UStDV gewisse Vereinfachungen zulässig (z. B. reicht die Angabe des im Rechnungsbetrag enthaltenen Steuersatzes aus).

Nach § 18 I S. 1 UStG muss jeder Unternehmer bis zum 10. Tag nach Ablauf des Voranmeldungszeitraums (also z. B. jeden Monat oder jedes Quartal) eine **Umsatzsteuervoranmeldung** via Datenfernübertragung abgeben, in der er die Zahllast für den abgelaufenen Voranmeldungszeitraum berechnet. Gleichzeitig hat der Unternehmer die in der Voranmeldung ermittelte Zahllast in Form einer **Vorauszahlung** zu entrichten (§ 18 I S. 4 UStG). Ergibt sich in der Voranmeldung ein Vorsteuerüberhang zu Gunsten des Unternehmers, so wird dieser vom Finanzamt erstattet. Für das gesamte Kalenderjahr ist eine sog. **Umsatzsteuererklärung** unter Verrechnung der entrichteten Vorauszahlungen abzugeben.

1.3 Rechnerische Ermittlung der Zahllast

In der Buchhaltung jedes Industriebetriebes werden im Laufe einer Rechnungsperiode alle Einkäufe und Verkäufe und die damit verbundene Umsatzsteuer aufgezeichnet. Anhand dieser Daten kann die Zahllast wie folgt ermittelt werden:

▷ Vereinfachtes Beispiel:

Es kam in einem Unternehmen XY innerhalb eines Umsatzsteuervoranmeldungszeitraums nur zu einem Ein- und einem Verkauf.

Verkauf		Einkauf	
Verkaufspreis	13.400,00	Einkaufspreis	8.900,00
Umsatzsteuer:		Vorsteuer:	
19 % v. 13.400,00	2.546,00	19 % v. 8.900,00	1.691,00

Die vom Unternehmen XY im Rahmen des Einkaufs gezahlte Umsatzsteuer in Höhe von 1.691,00 Euro wurde bereits von den Unternehmen auf den vorhergehenden Stufen des Wertschöpfungsprozesses an das Finanzamt gezahlt. Um eine Doppelbesteuerung zu vermeiden, kann das Unternehmen XY die 1.691,00 Euro als Vorsteuer geltend machen.

Vom Kunden wurden 2.546,00 Euro Umsatzsteuer durch XY vereinnahmt und stellen eine Verbindlichkeit des Unternehmens XY gegenüber dem Finanzamt dar. Da aber durch die Zahlung der Vorsteuer an den Zulieferer bereits ein Teil dieser Schuld beglichen ist, ergibt sich die verbleibende Verbindlichkeit (Zahllast) als

Umsatzsteuer − Vorsteuer = Zahllast = 2.546,00 − 1.691,00 = 855,00 Euro.

Alternativ besteht auch die Möglichkeit die Zahllast über den entstandenen Mehrwert zu errechnen:

Mehrwert = Verkaufspreis − Einkaufspreis

= 13.400,00 − 8.900,00 = 4.500,00 Euro

Zahllast = 19 % des Mehrwertes

= 19 % v. 4.500,00 = 855,00 Euro

Kommt es nun zu mehreren Ein- und Verkäufen, so müssen zur Ermittlung der Zahllast des Monats X (Umsatzsteuervorauszahlung) lediglich von den Umsatzsteuerbuchungen (Konto 4800) des Monats X die Vorsteuerbuchungen (Konto 2600) des Monats X abgezogen werden (vgl. Abschnitt C 1.4).

1.4 Buchhalterische Erfassung der Zahllast

Vorsteuer und Umsatzsteuer werden auf eigenen Konten gebucht. Dies sind laut Industriekontenrahmen bei **Einkauf** das Konto *2600 – Vorsteuer* und bei **Verkauf** das Konto *4800 – Umsatzsteuer*. Beim Konto 2600 handelt es sich um ein *aktives Bestandskonto* (Zunahme im Soll, Abnahme im Haben). Es nimmt die Umsatzsteuer aus den Eingangsrechnungen (z. B. für Werkstoffe oder andere Sachanlagen) im Soll auf. Da den Unternehmen diese Steuer indirekt über den Vorsteuerabzug (bei Ermittlung der Zahllast) erstattet wird, hat dieses Konto *Forderungscharakter*. Die auf dem Konto 4800 gesammelten Steuerwerte aus dem Verkauf von z. B. Fertigerzeugnissen stellen eine *Verbindlichkeit gegenüber dem Finanzamt* dar. Es handelt sich um ein *passives Bestandskonto* (Zunahme im Haben, Abnahme im Soll), das die Umsatzsteuer aus den Ausgangsrechnungen im Haben aufnimmt.

Zur **buchhalterischen Erfassung** der Zahllast (Umsatzsteuervorauszahlung) gibt es zwei Varianten:

Variante A sieht vor, die Konten 2600 und 4800 monatlich übereinander abzuschließen, so dass beide Konten stets zu Monatsbeginn einen Stand von Null aufweisen. Dabei sind wiederum zwei Fälle zu unterscheiden:

Fall 1: Umsatzsteuer > Vorsteuer (Saldo Konto 4800 > Saldo Konto 2600)

In diesem Fall ist die Verbindlichkeit aus der Umsatzsteuer größer als die Forderung aus der Vorsteuer. Es entsteht insofern eine Nettoverbindlichkeit gegenüber dem Finanzamt.

Beispiel:

S	2600		H
„Zugang 1"	3.000,00	„Abgang 1"	1.000,00
„Zugang 2"	2.000,00	*Saldo*	*4.000,00*
	5.000,00		5.000,00

S	4800		H
„Abgang 1"	500,00	„Zugang 1"	5.000,00
Saldo	8.500,00	„Zugang 2"	4.000,00
	9.000,00		9.000,00

Zu den in den obigen Konten erfassten „Abgängen" auf dem Vor- bzw. Umsatzsteuerkonto kommt es z. B. aufgrund von Berichtigungs- und Stornobuchungen oder Rücksendungen sowie nachträglichen Preisnachlässen (vgl. Abschnitte C 2.3.3 und C 2.3.4 bzw. C 2.4.3 und C 2.4.5).

Es ergibt sich auf dem Konto 2600 ein vorläufiger Saldo in Höhe von 4.000,00 Euro (= 3.000,00 + 2.000,00 − 1.000,00) und auf dem Konto 4800 ein vorläufiger Saldo von 8.500,00 Euro (= 5.000,00 + 4.000,00 − 500,00). Der niedrigere Saldo (Saldo von Konto 2600) wird nun auf das Konto mit dem höheren Saldo (Konto 4800) übertragen. Forderungen und Verbindlichkeiten dürfen in diesem Fall *ausnahmsweise* saldiert bzw. miteinander verrechnet werden.

Buchungssatz:

4800   Umsatzsteuer   4.000,00   an   2600   Vorsteuer   4.000,00

Nun kann der endgültige Saldo des Kontos 4800 bzw. die Zahllast ermittelt werden. Diese wird per Banküberweisung an das Finanzamt abgeführt und damit ist die Verbindlichkeit bis zur Umsatzsteuerjahreserklärung erst einmal getilgt.

Buchungssatz:

4800   Umsatzsteuer   4.500,00   an   2800   Guthaben bei   4.500,00
                                                      Kreditinstituten
                                                      (Bank)

Kontendarstellung:

S	4800		H
„Abgang 1"	500,00	„Zugang 1"	5.000,00
2600	4.000,00	„Zugang 2"	4.000,00
2800	4.500,00		
	9.000,00		9.000,00

Fall 2: Umsatzsteuer < Vorsteuer (Saldo Konto 4800 < Saldo Konto 2600)

Die Forderung aus der Vorsteuer übersteigt die Verbindlichkeit aus der Umsatzsteuer, so dass eine Nettoforderung gegenüber dem Finanzamt entsteht.

▷ Beispiel:

S	2600		H
„Zugang 1"	5.000,00	„Abgang 1"	2.000,00
„Zugang 2"	6.000,00	Saldo	9.000,00
	11.000,00		11.000,00

S	4800		H
Abgang 1	1.000,00	Zugang 1	2.000,00
Saldo	*5.000,00*	Zugang 2	4.000,00
	6.000,00		6.000,00

In diesem eher selten auftretenden Fall, dass der vorläufige Saldo des Kontos 4800 (5.000,00 Euro) kleiner ist als der des Kontos 2600 (9.000,00 Euro), gibt das Konto 4800 seinen Saldo an das Konto 2600 ab.

Buchungssatz:

4800   Umsatzsteuer   5.000,00   an   2600   Vorsteuer   5.000,00

Die Forderung gegenüber dem Finanzamt (Umsatzsteuerrückerstattung) ergibt sich dann als Saldo des Kontos 2600.

Buchungssatz:

2630   Sonstige Forderungen an Finanzbehörden   4.000,00   an   2600   Vorsteuer   4.000,00

Kontendarstellung:

S	2600		H
„Zugang 1"	5.000,00	„Abgang 1"	2.000,00
„Zugang 2"	6.000,00	*4800*	*5.000,00*
		2630	*4.000,00*
	11.000,00		11.000,00

Bei Zahlungseingang wäre dann zu buchen:

2800   Guthaben bei Kreditinstituten (Bank)   4.000,00   an   2630   Sonstige Forderungen an Finanzbehörden   4.000,00

Alternativ zu dem eben erläuterten Direktabschluss ist es bei der Variante A auch möglich, dass aus Gründen der besseren Übersichtlichkeit ein *„Umsatzsteuerverrechnungskonto"* eingerichtet wird. Über dieses Konto werden dann die Konten 4800 und 2600 abgeschlossen. Dabei ist es für die Verbuchung ohne Belang, welches Konto einen höheren Saldo aufweist. Das Verhältnis der Kontensalden schlägt sich im Saldo des Umsatzsteuerverrechnungskontos nieder. Dieser wiederum bestimmt, ob es sich um eine Nettoforderung bzw. eine Nettoverbindlichkeit gegenüber dem Finanzamt handelt.

Die Buchungssätze der Fälle 1 und 2 bei Variante A unter Verwendung des Umsatzsteuerverrechnungskontos lauten wie folgt:

Fall 1:

Umsatzsteuerverrech-nungskonto	4.000,00	an	2600 Vorsteuer		4.000,00
4800 Umsatzsteuer	8.500,00	an	Umsatzsteuerverrech-nungskonto		8.500,00

Fall 2:

Umsatzsteuerverrech-nungskonto	9.000,00	an	2600 Vorsteuer		9.000,00
4800 Umsatzsteuer	5.000,00	an	Umsatzsteuerverrech-nungskonto		5.000,00

Kontendarstellung Fall 1:

S	2600		H
„Zugang 1"	3.000,00	„Abgang 1"	1.000,00
„Zugang 2"	2.000,00	*USt-Verrech-nungskonto*	*4.000,00*
	5.000,00		5.000,00

S	4800		H
„Abgang 1"	500,00	„Zugang 1"	5.000,00
USt-Verrech-nungskonto	*8.500,00*	„Zugang 2"	4.000,00
	9.000,00		9.000,00

Kontendarstellung Fall 2:

S	2600		H
„Zugang 1"	5.000,00	„Abgang 1"	2.000,00
„Zugang 2"	6.000,00	*USt-Verrech-nungskonto*	*9.000,00*
	11.000,00		11.000,00

S	4800		H
„Abgang 1"	1.000,00	„Zugang 1"	2.000,00
USt-Verrech-nungskonto	*5.000,00*	„Zugang 2"	4.000,00
	6.000,00		6.000,00

Im Vergleich der Umsatzsteuerverrechnungskonten wird wiederum die Unterschiedlichkeit der Fälle 1 und 2 deutlich.

Kontendarstellung Fall 1:

S	Umsatzsteuerverrechnungskonto		H
2600	4.000,00	4800	8.500,00
Saldo	4.500,00		
	8.500,00		8.500,00

Kontendarstellung Fall 2:

S	Umsatzsteuerverrechnungskonto		H
2600	9.000,00	4800	5.000,00
		Saldo	4.000,00
	9.000,00		9.000,00

Ergibt sich ein Saldo auf der Sollseite des Umsatzsteuerverrechnungskontos, so handelt es sich um eine Verbindlichkeit gegenüber dem Finanzamt. Entsteht hingegen ein Saldo auf der Habenseite, so handelt es sich um eine Forderung gegenüber dem Finanzamt.

Die Salden sind daher wie folgt zu buchen:

Fall 1:

Umsatzsteuerverrechnungskonto	4.500,00	an	2800	Guthaben bei Kreditinstituten (Bank)	4.500,00

Fall 2:

2630	Sonstige Forderungen an Finanzbehörden	4.000,00	an	Umsatzsteuerverrechnungskonto	4.000,00

Damit führt die alternative Form der Verbuchung unter Einschaltung des Umsatzsteuerverrechnungskontos materiell zu den gleichen buchhalterischen Ergebnissen wie der Direktabschluss der Variante A.

Bei der **Variante B** wird weder eine direkte noch eine indirekte Saldierung der Konten 4800 und 2600 vorgenommen. Beide Konten bleiben unangetastet. Stattdessen wird ein Konto *4820 – Umsatzsteuervorauszahlung* eingerichtet, in dem nur die vorausgezahlten Umsatzsteuerbeträge (und auch Rückerstattungen) für die Monate Januar bis November ausgewiesen werden (Dezembervorauszahlung erfolgt erst im Januar).

Beispiel:

Im Monat März wurden Umsatzerlöse von 75.000,00 Euro erwirtschaftet, wobei noch Erlösberichtigungen in Höhe von 5.000,00 Euro zu berücksichtigen sind. An Vorsteuer wurden im selben Monat 1.300,00 Euro gebucht. Die Zahllast errechnet sich daraus folgendermaßen:

	Märzwerte Umsatzerlöse (Konto 5000)	75.000,00
−	Märzwerte Erlösberichtigungen (Konto 5001)	5.000,00
=	Bereinigte Umsatzerlöse des Monats März	70.000,00
	Umsatzsteuerschuld (19 % v. 70.000,00) (= Märzwerte Umsatzsteuer (Konto 4800))	13.300,00
−	Märzwerte Vorsteuer (Konto 2600)	1.300,00
=	Zahllast des Monats März	12.000,00

Diese Zahllast wird durch Banküberweisung am 10.04. beglichen. Auf dem Konto seien im Folgenden bereits die Vorauszahlungen für die beiden Monate Januar und Februar in Höhe von je 10.000,00 Euro erfasst.

Buchung am 10.04.:

4820	Umsatzsteuer-vorauszahlung	12.000,00	an	2800	Guthaben bei Kreditinstituten (Bank)	12.000,00

Kontendarstellung:

S	4820	H	S	2800	H
Januar	10.000,00			4820	12.000,00
Februar	10.000,00				
2800	*12.000,00*				

1.5 Umsatzsteuerbehandlung beim Jahresabschluss

Je nachdem, welche Variante (A oder B aus Abschnitt C 1.4) bei der Erfassung der Umsatzsteuer angewendet wurde, ist die Zahllast des Monats Dezember anders zu bestimmen. Wurde nach der **Variante A** verfahren, so ist der Dezember wie jeder andere Monat zu behandeln, mit dem Unterschied, dass keine Zahlung erfolgt, da die Zahllast erst im Januar fällig wird. Auch hier sind allgemein wieder zwei Fälle zu unterscheiden:

Fall 1: USt > VSt

Wird beim Jahresabschluss eine Zahllast festgestellt, so erfolgt beim Abschluss des Kontos 4800 keine Banküberweisung an das Finanzamt. Die Steuerschuld wird stattdessen auf dem Konto *4830 – Sonstige Verbindlichkeiten gegenüber Finanzbehörden* gegengebucht und im folgenden Geschäftsjahr mit der ersten Umsatzsteuervoranmeldung beglichen.

▶ Beispiel:

S	4800		H	S	4830		H
2600	3.000,00	2400	12.000,00	8010	9.000,00	4800	9.000,00
4830	*9.000,00*				9.000,00		9.000,00
	12.000,00		12.000,00				

1. Umsatzsteuer

Buchungssatz:

| 4800 | Umsatzsteuer | 9.000,00 | an | 4830 | Sonstige Verbindlichkeiten ggü. Finanzbehörden | 9.000,00 |

Wie jedes passive Bestandskonto wird auch das Konto 4830 über das Schlussbilanzkonto abgeschlossen. Man spricht in diesem Fall von einer *Passivierung der Zahllast*.

Buchungssatz:

| 4830 | Sonstige Verbindlichkeiten ggü. Finanzbehörden | 9.000,00 | an | 8010 | Schlussbilanzkonto | 9.000,00 |

Fall 2: VSt > USt

Kommt es beim Jahresabschluss zu einem Vorsteuerüberschuss bzw. einer Forderung gegenüber dem Finanzamt, so wird diese auf dem Konto *2630 – Sonstige Forderungen an Finanzbehörden* gebucht. Die Berücksichtigung dieses Überschusses erfolgt dann in der ersten Umsatzsteuervoranmeldung des neuen Geschäftsjahres.

※ Beispiel:

S	2600		H	S	2630		H
4400	13.000,00	4800	6.000,00	*2600*	7.000,00	*8010*	7.000,00
		2630	7.000,00		7.000,00		7.000,00
	13.000,00		13.000,00				

Buchungssatz:

| 2630 | Sonstige Forderungen an Finanzbehörden | 7.000,00 | an | 2600 | Vorsteuer | 7.000,00 |

Das aktive Bestandskonto 2630 wird über das Schlussbilanzkonto abgeschlossen. Dieser Vorgang wird auch als *Aktivierung des Vorsteuerüberschusses* bezeichnet.

Buchungssatz:

| 8010 | Schlussbilanzkonto | 7.000,00 | an | 2630 | Sonstige Forderungen an Finanzbehörden | 7.000,00 |

Abschließender Hinweis: Die Jahresabschlussbuchungen bei der alternativen Form der Verbuchung der Variante A unterscheiden sich von den hier dargestellten Buchungen des Direktabschlusses nur dadurch, dass als Gegenkonto nicht Umsatzsteuer (Konto 4800) und Vorsteuer (Konto 2600), sondern immer das Umsatzsteuerverrechnungskonto angesprochen wird.

Die **Variante B** sieht vor, dass am 31.12. zunächst die Zahllast für Dezember nach folgendem Schema ermittelt wird:

Umsatzerlöse* (01.01. - 31.12.)		
– Erlösberichtigungen* (01.01. - 31.12.)		
= Bereinigte Umsatzerlöse · 19 %	= Umsatzsteuerschuld (01.01. - 31.12.)	
	– Vorsteuer* (01.01. - 31.12.)	
	– Umsatzsteuervorauszahlungen* (01.01. - 30.11.)	
	= Zahllast für Dezember	
* Salden der Konten 5000, 5001, 2600, 4820 zum 31.12.		

Abbildung 41: Bestimmung der Dezemberumsatzsteuerzahllast

Anschließend wird das Konto 4820 über das Konto 4800 abgeschlossen. Ist dies erfolgt, so wird je nach Vorliegen einer Umsatzsteuerschuld oder -forderung wie bei Variante A das Konto 2600 über das Konto 4800 oder umgekehrt abgeschlossen. Wie bei Variante A folgt dann auch der Abschluss des Kontos 2600 über 2630 bzw. 4800 über 4830. Der Saldo des Kontos 2600 bzw. 4800 muss zwingend mit dem Ergebnis aus obigem Berechnungsschema übereinstimmen.

▷ Beispiel 1: Entstehung einer Umsatzsteuerschuld

Aus der Buchführung sind folgende kumulierte Werte bekannt:

4800	Umsatzsteuer (01.01. - 31.12.)	48.000,00
2600	Vorsteuer (01.01. - 31.12.)	20.985,00
4820	Umsatzsteuervorauszahlungen (01.01. - 30.11.)	25.515,00

Die obere Hälfte des Schemas in Abbildung 41 ist auf Basis dieser Daten zur Berechnung der Zahllast nicht relevant. Es sind alle zum 31.12. notwendigen Buchungen zur Erfassung der Zahllast vorzunehmen.

Buchungen:

1. Abschluss des Kontos 4820:

4800	Umsatzsteuer	25.515,00	an	4820	Umsatzsteuervorauszahlung	25.515,00

2. Abschluss des Kontos 2600:

4800	Umsatzsteuer	20.985,00	an	2600	Vorsteuer	20.985,00

3. Abschluss des Kontos 4800 (Berechnung analog zu Abbildung 41):

4800	Umsatzsteuer	1.500,00	an	4830	Sonstige Verbindlichkeiten ggü. Finanzbehörden	1.500,00

1. Umsatzsteuer

4. Abschluss des Kontos 4830:

| 4830 | Sonstige Verbind-lichkeiten ggü. Finanzbehörden | 1.500,00 | an | 8010 | Schlussbilanz-konto | 1.500,00 |

Kontendarstellung:

S	4800		H
4820	25.515,00	...	48.000,00
2600	20.985,00		
4830	1.500,00		
	48.000,00		48.000,00

S	4820		H
...	25.515,00	4800	25.515,00

S	2600		H
...	20.985,00	4800	20.985,00

S	4830		H
8010	1.500,00	4800	1.500,00

▷ **Beispiel 2: Entstehung einer Umsatzsteuerforderung**

Aus der Buchführung sind folgende kumulierte Werte bekannt:

4800	Umsatzsteuer (01.01. - 31.12.)	18.000,00
2600	Vorsteuer (01.01. - 31.12.)	12.000,00
4820	Umsatzsteuervorauszahlungen (01.01. - 30.11.)	9.750,00

Es sind alle zum 31.12. notwendigen Buchungen zur Erfassung der Zahllast vorzunehmen.

Buchungen:

1. Abschluss des Kontos 4820:

| 4800 | Umsatzsteuer | 9.750,00 | an | 4820 | Umsatzsteuer-vorauszahlung | 9.750,00 |

2. Abschluss des Kontos 4800:

| 4800 | Umsatzsteuer | 8.250,00 | an | 2600 | Vorsteuer | 8.250,00 |

3. Abschluss des Kontos 2600:

| 2630 | Sonstige Forde-rungen an Finanz-behörden | 3.750,00 | an | 2600 | Vorsteuer | 3.750,00 |

4. Abschluss des Kontos 2630:

| 8010 | Schlussbilanz-konto | 3.750,00 | an | 2630 | Sonstige Forde-rungen an Finanz-behörden | 3.750,00 |

Kontendarstellung:

S	4800		H
4820	9.750,00	...	18.000,00
2600	8.250,00		
	18.000,00		18.000,00

S	4820		H
...		9.750,00	*4800*	9.750,00

S	2600		H
...	12.000,00	*4800*	8.250,00
		2630	3.750,00
	12.000,00		12.000,00

S	2630		H
2600	3.750,00	*8010*	3.750,00

2 Beschaffung von Werkstoffen

2.1 Produktionsfaktoren und Leistungserstellung

Im Gegensatz zu Handelsbetrieben, die ihre eingekauften Waren unverändert (zzgl. eines Gewinnaufschlages) weiterveräußern, entstehen in einem Industriebetrieb durch die Verbindung der **betriebswirtschaftlichen Produktionsfaktoren** (Arbeit, Betriebsmittel und Werkstoffe) Güter, die dann auf dem Absatzmarkt zur Erzielung von Umsatzerlösen angeboten werden.

Arbeit	Betriebsmittel	Werkstoffe
- dispositiver Faktor - ausführender Faktor	**Rohstoffe** (Hauptbestandteil eines Produkts) **Hilfsstoffe** (Nebenbestandteil eines Produkts) **Betriebsstoffe** (zur Produktion benötigt, gehen aber nicht in das Produkt ein) **Fremdbauteile**	- Grundstücke - Gebäude - Maschinen - Fuhrpark - Werkzeuge
	Umlaufvermögen	**Anlagevermögen**

Abbildung 42: Betriebswirtschaftliche Produktionsfaktoren

Betriebsmitteln (vgl. Abbildung 42), welchen im Kontenrahmen eigene Konten zugeordnet sind, ist besondere Bedeutung beizumessen. **Rohstoffe** werden zu *Hauptbestandteilen* eines Erzeugnisses (z. B. Eisen in Form von Blech beim Auto). **Fremdbauteile** oder Vorprodukte sind Erzeugnisse eines Zulieferers und werden ebenfalls zu *wesentlichen Bestandteilen* des Produktes (z. B. Vorprodukte bei der Autoproduktion: Reifen, Verglasung, Scheibenwischermotor, Scheinwerfer). **Hilfsstoffe** werden zwar Bestandteil, aber *nicht wesentlicher Bestandteil* des Produkts (z. B. Lackierung beim Auto). **Betriebsstoffe** werden im Gegensatz zu den Rohstoffen, Fremdbauteilen und Hilfsstoffen *nicht unmittelbarer Bestandteil* des Produkts. Sie sind aber notwendig, um die Produktion aufrechtzuerhalten (z. B. Schmierstoffe, Reinigungsmittel, Brenn- und Treibstoffe, Schutzkleidung).

Der innerbetriebliche Produktionsprozess, in dem die Werkstoffe mittels Maschinen- und Arbeitsleistung zunächst in Halbfabrikate und anschließend in Fertigfabrikate umgewandelt werden, lässt sich, wie in Abbildung 43 dargestellt, in das gesamte Marktgeschehen einordnen.

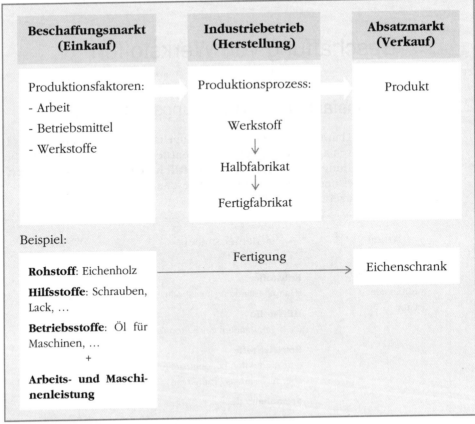

Abbildung 43: Produktionsprozess und Märkte

2.2 Angebotsvergleich (Kalkulation von Einstandspreisen)

Die Beschaffung von Materialen und deren Lagerung wird in der Betriebswirtschaft unter dem Begriff **Materialwirtschaft** zusammengefasst. Ziel dieser Materialwirtschaft ist es, Fertigungsmaterial (Roh-, Hilfs-, Betriebsstoffe etc.) in der richtigen Qualität, in der richtigen Menge, zur richtigen Zeit am richtigen Ort kostengünstig bereitzustellen. Um dieses Ziel zu erfüllen, muss das Unternehmen natürlich zuerst aus den vorliegenden Lieferangeboten das passende auswählen. Doch welche Kriterien entscheiden über die Güte eines Angebots?

Hier ist zunächst das *quantitative* Entscheidungskriterium „Preis" zu nennen. Doch nicht etwa der Preis, der in den Preislisten der Anbieter zu finden ist, gibt Auskunft über das günstigste Angebot. Nur der sog. **Einstandspreis**, der beim Angebotsvergleich mittels einer **Einkaufskalkulation** ermittelt wird, ist das wesentliche Entscheidungskriterium. Eine typische Einkaufskalkulation ist nach dem in Abbildung 44 zu sehenden Muster aufgebaut.

2. Beschaffung von Werkstoffen

Listeneinkaufspreis (*100 %*)	Artikelpreis aus der Preisliste des Anbieters
− Lieferantenrabatt	Preisnachlass aufgrund z. B. großer Bestellmenge
= Zieleinkaufspreis (*100 %*)	Preis nach Rabattabzug
− Lieferantenskonto	Preisnachlass bei Zahlung innerhalb einer best. Frist
= Bareinkaufspreis	Kosten der Ware nach Skontoabzug
+ Bezugskosten	Verteuerung des Einkaufs durch Anlieferungskosten
= Einstandspreis	Letztendlich zu tätigende Zahlung

Abbildung 44: Einkaufskalkulation

▷ Beispiel:

Die Schreinerei Wüllebold GmbH benötigt für das nächste Quartal 50 m³ Fichtenholz. Für den Bezug dieses Rohstoffs liegen Angebote zweier Sägewerke vor.

	Sägewerk A	Sägewerk B
Preis je m³ in Euro	340,00	350,00
Rabatt ab 20 m³	7,5 %	6,5 %
Transportkosten je m³ in Euro	19,00	9,00
Skonto bei Zahlung innerhalb von 14 Tagen	2 %	3 %

Angebotsvergleich mittels Einkaufskalkulation:

Es wird davon ausgegangen, dass alle angebotenen Vergünstigungen auch in Anspruch genommen werden.

	Sägewerk A		Sägewerk B	
Listeneinkaufspreis (LEP)		17.000,00		17.500,00
− Lieferantenrabatt	7,5 %	1.275,00	6,5 %	1.137,50
= Zieleinkaufspreis (ZEP)		15.725,00		16.362,50
− Lieferantenskonto	2,0 %	314,50	3,0 %	490,88
= Bareinkaufspreis (BEP)		15.410,50		15.871,62
+ Bezugskosten (BZK)		950,00		450,00
= Einstandspreis (EP)		*16.360,50*		*16.321,62*

Letztendlich hat sich also das Angebot des Sägewerks B als günstiger (niedrigerer Einstandspreis) herausgestellt. Die Schreinerei wird also höchstwahrscheinlich ihre Rohstoffe über diesen Lieferanten beziehen.

Neben den quantitativen können aber auch *qualitative* Angebotsmerkmale die Entscheidungsfindung stark beeinflussen. Oftmals werden sogar aus qualitativen Gründen höhere Preise akzeptiert. Typische Beispiele hierfür sind Qualität des Produkts, Zuverlässigkeit des Lieferanten, Lieferbereitschaft, Lieferzeit, Service, Garantie, Kulanz usw.

2.3 Verbrauchsorientierte Verbuchung

Ist die Entscheidung über die Wahl des Lieferanten getroffen, die Bestellung getätigt und der Eingang der Werkstoffe und der dazugehörigen Rechnung erfolgt, ist diese in der Buchführung des Unternehmens zu erfassen. Dabei unterscheidet man zwischen sog. verbrauchsorientierter und bestandsorientierter Verbuchung des Geschäftsvorfalls. Eine **bestandsorientierte Verbuchung** ist immer dann notwendig, wenn im Unternehmen eine Lagerwirtschaft erfolgt. Hiervon wird allerdings zunächst abstrahiert und die **verbrauchsorientierte Verbuchung** behandelt, d. h. eine sog. Just-in-time-Beschaffung (ohne Lagerhaltung) unterstellt. Der Aspekt der Lagerwirtschaft und die damit einhergehende bestandsorientierte Verbuchung werden erst in Abschnitt C 2.4 wieder aufgegriffen.

2.3.1 Verbuchung von Eingangsrechnungen

Bei der verbrauchsorientierten Verbuchung wird davon ausgegangen, dass die Werkstoffe ohne jegliche Zwischenlagerung in den Fertigungsprozess eingehen und dort verbraucht werden (Just-in-time-Beschaffung). Daher werden **Eingangsrechnungen** sofort als **Aufwand** verbucht. Die Höhe dieses Aufwandes richtet sich nach dem auf der Rechnung ausgewiesenen **Warenwert**. Zusätzlich muss an den Lieferanten eine Umsatzsteuer in Höhe von 19 % des Warenwertes bezahlt werden, welche von diesem an das Finanzamt abgeführt wird. Diese Steuer wird beim Einkauf als **Vorsteuer** bezeichnet (vgl. Abschnitt C 1) und ist ebenfalls zu verbuchen. Die Summe aus Warenwert (+ evtl. Nebenkosten) und Steuer ergibt die **Verbindlichkeit** gegenüber dem Lieferanten, die entweder sofort oder innerhalb einer eingeräumten Zahlungsfrist zu begleichen ist (sog. *Einkauf auf Ziel*).

▶ Beispiel 1:
Eine Porzellanfabrik erhält eine Lieferung Quarz im Wert von 20.000,00 Euro. Aus betrieblichen Gründen wird die Rechnung sofort bei Eingang in bar beglichen.

Warenwert (*netto, 100 %*)	20.000,00	
+ Vorsteuer (*19 %*)	3.800,00	(= 20.000,00 · 0,19)
= Rechnungsbetrag (*brutto, 119 %*)	23.800,00	

Buchung:

6000	Aufw. für Rohstoffe/ Fertigungsmaterial	20.000,00				
2600	Vorsteuer	3.800,00	an	2880	Kasse	23.800,00

Kontendarstellung:

S	6000	H		S	2880	H
2880 20.000,00					*6000, 2600*	23.800,00

S	2600	H
2880 3.800,00		

2. Beschaffung von Werkstoffen

Die Verbuchung aller weiteren „Werkstoffe" erfolgt analog. Das Konto 6000 wird dann lediglich durch das entsprechend benötigte Konto wie etwa

- 6010 – Aufwendungen für Vorprodukte/Fremdbauteile,
- 6020 – Aufwendungen für Hilfsstoffe,
- 6030 – Aufwendungen für Betriebsstoffe/Verbrauchswerkzeuge,
- 6040 – Aufwendungen für Verpackungsmaterial,
- 6050 – Aufwendungen für Energie (z. B. Strom- und Gasverbrauch),
- …

ersetzt.

Beispiel 2:

Ein Automobilhersteller bezieht eine Lieferung Autoradios. Für die Begleichung des Rechnungsbetrages in Höhe von 17.850,00 Euro (brutto) gewährt der Lieferant ein Zahlungsziel von 3 Wochen.

Warenwert (*netto, 100 %*)	15.000,00	(= 17.850,00 : 1,19)
+ Vorsteuer (*19 %*)	2.850,00	(= 15.000,00 · 0,19)
= Rechnungsbetrag (*brutto, 119 %*)	17.850,00	

Buchung:

6010	Aufw. für Vorprod./Fremdbauteile	15.000,00				
2600	Vorsteuer	2.850,00	an	4400	Verbindlichkeiten aus Lieferungen und Leistungen	17.850,00

Der Rechnungsbetrag wird nicht sofort bei Rechnungseingang in bar bezahlt. An die Stelle des Kontos *2880 – Kasse* tritt das Konto *4400 – Verbindlichkeiten aus Lieferungen und Leistungen,* da es sich um einen Einkauf auf Ziel handelt.

Kontendarstellung:

S	6010	H		S	4400	H
4400 15.000,00					*6010, 2600*	17.850,00

S	2600	H
4400 2.850,00		

2.3.2 Nebenkosten

Beim Bezug von Werkstoffen fallen i. d. R. neben dem Einkaufspreis noch weitere Kosten an, die vom Erwerber zu bezahlen sind. Diese werden auch als **Bezugsaufwand** oder Nebenkosten bezeichnet. Sie verteuern den Einkauf und sind abgesehen von gewissen Ausnahmen (z. B. Versicherungen und Zölle) ebenfalls **umsatzsteuerpflichtig**.

Typische Beispiele für Bezugskosten sind Fracht, Verpackung, Transportversicherung, Rollgeld (an Speditionen), Porto, Zölle und Leihemballage (z. B. Europaletten, die wieder zurückgegeben werden müssen).

Es wäre möglich, diesen zusätzlichen Aufwand direkt über das Aufwandskonto des betroffenen Werkstoffs zu verbuchen. Um eine genaue Überwachung dieser Kosten zu ermöglichen, wird in der Praxis jedoch häufig ein **Konto „Bezugsaufwand"** eingerichtet. Dabei handelt es sich um ein **Unterkonto des jeweiligen Aufwandskontos** (Roh-, Hilfs-, Betriebsstoff etc.), welches die Bezugskosten (netto) im Soll aufnimmt und am Jahresende über das übergeordnete Aufwandskonto abgeschlossen wird.

▶ Beispiel 1:

Zwei Tage nach einer Betriebsstofflieferung geht eine Rechnung für den Transport jener Stoffe ein. Der Rechnungsbetrag lautet auf 2.975,00 Euro.

Transport (*netto, 100 %*)	2.500,00	(= 2.975,00 : 1,19)
+ Vorsteuer (*19 %*)	475,00	(= 2.500,00 · 0,19)
= Rechnungsbetrag (*brutto, 119 %*)	2.975,00	

Buchung:

6031	Bezugskosten für Betriebsstoffe	2.500,00				
2600	Vorsteuer	475,00	an	4400	Verbindlichkeiten aus Lieferungen und Leistungen	2.975,00

Kontendarstellung:

S	6031	H		S	4400	H
4400	2.500,00				6031, 2600	2.975,00

S	2600	H
4400	475,00	

▶ Beispiel 2:

Ein Möbelhersteller bezieht 150 Liter Klarlack zu einem Preis von 4,50 Euro/Liter. Zusätzlich werden auf der Lieferantenrechnung Transport- und Verpackungskosten in Höhe von 65,00 Euro und 20,00 Euro ausgewiesen.

Warenwert	675,00	→	Konto 6020
+ Bezugskosten	85,00	→	Konto 6021
= Einstandspreis (*100 %*)	760,00		
+ Vorsteuer (*19 %*)	144,40 (= 760,00 · 0,19)	→	Konto 2600
= Rechnungsbetrag (*119 %*)	904,40	→	Konto 4400

2. Beschaffung von Werkstoffen

Buchung:

6020	Aufwendungen für Hilfsstoffe	675,00				
6021	Bezugskosten für Hilfsstoffe	85,00				
2600	Vorsteuer	144,40	an	4400	Verbindlichkeiten aus Lieferungen und Leistungen	904,40

Kontendarstellung:

S	6020	H		S	4400	H
4400	675,00				6020, 6021, 2600	904,40

S	6021	H
4400	85,00	

S	2600	H
4400	144,40	

Neben dem Listenpreis, den Rabatten, Skonti, Bezugskosten, dem Einstandspreis, der Umsatzsteuer und dem Rechnungsbetrag ist auf Eingangsrechnungen i. d. R. noch eine kleine Zusatzbemerkung zu finden, die die **Lieferbedingungen** beschreibt. Dabei sind folgende Vereinbarungen möglich:

Bezeichnung	Käufer trägt …
„ab Werk", „ab Lager"	alle Kosten.
„ab Versandbahnhof", „ab hier", „unfrei"	die Kosten für Verladen, Fracht, Entladen, Rollgeld.
„frei Waggon"	die Kosten für Fracht, Entladen, Rollgeld.
„frei Zielbahnhof", „frei dort", „frachtfrei"	die Kosten für Entladen und Rollgeld.
„frei Haus", „frei Lager"	keine Transportkosten.

Verkäufer	Bahnhof	Zug	Bahnhof	Spedition	**Käufer**
	↑	↑	↑	↑	
	Verladen	Fracht	Entladen	Rollgeld	

Abbildung 45: Lieferbedingungen

2.3.3 Behandlung von Preisnachlässen

Oftmals müssen Unternehmen beim Bezug von Werkstoffen nicht den vollen Listenpreis (aus Preisliste des Anbieters bzw. Lieferanten), sondern einen um einen bestimmten Geldbetrag verringerten Wert bezahlen. Eine solche Minderung wird als **Preisnachlass** bezeichnet. Abhängig vom *Zeitpunkt der Gewährung* unterscheidet man folgende Kategorien von Preisnachlässen, die auch buchhalterisch differenziert zu behandeln sind:

Sofortige Wirksamkeit (beim Erwerb)	**Nachträgliche Gewährung**
Rabatt (Sofortrabatt): z. B. Mengen-, Funktions- oder Treuerabatt	• Nachlässe aufgrund von Mängelrügen • Boni • Skonti

Abbildung 46: Arten von Preisnachlässen

2.3.3.1 Rabatte

Lieferanten gewähren **Rabatte** üblicherweise für große Abnahmemengen (*Mengenrabatte*), Übernahme von Vertriebsfunktionen (*Wiederverkäuferrabatt*), Abnahme von Restposten (*Sonderrabatt*) oder eine regelmäßige Auftragserteilung (*Treuerabatt*). Der Rabatt wird als sofortiger Preisnachlass schon bei der Rechnungsstellung wirksam. Dies bedeutet, dass der Warenwert (Listenpreis) gleich beim Erwerb reduziert wird. Sofortrabatte werden nur im Rahmen der Einkaufskalkulation errechnet und **auf keinem separaten Konto gebucht**.

▶ Beispiel:
Ein Hersteller von Fotoapparaten möchte seinen Kunden in seinem neuen Modell einen edlen versilberten Linsenschutz bieten. Daher bezieht er von seinem Lieferanten 500 Stück dieses Bauteils zu einem Stückpreis von 5,00 Euro. Bei dieser Bestellmenge wird vom Lieferanten 5 % Mengenrabatt gewährt.

LEP	2.500,00	(= 500 St. · 5,00 Euro/Stück)
– 5 % Rabatt	125,00	(= 0,05 · LEP; LEP entspricht 100 %)
= ZEP	2.375,00	
+ 19 % Vorsteuer	451,25	(= 0,19 · ZEP; ZEP entspricht 100 %)
= Rechnungsbetrag	2.826,25	

Buchung:

6010	Aufw. für Vorprod./ Fremdbauteile	2.375,00				
2600	Vorsteuer	451,25	an	4400	Verbindlichkeiten aus Lieferungen und Leistungen	2.826,25

2. Beschaffung von Werkstoffen

Der Rabatt stellt eine Minderung des Warenwertes dar, sodass der wirkliche Warenwert dem ZEP entspricht. In diesem Fall ist also nicht der LEP, sondern der ZEP als Aufwand anzusetzen. Der Rabatt selbst wird nur zu Kalkulationszwecken errechnet und taucht nicht im Buchungssatz auf. Dies gilt für alle Sofortrabatte.

Kontendarstellung:

S	6010	H		S	4400	H
4400	2.375,00				*6010,*	2.826,25
					2600	

S	2600	H
4400	451,25	

2.3.3.2 Nachlässe aufgrund von Mängelrügen

Manchmal kommt es vor, dass bezogene Waren oder Werkstoffe kleinere bis größere Sachmängel aufweisen, oder die erhaltenen Mengen nicht mit den bestellten Mengen übereinstimmen. Anstatt diese Artikel nun zurückzusenden und unnötige weitere Bezugskosten anfallen zu lassen, erklären sich die Lieferanten i. d. R. bereit, einen nachträglichen Preisnachlass zu gewähren. Dieser wird auf einem speziellen **Konto „Nachlässe"**, bei welchem es sich um ein **Unterkonto des jeweiligen Aufwandskontos** handelt, im Haben verbucht. Zum Ende des Geschäftsjahres wird dieses Konto über das übergeordnete Aufwandskonto abgeschlossen.

▷ Beispiel:

Aufgrund einer Mängelrüge erhält ein Industriebetrieb einen Nachlass von 20 % auf den Nettowert von erst kürzlich auf Ziel gekauften Rohstoffen. Die Eingangsrechnung wies folgende Werte auf.

	LEP	23.500,00		
−	10 % Rabatt	2.350,00		
=	ZEP	21.150,00	→	Konto 6000
+	Bezugskosten	350,00	→	Konto 6001
=	Einstandspreis	21.500,00		
+	19 % Vorsteuer	4.085,00	→	Konto 2600
=	Rechnungsbetrag	25.585,00	→	Konto 4400

Der **Nettowarenwert** und damit die **Berechnungsgrundlage für den Preisnachlass** von 20 % liegt in diesem Beispiel bei 21.150,00 Euro (ZEP). Auf die **Bezugskosten** wird **kein Nachlass** gewährt. Wäre beim Einkauf kein Rabatt gewährt worden, würde sich der Warenwert auf 23.500,00 Euro belaufen.

Bei der Verbuchung ist darauf zu achten, dass durch den Nachlass die Bemessungsgrundlage für die Vorsteuer nachträglich verändert wird. Deshalb ist eine Korrektur der auf dem Konto 2600 verbuchten Vorsteuer erforderlich. Des Weiteren vermindert sich durch den Nachlass die Gesamtschuld gegenüber dem Lieferanten, sodass das Konto 4400 ebenfalls auf den aktuellen Stand gebracht werden muss.

20 % Nachlass	4.230,00	→	Konto 6002
+ VSt-Korrektur	803,70	→	Konto 2600 (Abnahme im Haben)
= Verbindlichkeitskorrektur	5.033,70	→	Konto 4400 (Abnahme im Soll)

Buchung:

4400	Verbindlichkeiten aus Lieferungen und Leistungen	5.033,70	an	6002	Nachlässe für Rohstoffe	4.230,00
				2600	Vorsteuer	803,70

Kontendarstellung:

S	4400	H
6002, 2600 5.033,70	6000, 6001, 2600	25.585,00

S	6002	H
	4400	4.230,00

S	2600	H
4400 4.085,00	4400	803,70

Neuer Verbindlichkeitsstand:
20.551,30 Euro
(= 25.585,00 − 5.033,70)

—— darin enthalten ——→

Neuer Vorsteuerstand:
3.281,30 Euro
(= 4.085,00 − 803,70)

2.3.3.3 Boni

Eine weitere Art des nachträglichen Preisnachlasses ist der **Bonus** (lateinisch bonus = gut). Er wird i. d. R. gewährt, wenn ein *gewisser Jahresumsatz erreicht* wird. Ein anderer Grund kann aber z. B. auch ein *Firmenjubiläum* sein. Ein Bonus wird immer auf die Summe aller Nettowarenwerte (Umsatz) gewährt. **Bezugskosten** dürfen bei seiner Berechnung **nicht einbezogen** werden. Die Gutschrift wird entweder mit bestehenden Verbindlichkeiten (Konto 4400) verrechnet, auf dem Bankkonto (Konto 2800) gutgeschrieben oder als geleistete Anzahlung (vgl. Abschnitt C 2.3.6) für zukünftige Lieferungen gebucht. Die buchhalterische Erfassung eines Bonus ist mit der *Verbuchung eines Nachlasses aufgrund einer Mängelrüge* identisch, wenn der Bonus *im gleichen Jahr* gewährt wird, in dem auch die Werkstoffe bezogen wurden. Wird der Bonus erst im *nachfolgenden Geschäftsjahr* gewährt, ist er im Haben des Kontos *5490 – Periodenfremde Erträge* zu erfassen.

Beispiel:

Ein Lieferant gewährt Ende 2010 einen Bonus von 2 % auf die im Geschäftsjahr 2010 getätigten Umsätze von 500.000,00 Euro (netto). Der Bonusbetrag soll mit offenen Rechnungsbeträgen gegenüber dem Lieferanten verrechnet werden.

Bonus	10.000,00	→	Konto 6002
+ VSt-Korrektur	1.900,00	→	Konto 2600 (Abnahme im Haben)
= Verbindlichkeitskorrektur	11.900,00	→	Konto 4400 (Abnahme im Soll)

Buchung:

4400	Verbindlichkeiten aus Lieferungen und Leistungen	11.900,00	an	6002	Nachlässe für Rohstoffe	10.000,00
				2600	Vorsteuer	1.900,00

Kontendarstellung:

S	4400		H		S	6002		H
6002, 2600	11.900,00						*4400*	10.000,00

S	2600		H
		4400	1.900,00

2.3.3.4 Skonti

Oftmals bieten Lieferanten einen zusätzlichen Preisnachlass für die **Bezahlung** von Rechnungen **innerhalb einer bestimmten Frist** an. Dieser wird auch als Skonto bezeichnet.

Beispiel:

Zahlungsziel 30 Tage netto, bei Zahlung innerhalb von 14 Tagen 2 % Skonto.

Nimmt der Kunde das Zahlungsziel von 30 Tagen in Anspruch, so entspricht dies einem Kredit mit einer Laufzeit von 1 Monat (Kreditkosten = Skonto). Am Ende dieses Monats ist der Rechnungsbetrag in voller Höhe zu begleichen.

Als Anreiz zur vorzeitigen Zahlung wird also ein Skontoabzug angeboten. Dieser hat sowohl für den Kunden als auch für den Lieferanten Vorteile. Für den Kunden bedeutet er eine Verbilligung des Einkaufs und für den Lieferanten eine Verbesserung der Liquidität (Zahlungsfähigkeit).

Skonti vom Lieferanten sind ebenso wie Preisnachlässe aufgrund von Mängelrügen und Boni als nachträgliche Preiskorrekturen zu behandeln und werden daher auch auf dem entsprechenden **Unterkonto „Nachlässe"** netto im Haben gebucht. Eine VSt-Korrektur ist ebenfalls erforderlich. Da der Skonto nur bei rechtzeitiger Bezahlung der Rechnung in Anspruch genommen werden kann, wird die Verbuchung auch erst dann vorgenommen (vgl. Abschnitt C 2.3.5). Bei der Lieferung ist zunächst der unverminderte Nettorechnungsbetrag als Aufwand zu buchen.

2.3.4 Buchung von Rücksendungen

Manchmal kann ein Unternehmen gezwungen sein, die komplette Ware oder Teile von Werkstofflieferungen an den Lieferanten zurückzusenden. Gründe dafür können Falschlieferungen oder gravierende Sachmängel sein, die einen Einsatz der Stoffe in der Produktion unmöglich machen.

In diesen Fällen muss eine Korrektur des jeweiligen Aufwandskontos, des Vorsteuerkontos und des Verbindlichkeitskontos vorgenommen werden. Im Prinzip stellt also eine **Rücksendung** nichts anderes als eine **Umkehrung** (teilweise oder vollständige *Stornierung*) **der Einkaufsbuchung** dar.

▷ Beispiel 1:

Vollständige Rücksendung einer Rohstofflieferung: 6.545,00 Euro (brutto).

Warenwert	5.500,00
+ VSt-Korrektur	1.045,00
= Verbindlichkeitskorrektur	6.545,00

Buchung:

4400	Verbindlichkeiten aus Lieferungen und Leistungen	6.545,00	an	6000	Aufwendungen für Rohstoffe	5.500,00
				2600	Vorsteuer	1.045,00

Kontendarstellung:

S	4400		H	S	6000		H
6000, 2600	6.545,00	6000, 2600	6.545,00	4400	5.500,00	*4400*	5.500,00

S	2600		H
4400	1.045,00	*4400*	1.045,00

Durch die Buchung der Rücksendung werden alle Konteneintragungen, die durch die Verbuchung der Eingangsrechnung entstanden sind, neutralisiert. Die Verbindlichkeit erlischt.

▷ Beispiel 2:

Es wurden 5 Tonnen eines Hilfsstoffs zu einem Preis von 1.200,00 Euro/Tonne bezogen. Aufgrund langjähriger Geschäftsbeziehungen gewährte der Lieferant einen Treuerabatt von 15 %. Bei der Eingangskontrolle werden nun aber erhebliche Materialmängel festgestellt, sodass 2 Tonnen des Hilfsstoffs zurückgesendet werden.

Der gebuchte Aufwand bei Rechnungseingang stellte sich wie folgt dar:

Listenpreis	6.000,00	
− Treuerabatt	900,00	
= Aufwand auf 6020	5.100,00	→ Aufwand je Tonne = 1.020,00 Euro

Bei Rücksendung darf man den Aufwand nicht um den Listenpreis von 2 Tonnen sondern nur um den echten Aufwand von 2 · 1.020,00 = 2.040,00 Euro korrigieren.

Aufwandskorrektur	2.040,00
+ VSt-Korrektur	387,60
= Verbindlichkeitskorrektur	2.427,60

2. Beschaffung von Werkstoffen

Buchung:

4400	Verbindlichkeiten aus Lieferungen und Leistungen	2.427,60	an	6020	Aufwendungen für Hilfsstoffe	2.040,00
				2600	Vorsteuer	387,60

Kontendarstellung:

S	4400	H		S	6020	H
6020, 2600	2.427,60	6020, 2600	6.069,00	4400	5.100,00	4400	2.040,00

Neuer Verbindlichkeitsstand: 3.641,40 Euro

S	2600	H
4400	969,00	4400	387,60

Wie bereits im Abschnitt C 2.3.2 erwähnt wurde, kann es auch zu einer **Rücksendung von Leihverpackung** (z. B. Europaletten) kommen. Diese Rücksendung wird ebenfalls als „Umkehrbuchung" erfasst.

⊠ Beispiel:
Es wird Leihverpackung (aus einem Betriebsstoffeinkauf) im Wert von 500,00 Euro an den Lieferanten zurückgeschickt.

Wert	500,00
+ VSt-Korrektur	95,00
= Verbindlichkeitskorrektur	595,00

Buchung:

4400	Verbindlichkeiten aus Lieferungen und Leistungen	595,00	an	6031	Bezugskosten für Betriebsstoffe	500,00
				2600	Vorsteuer	95,00

Kontendarstellung:

S	4400	H		S	6031	H
6031, 2600	595,00	6031, 2600	595,00	4400	500,00	4400	500,00

S	2600	H
4400	95,00	4400	95,00

2.3.5 Buchung der Bezahlung

Bei der Verbuchung der Bezahlung ist besonders darauf zu achten, ob die Zahlung innerhalb oder außerhalb einer evtl. bestehenden *Skontofrist* erfolgt. Erfolgt die Zahlung außerhalb dieser Frist, ist der volle Rechnungsbetrag (ohne Skontoabzug) zu bezahlen.

Beispiel:

Eine Rechnung in Höhe von 1.566,00 Euro (brutto) wird nach Ablauf der Skontofrist durch Banküberweisung (Scheckbezahlung wird analog verbucht) beglichen. Der Skonto wird insofern nicht in Anspruch genommen.

Buchung:

4400	Verbindlichkeiten aus Lieferungen und Leistungen	1.566,00	an	2800	Guthaben bei Kreditinstituten (Bank)	1.566,00

Das Konto „Verbindlichkeiten" (Passivkonto: Abnahme im Soll) und das Konto „Bank" (Aktivkonto: Abnahme im Haben) nehmen ab. Die Schuld ist beglichen.

Kontendarstellung:

S	4400		H	S	2800	H
2800	1.566,00	Verb.	1.566,00		*4400*	1.566,00

Wird der Skonto ausgenutzt, so ist dieser auf dem jeweiligen Unterkonto „Nachlässe" zu erfassen. Zur Ermittlung des Skontobetrages und der Banküberweisung empfiehlt sich die Verwendung des folgenden **Berechnungsschemas**:

	Gesamtverbindlichkeit (brutto)	
−	gebuchte Rücksendungen (brutto)	
−	gebuchte Nachlässe (brutto)	
=	Restschuld (brutto)	
−	Skonto (netto)	= x % Skonto von Restschuld (brutto) − VSt
−	VSt-Korrektur	= VSt auf Skonto (netto)
=	Banküberweisung	

Abbildung 47: Skontoschema (Einkauf)

In der Literatur wird teilweise der Standpunkt vertreten, dass der Nettoskonto vom tatsächlichen Warenwert zu berechnen ist und somit Bezugskosten nicht skontierfähig sind. Die Berechnungsgrundlage des Skonto ergibt sich demnach als „tatsächlicher Warenwert = anfänglicher Warenwert (Eingangsrechnung) − gebuchte Warenrücksendungen (netto) − gebuchte Nachlässe (netto)". In der **Praxis** wird jedoch der Bruttoskonto von der Restschuld (brutto) berechnet, auch wenn darin Bezugskosten enthalten sind. Durch Herausrechnen der Umsatzsteuer ergibt sich daraus der Nettoskonto. Dieser in Abbildung 47 verankerten Vorgehensweise wird auch in diesem Lehrbuch gefolgt.

2. Beschaffung von Werkstoffen

▷ Beispiel:
Eine am 01.02.2010 gebuchte Eingangsrechnung für den Bezug von Rohstoffen lautete auf 7.820,00 Euro (netto). Darin waren Bezugskosten in Höhe von 450,00 Euro (netto) enthalten. Konditionen: 10 % Rabatt, 2,5 % Skonto bei Zahlung innerhalb von 14 Tagen. Die Bezahlung erfolgt am 12.02.2010 durch Postbanküberweisung. Zwischen Rechnungseingang und Zahlungsausgleich kam es zu einer Rücksendung im Wert von 1.624,00 Euro (brutto).

	Gesamtverbindlichkeit (brutto)	9.305,80	(= 7.820,00 · 1,19)
−	gebuchte Rücksendung (brutto)	1.624,00	
=	Restschuld (brutto)	7.681,80	
−	Skonto (netto)	161,39	(siehe Nebenrechnung)
−	VSt auf Skonto	30,66	(siehe Nebenrechnung)
=	Banküberweisung	7.489,75	

Nebenrechnung:

	Skonto (*brutto*)	192,05	(= 0,025 · 7.681,80)
−	VSt auf Skonto	30,66	(= 192,05 : 1,19 · 0,19)
=	Skonto (*netto*)	161,39	

Buchung bei Bezahlung:

4400	Verbindlichkeiten aus Lieferungen und Leistungen	7.681,80	an	2850	Postgiroguthaben	7.489,75
				6002	Nachlässe für Rohstoffe	161,39
				2600	Vorsteuer	30,66

Kontendarstellung:

S	4400	H
Rücksend. 1.624,00	Verb. 9.305,80	
2850, *6002,* *2600* 7.681,80		

S	2850	H
	4400	7.489,75

S	6002	H
	4400	161,39

S	2600	H
	4400	30,66

Im einfachsten Fall kommt es nach Rechnungseingang zu *keinerlei Rücksendungen oder Nachlässen*. Der Wert des Skontos kann dann einfacher ermittelt werden.

▷ Beispiel:
Banküberweisung an einen Lieferanten für Schrauben (Rechnungsbetrag: 1.102,00 Euro) unter Abzug von 3 % Skonto.

Rechnungsbetrag	1.102,00			→	Konto 4400
− Skonto (brutto)	33,06	(= 0,03 · 1.102,00)			
= Banküberweisung	1.068,94			→	Konto 2800
Skonto (*brutto*)	33,06				
− VSt auf Skonto	5,28	(= 33,06 : 1,19 · 0,19)		→	Konto 2600
= Skonto (*netto*)	27,78			→	Konto 6022

Buchung:

4400	Verbindlichkeiten aus Lieferungen und Leistungen	1.102,00	an	2800	Guthaben bei Kreditinstituten (Bank)	1.068,94
				6022	Nachlässe für Hilfsstoffe	27,78
				2600	Vorsteuer	5,28

2.3.6 Geleistete Anzahlungen

Wird an einen Lieferanten vor Auslieferung der bestellten Stoffe eine Anzahlung geleistet, so entsteht eine besondere **Forderung** gegenüber diesem Lieferanten. Die Anzahlung (ihr Nettowert) wird auf dem Aktivkonto *2300 – Geleistete Anzahlungen auf Vorräte* gebucht und wird bei Erhalt der Lieferung aufgelöst.

▷ Beispiel 1a:

An einen Rohstofflieferanten wird gemäß Vereinbarung und vorliegender Anzahlungsrechnung eine *Baranzahlung (brutto)* in Höhe von 16.660,00 Euro auf eine Rohstofflieferung geleistet. Diese ist zur Verbuchung wie folgt aufzuteilen:

Barzahlung (*119 %*)	16.660,00	(= 16.660,00 : 1,19 · 0,19)
− VSt (*19 %*)	2.660,00	
= Buchung auf 2300 (*100 %*)	14.000,00	

Buchung:

2300	Geleistete Anzahlungen auf Vorräte	14.000,00				
2600	Vorsteuer	2.660,00	an	2880	Kasse	16.660,00

Kontendarstellung:

S	2300	H		S	2880	H
2880	14.000,00				*2300, 2600*	16.660,00

S	2600	H
2880	2.660,00	

2. Beschaffung von Werkstoffen

▶ Beispiel 1b:

Die erwartete Rohstofflieferung im Wert von 35.000,00 Euro (netto) geht ein. Die Lieferung erfolgt frei Haus.

Warenwert (netto)	35.000,00
− geleistete Anzahlung (Konto 2300)	14.000,00
= Zwischensumme	21.000,00
+ VSt	3.990,00 (= 0,19 · 21.000,00)
= Verbindlichkeit	24.990,00

Bei Eingang der Lieferung ist nur noch ein verminderter Vorsteuerbetrag zu buchen, da ein Teil bereits bei der Buchung der Anzahlung erfasst wurde.

Buchung:

6000	Aufwendungen für Rohstoffe/Fertigungsmaterial	35.000,00			
2600	Vorsteuer	3.990,00	an	4400 Verbindlichkeiten aus Lieferungen und Leistungen	24.990,00
				2300 Geleistete Anzahlungen auf Vorräte	14.000,00

Kontendarstellung:

S	6000	H		S	4400	H
4400, 2300	35.000,00				6000, 2600	24.990,00

S	2600	H		S	2300	H
2880	2.660,00			2880	14.000,00	6000, 2600	14.000,00
4400, 2300	3.990,00					

Probe im Konto 2600:	Konto 2300:
Vorsteuer Rohstoffeinkauf = 19 % v. 35.000,00 = 6.650,00 Konto 2600 = 2.660,00 + 3.990,00 = 6.650,00	Ausbuchung der Anzahlung (Auflösung der Forderung gegenüber dem Lieferanten)

Alternativ können Lieferungseingang und Auflösung der geleisteten Anzahlung auch separat verbucht werden:

6000	Aufwendungen für Rohstoffe/Fertigungsmaterial	35.000,00			
2600	Vorsteuer	3.990,00	an	4400 Verbindlichkeiten aus Lieferungen und Leistungen	38.990,00

| 4400 | Verbindlichkeiten aus Lieferungen und Leistungen | 14.000,00 | an | 2300 | Geleistete Anzahlungen auf Vorräte | 14.000,00 |

Das Begleichen der Verbindlichkeit erfolgt nach den im vorhergehenden Abschnitt C 2.3.5 behandelten Methoden.

▷ Beispiel 2:

Ein Betriebsstofflieferant gewährt einen Bonus in Höhe von 3.500,00 Euro (netto), der als Anzahlung für zukünftige Lieferungen zu betrachten ist.

Buchung:

2300	Geleistete Anzahlungen auf Vorräte	3.500,00				
2600	Vorsteuer	665,00	an	6032	Nachlässe für Betriebsstoffe	3.500,00
				2600	Vorsteuer	665,00

Kontendarstellung:

S	2300	H		S	6032	H
6032, 2600	3.500,00				*2300, 2600*	3.500,00

S	2600	H
6032, 2600	665,00	*2300, 2600* 665,00

Die Vorsteuerwerte heben sich in diesem Fall gegenseitig auf, da die bei der Anzahlung zu buchende Vorsteuer der VSt-Korrektur durch den Nachlass entspricht.

2.3.7 Ermittlung des Werkstoffverbrauchs

Die in diesem Abschnitt behandelten (Korrektur-)Buchungen sind erst im Rahmen des Jahresabschlusses (vgl. Abschnitt D 3.2) durchzuführen. Sie werden aber aus Gründen des besseren Verständnisses bereits hier ansatzweise diskutiert.

Durch die generelle Buchung der Einkäufe, Bezugskosten und Nachlässe als Aufwand in der Kontengruppe 60 wurde bisher stets ein *Sofortverbrauch* (fertigungssynchrone Beschaffung = Just-in-Time-Verfahren) unterstellt. Alle in der Rechnungsperiode eingekauften Stoffe wurden auch im gleichen Zeitraum verbraucht. Ist dies auch tatsächlich der Fall, so kann der *Werkstoffverbrauch* unmittelbar aus dem entsprechenden Aufwandskonto abgelesen werden. In der Praxis kommt dies jedoch relativ selten vor. Selbst in kleineren Unternehmen ist häufig eine Mindesteinlagerung erforderlich. Eine verbrauchsorientierte Verbuchung der Einkaufsvorgänge führt dann aufgrund zum Geschäftsjahresende bestehender Bestände nicht unmittelbar dazu, dass das entsprechende Aufwandskonto den tatsächlichen Werkstoffverbrauch ausweist. Dies bedeutet jedoch nicht, dass zwangsläufig auf eine bestandsorientierte Verbuchung übergegangen werden muss. Sofern die Lagerhaltung von untergeordneter Bedeutung ist, ist es auch möglich eine verbrauchsorientierte

Verbuchung beizubehalten und geänderten Beständen im Rahmen des Jahresabschlusses Rechnung zu tragen.

Zum Geschäftsjahresende noch vorhandene **Bestände** an Roh-, Hilfs- und Betriebsstoffen (RHB-Stoffe) sind auf Bestandskonten zu erfassen (*2000 – Rohstoffe/Fertigungsmaterial, 2010 – Vorprodukte/Fremdbauteile, 2020 – Hilfsstoffe, 2030 – Betriebsstoffe*). Bei verbrauchsorientierter Buchung nehmen diese Konten nur Anfangsbestand, Schlussbestand (gemäß Inventur) und sich daraus ergebende Bestandsveränderungen auf. Anfangs- und Schlussbestände werden wie folgt gebucht (vgl. Abschnitt B 2.6):

Anfangsbestand:	RHB-Stoffkonto	an	Eröffnungsbilanzkonto
Schlussbestand:	Schlussbilanzkonto	an	RHB-Stoffkonto

Bei den Bestandsveränderungen sind zwei Fälle zu unterscheiden: Eine **Bestandsmehrung** (Schlussbestand > Anfangsbestand) liegt vor, wenn im Geschäftsjahr weniger Stoffe verbraucht als eingekauft wurden (Lagerzugang). Eine **Bestandsminderung** (Schlussbestand < Anfangsbestand) ist entsprechend gegeben, wenn im Geschäftsjahr mehr Stoffe verbraucht als eingekauft wurden (Lagerabgang). Wie mit derartigen Bestandsveränderungen buchhalterisch umzugehen ist, wird im Folgenden direkt anhand einiger einfacher Beispiele verdeutlicht:

▶ **Bestandsmehrung am Beispiel Rohstoffe:**

Schlussbestand zum 31.12. (laut Inventur)	60.000,00
– Anfangsbestand zum 01.01. (Schlussbestand des Vorjahres)	54.000,00
= Bestandsmehrung	6.000,00

Im Geschäftsjahr wurden mehr Rohstoffe eingekauft, als in der Fertigung verarbeitet worden sind. Die Differenz in Höhe von 6.000,00 Euro wurde nicht verbraucht und ging „auf Lager". Dies bedeutet, dass die Aufwendungen für Rohstoffe zu hoch ausgewiesen wurden. Es ist daher eine Korrekturbuchung (Reduzierung des Aufwands) erforderlich.

Buchungssatz (Bilanzstichtag):

2000	Rohstoffe/Fertigungsmaterial	6.000,00	an	6000	Aufwendungen für Rohstoffe	6.000,00

Kontendarstellung:

S		2000		H		S	6000		H
8000	54.000,00	8010	60.000,00				*2000*		6.000,00
6000	*6.000,00*								

▶ **Bestandsminderung am Beispiel Rohstoffe:**

Schlussbestand zum 31.12. (laut Inventur)	30.000,00
– Anfangsbestand zum 01.01. (Schlussbestand des Vorjahres)	37.000,00
= Bestandsminderung	– 7.000,00

Es wurden in der abgelaufenen Rechnungsperiode mehr Rohstoffe verbraucht, als eingekauft worden sind. Es kam also zu einer Entnahme von Rohstoffen aus dem Lager. Daher ist auch hier eine Korrekturbuchung erforderlich. Der gebuchte Aufwand für Rohstoffe ist zu niedrig und muss um den Wert der Bestandsminderung erhöht werden.

Buchungssatz (Bilanzstichtag):

6000	Aufwendungen für Rohstoffe	7.000,00	an	2000	Rohstoffe/Fertigungsmaterial	7.000,00

Kontendarstellung:

S	2000		H	S	6000	H
8000	37.000,00	*6000*	7.000,00	*2000*	7.000,00	
		8010	30.000,00			

Die Verbuchung von Bestandsmehrungen und -minderungen erfolgt bei allen anderen Vorräten auf die gleiche Art und Weise.

Die Buchung der Bestandsveränderungen zählt zu den *Vorabschlussbuchungen* und bereitet damit, neben den Abschlüssen von Unter- über dazugehörige Hauptkonten (z. B. 6001 über 6000) und anderen speziellen Buchungen (z. B. Abschreibungen; vgl. Abschnitt D 2.1), den Jahresabschluss vor.

⊠ Komplex-Beispiel: Ermittlung des Rohstoffverbrauchs

In der abgelaufenen Rechnungsperiode wurden insgesamt drei große Rohstoffeinkäufe (unterschiedliche Lieferanten; auf Ziel) getätigt. Es liegen folgende Daten vor:

Einkauf	LEP	ZEP	Bezugskosten	Rücksendungen	Nachlässe
1	10.000,00	10.000,00	250,00	0,00 (keine)	200,00 (Skonto)
2	23.000,00	20.010,00	340,00	2.200,00 (Rohstoffe)	1.200,00 (Mängelrüge)
3	45.000,00	37.800,00	2.300,00	2.000,00 (Leihverpackung)	1.000,00 (Bonus)

Des Weiteren ist bekannt, dass der Anfangsbestand der Rohstoffe bei 7.000,00 Euro lag. Der Schlussbestand beträgt nun nach erfolgter Inventur 16.000,00 Euro.

Aus diesen Daten ergeben sich die folgenden zur Ermittlung des Rohstoffverbrauchs relevanten Konteneintragungen:

S	2000		H	S	6000		H
8000	7.000,00	8010	16.000,00	4400	10.000,00	4400	2.200,00
				4400	20.010,00		
				4400	37.800,00		

2. Beschaffung von Werkstoffen

S	6001		H		S	6002	H
4400	250,00	4400	2.000,00			4400	200,00
4400	340,00					4400	1.200,00
4400	2.300,00					4400	1.000,00

Den letztlichen Rohstoffverbrauch erhält man daraus nach Durchführung der folgenden Buchungsschritte:

1. Erfassung der Bestandsveränderung:

Zunächst muss die Bestandsveränderung bei den Rohstoffen ermittelt werden. In diesem Fall liegt eine Bestandsmehrung vor:

S	2000		H
8000	7.000,00	8010	16.000,00
6000	*9.000,00*		
	16.000,00		16.000,00

Buchung:

2000 Rohstoffe 9.000,00 an 6000 Aufwendungen für Rohstoffe 9.000,00

Gegenkonto der Bestandsveränderung auf dem Werkstoffkonto (Konto 2000) ist das zugehörige Aufwandskonto (Konto 6000). Die vorliegende Bestandserhöhung bedeutet, dass in der Periode weniger Rohstoffe verbraucht (Aufwand) als beschafft wurden. Der Aufwand aus den beschafften Rohstoffen in Höhe von 65.610 Euro (= 10.000,00 + 20.010,00 + 37.800,00 − 2.200,00) ist daher um den Aufwand der davon nicht verbrauchten Rohstoffe (= 9.000,00) zu mindern. Dies erfolgt durch Gegenbuchung im Haben des Kontos 6000.

2. Abschluss der Konten „Bezugskosten Rohstoffe" u. „Nachlässe Rohstoffe":

Bei den Konten 6001 und 6002 handelt es sich um Unterkonten des Kontos 6000. Am Ende des Geschäftsjahres werden diese über das Hauptkonto abgeschlossen. Das heißt, ihre Salden werden auf dem Konto 6000 gegengebucht. Es handelt sich hierbei, wie bereits erwähnt, um sog. *Vorabschlussbuchungen*.

S	6001		H
4400	250,00	4400	2.000,00
4400	340,00	*6000*	*890,00*
4400	2.300,00		
	2.890,00		2.890,00

Buchung:

6000 Aufwendungen für Rohstoffe 890,00 an 6001 Bezugskosten für Rohstoffe 890,00

Die Bezugskosten für Rohstoffe erhöhen deren Anschaffungskosten und tauchen daher im Soll des Kontos 6000 (Aufwandskonto: Zunahme im Soll) auf.

S		6002		H
6000	2.400,00	4400	200,00	
		4400	1.200,00	
		4400	1.000,00	
	2.400,00		2.400,00	

Buchung:

6002 Nachlässe für Rohstoffe   2.400,00   an   6000 Aufwendungen für Rohstoffe   2.400,00

Die Nachlässe (Skonto, Bonus) verringern die Anschaffungskosten für Rohstoffe (Aufwendungen) und werden daher im Haben des Kontos 6000 gegengebucht.

3. Abschluss des Hauptkontos „Aufwendungen für Rohstoffe":

S		6000		H
4400	10.000,00	4400	2.200,00	
4400	20.010,00	2000	9.000,00	
4400	37.800,00	6002	2.400,00	
6001	890,00	8020	*55.100,00*	
	68.700,00		68.700,00	

Der *Saldo des Kontos 6000*, der auf dem Gewinn- und Verlustkonto gegengebucht wird, entspricht dem tatsächlichen *Rohstoffverbrauch* des Geschäftsjahres.

2.4 Bestandsorientierte Verbuchung

Im Gegensatz zur im vorangegangenen Abschnitt behandelten verbrauchsorientierten Erfassung wird bei der **bestandsorientierten Verbuchung** nicht davon ausgegangen, dass alle Einkäufe sofort in die Produktion eingehen. Dies kommt der Realität näher. Alle Werkstoffe werden zunächst eingelagert und bei Bedarf entnommen bzw. verbraucht. Daher erfolgt die Verbuchung nicht unmittelbar auf Aufwands-, sondern auf den *aktiven Bestandskonten* für Roh-, Hilfs- und Betriebsstoffe. Eine Verbuchung auf dem entsprechenden aktiven Vorratskonto beinhaltet im Kern nichts anderes, als die bilanzielle Erfassung der erworbenen Vermögensgegenstände. Daher werden bereits an dieser Stelle Aspekte relevant, die erst im Kapitel zum Jahresabschluss vollumfänglich diskutiert werden. Auf eine ausführliche Erörterung wird an dieser Stelle aus Gründen der Übersichtlichkeit und des besseren Verständnisses verzichtet.

2.4.1 Eingangsrechnungen, sofortige Preisnachlässe, Nebenkosten

Analog zur verbrauchsorientierten Verbuchung ist auch im Rahmen der bestandsorientierten Buchung die an den Leistungserbringer zu zahlende Umsatzsteuer als Vorsteuer zu erfassen. Der (Netto-)Warenwert wird jedoch auf den **aktiven Vorratskonten** erfasst, wobei zu beachten ist, dass **sofortige Preisnachlässe** (Rabatte) den Warenwert mindern. Nebenkosten (**Bezugsaufwendungen**) verteuern den Einkauf, d. h. sie erhöhen den Anschaffungspreis der eingekauften Werkstoffe.

2. Beschaffung von Werkstoffen

Sie könnten daher gemeinsam mit dem Warenwert auf den aktiven Vorratskonten erfasst werden. Zur besseren Nachvollziehbarkeit werden jedoch zur Verbuchung der Nebenkosten **Unterkonten** zu den jeweiligen aktiven Bestandskonten geführt. Diese Unterkonten werden dann über die aktiven Bestandskonten abgeschlossen.

▷ Beispiel:

Es werden Hilfsstoffe zum Listenpreis von 10.000,00 Euro auf Ziel eingekauft. Der Lieferant gewährt 12 % Rabatt und stellt 240,00 Euro Transportkosten in Rechnung.

	Listenpreis	10.000,00		
−	Rabatt	1.200,00		
=	Zieleinkaufspreis	8.800,00	→	Konto 2020
+	Bezugskosten	240,00	→	Konto 2021
=	Einstandspreis	9.040,00		
+	19 % VSt	1.717,60	→	Konto 2600
=	Rechnungsbetrag	10.757,60	→	Konto 4400

Buchung:

2020	Hilfsstoffe	8.800,00				
2021	Bezugskosten für Hilfsstoffe	240,00				
2600	Vorsteuer	1.717,60	an	4400	Verbindlichkeiten aus Lieferungen und Leistungen	10.757,60

Kontendarstellung:

S	2020	H	S	4400	H
4400 8.800,00				*2020, 2021, 2600*	10.757,60

S	2021	H
4400 240,00		

S	2600	H
4400 1.717,60		

Beim Konto 2021 handelt es sich um ein Unterkonto, das am Ende des Geschäftsjahres über das dazugehörige Hauptkonto 2020 abgeschlossen wird. Sofern keine Hilfsstoffe verbraucht werden, stellen sich die Konten 2021 und 2020 nach Abschluss des Kontos 2021 über das Konto 2020 wie folgt dar:

S	2020	H	S	2021	H
4400	8.800,00		4400	240,00	*2020* 240,00
2021	240,00				

Buchung:

| 2020 | Hilfsstoffe | 500,00 | an | 2021 | Bezugskosten für Hilfsstoffe | 500,00 |

Die angefallenen Transportkosten haben zu einer Erhöhung des in Konto 2020 reflektierten Wertes der Hilfsstoffe geführt. Dieses Konto wird über das Schlussbilanzkonto abgeschlossen, d. h. der Saldo von 9.040,00 Euro findet sich später als Wertansatz der Rohstoffe in der Bilanz wieder.

2.4.2 Nachträgliche Preisnachlässe

Die Art der Verbuchung von nachträglichen Preisnachlässen ist im Rahmen der bestandsorientierten Verbuchung davon abhängig, ob der entsprechende **Nachlass bestimmten Vermögensgegenständen zugeordnet** werden kann. Ist dies der Fall erfolgt die Verbuchung auf einem **Unterkonto des aktiven Bestandskontos**. Dieses Unterkonto wird dann über das aktive Bestandskonto abgeschlossen.

▶ Beispiel:

Ein Lieferant gewährt auf gelieferte Hilfsstoffe im Wert von 5.000,00 Euro aufgrund einer Mängelrüge nachträglich einen Nachlass in Höhe von 1.000,00 Euro (netto).

Buchung:

| 4400 | Verbindlichkeiten aus Lieferungen und Leistungen | 1.190,00 | an | 2022 | Nachlässe für Hilfsstoffe | 1.000,00 |
| | | | | 2600 | Vorsteuer | 1.190,00 |

Kontendarstellung:

S	4400	H	S	2022	H
2022, 2600	1.190,00			4400	1.000,00

S	2600	H
	4400	190,00

Das Aktivkonto 2022 nimmt den Nachlass im Haben auf. Dies führt dazu, dass sich der Wert der Hilfsstoffe in Konto 2020 bei Abschluss des Kontos 2022 um den Betrag von 1.000,00 Euro auf 4.000,00 Euro reduziert.

Buchung:

| 2022 | Nachlässe für Hilfsstoffe | 1.000,00 | an | 2020 | Hilfsstoffe | 1.000,00 |

Kontendarstellung:

S	2020	H	S	2022	H
4400	5.000,00	2022	1.000,00	2020	1.000,00	4400	1.000,00

Die Möglichkeit einer Zuordnung des Nachlasses ist außer bei **Mängelrügen** üblicherweise auch bei in Anspruch genommenen **Skonti** gegeben. Die Erfassung von Skonti erfolgt daher bei Bezahlung ebenfalls im Haben des entsprechenden Nachlassunterkontos.

Fraglich ist die Behandlung bei **Boni**, da diese i. d. R. **im Nachhinein** und meist **unabhängig von einem konkreten Beschaffungsvorgang** gewährt werden. Während eine Unabhängigkeit von einem konkreten Beschaffungsvorgang bei *verbrauchsorientierter Verbuchung* (infolge nicht vorhandener Lagerwirtschaft) kein Problem darstellt, muss bei der *bestandsorientierten Verbuchung* dem Umgang mit Boni besondere Beachtung geschenkt werden (vgl. Abschnitt C 2.4.5).

2.4.3 Rücksendungen

Analog zur verbrauchs- stellt auch die bestandsorientierte Verbuchung einer Rücksendung nichts anderes als eine **Umkehrung** (teilweise oder vollständige *Stornierung*) **der Einkaufsbuchung** dar. Der Unterschied besteht lediglich darin, dass bei der bestands- anders als bei der verbrauchsorientierten Verbuchung nicht das jeweilige Aufwandskonto sondern das jeweilige Bestandskonto bzw. dessen Unterkonto zu korrigieren ist. Die Korrekturen des Vorsteuerkontos und des Verbindlichkeitskontos unterscheiden sich nicht.

Beispiel:

Aufgrund erheblicher Sachmängel werden Hilfsstoffe im Wert von 1.500,00 Euro zurückgeschickt. Der Lieferant schreibt neben diesem Betrag eine anteilige Korrektur der verrechneten Bezugskosten in Höhe von 36,00 Euro gut.

Buchung:

4400	Verbindlichkeiten aus Lieferungen und Leistungen	1.827,84	an	2020	Hilfsstoffe	1.500,00
				2021	Bezugskosten für Hilfsstoffe	36,00
				2600	Vorsteuer	291,84

Kontendarstellung:

S	4400		H
2020, 2021, 2600	1.827,84		

S	2020		H
		4400	1.500,00

S	2021		H
		4400	36,00

S	2600		H
		4400	291,84

2.4.4 Ermittlung des Werkstoffverbrauchs

Generell kann der Werkstoffverbrauch eines Geschäftsjahres anhand des Schemas in Abbildung 48 ermittelt werden. Abhängig davon, welcher Stoff von Interesse ist, sind die entsprechenden Kontendaten zu verwenden. Das Berechnungsschema gilt unabhängig von der Art der Verbuchung. Eine Anwendung ist auch bei einer verbrauchsorientierten Verbuchung möglich, da dort Zugänge, Rücksendungen, Bezugskosten und Nachlässe, d. h. gerade die Veränderungen zwischen Anfangs- und Schlussbestand, kumuliert durch die Bestandsveränderungen erfasst werden.

	Anfangsbestand	(vom jeweiligen Bestandskonto)
+	Zugänge	(Solleintragungen des jeweiligen RHB-Kontos)
−	Rücksendungen	(Habeneintragungen des jeweiligen RHB-Kontos)
+	Bezugskosten	(Saldo des jeweiligen Kontos „Bezugskosten")
−	Nachlässe	(Saldo des jeweiligen Kontos „Nachlässe")
−	Schlussbestand	(vom jeweiligen Bestandskonto)
=	Werkstoffverbrauch	

Abbildung 48: Werkstoffverbrauch

Die buchhalterische Erfassung des Werkstoffverbrauchs ist im Rahmen der bestandsorientierten Verbuchung mittels zweier Verfahren möglich. Einerseits kann mit der sog. **Skontrationsmethode** der Verbrauch laufend, d. h. zum Zeitpunkt einer Entnahme aus dem Lager erfasst werden. Andererseits ist auch eine einmalige Erfassung des (Gesamt-)Verbrauchs zum Geschäftsjahresende durch Gegenüberstellung von Anfangsbestand und Endbestand unter Berücksichtigung evtl. Zugänge möglich. Diese Vorgehensweise wird als **Inventurmethode** bezeichnet. Im Kern stellt sie nichts anderes dar, als die buchhalterische Umsetzung des Schemas in Abbildung 48.

▶ Beispiel:

Gegen Ende des Geschäftsjahres liegen folgende mit Hilfsstoffeinkäufen in Verbindung stehende Daten vor:

- Bestand zum 01.01.: 0 Einheiten
- Einkauf zum 01.03.: 5.000 Einheiten zum Preis von 1,00 Euro je Stück, Bezugskosten 100,00 Euro
- Bezahlung zum 10.03.: Skonto 350,00 Euro (netto)
- 01.04.: Verbrauch von 2.500 Einheiten
- 01.10.: Verbrauch von 1.000 Einheiten

Aus den vorstehenden Angaben kann ein rechnerischer (Soll-)Bestand zum 31.12. von 1.500 Einheiten ermittelt werden. Dieser soll annahmegemäß mit dem Bestand laut. Inventur (Ist-Bestand) übereinstimmen.

Die buchhalterische Erfassung von Einkaufs- und Bezahlungsvorgang unterscheidet sich bei der Skontrations- und der Inventurmethode nicht:

2. Beschaffung von Werkstoffen

Buchungen:

01.03.:

2020	Hilfsstoffe	5.000,00				
2021	Bezugskosten für Hilfsstoffe	100,00				
2600	Vorsteuer	969,00	an	4400	Verbindlichkeiten aus Lieferungen und Leistungen	6.069,00

10.03.:

4400	Verbindlichkeiten aus Lieferungen und Leistungen	6.069,00	an	2022	Nachlässe für Hilfsstoffe	350,00
				2600	Vorsteuer	66,50
				2800	Bank	5.652,50

1. Inventurmethode

Bei der Inventurmethode erfolgt keine laufende Verbuchung der Verbräuche während des Geschäftsjahres, sondern nur eine einmalige Verbuchung im Zuge der Abschlusserstellung. Obgleich diese Methode weniger weit verbreitet ist, soll sie der Vollständigkeit halber dennoch kurz erläutert werden.

Zur Ermittlung des Hilfsstoffverbrauchs werden zunächst die *Unterkonten* 2021 und 2022 über das Hauptkonto 2020 *abgeschlossen*:

Buchungen:

2020	Hilfsstoffe	100,00	an	2021	Bezugskosten für Hilfsstoffe	100,00

2022	Nachlässe für Hilfsstoffe	350,00	an	2020	Hilfsstoffe	350,00

Kontendarstellung:

S	2021		H	S	2022		H
4400	100,00	*2020*	100,00	*2020*	350,00	4400	350,00

Anschließend wird das *Hauptkonto* 2020 *abgeschlossen*:

S	2020		H
8000	0,00	2022	350,00
4400	5.000,00	8010	1.425,00
2021	100,00	*6020*	*3.325,00*
	5.100,00		5.100,00

Der Endbestand ergibt sich dabei unter Berücksichtigung der Bezugskosten und Nachlässe als 1.500,00 + 100,00 · 1.500/5.000 − 350,00 · 1.500/5.000 = 1.425,00 Euro. Die auf dem Konto 2020 entstehende Differenz zwischen Soll- und Habenseite, die zum Ausgleich des Kontos erforderlich ist, ist bereits der *Hilfsstoffverbrauch*. Dieser wird auf dem Aufwandskonto 6020 gegengebucht.

Buchungssatz:

| 6020 | Aufwendungen für Hilfsstoffe | 3.325,00 | an | 2020 | Hilfsstoffe | 3.325,00 |

In einem letzten Buchungsschritt, der für beide Methoden wieder identisch ist, wird das Aufwandskonto 6020 über das Gewinn- und Verlustkonto abgeschlossen:

Buchung:

| 8020 | Gewinn- und Verlustkonto | 3.325,00 | an | 6020 | Aufwendungen für Hilfsstoffe | 3.325,00 |

Kontendarstellung:

S	6020		H
2020	3.325,00	*8020*	3.325,00

Hierbei handelt es sich um die *eigentliche Buchung des Hilfsstoffverbrauchs*. Die Verbuchung aller weiteren Werkstoffe erfolgt unter Verwendung der entsprechenden Konten auf die gleiche Art und Weise.

2. Skontrationsmethode

Anders als bei der Inventurmethode werden im Rahmen der Skontrationsmethode alle Verbrauchsvorgänge zum Zeitpunkt der Lagerentnahme auf dem entsprechenden Bestandskonto erfasst. Daher zeigt das Bestandskonto zu jedem Zeitpunkt den Wert aller noch auf Lager befindlichen Vorräte an. Bei der buchhalterischen Erfassung der Lagerentnahmen besteht allerdings das Problem, diese zu bewerten. Anhand von Materialentnahmescheinen kann lediglich nachvollzogen werden, welche Mengen aus dem Lager entnommen wurden. Bei der Buchung muss allerdings eine Wertgröße erfasst werden. Es ist daher zunächst der Wertansatz für eine Mengeneinheit zu ermitteln:

Im Beispielfall sind die Bezugskosten dem Warenwert hinzuzurechnen und der Nachlass (Skonto) abzuziehen. Die gesamten Anschaffungskosten liegen damit bei 5.000,00 + 100,00 − 350,00 = 4.750,00 Euro. Die Anschaffungskosten je Stück betragen daher 0,95 Euro (= 4.750,00 : 5000).

Buchung zum 01.04.:

| 6020 | Aufwendungen für Hilfsstoffe | 2.375,00 | an | 2020 | Hilfsstoffe | 2.375,00 (= 0,95 · 2.500) |

Buchung zum 01.10.:

| 6020 | Aufwendungen für Hilfsstoffe | 950,00 | an | 2020 | Hilfsstoffe | 950,00 (= 0,95 · 1.000) |

Der Verbrauch an Hilfsstoffen im Geschäftsjahr kann (zu jedem Zeitpunkt) unmittelbar aus dem Konto 6020 abgelesen werden.

2. Beschaffung von Werkstoffen

S	6020		H
2020	2.375,00		
2020	950,00	Saldo	3.325,00
	3.325,00		3.325,00

Es wurden also in der betrachteten Periode Hilfsstoffe im Wert von 3.325,00 Euro für die Fertigung verwendet, d. h. aus den Beständen (Anfangsbestand + Zukauf) entnommen. Der hier im Aufwandskonto 6020 erfasste Hilfsstoffverbrauch, der mit dem übereinstimmt, der im Rahmen der Inventurmethode ermittelt wurde, muss nun noch Eingang in die Gewinn- und Verlustrechnung finden, d. h. das Konto 6020 muss über das Gewinn- und Verlustkonto abgeschlossen werden:

Buchung:

8020	Gewinn- und Verlustkonto	3.325,00	an	6020	Aufwendungen für Hilfsstoffe	3.325,00

Kontendarstellung:

S	6020		H
2020	2.375,00		
2020	950,00	8020	3.325,00
	3.325,00		3.325,00

Bevor das Hilfsstoffkonto 2020 abgeschlossen werden kann, müssen zunächst die Unterkonten 2021 und 2022 über das Hauptkonto 2020 abgeschlossen werden. Dabei erhöhen die Bezugskosten die Anschaffungskosten der Hilfsstoffe und tauchen deshalb im Soll des Aktivkontos 2020 auf. Die Nachlässe hingegen vermindern die Anschaffungskosten und werden daher im Haben des Kontos 2020 gebucht:

Buchungen:

2020	Hilfsstoffe	100,00	an	2021	Bezugskosten für Hilfsstoffe	100,00
2022	Nachlässe für Hilfsstoffe	350,00	an	2020	Hilfsstoffe	350,00

Kontendarstellung:

S	2021		H	S	2022		H
4400	100,00	2020	100,00	2020	350.00	4400	350,00

Das aktive Bestandskonto 2020 – Hilfsstoffe stellt sich nach Abschluss über das Schlussbilanzkonto (Konto 8010) wie folgt dar:

S	2020		H
8000	0,00	2022	350,00
4400	5.000,00	6020	2.375,00
2021	100,00	6020	950,00
		8010	1.425,00
	5.100,00		5.100,00

2.4.5 Spezielle Behandlung erhaltener Boni

Aufgrund der nachträglichen und vom konkreten Beschaffungsvorgang losgelösten Gewährung von Boni muss deren buchhalterischer Erfassung im Rahmen einer bestandsorientierten Verbuchung besondere Beachtung zu Teil werden. Obgleich die Verbuchung maßgeblich durch Aspekte des Jahresabschlusses (insbesondere der Bewertung) beeinflusst ist, wird sie dennoch bereits an dieser Stelle diskutiert.

▷ Beispiel 1:

Aufgrund eines Firmenjubiläums erhält ein Unternehmen von einem Lieferanten einen Bonus in Höhe von 3.000,00 Euro (netto).

Im vorliegenden Beispiel kann *kein Bezug zwischen dem Preisnachlass in Form eines Bonus und einem Beschaffungsvorgang* hergestellt werden. Man könnte die Verbuchung analog zu anderen Nachlässen über ein Unterkonto eines Roh-, Hilfs- oder Betriebsstoffkontos vornehmen (vgl. Abschnitt C 2.4.2). Dies würde jedoch nach Abschluss des Unterkontos zu einer Anschaffungspreisminderung der im entsprechenden Vorratskonto erfassten Bestände führen. Der Bonus ist daher infolge seiner mangelnden Zuordenbarkeit als Ertrag zu erfassen.

Buchung:

4400	Verbindlichkeiten aus Lieferungen und Leistungen	3.570,00	an	5430	Andere sonstige betriebliche Erträge	3.000,00
				2600	Vorsteuer	570,00

Kontendarstellung:

S	4400	H		S	5430	H
5430, 2600	3.570,00				4400	3.000,00

				S	2600	H
				4400	570,00	

▷ Beispiel 2:

Ein Hilfsstofflieferant gewährt einen Bonus in Höhe von 3.000,00 Euro (netto), da die im Geschäftsjahr mit ihm getätigten (zwei) Hilfsstoffumsätze (25.000,00 Euro netto) das vereinbarte Bestellvolumen von 20.000,00 Euro überschritten haben. Zum Zeitpunkt der Bonusgewährung sind von den bezogenen Hilfsstoffen drei Lagerentnahmen im Wert von jeweils 7.000,00 Euro zu verzeichnen.

In diesem Beispiel handelt es sich um eine *nachträgliche Bonusgewährung*. Bei einer bestandsorientierten Verbuchung, bei der der Verbrauch mittels *Inventurmethode* ermittelt wird, handelt es sich bei der Berücksichtigung des Bonus um ein reines Bewertungsproblem im Zuge der Bewertung des Inventurbestandes und nicht um ein Problem der laufenden Verbuchung.

Kommt jedoch im Rahmen einer bestandsorientierten Verbuchung die *Skontrationsmethode* zur Anwendung, wird also der Verbrauch laufend verbucht, so kann die buchhalterische Erfassung nicht in jedem Fall analog zu anderen Nachlässen (vgl. Abschnitt C 2.4.2) erfolgen. Würde man im vorliegenden Beispielfall *fälschlicherweise* dennoch so vorgehen, würde die Buchung wie folgt lauten:

Buchung:

4400	Verbindlichkeiten aus Lieferungen und Leistungen	3.570,00	an	2022	Nachlässe für Hilfsstoffe	3.000,00
				2600	Vorsteuer	570,00

Kontendarstellung:

S	4400	H		S	2022	H
2022, 2600	3.570,00				4400	3.000,00

S	2600	H
	4400	570,00

Würde man nach dieser Buchung das Unterkonto 2022 über das Konto 2020 abschließen, so ergäbe sich folgendes Bild:

S	2020		H
8000	0,00	6020	7.000,00
4400	12.500,00	6020	7.000,00
4400	12.500,00	6020	7.000,00
		2022	3.000,00
		8010	1.000,00
	25.000,00		25.000,00

Problematisch ist an dieser Form der Erfassung der sich hieraus ergebende Endbestand an Hilfsstoffen. Der aus den beiden Beschaffungsvorgängen resultierende, aber nachträglich gewährte Bonus von 3.000,00 Euro mindert in voller Höhe die noch nicht verbrauchten Hilfsstoffe. Es bliebe jedoch unberücksichtigt, dass sich der Bonus auch auf die Hilfsstoffe bezieht, die bereits verbraucht wurden. Der Verbrauch der Hilfsstoffe wäre infolge dessen zu hoch, der Ansatz der sich noch im Bestand befindlichen Hilfsstoffe zu gering. Eine derartig undifferenzierte Form der buchhalterischen Erfassung ist nicht sachgerecht. Vielmehr müsste der Versuch unternommen werden, zu ermitteln, welcher Teilbetrag der Bonuszahlung auf die noch im Bestand befindlichen Hilfsstoffe entfällt (3.000,00 · 4.000 : 25.000 = 480,00 vs. 3.000,00 · 21.000 : 25.000 = 2.520,00).

Buchung:

4400	Verbindlichkeiten aus Lieferungen und Leistungen	3.570,00	an	6022	Nachlässe für Hilfsstoffe	2.520,00
				2022	Nachlässe für Hilfsstoffe	480,00
				2600	Vorsteuer	570,00

Kontendarstellung:

S	4400	H		S	6022	H
6022, 2022, 2600	3.570,00				4400	2.520,00

S	2022	H
	4400	480,00

S	2600	H
	4400	570,00

Kann eine solche Aufteilung der Bonuszahlung beispielsweise aufgrund der Vielzahl an Beschaffungsvorgängen nicht vorgenommen werden, wäre der Bonus analog zu Beispiel 1 als Ertrag zu erfassen. Wird der Bonus so stark nachträglich gewährt, dass er erst im nächsten Geschäftsjahr anfällt, erübrigt sich eine Aufteilung. Er ist dann auf dem Konto *5490 – Periodenfremde Erträge* zu erfassen.

3 Verbuchung weiterer Produktionsfaktoren

3.1 Allgemeines

Wie bereits behandelt wurde, entsteht ein fertiges Produkt durch die Kombination der Produktionsfaktoren Werkstoffe, Betriebsmittel und Arbeit. Der Einsatz dieser Faktoren verursacht Aufwendungen, die auf den entsprechenden Aufwandskonten im Soll gebucht werden. Die Beschaffung von Werkstoffen wurde bereits in den vorhergehenden Abschnitten behandelt. Nachfolgend soll nun auf die beiden verbleibenden Produktionsfaktoren eingegangen werden.

3.2 Betriebsmittel (Miete, Pacht, Leasing)

Typische Aufwendungen, die aus dem Produktionsfaktor Betriebsmittel entstehen, sind in Abbildung 49 dargestellt.

Miete für Betriebsräume **Pacht** für Grundstücke	**Leasing** von Maschinen und Kraftfahrzeugen
Grundsätzlich **umsatzsteuerfrei** (aber Option zum Verzicht auf Befreiung in gewissen Fällen: § 9 UStG)	**umsatzsteuerpflichtig**

Abbildung 49: Miete, Pacht, Leasing

Die **Verbuchung** dieser Betriebsmittel wird im Folgenden direkt anhand einiger einfacher Beispiele veranschaulicht:

Beispiel 1:

Das Firmenbankkonto wird mit der Leasingrate für einen Lieferwagen belastet. Der Betrag lautet auf 595,00 Euro (brutto).

Buchung:

6710	Leasing	500,00			
2600	Vorsteuer	95,00	an	2800 Guthaben bei Kreditinstituten (Bank)	595,00

Kontendarstellung:

S	6710	H		S	2800	H
2800	500,00				6710, 2600	595,00

S	2600	H
2800	95,00	

Bei dieser Verbuchung handelt es sich um die eines *Operating-Leasing-Verhältnisses*. Eine ausführliche Behandlung des Themas Leasing folgt im Abschnitt C 12.2.5.

▶ Beispiel 2:

Das Unternehmen X bezahlt die Miete für Geschäftsräume in Höhe von 1.200,00 Euro (netto) in bar. Das Unternehmen Y, welches Eigentümer des Gebäudes ist, hat sich gegen eine Option nach § 9 UStG (vgl. Abschnitt C 1.2.2) entschieden.

Buchung:

6700	Mieten, Pachten, Erbbauzinsen	1.200,00	an	2880 Kasse	1.200,00

Kontendarstellung:

S	6700	H		S	2880	H
2880	1.200,00				6700	1.200,00

Hätte sich Unternehmen Y für eine Option nach § 9 UStG entschieden, so hätte es Umsatzsteuer in Höhe von 19 % in Rechnung stellen müssen, die auf dem Konto 4800 zu verbuchen wäre. Unternehmen X würde die Umsatzsteuer dann in einem solchen Fall als Vorsteuer auf dem Konto 2600 erfassen.

3.3 Arbeit (Lohn- und Gehaltsabrechnung)

3.3.1 Grundlagen

3.3.1.1 Allgemeines

Stellt ein Arbeitnehmer (ANe) einem Unternehmen seine Arbeitsleistung zur Verfügung, so erhält er dafür vom Arbeitgeber (AGe) ein monatliches Entgelt. Dieses stellt für den **ANe Einkommen** und den **AGe Aufwand** dar. Das Arbeitsentgelt wird als **Lohn** bezeichnet, wenn dessen tatsächliche Höhe von der Anzahl der erbrachten Arbeitsstunden (Zeitlohn) oder der Anzahl der vom ANe gefertigten Produkte (Stücklohn) abhängt. Wird hingegen eine feste monatliche Vergütung vereinbart, so bezeichnet man das Arbeitsentgelt als **Gehalt**. Lohn- und Gehaltsabrechnungen sind grob wie in Abbildung 50 aufgebaut.

Bruttolohn/-gehalt	(Aufwand AGe)
− Abzüge	(Abgaben an den Staat (Steuern, Sozialversicherungsbeiträge))
= Nettolohn/-gehalt	(Einkommen ANe)

Abbildung 50: Lohn- und Gehaltsabrechnung (grobes Schema)

3.3.1.2 Steuern

Die Steuerabzüge des Arbeitnehmers teilen sich auf in **Lohnsteuer** (Vorauszahlung auf die Einkommensteuer auf nichtselbständige Arbeit), **Solidaritätszuschlag** (seit 01.01.1995) und ggf. **Kirchensteuer**.

Die Höhe der vom ANe zu leistenden *Lohnsteuer* richtet sich nach der Höhe des steuerpflichtigen Bruttobezugs, seiner Lohnsteuerklasse (§ 38b EStG) und der Zahl seiner Kinder. Der steuerpflichtige Bruttobezug ist dabei Bruttolohn/-gehalt abzüglich für den ANe steuerfreier Beträge. Die für die Lohnsteuerhöhe entscheidenden Merkmale des ANe sind ab 2012 aus einer Datenbank beim Bundeszentralamt für Steuern zu entnehmen. Mit der Umstellung auf diese Datenbank, die die Merkmale zur Besteuerung eines jeden ANe enthält, wird das System der Lohnsteuerkarten in Papierform abgelöst. Die Lohnsteuerbeträge, die sich aufgrund der Merkmale des ANe ergeben, sind in sog. Lohnsteuertabellen zu finden.

Beim *Solidaritätszuschlag* handelt es sich um einen Zuschlag von derzeit 5,5 % auf die Lohn- bzw. Einkommensteuer, welche zum Aufbau in den neuen Bundesländern eingesetzt wird und von den Beziehern kleinerer Einkommen nicht zu zahlen ist. Die *Kirchensteuer* beträgt in Bayern und Baden-Württemberg zurzeit 8 % und in anderen Bundesländern 9 % auf die Einkommensteuer unter Berücksichtigung von Kinderfreibeträgen (§ 51a EStG).

Diese vom ANe zu zahlenden Steuern werden vom AGe einbehalten und spätestens am 10. des folgenden Monats (Lohnsteuervoranmeldungszeitraum) an das Finanzamt abgeführt.

3.3.1.3 Sozialversicherungsbeiträge

Die gesetzliche Sozialversicherung ist eine Pflichtversicherung mit dem Ziel, die Arbeitnehmer gegen allgemeine Lebensrisiken zu sichern. Sie setzt sich aus **Kranken-, Pflege-, Renten- und Arbeitslosenversicherung** zusammen. Die Höhe der Beiträge richtet sich nach dem Bruttoverdienst eines Arbeitnehmers. Derzeit (2011) gelten folgende Beitragssätze:

Krankenversicherung	Pflegeversicherung
Beitragssatz krankenkassen-einheitlich 14,9 % (§ 1 GKV - BSV)	Beitragssatz 1,95 % (§ 55 SGB, Buch III)
Rentenversicherung	Arbeitslosenversicherung
Beitragssatz 19,9 % (§ 158 SGB, Buch VI)	Beitragssatz 2,8 % (§ 341 SGB, Buch III)

Abbildung 51: Beitragssätze gesetzliche Sozialversicherung

Grundsätzlich teilen sich AGe und ANe die obigen Beiträge zur gesetzlichen Sozialversicherung zu jeweils 50 %. Diese Teilung hat zur Folge, dass für den AGe neben dem Bruttoentgelt ein zusätzlicher Aufwand entsteht. ANe müssen zusätzlich 0,9 % ihres Bruttoeinkommens an die Krankenversicherung und bei Kinderlosigkeit 0,25 % an die Pflegeversicherung zahlen. Eine Aufteilung zwischen AGe und ANe gibt es hier nicht.

Die Sozialversicherungsbeiträge (ANe- und AGe-Anteil) werden vom Unternehmen einbehalten und an die Sozialversicherungsträger abgeführt. Der Zahlungstermin ist wie bei der Abführung der einbehaltenen Steuern geregelt.

3.3.2 Buchungen

Aus *Vereinfachungsgründen* sind die in diesem Abschnitt verwendeten Steuer- und Sozialversicherungswerte rein fiktiv. Es wird ein Beitragssatz von 30 % unterstellt und davon ausgegangen, dass sich AGe und ANe die Sozialversicherungsbeiträge jeweils zur Hälfte teilen.

3.3.2.1 Lohn- und Gehaltszahlung

Löhne und Gehälter stellen für ein Unternehmen Aufwendungen dar, die auf den Konten *6200 – Löhne* und *6300 – Gehälter* gebucht werden. Die einbehalten Steuern und Sozialversicherungsbeiträge stellen Verbindlichkeiten gegenüber dem Finanzamt bzw. den Sozialversicherungsträgern dar. Diese werden daher auf den passiven Bestandskonten *4830 – Sonstige Verbindlichkeiten gegenüber Finanzbehörden* und *4840 – Verbindlichkeiten gegenüber Sozialversicherungsträgern* erfasst.

▶ Beispiel:

Die (vereinfachte) Gehaltsabrechnung eines Angestellten weist die folgenden Werte auf. Dabei sei eine Lohnsteuer von 1.480,91 Euro und ein fiktiver Beitragssatz von 30 % (davon 50 % ANeA) unterstellt:

Bruttogehalt	12.300,00	
− Steuern	1.480,91	
− ANeA zur Sozialversicherung	1.845,00	(= 0,30 · 12.300,00 · 0,50)
= Nettogehalt (Banküberweisung)	8.974,09	

Buchung:

6300	Gehälter	12.300,00	an	2800	Guthaben bei Kreditinstituten (Bank)	8.974,09
				4830	Sonstige Verbindlichkeiten gegenüber Finanzbehörden	1.480,91
				4840	Verbindlichkeiten gegenüber Sozialversicherungsträgern	1.845,00

3. Verbuchung weiterer Produktionsfaktoren

Kontendarstellung:

S	6300	H	S	2800	H
2800, *4830,* *4840*	12.300,00			*6300*	8.974,09

			S	4830	H
				6300	1.480,91

			S	4840	H
				6300	1.845,00

Bei der Buchung des Gehaltsaufwandes wird nur der ANeA zur Sozialversicherung einbezogen. Der **AGeA** wird als Aufwand in einem separaten Buchungssatz erfasst.

Buchung:

| 6410 | Arbeitgeberanteil zur Sozialversicherung (Gehaltsbereich) | 1.845,00 | an | 4840 | Verbindlichkeiten gegenüber Sozialversicherungsträgern | 1.845,00 |

Im Lohnbereich wäre hier das Konto 6400 zu verwenden.

Kontendarstellung:

S	6410	H	S	4840	H
4840	1.845,00			*6300*	1.845,00
				6410	1.845,00

Letztendlich darf die **Abführung der Steuern und Sozialversicherungsbeiträge** (Arbeitnehmer- *plus* Arbeitgeberanteil = Kontostand 4840) nicht vergessen werden:

1. Überweisung an das Finanzamt:

Buchung:

| 4830 | Sonstige Verbindlichkeiten gegenüber Finanzbehörden | 1.480,91 | an | 2800 | Guthaben bei Kreditinstituten (Bank) | 1.480,91 |

Kontendarstellung:

S	4830	H	S	2800	H
2800	1.480,91	*6300*	1.480,91		*4830*	1.480,91

2. Überweisung an die Sozialversicherungsträger (ANe- und AGe-Anteil):

Buchung:

| 4840 | Verbindlichkeiten gegenüber Sozialversicherungsträgern | 3.690,00 | an | 2800 | Guthaben bei Kreditinstituten (Bank) | 3.690,00 |

Kontendarstellung:

S	4840		H	S	2800	H
2800	3.690,00	6300	1.845,00		4840	3.690,00
		6410	1.845,00			

3.3.2.2 Vorschüsse

Anstatt bei einer Bank einen teuren Kredit (Kreditzinsen, Bearbeitungsgebühren etc.) aufzunehmen, besteht für ANe die Möglichkeit, beim AGe um einen zinslosen Vorschuss (*nicht gesondert steuer- und sozialversicherungspflichtig*) zu bitten. Für den Arbeitgeber stellt eine solche Zahlung eine **Forderung** gegenüber dem Mitarbeiter dar. Die Rückzahlung kann einmalig oder in Raten erfolgen. I. d. R. wird der Vorschuss mit der nächsten Lohn- bzw. Gehaltszahlung verrechnet.

▷ Beispiel:

Ein Arbeiter erhält einen Barvorschuss in Höhe von 500,00 Euro.

Buchung:

2650	Forderungen an Mitarbeiter	500,00	an	2880	Kasse	500,00

Kontendarstellung:

S	2650	H	S	2880	H
2880	500,00			2650	500,00

Bei der nächsten Lohnabrechnung wird der Vorschuss vom Nettolohn abgezogen:

Bruttolohn	4.900,00
− Steuern	682,00
− ANeA zur Sozialversicherung	735,00
= Nettolohn	3.483,00
− Vorschuss	500,00
= Nettolohn (Banküberweisung)	2.983,00

Buchungen:

6200	Löhne	4.900,00	an	2800	Guthaben bei Kreditinstituten (Bank)	2.983,00
				4830	Sonstige Verbindlichkeiten gegenüber Finanzbehörden	682,00
				4840	Verbindlichkeiten gegenüber Sozialversicherungsträgern	735,00
				2650	Forderungen an Mitarbeiter	500,00
6400	Arbeitgeberanteil zur Sozialversicherung (Lohnbereich)	735,00	an	4840	Verbindlichkeiten gegenüber Sozialversicherungsträgern	735,00

Kontendarstellung:

S	6200	H		S	2800	H
2800, *4830,* *4840,* *2650*	4.900,00				*6200* 2.983,00	

S	6400	H		S	2650	H
4840	735,00			*2800* 500,00	*6200* 500,00	

				S	4830	H
					6200 682,00	

				S	4840	H
					6200 735,00	
					6400 735,00	

3.3.2.3 Vermögenswirksame Leistungen

Hat ein ANe einen vermögenswirksamen Bausparvertrag oder eine ähnliche Vertragskonstruktion nach § 2 VermBG abgeschlossen, kann sich der Arbeitgeber freiwillig oder aufgrund eines Tarifvertrages teilweise oder ganz an den Sparleistungen des ANe beteiligen. Dies hat allgemein folgende Konsequenzen:

- Erhöhung des Personalaufwandes des AGe
- Verpflichtung des AGe, die vermögenswirksamen Leistungen seiner ANe einzubehalten und an die entsprechenden Stellen (z. B. Bausparkassen) abzuführen
- Erhöhung des steuer- und sozialversicherungspflichtigen Entgelts des ANe und damit höhere Belastung mit Steuern und Sozialversicherungsbeiträgen

Die Verbuchung vermögenswirksamer Leistungen erfolgt, je nachdem, ob sie in den Lohn- oder Gehaltsbereich fallen und ob sie **freiwillig oder tariflich** bedingt sind, auf folgenden Aufwandskonten:

Lohnbereich	Gehaltsbereich
Vertraglich oder tariflich vereinbarte Leistung	
6220 – Sonstige tarifliche oder vertragliche Aufwendungen	6320 – Sonstige tarifliche oder vertragliche Aufwendungen
Freiwillige Leistung	
6230 – Freiwillige Zuwendungen	6330 – Freiwillige Zuwendungen

Abbildung 52: Verbuchung vermögenswirksamer Leistungen

In der Literatur findet man häufig auch die Vorgehensweise, dass vermögenswirksame Leistungen direkt auf dem Konto 6200 bzw. 6300 verbucht werden. Davon soll aber hier Abstand genommen werden. Die Verbuchung auf einem separaten Konto bietet nämlich auch hier den Vorteil, Erfolgsquellen (bzw. Aufwandsquellen) genauer lokalisieren zu können.

▶ Beispiel:

Die Auswirkung einer monatlichen Sparrate in Höhe von 40,00 Euro auf die Gehaltsabrechnung eines Mitarbeiters, an der sich der AGe nach Tarifvertrag mit 40 % beteiligt, kann sich wie folgt darstellen:

Bruttogehalt	3.460,00	
+ *Arbeitgeberzuschuss Sparleistung*	*16,00*	(= 40,00 · 0,4)
= steuer- u. sozialversicherungspflichtiges Bruttogehalt	3.476,00	
− Steuern	653,00	
− ANeA zur Sozialversicherung	521,14	
− *vermögenswirksame Leistung (gesamt)*	*40,00*	
= Nettolohn (Banküberweisung)	2.261,86	

Buchungen:

6300	Gehälter	3.460,00	an	2800	Guthaben bei Kreditinstituten (Bank)	2.261,86
6320	Sonstige tarifliche oder vertragliche Aufwendungen (Gehaltsbereich)	16,00				
				4830	Sonstige Verbindlichkeiten gegenüber Finanzbehörden	653,00
				4840	Verbindlichkeiten gegenüber Sozialversicherungsträgern	521,14
				4860	Verbindlichkeiten aus vermögenswirksamen Leistungen	40,00
6410	Arbeitgeberanteil zur Sozialversicherung (Gehaltsbereich)	521,14	an	4840	Verbindlichkeiten gegenüber Sozialversicherungsträgern	521,14

Kontendarstellung:

S	6300	H	S	2800	H
2800,	3.460,00			*6300,*	2.261,86
4830,				*6320*	
4840,					
4860					

S	6320	H	S	4830	H
2800, 4830, 4840, 4860	16,00			6300, 6320	653,00

S	6410	H	S	4840	H
4840	521,14			6300, 6320 6410	521,14 521,14

S	4860	H
	6300, 6320	40,00

Die **Abführung der vermögenswirksamen Leistungen** an die Anlagengesellschaft (z. B. Bank, Bausparkasse, Investmentgesellschaft) erfolgt meist monatlich.

Buchung:

4860	Verbindlichkeiten aus vermögenswirksamen Leistungen	40,00	an	2800	Guthaben bei Kreditinstituten (Bank)	40,00

Kontendarstellung:

S	4860	H	S	2800	H
2800	40,00	... 40,00		4860	40,00

Die Abführung der Steuern und Sozialversicherungsbeiträge erfolgt nach dem gewohnten Muster.

3.3.2.4 Gesetzliche Unfallversicherung

Um mögliche negative Folgen eines Arbeitsunfalls oder einer Berufskrankheit für den ANe aufzufangen, wurde in Deutschland die **gesetzliche Unfallversicherung** eingeführt. Sie ist Bestandteil der Sozialversicherung der Arbeitnehmer und ist vom **Arbeitgeber in voller Höhe zu bezahlen**. Der Versicherungsbeitrag muss regelmäßig an die Träger dieser Versicherung, die sog. *Berufsgenossenschaften*, abgeführt werden.

▷ Beispiel:

Banküberweisung der Beiträge an die Berufsgenossenschaft 3.400,00 Euro.

Buchung:

6420	Beiträge zur Berufsgenossenschaft	3.400,00	an	2800	Guthaben bei Kreditinstituten (Bank)	3.400,00

Kontendarstellung:

S	6420	H	S	2800	H
2800	3.400,00			6420	3.400,00

Genau wie der AGeA zur Sozialversicherung und Zuschüsse zu vermögenswirksamen Leistungen fallen auch die Beiträge zur Berufsgenossenschaft unter die sog. **Lohnzusatzkosten oder Lohnnebenkosten**. Dabei handelt es sich um **Aufwendungen** für Arbeitgeber, die neben dem vertraglich geregelten Entgelt (Bruttolohn/-gehalt) anfallen. Diese lassen sich allgemein in gesetzlich festgelegte und freiwillige Zahlungen einteilen. Typische Beispiele für beide Kategorien sind in Abbildung 53 zusammengefasst.

Gesetzlich festgelegte Zahlungen	Freiwillige Zahlungen
• AGeA zur Sozialversicherung • Beiträge zur Berufsgenossenschaft • Lohnfortzahlung im Krankheitsfall • Bezahlte Feiertage	• Zuschüsse zu vermögenswirksamen Leistungen, Fahrtkosten oder Mittagessen • Urlaubs- und Weihnachtsgeld • Fortbildung • Betriebsausflüge

Abbildung 53: Beispiele für Lohnzusatzkosten

Zusammenfassend lässt sich also der **gesamte Personalaufwand**, der für einen Unternehmer durch die Beschäftigung von Personal im Rahmen der betrieblichen Tätigkeit entsteht, nach folgendem Schema bestimmen:

	Netto-Arbeitsentgelt
+	Lohnsteuer
+	Kirchensteuer
+	Solidaritätszuschlag
+	Arbeitnehmeranteil zur Sozialversicherung
=	Brutto-Arbeitsentgelt
+	Arbeitgeberanteil zur Sozialversicherung
+	Beiträge zur gesetzlichen Unfallversicherung (Berufsgenossenschaft)
=	vertraglicher und gesetzlicher Personalaufwand
+	freiwillige betriebliche Sozialleistungen
=	Gesamter Personalaufwand

Abbildung 54: Ermittlung des Personalaufwands des Arbeitgebers

4 Verkauf von Fertigerzeugnissen

4.1 Kalkulation von Verkaufspreisen

Mit Hilfe der sog. **Angebotskalkulation** wird der Preis errechnet, zu dem ein aus der Kombination der Produktionsfaktoren Arbeit, Betriebsmittel und Werkstoffe *selbst erstelltes Produkt* auf dem Markt angeboten wird:

Selbstkostenpreis (SKP) (*100 %*)	Ermittelt durch Kosten- und Leistungsrechnung (vgl. Abschnitt C 9.1); beinhaltet vor allem Kosten für Werkstoffe, das Betreiben von Maschinen und die Beschäftigung von Arbeitskräften
+ Gewinn	Lohn für die eigene Arbeit des Unternehmers, Grundlage für künftige Investitionen, Rücklage für wirtschaftliche Notzeiten (*in % des SKP*)
= Barverkaufspreis (BVP)	Preis nach Gewinnaufschlag
+ Kundenskonto	Skonto, der dem Kunden gewährt werden soll (*in % des ZVP*)
= Zielverkaufspreis (ZVP) (*100 %*)	Preis nach Skontoaufschlag
+ Kundenrabatt	Angebotener Mengen- oder Treuerabatt (*in % des LVP*)
= Listenverkaufspreis (LVP) (*100 %*)	(Netto-)Preis, zu dem das Produkt angeboten wird

Abbildung 55: Angebotskalkulation (selbst erstellte Erzeugnisse)

Werden die bei der Angebotskalkulation aufgeschlagenen *Nachlässe* (Skonto, Rabatt) von Kunden *nicht in Anspruch genommen*, entsteht für den Verkäufer ein *zusätzlicher Gewinn*. Der Kunde bezahlt den höheren Preis. Der Nachlassaufschlag kann als möglicher zusätzlicher Gewinnaufschlag betrachtet werden.

Bei der Ermittlung des Angebotspreises (= LVP) ist eine Berücksichtigung der Umsatzsteuer, die beim Verkauf an den Kunden eingefordert wird, nicht relevant.

▶ Beispiel:

Ein Produkt verursacht Selbstkosten in Höhe von 100,00 Euro. Das herstellende Unternehmen kalkuliert mit einem Gewinn von 5 %, 2 % Kundenskonto und 10 % Kundenrabatt.

Die Angebotskalkulation hat die auf der Folgeseite zu sehende Gestalt, wobei folgende Nebenrechnungen erforderlich sind: Nr. 1 Gewinn = 100,00 : 100 · 5; Nr. 2 Kundenskonto = 105,00 : 98 · 2; Nr. 3 Kundenrabatt = 107,14 : 90 · 10.

		Berechnung 1	Berechnung 2	Berechnung 3
SKP	100,00	100 %		
+ Gewinn	5,00	5 %		
= BVP	105,00	105 %	98 %	
+ Kundenskonto	2,14		2 %	
= ZVP	107,14		100 %	90 %
+ Kundenrabatt	11,90			10 %
= LVP	119,04			100 %

Direkt kann der Listenverkaufspreis auch wie folgt berechnet werden:

LVP = SKP $\cdot$ (1 + Gewinnzuschlag) : (1 − Kundenskonto) : (1 − Kundenrabatt)

= 100,00 $\cdot$ (1 + 0,05) : (1 − 0,02) : (1 − 0,10) = 100,00 $\cdot$ 1,05 : 0,98 : 0,9 = 119,04

4.2 Ausgangsrechnungen

Die durch den Verkauf von Fertigerzeugnissen entstehenden Erlöse (Nettoerlöse) dienen zur Deckung der Selbstkosten (bereits im GuV-Konto gebucht) und sollten darüber hinaus einen angemessenen Gewinn einbringen, da ein Unternehmen auf Dauer nicht ohne Gewinne existieren kann. Diese Erlöse werden auf dem **Ertragskonto** (Zunahme im Haben, Abnahme im Soll) *5000 − Umsatzerlöse für eigene Erzeugnisse* gebucht.

Beim Verkauf ist dem Kunden außerdem eine **Umsatzsteuer** in Höhe von 19 % zu berechnen. Diese wird auf dem Passivkonto *4800 − Umsatzsteuer* (Zunahme im Haben, Abnahme im Soll) erfasst. Die durch den Verkauf entstehende **Bruttoforderung** wird im Soll des Kontos *2400 − Forderungen aus Lieferungen und Leistungen* gegengebucht.

▶ Beispiel:

Ein Möbelfabrikant verkauft einem Kunden 10 Schreibtischstühle zu je 56,00 Euro (netto) auf Ziel.

Warenwert	560,00
+ 19 % Umsatzsteuer	106,40
= Forderung (brutto)	666,40

Buchung:

2400	Forderungen aus Lieferungen und Leistungen	666,40	an	5000	Umsatzerlöse für eigene Erzeugnisse	560,00
				4800	Umsatzsteuer	106,40

4. Verkauf von Fertigerzeugnissen

Kontendarstellung:

S	2400	H		S	5000	H
5000,	666,40				2400	560,00
4800						

S	4800	H
	2400	106,40

4.3 Versandkosten

Bei der Verbuchung von Versandkosten (**Vertriebsaufwand**) ist zu unterscheiden, ob sie vom liefernden Unternehmen getragen oder einem Kunden weiterverrechnet werden. Je nach Fall sind andere Konten zur buchhalterischen Erfassung nötig.

Fall 1: Der **Hersteller übernimmt** die **Versand- und Verpackungskosten**, d. h. die Lieferung erfolgt „frei Haus". Er muss Aufwendungen buchen. Die Umsatzsteuer ist dabei auf dem Konto 2600 zu erfassen, da es sich aus seiner Sicht um einen Einkauf handelt.

▶ Beispiel 1:

Barkauf von Verpackungsmaterial (Transportbehälter, Kartonagen, Folien, Paletten) im Wert von 3.000,00 Euro (netto).

Buchung:

6040	Aufwendungen für Verpackungsmaterial	3.000,00				
2600	Vorsteuer	570,00	an	2880	Kasse	3.570,00

Kontendarstellung:

S	6040	H		S	2880	H
2880	3.000,00				6040, 2600	3.570,00

S	2600	H
2880	570,00	

▶ Beispiel 2:

Banküberweisung der Ausgangsfracht an den Spediteur 1.547,00 Euro (brutto).

Buchung:

6140	Ausgangsfrachten und Fremdlager	1.300,00				
2600	Vorsteuer	247,00	an	2800	Guthaben bei Kreditinstituten (Bank)	1.547,00

Kontendarstellung:

S	6140	H		S	2800	H
2800	1.300,00				6140, 2600	1.547,00

S	2600	H
2800	247,00	

Fall 2: Erfolgt der Versand von Erzeugnissen durch einen eigenen Fuhrpark oder wird Verpackungsmaterial für die Produkte selbst hergestellt, so fallen im Betrieb Aufwendungen an. Durch **Weiterverrechnung an den Kunden** werden Erlöse generiert, die diese Aufwendungen ausgleichen. Gleiches gilt auch, wenn dem Kunden der von Dritten durchgeführte Versand oder die anderweitig bezogene Verpackung in Rechnung gestellt wird.

▷ Beispiel:
Es werden Fertigerzeugnisse im Wert von 15.000,00 Euro (netto) verkauft. Dem Kunden werden neben dem Warenwert zusätzlich 500,00 Euro für Verpackung und 750,00 Euro für den Transport berechnet.

	Warenwert	15.000,00
+	Verpackung	500,00
+	Fracht	750,00
=	*Summe der Umsatzerlöse (netto)*	*16.250,00*

Buchung:

2400	Forderungen aus Lieferungen und Leistungen	19.337,50	an	5000	Umsatzerlöse für eigene Erzeugnisse	16.250,00
				4800	Umsatzsteuer	3.087,50

Fracht und Verpackung werden also zusammen mit dem Warenwert auf dem *Ertragskonto 5000* gebucht und auch entsprechend besteuert.

Kontendarstellung:

S	2400	H		S	5000	H
5000, 4800	19.337,50				2400	16.250,00

S	4800	H
	2400	3.087,50

4.4 Nachlässe

4.4.1 Sofortrabatte

Sofortrabatte (z. B. Mengenrabatte, Treuerabatte, Sonderrabatte anlässlich eines Firmenjubiläums usw.) werden auf keinem separaten Konto gebucht. Man subtrahiert sie vom Nettowarenwert (LVP netto). Der resultierende ZVP wird dann auf dem Konto 5000 im Haben erfasst. Dadurch werden Sofortrabatte *indirekt auf dem Konto 5000 berücksichtigt*.

▷ Beispiel:

Verkauf von Fertigerzeugnissen im Wert von 4.000,00 Euro (netto). Aufgrund langjähriger Geschäftsbeziehungen mit dem Kunden wird ein Rabatt von 10 % gewährt.

LVP	4.000,00
− 10 % Kundenrabatt	400,00
= ZVP	3.600,00

Buchung:

2400	Forderungen aus Lieferungen und Leistungen	4.284,00	an	5000	Umsatzerlöse für eigene Erzeugnisse	3.600,00
				4800	Umsatzsteuer	684,00

Kontendarstellung:

S	2400	H
5000, 4800	4.284,00	

S	5000	H
	2400	3.600,00

S	4800	H
	2400	684,00

4.4.2 Nachlässe aufgrund von Mängelrügen, Boni und Skonti

Die Nettowerte von Nachlässen aufgrund von Mängelrügen, Boni und Skonti (vgl. auch Abschnitt C 4.6.1) werden im Soll des Kontos *5001 − Erlösberichtigungen* gesammelt. Es handelt sich dabei um ein *Unterkonto* des Kontos 5000, welches am Ende des Geschäftsjahres den Saldo des Unterkontos aufnimmt. Da sich durch diese Nachlässe die Bemessungsgrundlage für die Umsatzsteuer ändert, muss die Umsatzsteuer anteilig korrigiert werden. Die Gesamtforderung an den Kunden nimmt natürlich auch ab.

▷ Beispiel:

Das Unternehmen Baierlstone GmbH hat sich auf die Aufbereitung (Schleifen, Polieren) und den anschließenden Weiterverkauf von edlen Mineralien spezialisiert.

Der Eigentümer ist sehr um die Pflege und den Erhalt seines Kundenstammes bemüht. Alle Kunden, die im Laufe des Jahres eine bestimmte Menge von Produkten abnehmen, erhalten deshalb einen Preisnachlass von 3 % auf den Jahresumsatz.

Ein Kunde erreicht nun diese Umsatzmenge (für Fertigerzeugnisse). Er erhält den Bonus von 3 % auf einen Gesamtumsatz von 145.000,00 Euro (netto).

	Bonus	4.350,00	(= 0,03 · 145.000,00)
+	USt-Korrektur	826,50	(= 0,19 · 4.350,00)
=	Forderungskorrektur	5.176,50	

Buchung:

5001 Erlösberichtigungen	4.350,00				
4800 Umsatzsteuer	826,50	an	2400	Forderungen aus Lieferungen und Leistungen	5.176,50

Kontendarstellung:

S	5001	H		S	2400	H
2400	4.350,00				5001, 4800	5.176,50

S	4800	H
2400	826,50	

4.5 Rücksendungen

Sendet ein Kunde Fertigerzeugnisse aufgrund von Mängeln zurück, so wird die **Verkaufsbuchung ganz oder teilweise rückgängig** gemacht (*Stornobuchung*). Durch jede Rücksendung nehmen die bereits gebuchten Umsatzerlöse ab. Da diese die Berechnungsgrundlage für die Umsatzsteuer darstellen, wird auch eine Korrektur der Steuer erforderlich.

Beispiel:

Ein Kunde sendet 50 % einer Fertigerzeugnislieferung zurück. Der Gesamtwert der Lieferung beträgt 4.500,00 Euro (netto).

Buchung:

5000 Umsatzerlöse für eigene Erzeugnisse	2.250,00				
4800 Umsatzsteuer	427,50	an	2400	Forderungen aus Lieferungen und Leistungen	2.677,50

4. Verkauf von Fertigerzeugnissen

Kontendarstellung (inkl. Buchungseinträge beim Verkauf):

S	5000		H		S	2400		H
2400	2.250,00	2400	4.500,00		5000, 4800	5.355,00	5000, 4800	2.677,50

S	4800		H
2400	427,50	2400	855,00

Die **Rücksendung von Leihverpackung** wird analog verbucht.

▷ Beispiel:

Ein Kunde sendet Leihverpackung für Fertigerzeugnisse zurück. Es werden ihm 238,00 Euro (brutto) gutgeschrieben.

Buchung:

5000	Umsatzerlöse für eigene Erzeugnisse	200,00			
4800	Umsatzsteuer	38,00	an	2400 Forderungen aus Lieferungen und Leistungen	238,00

Kontendarstellung:

S	5000		H		S	2400		H
2400	200,00						5000, 4800	238,00

S	4800		H
2400	38,00		

4.6 Zahlungseingänge (inkl. erhaltene Anzahlungen)

4.6.1 Gewährte Skonti

Wird eine Forderung durch einen Kunden beglichen, so ist bei der Verbuchung immer darauf zu achten, ob der Kunde den angebotenen Skonto ausnutzt. Das Zahlungsziel, das dem Kunden angeboten wird (i. d. R. 30 Tage), kommt einer Kreditgewährung gleich. Bei frühzeitiger Bezahlung (innerhalb der Skontofrist: i. d. R. 14 Tage) kann der Kunde den Skonto nutzen. Zahlt er erst nach Ablauf des Zahlungsziels, kostet ihn dieser „Kredit" den Skonto. Für den Lieferanten bedeutet dies zwar höhere Umsatzerlöse, er muss dann jedoch unter Umständen bis zum Zahlungseingang selbst einen Kredit bei seiner Bank in Anspruch nehmen, um seine Zahlungsfähigkeit zu gewährleisten.

▷ Beispiel 1:

Ein Kunde begleicht seine Schuld aus einem Fertigerzeugniskauf in Höhe von 14.616,00 Euro durch Banküberweisung. *Skonto* wird von ihm *nicht in Anspruch genommen.*

Buchung:

2800 Guthaben bei Kreditinstituten (Bank)	14.616,00	an	2400 Forderungen aus Lieferungen und Leistungen	14.616,00

Kontendarstellung:

S	2800	H	S	2400	H
2400 14.616,00			5000, 4800 14.616,00	*2800* 14.616,00	

Nimmt ein Kunde den *Skonto in Anspruch*, so kann zur Berechnung von dessen Höhe ein ähnliches Schema wie beim Einkauf von Werkstoffen verwendet werden:

Gesamtforderung (brutto)	
– gebuchte Rücksendungen (brutto)	
– gebuchte Nachlässe (brutto)	
= Restforderung (brutto)	
– Skonto (netto)	= x % Skonto von Restforderung (brutto) – USt
– USt-Korrektur	= USt auf Skonto (netto)
= Banküberweisung des Kunden	

Abbildung 56: Skontoschema (Verkauf)

Der Bruttoskonto ist von der Restforderung (brutto) zu berechnen. Durch Herausrechnen der Umsatzsteuer ergibt sich daraus der Nettoskonto. Der Abzug des Bruttoskontos von der Restforderung führt zur Banküberweisung des Kunden.

▷ Beispiel 2:

Ein Fertigerzeugniskunde begleicht den schuldigen Rechnungsbetrag in Höhe von 10.662,40 Euro unter Abzug von 2 % Skonto mittels Banküberweisung. Es kam zu keinerlei Rücksendungen oder nachträglichen Preisnachlässen. Die Lieferung erfolgte „frei Haus".

Gesamtforderung = Restforderung	10.662,40	
– Skonto (netto)	179,20	(= 10.662,40 · 0,02 : 1,19)
– USt-Korrektur	34,05	(= 0,19 · 179,20)
= Banküberweisung des Kunden	10.449,15	

4. Verkauf von Fertigerzeugnissen

Buchung:

2800	Guthaben bei Kreditinstituten (Bank)	10.449,15				
5001	Erlösberichtigungen	179,20				
4800	Umsatzsteuer	34,05	an	2400	Forderungen aus Lieferungen und Leistungen	10.662,40

Kontendarstellung:

S	2800	H		S	2400	H
2400 10.449,15				5000, 4800 10.662,40	2800, 5001, 4800 10.662,40	

S	5001	H
2400 179,20		

S	4800	H
2400 34,05	2400 1.702,40	

4.6.2 Erhaltene Anzahlungen

Leistet ein Kunde eine Anzahlung auf eine zukünftige Warenlieferung, so entsteht gegenüber diesem Kunden eine Verbindlichkeit (je nach Fall sog. kurz- oder langfristiger Kundenkredit), deren *Nettowert* auf dem **passiven Bestandskonto** *4300 – Erhaltene Anzahlungen auf Bestellungen* gebucht wird.

Durch die Vereinbarung von Anzahlungen soll der Kunde an seinen Auftrag gebunden werden, da die Anzahlung vielfach nicht oder nicht vollständig rückzahlbar ist. Im Großgeschäft hat die Anzahlung auch die Funktion, dem Lieferanten den Einkauf zu ermöglichen, wenn er Händler, oder aber den Materialeinkauf und die Produktion, wenn er Hersteller ist.

Beispiel:
Ein Kunde leistet nach gestellter Anzahlungsrechnung eine Anzahlung in Höhe von 11.900,00 Euro auf eine Fertigerzeugnisbestellung im Wert von 25.000,00 Euro.

Anzahlung	11.900,00	
− 19 % USt	1.900,00	(= 11.900,00 : 1,19 · 0,19)
= Wert auf Konto 4300 (*netto*)	10.000,00	(= 11.900,00 : 1,19)

Buchung:

2800	Guthaben bei Kreditinstituten (Bank)	11.900,00	an	4300	Erhaltene Anzahlungen auf Bestellungen	10.000,00
				4800	Umsatzsteuer	1.900,00

Kontendarstellung:

S	2800		H		S	4300		H
4300, 4800	11.900,00						2800	10.000,00

					S	4800		H
							2800	1.900,00

Dem Kunden werden nun die bestellten Waren im Wert von 25.000 Euro geliefert. Die Rechnung stellt sich aufgrund der geleisteten Anzahlung wie folgt dar:

	Warenwert	25.000,00	
−	geleistete Anzahlung (Konto 4300)	10.000,00	
=	Zwischensumme	15.000,00	
+	USt	2.850,00	(= 0,19 · 15.000,00)
=	Rechnungsbetrag (Forderung brutto)	17.850,00	

Buchung:

2400	Forderungen aus Lieferungen und Leistungen	17.850,00				
4300	Erhaltene Anzahlungen auf Bestellungen	10.000,00	an	5000	Umsatzerlöse für eigene Erzeugnisse	25.000,00
				4800	Umsatzsteuer	2.850,00

Die Verbindlichkeit (4300) wird wieder ausgebucht. Die Umsatzsteuer wird nur auf die „Zwischensumme" berechnet, da der Rest bereits bei der Anzahlung berücksichtigt wurde.

Kontendarstellung:

S	2400		H		S	5000		H
5000, 4800	17.850,00						2400, 4300	25.000,00

S	4300		H		S	4800		H
5000, 4800	10.000,00	2800	10.000,00				2800	1.900,00
							2400, 4300	2.850,00

5 Handelswaren

5.1 Kalkulation von Verkaufspreisen

Handelswaren sind Güter, die unverändert, d. h. ohne weitere Be- oder Verarbeitung, weiterverkauft werden. Im Industriebetrieb dienen sie im Wesentlichen zur Ergänzung der eigenen Produktpalette. Da die Handelswaren den Betrieb ohne Bearbeitung oder Veränderung durchlaufen, gleicht die **Handelswarenkalkulation** nur teilweise der Fertigungskalkulation. Die Selbstkosten setzen sich bei den Handelswaren aus dem Bezugspreis (Einstandspreis) und den sog. Gemeinkosten für Handelswaren (Kosten für z. B. Lagerung und Verwaltung) zusammen. Abbildung 57 veranschaulicht dies.

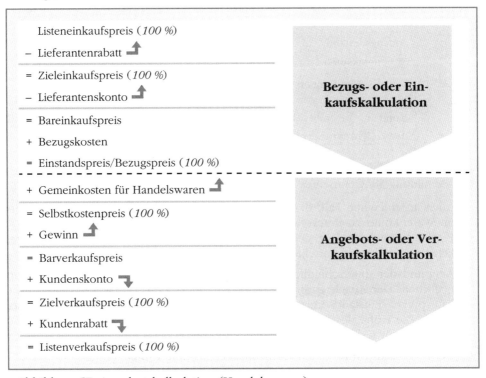

Abbildung 57: Angebotskalkulation (Handelswaren)

Die Ausführungen und Buchungen im Rahmen dieses Abschnitts erfolgen zwar im Kontext eines Industriebetriebes, sie gelten jedoch ebenso für Unternehmen, deren Geschäftszweck ausschließlich der Ein- und Verkauf von Handelswaren ist. Die nachfolgenden Ausführungen sind insofern auch auf Handelsbetriebe übertragbar.

5.2 Bestandsorientierter Ein- und Verkauf

5.2.1 Gemischtes bzw. ungeteiltes Warenkonto

Die Verbuchung des Handelswarenverkehrs kann auf unterschiedliche Art und Weise erfolgen. Die älteste und zugleich einfachste Form der Erfassung von Geschäftsvorfällen im Bereich der Handelswaren ist das **gemischte bzw. ungeteilte Warenkonto**. Auf diesem Konto werden sämtliche Geschäftsvorfälle, d. h. sowohl die Beschaffungs- als auch die Absatzvorgänge erfasst.

Der Anfangsbestand des Warenkontos ergibt sich aus der Eröffnungsbilanz der aktuellen Periode und wird im Soll gebucht. Ebenfalls im Soll werden die Wareneinkäufe der laufenden Periode erfasst. Die Buchung erfolgt in beiden Fällen auf Basis der Einstandspreise (EP). Im Haben werden der Endbestand (gemäß Inventur) und die Warenverkäufe zu Verkaufspreisen (VP) berücksichtigt.

S	Ungeteiltes Warenkonto		H
Anfangsbestand	zu EP	Warenverkäufe	zu VP
Wareneinkäufe	zu EP	Warenrücksendungen an Lieferanten	zu EP
Nachlässe an Kunden	auf VP		
Rücksendung von Kunden	zu VP	Preisnachlass der Lieferanten	zu EP
Saldo (Warenrohgewinn)		*Endbestand*	zu EP
	Summe		Summe

Abbildung 58: Gemischtes bzw. ungeteiltes Warenkonto

Auch im einfachen Fall, d. h. ohne Rücksendungen und Preisnachlässe kommt es im Warenkonto zu unterschiedlichen Wertansätzen, sofern der Verkaufspreis vom Einstandspreis abweicht. Die damit verbundene Unübersichtlichkeit ist ein wesentlicher Nachteil des gemischten bzw. ungeteilten Warenkontos.

Aufgrund der unterschiedlichen Wertansätze ist das Warenkonto zunächst unausgeglichen. Der Ausgleich erfolgt über den Saldo, den sog. Warenrohgewinn (Verkaufspreis > Einstandspreis) bzw. den Warenrohverlust (Verkaufspreis < Einstandspreis). Die Höhe des Saldos kann erst ermittelt werden, wenn der Endbestand gemäß Inventur feststeht. Der ermittelte Saldo findet dann Eingang in das GuV-Konto.

Der Endbestand wird gegen das Schlussbilanzkonto (SBK) gebucht:

| Schlussbilanzkonto | an | Waren |

Buchung eines Warenrohgewinns:

| Waren | an | GuV-Konto |

Buchung eines Warenrohverlustes:

| GuV-Konto | an | Waren |

Beim ungeteilten Warenkonto handelt es sich insofern zugleich um ein Bestandskonto (das seinen Schlussbestand an das Schlussbilanzkonto abgibt) und ein Erfolgskonto (das den Warenrohgewinn/-verlust an das GuV-Konto weitergibt). Daher rührt die Bezeichnung *gemischtes Konto*.

5.2.2 Getrennte Warenkonten

5.2.2.1 Trennung in Wareneinkaufs- und Warenverkaufskonto

Die Unübersichtlichkeit des ungeteilten Warenkontos kann durch eine Trennung in mehrere Warenkonten überwunden werden. Die einfachste Form der Trennung stellt die Aufteilung des Warenkontos in ein **Wareneinkaufskonto** und ein **Warenverkaufskonto** dar. Aufgrund dieser Trennung kommt es innerhalb des jeweiligen Kontos auch nicht mehr zu unterschiedlichen Wertansätzen. Die Buchungen auf dem Wareneinkaufskonto erfolgen auf der Basis von Einstandspreisen, während die Buchungen auf dem Warenverkaufskonto auf Verkaufspreisen basieren. Im laufenden Geschäftsjahr erfolgt eine saubere Trennung der Einkaufs- und der Verkaufsseite. Erst zum Jahresende werden beide Konten zusammengeführt.

Für den Abschluss beider Konten (Zusammenführung) existieren grundsätzlich zwei mögliche Varianten. Zum einen gibt es die sog. **Nettomethode**, bei der der ermittelte Wareneinsatz auf das Warenverkaufskonto übertragen wird. Zum anderen gibt es die **Bruttomethode**, bei der eine direkte Übertragung des Wareneinsatzes vom Wareneinkaufskonto in das GuV-Konto erfolgt. Die Nettomethode ist jedoch handelsrechtlich nicht zulässig, da sie gegen das Saldierungsverbot von Aufwendungen und Erträgen (§ 246 II HGB) verstößt. Sie soll in den folgenden Abbildungen dennoch der Vollständigkeit halber kurz dargestellt werden.

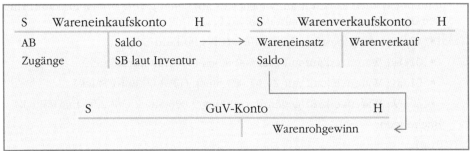

Abbildung 59: Nettoabschluss des Wareneinkaufskontos

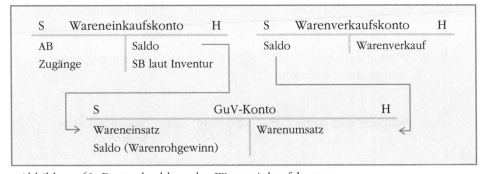

Abbildung 60: Bruttoabschluss des Wareneinkaufskontos

Wie aus den Abbildungen 59 und 60 ersichtlich ist, unterscheiden sich die beiden Methoden vor allem im Ort der (Roh-)Gewinnermittlung. Bei der Nettomethode erscheint in der GuV nur das Nettoergebnis des Warenhandels. Die Erlöse aus dem Warenverkauf und der Wareneinsatz werden in der GuV nur saldiert dargestellt. Bei der Bruttomethode werden die Verkaufserlöse unsaldiert in die GuV übertragen und dem Wareneinsatz gegenübergestellt. Die unsaldierte Erfassung in der GuV liefert im Gegensatz zur Nettomethode nicht nur eine Aussage über die Höhe des Warenerfolges, sondern auch über dessen Zusammensetzung.

5.2.2.2 Trennung in drei Warenkonten

Werden Handelswaren in größerem Umfang ge- und verkauft, so ist vielfach eine Lagerdisposition erforderlich. Die Unternehmen müssen in der Lage sein, laufend die Höhe des Warenbestandes sowie den bislang erwirtschafteten Warenerfolg ermitteln zu können. Selbst die Trennung in zwei getrennte Warenkonten vermag es nicht, dies zu ermöglichen. In der Praxis wird daher neben dem **Wareneinkaufskonto** und dem **Warenverkaufskonto** noch ein **Wareneinsatzkonto** geführt.

Auch der Industriekontenrahmen folgt der Trennung in drei Warenkonten: Wareneinkaufskonto (*2280 – Waren*; Unterkonten: 2281 – Bezugskosten für Waren, 2282 – Nachlässe für Waren), Warenverkaufskonto (*5100 – Umsatzerlöse für Waren*; Unterkonto: 5101 – Erlösberichtigungen Waren), Wareneinsatzkonto (*6080 – Aufwendungen für bezogene Waren*).

▶ Beispiel:

Neben dem Verkauf von Rasenmähern aus der eigenen Produktion, bietet ein Unternehmen auch Zubehör an, welches es absatzfertig von Dritten einkauft. Hinsichtlich dieser Handelswarentransaktionen liegen folgende Daten vor:

- Warenanfangsbestand 2.000 Stück (EP 1,00 Euro/Stück)
- 01.04.: Warenverkauf auf Ziel 500 Stück (VP 1,50 Euro/Stück)
- 01.06.: Wareneinkauf auf Ziel 1.000 Stück (EP 1,00 Euro/Stück)
- 30.09.: Warenverkauf gegen Barzahlung 2.000 Stück (VP 2,00 Euro/Stück)

Buchungen:

01.01.:

| 2280 | Wareneinkaufskonto | 2.000,00 | an | 8000 | Eröffnungsbilanzkonto | 2.000,00 |

01.04.:

| 2400 | Forderungen aus Lieferungen und Leistungen | 892,50 | an | 5100 | Warenverkaufskonto | 750,00 |
| | | | | 4800 | Umsatzsteuer | 142,50 |

| 6080 | Wareneinsatzkonto | 500,00 | an | 2280 | Wareneinkaufskonto | 500,00 |

01.06.:

2280	Wareneinkaufskonto	1.000,00				
2600	Vorsteuer		190,00	an	4400	Verbindlichkeiten aus Lieferungen und Leistungen	1.190,00

30.09.:

2880	Kasse	4.760,00	an	5100	Warenverkaufskonto	4.000,00
				4800	Umsatzsteuer	760,00
6080	Wareneinsatzkonto	2.000,00	an	2280	Wareneinkaufskonto	2.000,00

Kontendarstellung (wesentliche Konten):

S	2280			H
8000	2.000,00	6080	500,00	
4400	1.000,00	6080	2.000,00	
		Saldo	500,00	
	3.000,00		3.000,00	

S	6080			H		S	5100			H
2280	500,00	Saldo	2.500,00			Saldo	4.750,00	2400	750,00	
2280	2.000,00							2880	4.000,00	
	2.500,00		2.500,00				4.750,00		4.750,00	

Auf dem Warenverkaufskonto (5100) wird der Warenverkauf zu Verkaufspreisen verbucht. Auf dem Wareneinkaufskonto (2280) und dem Wareneinsatzkonto (6080) hingegen erfolgen die Buchungen zu Einstandspreisen. So ist es einerseits zu jedem Zeitpunkt möglich, die noch vorhandenen Bestände (zu Einkaufspreisen) aus dem Wareneinkaufskonto abzuleiten. Andererseits kann durch Gegenüberstellung von Warenverkaufskonto und Wareneinsatzkonto der bislang erzielte Warenerfolg (Warenrohgewinn bzw. Warenrohverlust) ermittelt werden.

S	8020			H
6080	2.500,00	5100	4.750,00	
Warenrohgewinn	*2.250,00*			
	4.750,00		4.750,00	

5.2.3 Ausgewählte Aspekte des Warenverkehrs

Im Rahmen dieses Abschnitts werden Aspekte wie Rücksendungen, Nachlässe und Beschaffungsnebenkosten im Warenverkehr behandelt. Bei einer Verwendung von drei getrennten Warenkonten ergeben sich bis auf Unterschiede in der Kontierung keine Änderungen im Vergleich zu den Abschnitten C 2.4 und C 4 (Ersetzen der Werkstoff- und Fertigerzeugniskonten durch Warenkonten). Sofern jedoch eine Trennung in zwei Warenkonten (Wareneinkaufs- und Warenverkaufskonto) erfolgt, ergeben sich Unterschiede in der buchhalterischen Behandlung. Im Folgenden werden daher einige Aspekte des Warenverkehrs unter Verwendung eines zweigeteilten Warenkontos in aller Kürze vorgestellt. Da dem in diesem Buch verwendeten Industriekontenrahmen ein dreigeteiltes Warenkonto zugrunde liegt, erfolgen die Buchungen lediglich unter Angabe von Kontobezeichnungen.

5.2.3.1 Buchung von Rücksendungen

Bei einer **Rücksendung** von Handelswaren **an einen Lieferanten** handelt es sich bei dem betrachteten Unternehmen um einen Warenabgang. Diese Änderung des Warenbestandes wird zu Einstandspreisen über das Wareneinkaufskonto gebucht.

▶ Beispiel:

Ein Unternehmen sendet die Hälfte einer Lieferung Handelswaren (100 Stück) aufgrund festgestellter grober Mängel an den Lieferanten zurück. Die Rechnung belief sich auf 2.380,00 Euro (brutto). Die Rechnung wurde bislang nicht beglichen.

Buchung:

Verbindlichkeiten aus Lieferungen und Leistungen	1.190,00	an	Wareneinkaufskonto	1.000,00
			Vorsteuer	190,00

Kontendarstellung:

S	Wareneinkaufskonto (WEK)		H
Verb. LuL	2.000,00	Verb. LuL	1.000,00

S	Vorsteuer (VSt)		H	S	Verbindlichkeiten aus LuL		H
Verb. LuL	380,00	Verb. LuL	190,00	WEK, VSt	1.190,00	WEK, VSt	2.380,00

Im Falle einer **Rücksendung** von ausgelieferter Ware **durch einen Kunden** handelt es sich bei dem liefernden Unternehmen um einen Warenzugang. Da die ursprüngliche Lieferung an den Kunden zu Verkaufspreisen über das Warenverkaufskonto verbucht wurde, muss die Rücksendung auch über dieses Konto erfasst werden. Der Warenzugang als solcher wird nicht gesondert verbucht. Er schlägt sich bei der Ermittlung des Endbestandes mittels Inventur nieder.

▶ Beispiel:

Ein Kunde sendet 10 % der ausgelieferten Handelswaren zurück. Die an ihn verschickte Rechnung belief sich auf 15.000,00 Euro (netto). Der Kunde hat die Rechnung bislang nicht beglichen.

5. Handelswaren

Buchung:

Warenverkaufskonto	1.500,00			
Umsatzsteuer	285,00	an	Forderungen aus Lieferungen und Leistungen	1.785,00

Kontendarstellung:

S	Warenverkaufskonto (WVK)	H
Ford. LuL	1.500,00	Ford. LuL 15.000,00

S	Umsatzsteuer (USt)	H	S	Forderungen aus LuL	H
Ford. LuL	285,00	Ford. LuL 2.850,00	WVK, USt	17.850,00	WVK, USt 1.785,00

5.2.3.2 Buchung von Nebenkosten

Beim **Wareneinkauf** erhöhen Nebenkosten (**Bezugsaufwand**), wie Transportkosten, Zölle etc. den Einstandspreis. Sie werden daher gemeinsam mit den anderen Kosten der Anschaffung auf dem Wareneinkaufskonto verbucht.

▷ Beispiel:

Ein Unternehmen erhält eine Warenlieferung. Der Rechnungsbetrag lautet auf 20.000,00 Euro (netto). Vereinbarungsgemäß musste das Unternehmen den Transport ab dem Verladehafen selbst organisieren. Hierfür hat das Unternehmen eine Spedition beauftragt. Diese stellt einen Betrag von 500,00 Euro (netto) in Rechnung.

Buchungen:

Wareneinkauf:

Wareneinkaufskonto	20.000,00			
Vorsteuer	3.800,00	an	Verbindlichkeiten aus Lieferungen und Leistungen	23.800,00

Bezugsaufwand:

Wareneinkaufskonto	500,00			
Vorsteuer	95,00	an	Verbindlichkeiten aus Lieferungen und Leistungen	595,00

Kontendarstellung:

S	Wareneinkaufskonto (WEK)	H
Verb. LuL	20.000,00	
Verb. LuL	500,00	

S	Vorsteuer (VSt)	H	S	Verbindlichkeiten aus LuL	H
Verb. LuL	3.800,00			WEK, VSt	23.800,00
Verb. LuL	95,00			WEK, VSt	595,00

Werden beim **Warenverkauf** bestimmte Kosten nicht vom Kunden getragen, so handelt es sich hierbei um Aufwendungen für das liefernde Unternehmen (**Vertriebsaufwand**). Eine Verbuchung über das Warenverkaufskonto (Ertragskonto) kommt insofern keinesfalls in Frage. Vielmehr hat die Verbuchung über ein geeignetes Aufwandskonto zu erfolgen.

Beispiel:

Mit einem Kunden wurde eine Lieferung im Warenwert von 10.000,00 Euro frei Haus vereinbart. Der Rechnungsbetrag vom Spediteur in Höhe von 200,00 Euro (netto) kann daher nicht an den Kunden weiterberechnet werden.

Buchungen:

Verkauf an den Kunden:

Forderungen aus Lieferungen und Leistungen	11.900,00	an	Warenverkaufskonto	10.000,00
			Umsatzsteuer	1.900,00

Vertriebsaufwand:

Ausgangsfrachten	200,00			
Vorsteuer	38,00	an	Verbindlichkeiten aus Lieferungen und Leistungen	238,00

Kontendarstellung:

S	Ausgangsfrachten (AF)	H
Verb. LuL	200,00	

S	Vorsteuer (VSt)	H	S	Verbindlichkeiten LuL	H
Verb. LuL	38,00			AF, VSt	238,00

5.2.3.3 Buchung von Preisnachlässen

Sofern lediglich eine Trennung in Wareneinkaufskonto und Warenverkaufskonto erfolgt, ist die buchhalterische Vorgehensweise bei allen Formen **erhaltener Preisnachlässe** grundsätzlich gleich, wenn sie bestimmten Beschaffungsvorgängen eindeutig zugeordnet werden können. Für die jeweiligen Preisnachlässe werden Unterkonten zum Wareneinkaufskonto geführt, welche über das Wareneinkaufskonto abgeschlossen werden. Es handelt sich insofern um die gleiche Systematik wie bei der bereits behandelten bestandsorientierten Verbuchung der Beschaffung von Werkstoffen (vgl. Abschnitt C 2.4.2).

▷ Beispiel:

Ein Lieferant gewährt auf eine Lieferung im Warenwert von 10.000,00 Euro (netto) einen nachträglichen Bonus von 500,00 Euro (netto).

Buchung:

Verbindlichkeiten aus Lieferungen und Leistungen	595,00	an	Lieferantenboni	500,00
			Vorsteuer	95,00

Das Konto Lieferantenboni wird dann zum Geschäftsjahresende über das Wareneinkaufskonto abgeschlossen.

Lieferantenboni	500,00	an	Wareneinkaufskonto	1.000,00

Kontendarstellung:

S	Verbindlichkeiten aus LuL		H	S	Lieferantenboni (LB)		H
LB, VSt	595,00	WEK, VSt	11.900,00	WEK	500,00	Verb. LuL	500,00

S	Wareneinkaufskonto (WEK)		H	S	Vorsteuer (VSt)		H
Verb. LuL	10.000,00	LB	500,00			Verb. LuL	95,00

Die Problematik der Notwendigkeit einer differenzierten Erfassung von erhaltenen Boni (vgl. Abschnitt C 2.4.5) kommt immer nur dann zum Tragen, wenn eine Dreiteilung des Warenkontos (vgl. Abschnitt C 5.2.2.2) und die Verbuchung des Wareneinsatzes laufend, d. h. mittels Skontrationsmethode erfolgt.

Die Erfassung gegenüber Kunden **gewährter Preisnachlässe** ist bei allen Formen getrennter Warenkonten und allen Formen von Preisnachlässen ebenfalls gleich. Die Preisnachlässe werden auf Unterkonten des Warenverkaufskontos erfasst. Diese Unterkonten werden dann über das Warenverkaufskonto abgeschlossen.

▷ Beispiel:

Ein Unternehmen gewährt auf eine Lieferung im Warenwert von 10.000,00 Euro einen nachträglichen Bonus von 1.000,00 Euro (netto).

Buchungen:

Kundenboni	1.000,00			
Umsatzsteuer	190,00	an	Forderungen aus Lieferungen und Leistungen	1.190,00
Warenverkaufskonto	1.000,00	an	Kundenboni	1.000,00

Kontendarstellung:

S	Kundenboni (KB)		H		S	Forderungen aus LuL		H
Ford. LuL	1.000,00	WVK	1.000,00		WVK, USt	11.900,00	KB, USt	1.190,00

S	Umsatzsteuer (USt)		H		S	Warenverkaufskonto (WVK)		H
Ford. LuL	190,00	Ford. LuL	1.900,00		KB	1.000,00	Ford. LuL	10.000,00

6 Beschaffung von Anlagegütern

6.1 Allgemeines

Zu den Anlagegütern zählen alle **Vermögensgegenstände** (bzw. im Steuerrecht sog. positive Wirtschaftsgüter), die für einen **langfristigen Einsatz im Rahmen der Leistungserstellung des Betriebs** bestimmt sind (§ 247 II HGB) und deren Bilanzierung nicht aufgrund gesetzlicher Vorschriften verboten ist. Unter Anlagegütern sind insbesondere immaterielle Vermögensgegenstände (z. B. Lizenzen, Patente) sowie Sachanlagen (z. B. Fuhrpark, Maschinen) zu verstehen. Hierunter fallen auch unbewegliche Anlagegüter, die jedoch aufgrund buchungstechnischer Besonderheiten erst im Abschnitt C 7 behandelt werden. Auch dem Erwerb sowie der Veräußerung von Wertpapieren als Bestandteile der Finanzanlagen ist ein gesonderter Abschnitt C 10 gewidmet. Bei nur einmaliger Nutzung, die in einem Verbrauch (z. B. Heizöl), einer Ver- oder Bearbeitung (z. B. Rohstoffe) oder einer absatzähnlichen Verwertung bestehen kann, gehört der Gegenstand zum Umlaufvermögen und damit nicht zu den Anlagegütern.

6.2 Eingangsrechnungen

Bevor eine Eingangsrechnung für ein bewegliches Sachanlagegut verbucht werden kann, sind zunächst dessen **Anschaffungskosten** (genau genommen: *Anschaffungsaufwendungen*) zu ermitteln. Nach § 255 I HGB sind dies die Aufwendungen, die geleistet werden, um einen Vermögensgegenstand zu erwerben und in einen betriebsbereiten Zustand zu versetzen, soweit sie dem Vermögensgegenstand einzeln zugeordnet werden können. Zu den Anschaffungskosten gehören auch die Nebenkosten und die nachträglichen Anschaffungskosten. Anschaffungspreisminderungen sind abzuziehen. Das Steuerrecht folgt der handelsrechtlichen Definition in vollem Umfang (H 6.2 EStH, Stichwort Anschaffungskosten). Demnach ergeben sich die Anschaffungskosten (Teilbestandteile jeweils *netto*) wie folgt:

Anschaffungspreis	(Listenpreis des Anlagegutes)
− Anschaffungskostenminderungen	(z. B. Rabatt, Nachlässe, Skonto)
+ Anschaffungsnebenkosten	(vgl. Abbildung 62)
+ nachträgliche Anschaffungskosten	(z. B. Aus- oder Umbau)
= Anschaffungskosten	(zu aktivierender Betrag)

Abbildung 61: Anschaffungskosten beweglicher Anlagegüter

Nachträgliche Anschaffungskosten entstehen für bereits beschaffte Vermögensgegenstände. So können etwa noch Kosten für den späteren Umbau einer Maschine oder eine Umlackierung eines Pkw anfallen. Es ist dabei aber zwischen Herstellungs- und Erhaltungsaufwand abzugrenzen, worauf im Abschnitt C 6.7 noch näher eingegangen wird.

Typische **Anschaffungsnebenkosten** beim Kauf von Fahrzeugen und Maschinen sind in Abbildung 62 zusammengefasst.

Fuhrpark	VSt	Maschinen	VSt
Zulassung	0 %	Montage	19 %
Sonderausstattung	19 %	Fundamentierung	19 %
Firmenaufschrift	19 %	Fracht	19 %
Überführungskosten	19 %	Spezialverpackung	19 %
Transportversicherung	0 %	Transportversicherung	0 %
TÜV (z. B. Eintragung einer Anhängerkupplung)	19 %	Sonderzubehör	19 %
Zoll	0 %	Zoll	0 %

Abbildung 62: Anschaffungsnebenkosten beweglicher Sachanlagegüter

Bei der *Zulassung* von Kraftfahrzeugen ist eine Besonderheit zu beachten. Wird die Zulassung vom Käufer selbst vorgenommen, so ist sie umsatzsteuerfrei. Erledigt sie jedoch der Verkäufer, muss sie bei Weiterverrechnung mit USt belastet werden.

Es gibt eine Reihe von Positionen, die **kein Anschaffungskostenbestandteil** sind. Zu diesen zählen Folgende:

- Die beim Kaufvorgang zu zahlende Umsatzsteuer (**Vorsteuer**) ist, soweit das Unternehmen *VSt-abzugsberechtigt* ist (VSt wird vom Finanzamt wieder ausbezahlt), als sog. durchlaufender Posten *kein Bestandteil der Anschaffungskosten*. Es ist also der Nettowert (§ 9 b I EStG) des jeweiligen Anschaffungskostenbestandteils anzusetzen. Ist der Käufer nicht VSt-abzugsberechtigt (z. B. Ärzte, Versicherungsmakler), so ist die zu zahlende Umsatzsteuer Bestandteil der Anschaffungskosten.

- Auch **Gemeinkosten** sind keine Anschaffungskosten (H 6.2 EStH, Stichwort Gemeinkosten), da sie dem Anlagegegenstand nicht einzeln zugerechnet werden können (z. B. Verwaltungskosten der Beschaffungsabteilung).

- In die Anschaffungskosten fließen nur tatsächliche Aufwendungen (pagatorische Kosten) ein. **Kalkulatorische Kosten** (z. B. kalkulatorischer Unternehmerlohn, kalkulatorische Zinsen, kalkulatorische Abschreibungen), denen nicht eine Ausgabe oder ein Wertverzehr in Form von tatsächlich im Geschäftsjahr ausgewiesenen Abschreibungen zugrunde liegt, gehen nicht ein.

- **laufende Kosten** (z. B. Haftpflicht-, Brandversicherung, Schmierstoffe, Treibstoff, Kfz-Steuer)

- **Finanzierungskosten** (z. B. Kreditzinsen, Bearbeitungsgebühren): Dies sind die Anschaffungskosten des Kredits und nicht des Anlagegutes. Strittig ist, ob analog zu den Herstellungskosten (vgl. Abschnitt C 9.1) von diesem Verbot abzusehen ist, sofern Kredite für Anzahlungen oder Vorauszahlungen zur Beschaffung von Neuanlagen aufgenommen werden.

- **Einarbeitungskosten** (z. B. Probeläufe, Personalschulungen)

6. Beschaffung von Anlagegütern

Gekaufte Anlagegüter werden im Industriekontenrahmen mit ihren Anschaffungskosten i. d. R. auf den entsprechenden Bestandskonten der *Kontengruppen 07* (Technische Anlagen und Maschinen), *08* (Betriebsausstattung: Einrichtungen der Werkstätten, Werkzeuge, Messgeräte, Transporteinrichtungen, Fuhrpark; Geschäftsausstattung: Einrichtungen der Büros, Büromaschinen), *09* (Anlagen im Bau; Anzahlungen auf Anlagen) oder *02* (Immaterielle Vermögensgegenstände: Konzessionen, gewerbliche Schutzrechte, Lizenzen und ähnliche Rechte) gebucht. Die entsprechende Verbuchung des Kaufvorgangs auf der Sollseite des jeweiligen Kontos bezeichnet man als **Aktivierung**.

Sollte das Gut aus dem Ausland bezogen werden, sind die Anschaffungskosten mit dem Geldkurs (Devisenverkaufskurs aus Sicht der Bank) **in Euro** umzurechnen. Wechselkursschwankungen bis zum Zeitpunkt der Bezahlung haben keinen Einfluss auf die Anschaffungskosten. Sie ändern nur die Höhe der Verbindlichkeit.

In Abhängigkeit von der Höhe der Anschaffungskosten (bzw. Herstellungskosten; vgl. Abschnitt C 9) kann die buchhalterische Behandlung von Anlagegütern variieren. Hintergrund ist die steuerrechtliche Regelung für **geringwertige Wirtschaftsgüter (GWG)**, die auch im Handelsrecht Anwendung findet. Für Anlagegüter, deren Wert bestimmte Grenzen nicht überschreitet, kann eine vereinfachte Behandlung erfolgen. Für die steuerrechtliche Gewinnermittlung existiert seit 01.01.2010 mit Inkrafttreten des Wachstumsbeschleunigungsgesetzes ein **Wahlrecht hinsichtlich der vereinfachten buchhalterischen Behandlung**. Die beiden Möglichkeiten sind in § 6 II EStG und § 6 IIa EStG kodifiziert. Beide Paragrafen sehen unterschiedliche Wertgrenzen für geringwertige Wirtschaftsgüter (vgl. Abbildung 63) und einen andersartigen buchhalterischen Umgang mit ihnen vor (vgl. Abschnitt C 6.2.2). Ein Unternehmen muss sich für eine der beiden Varianten entscheiden. Die gewählte Variante muss innerhalb eines Geschäftsjahres für alle GWG einheitlich ausgeübt werden. Ein Wechsel der Behandlung im Sinne von § 6 II EStG und § 6 IIa EStG bzw. ein „nebeneinander" beider Möglichkeiten innerhalb eines Geschäftsjahres ist nicht zulässig. Materiell betreffen die unterschiedlichen Behandlungsmöglichkeiten nur Wirtschaftsgüter, deren AK (bzw. HK) einen Betrag von 150,00 Euro (netto) übersteigen. Unterhalb dieser Grenze sind die buchhalterischen Konsequenzen beider Regelungen für sog. **geringfügige Wirtschaftsgüter** identisch.

	§ 6 II EStG	§ 6 IIa EStG
Geringfügiges Wirtschaftsgut	≤ 150,00 Euro	≤ 150,00 Euro
Geringwertiges Wirtschaftsgut	> 150,00 Euro und ≤ 410,00 Euro	> 150,00 Euro, und ≤ 1.000,00 Euro
Anlagegut	> 410,00 Euro	> 1.000,00 Euro

Abbildung 63: Wertgrenzen bei Aktivierung nach Steuerrecht

Die steuerrechtlichen Regelungen kommen im Handelsrecht gleichermaßen zur Anwendung. Da nach HGB keine explizite Regelung zu GWG existiert, wird in der Praxis regelmäßig hierauf zurückgegriffen. Die für Aktivierungszwecke anzuwendenden Wertgrenzen sind dabei als Konkretisierung des Wesentlichkeitsgrundsatzes zu verstehen und grundsätzlich solange, wie GWG von untergeordneter Bedeutung für die Bilanz sind, mit den GoB vereinbar. Ausnahmen hiervon ergeben sich z. B. in bestimmten Branchen, in denen GWG einen wesentlichen Teil der Investitionen eines Wirtschaftsjahres ausmachen können (z. B. Hotelgewerbe).

6.2.1 Geringfügige Wirtschaftsgüter

Geringfügige Wirtschaftsgüter sind Güter, deren Anschaffungskosten bzw. Herstellungskosten höchstens 150,00 Euro (netto) betragen. Sie können sowohl nach § 6 II EStG als auch nach § 6 IIa EStG **wahlweise** sofort **als Aufwand erfasst oder aktiviert und zeitanteilig über die Nutzungsdauer abgeschrieben** werden. Im Falle einer sofortigen Erfassung als *Aufwand* ergeben sich *keine weiteren Dokumentationspflichten*. Im Falle der Ausübung des Wahlrechtes zur *Aktivierung* des Wirtschaftsgutes erfolgt, wie für jedes Anlagegut, eine Dokumentation im handelsrechtlichen Jahresabschluss über den *Anlagespiegel* (vgl. Abschnitt D 8.1). Das Wahlrecht zur Aktivierung kann immer in Anspruch genommen werden, unabhängig davon, welche Regelung für teurere Wirtschaftsgüter mit einem Wert oberhalb von 150,00 Euro zur Anwendung kommt.

▶ Beispiel:

Zur Ausstattung neu eingerichteter Büroräume werden am 31.12. des Geschäftsjahres zwei Drucker zu je 120,00 Euro (netto) gegen Barzahlung eingekauft. Es wird eine Nutzungsdauer von je drei Jahren unterstellt.

Verbuchung durch Aktivierung im Sachanlagevermögen:

0870	Büromöbel und sonstige Geschäftsausstattung	240,00				
2600	Vorsteuer	45,60	an	2880	Kasse	285,60

Kontendarstellung:

S	0870	H		S	2880	H
2880	240,00				0870, 2600	285,60

S	2600	H
2880	45,60	

Alternative Verbuchung als Aufwand:

6800	Büromaterial	240,00				
2600	Vorsteuer	45,60	an	2880	Kasse	285,60

Kontendarstellung:

S	6800	H		S	2880	H
2880	240,00				6800, 2600	285,60

S	2600	H
2880	45,60	

In diesem Fall liegen die *Anschaffungskosten (netto) jedes einzelnen* Druckers *unter 150,00 Euro*. Der Einkauf kann deshalb sofort als Aufwand verbucht werden. Gleichermaßen könnte die Verbuchung der Anschaffungskosten aber auch auf dem entsprechenden Konto der Kontenklasse 0 (Sachanlagen) erfolgen. Die Anschaffungskosten wären dann auf die Nutzungsdauer von drei Jahren zu verteilen (vgl. Abschnitt D 2.1). Die Verbuchung der Abschreibung ist an dieser Stelle nicht notwendig, da die betreffenden Güter am Stichtag angeschafft wurden und eine Abschreibung somit erst in dem folgenden Geschäftsjahr zum Tragen käme.

6.2.2 Geringwertige Wirtschaftsgüter

Ein geringwertiges Wirtschaftsgut ist *steuerrechtlich* im Sinne des § 6 II und IIa EStG ein Wirtschaftsgut, welches

- zum **Anlagevermögen** gehört, also voraussichtlich mindestens 1 Jahr im Unternehmen verbleibt und dort dem Betriebsvermögen (nicht Privatvermögen der Gesellschafter) dient,
- **beweglich** (z. B. kein Gebäude, Grund und Boden etc.) und wirtschaftlich oder technisch **abnutzbar** ist,
- **selbständig nutzbar** ist (Ein Wirtschaftsgut ist nicht selbständig nutzbar, wenn es nach seiner Zweckbestimmung im Betrieb nur zusammen mit anderen Wirtschaftsgütern des Anlagevermögens genutzt werden kann, und die in diesem Nutzungszusammenhang stehenden Wirtschaftsgüter technisch aufeinander abgestimmt sind. Ein Drucker ist also beispielsweise nicht selbständig nutzbar, sehr wohl jedoch ein Faxgerät.),
- **mehr 150,00 Euro** und wahlweise **nicht mehr als 410,00 Euro nach § 6 II EStG bzw. nach § 6 IIa EStG nicht mehr als 1.000,00 Euro** Anschaffungs- (bzw. Herstellungskosten) verursacht hat.

Für GWG, deren AK (bzw. HK) über der Grenze von 150,00 Euro (netto) liegen, hängt die buchhalterische Behandlung davon ab, welche steuerrechtliche Regelung in Anspruch genommen wird. Beide Varianten werden in den nachfolgenden Abschnitten vorgestellt. Da dieses Wahlrecht innerhalb eines Geschäftsjahres einheitlich ausgeübt werden muss, kann der Bilanzierende für die aktuelle Periode immer nur auf eine der gezeigten Möglichkeiten zurückgreifen.

6.2.2.1 Behandlung als GWG im Sinne des § 6 II EStG

Gegenstand der Regelung des § 6 II EStG ist, dass Wirtschaftsgüter, deren AK (bzw. HK) unter 410,00 Euro (netto) betragen, **wahlweise sofort als Aufwand erfasst oder als Anlagegut aktiviert und zeitanteilig über die Nutzungsdauer abgeschrieben** werden können (vgl. Abschnitt D 2.1). Hierbei handelt es sich um ein **generelles Wahlrecht**, sodass es **für jedes geringwertige Anlagegut neu ausgeübt** werden kann.

Übersteigen die AK (bzw. HK) dabei den Wert von 150,00 Euro (netto), ergeben sich zusätzliche Dokumentationspflichten. Demnach ist es zwingend erforderlich, dass die betreffenden Wirtschaftsgüter *auch bei sofortiger aufwandswirksamer Verbuchung* nebst bestimmten Angaben (vgl. § 6 II S. 4 EStG) in einem *laufenden Verzeichnis* aufgeführt werden. Im Gegensatz zu geringfügigen Wirtschaftsgütern (vgl.

Abschnitt C 6.2.1) werden somit zusätzliche Informationen (u. a. zu Buchungszeitpunkt, Höhe der AK bzw. HK und der Nutzungsdauer) festgehalten. Bei Aktivierung werden die geringwertigen Wirtschaftsgüter im Anlagespiegel erfasst.

Buchhalterisch erfolgt die Erfassung von GWG, indem das betreffende Anlagegut je nach Art auf dem Konto *0790 – Geringwertige Anlagen und Maschinen* oder dem Konto *0890 – Geringwertige Gegenstände der Betriebs- und Geschäftsausstattung* in Höhe der AK (bzw. HK) verbucht und anschließend *am Jahresende* bei sofortiger Aufwandswirksamkeit über das Konto *6540 – Abschreibungen auf geringwertige Gegenstände des Anlagevermögens* vollständig als Aufwand erfasst werden. Bei gewählter zeitanteiliger Abschreibung über die Nutzungsdauer findet gemäß dem im Abschnitt D 2.1 beschriebenen Vorgehen eine teilweise Aufwandserfassung für die natürliche Wertminderung statt.

▷ Beispiel:

In Anlehnung an das Beispiel in Abschnitt C 6.2.1 werden am 31.12.2010 zur Ausstattung der neuen Büroräume auch zwei Schreibtische für je 300,00 Euro gegen Barzahlung eingekauft. Die voraussichtliche Nutzungsdauer beträgt 10 Jahre.

Für das Vorliegen eines GWG ist der Nettobetrag der Anschaffungskosten ausschlaggebend. In diesem Fall betragen die *Anschaffungskosten (netto) jedes einzelnen* Schreibtisches 300,00 Euro und liegen daher *unter 410,00 Euro, jedoch über 150,00 Euro*. Für beide Güter muss somit auch bei sofortiger aufwandswirksamer Verbuchung der geforderten Dokumentationspflicht nachgekommen werden.

1. Sofortige Aufwandswirksamkeit

Buchung:

0890	Geringw. Gegenstände der Betriebs- und Geschäftsausstattung	600,00				
2600	Vorsteuer	114,00	an	2880	Kasse	714,00

Kontendarstellung:

S	0890	H		S	2880	H
2880	600,00				0890, 2600	714,00

S	2600	H
2880	114,00	

Zum Ende des Wirtschaftsjahres erfolgt die Verrechnung der auf dem Konto 0890 angesammelten AK (bzw. HK) als Aufwand in der GuV.

Buchung:

6540	Abschreibungen auf geringw. Gegenst. des Anlagevermögens	600,00	an	0890	Geringw. Gegenst. der Betriebs- und Geschäftsausstattung	600,00

Kontendarstellung:

S	6540	H	S	0890	H
0890 600,00			*2880* 600,00	*6540*	600,00

2. Aktivierung im Sachanlagevermögen und Abschreibung im Zeitverlauf

Buchung:

0870	Büromöbel und sonstige Geschäftsausstattung	600,00			
2600	Vorsteuer	114,00	an	2880 Kasse	714,00

Kontendarstellung:

S	0870	H	S	2880	H
2880 600,00				*0870, 2600*	714,00

S	2600	H
2880 114,00		

Im Falle der alternativen Aktivierung als Sachanlagevermögen wären die Schreibtische linear über die Nutzungsdauer von zehn Jahren abzuschreiben (vgl. dazu Abschnitt D 2.1). Im laufenden Geschäftsjahr wäre keine Abschreibung erforderlich, da die Schreibtische annahmegemäß erst am Stichtag angeschafft wurden.

6.2.2.2 Behandlung als GWG im Sinne des § 6 IIa EStG

Im Unterschied zur vorangegangenen Regelung des § 6 II EStG besteht innerhalb des § 6 IIa EStG **kein generelles Wahlrecht**. Die Entscheidung hinsichtlich einer vereinfachten Behandlung als GWG darf insofern *nicht* für jedes geringwertige Anlagegut neu getroffen werden. Es sind also *alle* geringwertigen Anlagegüter entweder einzeln zu aktivieren und über die Nutzungsdauer abzuschreiben oder es wird für *alle* einheitlich die vereinfachte Behandlung gewählt.

Die Vereinfachung des § 6 IIa EStG besteht darin, dass Wirtschaftsgüter, deren AK (bzw. HK) größer als 150,00 Euro sind und zudem 1.000,00 Euro (netto) nicht übersteigen, in einem jährlichen **Sammelposten** erfasst und pauschal über fünf Jahre abgeschrieben werden. Innerhalb dieser Wertgrenzen werden somit sämtliche GWG eines Geschäftsjahres auf dem Konto *0791 – GWG-Sammelposten I* (Anlagen und Maschinen) bzw. *0891 – GWG-Sammelposten II* (Betriebs- und Geschäftsausstattung) verbucht. Ein derartiger Sammelposten beinhaltet stets nur die GWG eines Geschäftsjahres und darf nicht durch Abgänge (Entnahme oder Verkauf) verringert werden. Änderungen dieses Postens resultieren daher ausschließlich aus Zugängen im Jahr der Bildung oder der jährlichen Abschreibung.

▷ Beispiel:

Zieleinkauf einer Schrankwand am 01.01.2010 im Wert von 1.071,00 Euro (brutto). Vereinfachend sei von einer Nutzungsdauer von 10 Jahren auszugehen.

Buchung:

0891	GWG-Sammelposten II	900,00			
2600	Vorsteuer	171,00	an	4400 Verbindlichkeiten aus Lieferungen und Leistungen	1.071,00

Kontendarstellung:

S	0891	H	S	4400	H
4400	900,00			0891, 2600	1.071,00

S	2600	H
4400	171,00	

Da die *Nettoanschaffungskosten* der Schrankwand 900,00 Euro betragen, handelt es sich um ein GWG, das in den Sammelposten eingestellt werden kann. Wird von dem Wahlrecht Gebrauch gemacht, sind alle anderen im Wirtschaftsjahr angeschafften GWG mit einem Wert größer als 150,00 Euro und nicht über 1.000,00 Euro (netto) ebenfalls in den Sammelposten einzustellen.

Zum Ende des Wirtschaftsjahres erfolgt die pauschale Abschreibung des Sammelpostens (über 5 Jahre). Dabei sei hier unterstellt, dass keine weiteren GWG angeschafft wurden.

Buchung:

6540	Abschreibungen auf geringw. Gegenst. des Anlagevermögens	180,00	an	0891 GWG-Sammelposten II	180,00

Kontendarstellung:

S	6540	H	S	0891	H
0891	180,00		4400	900,00	6540 180,00

Wird von der Vereinfachung kein Gebrauch gemacht, so ist die Schrankwand zunächst im Sachanlagevermögen zu aktivieren.

Buchung:

0870	Büromöbel und sonst. Geschäftsausstattung	900,00			
2600	Vorsteuer	171,00	an	4400 Verbindlichkeiten aus Lieferungen und Leistungen	1.071,00

Kontendarstellung:

S	0870	H	S	4400	H
4400	900,00			0870, 2600	1.071,00

S	2600	H
4400 171,00		

Die separate Aktivierung zieht eine Abschreibung über die Nutzungsdauer von 10 Jahren nach sich. Wie diese ermittelt und (am Jahresende) gebucht wird, ist Gegenstand von Abschnitt D 2.1.

6.2.3 Sachanlagegüter

Liegen die Anschaffungskosten über den Wertgrenzen von 410,00 Euro bzw. 1.000,00 Euro, so erfolgt die Verbuchung auf dem entsprechenden Konto der Kontenklasse 0 (Sachanlagen).

▷ Beispiel:

Einkauf eines Schreibtisches im Wert von 1.250,00 Euro (netto) auf Ziel. Die Lieferung erfolgt frei Haus.

Buchung:

0870 Büromöbel und sonstige Geschäftsausstattung 1.250,00
2600 Vorsteuer 237,50 an 4400 Verbindlichkeiten aus Lieferungen und Leistungen 1.487,50

Kontendarstellung:

S	0870	H		S	4400	H
4400 1.250,00					*0870, 2600*	1.487,50

S	2600	H
4400 237,50		

Werden Anzahlungen auf Sachanlagen geleistet, erfolgt die Ein- und spätere Ausbuchung nach denselben Prinzipien wie bei Anzahlungen auf Waren- oder Fertigerzeugnislieferungen. Das anzusprechende Konto lautet hier jedoch *0900 – Geleistete Anzahlungen auf Sachanlagen.*

6.3 Anschaffungsnebenkosten

Gleichgültig ob die **Anschaffungsnebenkosten** zusammen *mit dem Listenpreis* des Anlagegutes oder erst *nachträglich* in Rechnung gestellt werden, sie sind stets auf dem entsprechenden **Bestandskonto im Soll** zu buchen, d. h. zu aktivieren.

▷ Beispiel 1:

Anhand der Rechnung eines Kfz-Händlers ergeben sich für einen kürzlich erworbenen Pkw folgende vorläufige Anschaffungskosten.

	Listenpreis	34.000,00
+	Firmenaufschrift	540,00
+	Transportkosten	260,00
=	vorläufige AK	34.800,00

Buchung:

0840	Fuhrpark	34.800,00				
2600	Vorsteuer	6.612,00	an	4400	Verbindlichkeiten aus Lieferungen und Leistungen	41.412,00

Kontendarstellung:

S	0840	H		S	4400	H
4400	34.800,00				0840, 2600	41.412,00

S	2600	H
4400	6.612,00	

▷ **Beispiel 2:**
Die Zulassung des Pkws aus Beispiel 1 wird durch einen Angestellten erledigt. Die Gebühr in Höhe von 50,00 Euro wird bar bezahlt.

Buchung:

0840	Fuhrpark	50,00	an	2880	Kasse	50,00

Die Zulassungskosten erhöhen die Anschaffungskosten des Pkw und sind deshalb auf dem Bestandskonto 0840 zu buchen. Es fällt keine Umsatzsteuer an, da die Zulassung von einem eigenen Angestellten veranlasst wurde. Das Konto 0840 zeigt so die gesamten Anschaffungskosten des Pkw in Höhe von 34.850,00 Euro.

Kontendarstellung:

S	0840	H		S	2880	H
4400	34.800,00				0840	50,00
2880	50,00					

Kommt es vor, dass ein Teil der **Anschaffungsnebenkosten** bereits **vor** der eigentlichen **Lieferung** des Sachanlagegutes anfällt, so ist wie folgt zu buchen:

▷ **Beispiel:**
Vor der Lieferung einer Fertigungsmaschine im Wert von 90.000,00 Euro wurde von einer Baufirma ein Sockel zur Platzierung der Maschine betoniert. Die Rechnung dafür belief sich auf 2.380,00 Euro (brutto).

6. Beschaffung von Anlagegütern

Buchung der Betonierung:

0950	Anlagen im Bau	2.000,00				
2600	Vorsteuer	380,00	an	4400	Verbindlichkeiten aus Lieferungen und Leistungen	2.380,00

Kontendarstellung:

S	0950	H
4400 2.000,00		

S	4400	H
		0950, 2600 2.380,00

S	2600	H
4400 380,00		

Bei Lieferung der Maschine, ist dann neben der Aktivierung der Maschine zu deren Anschaffungskosten (90.000,00 Euro) eine Umbuchung des Gegenwertes des Betonsockels vorzunehmen. Hierdurch erhöhen sich die Anschaffungskosten der Maschine entsprechend.

0720	Anlagen und Maschinen ...	2.000,00	an	0950	Anlagen im Bau	2.000,00

Kontendarstellung der Umbuchung:

S	0720	H
4400 90.000,00		
0950 2.000,00		

S	0950	H
4400 2.000,00		0720 2.000,00

Das Konto 0720 beinhaltet damit die vollständigen Anschaffungskosten in Höhe von 92.000,00 Euro.

6.4 Preisnachlässe und Rücksendungen

Sofortige Preisnachlässe bzw. Anschaffungskostenminderungen in Form von Sofortrabatten (z. B. Mengen- oder Treuerabatt) werden bei Rechnungseingang mit den Anschaffungskosten verrechnet.

▷ Beispiel:

Einkauf einer Fertigungsmaschine zum Listenpreis von 54.000,00 Euro. Aufgrund langjähriger Geschäftsbeziehungen wird vom Lieferanten ein Treuerabatt in Höhe von 10 % gewährt.

	Listenpreis	54.000,00
−	10 % Rabatt	5.400,00
=	Anschaffungskosten	48.600,00

Buchung:

0720	Anlagen und Maschinen ...	48.600,00				
2600	Vorsteuer	9.234,00	an	4400	Verbindlichkeiten aus Lieferungen und Leistungen	57.834,00

Kontendarstellung:

S	0720	H		S	4400	H
4400	48.600,00				0720, 2600	57.834,00

S	2600	H
4400	9.234,00	

Nachträgliche Preisnachlässe (Skonti, Boni, Nachlässe aufgrund von Mängelrügen) **und Rücksendungen** werden dagegen **im Haben des jeweiligen Bestandskontos** gebucht, da sie Anschaffungskostenminderungen darstellen. Bei Boni besteht allerdings hier wieder das Problem, dass sie einem bestimmten Anschaffungsvorgang eines Vermögensgegenstandes zurechenbar sein müssen.

▷ Beispiel:
Aufgrund leichter Kratzer im Lack eines kürzlich erworbenen Lieferwagens (vorläufige Anschaffungskosten 21.500,00 Euro) gewährt der Autohändler einen Preisnachlass in Höhe von 500,00 Euro (netto).

Buchung:

4400	Verbindlichkeiten aus Lieferungen und Leistungen	595,00	an	0840	Fuhrpark	500,00
				2600	Vorsteuer	95,00

Kontendarstellung:

S	4400		H		S	0840		H
0840, 2600	595,00	0840, 2600	25.585,00		4400	21.500,00	4400	500,00

S	2600		H
4400	4.085,00	4400	95,00

Durch die Buchung des Nachlasses reduzieren sich die Anschaffungskosten des Fahrzeugs auf 21.000,00 Euro (= 21.500,00 − 500,00).

6.5 Bezahlung

Sofern *kein Skonto* gewährt wird, wird auch bei beweglichen Sachanlagegütern genau wie bei der Bezahlung von Werkstoff- und Handelswarenrechnungen die Verbindlichkeit aus dem Konto 4400 aus- und auf dem entsprechenden Zahlungsmittelkonto gegengebucht (vgl. Abschnitt C 2.3.5).

Gewährt der Lieferant allerdings *Skonto*, so ist der Bruttoskonto von der Restschuld zu berechnen. Es sind also Rücksendungen und Nachlässe zu berücksichtigen. Bezugskosten und andere Anschaffungsnebenkosten sind damit ebenfalls skontierfähig, sodass das gleiche Berechnungsschema wie in Abschnitt C 2.3.5 verwendet werden kann. Die **Buchung des Skontos** erfolgt im **Haben des entsprechenden Bestandskontos**.

▶ Beispiel:

Nach Abzug von 2,5 % Skonto werden an einen langjährigen Lieferanten von Maschinenersatzteilen 2.437,50 Euro überwiesen.

	Rechnungsbetrag (brutto)	2.500,00	(100,00 %)
–	Skonto (brutto)	62,50	(2,50 %)
=	Banküberweisung	2.437,50	(97,50 %)

Damit ergibt sich der Nettoskonto zu 62,50 : 1,19 = 52,52 Euro und die zugehörige VSt-Korrektur zu 52,52 · 0,19 = 9,98 Euro.

Buchungssatz:

4400	Verbindlichkeiten aus Lieferungen und Leistungen	2.500,00	an	2800	Guthaben bei Kreditinstituten (Bank)	2.437,00
				0780	Reservemaschinen und -anlagenteile	52,52
				2600	Vorsteuer	9,98

Kontendarstellung:

S	4400	H		S	2800	H
2800, 0780, 2600	2.500,00	0780, 2600	2500,00		4400	2.437,50

S	0780	H
4400	2.100,84	4400	52,52

S	2600	H
4400	399,16	4400	9,98

Wichtig: Durch Skontoabzug kann sich ein anfänglich als „normales" Sachanlagegut gebuchter Gegenstand in ein geringwertiges Wirtschaftsgut „verwandeln" (Unterschreiten der 410,00 Euro bzw. 1.000,00 Euro). In diesem Fall ist eine Umbuchung auf das Konto 0790 bzw. 0890 oder 0891 erforderlich. Der dazu nötige Buchungssatz lautet:

> 0790/0890 oder 0891   an   bisheriges Anlagenkonto

Der zu verwendende Betrag ist der auf dem Anlagenkonto stehende endgültige Wert des Gegenstandes (endgültige AK nach Skontoabzug).

6.6 Zusammenfassendes Beispiel

Eine AG kauft am 21.03.2010 einen Lieferwagen. Die Rechnung (Zahlungsziel: 30 Tage rein netto, 2 % Skonto bei Zahlung innerhalb von 8 Tagen) lautet wie folgt:

Listenpreis	41.000,00
+ Überführung	455,00
+ Zulassung	70,00
+ Tankfüllung	35,00
= Rechnungsbetrag (netto)	41.560,00
+ 19 % VSt	7.896,40
= Rechnungsbetrag (brutto)	49.456,40

Zur Finanzierung des Kaufs wurde ein Kredit in Höhe von 50.000,00 Euro aufgenommen, für den am Jahresende Zinsen in Höhe von 1.000,00 Euro anfallen.

Buchung der Eingangsrechnung:

0840	Fuhrpark	41.525,00			
6030	Aufwendungen für Betriebsstoffe/Verbrauchswerkzeuge	35,00			
2600	Vorsteuer	7.896,40	an	4400 Verbindlichkeiten aus Lieferungen und Leistungen	49.456,40

Die *Tankfüllung* ist kein Bestandteil der Anschaffungskosten und wird deshalb auch nicht aktiviert. Ihr Nettowert wird stattdessen auf dem Konto *6030 – Aufwendungen für Betriebsstoffe/Verbrauchswerkzeuge* gebucht. Auch der *Kredit* und die *Kreditzinsen* sind *kein Bestandteil der Anschaffungskosten*. Wie diese Transaktionen zu verbuchen sind, wird in Abschnitt C 12.3 näher behandelt.

Nach Lieferung und Rechnungsstellung fallen drei weitere Geschäftsvorfälle im Zusammenhang mit dem neuen Lieferwagen an:

1. Am Tag der Lieferung wird aufgrund eines leichten Kratzers am hinteren Stoßfänger ein Nachlass von 150,00 Euro (netto) gewährt.

Buchung des Nachlasses:

4400	Verbindlichkeiten aus Lieferungen und Leistungen	178,50	an	0840	Fuhrpark	150,00
				2600	Vorsteuer	28,50

2. Am 24.03.2010 wird am Lieferwagen das Firmenlogo der AG angebracht. Die Kosten dafür belaufen sich auf 240,00 Euro (netto). Es wird sofort bar bezahlt.

Buchung der Zahlung:

0840	Fuhrpark	240,00				
2600	Vorsteuer	45,60	an	2880	Kasse	285,60

3. Am 28.03.2010 erfolgt der Ausgleich der Restschuld gegenüber dem Lieferanten per Banküberweisung.

	Gesamtschuld (brutto)	49.456,40	
−	Nachlass (brutto)	178,50	
=	Restschuld (brutto)	49.277,90	
−	Skonto (netto)	828,20	(= 49.277,90 · 0,02 / 1,19)
−	VSt-Korrektur	157,36	(= 828,20 · 0,19)
=	Banküberweisung	48.292,34	

Buchung der Überweisung:

4400	Verbindlichkeiten aus Lieferungen und Leistungen	49.277,90	an	2800	Guthaben bei Kreditinstituten (Bank)	48.292,34
				0840	Fuhrpark	828,20
				2600	Vorsteuer	157,36

Die *Anschaffungskosten* für dieses Anlagegut lassen sich damit aus dem Konto 0840 ermitteln:

S		0840		H
8000	...		4400	150,00
4400	41.525,00		4400	828,20
2880	240,00			

Die gesamten Anschaffungskosten liegen bei 41.525,00 + 240,00 − 150,00 − 828,20 = 40.786,80 Euro.

6.7 Instandhaltung von Sachanlagen

Bei der Instandhaltung von bereits bilanzierten Sachanlagen (beweglich und unbeweglich) unterscheidet das Einkommensteuerrecht allgemein zwischen zwei Arten von Reparaturen. Die Abgrenzungskriterien, die im Folgenden noch genauer beschrieben werden, wurden zwar durch die steuerliche Rechtssprechung entwickelt, gelten jedoch gleichermaßen für *Handels- und Steuerbilanz*.

Abbildung 64: Werterhaltende und -erhöhende Reparaturen

Aufwendungen für die Erhaltung eines Wirtschaftsgutes werden im Jahr der Verursachung als Aufwand erfasst. Ein solcher Aufwand entsteht, wenn ein Anlagegut durch Reparaturen in gebrauchsfähigem Zustand (funktionserhaltende Reparaturen) erhalten oder dem technischen Fortschritt entsprechend modernisiert (substanzerhaltende Erneuerung) wird. Die Verwendung besserer Materialien ist dabei unerheblich. Bei *Gebäuden* sind Ausgaben (ohne USt) bis zu 4.000,00 Euro je Baumaßnahme stets als Aufwand anzusetzen (R 21.1 II S. 2 EStR).

Beispiele:
- Fenster- oder Heizungserneuerung
- Autoreparatur, neue Reifen

Herstellungsaufwand hingegen liegt vor, wenn ein neues Anlagegut hergestellt wird (bei Vollverschleiß des alten Anlagegutes oder Funktionsänderung), ein Anlagegut in seiner Substanz erweitert (Aufstockung, Anbau, Vermehrung der Substanz durch z. B. zusätzliche Trennwände, Alarmanlage, Markise) oder über seinen ursprünglichen Zustand hinaus wesentlich verbessert wird. Herstellungsaufwand (bzw. -kosten) muss aktiviert werden und wird erst über die Abschreibung im Verlauf der Nutzungsdauer zum Aufwand.

Beispiele:
- Umbau einer Lagerhalle in ein Bürogebäude (Funktionsänderung)
- Neueinbau eines bisher noch nicht vorhandenen Aufzugs oder Autoradios
- Ausbau eines Dachgeschosses
- Wesentliche Verbesserung in mindestens 3 von 4 Bereichen (Heizung, Sanitär, Elektronik, Fenster)

Bei *Gebäuden* ist eine *Besonderheit* zu beachten: Alle Instandsetzungs- und Modernisierungsmaßnahmen, die nicht üblicherweise jährlich anfallen, sind als Herstellungskosten zu betrachten, wenn sie innerhalb von 3 Jahren nach der Anschaffung 15 % der Anschaffungskosten übersteigen (§ 6 I Nr. 1a EStG: anschaffungsnahe Herstellungskosten).

6. Beschaffung von Anlagegütern

Die **Verbuchung** derartiger Reparaturvorgänge wird im Folgenden anhand einiger Beispiele näher betrachtet:

▶ Beispiel 1:

Die beschädigte Kurbelwelle eines Firmen-Lkws muss erneuert werden. Die Rechnung des Mechanikers beläuft sich auf 297,50 Euro (brutto).

Da durch den Mechaniker ein Teil des Lkws erneuert wurde, handelt es sich hierbei um eine werterhaltende Reparatur, die als Aufwand zu buchen ist.

Buchungssatz:

6160	Fremdinstandhaltung	250,00				
2600	Vorsteuer	47,50	an	4400	Verbindlichkeiten aus Lieferungen und Leistungen	297,50

Kontendarstellung:

S	6160	H		S	4400	H
4400	*250,00*				*6160, 2600*	*297,50*

S	2600	H
4400	*47,50*	

▶ Beispiel 2:

Ein Verwaltungsgebäude (unbewegliches Sachanlagegut; vgl. Abschnitt C 7) wird aufgrund zunehmenden Personenverkehrs mit einem zusätzlichen Aufzug ausgestattet. Die Kosten dafür belaufen sich auf 54.000,00 Euro (netto).

In diesem Fall handelt es sich um eine werterhöhende Reparatur (Aktivierung auf Sachanlagekonto), da der Fahrstuhl eine Erweiterung der Funktionalität des Gebäudes darstellt.

Buchungssatz:

0540	Verwaltungsgebäude	54.000,00				
2600	Vorsteuer	10.260,00	an	4400	Verbindlichkeiten aus Lieferungen und Leistungen	64.260,00

Kontendarstellung:

S	0540	H		S	4400	H
4400	*54.000,00*				*0540, 2600*	*64.260,00*

S	2600	H
4400	*10.260,00*	

7 Beschaffung von unbeweglichen Anlagegütern

7.1 Kauf unbebauter Grundstücke

Bei unbeweglichen Sachanlagegütern (z. B. Grundstücken und Gebäuden) erfolgt ebenso eine Aktivierung der Anschaffungskosten auf dem entsprechenden Konto der Kontenklasse 0. In Sachen *Besteuerung und Kostenverteilung* sind bei bebauten Grundstücken (Gebäude vs. Grundstück) allerdings gewisse Besonderheiten zu beachten, die im Folgenden kurz diskutiert werden:

Der Kaufpreis eines unbebauten Grundstücks wird zusammen mit den anfallenden Anschaffungsnebenkosten (netto) auf dem Konto *0500 – Unbebaute Grundstücke* im Soll gebucht. Abbildung 65 enthält typische Nebenkosten beim Erwerb von Grundstücken zusammen mit den für sie geltenden Umsatzsteuersätzen.

Beschreibung	Vorsteuer
Notar	19 %
Makler	19 %
Grundbucheintragung	0 %
Grunderwerbsteuer (3,5 % des Kaufpreises)	0 %
Erschließung	19 %
Einzäunung	19 %
Vermessung	19 %

Abbildung 65: Nebenkosten beim Grundstückskauf

Der Kaufpreis eines Grundstücks (oder Gebäudes) wird im Gegensatz zu anderen Sachanlagen nicht mit 19 % Vorsteuer sondern stattdessen mit der sog. **Grunderwerbsteuer** von **3,5 %** belastet. Diese ist zusammen mit den anderen Nebenkosten zu aktivieren. Häufig kommt es hierbei zu Verwechslungen mit der *Grundsteuer*. Sie ist jährlich zu entrichten und fällt deshalb unter die laufenden Kosten. Daher erfolgt keine Einbeziehung der Grundsteuer in die Anschaffungskosten. Sollten Preisnachlässe bei den Nebenkosten auftreten (z. B. Skonto bei Bezahlung der Erschließungskosten), sind diese im Haben des Kontos 0500 zu verbuchen.

▶ Beispiel:

Ein Industriebetrieb erwirbt zur Betriebserweiterung ein Grundstück mit einer Fläche von 2.000 m^2 in unmittelbarer Nähe der Produktionshallen. Der Kaufpreis liegt bei 150,00 Euro/m^2. Zusätzlich sind Grundbuchgebühren in Höhe von 3.400,00 Euro und Notarkosten in Höhe von 1.300,00 Euro (netto) zu bezahlen.

Umsatzsteuerpflichtig sind in diesem Fall nur die Notarkosten. Alle anderen Anschaffungskostenbestandteile bleiben umsatzsteuerfrei, sodass sich die Verbindlichkeit aus dem Kauf wie folgt ergibt:

Kaufpreis	300.000,00	(= 2.000 m² · 150,00 Euro/m²)
+ Grunderwerbsteuer	10.500,00	(= 300.000,00 · 0,035)
+ Grundbucheintrag	3.400,00	
+ Notar	1.300,00	
= Anschaffungskosten	315.200,00	
+ Vorsteuer (Notar)	247,00	(= 1.300,00 · 0,19)
= Verbindlichkeit	315.447,00	

Buchungssatz:

0500	Unbebaute Grundstücke	315.200,00				
2600	Vorsteuer	247,00	an	4400	Verbindlichkeiten aus Lieferungen und Leistungen	315.447,00

Kontendarstellung:

S	0500	H		S	4400	H
4400 315.200,00					*0500,* 315.447,00 *2600*	

S	2600	H
4400 247,00		

7.2 Kauf bebauter Grundstücke

Wird ein bebautes Grundstück erworben, so ist dieser Vorgang (aus Abschreibungsgründen, vgl. Abschnitt D 2.1.5.5) auf zwei verschiedenen Konten zu erfassen. Das Grundstück und die damit verbundenen Anschaffungsnebenkosten werden auf dem aktiven Bestandskonto *0510 – Bebaute Grundstücke* gebucht. Das Gebäude (inkl. Nebenkosten) hingegen wird je nach Verwendungszweck separat auf dem Konto *0530 – Betriebsgebäude, 0540 – Verwaltungsgebäude, 0550 – Andere Bauten* oder *0590 – Wohngebäude* aktiviert. Typische Anschaffungsnebenkosten von Gebäuden sind in Abbildung 66 zusammengefasst.

Beschreibung	Vorsteuer
Notar	19 %
Makler	19 %
Grundbucheintragung	0 %
Grunderwerbsteuer (3,5 % v. Kaufpreis)	0 %
Vermessung	19 %

Abbildung 66: Anschaffungsnebenkosten von Gebäuden

7. Beschaffung von unbeweglichen Anlagegütern

Sowohl das **Grundstück** als auch das **Gebäude** werden mit **3,5 % Grunderwerbsteuer** belastet. Vorsteuer entfällt lediglich auf gewisse Nebenkosten. Da die Erfassung des Kaufs auf mehreren Konten erfolgt, ist häufig eine anteilsmäßige **Verteilung der Nebenkosten auf Gebäude und Grundstück** erforderlich.

▷ Beispiel:

Beim Kauf eines Grundstücks mit Lagerhalle beträgt der Kaufpreis insgesamt 800.000,00 Euro, wobei das Grundstück mit 300.000,00 Euro zu Buche schlägt. Der Abschluss des Kaufvertrages beim Notar verursacht Kosten in Höhe von 1.870,00 Euro (netto). Für die Eintragung im Grundbuch geht von der zuständigen Justizkasse eine Rechnung in Höhe von 2.100,00 Euro ein. Zusätzlich fielen Erschließungskosten von 2.340,00 Euro (netto) an, bei deren Bezahlung ein Skonto in Höhe von 3 % zu berücksichtigen ist.

Wie zu erkennen ist, macht das Gebäude 5/8 (500.000:800.000) bzw. 62,50 % und das Grundstück 3/8 (= 300.000:800.000) bzw. 37,50 % des Kaufpreises aus. Durch Multiplikation der Nebenkosten mit dem entsprechenden Bruch bzw. Prozentsatz lässt sich ermitteln, wie viel der Nebenkosten Gebäude und Grundstück zugeordnet werden müssen.

	Gebäude (5/8)	Grundstück (3/8)	Vorsteuer
Kaufpreis	500.000,00	300.000,00	
+ Grunderwerbsteuer	17.500,00	10.500,00	
+ Grundbucheintragung	1.312,50 [1]	787,50 [2]	
+ Notar	1.168,75 [3]	701,25 [4]	355,30
+ Erschließung	0,00	2.340,00 [5]	444,60
= Anschaffungskosten	519.981,25	314.328,75	

[1] 2.100,00 · 5/8 [2] 2.100,00 · 3/8 [3] 1.870,00 · 5/8 [4] 1.870,00 · 3/8
[5] Erschließungskosten entfallen nur auf das Grundstück. Es erfolgt keine Verteilung der Kosten.

Vorsteuer fällt lediglich für die Notar- und die Erschließungskosten (auf einen Betrag von 1.870,00 + 2.340,00 = 4.210,00 Euro) an.

Buchungssatz:

0510	Bebaute Grundstücke	314.328,75			
0550	Andere Bauten	519.981,25			
2600	Vorsteuer	799,90	an	4400 Verbindlichkeiten aus Lieferungen und Leistungen	835.109,90

Kontendarstellung:

S	0510	H	S	4400	H
4400 314.328,75				*0510, 0550, 2600*	835.109,90

S	0550	H
4400	519.981,25	

S	2600	H
4400	799,90	

Ein Skonto bei der Bezahlung der Erschließungskosten mindert die Anschaffungskosten nachträglich. Gebucht wird im Haben des Kontos 0510.

Buchung der Bezahlung:

4400	Verbindlichkeiten aus Lieferungen und Leistungen	835.109,90	an	0510	Bebaute Grundstücke	70,20
				2600	Vorsteuer	13,34
				2800	Bank	835.026,36

Kontendarstellung:

S	0510	H	S	4400	H
4400	314.328,75	4400 70,20	0510, 2600, 2800	835.109,90	0510, 0550, 2600 835.109,90

S	0550	H	S	2800	H
4400	519.981,25				4400 835.026,36

S	2600	H
4400	799,90	4400 13,34

7.3 Bau von Gebäuden

Der Errichtung eines Gebäudes geht i. d. R. der Kauf eines unbebauten Grundstücks voraus, welches auf dem entsprechenden Konto 0500 gebucht wird. Durch den Bau eines Gebäudes „verwandelt" sich ein **unbebautes Grundstück** in ein **bebautes Grundstück**. Es ist also *neben der Aktivierung des neuen Bauwerks* eine weitere Buchung (**Umbuchung**) erforderlich.

▷ Beispiel:

Auf einem unbebauten Grundstück, welches mit Anschaffungskosten in Höhe von 312.000,00 Euro aktiviert wurde, wird von einer beauftragten Baufirma ein Betriebsgebäude im Wert von 900.000,00 Euro errichtet.

Buchungssatz:

0510	Bebaute Grundstücke	312.000,00	an	0500	Unbebaute Grundstücke	312.000,00

7. Beschaffung von unbeweglichen Anlagegütern

Kontendarstellung:

S	0510	H	S	0500	H
0500 312.000,00			... 312.000,00	*0510* 312.000,000	

Bei der Aktivierung des neuen Bauwerks ist zu beachten, dass dieses, solange es sich im Bau befindet, auf dem Konto *0950 – Anlagen im Bau* aktiviert ist. Jeder Vorgang, der die Anschaffungskosten des Bauwerks erhöht, wird auf diesem Konto im Soll gebucht, d. h. aktiviert. Bei Fertigstellung ist letztlich eine Umbuchung vorzunehmen.

Buchungssatz:

0530 Betriebsgebäude 900.000,00 an 0950 Anlagen im Bau 900.000,00

Kontendarstellung:

S	0530	H	S	0950	H
0950 900.000,00			... 900.000,00	*0530* 900.000,000	

8 Verkauf von beweglichen und unbeweglichen Anlagegütern

8.1 Allgemeines

Erreicht ein Anlagegut seine technische oder wirtschaftliche Nutzungsgrenze, so wird es i. d. R. verkauft und durch ein neues oder moderneres Gut ersetzt. Typische Beispiele für Fälle, bei denen diese Nutzungsgrenzen erreicht werden, sind in Abbildung 67 dargestellt.

Erreichen der technischen Nutzungsgrenze	Erreichen der wirtschaftlichen Nutzungsgrenze	andere Gründe
- Schadensfall (Verkauf zum Schrottwert) - Ende der festgelegten Nutzungsdauer	- Anlagegut verursacht hohe Reparaturkosten - Anlagegut entspricht nicht mehr dem techn. Standard (z. B. nachlassende Produktionsqualität bei Fertigungsanlagen) - neue Anlage kann zu geringeren Stückkosten produzieren	- Überschuldung des Betriebes - Produktionseinstellung - Spezialisierung - Verlagerung des Standorts - Umweltschutz

Abbildung 67: Gründe für den Verkauf von Anlagegütern

8.2 Auswirkung auf den Unternehmenserfolg

Beim Einkauf von Anlagegütern werden die gesamten Anschaffungskosten auf den entsprechenden Aktivkonten erfasst (Aktivierung). Der Anschaffungsvorgang ist daher zunächst nicht erfolgswirksam. Der Wert dieser Anlagegüter wird jedoch durch den Einsatz im Betrieb vermindert. Diese Wertminderung wird jährlich (zum Bilanzstichtag) als sog. Abschreibung (vgl. Abschnitt D 2.1) direkt im Haben der Sachanlagekonten gebucht. In Höhe der Abschreibung tritt im entsprechenden Jahr eine Erfolgswirkung ein. Der jährlich nach Buchung der Abschreibung im Bestandskonto verbleibende Wert wird als sog. **Buchwert** bezeichnet. Dieser ist **beim Verkauf eines Anlagegutes auszubuchen**. Erfolgt der Verkauf nun aber z. B. in der Mitte des Geschäftsjahres, so ist bis zu diesem Zeitpunkt bereits eine Wertminderung erfolgt, die aber erst zum Jahresende berücksichtigt werden würde. Daher ist vor der Buchung des Verkaufs eine anteilige Abschreibung durchzuführen, um den aktuellen Buchwert zum Zeitpunkt des Verkaufs zu ermitteln. Dies wird aber erst im Abschnitt D 2.1.4.2 behandelt. Im Folgenden ist stets der Buchwert zum Verkaufszeitpunkt (nach erfolgter anteiliger Abschreibung) angegeben.

Der Verkauf eines Anlagegutes kann den Erfolg (Gewinn/Verlust) eines Unternehmens auf drei verschiedene Arten beeinflussen:

1. Verkauf zum Buchwert

Der Erlös (netto) aus dem Verkauf des Anlagegutes entspricht genau dem in den Büchern stehenden Wert. Es handelt sich hierbei um einen Ausnahmefall, da die ausgewiesenen Buchwerte in der Praxis nur selten mit den erzielten Nettoerlösen übereinstimmen. Der Erfolg des Unternehmens bleibt unberührt.

2. Verkauf über dem Buchwert

Der Erlös (netto) aus dem Verkauf des Anlagegutes liegt über dem in den Büchern stehenden Wert. Es entsteht ein zusätzlicher Ertrag (steuerpflichtiger Veräußerungsgewinn), der den Gewinn der Rechnungsperiode erhöht bzw. einen vorhandenen Verlust vermindert.

3. Verkauf unter dem Buchwert

Der Erlös (netto) aus dem Verkauf des Anlagegutes liegt unter dem in den Büchern stehenden Wert. Es kommt zu einem zusätzlichen Aufwand, der den Gewinn einer Periode schmälert bzw. den Verlust erhöht.

8.3 Buchungen

8.3.1 Variante A (mit Interimskonto)

Bei der Verbuchung des Verkaufs von Anlagegegenständen wird zur Erfassung des **steuerpflichtigen Umsatzes** (Erlöses) bzw. um diesen besser zu erkennen, häufig ein **Interimskonto** (Zwischenkonto = vorübergehend eingerichtetes Konto) eingerichtet und dann wieder aufgelöst. Im Industriekontenrahmen ist dies das Konto *5410 – Erlöse aus dem Abgang von Gegenständen des Anlagevermögens*.

S	5410	H
Auflösung		*Einrichtung*
(Ertragskonto:		(Ertragskonto:
Abnahme im Soll)		Zunahme im Haben)

Abbildung 68: Interimskonto beim Verkauf von Anlagegegenständen

▷ Beispiel 1: Verkauf zum Buchwert

Am 12.05.2010 wird ein veraltetes Fließband für 3.867,50 Euro (brutto) verkauft. Das Anlagegut steht zum Zeitpunkt des Verkaufs (nach erfolgter anteiliger Jahresabschreibung) noch mit 3.250,00 Euro in den Büchern.

Bruttoerlöse	3.867,50	→	Konto 2400
− Umsatzsteuer	617,50	→	Konto 4800 (da Verkauf)
= Nettoerlös	3.250,00	→	Interimskonto 5410
− Buchwert	3.250,00	→	Konto 0750
= Gewinn/Verlust	0,00		

8. Verkauf von beweglichen und unbeweglichen Anlagegütern

Buchungssatz 1 (Einrichtung des Interimskontos):

2400	Forderungen aus Lieferungen und Leistungen	3.867,50	an	5410	Erlöse aus dem Abgang von Gegenständen des Anlagevermögens	3.250,00
				4800	Umsatzsteuer	617,50

Buchungssatz 2 (Auflösung des Interimskontos und Ausbuchung des Buchwertes):

5410	Erlöse aus dem Abgang von Gegenständen des Anlagevermögens	3.250,00	an	0750	Transportanlagen und ähnliche Betriebsvorrichtungen	3.250,00

Sowohl das Konto 5410 als auch das Konto 0750 weisen nun einen Bestand von 0,00 Euro aus.

Kontendarstellung:

S	2400		H
5410, 4800	3.867,50		

S	5410		H
0750	3.250,00	*2400*	3.250,00

S	4800		H
		2400	617,50

S	0750		H
BW	3.250,00	*5410*	3.250,00

▶ **Beispiel 2: Verkauf über dem Buchwert**

Die Produktion eines Artikels wird aus Kostengründen eingestellt. Die verwendeten Maschinen zur Herstellung dieses Produktes werden deshalb verkauft. Insgesamt wird dadurch ein Nettoerlös in Höhe von 4.680,00 Euro erzielt. Der Buchwert liegt nach erfolgter anteiliger Jahresabschreibung noch bei 4.230,00 Euro.

Nettoerlös	4.680,00	→	Interimskonto 5410
– Buchwert	4.230,00	→	Konto 0720
= *Verkaufsgewinn*	450,00	→	*Konto 5460 – Erträge aus dem Abgang von Vermögensgegenständen*

Buchungssatz 1 (Einrichtung des Interimskontos):

2400	Forderungen aus Lieferungen und Leistungen	5.569,20	an	5410	Erlöse aus dem Abgang von Gegenständen des Anlagevermögens	4.680,00
				4800	Umsatzsteuer	889,20

Buchungssatz 2 (Auflösung des Interimskontos, Ausbuchung des Buchwertes und Erfassung des erzielten Verkaufsgewinns):

5410	Erlöse aus dem Abgang von Gegenständen des Anlagevermögens	4.680,00	an	0720	Anlagen und Maschinen ...	4.230,00
				5460	Erträge aus dem Abgang von Vermögensgegenständen	450,00

Kontendarstellung:

S		2400	H
5410, 4800	5.569,20		

S		5410	H
0720, 5460	4.680,00	2400	4.680,00

S		4800	H
		2400	889,20

S		0720	H
BW	4.230,00	5410	4.230,00

S		5460	H
		5410	450,00

▶ Beispiel 3: Verkauf unter dem Buchwert

Aufgrund kurzfristiger Liquiditätsprobleme ist ein Unternehmen gezwungen, einen Pkw (Buchwert: 9.800,00 Euro) mit einem Verlust von 1.200,00 Euro gegen Barzahlung zu verkaufen.

	Nettoerlös	8.600,00	→	Interimskonto 5410
–	Buchwert	9.800,00	→	Konto 0840
=	*Verkaufsverlust*	–1.200,00	→	Konto 6960 – Verluste aus dem Abgang von Vermögensgegenständen

Buchungssatz 1 (Einrichtung des Interimskontos):

2880	Kasse	10.234,00	an	5410	Erlöse aus dem Abgang von Gegenständen des Anlagevermögens	8.600,00
				4800	Umsatzsteuer	1.634,00

8. Verkauf von beweglichen und unbeweglichen Anlagegütern

Buchungssatz 2 (Auflösung des Interimskontos, Ausbuchung des Buchwertes und Erfassung des auftretenden Verkaufsverlusts):

5410	Erlöse aus dem Abgang von Gegenständen des Anlagevermögens	8.600,00			
6960	Verluste aus dem Abgang von Vermögensgegenständen	1.200,00	an	0840 Fuhrpark	9.800,00

Kontendarstellung:

S	2880	H		S	5410	H
5410, 4800	10.234,00			0840	8.600,00	*2880* 8.600,00

S	6960	H		S	4800	H
0840	1.200,00				*2880*	1.634,00

				S	0840	H
				BW	9.800,00	*5410, 6960* 9.800,00

8.3.2 Variante B (ohne Interimskonto)

Wird auf die Verwendung des Interimskontos 5410 verzichtet, so lauten die Buchungssätze zu den Beispielen aus Abschnitt C 8.3.1 wie folgt:

▶ Beispiel 1: Verkauf zum Buchwert

2400	Forderungen aus Lieferungen und Leistungen	3.867,50	an	0750	Transportanlagen und ähnliche Betriebsvorrichtungen	3.250,00
				4800	Umsatzsteuer	617,50

▶ Beispiel 2: Verkauf über dem Buchwert

2400	Forderungen aus Lieferungen und Leistungen	5.569,20	an	0720	Anlagen und Maschinen ...	4.230,00
				5460	Erträge aus dem Abgang von Vermögensgegenständen	450,00
				4800	Umsatzsteuer	889,20

▷ Beispiel 3: Verkauf unter dem Buchwert

2880	Kasse	10.234,00				
6960	Verluste aus dem Abgang von Vermögensgegenständen	1.200,00	an	0840	Fuhrpark	9.800,00
				4800	Umsatzsteuer	1.634,00

8.3.3 Inzahlungnahme gebrauchter Anlagegüter

Werden beim Kauf neuer Sachanlagegüter gebrauchte Anlagegegenstände in Zahlung gegeben, so kommt es in der Buchhaltung zu einer Verbindung des Ein- und Verkaufsbereiches. Die Verbindlichkeit aus dem Bezug des neuen Gutes wird mit der Forderung aus dem Verkauf des gebrauchten Gutes verrechnet. Auch hier kann wieder mit oder ohne Verwendung eines Interimskontos gebucht werden.

▷ Beispiel (mit Interimskonto):

Ein Unternehmen bezieht von einem Kfz-Händler einen neuen Lieferwagen zu Anschaffungskosten von 25.000,00 Euro. Zugleich wird ein gebrauchter Lieferwagen (Buchwert: 8.700,00 Euro) für 10.115,00 Euro (brutto) in Zahlung gegeben. Die Rechnung des Händlers lautet wie folgt:

Preis (inkl. Nebenkosten)	25.000,00	→	Konto 0840
+ Vorsteuer	4.750,00	→	Konto 2600 (Einkauf)
= Kaufpreis (brutto)	29.750,00	→	Konto 4400
− Inzahlungnahme (brutto)	10.115,00		
= Überweisungsbetrag	19.635,00	→	Konto 2800

Für das Unternehmen entsteht aus dem Verkauf des gebrauchten Lieferwagens ein Verlust in Höhe von 200,00 Euro, wie folgendes Schema zeigt:

Bruttoerlös (Inzahlungnahme)	10.115,00		
− Umsatzsteuer	1.615,00	→	Konto 4800 (Verkauf)
= Nettoerlös	8.500,00	→	Konto 5410
− Buchwert	8.700,00	→	Konto 0840
= Verkaufsverlust	−200,00	→	Konto 6960

Buchungssatz 1 (Verbuchung der Händlerrechnung):

0840	Fuhrpark	25.000,00				
2600	Vorsteuer	4.750,00	an	4400	Verbindlichkeiten aus Lieferungen und Leistungen	19.635,00
				5410	Erlöse aus dem Abgang von Gegenständen des Anlagevermögens	8.500,00
				4800	Umsatzsteuer	1.615,00

8. Verkauf von beweglichen und unbeweglichen Anlagegütern

Buchungssatz 2 (Überweisung der Verbindlichkeit):

4400	Verbindlichkeiten aus Lieferungen und Leistungen	19.635,00	an	2800	Guthaben bei Kreditinstituten (Bank)	19.635,00

Buchungssatz 3 (Auflösung des Interimskontos, Ausbuchung des Buchwertes aus dem Anlagekonto, Erfassung des Verkaufsverlusts):

5410	Erlöse aus dem Abgang von Gegenständen des Anlagevermögens	8.500,00				
6960	Verluste aus dem Abgang von Vermögensgegenständen	200,00	an	0840	Fuhrpark	8.700,00

Kontendarstellung:

S	0840		H
BW 4400, 5410, 4800	8.700,00 25.000,00	5410, 6960	8.700,00

S	4400		H
2800	19.635,00	0840, 2600	19.635,00

S	2600		H
4400, 5410, 4800	4.750,00		

S	5410		H
0840	8.500,00	0840, 2600	8.500,00

S	6960		H
0840	200,00		

S	4800		H
		0840, 2600	1.615,00

S	2800		H
		4400	19.635,00

▷ Beispiel (ohne Interimskonto):

Ohne die Verwendung eines Interimskontos lauten die Buchungen aus dem vorhergehenden Beispiel folgendermaßen:

Buchungssatz 1:

0840	Fuhrpark	25.000,00				
2600	Vorsteuer	4.750,00				
6960	Verluste aus dem Abgang von Vermögensgegenständen	200,00	an	4400	Verbindlichkeiten aus Lieferungen und Leistungen	19.635,00
				0840	Fuhrpark	8.700,00
				4800	Umsatzsteuer	1.615,00

Buchungssatz 2:

| 4400 | Verbindlichkeiten aus Lieferungen und Leistungen | 19.635,00 | an | 2800 | Guthaben bei Kreditinstituten (Bank) | 19.635,00 |

Kontendarstellung:

S	0840		H		S	4400		H
BW	8.700,00	0840, 2600, 6960	8.700,00		2800	19.635,00	0840, 2600, 6960	19.635,00
4400, 0840, 4800	25.000,00							

S	2600		H		S	4800		H
4400, 0840, 4800	4.750,00						0840, 2600, 6960	1.615,00

S	6960		H		S	2800		H
4400, 0840, 4800	200,00						4400	19.635,00

9 Aktivierte Eigenleistungen

9.1 Allgemeines und Wertermittlung

Wird ein Anlagegut im Unternehmen durch eigene Arbeiter gebaut und anschließend im Betrieb eingesetzt oder z. B. die Montage eines gekauften Anlagegegenstandes durch eigene Arbeitskräfte durchgeführt, so spricht man von einer sog. **Eigenleistung**. Eine solche Eigenleistung wird üblicherweise **aktiviert**, d. h. als Posten der Aktivseite ausgewiesen, sofern dem kein konkretes gesetzliches Verbot entgegensteht. Bevor eine Erfassung in der Buchhaltung erfolgen kann, muss der Wert des Produktes oder der Montageleistung im Detail bestimmt werden.

Um näher auf die Wertermittlung von Eigenleistungen eingehen zu können, ist zunächst ein Exkurs in die *Kosten- und Leistungsrechnung* erforderlich: Die **Selbstkosten** eines Produktes setzen sich hier aus sog. Einzel- und Gemeinkosten zusammen. **Einzelkosten** sind Kosten, die einem Produkt (Kostenträger) direkt zugeordnet werden können. **Sondereinzelkosten** sind ebenfalls direkt zuordenbar, fallen jedoch nicht regelmäßig an, sondern sind meist nur auf einen bestimmten Auftrag bezogen. **Gemeinkosten** werden einem Produkt hingegen mit Hilfe von Verteilungsschlüsseln zugeordnet, da sie nicht direkt zurechenbar sind bzw. eine genaue Zurechnung unwirtschaftlich wäre. Abbildung 69 fasst wesentliche Einzel- und Gemeinkosten kompakt zusammen.

Einzelkosten	Gemeinkosten
Fertigungsmaterial (z. B. Rohstoffe)	*Materialgemeinkosten* (z. B. Hilfsstoffe, Betriebsstoffe)
Fertigungslöhne (Akkordlohn)	*Fertigungsgemeinkosten* (z. B. Miete für die Produktionshalle, Abschreibung der Maschinen)
Sondereinzelkosten der Fertigung (z. B. Stücklizenzen)	*Verwaltungsgemeinkosten* (z. B. Gehälter für Verwaltungsangestellte, Telefonkosten)
Sondereinzelkosten des Vertriebs (z. B. Spezialverpackung, -transport)	*Vertriebsgemeinkosten* (z. B. Werbekosten; Kosten für Lieferfahrzeuge: Wartung, Treibstoff, Steuer, Versicherung)

Abbildung 69: Einzel- und Gemeinkosten

Diese Einzel- und Gemeinkosten werden im folgenden Berechnungsschema zu den Selbstkosten eines Produktes aufaddiert. Gemeinkosten werden dabei in Form von Zuschlagssätzen verrechnet. Fertigungsmaterial und Materialgemeinkosten fasst man auch unter dem Begriff *Materialkosten* zusammen. Fertigungslöhne, Fertigungsgemeinkosten und Sondereinzelkosten der Fertigung werden in Summe auch als *Fertigungskosten* bezeichnet.

		Basis (100 %) für Gemeinkostenzuschlag
	Fertigungsmaterial (FM)	
+	Materialgemeinkosten (MGK)	Fertigungsmaterial
+	Fertigungslöhne (FL)	
+	Fertigungsgemeinkosten (FGK)	Fertigungslöhne
+	Sondereinzelkosten der Fertigung (SEKFE)	
=	Herstellkosten (HK)	
+	Verwaltungsgemeinkosten (VWGK)	Herstellkosten
+	Vertriebsgemeinkosten (VTGK)	Herstellkosten
+	Sondereinzelkosten des Vertriebs (SEKVT)	
=	Selbstkosten (SK)	

Abbildung 70: Selbstkostenermittlung in der Kosten- und Leistungsrechnung

Mit dem Schema in Abbildung 70 wäre nun die Berechnung der Selbstkosten nach den Prinzipien der Kosten- und Leistungsrechnung möglich. Es gibt allerdings eine Reihe gesetzlicher Vorschriften, die es nicht erlauben, den so ermittelten Betrag als Wertansatz für die Handels- bzw. Steuerbilanz zu verwenden:

Erstens ist es bei einer Eigenleistung nach § 255 II S. 4 HGB in der *Handelsbilanz* und nach § 5 I S. 1 EStG i. V. m. § 255 II S. 4 HGB in der *Steuerbilanz* **verboten, Forschungskosten** und **Vertriebsgemeinkosten** sowie **Sondereinzelkosten des Vertriebs anzusetzen**. Ebenso sind Leerkosten nicht ansetzbar. Darüber hinaus sind grundsätzlich nur tatsächlich angefallene Kosten heranzuziehen. Aus der Kostenrechnung darf man sich daher nur der Istkosten bedienen. Ein Ansatz rein kalkulatorischer Kosten ist nicht möglich.

Zweitens ist bei der Wertermittlung zwischen Anschaffungskosten (§ 255 I HGB) und Herstellungskosten (§ 255 II HGB) zu unterscheiden.

- **Anschaffungskosten** sind Aufwendungen, die erforderlich sind, um einen Vermögensgegenstand des Anlage- oder Umlaufvermögens zu erwerben und/oder in einen betriebsbereiten Zustand zu versetzen.

- **Herstellungskosten** sind hingegen Aufwendungen für die Herstellung, Erweiterung oder wesentliche Verbesserung eines Vermögensgegenstandes des Anlage- oder Umlaufvermögens (unfertige, fertige Erzeugnisse, selbst erstellte Anlagen).

Wie dem aufmerksamen Leser auffällt, handelt es sich bei den obigen Definitionen um eine begriffliche Vermengung von Rechengrößen aus unterschiedlichen Rechenwerken (vgl. Abschnitt A 2). Trotz der Begriffe Anschaffungs- und Herstellungs*kosten* bleibt aber der Grundsatz, dass in Finanzbuchhaltung und Jahresabschluss immer nur *Aufwendungen und Erträge* Eingang finden, unangetastet. Es dürfen grundsätzlich nur aufwandsgleiche Kosten (Grundkosten oder Zweckauf-

9. Aktivierte Eigenleistungen

wand) einbezogen werden. So sind von *Herstellungskosten* die *Herstellkosten* strikt zu unterscheiden. Bei den Herstellkosten handelt es sich tatsächlich um eine Rechengröße des internen Rechnungswesens. Da die Herstellungskosten und die Herstellkosten nicht zwangsläufig übereinstimmen, dürfen die beiden Begriffe nicht synonym verwendet werden.

Je nachdem welche der Kostenausprägungen (Anschaffungs- vs. Herstellungskosten) vorliegt, ist die **Eigenleistung** mit anderen **Kostenbestandteilen** anzusetzen:

- Anschaffungskosten:

    Hier ist ein Ansatz der Einzelkosten (FM, FL, SEKFE) vorgeschrieben. Dies gilt sowohl im *Handels-* als auch im *Steuerrecht*.

- Herstellungskosten:

    Hier sind *handels-* (§ 255 II, IIa und III HGB) und *steuerrechtlich* (§ 6 I Nr. 1 und 2 EStG, R 6.3 EStR) abweichende Ansätze möglich. Die nachfolgende Abbildung zeigt Wertunter- und -obergrenzen nach Handels- und Steuerrecht.

Herstellungskosten	Handelsbilanz/Steuerbilanz
Materialeinzelkosten	Pflicht
+ Fertigungseinzelkosten	Pflicht
+ Sondereinzelkosten der Fertigung	Pflicht
+ Material- und Fertigungsgemeinkosten (ohne Leerkosten)	Pflicht
= *Wertuntergrenze nach Handelsrecht*	
+ Verwaltungsgemeinkosten	Wahlrecht/Pflicht*
= *Wertuntergrenze nach Steuerrecht*	
+ Zinsen für Fremdkapital	Wahlrecht**
= *Wertobergrenze nach Handels- und Steuerrecht*	
Sondereinzelkosten des Vertriebs	Verbot
Vertriebsgemeinkosten	Verbot
Forschungskosten	Verbot

* Die steuerrechtliche Aktivierungspflicht für Kosten der allgemeinen Verwaltung (sowie für Aufwendungen für soziale Einrichtungen des Betriebes, für freiwillige soziale Leistungen und für betriebliche Altersversorgung) gilt unabhängig von der Ausübung des handelsrechtlichen Aktivierungswahlrechts (vgl. BMF-Schreiben vom 12.03.2010).

** Das steuerrechtliche Aktivierungswahlrecht bezüglich der mit der Finanzierung der Herstellung des Vermögensgegenstandes verbundenen Fremdkapitalzinsen ist gemäß Maßgeblichkeitsprinzip (§ 5 I S. 1 HGB) in gleicher Weise wie das handelsrechtliche Aktivierungswahlrecht auszuüben (vgl. BMF-Schreiben vom 12.03.2010).

Abbildung 71: Herstellungskostenermittlung nach Handels- und Steuerrecht

▶ Beispiel 1: Die Maßnahme zählt zu den *Herstellungskosten*.

Bei der Herstellung eines Lieferwagens, der innerhalb des Werksgeländes genutzt werden soll, fielen folgende Istkosten (tatsächliche Kosten) an:

Einzelkosten		Gemeinkostenzuschlagssätze	
FM	15.600,00	MGK	40 %
FL	4.500,00	FGK	130 %
SEKFE	300,00	VWGK	20 %
		VTGK	15 %

Aus diesen Daten ergeben sich auf Basis des Schemas in Abbildung 71 folgende Herstellungskosten bzw. Wertansätze nach Handels- und Steuerrecht:

FM	15.600,00	
+ FL	4.500,00	
+ SEKFE	300,00	
+ MGK	6.240,00	(40 % v. 15.600,00)
+ FGK	5.850,00	(130% v. 4.500,00)
= *Wertuntergrenze nach Handelsrecht*	*32.490,00*	
+ VWGK	6.498,00	(20% v. 32.490,00)
= *Wertuntergrenze nach Steuerrecht*	*38.988,00*	
= *Wertobergrenze nach Handels- u. Steuerrecht*		

In der *Handelsbilanz* muss (Pflicht) mindestens die Wertuntergrenze von 32.490,00 Euro angesetzt werden. Es dürfen (Wahlrecht) maximal 38.988,00 Euro angesetzt werden. Für die *Steuerbilanz* sind nur die Wertansätze nach Steuerrecht von Belang. Die Wertuntergrenze nach Steuerrecht beträgt 38.988,00 Euro. Die Verwaltungsgemeinkosten von 6.498,00 Euro müssen steuerrechtlich in die Herstellungskosten einbezogen werden (vgl. BMF-Schreiben vom 22.06.2010).

▶ Beispiel 2: Eine Maßnahme zählt zu den *Anschaffungskosten*.

Für eine Fertigungsmaschine, die für 20.000,00 Euro (netto) und 2.500,00 Euro Fracht bezogen wurde, war ein Fundament nötig, das durch eigene Arbeiter erstellt wurde. Dafür wurde Material im Wert von 2.400,00 Euro beschafft. An Fertigungslöhnen (Fertigungseinzelkosten) fielen 400,00 Euro an. Die notwendige Schalung belief sich auf 200,00 Euro. In der Rechnungsperiode wurde mit Zuschlagssätzen MGK 30 %, FGK 110 %, VWGK 25 %, VTGK 8 % kalkuliert.

Da das Fundament nötig ist, um die Maschine in einen betriebsbereiten Zustand zu versetzen, zählt diese Maßnahme zu den Anschaffungskosten und darf deshalb *nur zu Einzelkosten* angesetzt werden.

FM	2.400,00		Listenpreis	20.000,00
+ FL	400,00		+ Fracht	2.500,00
+ SEKFE	200,00		= vorl. AK	22.500,00
= *Eigenleistung*	*3.000,00*			

Die gesamten Anschaffungskosten der Anlage liegen damit bei 25.500,00 Euro, bestehend aus den vorläufigen Anschaffungskosten von 22.500,00 Euro und der Eigenleistung von 3.000,00 Euro.

9.2 Besonderheiten immaterieller Vermögensgegenstände

Werden immaterielle Vermögensgegenstände käuflich erworben, handelt es sich um einen gewöhnlichen Anschaffungsvorgang, bei dem der Kaufpreis zuzüglich Nebenkosten als Anschaffungskosten aktiviert wird (vgl. Abschnitt C 6). Wird hingegen der immaterielle Vermögensgegenstand vom Unternehmen **selbst erstellt**, so war vor dem Inkrafttreten des BilMoG eine Aktivierung unzulässig. Die im Zuge der Herstellung anfallenden Ausgaben mussten im laufenden Geschäftsjahr als Aufwand erfasst werden. Mit der Änderung des § 248 HGB durch das BilMoG wurde dieses Aktivierungsverbot jedoch gestrichen. Nach der neuen Regelung des § 248 II HGB besteht nunmehr ein **Wahlrecht zur Aktivierung von selbst geschaffenen immateriellen Vermögensgegenständen des Anlagevermögens**. Sofern diese jedoch den originären Geschäftswert (z. B. Marken, Drucktitel oder Kundenlisten; vgl. Abschnitt D 2.3) betreffen, besteht weiterhin ein Aktivierungsverbot. Besteht die Absicht, einen selbst geschaffenen immateriellen Vermögensgegenstand nicht dauerhaft im Geschäftsbetrieb zu nutzen, ist dieser im Umlaufvermögen zu aktivieren.

Im Falle einer Aktivierung des selbst geschaffenen immateriellen Vermögensgegenstandes im Anlagevermögen ist dieser gemäß § 255 IIa HGB mit den Herstellungskosten zu bewerten. Für die Bestimmung der aktivierungsfähigen Aufwendungen ist zwischen der Forschungs- und Entwicklungsphase zu unterscheiden. Für eine **Aktivierung** kommen nach § 255 IIa S. 1 HGB **nur Aufwendungen** während **der Entwicklungsphase** in Betracht, während Aufwendungen innerhalb der Forschungsphase gemäß § 255 II S. 4 HGB hingegen explizit als Bestandteil der Herstellungskosten ausgeschlossen sind. Das Verbot der Aktivierung der Aufwendungen während der Forschungsphase resultiert daraus, dass die Verwertbarkeit und der wirtschaftliche Erfolg der Erkenntnisse nicht hinreichend sichergestellt sind, mithin würde die Aktivierung der Aufwendungen den GoB widersprechen. Ferner können Abgrenzungsprobleme bzgl. der Aufwendungen während der Forschungsphase bestehen, sofern die Forschungsergebnisse für die Entwicklung verschiedener Vermögensgegenstände verwendet werden. Eine verlässliche Bestimmung der Herstellungskosten der betreffenden Vermögensgegenstände ist in diesen Fällen nicht möglich. Insofern knüpft die mögliche Aktivierung der Aufwendungen direkt an die Eigenschaften eines Vermögensgegenstandes an (vgl. Abschnitt A 4.3.2.2). Deshalb ist eine Aktivierung auch dann ausgeschlossen, wenn zwischen Forschungs- und Entwicklungsphase nicht verlässlich unterschieden werden kann.

▷ Beispiel:

Ein Software-Hersteller entwickelt im Geschäftsjahr 2010 ein neues System zur Vertriebssteuerung. Es ist geplant, das Programm im eigenen Unternehmen zu verwenden. Die Software ist am 31.12.2010 vollständig einsatzbereit. Aus dem Projektcontrolling geht hervor, dass ein Anteil von 15.000,00 Euro vom Gehalt eines Mitarbeiters der Forschungs- und Entwicklungsabteilung der Entwicklung der Software zugerechnet wurde. Dieser hatte eine Programmiersprache entwickelt, die im Unternehmen für die gesamte Softwareentwicklung genutzt wird. Darüber hinaus sind zwei Programmierer mit dem Erstellen des Programmcodes und der Implementierung der Vertriebssoftware beschäftigt gewesen. Dabei sind Gehälter in Höhe von 100.000,00 Euro angefallen. Für eine notwendige Schulung der Mitarbeiter im Vertrieb mussten 10.000,00 Euro gezahlt werden. Insgesamt belaufen sich die Projektaufwendungen auf 125.000,00 Euro. Das Unternehmen schätzt, dass die Software zehn Jahre im Vertrieb verwendet werden kann und beabsichtigt, das Aktivierungswahlrecht nach § 248 II HGB in Anspruch zu nehmen.

Die Herstellungskosten der Software im Sinne des § 255 IIa HGB betragen 100.000,00 Euro für das Gehalt der Programmierer, da diese in den Entwicklungszeitraum der Software fallen. Das anteilige Gehalt des Mitarbeiters der Forschungs- und Entwicklungsabteilung ist als Forschungsaufwand einzustufen. Die entwickelte Programmiersprache ist von grundlegender Bedeutung, da sie für die gesamte Softwareentwicklung genutzt wird. Eine verlässliche Zurechnung des Aufwands auf einzelne Entwicklungsprojekte ist nicht möglich; obgleich diese im Rahmen des internen Rechnungswesens (Controlling) erfolgt sein mag. Die anteiligen Aufwendungen von 15.000,00 Euro werden in der Gewinn- und Verlustrechung als Personalaufwand erfasst, da die Aktivierung von Forschungsaufwand nach § 255 II S. 4 explizit ausgeschlossen ist. Im Falle der Schulungsaufwendungen ist eine Aktivierung nach § 248 II HGB explizit ausgeschlossen, da diese in den Bereich des originären Geschäftswertes (vgl. Abschnitt D 2.3) des Unternehmens fallen.

9.3 Verbuchung

Die Aufwendungen (FM, FL, SEKFE, MGK, FGK, VWGK) für eine Eigenleistung erscheinen im GuV-Konto und führen so zu einer Minderung des Gewinns. Um diese Aufwendungen zu neutralisieren, wird die Eigenleistung als **Ertrag** gebucht. Zudem muss eine Buchung im Soll des entsprechenden Anlagekontos (Aktivierung) erfolgen. Daraus ergibt sich folgender allgemeiner Buchungssatz bei Übernahme eines selbst erstellten Gegenstandes in das eigene Unternehmen:

| Anlagekonto | an | 5300 – aktivierte Eigenleistungen |

Je umfangreicher die Herstellungskosten gewählt werden, desto höher sind der Wert des Vermögensgegenstandes in der Bilanz und auch der ausgewiesene Gewinn. Bei höherem Wert eines Aktivpostens muss die Passivseite der Bilanz ebenfalls höher sein. Da die Schulden unverändert bleiben, können sich nur das Eigenkapital und damit auch der Gewinn (als Veränderung des Eigenkapitals) entsprechend erhöhen.

Die Buchungssätze für die Beispiele aus den vorhergehenden Abschnitten C 9.1 und C 9.2 lauten nach diesem Buchungsmuster wie folgt:

Beispiel 1:

Der *Gewinn soll annahmegemäß möglichst niedrig ausgewiesen* werden. Daher wird möglichst *wenig aktiviert (Wertuntergrenze)*, also von den bereits gebuchten Aufwendungen für Material, Lohn etc. möglichst wenig neutralisiert, d. h. im GuV-

9. Aktivierte Eigenleistungen

Konto ein möglichst geringer Ertrag (Konto 5300) verbucht. Der Lieferwagen wird daher folgendermaßen in der Bilanz erfasst:

Buchungssatz:

| 0840 | Fuhrpark | 32.490,00 | an | 5300 | Aktivierte Eigenleistungen | 32.490,00 |

Kontendarstellung:

S	0840	H		S	5300	H
5300	32.490,00				0840	32.490,00

▷ **Beispiel 2:**

Das durch eigene Mitarbeiter erstellte Fundament der Fertigungsmaschine ist wie folgt in der Bilanz zu erfassen:

Buchungssatz:

| 0720 | Anlagen und Maschinen … | 3.000,00 | an | 5300 | Aktivierte Eigenleistungen | 3.000,00 |

Kontendarstellung:

S	0720	H		S	5300	H
5300	3.000,00				0720	3.000,00

Dieses Beispiel verdeutlicht, dass es im Zuge einer Aktivierung von Eigenleistungen nicht um die Aktivierung der Anschaffungskosten des Anlagegutes an sich geht. Vielmehr geht es um die Aktivierung von Aufwendungen die angefallen sind, um das Anlagegut in einen betriebsbereiten Zustand zu versetzen, mithin geht es um die Aktivierung von Anschaffungsnebenkosten.

▷ **Beispiel 3:**

Um die selbst erstellte Vertriebssoftware in die Bilanz aufzunehmen, sind die Programmierergehälter zu aktivieren.

Buchungssatz:

| 0230 | Ähnliche Rechte und Werte | 100.000,00 | an | 5300 | Aktivierte Eigenleistungen | 100.000,00 |

Kontendarstellung:

S	0230	H		S	5300	H
5300	100.000,00				0230	100.000,00

Die Ausgaben für die Schulung der Mitarbeiter sowie das anteilige Gehalt des Mitarbeiters aus der Forschungs- und Entwicklungsabteilung sind im Geschäftsjahr unmittelbar als Aufwand auf den Konten *6300 – Gehälter* bzw. *6640 – Aufwendungen für Fort- und Weiterbildung* zu erfassen.

Steht bereits vor Produktionsbeginn fest, dass ein Erzeugnis ab dem Tag der Fertigstellung im eigenen Betrieb eingesetzt wird, so erfolgt eine schrittweise Aktivierung der Eigenleistung auf dem Konto *0950 – Anlagen im Bau*. Nach jeder Aufwandsbuchung (z. B. FM) erfolgt deren Neutralisation im GuV-Konto durch folgende Buchung:

| 0950 – Anlagen im Bau | an | 5300 – aktivierte Eigenleistungen |

Am Tag der Betriebsbereitschaft bzw. der Übernahme ins eigene Unternehmen erfolgt dann lediglich eine Umbuchung vom Konto 0950 auf das entsprechende Anlagenkonto.

| Anlagenkonto | an | 0950 – Anlagen im Bau |

10 Kauf und Verkauf von Wertpapieren

10.1 Grundlagen

Neben Sichteinlagen (z. B. Guthaben auf Girokonten), Spareinlagen (z. B. Sparbücher) und befristeten Einlagen (z. B. Festgelder mit festgelegter Gesamtlaufzeit, oder Kündigungsgelder mit festgelegter Kündigungsfrist) ist der Kauf von sog. **vertretbaren Effekten** eine weitere Möglichkeit der Geldanlage. Es handelt sich hierbei um **Wertpapiere** (vermögensrechtliche Urkunden, die ein Recht verbriefen, wobei das Recht an den Besitz der Urkunde gebunden ist), die als Kapitalanlage dienen und an der **Börse** (Markt für Wertpapiere) gehandelt werden. Kauf und Verkauf von vertretbaren Effekten an der Börse können nur durch die Vermittlung eines Kreditinstitutes erfolgen. *Nicht vertretbare Effekten* (z. B. Wechsel, Schecks) können nicht gegeneinander ausgetauscht und deshalb auch nicht an der Börse gehandelt werden. Sie werden im Rahmen dieses Lehrbuchs nicht näher behandelt.

Es werden allgemein zwei **Arten von vertretbaren Effekten** unterschieden:

Teilhaberpapiere	Gläubigerpapiere
z. B. Aktien, Investmentzertifikate	z. B. Anleihen, Pfandbriefe, Obligationen
Ertrag: • Aktien: Dividende • Investmentzertifikate: Ertragsausschüttung	Ertrag: • konstanter Zins oder • variabler (z. B. an Referenzzins gebundener) Zins

Abbildung 72: Vertretbare Effekten

Teilhaberpapiere verschaffen dem Inhaber die rechtliche Stellung eines Eigentümers (Teilhabers). So ist der Inhaber einer Aktie am Grundkapital der entsprechenden Aktiengesellschaft, der Inhaber eines Investmentzertifikates an einem Fondsvermögen beteiligt.

Gläubigerpapiere sind Schuldurkunden, in denen sich der Aussteller (Emittent) zur Rückzahlung und Verzinsung eines aufgenommenen Kredits (Nennwert des Wertpapiers) innerhalb eines bestimmten Zeitraums verpflichtet. Der Käufer wird also zum Gläubiger. Je nachdem, wer Emittent und was Finanzierungszweck des Gläubigerpapiers ist, finden sich andere Bezeichnungen dafür. Gläubigerpapiere, die von Bund, Ländern und Kommunalverbänden zur Finanzierung von Investitionen ausgegeben werden, bezeichnet man etwa als *Anleihen*. *Pfandbriefe* werden von Realkreditinstituten (Hypothekenbanken) zur Beschaffung von finanziellen Mitteln für die Ausgabe von Baukrediten (Hypotheken) emittiert. Unternehmen der

Privatwirtschaft bringen *Industrieobligationen* in Umlauf, um sich langfristiges Fremdkapital für Investitionen zu beschaffen. Realkreditinstitute emittieren *Kommunalobligationen* und vergeben den Verkaufserlös als langfristige Kredite an Städte und Gemeinden.

Gedruckte Effekten besitzen allgemein folgenden Aufbau:

Mantel
Eigentliche Urkunde, die das Miteigentum oder die Gläubigereigenschaft verbrieft
Bogen aus Kupons und Talon
Kupons
Dividendenscheine (bei Aktien) bzw. Zinsscheine (bei verzinslichen Wertpapieren), die bei Fälligkeit bei der Bank gegen Gutschrift des Ertrags eingereicht werden
Talon
Erneuerungsschein, der nach Verbrauch aller Kupons gegen einen neuen Bogen eingetauscht wird

Abbildung 73: Aufbau gedruckter Effekten

10.2 Kauf und Verkauf von Aktien

10.2.1 Grundbegriffe im Aktienhandel

Bevor näher auf die Kauf- und Verkaufsabrechnung bei Aktiengeschäften eingegangen werden kann, sind zunächst einige dafür nötige Begriffe zu klären, die nicht verwechselt werden dürfen:

- Unter dem **Nennwert** versteht man den auf den Mantel aufgedruckten Wert. Er gibt die Höhe des Betrages an, mit dem der Inhaber am Grundkapital der betroffenen Aktiengesellschaft beteiligt ist. Viele Aktien sind aber mittlerweile nennwertlos.
- Der **Stückkurs** ist der *Preis*, zu dem *eine Aktie* zu einem bestimmten Zeitpunkt *an der Börse* gehandelt wird.
- Der **Kurswert** ist der Preis für mehrere Aktien der gleichen Art. Es gilt demnach *Kurswert = Stückkurs · Stückzahl*.

Nach Art der rechtlichen Übertragung zwischen den Aktionären unterscheidet man allgemein folgende Aktiengattungen:

- **Inhaberaktien** werden formlos lediglich durch Einigung und Übergabe (bzw. Umbuchung im Aktiendepot) übertragen.
- **Namensaktien** lauten auf den Namen des Aktionärs. Ihre Übertragung kann durch Zession (Abtretung) oder auch Einigung, Übergabe und Indossament

(Angabe der Person, an die die Aktie übergeben wird und Unterschrift der Angabe) erfolgen. Des Weiteren muss die Übertragung bei der Gesellschaft angemeldet werden, damit dort eine Umschreibung im Aktienregister erfolgen kann. Es gilt nämlich nur der als Aktionär, der im Aktienregister eingetragen ist. (Seit 1997 ist die Girosammelverwahrung auch für Namensaktien möglich, wodurch die Handhabung der Namensaktien weitgehend mit derjenigen der Inhaberaktien gleichgestellt ist.) Namensaktien müssen grundsätzlich dann emittiert werden, wenn nicht der volle Einlagebetrag (Nennwert + Agio) vom Aktionär erbracht wird.

- **Vinkulierte Namensaktien** sind nach § 68 II AktG gebundene Namensaktien. Dies bedeutet, dass ihre Übertragung nur mit Zustimmung der Gesellschaft erfolgen kann.

Eine weitere Unterscheidung (§ 8 AktG) wird in Aktien mit und ohne Nennwert vorgenommen. **Nennbetragsaktien** müssen auf mindestens 1,00 Euro, im Falle höherer Nennbeträge auf volle Euro lauten. **Stückaktien** hingegen lauten auf keinen Nennbetrag. Alle Stückaktien einer Gesellschaft sind in gleichem Umfang am Grundkapital beteiligt. Der auf die einzelne Aktie entfallende anteilige Betrag des Grundkapitals (rechnerischer Nennwert) darf 1,00 Euro nicht unterschreiten. Der Anteil am Grundkapital bestimmt sich bei Nennbetragsaktien nach dem Verhältnis ihres Nennbetrags zum Grundkapital, bei Stückaktien nach der Anzahl der Aktien.

Zudem können Stamm- und Vorzugsaktien unterschieden werden. Eine **Stammaktie** ist eine Aktie, die dem Inhaber die für den Normalfall vorgesehenen Rechte gewährt. **Vorzugsaktien** dagegen beinhalten Sonderrechte. Gibt es im Vergleich zu den Stammaktien nur Vorteile, spricht man von absoluten Vorzügen, steht dem Vorzug (z. B. höhere Dividende, Vorzüge beim Liquidationserlös) aber ein Nachteil (z. B. Stimmrechtsverzicht) gegenüber, spricht man von relativen Vorzügen.

10.2.2 Buchung des Kaufs

Da der Kauf nur über eine Bank abgewickelt werden kann, ist an diese neben dem Kurswert auch eine Provision zu bezahlen. Außerdem erhält der an der Börse tätige Makler für seine Vermittlung eine Gebühr, Courtage genannt. Diese ist ebenfalls vom Aktienkäufer zu tragen. Da es in der Praxis von Bank zu Bank unterschiedliche Prozentsätze bei der Provisionsberechnung gibt, werden aus didaktischen Gründen die Provision und die Maklergebühr zu einem **Pauschalspesensatz** von **1 % vom Kurswert** bei einem **Mindestbetrag von 25,00 Euro** zusammengefasst.

Nach § 255 I HGB und § 6 I Nr. 2 EStG sind Wertpapiere mit ihren **Anschaffungskosten (Kurswert + Spesen)** zu aktivieren. Es ergibt sich damit folgendes allgemeine Schema für die Kaufabrechnung bei Aktien:

Abbildung 74: Kaufabrechnung bei Aktien

▷ Beispiel:

Die Firma Wels beauftragt ihre Bank, 100 Aktien (Nennwert je Aktie 5,00 Euro) der Food-Shop-AG zur langfristigen Geldanlage zu kaufen. Das Grundkapital der Food-Shop-AG beläuft sich auf 350.000,00 Euro. Der Auftrag wird zum Stückkurs von 110,00 Euro ausgeführt. Die Spesen belaufen sich auf 1 % vom Kurswert.

Kaufabrechnung:

Kurswert	11.000,00	(= 100 Stück · 110,00 Euro/Stück)
+ Spesen	110,00	(= 1 % v. 11.000,00, mind. 25,00)
= Banklastschrift	11.110,00	

Zur Verbuchung von Aktienkäufen bietet der Industriekontenrahmen die in Abbildung 75 angegebenen vier Konten:

Kurzfristige Anlagen (Umlaufvermögen)

Vorübergehende, kurzfristige Anlagen (z. B. Spekulationen)
Konto 2720 – Aktien

Langfristige Anlagen (Anlagevermögen)

Dauerhafte, langfristige Anlagen (keine Beteiligung und kein Anteil an verbundenen Unternehmen)
Konto 1500 – Stammaktien, Konto 1510 – Vorzugsaktien

---

§ 271 I HGB:

Anteile an anderen Unternehmen, die bestimmt sind, dem eigenen Unternehmen durch Herstellung einer dauernden Verbindung zu jenen Unternehmen zu dienen (im Zweifelsfall: bei mehr als 20 % des Nominalkapitals)
Konto 1300 – Beteiligungen an assoziierten Unternehmen

---

§ 271 II HGB:

Verbundene Unternehmen sind Unternehmen, die als Mutter- oder Tochterunternehmen (§ 290 HGB) in einen Konzernabschluss eines Mutterunternehmens einzubeziehen sind. Tochterunternehmen, die nach § 296 HGB nicht einbezogen werden, sind ebenfalls verbundene Unternehmen. Ein verbundenes Unternehmen liegt nach § 290 II HGB auch vor, wenn mehr als 50 % der Stimmrechte beherrscht werden.
Konto 1100 – Anteile an verbundenen Unternehmen

Abbildung 75: Aktien des Anlage- und Umlaufvermögens

Zur Wahl des richtigen Kontos aus der Auswahl in Abbildung 75 sind die folgenden Fragen zu beantworten:

10. Kauf und Verkauf von Wertpapieren

1. Wurden die Aktien zur **lang- oder kurzfristigen Geldanlage** gekauft?

Im Beispiel auf der vorhergehenden Seite hat der Investor die Aktien zur langfristigen Geldanlage gekauft. Es kann also zur Verbuchung kein Konto des Umlaufvermögens verwendet werden, sodass das Aktivkonto 2720 – Aktien bereits ausgeschlossen werden kann. Ist die Verwendung des Kontos 2720 zu bejahen, kann auf die Beantwortung der zweiten Frage verzichtet werden.

2. Welchen **Anteil** besitzt das Aktienpaket **am Grundkapital** der Gesellschaft?

Anhand des Anteils am Grundkapital kann bei Fehlen eindeutiger Anhaltspunkte zur Beziehung zwischen zwei Unternehmen beurteilt werden, ob durch den Kauf eine „Beteiligung" oder ein „Anteil an einem verbundenen Unternehmen" entsteht. Es sind dabei auch solche Aktien zu berücksichtigen, die sich bereits im Besitz der Unternehmung befinden. Der Anteil kann nach folgender Formel ermittelt werden:

$$\text{Anteil} = \frac{\text{Nennwert} \cdot \text{Stückzahl}}{\text{Grundkapital}} \cdot 100\,\%$$

Die entscheidenden Anteilsgrenzen zur Beurteilung der endgültigen Kontenwahl sind in Abbildung 75 zu finden.

⊠ Beispiel:

Geht man davon aus, dass die auf der vorhergehenden Seite betrachtete Firma Wels bisher keine Aktien der Food-Shop-AG besaß, so ergibt sich

$$\text{Anteil am Grundkapital} = \frac{5 \cdot 100}{350.000} \cdot 100\,\% = 0{,}14\,\%.$$

Der berechnete Prozentsatz liegt unter 20 % und damit auch unter 50 %. Es liegt also weder eine „Beteiligung" noch ein „Anteil an einem verbundenen Unternehmen" vor. Die Buchung erfolgt daher auf einem der Konten 1500 oder 1510. Es sei angenommen, dass es sich hier um den Standardfall, also um Stammaktien handelt.

Buchungssatz:

1500 Stammaktien 11.110,00 an 2800 Guthaben bei Kreditinstituten (Bank) 11.110,00

Kontendarstellung:

S	1500	H	S	2800	H
2800	11.110,00			*1500*	11.110,00

In vielen Grundlagenlehrbüchern werden lediglich die Konten „Wertpapiere des Anlagevermögens" und „Wertpapiere des Umlaufvermögens" verwendet. Davon soll hier Abstand genommen werden, da zu den Wertpapieren des Anlagevermögens diverse Wertpapiergattungen gehören, die getrennt in der Buchhaltung zu erfassen sind (vgl. Kontengruppen 15 und 27 im Kontenplan im Anhang).

10.2.3 Buchung des Verkaufs

Da die Kurse von Aktien ständigen Schwankungen unterliegen, erfolgt der Verkauf von Aktien i. d. R. über oder unter den Anschaffungskosten (= Banklastschrift beim

Einkauf). Liegt die Bankgutschrift über den Anschaffungskosten, ergibt sich ein **Kursgewinn**, liegt sie darunter, ein **Kursverlust**. Auch beim Verkauf von Aktien sind Spesen an die Bank zu bezahlen. Das Schema der Verkaufsabrechnung ist deshalb wie folgt aufgebaut:

Abbildung 76: Verkaufsabrechnung bei Aktien

▶ Beispiel 1: Verkauf mit Kursgewinn

Ein Aktienpaket (500 Aktien, Anschaffungskosten: 15.400,00 Euro), welches ursprünglich zur kurzfristigen Geldanlage gekauft wurde, wird zum Stückkurs von 32,50 Euro verkauft. Die Bank berechnet die üblichen Spesen in Höhe von 1 % vom Kurswert.

	Kurswert	16.250,00	(= 500 St. · 32,50 Euro/St.)		
−	Spesen	162,50	(= 1 % v. 16.250,00 Euro)		
=	Bankgutschrift	16.087,50		→	Konto 2800
−	Anschaffungskosten	15.400,00		→	Konto 2720
=	*Kursgewinn*	687,50		→	Konto 5784

Buchungssatz:

2800	Guthaben bei Kreditinstituten (Bank)	16.087,50	an	2720	Aktien	15.400,00
				5784	Erträge aus dem Abgang von Wertpapieren des Umlaufvermögens	687,50

Kontendarstellung:

S	2800	H		S	2720	H
2720, 5784	16.087,50			AK	15.400,00	2800 15.400,00

S	5784	H
	2800	687,50

▶ Beispiel 2: Verkauf mit Kursverlust

Ein Aktienpaket (Konto 2720) wird mit einem Kursverlust von 460,00 Euro verkauft. Die Bankgutschrift lautet auf 3.760,00 Euro.

Buchungssatz:

2800	Guthaben bei Kreditinstituten (Bank)	3.760,00			
7460	Verluste aus dem Abgang von Wertpapieren des Umlaufvermögens	460,00	an	2720 Aktien	4.220,00

Kontendarstellung:

S	2800	H		S	2720	H
2720	3.760,00			AK	4.220,00	2800, 4.220,00
						7460

S	7460	H
2720	460,00	

Beim Verkauf von Beteiligungen, Anteilen an verbundenen Unternehmen und sonstigen Aktien zur langfristigen Geldanlage sind Kursgewinne bzw. Kursverluste auf den in Abbildung 77 zusammengefassten Konten zu erfassen. Um einen Überblick zu bieten, sind die Erfolgskonten beim Verkauf von Aktien zur kurzfristigen Geldanlage ebenfalls mit aufgeführt.

Aktiengattung	Kursgewinne	Kursverluste
Aktien (Konto 2720)	*Konto 5784* Erträge aus dem Abgang von Wertpapieren des Umlaufvermögens	*Konto 7460* Verluste aus dem Abgang von Wertpapieren des Umlaufvermögens
Beteiligungen (Konto 1300)	*Konto 5580* Erträge aus dem Abgang von Anteilen an nicht verbundenen Unternehmen	*Konto 7450* Verluste aus dem Abgang von Finanzanlagen
Anteile an verbundenen Unternehmen (Konto 1100)	*Konto 5530* Erträge aus dem Abgang von Anteilen an verbundenen Unternehmen	
Stammaktien (Konto 1500)	*Konto 5600* Erträge aus anderen Finanzanlagen	

Abbildung 77: Kursgewinn- und -verlustkonten beim Aktienverkauf

10.2.4 Buchung der Dividende

Die **Dividende**, die ein Aktionär erhält, stellt eine Verzinsung des von ihm eingesetzten Kapitals dar. Er erhält sie, sobald die Aktiengesellschaft im Geschäftsjahr einen Gewinn erwirtschaftet und die *Hauptversammlung* (Versammlung aller Aktionäre) beschließt, diesen auch an die Aktionäre auszuschütten.

Die Dividende, die auf eine einzelne Aktie entfällt, wird als **Stückdividende** bezeichnet. Die Gesamtdividende, die ein Aktionär erhält, ergibt sich als Produkt aus Stückdividende und Anzahl seiner Aktien.

$$\text{Gesamtdividende} = \text{Stückzahl} \cdot \text{Stückdividende}$$

Die Verbuchung von Dividenden (Ertrag) erfolgt, je nachdem ob eine kurz- oder langfristige Geldanlage vorliegt, auf einem der folgenden Konten:

Aktiengattung	Dividendenerträge
Aktien (Konto 2720)	*Konto 5780* Erträge aus Wertpapieren des Umlaufvermögens
Beteiligungen (Konto 1300)	*Konto 5550* Erträge aus Beteiligungen an nicht verbundenen Unternehmen, mit denen Verträge über Gewinngemeinschaft, Gewinnabführung oder Teilgewinnabführung bestehen und aus anderen Beteiligungen
Anteile an verbundenen Unternehmen (Konto 1100)	*Konto 5500* Erträge aus Beteiligungen an verbundenen Unternehmen, mit denen Verträge über Gewinngemeinschaft, Gewinnabführung oder Teilgewinnabführung bestehen und aus Beteiligungen an anderen verbundenen Unternehmen
Stammaktien (Konto 1500)	*Konto 5600* Erträge aus anderen Finanzanlagen

Abbildung 78: Dividendenertragskonten

▷ Beispiel:

Im Aktiendepot eines Unternehmens befinden sich 250 Aktien (kurzfristige Geldanlage) der Baierl-Mineralien-AG. Da die AG im Geschäftsjahr mit unerwartet hohen Gewinnen glänzen konnte, beschließt die Hauptversammlung die Ausschüttung einer Dividende von 15,00 Euro/Aktie.

Buchungssatz:

2800 Guthaben bei Kreditinstituten (Bank)	3.750,00	an	5780 Erträge aus Wertpapieren des Umlaufvermögens	3.750,00

Kontendarstellung:

S	2800	H	S	5780	H
5780	*3.750,00*			*2800*	*3.750,00*

10.3 Kauf und Verkauf festverzinslicher Wertpapiere

10.3.1 Kaufabrechnung und -buchung

Da die Grundlagen zum Thema Gläubigerpapiere schon im Abschnitt C 10.1 behandelt wurden, wird nun direkt auf Abrechnungen und Buchungen beim Handel mit Gläubigerpapieren eingegangen. Es wird sich dabei auf **festverzinsliche Papiere** (konstanter Zins über die Anlagedauer) beschränkt.

Die Kaufabrechnung bei festverzinslichen Wertpapieren setzt sich, sofern der Zinsschein mit gekauft wird, wie folgt zusammen:

	Kurswert[1]
+	Zinsanspruch des Verkäufers[2]
+	Spesen[3]
=	Banklastschrift

Abbildung 79: Kaufabrechnung bei festverzinslichen Wertpapieren

Zur Erklärung obiger Abbildung beachte man Folgendes:

1. Für den **Kurswert** gilt bei festverzinslichen Wertpapieren die allgemeine Formel *Kurswert = Nennwert · Prozentkurs*.

2. Die Zinsen für festverzinsliche Wertpapiere werden jeweils am Ende einer Zinsperiode **nachträglich** (i. d. R. ganzjährig) vom Emittenten an den Inhaber des Zinsscheins bezahlt. Beim Verkauf wird der nächstfällige Zinsschein mitgeliefert, sodass der Käufer zum nächsten **Zinstermin** (Tag, an dem eine Zinszahlung fällig ist) den vollen Zins für das abgelaufene Jahr erhält. Bei Eigentümerwechsel innerhalb einer Zinsperiode muss deshalb eine Zinsverrechnung zwischen Käufer und Verkäufer erfolgen. Neben dem Kurswert ist auch der dem Verkäufer (entsprechend der Besitzdauer) zustehende Zinsanteil zu bezahlen. Nach § 20 II der Bedingungen für die Geschäfte an deutschen Wertpapierbörsen stehen dem **Verkäufer** die **Zinsen bis einschließlich des Kalendertages vor der Wertstellung** (Valutierung) zu. Unter der Wertstellung versteht man die Festsetzung des Datums durch das Kreditinstitut, ab dem sich der Vorgang auf die Zinsrechnung des Bankkunden auswirkt.

    ▷ Beispiel: Ermittlung der Zinstage

    Der Zinstermin eines festverzinslichen Wertpapiers sei der 01.10., sodass die Zinsperiode den Zeitraum 01.10. - 30.09. des Folgejahres umfasst. Wertstellung sei am 15.5.

    Geht man zu Vereinfachungszwecken davon aus, dass ein Monat mit 30 Tagen bzw. ein Kalenderjahr mit 360 Tagen zu rechnen ist, so ergeben sich für dieses Wertpapier folgende Zinstage:

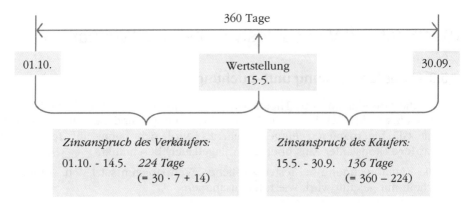

Die Berechnung der **Zinsen** erfolgt **vom Nennwert** des Wertpapiers basierend auf der folgenden Formel:

$$\text{Zins} = \frac{\text{Nennwert} \cdot \text{Zinssatz} \cdot \text{Zinstage}}{100 \cdot 360}$$

3. Da es in der Praxis je nach Bank und Makler unterschiedliche Provisionen und Gebühren gibt, wird im Folgenden zur Vereinfachung ein **Pauschalspesensatz von 0,5 % vom Kurswert** (KW) und eine **Mindestgebühr von 25,00 Euro** verwendet. Die anfallende Kapitalertragsteuer wird nicht behandelt.

▶ Beispiel: Kaufabrechnung

Ein Unternehmer kauft 9 %ige Bundesanleihen (Nennwert: 5.000,00 Euro) zum Kurs von 105 %. Zinstermin ist der 01.04. Die Wertstellung erfolgte am 15.12. Die Spesen belaufen sich auf 0,5 % des Kurswertes.

	Kurswert	5.250,00	(= 5.000,00 : 100 · 105)
+	Zins (01.04. - 14.12.)	317,50	(= (5.000 · 9 · 254) : (100 · 360))
+	Spesen 0,5 % vom KW	26,25	(= 0,5 % v. 5.250,00)
=	Banklastschrift	5.593,75	

Je nach Anlagehorizont sind die **Anschaffungskosten (Kurswert + Spesen)** eines festverzinslichen Wertpapiers entweder auf dem Konto *1560 – Festverzinsliche Wertpapiere* (langfristige Anlage) oder auf dem Konto *2740 – Festverzinsliche Wertpapiere* (kurzfristige Geldanlage) zu aktivieren. Der *Zinsanspruch des Verkäufers* ist dabei *kein* Bestandteil der Anschaffungskosten.

▶ Für obiges Beispiel ergäbe sich bei Annahme einer **kurzfristigen** Investition:

Buchungssatz:

2740	Festverzinsliche Wertpapiere	5.276,25			
5780	Erträge aus Wertpapieren des Umlaufvermögens	317,50	an	2800 Guthaben bei Kreditinstituten (Bank)	5.593,75

10. Kauf und Verkauf von Wertpapieren

Ausnahmsweise wird hier ein Aufwand im Soll eines Ertragskontos erfasst, da damit bereits im Voraus der spätere Eingang des Gesamtzinses (Ertrag) aus dem festverzinslichen Wertpapier auf den Anteil des Käufers korrigiert wird. Alternativ könnte auch auf dem Konto 7510 – Zinsaufwendungen gebucht werden. Im Falle einer **langfristigen Geldanlage** wäre der Zinsanspruch des Verkäufers im Soll des Kontos *5600 – Erträge aus anderen Finanzanlagen* zu buchen.

Kontendarstellung:

S	2740	H		S	2800		H
2800	5.276,25					*2740,*	5.593,75
						5780	

S	5780	H
2800	317,50	

Angenommen es geht im Anschluss an den Kauf der Jahreszins (9 % des Nennwertes) auf dem Bankkonto ein. Es ergibt sich dann folgende Buchung:

Buchungssatz:

2800 Guthaben bei Kreditinstituten (Bank)	450,00	an	5780 Erträge aus Wertpapieren des Umlaufvermögens	450,00

Kontendarstellung:

S	2800	H		S	5780		H
5780	450,00			*2800*	317,50	*2800*	450,00

Der Zinsertrag aus dem Papier liegt also bei 450,00 – 317,50 = 132,50 Euro.

10.3.2 Verkaufsabrechnung und -buchung

Die Verkaufsabrechnung bei festverzinslichen Wertpapieren ist allgemein nach dem Schema in Abbildung 80 aufgebaut:

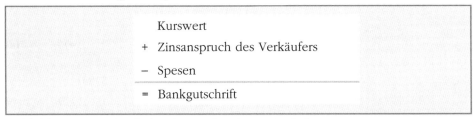

Abbildung 80: Verkaufsabrechnung bei festverzinslichen Wertpapieren

▶ Beispiel: Verkaufsabrechnung

Verkauf 8 %iger Pfandbriefe (Nennwert: 15.000,00 Euro) zum Kurs von 101,5 %. Zu diesem Geschäft sind darüber hinaus folgende Daten bekannt: Wertstellung zum 01.05., Zinstermin 01.10., Spesen in Höhe von 0,5 % des Kurswertes und eine Buchungsgebühr von 5,00 Euro.

Verkaufsabrechnung:

Kurswert	15.225,00	(= 15.000,00 : 100 · 101,5)
+ Zins (01.10. - 30.04.)	700,00	(= (15.000 · 8 · 210) : (100 · 360))
− Spesen 0,5 % vom Kurswert	76,13	(= 0,5 % von 15.225,00)
− Buchungsgebühr	5,00	
= Bankgutschrift	15.843,87	

Der Pfandbrief wurde zur **kurzfristigen Geldanlage** zu Anschaffungskosten von 14.500,00 Euro gekauft, wodurch sich folgender **Verkaufsgewinn** ergibt:

Verkaufserlös	15.143,87	(= 15.843,87 − 700,00)
− Anschaffungskosten	14.500,00	
= Verkaufsgewinn	643,87	

Buchungssatz:

2800	Guthaben bei Kreditinstituten (Bank)	15.843,87	an	2740 Festverzinsliche Wertpapiere	14.500,00
				5780 Erträge aus Wertpapieren des Umlaufvermögens	700,00
				5784 Erträge aus dem Abgang von Wertpapieren des Umlaufvermögens	643,87

Kontendarstellung:

S	2800		H		S	2740		H
2740, 5780, 5784	15.843,87				AK	14.500,00	2800	14.500,00

S	5780		H
		2800	700,00

S	5784		H
		2800	643,87

Im Falle einer **langfristigen Geldanlage** wäre der Verkaufsgewinn auf dem Konto *5600 − Erträge aus anderen Finanzanlagen* zu verbuchen.

Würden die Anschaffungskosten der **kurzfristigen Geldanlage** abweichend 17.000,00 Euro betragen, ergäbe sich ein **Verkaufsverlust** in der nachfolgend berechneten Höhe.

10. Kauf und Verkauf von Wertpapieren

	Verkaufserlös	15.143,87	(= 15.843,87 − 700,00)
−	Anschaffungskosten	17.000,00	
=	Verkaufsverlust	−1.856,13	

Buchungssatz:

2800	Guthaben bei Kreditinstituten (Bank)	15.843,87			
7460	Verluste aus dem Abgang von Wertpapieren des Umlaufvermögens	1.856,13	an	2740 Festverzinsliche Wertpapiere	17.000,00
				5780 Erträge aus Wertpapieren des Umlaufvermögens	700,00

Kontendarstellung:

S		2800	H		S		2740		H
2740, 5780	15.843,87				AK	17.000,00	*2800, 7460*		17.000,00

S		7460	H		S		5780		H
2740, 5780	1.856,13						*2800, 7460*		700,00

Im Falle einer **langfristigen Geldanlage** wäre der Verkaufsverlust auf dem Konto *7450 – Verluste aus dem Abgang von Finanzanlagen* zu verbuchen.

Kommt es beim Verkauf eines festverzinslichen Wertpapiers zur kurzfristigen Geldanlage weder zu einem Gewinn noch zu einem Verlust, so wird das Papier lediglich unter Erfassung des Zinsertrages aus dem Aktivkonto ausgebucht. Gleiches gilt auch im Falle der langfristigen Geldanlage. Für obiges Beispiel wäre dies der Fall, wenn die ursprünglichen Anschaffungskosten 15.143,87 Euro betragen hätten. Die zugehörige Buchung und Kontendarstellung lauten dann folgendermaßen:

Buchungssatz:

2800	Guthaben bei Kreditinstituten (Bank)	15.843,87	an	2740 Festverzinsliche Wertpapiere	15.143,87
				5780 Erträge aus Wertpapieren des Umlaufvermögens	700,00

Kontendarstellung:

S	2800	H		S	2740		H
2740, *5780*	15.843,87			AK	15.143,87	*2800*	15.143,87

				S	5780		H
						2800	700,00

11 Fremdfinanzierung

11.1 Allgemeines

Nicht immer können alle Investitionen (z. B. Anschaffungen von Anlagegütern, Stoffen und Handelswaren) eines Unternehmens vollständig mit eigenem Kapital finanziert werden. Ein Teil wird mit Kapital von Gläubigern, d. h. Banken, Sparkassen und Lieferanten bezahlt. Diese Schulden tauchen auf der Passivseite der Bilanz als Fremdkapital auf. Zu den typischen **Fremdkapitalquellen** für große Industriebetriebe zählen vor allem *Lieferanten* von Werkstoffen und Handelswaren und *Kreditinstitute*. Erstere gewähren mit einem Zahlungsziel einen sog. Lieferantenkredit. Da der Kredit keine Geldüberlassung, sondern eine Warenlieferung darstellt, wird er auch als Warenkredit bezeichnet. Kreditinstitute vergeben Geldkredite nach strengster Kreditwürdigkeitsprüfung (Offenlegung der wirtschaftlichen Verhältnisse des Kreditnehmers: § 18 S. 1 KWG). Was die Kreditkosten (Zinsen, Gebühren) anbelangt, zählen sie zu den günstigsten Kreditgebern.

11.2 Kreditvergleiche

Will ein Unternehmen unter mehreren Kreditangeboten das günstigste auswählen, so ist eine Betrachtung der damit verbundenen Kreditkosten erforderlich. Sie ergeben zusammen mit dem eigentlichen Kreditbetrag den Rückzahlungsbetrag gegenüber dem Kreditgeber, d. h. Kreditbetrag + Kreditkosten = Rückzahlungsbetrag. Zu typischen **Kreditkosten** zählen in der Praxis Zinsen, Bearbeitungs- und Vermittlungsgebühren und das Disagio:

- **Zinsen** stellen periodisch anfallende Zahlungen an, die den Kreditgeber für die Überlassung der Geldmittel an den Kreditnehmer entlohnen. Bei der Berechnung von Zinsen ist zu beachten, auf welche Basis sich ein angegebener Zinssatz bezieht und welche Art von Zinssatz vorliegt. Typischerweise liegt ein *Jahreszinssatz* zur Berechnung des Zinses pro Jahr (p. a., per anno) vor und die Zinsermittlung erfolgt einmal jährlich von der *Restschuld* (Anfangsschuld abzüglich bisherige Rückzahlungen) am betrachteten Stichtag. Bei *Ratenkrediten* ist die Angabe eines *Monatszinssatzes* (p. m.) üblich und die Berechnung der Zinsen erfolgt monatlich immer vom anfänglichen Kreditbetrag (ungeachtet der Ratenzahlungen, die die Schuld von Monat zu Monat senken).

- **Bearbeitungsgebühren** werden i. d. R. einmalig bei Kreditaufnahme verlangt und gehen als Aufwandsentschädigung für die Kreditvertragserstellung (Personalkosten etc.) an den Kreditgeber. Bei Ratenkrediten ist auch eine Verteilung auf die monatlich zu zahlende Rate möglich.

- Wird der Kredit über einen Kreditvermittler bezogen, ist an diesen ein bestimmter Prozentsatz des Nettokredits (Kreditbetrag), die **Vermittlungsgebühren**, zu bezahlen.

- Verlangt eine Bank ein **Disagio (Damnum, Abschlag)**, so wird die Kreditsumme nicht in voller Höhe ausbezahlt. Die *Berechnung der Zinsen* erfolgt aber trotzdem vom *vollen Kreditbetrag* (vor Abzug des Disagios). Außerdem ist der volle Kreditbetrag und nicht der ausbezahlte Wert zurückzuzahlen. Ein Disagio stellt insofern einen Einmalzins zu Beginn der Kreditlaufzeit dar, der durch Verzicht auf eine höhere Auszahlung geleistet wird. Der aufgenommene Kredit wird dann mit einem entsprechend niedrigeren Zinssatz verzinst.

Der bei der Kreditvergabe genannte (**nominelle**) **Zinssatz** gibt nur Auskunft über einen Teil der tatsächlichen Kreditkosten. Der Zinssatz, der alle Kreditkosten (inkl. Bearbeitungsgebühren, Vermittlungsgebühren und Disagio) reflektiert, ist der sog. **effektive Zinssatz** p_{eff}. Er lässt sich wie folgt ermitteln:

$$p_{eff} = \frac{\text{Kreditkosten} \cdot 100 \cdot 360}{\text{ausgezahltes Kapital} \cdot \text{Laufzeit in Tagen}}$$

Nach der sog. Preisangabenverordnung (PAngV) muss der effektive Zinssatz in Kreditwerbung, -angeboten und -verträgen enthalten bzw. angegeben sein. Er ist die Grundlage für einen aussagekräftigen Kreditvergleich.

▷ Beispiel:

Zur Erweiterung der Produktionskapazität soll eine neue Fertigungsmaschine angeschafft werden. Da liquide Mittel aber zurzeit nicht ausreichend zur Verfügung stehen, wird die Aufnahme eines Kredits in Höhe von 12.000,00 Euro (Laufzeit: 14 Monate) in Erwägung gezogen. Die Rückzahlung soll am Ende der Laufzeit erfolgen. Es liegen die Angebote zweier Kreditinstitute vor:

	Auszahlung	Bearbeitungsgebühr	Zins
Bank A	100 %	1 %	9,5 % p. a.
Bank B	98,5 %	keine	9,0 % p. a.

Der Vergleich der Angebote erfolgt über die effektiven und nicht über die nominellen Zinssätze, da letztere die anderen Kreditkosten nicht berücksichtigen.

Kreditkosten:

	Bank A		Bank B	
Zinsen	1.330,00	[1]	1.260,00	[2]
+ Bearbeitungsgebühr	120,00	[3]	0,00	
+ Disagio	0,00		180,00	[4]
= Gesamt	1.450,00		1.440,00	

[1] Zinsen $= \dfrac{12.000,00 \cdot 9,5 \cdot 420}{100 \cdot 360}$ [2] Zinsen $= \dfrac{12.000,00 \cdot 9,0 \cdot 420}{100 \cdot 360}$

[3] Gebühr = 1 % v. 12.000,00 [4] Disagio = (100 − 98,5) % v. 12.000,00

Auszahlung:

Bank A: 12.000,00

Bank B: 98,5 % v. 12.000,00 = 11.820,00

Effektive Verzinsung:

Bank A: $p_{eff} = \dfrac{1.450,00 \cdot 100 \cdot 360}{12.000,00 \cdot 420} = 10,36\,\%$

Bank B: $p_{eff} = \dfrac{1.440,00 \cdot 100 \cdot 360}{11.820,00 \cdot 420} = 10,44\,\%$

Die effektive Verzinsung zeigt, dass es sich beim Kredit der Bank A um den günstigeren handelt. Wäre die Entscheidung aufgrund der nominellen Zinssätze gefällt worden, hätte das Unternehmen höhere Kreditkosten tragen müssen.

11.3 Kreditarten

Im Folgenden werden der Lieferanten- und der Kontokorrentkredit sowie das Anschaffungs- und das Investitionsdarlehen als häufigste Kreditarten beschrieben. Diese Finanzierungsformen können grob in zwei Kategorien unterteilt werden:

Kurzfristige Kredite (bis zu einem Jahr Laufzeit)	*Langfristige Kredite* (mehr als ein Jahr Laufzeit)
- Lieferantenkredit - Kontokorrentkredit	- Anschaffungsdarlehen - Investitionsdarlehen

Abbildung 81: Kreditarten nach Fristigkeit

11.3.1 Lieferantenkredit

Wie bereits aus Abschnitt C 1 bekannt ist, gewähren Lieferanten ihren Kunden i. d. R. ein Zahlungsziel von 1 bis 3 Monaten. Dieser **Zahlungsaufschub** stellt einen **kurzfristigen Kredit** dar. Um dem Kunden einen Anreiz zur frühzeitigen Bezahlung (vor Ablauf des Zahlungsziels: i. d. R. innerhalb von 8 bis 14 Tagen nach Rechnungsstellung) zu geben, sieht der Lieferant meist einen Skonto vor. Nimmt der Kunde diesen nicht in Anspruch, so **kostet** (Kreditkosten) ihm die **volle Ausnutzung des Zahlungsziels** bzw. der Lieferantenkredit den **Skonto**. Betrachtet man die effektive Verzinsung eines solchen Kredits, so stellt man fest, dass dieser zu den teuersten Krediten zählt.

▷ Beispiel:
Eingang einer Rechnung über 3.500,00 Euro (brutto). Zahlungsbedingungen: Rechnungsbetrag zahlbar in 2 Monaten; Abzug von 2,5 % Skonto bei Zahlung innerhalb von 14 Tagen.

	Rechnungsbetrag (brutto)	3.500,00	(100 %)
–	Skonto (Kreditkosten, brutto)	87,50	(2,5 %)
=	Zahlung (= eingesetztes Kapital)	3.412,50	(97,5 %)

Die Effektivverzinsung dieses Kredits beläuft sich auf

$$p_{eff} = \frac{87{,}50 \cdot 100 \cdot 360}{3.412{,}50 \cdot 46} = 20{,}07\ \%.$$

Die Ermittlung der in dieser Berechnung verwendeten Kreditlaufzeit kann wie folgt veranschaulicht werden:

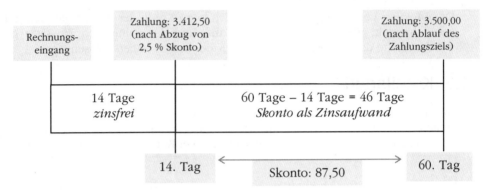

11.3.2 Kontokorrentkredit

Eine andere Möglichkeit der Finanzierung laufender Geschäfte ist die (genehmigte) **Überziehung des Girokontos** bis zu einer von der Bank festgelegten Kreditlinie. Ist diese Kreditlinie einmal vertraglich vereinbart, kann der Kontoinhaber jederzeit mittels Überweisungen, Barabhebungen und Schecks über den eingeräumten Kredit verfügen. Die Rückzahlung erfolgt über Geldeingänge auf dem Girokonto (z. B. Bareinzahlungen und Überweisungseingänge).

Wird ein solcher Kredit einer **Privatperson** gewährt, so spricht man von einem **Dispositionskredit** (disponieren = frei verfügen). Bei **Unternehmen** hingegen wird diese Kreditart als **Kontokorrentkredit** (ital. conto corrente = laufende Rechnung) bezeichnet.

Die üblicherweise für ein Girokonto anfallenden Kosten, setzen sich wie folgt zusammen (vgl. dazu auch Abbildung 82):

- **Zinsen**:

  Sollzinsen: Schuldenzinsen für Kontoüberziehungen bis zur eingeräumten Kreditlinie (hoch, da die Bank stets Kreditbeträge auf Abruf bereithalten muss)

  Überziehungszinsen: Dies sind zusätzlich zu den normalen Sollzinsen berechnete Zinsen, wenn die Überziehung des Girokontos die eingeräumte Kreditlinie übersteigt.

- **Kontoführungsgebühren**:

  Dies sind Gebühren für durchgeführte Transaktionen (nach Anzahl) und für den Kontoauszugsdruck. Als Anreiz für große Unternehmen werden oft gebührenfreie Konten angeboten.

Die Zinsen, die ein Kunde für sein Guthaben erhält (**Habenzinsen**), sind im Vergleich zu den Sollzinsen sehr niedrig. Die Abrechnung der Zinsen und Gebühren erfolgt i. d. R. vierteljährlich.

11. Fremdfinanzierung

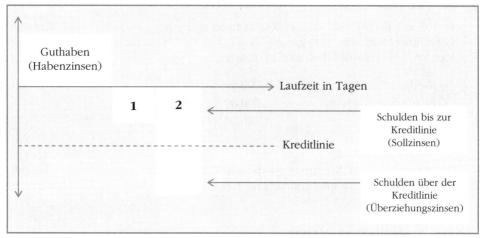

Abbildung 82: Girokonto und Kontokorrentkredit

> Beispiel (zu Nr. 1 in Abbildung 82):

Ein Unternehmen überzieht sein Girokonto um 4.000,00 Euro (Laufzeit: 20 Tage). Die Sollzinsen liegen bei 11,5 % p. a. Die Kontokorrentlinie beträgt 6.000,00 Euro.

$$\text{Zins} = \frac{4.000,00 \cdot 11,5 \cdot 20}{100 \cdot 360} = 25,56 \text{ Euro}$$

Wird die vereinbarte Kreditlinie überschritten, fallen *neben* den vereinbarten Kreditzinsen (Sollzinsen) noch Überziehungszinsen auf den *übersteigenden* Betrag an.

> Beispiel (zu Nr. 2 in Abbildung 82):

Die Kreditlinie des Unternehmensbankkontos sei 6.000,00 Euro. Für eine Dauer von 30 Tagen ist zur Finanzierung von Rohstoffeinkäufen eine Überziehung des Girokontos in Höhe von 10.000,00 Euro erforderlich. Die Sollzinsen liegen bei 12,25 % p. a. Als Überziehungszinsen wurden zusätzliche 3 % p. a. vereinbart.

$$\text{Sollzinsen bis Kreditlinie} = \frac{6.000,00 \cdot 12,25 \cdot 30}{100 \cdot 360} = 61,25 \text{ Euro}$$

$$\text{Soll- u. Überziehungszinsen ab Kreditlinie} = \frac{(10.000 - 6.000,00) \cdot (12,25 + 3,00) \cdot 30}{100 \cdot 360}$$
$$= 50,83 \text{ Euro}$$

Gesamtzinsen = 61,25 + 50,83 = 112,08 Euro

11.3.3 Anschaffungsdarlehen

Das auch als **Ratenkredit** bezeichnete Anschaffungsdarlehen dient zur Finanzierung langlebiger Gebrauchsgüter (z. B. Fahrzeuge, Möbel). Solche Darlehen werden in festen monatlichen Raten an den Kreditgeber zurückbezahlt. Die Besonderheit solcher Kredite liegt darin, dass die **Zinsen pro Monat** (p. m.) und immer **vom anfänglichen Kreditbetrag** berechnet werden.

▷ Beispiel:

Es soll ein Ratenkredit von 15.000,00 Euro und einer Laufzeit von 24 Monaten aufgenommen werden. Die Zinsen liegen bei 0,4 % p. m. Als Bearbeitungsgebühr werden 2 % des Kreditbetrages berechnet.

Kredit	15.000,00	
+ Bearbeitungsgebühr	300,00	
+ Zinsen	1.440,00	(= (15.000,00 · 0,4) : 100 · 24)
= Rückzahlung	16.740,00	

Zur Ermittlung der Kreditrate ist die Rückzahlung nun auf 24 Monate aufzuteilen. Es ergibt sich damit eine monatliche Rate von 16.740,00 Euro : 24 Monate = 697,50 Euro/Monat.

11.3.4 Investitionsdarlehen

Investitionsdarlehen dienen zur Finanzierung von kapitalträchtigen Investitionen (z. B. Baumaßnahmen). Sie haben i. d. R. eine *Laufzeit von 5 bis 30 Jahren*. Die zu zahlenden Zinsen können dabei entweder über die gesamte Laufzeit festgeschrieben oder als variabler Zins (zu laufenden Marktkonditionen) vereinbart werden. Eine Kategorisierung von Investitionsdarlehen nach der Art der Tilgung (Rückzahlung) ist wie folgt möglich:

Abzahlungs-/ Tilgungsdarlehen	Annuitätendarlehen	Endfälligkeits-/ Zinsdarlehen
Zahlungsraten in jährlich abnehmender Höhe	Zahlungsraten in jährlich gleich bleibender Höhe	Gesamttilgung am Ende der Laufzeit
=	=	
gleich bleibende Tilgungsbeträge	zunehmende Tilgungsbeträge	Zinszahlung monatlich, viertel- oder halbjährlich
+	+	
abnehmender Zins	abnehmender Zins	(Bei jährlicher Zinszahlung kommt es zu einem Zinsaufschlag.)

Abbildung 83: Investitionsdarlehen nach Art der Tilgung

▷ Beispiele:

Die nachfolgenden Zahlenbeispiele veranschaulichen die **Tilgungspläne** (Entwicklung von Zinsen, Tilgung und Restschuld im Zeitverlauf) der in Abbildung 83 enthaltenen Typen von Investitionsdarlehen. Es wird dabei jeweils von einer Kreditauszahlung zu 100 % und einer Laufzeit von 4 Jahren ausgegangen.

Abzahlungs-/Tilgungsdarlehen:

Kreditsumme: 40.000,00 Euro; Zins: 7 % p. a.

Tilgungsplan:

Jahr	Darlehen/Restschuld (in Euro)	Tilgung (in Euro)	Zinsen (in Euro)	Jährl. Gesamtzahlung (in Euro)
1	40.000,00	10.000,00	2.800,00	12.800,00
2	30.000,00	10.000,00	2.100,00	12.100,00
3	20.000,00	10.000,00	1.400,00	11.400,00
4	10.000,00	10.000,00	700,00	10.700,00
	0,00	40.000,00	7.000,00	47.000,00

Die jährlich gleich bleibende Tilgung ergibt sich als 40.000,00 : 4 = 10.000,00 Euro. Der Zins nimmt jährlich ab, da die Berechnungsgrundlage (Restschuld in Spalte 2) jährlich sinkt. Er ergibt sich z. B. im 3. Jahr als 20.000,00 : 100 · 7 = 1.400,00 Euro.

Annuitätendarlehen:

Kreditsumme: 100.000,00 Euro; Zins: 5 % p. a.

Tilgungsplan:

Jahr	Darlehen/Restschuld (in Euro)	Zinsen (in Euro)	Tilgung (in Euro)	Jährl. Gesamtzahlung (in Euro)
1	100.000,00	5.000,00	23.201,18	28.201,18
2	76.798,82	3.839,94	24.361,24	28.201,18
3	52.437,57	2.621,88	25.579,30	28.201,18
4	26.858,27	1.342,91	26.858,27	28.201,18
	0,00	12.804,73	100.000,00	112.804,73

Hauptcharakteristikum eines Annuitätendarlehens ist die jährlich gleichbleibende Darlehensrate (Annuität). Ist i der Jahreszins in Dezimalschreibweise und n die Laufzeit in Jahren, so berechnet sich die Annuität folgendermaßen:

$$\text{Annuität} = \text{Darlehensbetrag} \cdot \frac{i \cdot (1+i)^n}{(1+i)^n - 1}$$

Im hier vorliegenden Fall gilt:

$$\text{Annuität} = 100.000,00 \cdot \frac{0,05 \cdot (1+0,05)^4}{(1+0,05)^4 - 1} = 28.201,18 \text{ Euro}$$

Bei der Erstellung des Tilgungsplans wird jedes Jahr zunächst der Zins auf Grundlage der Restschuld ermittelt. Die Differenz aus diesem Wert (im 3. Jahr z. B. 52.437,57 · 0,05 = 2.621,88 Euro) und der Annuität ergibt dann die Tilgung. Sie ist, wie leicht zu sehen ist, jährlich zunehmend. Der Zins hingegen ist jährlich abnehmend, da die Berechnungsgrundlage (Restschuld in Spalte 2) jährlich sinkt.

Endfälligkeits-/Zinsdarlehen:

Kreditsumme: 40.000,00 Euro; Zins: 5,5 % p. a. (jährliche Zahlung)

Tilgungsplan:

Jahr	Darlehen/Restschuld (in Euro)	Tilgung (in Euro)	Zinsen (in Euro)	Jährl. Gesamtzahlung (in Euro)
1	40.000,00	0,00	2.200,00	2.200,00
2	40.000,00	0,00	2.200,00	2.200,00
3	40.000,00	0,00	2.200,00	2.200,00
4	40.000,00	40.000,00	2.200,00	42.200,00
	0,00	40.000,00	8.800,00	48.800,00

11.4 Verbuchung von Fremdfinanzierungsaktivitäten

11.4.1 Kreditauszahlung

Bei der buchhalterischen Erfassung einer Kreditaufnahme bei einer Bank ist zunächst auf die Fristigkeit des Kredits zu achten. Kredite mit Laufzeiten von *bis zu einem Jahr* werden auf dem Konto *4200 – Kurzfristige Bankverbindlichkeiten*, Kredite mit Laufzeiten von *über einem Jahr* auf dem Konto *4250 – Langfristige Bankverbindlichkeiten* erfasst bzw. **passiviert**. Bei einer Lieferantenverbindlichkeit ist, wie bereits in Abschnitt C 2 behandelt, das Konto *4400 – Verbindlichkeiten aus Lieferungen und Leistungen* zu verwenden.

▷ Beispiel:

Aufnahme eines Darlehens (Laufzeit: 8 Jahre, Auszahlung: 100 %). Der Betrag in Höhe von 100.000,00 Euro wird auf dem Bankkonto gutgeschrieben.

Buchungssatz:

2800 Guthaben bei Kreditinstituten (Bank)	100.000,00	an	4250 Langfristige Bankverbindlichkeiten	100.000,00

Kontendarstellung:

S	2800		H	S	4250		H
4250	100.000,00					*2800*	100.000,00

11.4.2 Laufende Buchungen

Im Folgenden werden typische Buchungen, die zwischen Aus- und Rückzahlung von Krediten anfallen können, anhand einfacher Beispiele dargestellt. Schwerpunkt liegt dabei auf der Verbuchung von Gebühren und Zinsen. Es ist dabei buchungstechnisch wichtig, ob die Zahlungen von einem Kreditinstitut oder einem anderen Kaufmann gefordert bzw. geleistet werden.

11.4.2.1 Gebühren und Zinsen (Kreditinstitute)

Von Kreditinstituten berechnete **Spesen und Bearbeitungsgebühren** sind grundsätzlich **umsatzsteuerfrei**. Dies gilt **auch** für **Zinsen** (Aufwand oder Ertrag) **auf reine Finanzgeschäfte**. Es sei jedoch darauf hingewiesen, dass hier nach § 9 I UStG in Verbindung mit § 4 Nr. 8a UStG eine *Optionsmöglichkeit* besteht, welche von den Banken gegenüber vorsteuerabzugsberechtigten Geschäftskunden immer mehr genutzt wird.

Beispiel 1:

Die Bank belastet das Girokonto eines Unternehmens wegen Überziehung mit 80,43 Euro Zinsen. Zudem fallen Kontoführungsgebühren in Höhe von 15,00 Euro für den entsprechenden Abrechnungszeitraum an.

Buchungssatz:

7510	Kosten des Geldverkehrs	15,00			
6750	Zinsaufwendungen	80,43	an	2800 Guthaben bei Kreditinstituten (Bank)	95,43

Kontendarstellung:

S	7510	H		S	2800	H
2800	15,00				7510, 6750	95,43

S	6750	H
2800	80,43	

Zinsaufwendungen und Kosten des Geldverkehrs (Bearbeitungsgebühren, Kontoführungsgebühren, Bankprovisionen, Gebühren für Kontoauszüge, verauslagte Spesen usw.) werden jeweils als Aufwendungen erfasst und schmälern damit den Erfolg des Unternehmens.

Beispiel 2:

Laut vorliegendem Kontoauszug wurden auf dem Girokonto 5,46 Euro Guthabenzinsen für das abgelaufene Quartal gutgeschrieben.

Buchungssatz:

2800	Guthaben bei Kreditinstituten (Bank)	5,46	an	5710 Zinserträge	5,46

Kontendarstellung:

S	2800	H		S	5710	H
5710	5,46				2800	5,46

Aus der Geldanlage auf dem Girokonto resultierende Zinsen werden also erfolgswirksam im Haben eines geeigneten Ertragskontos gebucht.

11.4.2.2 Gebühren und Zinsen (unter Kaufleuten)

Gerät ein Kunde in Zahlungsverzug, so ist der Lieferer berechtigt, Verzugszinsen in Rechnung zu stellen. Ist kein Zinssatz vereinbart, so liegt dieser nach § 288 II BGB bei beidseitigen Handelsgeschäften (Kaufmann-Kaufmann) 8 Prozentpunkte über dem Basiszinssatz und nach § 288 I BGB bei einseitigen Handelsgeschäften (Kaufmann-Privatperson) 5 Prozentpunkte über dem Basiszinssatz. Der Basiszinssatz ist in § 247 BGB definiert und ändert sich halbjährlich.

Verzugszinsen stellen einen Schadensersatz für verspätete Zahlung dar und **unterliegen nicht der Umsatzsteuer.** Unter Kaufleuten berechnete **Spesen und Gebühren** hingegen sind **umsatzsteuerpflichtig.** Sie gelten als Nebenforderungen.

▶ Beispiel 1:

Von einem Lieferanten geht ein Schreiben ein, in dem er 45,00 Euro Verzugszinsen und Mahnspesen in Höhe von 4,50 Euro in Rechnung stellt.

Buchungssatz:

7510 Zinsaufwendungen	45,00			
6750 Kosten des Geldverkehrs	4,50			
2600 Vorsteuer	0,86	an	4400 Verbindlichkeiten aus Lieferungen und Leistungen	50,36

Kontendarstellung:

S	7510	H		S	4400	H
4400	45,00				7510, 6750, 2600	50,36

S	6750	H
4400	4,50	

S	2600	H
4400	0,86	

▶ Beispiel 2:

Da sich ein Kunde seit erheblicher Zeit im Zahlungsverzug befindet, wird er mit Verzugszinsen von 30,50 Euro und Mahngebühren von 5,60 Euro belastet.

Buchungssatz:

2400 Forderungen aus Lieferungen und Leistungen	37,16	an	5710 Zinserträge	30,50
			5430 Andere sonstige betriebliche Erträge	5,60
			4800 Umsatzsteuer	1,06

Kontendarstellung:

S	2400	H		S	5710	H
5710, 5430, 4800	37,16				2400	30,50

				S	5430	H
					2400	5,60

				S	4800	H
					2400	1,06

11.4.3 Rückzahlung

Bankkreditrückzahlungen setzen sich i. d. R. aus Tilgung und Zinsen zusammen. Sie können am Laufzeitende oder über die Laufzeit hinweg erfolgen. Die Rückzahlung von Lieferantenkrediten wurde unter anderem bereits in den Abschnitten C 1.7 und C 6.5 behandelt.

▷ Beispiel:

Ein Festdarlehen in Höhe von 48.000,00 Euro wird am Ende der Laufzeit zusammen mit dem Zins des letzten Monats von 200,00 Euro zurückbezahlt.

Buchungssatz:

4250	Langfristige Bankverbindlichkeiten	48.000,00			
7510	Zinsaufwendungen	200,00	an	2800 Guthaben bei Kreditinstituten (Bank)	48.200,00

Kontendarstellung:

S	4250		H		S	2800	H
2800	48.000,00	Bestand	48.000,00			4250, 7510	48.200,00

S	7510	H
2800	200,00	

Die Sollbuchung im Konto 4250 löst die bestehende Bankverbindlichkeit auf. Des Weiteren wird durch die Buchung der 200,00 Euro auf dem Konto 7510 der Aufwand der Rechnungsperiode erhöht und damit der Gewinn geschmälert.

11.4.4 Darlehen mit Disagio

Wird ein Darlehen nicht in voller Höhe ausgezahlt, sondern mit einem Abschlag von der Kreditsumme, so *kann* dieses sog. Disagio in der Handelsbilanz gemäß

§ 250 III HGB auf dem Bestandskonto *2901 – Disagio* **aktiviert** werden und im Zuge des Jahresabschlusses einer Abschreibung (vgl. Abschnitt D 4.2.1.2) unterzogen werden. In der Steuerbilanz ist dies Pflicht (Durchbrechung der Maßgeblichkeit: Aktivierungswahlrecht in Handelsbilanz wird zu Aktivierungspflicht in Steuerbilanz; vgl. Abschnitt B 4.3.2.5). *Alternativ* kann in der Handelsbilanz die Verbuchung des Disagios auch als Zinsaufwand auf dem Konto *7590 – Sonstige Zinsen und ähnliche Aufwendungen* (Aufwandskonto, Zunahme im Soll) erfolgen, da es sich hierbei um eine Art von vorgezogenem Zins handelt.

Beispiel:

Zum 01.01. des Geschäftsjahres wird ein langfristiges Darlehen mit einer Laufzeit von 8 Jahren in Höhe von 80.000,00 Euro und einem Zinssatz von 5 % aufgenommen. Das Darlehen wird jedoch nur zu 98 % (also 2 % Disagio) ausbezahlt.

Möglichkeit 1:

Es wird sich dafür entschieden, das Disagio in der Handelsbilanz *sofort als (Zins-) Aufwand geltend* zu machen.

Buchungssatz:

2800	Guthaben bei Kreditinstituten (Bank)	78.400,00			
7590	Sonstige Zinsen und ähnliche Aufwendungen	1.600,00	an	4250 Langfristige Bankverbindlichkeiten	80.000,00

Kontendarstellung:

S	2800	H		S	4250	H
4250 78.400,00					*2800, 7590* 80.000,00	

S	7590	H
4250 1.600,00		

Möglichkeit 2:

Es wird sich in der Handelsbilanz für eine Ausübung des Wahlrechtes zur *Aktivierung des Disagios* entschieden.

Buchungssatz:

2800	Guthaben bei Kreditinstituten (Bank)	78.400,00			
2901	Disagio	1.600,00	an	4250 Langfristige Bankverbindlichkeiten	80.000,00

Sofern das Disagio aktiviert wurde, muss eine Auflösung dieses Aktivpostens über die Dauer der Darlehensinanspruchnahme erfolgen. Im vorliegenden Fall wäre am Ende des Geschäftsjahres und zu den Abschlussstichtagen der darauf folgenden sieben Geschäftsjahre daher wie folgt zu buchen:

| 7540 Abschreibungen auf Disagio | 200,00 | an | 2901 Disagio | 200,00 |

Kontendarstellung:

S	2800	H		S	4250	H
4250	78.400,00				*2800, 2901*	80.000,00

S	2901	H		S	7540	H
4250	1.600,00	*7540*	200,00	*2901*	200,00	

Materiell handelt es sich bei einem Disagio um einen im Voraus gezahlten Zins. Da die effektive Verzinsung aus den tatsächlichen Zahlungen des Darlehensnehmers bestimmt wird und bei einem Disagio der Auszahlungsbetrag des Darlehens geringer ist als der Rückzahlungsbetrag, ergibt sich eine höhere tatsächliche Verzinsung der überlassenen Mittel während der Laufzeit (vgl. Abschnitt C 11.1).

Je nach Ausübung des Wahlrechtes zur Behandlung des Disagios stellt sich eine unterschiedliche Gewinnwirkung während der Laufzeit des Darlehens ein. Durch die sofortige Verbuchung des Disagios im Aufwand wird der Gewinn um den gesamten Betrag unmittelbar gemindert. Im Falle einer Aktivierung erfolgt im Zuge der Abschreibung des Disagiobetrages eine Verteilung auf die Gewinne während der Darlehenslaufzeit. Duch die jährliche Minderung des Gewinns wird die tatsächliche Zinsbelastung aus dem Darlehen im Zeitablauf ökonomisch zutreffender dargestellt.

12 Leasing

12.1 Begriffliche Grundlagen

Unter **Leasing** versteht man die vertragliche Einräumung eines zeitlich begrenzten Nutzungsrechts an Investitions- oder Konsumgütern, wobei der Vermögensgegenstand (**Leasingobjekt**) nach Ablauf des Vertrages zurückgegeben oder zum Restwert käuflich erworben wird. Als Vermittler eines Leasingvertrages kann sowohl der Hersteller („direktes Leasing") als auch eine Leasinggesellschaft („indirektes Leasing") auftreten. Diese bezeichnet man als **Leasinggeber**. Der **Leasingnehmer** erhält den Leasinggegenstand (z. B. ein Computersystem, eine Produktionsanlage oder ein Kraftfahrzeug) gegen Zahlung eines Entgeltes (Leasingrate) zum Gebrauch. Je nach Ausgestaltung des Leasingvertrages trägt entweder der Leasingnehmer oder der Leasinggeber die Haftung für die Instandhaltung, Beschädigung oder den Untergang der Sache. Der Leasingvertrag kann ohne jegliches Optionsrecht, aber auch mit einer Verlängerungs- bzw. Kündigungsoption oder einer Kaufoption für den Leasingnehmer nach Beendigung der Überlassungszeit abgeschlossen sein. Ob der Leasingnehmer vom Optionsrecht Gebrauch macht, ist während der Überlassungszeit völlig offen.

Das Leasing bietet allgemein folgende **Vorteile**:
- rasche Anpassung an technische Entwicklungen (z. B. bei EDV-Anlagen)
- geringerer Kapitalbedarf (im Vergleich zum Kauf)
- keine Sicherheiten erforderlich
- monatlich gleich bleibende und überschaubare Leasingraten
- Rückgabe des Anlagegutes am Ende der Laufzeit möglich

Je nach Vertragsart ergeben sich folgende **Nachteile**:
- Der Leasingnehmer ist teilweise vertraglich für den Anlagegegenstand verantwortlich (z. B. bei Kfz: Zahlung von Kfz-Steuer, Versicherung, Wartung und Reparaturen), auch wenn neben dem rechtlichen Eigentum ebenfalls das wirtschaftliche Eigentum (vgl. Abschnitt A 4.3.2.2 und C 12.2.1) beim Leasinggeber liegt.
- Die kumulierten Leasingkosten der gesamten Laufzeit sind höher als die Kosten bei einem sofortigen kreditfinanzierten Kauf.

Leasingverhältnisse lassen sich anhand des Verpflichtungscharakters aus der Leasingvereinbarung wie folgt unterscheiden:

Das **Operating Leasing** umfasst Vereinbarungen, die gemessen an der wirtschaftlichen Nutzungsdauer (ND) des Leasingobjektes eine kurzfristige Nutzungsüberlassung darstellen. Sie sehen keine fest vereinbarte Grundmietzeit (GMZ) vor und können von den Vertragsparteien unter Einhaltung bestimmter Fristen gekündigt werden. Der Leasinggeber trägt die Risiken eines zufälligen Untergangs des Leasingobjektes und einer wirtschaftlichen Entwertung durch technischen Fortschritt sowie alle in Zusammenhang mit dem Leasingobjekt stehenden Aufwendungen.

Wie bei herkömmlichen Miet- oder Pachtverträgen liegt das volle Investitionsrisiko insofern bei der nutzungsüberlassenden Partei und damit beim Leasinggeber.

Beim **Finanzierungsleasing** wird meist eine unkündbare Grundmietzeit vereinbart, die einen erheblichen Teil der wirtschaftlichen Nutzungsdauer des Leasingobjektes ausmacht. Vorrangiger Zweck dieser Verträge ist damit die Finanzierung der Investition. Da der Leasingnehmer die Risiken des Untergangs oder der Verschlechterung des Vermögensgegenstandes trägt, übernimmt er während der Vertragslaufzeit das volle Investitionsrisiko.

Einen Sonderfall des Finanzierungsleasings stellt das **Spezialleasing** dar. Bei einem solchen Leasingverhältnis kann das Leasingobjekt nur von dem jeweiligen Leasingnehmer wirtschaftlich sinnvoll genutzt werden, da es speziell auf die Bedürfnisse des Leasingnehmers zugeschnitten ist.

In der Vergangenheit waren Leasingverträge überwiegend als sog. **Vollamortisationsverträge** ausgestaltet. Die bedeutet, dass die vereinbarten Leasingraten während der Grundmietzeit die vollen Anschaffungs- bzw. Herstellungskosten des Leasingobjektes sowie die Finanzierungs- und Verwaltungskosten des Leasinggebers decken, die mit dem Objekt in Zusammenhang stehen. Derzeit herrschen jedoch sog. **Teilamortisationsverträge** vor, bei denen das Leasingentgelt so bemessen ist, dass es neben den Finanzierungs- und Verwaltungskosten nur die zeitanteiligen Abschreibungen während der Grundmietzeit deckt. Der Leasinggeber erreicht insofern zum Ende der Grundmietzeit keine volle Amortisation des Leasingobjektes. Bei derartigen Verträgen wird zur Abdeckung des Restwertes meist ein sog. *Andienungsrecht* des Leasinggebers gegenüber dem Leasingnehmer vereinbart. Dies bedeutet, dass der Leasingnehmer zum Kauf des Leasingobjektes (zum vereinbarten Restwert) verpflichtet ist, wenn der Leasinggeber von seinem Andienungsrecht Gebrauch machen sollte. Der Leasingnehmer hat in derartigen Verträgen keinen Anspruch darauf, den Leasinggegenstand zu erwerben. Der Leasinggeber kann ihn auch anderweitig veräußern.

12.2 Abbildung von Leasingverhältnissen

12.2.1 Wirtschaftliche Zurechnung des Leasingobjektes

Die Zurechnung von Vermögensgegenständen knüpft grundsätzlich an das zivilrechtliche Eigentum an. In Sonderfällen – so auch beim Leasing – ist allerdings das sog. wirtschaftliche Eigentum maßgeblich. So schreibt § 246 I S. 2 HGB vor, dass nur Vermögensgegenstände in die Bilanz aufzunehmen sind, wenn sie dem Eigentümer auch wirtschaftlich zuzurechnen sind. Dies ist der Fall, wenn die betreffende Person die tatsächliche Sachherrschaft über den Vermögensgegenstand in einer Weise ausübt, dass dadurch der nach bürgerlichem Recht Berechtigte (zivilrechtlicher Eigentümer) wirtschaftlich auf Dauer von der Einwirkung ausgeschlossen ist und seinem Herausgabeanspruch keine nennenswerte wirtschaftliche Bedeutung zukommt. Zivilrechtlicher Eigentümer ist beim Leasing immer der Leasinggeber.

Zentraler Aspekt bei der Abbildung von Leasingverhältnissen ist daher, inwieweit das Leasingobjekt davon abweichend wirtschaftlich dem Leasingnehmer zuzurechnen ist. Da keine handelsrechtlichen Regelungen existieren, die die Zuordnung des Leasingobjektes konkretisieren, werden in der Bilanzierungspraxis die für die Steuerbilanz einschlägigen Leasing-Erlasse der Finanzverwaltung herangezogen.

Handelt es sich bei einem Leasingverhältnis um ein **Operating Leasing**, so wird der Leasinggegenstand über die gesamte Vertragsdauer dem Leasinggeber zugerechnet und in dessen Folge auch von diesem bilanziert. Ist das Leasingverhältnis hingegen als **Finanzierungsleasing** zu qualifizieren, so ist anhand der Detailnormen der Leasing-Erlasse zu prüfen, welcher Partei das Leasingobjekt wirtschaftlich zuzurechnen ist. Die nachfolgende Abbildung 84 fasst die Regelungen der Leasing-Erlasse als Prüfschema zusammen.

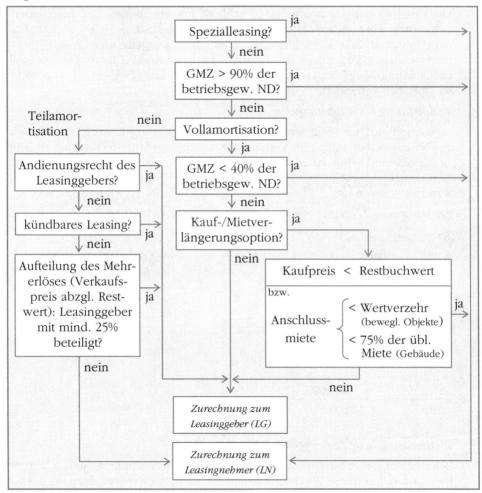

Abbildung 84: Ermittlung des wirtschaftlichen Eigentümers

12.2.2 Abbildung bei Zuordnung zum Leasinggeber

Wird das Leasingobjekt dem Leasinggeber zugerechnet, so hat dieser das Objekt mit seinen Anschaffungs- bzw. Herstellungskosten zu aktivieren und über die voraussichtliche Nutzungsdauer abzuschreiben (vgl. Abschnitt D 2.1). Beim Leasingnehmer sind die laufenden Leasingraten als Aufwand der jeweiligen Periode zu erfassen. Die Leasingraten stellen beim Leasinggeber Ertrag der jeweiligen Periode dar. Die Ertragsvereinnahmung beim Leasinggeber soll sich am Verlauf der Aufwendungen, die dem Leasinggeber im Zusammenhang mit dem Leasingverhältnis entstehen, orientieren. Divergieren die Verteilung der Aufwendungen und die vertraglich vereinbarten Leasingraten, so sind die Erträge mittels Rechnungsabgrenzungsposten (vgl. Abschnitt D 4) abzugrenzen und entsprechend dem Aufwandsverlauf über die Vertragslaufzeit zu verteilen.

▷ Beispiel:

Ein Unternehmen (Leasingnehmer) schließt mit einem Lkw-Hersteller einen Leasingvertrag über einen Lieferwagen (Herstellungskosten: 10.000,00 Euro) ab. Es wurde eine jährlich nachschüssig zu zahlende Leasingrate von 1.800,00 Euro (netto) vereinbart. Die Laufzeit des Leasingvertrages beträgt 2 Jahre. Die voraussichtliche Nutzungsdauer des Lieferwagens wird auf 5 Jahre geschätzt. Es wurden keinerlei Optionen vereinbart.

1. Abbildung beim Leasingnehmer:

Es handelt sich im vorliegenden Fall um ein Operating Leasing, da der Zeitraum der Nutzungsüberlassung im Verhältnis zur Nutzungsdauer relativ kurz ist. Der Leasinggegenstand wird daher dem Leasinggeber zugerechnet und bei diesem bilanziert. Der Leasingnehmer hat die Leasingraten im Zeitpunkt des Anfallens als Aufwand zu erfassen.

Buchung zum Zeitpunkt der Zahlung der Leasingrate (31.12.):

6710	Leasing	1.800,00			
2600	Vorsteuer	342,00	an	2800 Guthaben bei Kreditinstituten (Bank)	2.142,00

Kontendarstellung:

S	6710	H	S	2800	H
2800	*1.800,00*			*6710, 2600*	*2.142,00*

S	2600	H
2800	*342,00*	

2. Abbildung beim Leasinggeber:

Beim Leasinggeber sind im Zuge der Produktion Herstellungskosten von 10.000,00 Euro angefallen. Diese hat der Leasinggeber zu aktivieren (vgl. dazu auch Abschnitt C 9), da ihm der Lieferwagen wirtschaftlich zuzurechnen ist.

Aktivierung des Lieferwagens:

0840	Fuhrpark	10.000,00	an	5300 aktivierte Eigenleistungen	10.000,00

Kontendarstellung:

S	0840	H	S	5300	H
5300	*10.000,00*			*0840*	*10.000,00*

Zum Geschäftsjahresende ist der Lieferwagen mit der Rate 10.000,00 : 5 = 2.000,00 Euro abzuschreiben (vgl. dazu Abschnitt D 2.1) und der Zahlungseingang der Leasingrate zu verbuchen.

Abschreibung des Lieferwagens:

6520	Abschreibungen auf Sachanlagen	2.000,00	an	0840	Fuhrpark	2.000,00

Kontendarstellung:

S	6520	H		S	0840		H
0840	2.000,00			5300	10.000,00	*6520*	2.000,00

Bezüglich der Leasingrate sei angenommen, dass diese unmittelbar im Zeitpunkt der Fälligkeit eingeht (daher keine Einbuchung einer Forderung). Des Weiteren sollen sich der Verlauf der Leasingraten und der Aufwendungen des Leasinggebers aus dem Leasingverhältnis entsprechen. Eine Abgrenzung der Leasingrate ist insofern nicht erforderlich.

Buchung Zahlungseingang Leasingrate:

2800	Guthaben bei Kreditinstituten (Bank)	2.142,00	an	5401	Leasingerträge	1.800,00
				4800	Umsatzsteuer	342,00

Kontendarstellung:

S	2800	H		S	5401		H
5401, 4800	2.142,00					*2800*	1.800,00

				S	4800		H
						2800	342,00

12.2.3 Abbildung bei Zuordnung zum Leasingnehmer

Wird das Leasingobjekt dem Leasingnehmer zugerechnet, so hat dieser das Objekt mit seinen Anschaffungskosten zu aktivieren und über die voraussichtliche Nutzungsdauer abzuschreiben. Als Anschaffungskosten des Leasingobjekts gelten nach den Leasingerlassen von 1971/1972 die Anschaffungs- oder Herstellungskosten des Leasinggebers. Sind diese dem Leasingnehmer nicht bekannt, so ist der Barwert der künftigen Leasingzahlungen (Leasingraten, Einmalzahlungen etc. inkl. Vorsteuer) zuzüglich Anschaffungsnebenkosten (ANK) und abzüglich Anschaffungspreisminderungen (APM) anzusetzen. Sind in den Leasingzahlungen jedoch Anteile für Serviceleistungen enthalten, die einen reinen Aufwandsersatz gegenüber dem Leasinggeber darstellen, so sind diese Anteile bei der Bestimmung des Wertansatzes nicht zu berücksichtigen. Es sind nur die tatsächlichen Nutzungsentgelte (brutto) heranzuziehen. Im Rahmen der Diskontierung ist ein Marktzins i für vergleichbare Laufzeiten n zu verwenden. Konkret gilt damit:

$$\text{Wertansatz} = \underbrace{\text{Nutzungsentgelt} \cdot \frac{(1+i)^n - 1}{(1+i)^n \cdot i}}_{\text{Barwert der Nutzungsentgelte}} + \text{ANK} - \text{APM}$$

Neben der Aktivierung des Leasingobjektes zu dessen Anschaffungskosten hat der Leasingnehmer in gleicher Höhe eine Verbindlichkeit gegenüber dem Leasinggeber zu passivieren. Dadurch ist der Beschaffungsvorgang an sich erfolgsneutral. Die vom Leasingnehmer zu erbringenden Leasingraten sind in einen Zins- und einen Tilgungsanteil aufzuspalten. Der Zinsanteil stellt Aufwand der jeweiligen Periode dar. Der Tilgungsanteil wird erfolgsneutral mit der Verbindlichkeit verrechnet.

Beim Leasinggeber ist der Leasinggegenstand auszubuchen, da ihm dieser wirtschaftlich nicht zuzurechnen ist. Anstelle des Leasinggegenstandes bilanziert der Leasinggeber eine Forderung gegenüber dem Leasingnehmer in Höhe des Barwertes der Leasingraten. Die Leasingraten werden dann bei Erhalt im Zuge der Verbuchung in einen Zinsanteil (erfolgswirksam) und einen Anteil zur Begleichung der Forderung (erfolgsneutral) aufgeteilt.

▶ Beispiel:

Zwischen einem Unternehmen (Leasingnehmer) und einem Hersteller von Spezialmaschinen wird die Nutzungsüberlassung einer speziell angefertigten Titanfräsmaschine (Herstellungskosten: 30.000,00 Euro, betriebsgewöhnliche Nutzungsdauer: 5 Jahre) vereinbart. Nach Fertigstellung soll die Fräsmaschine vertragsgemäß für eine Dauer von 5 Jahren dem Unternehmen zur Nutzung überlassen werden. Das nutzende Unternehmen hat im Gegenzug während der Dauer der Nutzung zum Ende eines jeden Geschäftsjahres eine Leasingrate von 15.000,00 Euro (brutto) zu leisten. Im Rahmen der Leasingrate wird zudem die Wartung der Maschine vergütet. Die Wartung hätte bei einem Drittunternehmen für jährlich 5.000,00 Euro (brutto) als separate Dienstleistung bezogen werden können. Für einen Bankkredit mit einer Laufzeit von 5 Jahren hätte der Leasingnehmer 5 % Zinsen zu zahlen. Die Maschine wird zum 01.01.2010 an den Leasingnehmer ausgeliefert.

Grundsätzlich handelt es sich im vorliegenden Fall um ein Finanzierungsleasing, da die Grundmietzeit einen wesentlichen Teil der betriebsgewöhnlichen Nutzungsdauer umfasst. Sie entspricht sogar der betriebsgewöhnlichen Nutzungsdauer des Objektes (insofern > 90 %). Zudem handelt es sich bei der Maschine um eine Sonderanfertigung. Die Maschine ist daher unzweifelhaft wirtschaftlich dem Leasingnehmer zuzurechnen. Es ist dabei unbeachtlich, dass sie sich nach wie vor im rechtlichen Eigentum des Herstellers (Leasinggeber) befindet.

1. Abbildung beim Leasingnehmer:

Der Leasingnehmer hat im vorliegenden Fall die Fräsmaschine zu Anschaffungskosten zu aktivieren. Zur Ermittlung der Anschaffungskosten ist zunächst der Serviceanteil der Leasingrate vom Anteil der Nutzungsüberlassung abzuspalten. Da bei einem Fremdbezug des Services jährlich 5.000,00 Euro zu leisten gewesen wären, ergibt sich als Entgelt für die bloße Nutzung ein Betrag von 10.000,00 Euro pro Jahr. Der Barwert dieser jährlichen (konstanten) Nutzungsentgelte ergibt sich unter Verwendung des laufzeitäquivalenten Zinssatzes von 5,0 % wie folgt:

$$\text{Barwert der Nutzungsentgelte} = 10.000{,}00 \cdot \frac{(1+0{,}05)^5 - 1}{(1+0{,}05)^5 \cdot 0{,}05} = 43.294{,}77 \text{ Euro}$$

In der Bilanz ist der Nettowert dieses Barwerts, d. h. ein Betrag von 43.294,77 : 1,19 = 36.382,16 Euro, zu aktivieren.

Aktivierung der Maschine zum 01.01.2010:

0720	Anlagen und Maschinen ...	36.382,16				
2600	Vorsteuer	6.912,61	an	4420	Kaufpreisverbindlichkeiten	43.294,77

Kontendarstellung:

S	0720	H	S	4420	H
4420	36.382,16			0720, 2600	43.294,77

S	2600	H
4420	6.912,61	

Die Abschreibung der Maschine beläuft sich bei linearer Abschreibung und 5 Jahren Nutzungsdauer auf 36.382,16 : 5 = 7.276,43 Euro (vgl. Abschnitt D 2.1).

Abschreibung der Maschine zum 31.12.2010:

6520	Abschreibungen auf Sachanlagen	7.276,43	an	0720	Anlagen und Maschinen ...	7.276,43

Kontendarstellung:

S	6520	H	S	0720		H
0720	7.276,43		4420	36.382,16	6520	7.276,43

Bevor die Verbuchung der Zahlung der Leasingrate vorgenommen werden kann, muss zunächst die Aufteilung des Teils, der auf die Nutzungsüberlassung entfällt, vorgenommen werden. Dies ist mittels zweier anerkannter Verfahren möglich: der sog. *Zinsstaffelmethode* und der sog. *Barwertvergleichsmethode*.

Da zur Verwendung der *Zinsstaffelmethode* dem Leasingnehmer die Anschaffungs- oder Herstellungskosten des Leasingobjektes bekannt sein müssen und dies regelmäßig nicht der Fall ist, dominiert die Anwendung der *Barwertvergleichsmethode*. Wie der Name bereits andeutet, werden hier die Zinsanteile über den Vergleich der Barwerte der noch zu zahlenden Nutzungsentgelte ermittelt. Die Differenz des Barwertes zu Beginn der Periode und des Barwertes zum Ende der Periode ist der Betrag, der in der Periode getilgt wurde. Der Zinsanteil wiederum ergibt sich aus der Differenz von Nutzungsentgelt und Tilgungsbetrag. In der nachfolgenden Übersicht ist eine Aufteilung der Nutzungsentgelte für die Jahre der Nutzungsüberlassung unter Anwendung der Barwertvergleichsmethode vorgenommen. Der Barwert am 31.12.2010 (nach einem Jahr Nutzungsdauer) errechnet sich durch Verwendung einer Nutzungsdauer von 4 Jahren in der am Ende der vorhergehenden Seite benutzen Barwertformel. Für die Tilgung am 31.12.2010 gilt 43.294,77 − 35.459,51 =

7.835,26 Euro. Der zugehörige Zins beläuft sich auf 10.000,00 − 7.835,26 = 2.164,74 Euro. Alle anderen Werte der Tabelle werden analog ermittelt.

	Zinsen	Tilgung	Barwert der Verbindlichkeit
01.01.2010	-	-	43.294,77
31.12.2010	2.164,74	7.835,26	35.459,51
31.12.2011	1.772,98	8.227,02	27.232,48
31.12.2012	1.361,62	8.638,38	18.594,10
31.12.2013	929,71	9.070,29	9.523,81
31.12.2014	476,19	9.523,81	0,00

Bei der Verbuchung der ersten Leasingrate ist zu beachten, dass nur auf die Wartungsleistung Vorsteuer zu berechnen ist. Auf dem Konto 6160 sind die Nettowartungskosten von 5.000,00 : 1,19 = 4.201,68 Euro anzusetzen. Das Konto 2600 nimmt nur die dazu gehörende Vorsteuer von 4.201,68 · 0,19 = 798,32 Euro auf.

Buchung der Zahlung der Leasingrate zum 31.12.2010:

4420	Kaufpreisverbindlichkeiten	7.835,26			
7590	sonstige Zinsen und ähnliche Aufwendungen	2.164,74			
6160	Fremdinstandhaltung und Reparaturen	4.201,68			
2600	Vorsteuer	798,32	an	2800 Guthaben bei Kreditinstituten	15.000,00

Kontendarstellung:

S	4420	H		S	2800	H
2800	*7835,26*				*4420, 7590, 6160, 2600*	*15.000,00*

S	7590	H
2800	*2.164,74*	

S	6160	H
2800	*4.201,68*	

S	2600	H
2800	*798,32*	

2. Abbildung beim Leasinggeber:

Der Leasinggeber hat die Fräse zu Herstellungskosten von 30.000,00 Euro produziert. Infolge der Ausgestaltung des Leasingvertrages und der daraus resultierenden wirtschaftlichen Zurechnung beim Leasingnehmer aktiviert der Leasinggeber die Fräse nach Fertigstellung zunächst als Fertigerzeugnis.

Aktivierung der Maschine (2009):

2200 Fertige Erzeugnisse 30.000,00 an 5202 Bestandsveränderungen 30.000,00
     an fertigen Erzeugnissen

Mit der Auslieferung an den Leasingnehmer wird dann die Maschine ausgebucht und eine Forderung auf den Erhalt der vereinbarten Leasingraten erfasst.

Ausbuchung der Maschine (01.01.2010):

5202 Bestandsveränderungen 30.000,00 an 2200 Fertige Erzeugnisse 30.000,00
     an fertigen Erzeugnissen

Kontendarstellung:

S	5202	H	S	2200	H
2200 30.000,00	*2200* 30.000,00		*8000* 30.000,00	*5202* 30.000,00	

Einbuchung der Leasingforderung (01.01.2010):

2420 Kaufpreisforderungen 43.294,77 an 5100 Umsatzerlöse 36.382,16
                                       4800 Umsatzsteuer   6.912,61

Kontendarstellung:

S	2420	H	S	5100	H
5100, *4800* 43.294,77				*2420* 36.382,16	

			S	4800	H
				2420 6.912,61	

Verbuchung des Zahlungseingangs der Leasingrate (31.12.2010):

2800 Guthaben bei Kredit-   15.000,00 an 2420 Kaufpreisforde-   7.835,26
     instituten (Bank)   rungen
                                         5760 Zinserträge aus   2.164,74
                                              Forderungen
                                         5050 Umsatzerlöse für   4.201,68
                                              andere eigene
                                              Leistungen
                                         4800 Umsatzsteuer   798,32

Kontendarstellung:

S	2800	H
2420, 5760, 5050, 4800	*15.000,00*	

S	2420	H
	2800	*7.835,26*

S	5760	H
	2800	*2.164,74*

S	5050	H
	2800	*4.201,68*

S	4800	H
	2800	*798,32*

13 Privatkonto

13.1 Wesen des Privatkontos

Neben erfolgswirksamen Geschäftsvorfällen (Buchung von Aufwendungen und Erträgen) können sich bei *Einzelunternehmen und Personengesellschaften* weitere (erfolgsneutrale) Einflüsse auf den Eigenkapitalbestand ergeben. Zu diesen zählen Kapitalbewegungen zwischen dem Privatvermögen des Unternehmers und dem Betriebsvermögen. Kapitalgesellschaften haben keine „Privatsphäre", d. h. sie können nur Darlehen an Gesellschafter gewähren oder Ausschüttungen beschließen.

Privatentnahmen sind gegeben, wenn der Unternehmer z. B. Finanz- oder Sachwerte aus dem Betriebsvermögen entnimmt und in sein Privatvermögen einfließen lässt. Die private Nutzung von Firmenvermögen (z. B. Kraftfahrzeugen) fällt ebenfalls in diese Kategorie. Unter **Privateinlagen** versteht man hingegen die Übertragung von Sachanlagen oder Geldern aus dem Privatvermögen des Unternehmers in das Unternehmen. Im Eigenkapital schlagen sich derartige Transaktionen wie in Abbildung 85 dargestellt nieder.

S	Eigenkapital	H	S	Eigenkapital	H
	Privat-einlagen (Eigenkapital-mehrungen)			*Privat-entnahmen* (Eigenkapital-minderungen)	

Abbildung 85: Privateinlagen- und -entnahmen

Um eine klare Trennung zwischen dem Betriebsvermögen und dem zugeflossenen Privatkapital bzw. den zur privaten Verwendung entnommenen Werten sicherstellen zu können, erfolgt keine direkte Verbuchung privater Vorgänge auf dem Eigenkapitalkonto. Im Interesse der Übersichtlichkeit wird für jeden Gesellschafter ein sog. **Privatkonto** eingerichtet, auf dem die entsprechenden Vorgänge erfasst werden. Das Privatkonto ist ein **Unterkonto des Kontos „Eigenkapital"**. Zunahmen erfolgen deshalb im Haben und Abnahmen im Soll des Kontos.

S	Privatkonto	H
Private Entnahmen		*Private Einlagen*

Abbildung 86: Privatkonto

13.2 Buchungen und Abschluss

13.2.1 Private Entnahmen

Bei der Verbuchung **privater Entnahmen** ist besonders auf die Umsatzsteuerpflichtigkeit einzelner Vorgänge zu achten. Diese stellt sich wie folgt dar:

Umsatzsteuerfrei	Umsatzsteuerpflichtig (§ 1 I Nr. 1 UStG)	
Geldentnahmen - Bargeldentnahme aus der Betriebskasse oder vom Firmenbankkonto - Begleichung privater Verbindlichkeiten über das Firmenbankkonto	*Sachentnahmen* (§ 3 Ib Nr. 1 UStG) Entnahme von - Erzeugnissen - Handelswaren - Anlagegegenständen	*Nutzungsentnahmen* (§ 3 IXa UStG) Private Nutzung von Betriebsvermögen - Betriebs-Pkw - Firmen-Telefonanlage - etc.

Abbildung 87: Umsatzsteuerpflichtigkeit privater Entnahmen

Bei **Geld- und Nutzungsentnahmen** lassen sich die zur Verbuchung notwendigen Euro-Werte relativ leicht ermitteln. Bei Geldentnahmen liegen bereits konkrete Euro-Werte vor und bei Nutzungsentnahmen ist lediglich ein Anteil an einem gewissen Aufwandsvolumen zu errechnen.

▶ Beispiel: Geldentnahme 1

Der Unternehmer entnimmt für private Zwecke 200,000 Euro aus der Unternehmenskasse.

Buchungssatz:

3001 Privatkonto   200,00   an   2880 Kasse   200,00
     (Gesellschafter A)

Kontendarstellung:

S	3001	H	S	2880	H
2880	200,00			3001	200,00

Durch die Privatentnahme verringert sich sowohl der Kassenbestand als auch das Eigenkapital (Buchung im Soll des Privatkontos) des Unternehmens. Umsatzsteuer fällt nicht an.

▶ Beispiel: Geldentnahme 2

Der Unternehmer überweist die Rechnung für die Reparatur seines privaten Pkws über das Firmenbankkonto. Die Rechnung lautet auf 232,00 Euro (brutto).

Buchungssatz:

| 3001 Privatkonto (Gesellschafter A) | 232,00 | an | 2800 Bank | 232,00 |

Kontendarstellung:

S	3001	H	S	2800	H
2800 232,00				*3001* 232,00	

Die zu zahlende Steuer darf in diesem Fall *nicht* etwa auf dem *Konto 2600* als Vorsteuer ausgewiesen werden, da sie der Unternehmer als Privatperson (Verbraucher) selbst zu tragen hat und sie nicht mit der Zahllast des Unternehmens an das Finanzamt verrechnet wird.

▶ Beispiel: Nutzungsentnahme

Der private Nutzungsanteil an der firmeneigenen Telefonanlage lag im Abrechnungszeitraum bei ca. 30 %. Die gesamten Aufwendungen lagen bei 250,00 Euro.

Buchungssatz:

| 3001 Privatkonto (Gesellschafter A) | 89,25 | an | 5420 Entnahme von Gegenständen und sonstigen Leistungen | 75,00 |
| | | | 4800 Umsatzsteuer | 14,25 |

Kontendarstellung:

S	3001	H	S	5420	H
5420, 4800	89,25			*3001* 75,00	

			S	4800	H
				3001 14,25	

Entnommene Sachwerte sind nach § 6 I Nr. 4 S. 1 EStG in der *Steuerbilanz* mit dem sog. *Teilwert* (vgl. Abschnitt D 2.2.2.2) anzusetzen. Bemessungsgrundlage für die USt ist nach § 10 V UStG stets dieser Teilwert. In der *Handelsbilanz* gibt es keine unmittelbaren Regelungen zur Bewertung von Entnahmen.

▶ Beispiel: Sachentnahme 1

Ein Unternehmer entnimmt zur Einrichtung seiner Privatwohnung ein vom Unternehmen hergestelltes Möbelstück. Der Teilwert dieses Fertigerzeugnisses (*Umlaufvermögen*) liegt bei 200,00 Euro (netto).

Buchungssatz:

| 3001 Privatkonto (Gesellschafter A) | 238,00 | an | 5420 Entnahme von Gegenständen und sonstigen Leistungen | 200,00 |
| | | | 4800 Umsatzsteuer | 38,00 |

Kontendarstellung:

S	3001	H	S	5420	H
5420, 4800	238,00			3001	200,00

			S	4800	H
				3001	38,00

▷ **Beispiel: Sachentnahme 2**

Es erfolgt die private Entnahme eines Pkws (*abnutzbares Anlagevermögen*). Der aktuelle Buchwert in der Steuerbilanz (anteilige Abschreibung zum Zeitpunkt der Entnahme bereits erfolgt) liegt bei 3.450,00 Euro. Der Teilwert zum Zeitpunkt der Entnahme betrage 2.900,00 Euro.

Bei Entnahme eines Gegenstandes des Anlagevermögens ist der aktuelle Buchwert aus dem jeweiligen Bestandskonto auszubuchen und zur Ermittlung des *Buchgewinnes* (Konto 5460) oder *Buchverlustes* (Konto 6960) mit dem aktuellen Teilwert zu vergleichen. Ggf. ist eine anteilige Abschreibung (vgl. Abschnitt D 2.1.4.2) nötig, um den aktuellen Buchwert zu ermitteln. Hier liegt dieser bereits vor.

Teilwert	2.900,00
– Buchwert	3.450,00
= Verlust aus dem Abgang des Pkw	–550,00

Buchungssatz (ohne Interimskonto 5410; auch mit möglich):

3001	Privatkonto (Gesellschafter A)	3451,00			
6960	Verluste aus dem Abgang von Gegenständen des Anlagevermögens	550,00	an	0840 Fuhrpark	3.450,00
				4800 Umsatzsteuer	551,00

Kontendarstellung:

S	3001	H	S	0840	H
0840, 4800	3.451,00			3001, 6960	3.450,00

S	6960	H	S	4800	H
0840, 4800	550,00			3001, 6960	551,00

13.2.2 Private Einlagen

Im Bereich privater Einlagen ist zwischen Geld- und Sacheinlagen zu unterscheiden. Unter **Geldeinlagen** fallen die Einlage von Bargeld in die Unternehmenskasse, Einlagen auf das Unternehmensbankkonto und die Begleichung betrieblicher Rechnungen durch private Barzahlung oder Überweisung. **Sacheinlagen** umfassen beispielsweise die Einlage von bebauten oder unbebauten Grundstücken oder Fahrzeugen. Beide Kategorien sind **nicht umsatzsteuerpflichtig**, da die Einlagen dem privaten Bereich entstammen.

Sacheinlagen sind steuerrechtlich grundsätzlich mit ihrem *Teilwert* anzusetzen. Ausnahmen von dieser Regelung finden sich wie die Grundsatzregelung selbst im § 6 I Nr. 5 EStG.

▶ Beispiel: Geldeinlage

Der Unternehmer zahlt 5.000,00 Euro Privatkapital auf das Firmenbankkonto ein.

Buchungssatz:

| 2800 Guthaben bei Kreditinstituten (Bank) | 5.000,00 | an | 3001 Privatkonto (Gesellschafter A) | 5.000,00 |

Kontendarstellung:

S	2800	H	S	3001	H
3001 5.000,00				*2800* 5.000,00	

▶ Beispiel: Sacheinlage

Ein Unternehmer bringt einen Sportwagen in den Fuhrpark des Unternehmens ein. Der Teilwert zum Zeitpunkt der Einbringung („Verschiebungszeitpunkt") lag bei 35.550,00 Euro.

Buchungssatz:

| 0840 Fuhrpark | 35.550,00 | an | 3001 Privatkonto (Gesellschafter A) | 35.550,00 |

Kontendarstellung:

S	0840	H	S	3001	H
3001 35.550,00				*0840* 35.550,00	

13.2.3 Kontenabschluss

Da es sich beim Privatkonto um ein Unterkonto des Kontos „Eigenkapital" handelt, wird es zum Bilanzstichtag auch über selbiges abgeschlossen. Dadurch, dass es bei Personengesellschaften mit mehr als einem Gesellschafter mehrere Privatkonten geben kann, ist auf eine entsprechende Zuordnung zu achten.

In Abbildung 88 sind schematisch die möglichen Fälle dargestellt, die beim Abschluss des Privatkontos des Gesellschafters A auftreten können. Der Fall, dass es zu keinerlei privaten Einlagen und Entnahmen kam, wird nicht berücksichtigt, da das Eigenkapital des Gesellschafters A dann nicht durch private Vorgänge verändert wird und keine Buchung erforderlich ist.

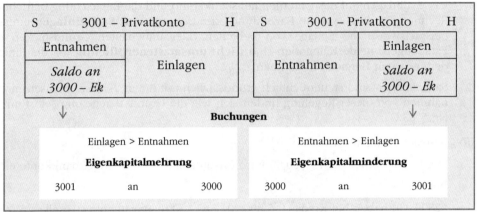

Abbildung 88: Abschluss des Privatkontos

13.3 Erweiterte Distanzrechnung

Bei der Ermittlung des Jahreserfolges durch einen Eigenkapitalvergleich (Distanzrechnung) wurde bisher (vgl. Abschnitt B 3.1) eine Eigenkapitalmehrung als Gewinn und eine Eigenkapitalminderung als Verlust gedeutet. Privateinlagen und -entnahmen führen aber auch zu Eigenkapitalveränderungen. Zum Jahreserfolg gehören jedoch nur jene Veränderungen, die aufgrund wirtschaftlicher Aktivitäten im Geschäftsjahr entstanden sind. Es muss also bei der Distanzrechnung eine Korrektur erfolgen. Daraus ergibt sich die sog. **erweiterte Distanzrechnung**, deren grobes Schema in Abbildung 89 zu finden ist.

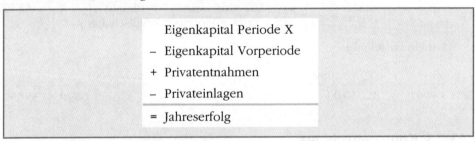

Abbildung 89: Erweiterte Distanzrechnung

14 Steuern

14.1 Verbuchung nach Steuerkategorien

Bei der buchhalterischen Erfassung von Steuern sind allgemein folgende Steuerkategorien zu unterscheiden:

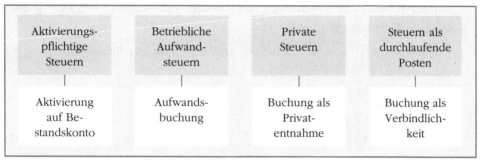

Abbildung 90: Buchhalterische Steuergruppen

14.1.1 Aktivierungspflichtige Steuern

Aktivierungspflichtige Steuern, wie etwa die Grunderwerbsteuer (vgl. Abschnitte C 7.1 bis C 7.3), werden direkt auf dem entsprechenden aktiven Bestandskonto verbucht. Sie stellen **Anschaffungsnebenkosten** dar, die aktiviert werden müssen. Dadurch sind diese Steuern zunächst erfolgsneutral und werden erst bei Abschreibung des Anlagegutes (vgl. Abschnitt D 2.1) zum Aufwand.

Beispiel:
Kauf eines bebauten Grundstücks im Wert von 100.000,00 Euro durch Banküberweisung am 01.01.2011. Vom Kaufpreis entfallen 60.000,00 Euro auf das Gebäude, dessen Restnutzungsdauer 20 Jahre beträgt. Die Grunderwerbsteuer beträgt 3,5 % des Kaufpreises.

	Kaufpreis	100.000,00
+	Grunderwerbsteuer 3,5 %	3.500,00
=	zu aktivieren	103.500,00
	davon Grundstück (40 %)	41.400,00
	davon Gebäude (60 %)	62.100,00

Buchungssatz zum 01.01.2011:

0510	Bebaute Grundstücke	41.400,00				
0550	Andere Bauten	62.100,00	an	2800	Guthaben bei Kreditinstituten (Bank)	103.500,00

Kontendarstellung:

S	0510	H	S	2800	H
2800	41.400,00			0510,	103.500,00
				0550	

S	0550	H
2800	62.100,00	

Zum 31.12.2010 ist das Gebäude entsprechend der Nutzungsdauer mit einem Betrag von 62.100,00 : 20 = 3.105,00 Euro planmäßig abzuschreiben. Das Grundstück hingegen wird nicht planmäßig abgeschrieben (vgl. Abschnitt D 2.1).

Buchungssatz zum 31.12.2011:

6520	Abschreibungen auf Sachanlagen	3.105,00	an	0550	Andere Bauten	3.105,00

Kontendarstellung:

S	6520	H	S	0550	H
0550	3.105,00		2800	62.100,00	6520	3.105,00

14.1.2 Betriebliche Aufwandsteuern

Zu den betrieblichen Steuern, die in der *Handelsbilanz* bei Anfall sofort als Aufwand gebucht werden, zählen folgende Posten der Kontengruppen 70, 77 und 78:

Kontonummer	Bezeichnung
7000	Gewerbekapitalsteuer
7010	Vermögensteuer
7020	Grundsteuer (≠ Grunderwerbsteuer)
7030	Kraftfahrzeugsteuer
7050	Wechselsteuer
7060	Gesellschaftsteuer
7070	Ausfuhrzölle
7080	Verbrauchsteuern
7090	Sonstige betriebliche Steuern
7700	Gewerbeertragsteuer
7710	Körperschaftsteuer
7720	Kapitalertragsteuer
7730	Ausl. Quellensteuer
7750	Latente Steuern
7790	Sonstige Steuern vom Einkommen und Ertrag
7800	Sonstige Steuern

Abbildung 91: Betriebliche Aufwandsteuern (Konten)

Die Buchung eines anfallenden Aufwands dieser Art erfolgt im Soll eines der oben genannten Konten. Sie sind (wie jede Steuer) von einer Belastung durch die Umsatzsteuer befreit.

Nach § 12 Nr. 3 EStG und § 10 Nr. 2 KStG dürfen Steuern vom Einkommen und sonstige Personensteuern nicht als Aufwand in der *Steuerbilanz* verbucht werden. Seit 01.01.2008 gilt dies gemäß § 4 V b EStG und § 8 I S. 1 KStG auch für die Gewerbesteuer. Wurden derartige Aufwendungen in der Handelsbilanz als Aufwand berücksichtigt, sind sie bei der steuerlichen Gewinnermittlung außerbilanziell wieder hinzuzurechnen.

14.1.3 Private Steuern

Steuern, die die Person des Unternehmers betreffen (z. B. Einkommensteuer, Kirchensteuer, Grundsteuer für Privatgrundstücke, Steuer für private Fahrzeuge) und durch Gelder des Unternehmens beglichen werden, sind auf dem **Privatkonto** des jeweiligen Gesellschafters zu erfassen.

▷ Beispiel:

Banküberweisung der Kfz-Steuer in Höhe von 850,00 Euro für den Privat-Pkw des Unternehmers vom Bankkonto des Unternehmens.

Buchungssatz:

3001 Privatkonto (Gesellschafter A)	850,00	an	2800 Guthaben bei Kreditinstituten (Bank)	850,00

Kontendarstellung:

S	3001	H	S	2800	H
2800	*850,00*			*3001*	*850,00*

14.1.4 Steuern als durchlaufende Posten

Es gibt gewisse Steuern, die den Erfolg eines Unternehmens nicht beeinflussen. Zu diesen zählen, wie bereits behandelt, etwa die **Umsatzsteuer** (vgl. Abschnitt C 1) und die **Lohn- und Kirchensteuer** (vgl. Abschnitt C 3.3) auf das Arbeitsentgelt der Mitarbeiter. Diese Steuern stellen für das Unternehmen keinen Aufwand dar. Sie werden lediglich vom Unternehmen einbehalten und in regelmäßigen Zeitabständen an das Finanzamt abgeführt.

▷ Beispiel:

Postbanküberweisung der einbehaltenen Lohnsteuer für den abgelaufenen Kalendermonat. Die Steuerhöhe liegt bei 4.512,00 Euro.

Buchungssatz:

4830 Sonstige Verbindlichkeiten gegenüber den Finanzbehörden	4.512,00	an	2850 Postgirokonten	4.512,00

Kontendarstellung:

S	4830		H	S	2850	H
2850	4.512,00	...	4.512,00		4830	4.512,00

14.2 Steuerrückerstattungen und -nachzahlungen

Je nachdem ob es sich um die **Rückerstattung** einer privaten oder einer betrieblichen Steuer handelt, ist bei der Verbuchung eines der in Abbildung 92 aufgeführten Konten zu verwenden. Im Falle einer betrieblichen Steuer ist zudem zu bestimmen, ob die Steuerrückerstattung das aktuelle oder ein abgelaufenes Wirtschaftsjahr betrifft. So sind im erstgenannten Fall sonstige betriebliche Erträge und im zweiten Fall periodenfremde Erträge zu verbuchen. Die Rückerstattung einer privaten Steuer ist hingegen als Privateinlage zu erfassen.

Konto	Kontenbezeichnung	Rückerstattung	Beispiele
5430	Andere sonstige betriebliche Erträge	Steuer aus dem *aktuellen* Wirtschaftsjahr	betriebliche Kraftfahrzeugsteuer, Gewerbesteuer
5490	Periodenfremde Erträge	Steuer aus einem *vergangenen* Wirtschaftsjahr	betriebliche Kraftfahrzeugsteuer, Gewerbesteuer
3001	Privatkonto (Gesellschafter A)	private Steuer	Einkommensteuer, Kirchensteuer

Abbildung 92: Steuerrückerstattungen (Konten)

▶ Beispiel: Rückerstattung einer betrieblichen Steuer

Gewerbesteuerrückerstattung (betrifft die aktuelle Rechnungsperiode) durch das Finanzamt. Der Bescheid lautet auf 500,00 Euro.

Buchungssatz:

2800 Guthaben bei Kreditinstituten (Bank)	500,00	an	5430 Andere sonstige betriebliche Erträge	500,00

Kontendarstellung:

S	2800	H	S	5430	H
5430	500,00			2800	500,00

Wie in Abschnitt C 14.1.2 angesprochen wurde, darf die Gewerbesteuer seit dem 01.01.2008 in der *Steuerbilanz* nicht mehr als Aufwand angesetzt werden. In der Steuerbilanz sind Erstattungen dieser Steuer, die sich auf Veranlagungszeiträume nach dem 01.01.2008 beziehen, daher auch keine Erträge mehr. Lediglich für

Steuerrückerstattungen, die sich auf Veranlagungszeiträume beziehen, die vor diesem Zeitpunkt liegen, ist die beschriebene Ertragsbuchung durchzuführen. In der *Handelsbilanz* ist eine derartige Ertragsbuchung stets Pflicht.

> Beispiel: Rückerstattung einer Steuer aus dem Privatbereich

Einkommensteuerrückerstattung (Gesellschafter A) durch das Finanzamt. Der vorliegende Bescheid lautet auf 1.250,00 Euro. Die Gutschrift erfolgt auf dem Unternehmensbankkonto.

Buchungssatz:

2800 Guthaben bei Kreditinstituten (Bank)	1.250,00	an	3001 Privatkonto (Gesellschafter A)	1.250,00

Kontendarstellung:

S	2800	H	S	3001	H
3001	1.250,00			*2800*	1.250,00

Steuernachzahlungen sind analog zu den vorhergehenden Beispielen zu behandeln. Die Nachzahlung einer *privaten Steuer* ist als *Privatentnahme* (Sollbuchung Konto 3001), die Nachzahlung einer *betrieblichen Steuer* als *periodenfremder Aufwand* (Sollbuchung Konto 6990 – Periodenfremde Aufwendungen) bzw. *sonstiger betrieblicher Aufwand* (Sollbuchung Konto 6930 – Andere sonstige betriebliche Aufwendungen) zu buchen.

D. JAHRESABSCHLUSS

Inhalt dieses Kapitels sind die im Rahmen des Jahresabschlusses durchzuführende Bewertung der Vermögensgegenstände und Schulden sowie die damit verbundenen Buchungen. Es wird also konkret die Frage beantwortet, mit welchem Wert diese Gegenstände in die Bilanz eingehen. Die Schwerpunkte liegen dabei in der Bilanzierung von

- Anlagevermögen,
- Umlaufvermögen,
- Eigenkapital,
- Fremdkapital,
- Rechnungsabgrenzungsposten und
- latenten Steuern.

Es wird sich auf die Behandlung ausgewählter handels- und steuerrechtlicher Bewertungsvorschriften beschränkt. Internationale Rechnungslegungsvorschriften (US-GAAP: Generally Accepted Accounting Principles, IFRS: International Financial Reporting Standards) werden nicht thematisiert.

1 Schritte der Jahresabschlusserstellung

1.1 Allgemeines

Die Bilanzerstellung erfolgt nicht am, sondern *zum* jeweiligen Stichtag. Sie wird also also erst nach Ablauf des betreffenden Geschäftsjahres vorgenommen. Es können dabei verschiedene Stadien unterschieden werden, die in Abbildung 93 zusammengefasst dargestellt werden.

Vorgang	Maßnahme	Ergebnis
Abschluss der Finanzbuchhaltung	Abschluss der Konten	**vorläufige Bilanz**
Entwicklung der Bilanz	Vornahme der Abschlussbuchungen	**aufgestellte Bilanz**
Freiwillige oder gesetzlich vorgeschriebene Bilanzprüfung	Vorlage der aufgestellten Bilanz zur Prüfung durch Aufsichtsrat/Wirtschafsprüfer	**geprüfte Bilanz**
Feststellung der Bilanz durch das gesellschaftsvertraglich/gesetzlich vorgeschriebene Organ	Beschlussfassung über die geprüfte Bilanz	**festgestellte Bilanz**
Offenlegung der Bilanz	Veröffentlichung der Bilanz (evtl. Publizitätserleichterungen)	**offengelegte Bilanz**

Abbildung 93: Allgemeine Schritte der Rechnungslegung

Mit den letzten vier Phasen aus der vorhergehenden Abbildung wird sich in diesem Abschnitt D 1 kurz befasst. Die Phasen eins und zwei werden im weiteren Verlauf des Kapitels D in größerem Detail behandelt.

1.2 Aufstellung

1.2.1 Buchungskreislauf

Wie die Abbildung 94 zeigt, ist die Buchführung ein sich in jedem Geschäftsjahr wiederholender Kreislauf, der sich grob aus vier Hauptbestandteilen (Eröffnungsbuchungen, laufende Buchungen, Vorabschlussbuchungen und Abschlussbuchungen) zusammensetzt.

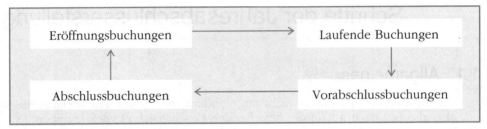

Abbildung 94: Buchungskreislauf

Zu Beginn eines jeden Geschäftsjahres sind zunächst alle Konten zu eröffnen und dann, entsprechend den Grundsätzen ordnungsmäßiger Buchführung die im Laufe des Jahres anfallenden Buchungen (vgl. Abschnitt C) darin vorzunehmen. Zum 31.12. (bzw. Bilanzstichtag = Geschäftsjahresende) erfolgt dann im Rahmen der *Vorabschlussbuchungen* der Abschluss der Unterkonten über die dazugehörigen Hauptkonten (z. B. Abschluss des Kontos 6001 über das Konto 6000). Ferner werden im Zuge der sog. *Abschlussbuchungen* der Abschluss der Aufwands- und Ertragskonten über das GuV-Konto (vgl. Abschnitt B 3.3), die Buchung des GuV-Saldos über das Eigenkapitalkonto und der Abschluss aller aktiven und passiven Bestandskonten über das Schlussbilanzkonto (vgl. Abschnitt B 2.5) getätigt. Die Gesamtheit dieser Buchungen bezeichnet man auch als **formale Abschlussbuchungen**, da ihre Aufgabe der *reine Kontenabschluss* ist.

Bevor die formalen Abschlussbuchungen allerdings durchgeführt werden können, sind Buchungen aus dem Kreis der *Vorabschlussbuchungen* vorzunehmen, die man auch als **materielle Abschlussbuchungen** bezeichnet. Diese haben allgemein die Aufgabe, eine *richtige Abbildung der Vermögens-, Finanz- und Ertragslage* sicherzustellen. So unterliegen beispielsweise Fertigungsanlagen durch die dauernde Nutzung einer regelmäßigen Wertminderung, die in der Buchführung zum Jahresende als Aufwand (Abschreibung, vgl. Abschnitt D 2.1) anzusetzen ist. Diese durch die Abschreibung erfasste Wertminderung und andere materielle Abschlussbuchungen sorgen dafür, dass die betroffenen Vermögensgegenstände und Schulden in der Bilanz mit den richtigen Werten ausgewiesen werden und der Erfolg des Geschäftsjahres korrekt nach gesetzlichen Vorschriften dargestellt wird. Anders ausgedrückt, dienen materielle Abschlussbuchungen (Abschreibung, Zuschreibung, Rechnungsabgrenzung, Rückstellungsbildung usw.) auch der periodengerechten Erfolgsermittlung. Aufwendungen und Erträge sollen den Perioden zugeordnet werden, in denen sie wirtschaftlich verursacht worden sind.

Zur richtigen Abbildung der Vermögens-, Finanz- und Ertragslage müssen *alle* Bilanzpositionen zum Abschluss des Geschäftsjahres bewertet werden. Die wesentlichen dieser Positionen (nach § 266 HGB) sind in Abbildung 95 schematisch dargestellt und umfassen auf der Aktivseite klassische Posten des Anlage- und Umlaufvermögens, aktive Rechnungsabgrenzungsposten, aktive latente Steuern und einen aktiven Unterschiedsbetrag aus der Vermögensverrechnung sowie auf der Passivseite das Eigenkapital, Rückstellungen, Verbindlichkeiten, passive Rechnungsabgrenzungsposten und passive latente Steuern.

1. Schritte der Jahresabschlusserstellung

AKTIVA	PASSIVA
Anlagevermögen (§ 247 II HGB)	**Eigenkapital**
Immaterielle Vermögensgegenstände (§§ 246 I, 248 II, 255 IIa HGB; §§ 5 II, 6, 7 EStG)	Gezeichnetes Kapital (§ 272 I HGB)
Sachanlagen (§ 253 III HGB): - Grundstücke	Kapitalrücklage (§ 272 II HGB)
- technische Anlagen und Maschinen	Gewinnrücklagen (§ 272 III HGB)
- andere Anlagen, Betriebs- und Geschäftsausstattungen	Gewinn-/Verlustvortrag
- geleistete Anzahlungen und Anlagen im Bau	Jahresüberschuss/-fehlbetrag
Finanzanlagen (§ 271 HGB): - Anteile an verbundenen Unternehmen - Beteiligungen - Wertpapiere des Anlagevermögens - Ausleihungen	**Rückstellungen (§ 249 HGB)**
Umlaufvermögen	
Vorräte (§ 253 I und IV, 256 HGB): - Roh-, Hilfs- und Betriebsstoffe - unfertige Erzeugnisse, unfertige Leistungen - fertige Erzeugnisse und Waren - geleistete Anzahlungen	
Forderungen und sonstige Vermögensgegenstände	**Verbindlichkeiten**
Wertpapiere (soweit nicht AV)	
Zahlungsmittel (flüssige Mittel): - Kassenbestand - Bundesbank- und Postgiroguthaben - Guthaben bei Kreditinstituten	
Aktive Rechnungsabgrenzung (§ 250 I und III HGB)	**Passive Rechnungsabgrenzung** (§ 250 II HGB)
Aktive latente Steuern (§ 274 HGB)	**Passive latente Steuern** (§ 274 HGB)
Aktiver Unterschiedsbetrag aus der Vermögensverrechnung (§ 246 II S. 3 HGB)	

Abbildung 95: Grundstruktur der Handelsbilanz

1.2.2 Aufstellungsfristen

Personenhandelgesellschaften (OHG, KG) und Einzelunternehmen (e. K. = eingetragener Kaufmann) müssen nach § 243 III HGB den Jahresabschluss innerhalb der einem ordnungsgemäßen Geschäftsgang entsprechenden Zeit (i. d. R. 6-9 Monate) aufstellen. Nach BFH-Urteil (BStBl. 1984 II S. 227) darf dieser Zeitraum nicht mehr als 1 Jahr betragen.

Publizitätspflichtige Einzelkaufleute und Personenhandelsgesellschaften haben den Jahresabschluss in den ersten 3 Monaten nach Ablauf des Geschäftsjahres (§ 5 I, II PublG) ohne Anhang und Lagebericht zu erstellen.

Große und mittelgroße Kapitalgesellschaften müssen den Jahresabschluss ebenfalls in den ersten 3 Monaten aufstellen (§ 264 I S. 3 HGB). Kleine Kapitalgesellschaften haben 6 Monate Zeit (§ 264 I S. 4 HGB). Die Aufstellung des Jahresabschlusses erfolgt durch die Geschäftsführung bzw. den Vorstand (§ 264 I S. 1 HGB).

Abbildung 96 bietet abschließend einen Überblick darüber, welche Unternehmensformen welche Rechnungslegungsdokumente am Geschäftsjahresende erstellen müssen. Abbildung 97 fasst die Aufstellungsfristen für den Jahresabschluss und in den folgenden Abschnitten noch angesprochene Feststellungs- und Offenlegungsfristen zusammen.

	Bilanz	GuV	Anhang	Lagebericht
Einzelunternehmen und Personenhandelsgesellschaften, die nicht unter das PublG fallen	ja	ja	nein	nein
Einzelunternehmen und Personenhandelsgesellschaften i. S. d. § 1 I PublG	ja	ja	nein	nein
kleine Kapitalgesellschaften	ja	ja	ja	nein
mittelgroße und große Kapitalgesellschaften	ja	ja	ja	ja

Abbildung 96: Pflicht zu Erstellung bestimmter Rechnungslegungsdokumente

	Aufstellung	Feststellung	Offenlegung
Einzelunternehmen und Personenhandelsgesellschaften, die nicht unter das PublG fallen	i. d. R. 6-9 Monate max. 12 Monate	-	-
Einzelunternehmen und Personenhandelsgesellschaften i. S. d. § 1 I PublG	3 Monate	8 Monate	12 Monate
kleine Kapitalgesellschaften	6 Monate	11 Monate	12 Monate
mittelgroße und große Kapitalgesellschaften	3 Monate	8 Monate	12 Monate

Abbildung 97: Aufstellungs-, Feststellungs- und Offenlegungsfristen

1.3 Prüfung

Nur mittelgroße und große Kapitalgesellschaften sind nach § 316 I HGB prüfungspflichtig. Einzelunternehmen und Personenhandelsgesellschaften sind nur dann prüfungspflichtig, wenn sie dem Publizitätsgesetz unterliegen (§ 6 PublG).

1.4 Feststellung

Unter der Feststellung des Jahresabschlusses versteht man die Tatsache, dass der Jahresabschluss für rechtsverbindlich erklärt wird. Bei einer Aktiengesellschaft geschieht dies regelmäßig durch den Vorstand und den Aufsichtsrat (§§ 171, 172 AktG). Im Ausnahmefall kann die Feststellung allein durch die Hauptversammlung erfolgen (§ 173 AktG). Bei der GmbH erfolgt die Feststellung durch die Gesellschafter. Die Feststellungsfrist beträgt für mittelgroße und große Kapitalgesellschaften 8 Monate (§ 42a II GmbHG, § 175 I AktG). Kleine Kapitalgesellschaften haben 11 Monate Zeit.

1.5 Offenlegung

vgl. www.ebundesanzeiger.de

Das seit 01.01.2007 geltende Gesetz über elektronische Handels-, Unternehmens- und Genossenschaftsregister (EHUG) brachte für die Abschlusspublizität und die offenlegungspflichtigen Unternehmen eine Reihe von wichtigen Änderungen.

Offenlegungspflichtig, also verpflichtet, ihren Jahresabschluss nicht nur zu erstellen, sondern auch der Öffentlichkeit zugänglich zu machen, sind insbesondere nach wie vor folgende Unternehmenstypen:

- alle Kapitalgesellschaften (AG, GmbH, KGaA)
- Personengesellschaften ohne eine natürliche Person als persönlich haftenden Gesellschafter (z. B. GmbH & Co. KG)
- nach dem Publizitätsgesetz zur Offenlegung verpflichtete Unternehmen (also Unternehmen, die in drei aufeinanderfolgenden Geschäftsjahren zwei der drei Merkmale des § 1 I PublG erfüllen).

Mit Ablauf des Jahres 2006 entfiel die zuvor vorgeschriebene Einreichung der Rechnungsunterlagen beim Handelsregister. Stattdessen sind die Unterlagen beim Betreiber des **elektronischen Bundesanzeigers** (Bundesanzeiger Verlagsgesellschaft mbH) einzureichen und von dem Unternehmen im Bundesanzeiger elektronisch bekannt zu machen. Dies gilt für alle Abschlussunterlagen, die das Geschäftsjahr 2006 oder ein späteres Geschäftsjahr betreffen. Was die Art der Einreichung betrifft, schreibt das EHUG eine elektronische Einreichung vor. Für eine Übergangszeit von 3 Jahren hat das Bundesministerium für Justiz jedoch noch eine Papier-Einreichung zugelassen.

Kleine Kapitalgesellschaften (§ 267 HGB) können nach wie vor von der Erleichterung nach § 326 HGB Gebrauch machen, müssen also nur Bilanz und Anhang einreichen und bekannt machen. Große und mittelgroße Kapitalgesellschaften müssen dagegen sämtliche in § 325 HGB genannten Unterlagen (Jahresabschluss, Lagebericht, Bericht des Aufsichtsrats, Ergebnisverwendungsbeschluss usw.) offenlegen.

Bezüglich des **Zeitpunkts der Offenlegung** bleibt es bei der Maximalfrist von 12 Monaten nach dem Abschlussstichtag (§ 325 I S. 2 HGB). Eine kürzere Einreichungsfrist von 4 Monaten gilt für kapitalmarktorientierte Kapitalgesellschaften (§ 325 VI HGB). Hierunter fallen nicht nur börsennotierte Unternehmen, sondern auch solche, die andere Wertpapiere (z. B. Schuldverschreibungen) begeben haben, die an einem organisierten Markt gehandelt werden.

Bei **Verstößen** gegen die Offenlegungspflicht ist nach EHUG das Verfahren von Amtswegen einzuleiten, ohne dass es eines Antrages bedarf. Auch kann das Ordnungsgeldverfahren gegen die offenlegungspflichtige Gesellschaft selbst und nicht nur gegen ihre Organmitglieder (z. B. Geschäftsführer), die die Offenlegungspflicht verletzt haben, durchgeführt werden. Zwar muss auch weiterhin bei einem Verstoß zunächst die Festsetzung eines Ordnungsgeldes (zwischen 2.500,00 und 25.000,00 Euro) angedroht werden, sodass immer noch die Möglichkeit besteht, die Offenlegung ohne Ordnungsgeldfestsetzung nachzuholen, allerdings hat dies bereits finanzielle Nachteile. Bereits mit Androhung des Ordnungsgeldes werden nämlich vom Bundesamt für Justiz den Beteiligten Verfahrenskosten auferlegt. Die Festsetzung des Ordnungsgeldes erfolgt schließlich, wenn das Unternehmen die Offenlegungspflicht nicht innerhalb von sechs Wochen nach Androhung des Ordnungsgeldes erfüllt. Mit Festsetzung erfolgt eine erneute Androhung. Dieses Vorgehen wird wiederholt bis die Pflicht erfüllt oder eine Unterlassung gerechtfertigt ist. Neu ist diesbezüglich auch, dass der Betreiber des elektronischen Bundesanzeigers durch das EHUG die Pflicht hat, die fristgerechte und vollständige Einreichung der Unterlagen zu prüfen und dem Bundesamt Verstöße zu melden.

2 Bewertung des Anlagevermögens

2.1 Planmäßige Abschreibung des Anlagevermögens

2.1.1 Allgemeines

Aus Gründen des Gläubigerschutzes schreibt der Gesetzgeber eine periodische Erfolgsermittlung in Jahresabständen vor. Gerade deshalb ist es wichtig, alle anfallenden Aufwendungen und Erträge dem richtigen Geschäftsjahr zuzuordnen. Bei der verbrauchsorientierten Buchung werden Einkaufsvorgänge von Roh-, Hilfs- und Betriebsstoffen sofort bei der Warenlieferung aufwandswirksam erfasst. Die Zuordnung ist hier also vergleichsweise einfach. Eine nutzungsbedingte Wertminderung bzw. der gewöhnliche Wertverfall beim Anlagevermögen sind über eine sog. **planmäßige Abschreibung** als *Aufwand* zu erfassen. Im Steuerrecht wird diese Abschreibung als *Absetzung für Abnutzung* (AfA) oder *Substanzverringerung* bezeichnet. Zum Anlagevermögen gehören nach § 247 II HGB allgemein alle Vermögensgegenstände, die *dauernd* dem Geschäftsbetrieb zu dienen bestimmt sind, d. h. länger als 1 Jahr im Unternehmen verbleiben und nicht im Rahmen des Produktionsprozesses weiterverarbeitet und verkauft werden. Es lässt sich grob in immaterielle Vermögensgegenstände (z. B. Patente, Lizenzen), Sach- (z. B. Maschinen) und Finanzanlagen (z. B. Aktien zur langfristigen Geldanlage) unterteilen. Abbildung 98 zeigt, dass nur **Gegenstände des abnutzbaren Anlagevermögens** einer planmäßigen Abschreibung unterzogen werden dürfen.

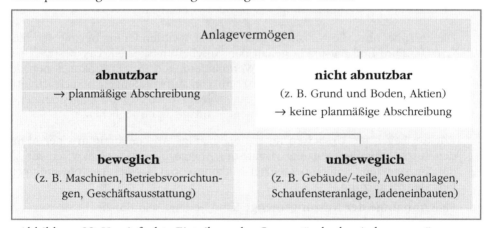

Abbildung 98: Vereinfachte Einteilung der Gegenstände des Anlagevermögens

Die planmäßige Abschreibung wird periodisch (jährlich) ermittelt und dient der Verteilung der Anschaffungskosten auf die Nutzungsdauer (*Verteilungsabschreibung*), da diese beim Kauf eines Anlagegutes (vgl. Abschnitt C 6.2.1 - 6.2.3) nicht stets sofort als Aufwand gebucht werden dürfen. Durch die Abschreibung wird jeder Periode ein Aufwand in Höhe der (geschätzten) Wertminderung zugeordnet.

Die Verrechnung dieser Wertminderungen bzw. Aufwendungen mit den aktivierten Anschaffungskosten des Anlagegutes stellt den eigentlichen **Abschreibungsvorgang** dar. Es werden jedes Geschäftsjahr alle Gegenstände des Anlagevermögens, die einer Wertminderung unterliegen, mit den um die bis dahin angefallenen planmäßigen Abschreibungen verminderten Anschaffungs- oder Herstellungskosten in der Bilanz angesetzt (§ 253 III S. 1 und 2 HGB, § 6 I EStG). Am Ende der Nutzungsdauer ist dann schließlich der Wert der Anlage auf 0,00 Euro angelangt. Die gesamten Aufwendungen wurden in den GuV-Rechnungen der jeweiligen Perioden berücksichtigt und haben damit den (steuerpflichtigen) Gewinn der entsprechenden Periode vermindert. Da sich die Abschreibungen in der Kalkulation der Verkaufspreise für eigene Produkte widerspiegeln, werden die Ausgaben für das Anlagegut im Laufe der Zeit wieder in Form von Umsatzerlösen (Produktverkauf vorausgesetzt) vereinnahmt. Dadurch stehen am Ende der Nutzungsdauer der Anlagegüter finanzielle Mittel zur Verfügung, die der Wiederbeschaffung dienen können. Dabei ist jedoch zu beachten, dass die Wiederbeschaffungskosten i. d. R. über den Anschaffungskosten liegen.

Beispiel:

Eine Anlage wird am 01.01.2008 zu Anschaffungskosten von 7.500,00 Euro eingekauft. Es wird mit einer Nutzungsdauer von 3 Jahren gerechnet.

01.01.2008:			Anschaffungskosten:	7.500,00
31.12.2008:	Wertminderung:	2.500,00	Restwert:	5.000,00
31.12.2009:	Wertminderung:	2.500,00	Restwert:	2.500,00
31.12.2010:	Wertminderung:	2.500,00	Restwert:	0,00

Die gesamte, über die Nutzungsdauer verteilte Wertminderung beläuft sich hier auf 7.500,00 Euro und entspricht genau den Anschaffungskosten. Der Restwert nach 3 Jahren liegt bei 0,00 Euro. Da die Wertminderungen in den Kalkulationen der jeweiligen Geschäftsjahre (1 bis 3) in Form von Aufwendungen berücksichtigt wurden, sollten am Ende der Nutzungsdauer wieder 7.500,00 Euro eingenommen worden sein, um die Beschaffung einer neuen Anlage zu ermöglichen.

Konkret liegen die **Ursachen** für die planmäßige Abschreibung in einer Abnahme der Nutzungsmenge (Nutzungsvorrat) des Anlagegegenstandes bzw. einem Ablauf der Nutzungszeit (zeitlich begrenzter Nutzungsvorrat) sowie der Notwendigkeit der Periodenabgrenzung.

Eine **Abnahme der Nutzungsmenge** kann bedingt sein durch

- gebrauchsbedingten (normalen) technischen Verschleiß (Abnutzung),
- ruhenden Verschleiß (z. B. durch Verwitterung, Verrosten) oder
- Substanzverringerung (z. B. bei Kießgruben).

Ein **Ablauf der Nutzungszeit** ist vor allem bei immateriellen Vermögensgegenständen zu beachten. So ist beispielsweise ein entgeltlich erworbenes Patent bis zu dessen Auslaufen abzuschreiben.

Verliert ein abnutzbarer, materieller Anlagegegenstand durch permanente Pflege von Periode zu Periode nicht an Wert, so ist er dennoch abzuschreiben, da die Anschaffungkosten trotzdem über die Nutzungsdauer zu verteilen sind. Die **Periodenabgrenzung** kann also als ein weiterer Grund für die Vornahme einer Abschreibung betrachtet werden.

Handelsrechtlich ist die planmäßige Abschreibung in § 253 III S. 1 und 2 HGB geregelt. Dieser Paragraph bestimmt, dass bei Vermögensgegenständen des Anlagevermögens, deren Nutzen zeitlich begrenzt ist (abnutzbare Vermögensgegenstände), die Anschaffungs- oder Herstellungskosten um planmäßige Abschreibungen zu vermindern sind. **Steuerrechtlich** sind die Absetzung für Abnutzung in § 7 I und II EStG und die Absetzung für Substanzverringerung in § 7 VI EStG geregelt.

Jeder planmäßigen Abschreibung liegt nach § 253 III HGB ein sog. **Abschreibungsplan** zu Grunde, in dem die Verteilung der Anschaffungs- oder Herstellungskosten auf die Jahre der voraussichtlichen Nutzungsdauer festgelegt wird. Dieser Abschreibungsplan beinhaltet Abschreibungsbasis, geschätzte Nutzungsdauer, Beginn der planmäßigen Abschreibung, Abschreibungsmethode und den geschätzten Liquidationserlös/Restbuchwert am Ende der Nutzungsdauer. Der Abschreibungsplan ist Bestandteil des sog. **Anlagengitters** (vgl. Abschnitt D 8.1), der für jedes Anlagegut neben den wichtigsten technischen Daten und Inventarnummern zur eindeutigen Identifizierung des Gegenstandes vor allem die für die Abschreibung relevanten Daten enthält.

2.1.2 Abschreibungsbasis

Die **Anschaffungskosten** (§ 255 I HGB, H 6.2 EStH) bilden sowohl im Handels- als auch im Steuerrecht die Berechnungsgrundlage für die planmäßige Abschreibung (§ 253 Abs. 1 S. 1 HGB) bzw. Absetzung (§ 6 Abs. 1 Nr. 1 S. 1 und Nr. 2 S. 1 EStG). Dies gilt allerdings nicht für Anlagegegenstände, die vom Unternehmen in Eigenleistung hergestellt werden. In diesen Fällen sind die **Herstellungskosten** (vgl. Abschnitt C 9.1; zu Unterschieden zwischen handelsrechtlich und steuerrechtlich ermittelten Herstellungskosten) als Abschreibungs- bzw. Absetzungsbasis heranzunehmen. Ein evtl. Restwert am Ende der Nutzungsdauer ist bei der Ermittlung der periodischen Abschreibungsbeträge zu berücksichtigen.

2.1.3 Nutzungsdauer

Die wahrscheinliche planmäßige Nutzungsdauer eines Anlagegutes beschreibt den Zeitraum, in dem ein abnutzbarer Anlagegegenstand voraussichtlich im Unternehmen eingesetzt werden kann. *Handelsrechtlich* wird die Nutzungsdauer beweglicher Vermögensgegenstände unter Beachtung des Vorsichtsprinzips und des Prinzips der Willkürfreiheit geschätzt. *Steuerrechtlich* enthalten AfA-Tabellen allgemeine und branchenspezifische betriebsgewöhnliche Nutzungsdauern für eine Vielzahl beweglicher Wirtschaftgüter, von denen mit individueller Begründung abgewichen werden kann. Bei Gebäuden sind die steuerrechtlichen Nutzungsdauern indirekt in § 7 IV und V EStG festgelegt.

2.1.4 Abschreibungsmethode (inkl. Verbuchung)

Da der Wertminderungsverlauf unterschiedlich sein kann, stehen eine Reihe von Abschreibungsverfahren zur Verfügung, um die tatsächliche laufende Wertminderung möglichst exakt abbilden zu können. Abhängig von der Art der Verteilung der Anschaffungs- und Herstellungskosten (AHK) auf die Nutzungsdauer existieren u. a. folgende Methoden:

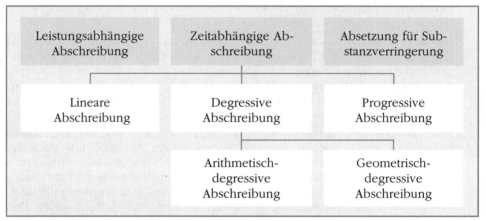

Abbildung 99: Abschreibungs-/Absetzungsmethoden

Die Wahl der Abschreibungsmethode ist im *Handelsrecht* frei, muss aber den Grundsätzen ordnungsmäßiger Buchführung entsprechen und darf in keinem Fall im krassen Gegensatz zum tatsächlichen Abnutzungs- und Wertminderungsverlauf des Vermögensgegenstandes stehen. Im *Steuerrecht* ist die Auswahl der *AfA-Methoden* (Absetzung für Abnutzung bzw. für Substanzverringerung) eingeschränkter (vgl. Abschnitt D 2.1.4.5). Hinsichtlich der Methodenzulässigkeit gilt allgemein:

Abschreibung	Handelsrecht	Steuerrecht
linear	zulässig	zulässig
geometrisch-degressiv	zulässig	für Neuaktivierungen ab dem 01.01.2011 verboten
arithmetisch-degressiv	zulässig	verboten
progressiv	zulässig (wenn der Wertverlust tatsächlich progressiv verläuft)	verboten
leistungsbezogen	zulässig	zulässig

Abbildung 100: Abschreibungsmethoden im Handels- und Steuerrecht

2.1.4.1 Lineare Abschreibung

Bei der linearen Abschreibung werden die Anschaffungs- oder Herstellungskosten (AHK) gleichmäßig auf die erwartete Nutzungsdauer (ND) verteilt. Diese Methode ist sowohl handels- als auch steuerrechtlich (§ 7 I S. 1 EStG) ohne Einschränkung erlaubt. Man spricht im Steuerrecht von *Absetzung für Abnutzung in gleichen Jahresbeträgen*. Es ergibt sich bei dieser Abschreibungsmethode ein konstanter Abschreibungsbetrag A, der mittels

2. Bewertung des Anlagevermögens

$$A = \frac{AHK - RBW_{ND}}{ND} = (AHK - RBW_{ND}) \cdot d$$

errechnet werden kann. RBW_{ND} steht hierbei für den (gewünschten) Restbuchwert am Ende der Nutzungsdauer und d = 1 : ND für den Abschreibungssatz.

Wird der so ermittelte Abschreibungsbetrag von den Anschaffungkosten subtrahiert, so erhält man einen sog. **Restbuchwert** (RBW_t). Von diesem wird dann zum Ende des nächsten Geschäftsjahres erneut der Abschreibungsbetrag subtrahiert und dieses Vorgehen über die gesamte Nutzungsdauer fortgesetzt.

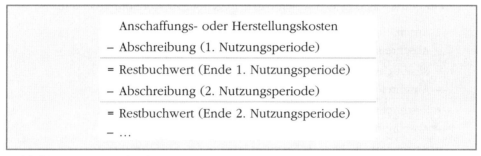

Abbildung 101: Restbuchwert

Die Abschreibung erfolgt zum Ende einer Periode (üblicherweise am Jahresende). Das Symbol t steht für den Zeitpunkt des Periodenendes. Die Entwicklung des Abschreibungsbetrages (A_t) und des Restbuchwertes (RBW_t) über die Nutzungsdauer ist im Fall einer linearen Abschreibung mit einer Nutzungsdauer von 4 Jahren in Abbildung 102 veranschaulicht. Es wird dabei davon ausgegangen, dass das betrachtete Anlagegut am Ende der Nutzungsdauer einen Restbuchwert (RBW_{ND}) von 0,00 Euro aufweist.

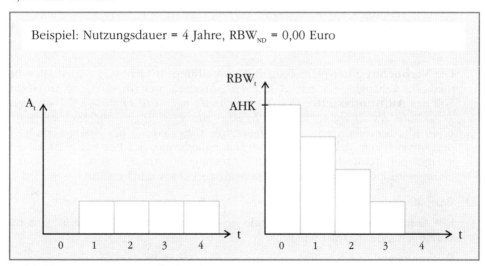

Abbildung 102: Lineare Abschreibung

▷ Beispiel:

Die Anschaffung einer Fertigungsmaschine verursachte folgende Kosten:

Listenpreis	14.000,00 Euro
Transport	250,00 Euro
Kosten der Finanzierung der Anschaffung	25,00 Euro

Es wird von einer betriebsgewöhnlichen Nutzungsdauer von 5 Jahren ausgegangen. Die Firma entschließt sich aus betriebsinternen Gründen zur Durchführung einer linearen Abschreibung. Am Ende der Nutzungsdauer scheidet die Maschine aus dem Betrieb aus. Es ergibt sich damit folgender Abschreibungsverlauf:

Anschaffungskosten	14.250,00
− Abschreibung (1. Jahr)	2.850,00
= Restbuchwert (Ende 1. Nutzungsjahr)	11.400,00
− Abschreibung (2. Jahr)	2.850,00
= Restbuchwert (Ende 2. Nutzungsjahr)	8.550,00
− Abschreibung (3. Jahr)	2.850,00
= Restbuchwert (Ende 3. Nutzungsjahr)	5.700,00
− Abschreibung (4. Jahr)	2.850,00
= Restbuchwert (Ende 4. Nutzungsjahr)	2.850,00
− Abschreibung (5. Jahr)	2.850,00
= Restbuchwert (Ende 5. Nutzungsjahr)	0,00

Finanzierungskosten zählen nicht zu den Anschaffungskosten (aber unter Umständen zu den Herstellungskosten), sodass sich diese hier nur aus dem Listenpreis und den Transportkosten zusammensetzen. Zur Ermittlung des jährlich gleichbleibenden Abschreibungsbetrages A stehen zwei Möglichkeiten zur Verfügung:

1. $A = 14.250,00 : 5 = 2.850,00$
2. $d = 1 : 5 = 0,2 \; (= 20\,\%) \rightarrow A = 14.250,00 \cdot 0,2 = 2.850,00$

Die **Verbuchung** der planmäßigen Abschreibung ist nicht von der Abschreibungsmethode abhängig. Sie erfolgt je nach Anlagegut bei (*direkter*) *Abschreibung* im Soll des **Aufwandskontos** *6510 – Abschreibungen auf immaterielle Vermögensgegenstände des Anlagevermögens, 6520 – Abschreibungen auf Sachanlagen* oder *6540 – Abschreibungen auf geringwertige Gegenstände des Anlagevermögens*. In der Praxis erfolgt dabei i. d. R. eine Tiefengliederung des Postens 6520 nach Sachanlagetypen (Grundstücke, Gebäude, technische Anlagen usw.). Die Gegenbuchung wird im Haben des betroffenen Anlagekontos durchgeführt.

▷ Beispiel:

Die Abschreibungsbuchung am Ende des ersten Nutzungsjahres ergibt sich für das vorhergehende Beispiel wie folgt:

Buchungssatz:

6520	Abschreibungen auf Sachanlagen	2.850,00	an	0720 Anlagen und Maschinen …	2.850,00

Kontendarstellung:

S	6520	H	S	0720		H
0720	2.850,00		8000	14.250,00	6520	2.850,00
					8010	11.400,00
				14.250,00		14.250,00

Durch die *direkte* Gegenbuchung des Aufwandes im Haben des Bestandskontos 0720 verringert sich der darin erfasste Wert. Das Bestandskonto weist zum Ende der Periode also immer den aktuellen Restbuchwert der Anlage aus. Der Abschluss des Kontos 6520 über das GuV-Konto senkt den Gewinn der Rechnungsperiode.

Ist die Anlage im letzten Nutzungsjahr vollständig abgeschrieben (Buchwert = 0,00 Euro) und nicht mehr nutzbar, scheidet sie aus dem Betrieb aus, wird also verschrottet oder verkauft. Man spricht in diesem Fall von **Ausmusterung**. Wird aber am Ende der Nutzungsdauer festgestellt, dass der vollständig abgeschriebene Anlagegegenstand weiter genutzt werden kann, dürfen in den Folgejahren keine Abschreibungen mehr verrechnet werden. Des Weiteren verbleibt auf dem Anlagekonto ein sog. **Erinnerungswert** in Höhe von **1,00 Euro** (Grundsatz der Vollständigkeit). Es wird also der Abschreibungsbetrag im letzten Nutzungsjahr um 1,00 Euro herabgesetzt.

Beispiel:

Ein Pkw steht nach bisheriger linearer Abschreibung zu Beginn des letzten Nutzungsjahres noch mit 2.540,00 Euro zu Buche. Das Fahrzeug kann jedoch noch schätzungsweise weitere 2 Jahre im Betrieb eingesetzt werden.

Abschreibungsbetrag	2.540,00
(bei Ausscheiden des Pkw nach Abschreibung im letzten Nutzungsjahr)	
− Erinnerungswert	1,00
= Abschreibungsbetrag	2.539,00
(bei Verbleiben des Pkw im Unternehmen)	

Buchungssatz:

6520 Abschreibungen auf Sachanlagen 2.539,00 an 0840 Fuhrpark 2.539,00

Kontendarstellung:

S	6520	H	S	0840		H
0840	2.539,00		8000	2.540,00	6520	2.539,00
					8010	1,00
				2.540,00		2.540,00

2.1.4.2 Degressive Abschreibung

Bei der degressiven (= fallenden) Abschreibung werden die Anschaffungs- oder Herstellungskosten in fallenden Raten auf die erwartete Nutzungsdauer verteilt, d. h. die Abschreibungsbeträge sinken von Periode zu Periode.

Erfolgt die Ermittlung der periodischen Abschreibungsbeträge mit einem bis zum Ende der Nutzungsdauer gleichbleibenden (d. h. konstanten) Prozentsatz vom jeweiligen (Rest-)Buchwert der Vorperiode, so spricht man von **geometrisch-degressiver Abschreibung**. Da der Restbuchwert abschreibungsbedingt von Periode zu Periode abnimmt, sinken die Abschreibungsbeträge bei dieser Methode von Periode zu Periode um einen konstanten Prozentsatz (den Abschreibungssatz d). Die degressive Abschreibung führt also zu hohen Aufwendungen in den ersten Jahren der Nutzung. Diese nehmen jedoch im Zeitablauf ab. Da diese Methode am Ende der Nutzungsdauer nicht zu einem Restwert von 0,00 Euro führt, wird i. d. R. ein Übergang auf die lineare Abschreibung durchgeführt (vgl. D 2.1.5.4).

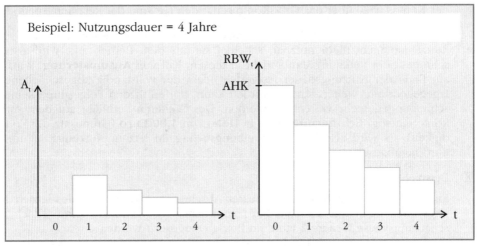

Abbildung 103: Geometrisch-degressive Abschreibung

Die geometrisch-degressive Abschreibung ist für Neuanschaffungen/-herstellungen seit dem 01.01.2011 nur noch nach Handelsrecht zulässig. Steuerrechtlich ist sie seitdem verboten. Es ist anzumerken, dass sich die Regelungen zur geometrisch-degressiven Abschreibung im Steuerrecht (dort bezeichnet als *Absetzung für Abnutzung in fallenden Jahresbeträgen*) in den letzten Jahren häufig geändert haben. Eine Zulässigkeit beschränkte sich im Steuerrecht dennoch stets nur auf bewegliche Wirtschaftsgüter des Anlagevermögens, wobei ein Wechsel zur linearen AfA nach § 7 III EStG erlaubt war (vgl. Abschnitt D 2.1.5.4; umgekehrt war ein Wechsel nie möglich). Lag der maximal zulässige Abschreibungssatz bis 2005 noch beim *zweifachen des linearen Satzes höchstens jedoch bei 20 %*, so wurde er für Neuanschaffungen/-herstellungen in 2006 und 2007 auf das *dreifache des linearen Satzes höchstens jedoch 30 %* angehoben. Das Unternehmenssteuerreformgesetz 2008 beinhaltete die Abschaffung der geometrisch-degressiven AfA mit Wirkung zum 01.01.2008. Im Zuge des Maßnahmenpakets *„Beschäftigungssicherung durch Wachstumsstärkung"* wurde die geometrisch-degressive AfA für bewegliche Wirtschaftsgüter, die in 2009 oder 2010 angeschafft oder hergestellt wurden, in § 7 II EStG jedoch wieder eingeführt. Der maximal zulässige Abschreibungssatz betrug dabei *das Zweieinhalbfache des linearen AfA-Satzes höchstens jedoch 25 %*. Mit Wirkung zum 01.01.2011 wurde die geometrisch-degressive AfA steuerrechtlich wieder abgeschafft, so dass für Neuanschaffungen/-herstellungen seither nur noch die lineare AfA sowie die leistungsbezogene AfA zulässig sind.

2. Bewertung des Anlagevermögens

Die Behandlung nicht mehr aktueller Regelungen des Steuerrechts im obigen Abschnitt ist aus dem Grund zweckmäßig, dass eine in vergangenen Geschäftsjahren mit den damals geltenden AfA-Sätzen begonnene geometrisch-degressive Abschreibung auch nach Gesetzesänderungen fortgesetzt werden darf.

▶ Beispiel:

Zur Ermittlung des steuerrechtlich maximal zulässigen geometrisch-degressiven AfA-Satzes für ein Wirtschaftsgut, das im Jahr 2009 angeschafft und in der Steuerbilanz aktiviert wurde, wird bei einer Nutzungsdauer von 5 bzw. 12 Jahren wie folgt vorgegangen, wobei von der sog. *Minimumfunktion* Gebrauch gemacht wird. min{a, b} ist dabei der kleinere der beiden Werte a und b.

a) 5 Jahre:

linearer AfA-Satz = 1 : 5 = 0,2

→ geom.-degr. Satz = min{2,5 · 0,2; 0,25} = min{0,5; 0,25} = 0,25

b) 12 Jahre:

linearer AfA-Satz = 1 : 12 = 0,0833

→ geom.-degr. Satz = min{2,5 · 0,0833; 0,25} = min{0,2083; 0,25} = 0,2083

▶ Beispiel eines Abschreibungsplans:

Eine im Jahr 2007 angeschaffte Büromaschine (Anschaffungskosten: 2.300,00 Euro) mit einer betriebsgewöhnlichen Nutzungsdauer von 6 Jahren soll in der Steuerbilanz über die gesamte Nutzungsdauer geometrisch-degressiv mit dem maximal möglichen geometrisch-degressiven AfA-Satz von 30 % (= min{3 · 0,1667; 0,3}) abgeschrieben werden.

Die nachfolgende Tabelle zeigt den Verlauf einer rein geometrisch-degressiven AfA bis zum Ende der Nutzungsdauer. Der angesprochene Übergang zur linearen AfA (vgl. Abschnitt D 2.1.5.4), der am Ende des letzten Nutzungsjahres zu einem Buchwert von 0,00 Euro bzw. 1,00 Euro führt, wird dabei zunächst vernachlässigt.

Anschaffungskosten	2.300,00	
− AfA (1. Jahr)	690,00	(30 % v. 2.300,00)
= Restbuchwert (Ende 1. Nutzungsjahr)	1.610,00	
− AfA (2. Jahr)	483,00	(30 % v. 1.610,00)
= Restbuchwert (Ende 2. Nutzungsjahr)	1.127,00	
− AfA (3. Jahr)	338,10	(30 % v. 1.127,00)
= Restbuchwert (Ende 3. Nutzungsjahr)	788,90	
− AfA (4. Jahr)	236,67	(30 % v. 788,90)
= Restbuchwert (Ende 4. Nutzungsjahr)	552,23	
− AfA (5. Jahr)	165,67	(30 % v. 552,23)
= Restbuchwert (Ende 5. Nutzungsjahr)	386,56	
− AfA (6. Jahr)	115,97	(30 % v. 386,56)
= Restbuchwert (Ende 6. Nutzungsjahr)	270,59	

Die Ermittlung des Prozentsatzes zur geometrisch-degressiven Abschreibung wurde bisher nur aus steuerrechtlicher Sicht betrachtet. Im *Handelsrecht* lässt sich der konstante Abschreibungssatz, sofern ein Liquidationserlös bzw. Restwert am Ende der Nutzungsdauer bekannt ist oder geschätzt werden kann, bestimmen als

$$d = 1 - \left(\frac{RBW_{ND}}{AHK}\right)^{\frac{1}{ND}}.$$

Bei sehr geringen Restwerten ergeben sich so jedoch auch bei längeren Nutzungsdauern sehr hohe Abschreibungssätze, so dass in den ersten Jahren sehr viel und in den restlichen Jahren kaum noch etwas abgeschrieben wird. Dies kann dem tatsächlichen Werteverzehr widersprechen. Ein geringerer Abschreibungssatz mit Übergang zur linearen Abschreibung wäre in diesem Fall vorzuziehen.

Im Gegensatz zur geometrisch-degressiven spricht man von einer **arithmetisch-degressiven** (digitalen) **Abschreibung**, wenn die Abschreibungsbeträge jährlich um den gleichen Betrag (nicht Prozentsatz), den sog. Degressionsbetrag, sinken. Diese Methode ist nur handelsrechtlich zulässig. Die Abschreibungsbeträge werden mittels folgender Formeln ermittelt:

$$\text{Abschreibungsbeträge} = \text{Degressionsbetrag} \cdot \text{Jahresziffern in fallender Folge}$$

$$\text{Degressionsbetrag} = \frac{AHK - RBW_{ND}}{\text{Summe der Periodenziffern der Nutzungsdauer}}$$
$$= (AHK - RBW_{ND}) \cdot \frac{2}{(1 + ND) \cdot ND}$$

▷ Beispiel:

Ein Anlagegut (Anschaffungkosten: 30.000,00 Euro, Restwert: 0,00 Euro) mit einer betriebsgewöhnlichen Nutzungsdauer von vier Jahren soll arithmetisch-degressiv abgeschrieben werden.

$$\text{Degressionsbetrag} = \frac{30.000,00}{1+2+3+4} = \frac{30.000,00}{10} = 3.000,00 \text{ Euro}$$

Abschreibungsbetrag *1.* Jahr	12.000,00	(= 3.000,00 · *4*)
Abschreibungsbetrag *2.* Jahr	9.000,00	(= 3.000,00 · *3*)
Abschreibungsbetrag *3.* Jahr	6.000,00	(= 3.000,00 · *2*)
Abschreibungsbetrag *4.* Jahr	3.000,00	(= 3.000,00 · *1*)
	30.000,00	

Man erkennt hier deutlich, dass der Abschreibungsbetrag jedes Jahr um den Degressionsbetrag von 3.000,00 Euro sinkt.

2.1.4.3 Progressive Abschreibung

Eine weitere Abschreibungsmethode ist die sog. progressive Abschreibung. Sie verteilt die Anschaffungs- oder Herstellungskosten eines Anlagegutes in **periodisch** (arithmetisch oder geometrisch) **steigenden Abschreibungsbeträgen** auf die Nutzungsdauer. Auf diese Art und Weise kann in den ersten Nutzungsjahren eine niedrige und in den letzten Nutzungsjahren eine hohe Abschreibung angesetzt werden. Aufgrund der niedrigen Abschreibungen zu Beginn der Nutzungsdauer und der damit verbundenen Gefahr der Überbewertung des Vermögensgegenstandes ist diese Methode nicht mit dem Vorsichtsprinzip vereinbar. Sie ist daher handelsrechtlich nur zulässig, wenn sie den GoB entspricht. Sie bietet sich etwa bei Anlagegütern an, die im Zeitablauf einem sich verstärkenden Werteverzehr unterliegen (z. B. bei Rohrleitungsnetzen, Obstplantagen) an. Steuerrechtlich ist diese Methode grundsätzlich verboten.

2.1.4.4 Leistungsabschreibung

Dieser Abschreibungsmethode wird oft zugeschrieben, dass sie die Methode ist, die den **tatsächlichen Wertverlust** einer Anlage innerhalb einer Rechnungsperiode zutreffend beschreibt. Es erfolgt keine bloße Aufteilung der Anschaffungs- bzw. Herstellungskosten auf die Nutzungsdauer (Zeitabschreibung). Stattdessen geht man davon aus, dass die Abnutzung zeitunabhängig erfolgt, und ermittelt den Abschreibungsbetrag anhand der tatsächlichen Anlagenleistung bzw. -beanspruchung (z. B. Maschinenstunden, Kilometerzahl, Stückzahl). Die Leistungsabschreibung bietet sich also insbesondere bei stark schwankender Inanspruchnahme des Gegenstands an. Nachteil der Methode ist aber, dass in Ruhezeiten keine Abschreibung durchgeführt wird und so der Ruheverschleiß nicht berücksichtigt wird.

Nicht nur handels- sondern auch steuerrechtlich (§ 7 I S. 6 EStG) ist diese Abschreibungsmethode bei beweglichen Vermögensgegenständen bzw. Wirtschaftsgütern des Anlagevermögens zulässig. Es ist aber notwendig, einen Nachweis über die anfallende Leistung zu führen. So ist bei einem Pkw beispielsweise ein Fahrtenbuch vorzuweisen.

Die Berechnung der Abschreibungs-/Absetzungsbeträge erfolgt über die Formel

$$A_t = AHK \cdot \frac{\text{Leistungsabgabe in Nutzungsperiode t}}{\text{Gesamter Leistungsvorrat über die ND}}.$$

> Beispiel:
> Eine Maschine wurde in Eigenleistung erstellt und anschließend im eigenen Betrieb eingesetzt. In der Handelsbilanz wurden Herstellungskosten in Höhe von 13.450,00 Euro aktiviert. Die geschätzte Fertigungskapazität der Anlage vor Ausscheiden aus dem Betrieb beträgt 16.000 Stunden, von denen aufgrund schlechter Auftragslage im ersten Nutzungsjahr allerdings nur 1.500 Stunden beansprucht wurden.

$$\text{Abschreibungsbetrag im 1. Nutzungsjahr} = 13.450,00 \cdot \frac{1.500}{16.000} = 1.260,94 \text{ Euro}$$

2.1.4.5 Absetzung für Substanzverringerung

Bei Bergbauunternehmen, Steinbrüchen und anderen Betrieben, die einen Verbrauch der Substanz mit sich bringen, sind im *Steuerrecht* Absetzungen für Substanzverringerungen nach § 7 VI EStG an Stelle der Absetzung für Abnutzung nach § 7 I EStG zulässig. Hier wird der Absetzung das Maß des eingetretenen Substanzverzehrs zugrundegelegt.

2.1.5 Besonderheiten

2.1.5.1 Abschreibung bei Zugang während des Geschäftsjahres

Beginn der *steuerrechtlichen* Absetzung für Abnutzung (R 7.4 I EStR) ist der Zeitpunkt der Anschaffung oder Herstellung (nicht der Ingebrauchnahme). Beim Zugang eines Anlagegutes während des Geschäftsjahres muss die AfA daher **zeitanteilig** („pro rata temporis") erfolgen, d. h. die AfA wird für so viele Monate angesetzt, wie das Anlagegut dem Betrieb zur Verfügung stand. Der Anschaffungsmonat gilt dabei als voller Monat. *Handelsrechtlich* gibt es hinsichtlich des Abschreibungsbeginns keine kodifizierten Vorschriften. Die GoB machen aber die zeitanteilige Abschreibung zur Grundregel.

Beispiel:

Wird ein Anlagegut im Monat März gekauft, so darf nur 10/12 der Jahres-AfA angesetzt werden.

2.1.5.2 Abschreibung bei Abgang während des Geschäftsjahres

Das **Ende der planmäßigen Abschreibung** wird nicht nur durch das Ausscheiden des Anlagegegenstandes aus dem Betrieb bei Ablauf der Nutzungsdauer bestimmt. Es wird auch durch den Verkauf von Sachanlagen (vgl. Abschnitt C 8) oder bei deren Privatentnahme (vgl. Abschnitt C 13.2.1) durch den Unternehmer eingeleitet. In diesen beiden Fällen sind abschreibungstechnische Besonderheiten zu beachten. Handels- und steuerrechtlich (GoB, R 7.4 VIII EStR) ist nämlich im Falle des Ausscheidens *vor* Ablauf der Nutzungsdauer die letzte Abschreibung bzw. Absetzung stets zeitanteilig vorzunehmen.

Beispiel:

Eine Transportanlage, deren Buchwert zum 01.01.2010 bei 10.000,00 Euro lag, wird am 15.07.2010 zu einem Verkaufspreis von 5.000,00 Euro netto gegen Bankscheck verkauft. Die Maschine wurde in der Handelsbilanz bisher planmäßig linear mit einem Satz von 20 % (jährlich 10.000,00 Euro) abgeschrieben.

In der Praxis gilt zur **Vereinfachung** eine Berechnung der zeitanteiligen Abschreibung **nach vollen Monaten (inkl. Abgangsmonat)**. Die *Verbuchung der Abschreibung* erfolgt *vor Ausbuchung des Anlagegegenstandes* bei Verkauf.

Berechnungen: $\dfrac{\text{Abschreibungswert des Nutzungsjahres}}{12 \text{ Monate}} \cdot \text{Nutzungsmonate}$

Restbuchwert zum 01.01.2010	10.000,00	
– zeitanteilige Abschreibung (7 Monate)	5.833,33	(= 10.000,00 **: 12 · 7**)
= Restbuchwert bei Verkauf	4.166,67	
Verkaufserlös	5.000,00	
– Restbuchwert bei Verkauf	4.166,67	
= Verkaufsgewinn	833,33	

Buchung der zeitanteiligen Abschreibung:

6520	Abschreibungen auf Sachanlagen	5.833,33	an	0750	Transportanlagen und ähnliche Betriebsvorrichtungen	5.833,33

Buchung des Verkaufs (ohne Interimskonto 5410):

2800	Guthaben bei Kreditinstituten (Bank)	5.950,00	an	0750	Transportanlagen und ähnliche Betriebsvorrichtungen	4.166,67
				5460	Erträge aus dem Abgang von Vermögensgegenständen	833,33
				2600	Vorsteuer	950,00

Kontendarstellung:

S	6520	H		S	0750		H
0750	5.833,33			8000	10.000,00	*6520*	5.833,33
						2800	4.166,67

S	2800	H		S	5460	H
0750,	5.950,00				*2800*	833,33
5460,						
2600						

S	2600	H
	2800	950,00

Es entstand also in der betroffenen Rechnungsperiode durch den Verkauf ein Gewinn von 833,33 Euro. Zusammen mit der zeitanteiligen Abschreibung ergibt sich in der GuV eine Gewinnminderung in Höhe von 5.000,00 Euro.

S	GuV		H
6520	5.833,33	5460	833,33
		Saldo (Verlust)	5.000,00

Analog wird auch bei der Entnahme von Anlagegütern durch den Inhaber oder einen der Gesellschafter verfahren. Es wird zunächst eine zeitanteilige Abschreibung bis zum Entnahmezeitpunkt durchgeführt. Anschließend wird die Abgangsbuchung (mit oder ohne Interimskonto 5410) getätigt, wie sie bereits in Abschnitt C 13.2.1 beschrieben wurde.

2.1.5.3 Geringwertige Wirtschaftsgüter

Vor der Unternehmenssteuerreform 2008 konnten bestimmte Wirtschaftsgüter im Anschaffungsjahr in der *Steuerbilanz* sofort voll (abgesehen vom Erinnerungswert von 1,00 Euro) abgesetzt werden, wenn ihre Anschaffungs- oder Herstellungskosten netto 410,00 Euro nicht überstiegen (GWG; vgl. Abschnitt C 6.2.2). Diese Option musste ein Unternehmen aber nicht unbedingt ausüben. Es konnte sich auch für die reguläre Absetzung für Abnutzung entscheiden (Wahlrecht). Wurde die reguläre AfA allerdings einmal begonnen, war nachträglich keine Vollabsetzung mehr möglich. Die Sofortabsetzung war besonders sinnvoll, wenn im Jahr der Anschaffung den gebuchten Erträgen in der GuV-Rechnung ein möglichst hoher Aufwand gegenüberstehen sollte (temporäre Gewinnminderung → temporäre Verringerung der Steuerbelastung → Steuerstundung).

Wie bereits im Abschnitt C 6.2 erwähnt wurde, kam es im Zuge der Unternehmenssteuerreform zu einer Umdefinierung des GWG-Begriffs. GWGs sind nun (seit 01.01.2010) durch Werte von über 150,00 Euro und höchstens 410,00 bzw. 1.000,00 Euro charakterisiert. Sie können jetzt in einem Sammelposten zusammengefasst werden. Der Gesamtwert eines solchen nach Jahren getrennt geführten GWG-Pools darf unabhängig von der betriebsgewöhnlichen Nutzungsdauer der darin enthaltenen Wirtschaftsgüter nur gleichmäßig über 5 Jahre, d. h. pro Jahr mit 20 %, abgeschrieben werden. Bei Ausscheiden oder außerplanmäßiger Wertminderung (vgl. Abschnitt D 2.2) eines solchen Wirtschaftsgutes wird der Sammelposten nicht vermindert. Ein im Jahr 2010 gekauftes Notebook taucht in der Gewinnermittlung des Jahres 2012 demnach auch dann noch auf der Sammelposten-Liste auf, wenn es bereits im Jahr 2011 vom Schreibtisch gefallen und längst verschrottet ist.

Die Abschreibung von GWGs erfolgt generell über das *Konto 6540 – Abschreibungen auf geringwertige Gegenstände des Anlagevermögens.*

▷ Beispiel:
Ein Aktenschrank wurde im Jahr 2010 zu Anschaffungskosten von 350,00 Euro netto eingekauft und in der Steuerbilanz bereits auf dem entsprechenden Konto der Kontenklasse 0 gebucht. Am Ende des Nutzungsjahres soll nun steuerlich am günstigsten (d. h. mit größtmöglicher Steuerstundung) abgeschrieben werden.

Buchungssatz:

6540	Abschreibungen auf geringwertige Gegenstände des Anlagevermögens	349,00	an	0890	Geringwertige Gegenstände der Betriebs- und Geschäftsausstattung	349,00

Kontendarstellung:

S	6540		H	S	0890		H
0890	349,00			4400	350,00	6540	349,00
						8010	1,00
					350,00		350,00

Alternativ, aber im Vergleich zur Sofortabsetzung im ersten Nutzungsjahr in Bezug auf die Zielsetzung weniger günstig, könnte das Wirtschaftsgut auch einer planmäßigen AfA (z. B. linear, degressiv) unterzogen werden. Die Ermittlung des AfA-Betrages erfolgt nach den bisher behandelten Verfahren. Die Verbuchung erfolgt analog zum vorherigen Beispiel.

2.1.5.4 Wechsel der Abschreibungsmethode

Im *Handelsrecht* ist ein Wechsel der Abschreibungsmethode nur dann zulässig, wenn die neue Methode mit den GoB vereinbar ist und wenn bei ein und demselben Vermögensgegenstand die Durchbrechung des Grundsatzes der Planmäßigkeit der Abschreibung begründbar ist. Nach § 7 III EStG ist im *Steuerrecht* ein Wechsel der Absetzungsmethode bei ein und demselben Wirtschaftsgut nur von der Absetzung für Abnutzung in fallenden Jahresbeträgen (geometrisch-degressive AfA) zur Absetzung für Abnutzung in gleichbleibenden Jahresbeträgen (lineare AfA) zulässig. Erfolgt der Wechsel nicht, entsteht in vielen Fällen im letzten Jahr der Nutzungsdauer ein im Vergleich zu den Vorjahren relativ hoher Abschreibungsbetrag. Dieser resultiert daraus, dass im vorletzten Jahr ein nicht unbedingt geringer (Rest-)Buchwert stehen bleibt, der im letzten Jahr vollständig (bzw. auf einen Restwert von z. B. 1,00 Euro) abgeschrieben werden muss. Dies führt insofern zu keinem systematischen Abschreibungsverlauf. Durch einen Übergang zur linearen AfA hingegen würden die Abschreibungsbeträge in den letzten Jahren geglättet werden. Bei Gebäuden ist grundsätzlich kein Wechsel zulässig (Ausnahmen: R 7.4 VII EStR). Ein Übergang von linearer zu degressiver AfA ist ebenfalls generell nicht erlaubt.

Der **Übergang** von der degressiven zur linearen AfA erfolgt grundsätzlich in dem Jahr, in dem die gleichmäßige (lineare) Verteilung des Restbuchwertes über die Restnutzungsdauer (RND) mindestens so hohe AfA-Beträge ergibt, wie die Fortführung der geometrisch-degressiven Methode. Die Bedingung für den Übergang lässt sich folgendermaßen formalisieren:

$$\text{Übergang, wenn} \quad \frac{\text{RBW}_{t-1}}{\text{RND}_{t-1}} \geq d \cdot \text{RBW}_{t-1} \quad \text{bzw.} \quad \frac{1}{\text{RND}_{t-1}} \geq d$$

Beispiel:

Ein Pkw wurde am 17.01.10 zu Anschaffungskosten in Höhe von 35.000,00 Euro gekauft. Die geschätzte Nutzungsdauer liegt bei 7 Jahren und es ist davon auszugehen, dass der Pkw am Ende der Nutzungsdauer aus dem Unternehmen ausscheidet (Restbuchwert: 0,00 Euro). In der Steuerbilanz soll unter Ausnutzung aller Bewertungsmöglichkeiten stets die höchstmögliche Jahresabsetzung erreicht werden.

Die Basis zur Berechnung der Abschreibung in einer Periode t bildet stets der Buchwert zu Beginn der Periode. Dieser entspricht dem (Rest-)Buchwert zum Ende der Vorperiode RBW_{t-1}. Bei der geometrisch-degressiven AfA wird in jeder Periode der konstante Prozentsatz d vom Restbuchwert der Vorperiode abgeschrieben ($\text{AfA}_t = d \cdot \text{RBW}_{t-1}$). Da der Restbuchwert durch die Abschreibung von Periode zu Periode sinkt, während der geometrisch-degressive AfA-Satz d konstant bleibt, sinkt der AfA-Betrag von Periode zu Periode. Bei der linearen AfA hingegen wird der Restbuchwert der Vorperiode gleichmäßig auf die verbleibende Restnutzungsdauer verteilt ($\text{AfA}_t = \text{RBW}_{t-1} : \text{RND}_{t-1}$). Es sinken sowohl der Restbuchwert als auch die Restnutzungsdauer von Periode zu Periode und zwar in einem solchen Verhältnis, dass in jeder Periode der Restnutzungsdauer der gleiche Betrag abgeschrieben wird.

Die höchstmögliche Steuerstundung lässt sich durch optimale Ausnutzung der steuerrechtlich zulässigen Abschreibungsmethoden (für Anschaffungen in 2010 sind das die geometrisch-degressive und die lineare AfA) derart erreichen, dass in jeder Periode der höchstmögliche Betrag abgeschrieben wird. Wie die obige Bedingung für den Übergang zeigt, ist daher in jeder Periode der geometrisch-degressive AfA-Satz d dem linearen AfA-Satz 1 : RND_{t-1} gegenüberzustellen. Im Beispiel lässt sich der steuerrechtlich maximal zulässige geometrisch-degressive AfA-Satz nach Abschnitt D 2.1.4.2 als d = min{2,5 · 1 : 7; 0,25} = min{0,36; 0,25} = 0,25 = 25 % berechnen. Bei linearer Abschreibung hingegen würden im ersten Jahr nur 1 : 7 = 0,14 = 14 % abgeschrieben werden. Im ersten Jahr ist demnach geometrisch-degressiv ein Betrag von 0,25 · 35.000,00 = 8.750,00 Euro abzuschreiben. In den letzten Jahren der Nutzungsdauer dreht sich das Verhältnis der steuerlichen Vorteilhaftigkeit der beiden Abschreibungsmethoden um, da der jährliche Abschreibungs*satz* bei geometrisch-degressiver AfA konstant bleibt, während er bei linearer AfA wegen der sinkenden Restnutzungsdauer steigt. Wie in der nachfolgenden Tabelle zu sehen ist, ist in Periode 4 die Bedingung für den Übergang zur linearen AfA erfüllt, da der lineare AfA-Satz nun mindestens so hoch ist wie d. Somit wird der Pkw in den Perioden 4 bis 7 jährlich linear mit einem konstanten Betrag in Höhe von RBW_3 : RND_3 = 14.765,62 : 4 = 3.691,41 Euro abgeschrieben. Hätte der Pkw eine gesamte Nutzungsdauer von weniger als 4 Jahren gehabt, wäre die lineare AfA von Anfang an die steuerlich günstigere Abschreibungsmethode gewesen.

Datum	t	degr. AfA-Satz d	RND	AfA-Satz bei linearer RBW-AfA	max. AfA-Satz	AfA	(Rest-) Buchwert RBW_t
		= min{0,25; 2,5 · 1/ND}	= ND−t	= 1/RND_{t-1}	= max{d; 1/RND_{t-1}}	= RBW_{t-1} · max. AfA-Satz	= RBW_{t-1} − AfA_t
17.01.10	0		7				35.000,00
31.12.10	1	1/4	6	1/7	1/4	8.750,00	26.250,00
31.12.11	2	1/4	5	1/6	1/4	6.562,50	19.687,50
31.12.12	3	1/4	4	1/5	1/4	4.921,88	14.765,62
31.12.13	4	1/4	3	1/4	1/4	3.691,41	11.074,21
31.12.14	5	1/4	2	1/3	1/3	3.691,40	7.382,81
31.12.15	6	1/4	1	1/2	1/2	3.691,41	3.691,40
31.12.16	7	1/4	0	1/1	1/1	3.691,40	0

Der Übergangszeitpunkt kann auch bereits bei der Anschaffung eines Anlagegutes mit Hilfe der Formel

$$\text{Periode des Übergangs} = ND - \frac{1}{d} + 1$$

ermittelt werden, wobei das Ergebnis auf eine ganze Zahl aufzurunden ist.

▶ Anwendung anhand des obigen Beispiels:

Periode des Übergangs = 7 − 1 : 0,25 + 1 = 4

Ein Aufrunden ist hier nicht notwendig, da 4 bereits eine ganze Zahl ist. Es wird also hier ab Periode 4 linear abgeschrieben.

2.1.5.5 Abschreibung von Grundstücken und Gebäuden

Gründstücke unterliegen grundsätzlich keinem regelmäßigen Wertverlust. Es dürfen also auch keine planmäßigen Abschreibungen vorgenommen werden. Abschreibungen müssen nur bei einer außerplanmäßigen Wertminderung (vgl. Abschnitt D 2.2) getätigt werden.

Gebäude sind hingegen linear und zeitanteilig (inkl. Monat der Anschaffung) abzuschreiben. *Steuerrechtlich* gibt es vorgeschriebene AfA-Sätze für verschiedene Gebäudekategorienen, wodurch gleichzeitig die Nutzungsdauer festgelegt wird. So sind z. B. nach § 7 IV Nr. 1 EStG bei Gebäuden, die zum Betriebsvermögen gehören, nicht zu Wohnzwecken dienen und für die der Bauantrag nach dem 31.03.1985 gestellt worden ist, jährlich linear 3 % der Anschaffungs- bzw. Herstellungskosten abzuschreiben. Dies impliziert eine Nuzungsdauer von 33,33 Jahren. Der Abschreibungsbetrag für das letzte Dritteljahr ist dabei erst im 34. Nutzungsjahr zu berücksichtigen. Falls die Nutzungsdauer tatsächlich weniger als 33,33 Jahre ist, kann nach § 7 IV S. 2 auch die niedrigere Nutzungsdauer bei der linearen Abschreibung angesetzt werden.

2.2 Außerplanmäßige Abschreibung des Anlagevermögens

Sowohl das Handels- als auch das Steuerrecht sehen neben der auf die Nutzungsdauer verteilten planmäßigen Abschreibung die Möglichkeit einer außerplanmäßigen Abschreibung vor, wenn ein Indikator für eine außerplanmäßige Wertminderung vorliegt. Zu den Indikatoren zählen z. B. folgende:

- Absinken der Beschaffungsmarktpreise (z. B. Hersteller senkt Listenpreis)
- Stilllegung oder Unterauslastung von technischen Anlagen aufgrund von Ungängigkeiten (Modewechsel, Nachfrageverschiebung)
- Wirtschaftliche Überholung durch technisch weiterentwickelte und kostengünstigere Anlagen
- Extreme Beanspruchung und Abnutzung der Anlagen
- Katastrophenverschleiß (z. B. Unwetter, Hochwasser, Brand etc.)

2.2.1 Außerplanmäßige Abschreibung in der Handelsbilanz

Ist der sog. Tageswert eines Vermögensgegenstandes zum Bilanzstichtag aus *unvorhergesehenen* Umständen unter den Buchwert gesunken, so ist letzterer unter gewissen Voraussetzungen herabzusetzen.

2.2.1.1 Handelsrechtlicher Tageswert

Gemäß § 253 IV HGB wird der **Tageswert (Zeitwert)** am Bilanzstichtag vom Börsen- oder Marktpreis oder vom beizulegenden Wert abgeleitet. Soweit Vermögensgegenstände an der Börse gehandelt werden, lässt sich der *Börsenkurs* ohne Schwierigkeiten feststellen. Dies ist vor allem bei Wertpapieren an der Wertpapierbörse oder bei Rohstoffen an der Warenbörse der Fall. Soweit kein Börsenkurs existiert, werden marktgängige Vermögensgegenstände zu ihrem *Marktpreis* angesetzt. Der Marktpreis ist der auf dem Markt für Waren einer bestimmten Gattung und Güte am Bilanzstichtag durchschnittlich gezahlte Preis. Liegen jedoch keine marktgängigen Vermögensgegenstände, wie gebrauchte Güter sowie Sonder- oder Spezialanfertigungen vor, kann nur der sog. *beizulegende Wert* angesetzt werden. Dies kann ein Wiederbeschaffungs- oder Reproduktionswert sein, aber auch ein Schätzwert auf Basis von Marktpreisen vergleichbarer bzw. ähnlicher Güter.

2.2.1.2 Niederstwertprinzip und außerplanmäßige Abschreibung

Die Vermögensgegenstände des Anlagevermögens sind zum Bilanzstichtag auf Werthaltigkeit zu testen. Hierzu werden die fortgeführten Anschaffungs- oder Herstellungskosten (Buchwert) und der Tageswert verglichen. Nun stellt sich die Frage, wie zu verfahren ist, wenn sich im Zuge dieses Testes herausstellt, dass der Tageswert geringer als der Buchwert ist, also eine Wertminderung vorliegt:

Nach § 253 III S. 3 HGB gilt für Vermögensgegenstände des Anlagevermögens das sog. **gemilderte Niederstwertprinzip**. Nach diesem sind von Einzelunternehmen, Personengesellschaften und Kapitalgesellschaften aufgrund der längeren Verweildauer des Anlagevermögens vorübergehende Wertminderungen grundsätzlich nicht zu berücksichtigen, da sich die Wertschwankungen im Zeitablauf ausgleichen. Ist hingegen ein solcher Ausgleich nicht absehbar, d. h. liegt eine *dauerhafte Wertminderung* vor, so muss diese generell mittels einer außerplanmäßigen Abschreibung berücksichtigt werden. Eine Ausnahme bilden Finanzanlagen. Gemäß § 253 III S. 4 HGB besteht ein Wahlrecht Vermögensgegenstände des Finanzanlagevermögens auch bei nur vorübergehender Wertminderung außerplanmäßig abzuschreiben. Im Zusammenhang mit diesem *Wahlrecht* zwischen dem Ansatz des niedrigeren Tageswertes und des Buchwertes ist zu erwähnen, dass dieses auch den Ansatz jedes dazwischen liegenden Wertes beinhaltet. Diese Zusammenhänge sind in Abbildung 104 veranschaulicht. Aus Gründen der Übersichtlichkeit sind hier bereits die steuerrechtlichen Regelungen enthalten.

Wertminderung voraussichtlich	Immaterielles Vermögen und Sachanlagevermögen		Finanzanlagevermögen	
	HB	StB	HB	StB
vorübergehend	*Verbot*	*Verbot*	*Wahlrecht*	*Verbot*
dauerhaft	*Gebot*	*Wahlrecht*	*Gebot*	*Wahlrecht*

Abbildung 104: Außerplanmäßige Abschreibungen (Anlagevermögen)

2.2.1.3 Wertaufholung

Fallen die Gründe für eine außerplanmäßige Wertminderung weg, ist zu prüfen ob der nun aufgrund der außerplanmäßigen Abschreibung niedrigere Buchwert beizubehalten ist oder ob wieder erfolgswirksam zugeschrieben werden darf bzw. muss.

Bei Einzelunternehmen, Personengesellschaften und Kapitalgesellschaften besteht in der Handelsbilanz ein **Zuschreibungsverbot** für den *Geschäfts- oder Firmenwert* (vgl. Abschnitt D 2.3) und ein **Zuschreibungsgebot** für *andere Vermögensgegenstände* (§ 253 V HGB).

Nach deutschem Bilanzrecht stellen die **Anschaffungs- und Herstellungskosten** nach § 253 I HGB die **Obergrenze** der Bewertung dar (*Anschaffungswertprinzip*). Es dürfen daher selbst dann keine höheren Werte als Anschaffungs- oder Herstellungskosten in der *Handel-oder Steuerbilanz* angesetzt werden, wenn der Verkehrswert um ein Vielfaches über dem bei der Anschaffung gezahlten Kaufpreis oder den zur Herstellung aufgewendeten Beträgen liegt. So bilden bei vorangegangener außerplanmäßiger Abschreibung unabhängig von der Gesellschaftsform im Falle einer Wertaufholung die **fortgeführten Anschaffungs- oder Herstellungskosten** die **Obergrenze**. Die fortgeführten Anschaffungs- oder Herstellungskosten sind dabei der Wert, der sich bei planmäßiger Abschreibung ergeben hätte, wenn es zu keiner außerplanmäßigen Abschreibung gekommen wäre.

2.2.2 Außerplanmäßige Abschreibung in der Steuerbilanz

2.2.2.1 Teilwertabschreibung

Gemäß § 6 I Nr. 1. S. 2 EStG kann (*Wahlrecht*) ein sog. niedrigerer Teilwert angesetzt werden, wenn eine dauerhafte Wertminderung vorliegt (siehe auch Abbildung 104). Dieses steuerrechtliche Wahlrecht kann unabhängig vom handelsrechtlichen Abwertungsgebot ausgeübt werden (vgl. BMF-Schreiben vom 12.03.2010). Das Maßgeblichkeitsprinzip (§ 5 I EStG) greift in diesem Fall nicht.

Die steuerliche *Teilwertabschreibung* ist nur bei dauerhafter Wertminderung möglich. Bei vorübergehender Wertminderung ist die steuerliche Teilwertabschreibung nicht zulässig. Dies gilt unabhängig von Gesellschaftsform oder Kategorie des Anlagevermögens (vgl. Abbildung 104).

2.2.2.2 Steuerrechtlicher Teilwert

Eine Teilwertabschreibung erfolgt in Höhe der Differenz zwischen Buchwert und niedrigerem Teilwert. Der **Teilwert** ist im Gegensatz zu den historischen Anschaffungs- und Herstellungskosten oder zum Buchwert ein aktueller Zeitwert. Nach § 6 I Nr. 1 S. 3 EStG ist der Teilwert ein Betrag, den

- ein fiktiver Käufer
- des gesamten Unternehmens
- im Rahmen des Gesamtkaufpreises des Unternehmens
- für das betreffende Wirtschaftsgut
- unter der Annahme der Unternehmensfortführung zahlen würde.

Im Vergleich zum Tageswert ist der Teilwert *betriebsbezogen*, d. h. für einen potenziellen Erwerber des Gesamtbetriebs wäre jedes Wirtschaftsgut ein passender Bestandteil des Ganzen. Geht es um ein florierendes Unternehmen, erklärt sich der potenzielle Erwerber sicherlich bereit, für das einzelne Wirtschaftgut mehr zu bezahlen als für das gleiche Wirtschaftsgut eines insolventen Unternehmens.

Bei *Wertpapieren des Anlage- und Umlaufvermögens* entspricht der Teilwert immer den Wiederbeschaffungskosten (vgl. Abschnitt D 3.2.4.1) am Bilanzstichtag, auch wenn eine Veräußerung der Wertpapiere beabsichtigt ist.

2.2.2.3 Wertaufholung

Bei Wegfall des Grundes für die Teilwertabschreibung besteht gemäß § 6 I Nr. 1 S. 4 und Nr. 2 S. 3 EStG steuerrechtlich ein strenges Wertaufholungsgebot sowohl für Einzelunternehmen und Personengesellschaften als auch für Kapitalgesellschaften. **Wertobergrenze** sind auch hier die **fortgeführten Anschaffungs- oder Herstellungskosten**.

2.2.3 Verbuchung außerplanmäßiger Abschreibung bei Sachanlagen

Die Verbuchung einer außerplanmäßigen Abschreibung wird im Folgenden anhand eines Beispiels zur steuerlichen *Teilwertabschreibung* verdeutlicht. Die dabei dargestellte Systematik gilt für den handelsrechtlichen Jahresabschluss analog. Wichtig ist jeweils, dass die außerplanmäßige Abschreibung in der betroffenen Rechnungsperiode zusätzlich zur planmäßigen Abschreibung (im Falle abnutzbarer Anlagegegenstände) durchzuführen ist. Bei Grundstücken, bei denen generell keine planmäßigen Abschreibungen zulässig sind, fällt in der Rechnungsperiode ausschließlich die außerplanmäßige Abschreibung an.

▷ Beispiel:

Eine Verpackungsanlage, die am 01.07.2009 zu Anschaffungskosten von 35.000,00 Euro gekauft wurde, soll nach Plan in der Steuerbilanz einer AG höchstmöglich (Nutzungsdauer 5 Jahre) abgeschrieben werden. Aufgrund einer technischen Entwicklung im Maschinenbereich kann der Teilwert am 31.12.2010 nur noch auf 15.000,00 Euro geschätzt werden.

Es ergeben sich daraus zunächst folgende AfA-Sätze:

linearer AfA-Satz = 1 : 5 = 0,2 = 20 %

maximaler geometrisch-degressiver AfA-Satz = min{2,5 · 0,2; 0,25} = 0,25 = 25 %

Im Jahr 2009 ist steuerrechtlich die geometrisch-degressive AfA zum maximal zulässigen Satz von 25 % am günstigsten. Da die Anschaffung im Juli 2009 erfolgte, darf die Anlage in 2009 nur für die Monate Juli bis Dezember abgeschrieben werden. Somit werden nicht 25 %, sondern 0,25 · 6 : 12 = 0,125 = 12,5 % von den Anschaffungskosten abgeschrieben. Der Abschreibungsbetrag ergibt sich daher als (0,25 · 35.000,00) · 6 : 12 = 4.375,00 Euro In 2010 gilt es zunächst zu entscheiden, ob ein Übergang zur linearen AfA steuerlich vorteilhaft ist. Da für das Jahr 2010 der geom.-degr. AfA-Satz d = 0,25 weiterhin größer ist als der lineare Satz 1 : RND_{2009} = 1 : 4,5 = 0,22 = 22,0 %, wird auch in 2010 planmäßig geometrisch-degressiv zu 25 % abgeschrieben. Gemäß der Formel aus Abschnitt D 2.1.5.4 erfolgt der Übergang erst 5 − 1 : 0,25 + 1 = 2 Jahre nach der Anschaffung, also ab Juli 2011. Erst am 31.12.2011 würde ein Abschreibungsbetrag nach linearer AfA verbucht werden.

Jahr	RBW vor AfA (RBW_{t-1})	AfA_t	RBW nach AfA (RBW_t)
2009	35.000,00	4.375,00	30.625,00
2010	30.625,00	7.656,25	22.968,75

Die Ermittlung der Höhe der Teilwertabschreibung erfolgt durch den Vergleich der fortgeführten AHK (= Restbuchwert nach Durchführung der planmäßigen AfA) mit dem niedrigeren Teilwert:

2. Bewertung des Anlagevermögens

fortgeführte AHK	22.968,75
Teilwert	15.000,00
Teilwertabschreibung	7.968,75

Zum 31.12.2010 sind demnach folgende Buchungen durchzuführen:

1. Planmäßige Absetzung für Abnutzung

Buchung:

6520 Abschreibungen 7.656,25 an 0760 Verpackungsanlagen 7.656,25
       auf Sachanlagen   und -maschinen

Kontendarstellung:

S	6520	H	S	0760		H
0760 7.656,25			8000	30.625,00	*6520*	7.656,25

2. Teilwertabschreibung

a) bei *vorübergehender Wertminderung*:

Steuerrechtlich besteht ein Abwertungverbot bei Sachanlagen, wenn die Wertminderung nur vorübergehend ist (vgl. Abbildung 104). Der Steuerbilanzansatz würde also nach durchgeführter planmäßiger AfA zu 22.968,75 Euro erfolgen. Da jedoch aufgrund der technischen Entwicklung von einer dauerhaften Wertminderung ausgegangen werden kann, ist für dieses Beispiel der folgende Punkt b) relevant.

b) bei *dauerhafter Wertminderung*:

Für die außerplanmäßige Abschreibung (Teilwertabschreibung) einer Sachanlage bei dauerhafter Wertminderung besteht steuerrechtlich ein Wahlrecht (handelsrechtlich ein Gebot; vgl. Abbildung 104). Handelsrechtlich sowie steuerrechtlich im Faller einer Ausübung des Wahlrechtes wäre wie folgt zu buchen:

Buchung:

6550 Außerplanmäßige 7.968,75 an 0760 Verpackungsanlagen 7.968,75
       Abschreibungen   und -maschinen
       auf Sachanlagen

Kontendarstellung:

S	6550	H	S	0760		H
0760 7.968,75			8000	30.625,00	6520	7.656,25
					6550	7.968,75

Nach Durchführung beider Abschreibungen steht der Vermögensgegenstand am 31.12.2010 mit 15.000,00 Euro (= 30.625,00 − 7.656,25 − 7.968,75) in der Bilanz. Dieser RBW$_{2010}$ ist wiederum Basis für die Berechnung der AfA des Jahres 2011, in dem linear abgeschrieben wird (vgl. obige Ausführungen). So ist 2011 planmäßig ein Betrag von $1 : 3,5 \cdot 15.000,00 = 4.285,71$ Euro abzuschreiben.

Fällt der Grund für eine außerplanmäßige Abschreibung weg, ist eine **Wertaufholung** (vgl. Abschnitte D 2.2.1.3 und D 2.2.2.3), die maximal bis zu den fortgeführten Anschaffungs- bzw. Herstellungskosten (absolute Wertobergrenze) führt, wie im folgenden Beispiel zu buchen:

▷ Beispiel:

Zum 31.12.2011 beträgt der Teilwert der Verpackungsanlage aus dem vorhergehenden Beispiel im Fall (a) 19.000,00 Euro und im Fall (b) 13.000,00 Euro.

Aus dem bisherigen Abschreibungsverlauf sind folgende Daten bekannt:

Jahr	RBW vor (1) und (2)	Planmäßige AfA (1)	Teilwertabschreibung (2)	RBW zum 31.12. nach (1) und (2)
2009	35.000,00	4.375,00	0	30.625,00
2010	30.625,00	7.656,25	7.968,75	15.000,00

Zur Ermittlung der erforderlichen Zuschreibung (Wertaufholung) sind zunächst die sog. fortgeschriebenen und die fortgeführten AHK zu errechnen.

1. Fortgeschriebene AHK

Wird im Laufe der Nutzungsdauer der Restbuchwert ein- oder mehrmalig um eine Teilwertabschreibung bzw. außerplanmäßige Abschreibung vermindert und darauf hin die planmäßige AfA fortgesetzt, so wird jeder folgende Restbuchwert als sog. fortgeschriebener Wert bezeichnet. Dieser ergibt sich im obigen Beispiel wie folgt:

Buchwert nach Teilwertabschreibung 2010	15.000,00	
– planmäßige AfA 2011	4.285,71	(= 15.000,00 : 3,5)
= fortgeschriebene AHK 2011	10.714,29	

2. Fortgeführte AHK

Unter den fortgeführten AHK versteht man die Restbuchwerte, die im Rahmen der planmäßigen AfA ohne jegliche Teilwertabschreibung entstehen. Es ergibt sich also für das Beispiel folgender Wert:

RBW 2010 ohne außerplanm. Abschreibung	22.968,75	
– fiktive planmäßig Abschreibung 2011	6.562,50	(= 22.968,75 : 3,5)
= fortgeführte AHK 2011	16.406,25	

Der Buchwert nach Teilwertabschreibung und planmäßiger Absetzung für Abnutzung liegt also zum 31.12.2011 bei 10.714,29 Euro. Der Teilwert der Maschine zum 31.12.2011 wurde mit (a) 19.000,00 Euro bzw. (b) 13.000,00 Euro ermittelt. Je nachdem, ob der Teilwert über oder unter den fortgeführten AHK liegt, sind zwei **Zuschreibungsfälle** zu unterscheiden:

Fall (a): *Teilwert > fortgeführte AHK*

Liegt der Teilwert (19.000,00 Euro) über den fortgeführten AHK (16.406,25 Euro), ist zu berücksichtigen, dass eine Zuschreibung nur bis max. zu den fortgeführten AHK (absolute Wertobergrenze) zulässig ist.

2. Bewertung des Anlagevermögens

von: fortgeschriebener Wert (2011)	10.714,29
auf: fortgeführte AHK (2011)	16.406,25
Zuschreibung (2011)	5.691,96

Fall (b): *Teilwert < fortgeführte AHK*

Bei einem unter den fortgeführten AHK liegenden Teilwert (13.000,00 Euro) erfolgt eine Zuschreibung auf den niedrigeren Teilwert.

von: fortgeschriebener Wert (2011)	10.714,29
auf: Teilwert (2011)	13.000,00
Zuschreibung (2011)	2.285,71

Die Buchungen der planmäßigen AfA und der Zuschreibung (hier nur Fall (a) dargestellt) in 2011 sind nach Ermittlung der Werte natürlich auch nicht zu vergessen.

Buchung:

6520	Abschreibungen auf Sachanlagen	4.285,71	an	0760	Verpackungsanlagen und -maschinen	4.285,71
0760	Verpackungsanlagen und -maschinen	5.691,96	an	5440	Erträge aus Werterhöhungen von Gegenständen des Anlagevermögens (Zuschreibungen)	5.691,96

Kontendarstellung:

S	0760		H		S	5440		H
8000	15.000,00	*6520*	4.285,71				*0760*	5.691,96
5440	5.691,96							

S	6520		H
0760	4.285,71		

Das Prinzip der Zuschreibung bei Wegfall des Grundes einer außerplanmäßigen Abschreibung im Steuer- und Handelsrecht kann mittels Abbildung 105 abschließend systematisiert werden.

Teil-/Tageswert > fortgeführte AHK	*Teil-/Tageswert < fortgeführte AHK*
↓	↓
Zuschreibung vom fortgeschriebenen Wert auf die fortgeführten AHK	Zuschreibung vom fortgeschriebenen Wert auf den Teilwert

Abbildung 105: Zuschreibungsgebot

2.2.4 Verbuchung außerplanmäßiger Abschreibung bei Wertpapieren

Um eine Bewertung von *Wertpapieren des Anlagevermögens* vornehmen zu können, müssen ihre Anschaffungskosten vorliegen. Werden allerdings Wertpapiere der gleichen Gesellschaft zu unterschiedlichen Zeitpunkten und Kursen gekauft und teilweise wieder verkauft, ist ihre Ermittlung nicht ganz einfach. Grundsätzlich besteht daher ein *Wahlrecht* zwischen Einzel- und Durchschnittsbewertung. Die **Einzelbewertung** dürfte möglich sein, wenn der Unternehmer die Papiere selbst verwahrt oder bei einem Kreditinsitiut in Einzelverwahrung (sog. Streifbandverwahrung) gegeben hat. Die einzelnen Wertpapiere sind dann auf Grund der Stücknummer eindeutig identifizierbar. Liegen die Wertpapiere in einem Girosammeldepot, sind sie nach der Rechtsprechung mit dem **durchschnittlichen Anschaffungspreis** sämtlicher Papiere derselben Art zu bewerten.

Beispiel:

Das Unternehmen Wels GmbH lässt von seiner Bank Wertpapiere (Aktien der Sanz AG), die es zur langfristigen Geldanlage (keine Beteiligung, kein Anteil an verbundenen Unternehmen) zu halten beabsichtigt, in einem Girosammeldepot verwahren. Am 01.12.2010 wurden 20 Aktien der Sanz AG veräußert. Es liegt folgender Depotauszug vor:

Kaufdatum	Stück	Kurs	Nebenkosten 1,1 %	AK
05.05.2010	200	300,00	660,00	60.660,00
08.08.2010	50	350,00	192,50	17.692,50

Es soll nun in der Steuerbilanz der Fall betrachtet werden, dass der Kurs der Wertpapiere zum 31.12.2010 bei 300,00 Euro liegt und der Kursverlust von Dauer ist. Zur Ermittlung des Abwertungsbedarfs ist zunächst der Wert zu ermitteln, mit dem die verbleibenden 230 Aktien in den Büchern stehen. Man ermittelt dazu zunächst die durchschnittlichen Anschaffungskosten als (60.660,00 + 17.692,50) : (200 + 50) = 313,41 Euro/Aktie. Zum Bilanzstichtag stehen die verbleibenden 230 Aktien damit zunächst mit 72.084,30 Euro (= Anschaffungskosten = 230 · 313,41 Euro) in den Büchern. Der Teilwert (Wiederbeschaffungswert; vgl. Abschnitt D 2.2.1.1) ermittelt sich zum 31.12. folgendermaßen:

230 · 300,00 Euro	69.000,00
+ 1,1 %	759,00
= Teilwert	69.759,00

Nach Steuerrecht kann die Finanzanlage nun bei dauerhafter Wertminderung auf ihren niedrigeren Teilwert abgeschrieben werden. Bei nur vorübergehender Wertminderung bestünde im Steuerrecht ein Abwertungsverbot (vgl. Abbildung 104). Entscheidet man sich für eine Abwertung, wäre in diesem Beispiel eine Teilwertabschreibung in Höhe von 2.325,30 Euro (= 313,41 · 230 − 69.759,00) erforderlich.

Buchung:

7400 Abschreibungen auf Finanzanlagen	2.325,30	an	1500 Stammaktien	2.325,30

Kontendarstellung:

S	7400	H	S	1500	H
1500 2.325,30			AK 72.084,30	2800	6.268,20
				7400	2.325,30

Ist in der Folgeperiode eine Zuschreibung (maximal bis zu den Anschaffungskosten) aufgrund einer Wertsteigerung notwendig, so wird diese auf dem Konto *5440 – Erträge aus Werterhöhungen von Gegenständen des Anlagevermögens* mit entsprechender Gegenbuchung auf dem Anlagekonto verbucht.

2.3 Geschäfts- oder Firmenwert

Im Rahmen einer wertorientierten Unternehmensführung ist die Steigerung des Unternehmenswertes das Ziel, an dem das unternehmerische Handeln ausgerichtet wird. Es werden Maßnahmen gesucht, die den Nutzen für die Eigentümer (Shareholder) in Form von höheren künftigen Überschüssen erhöhen. Der Unternehmenswert spiegelt hierbei die Vorstellungen über den Gegenwartswert der künftigen Zahlungsüberschüsse des Unternehmens wieder. Ein weit verbreitetes Instrument zur Unternehmenswertsteigerung sind der Erwerb von Unternehmen bzw. Unternehmensteilen (Mergers & Aquisitions, M&A).

Bei Unternehmenserwerben unterscheidet man „Share Deals" (Anteilskäufe) und „Asset Deals" (Sachkäufe). Bei einem **Share Deal** wird ein Unternehmen durch den Erwerb von Geschäftsanteilen (z. B. Aktien) (Mit-)Eigentümer an einem anderen Unternehmen. So erwarb z. B. im Jahr 2000 das britische Telekommunikationsunternehmen Vodafone die Mehrheit der Aktien der Mannesmann AG. Die im Zuge eines Share Deals erworbenen Anteile werden auf der Aktivseite der Bilanz unter den Finanzanlagen zu ihren Anschaffungskosten bilanziert (vgl. Abschnitt C 10.2).

Bei einem **Asset Deal** hingegen übernimmt der Käufer ausgesuchte Vermögensgegenstände und Schulden eines Unternehmens. Kaufgegenstand sind also unter anderem rechtlich unselbständige Betriebsteile. Die erworbenen Vermögensgegenstände sind zu ihren Anschaffungskosten und die übernommenen Schulden zu ihren Erfüllungsbeträgen zu bilanzieren. Die Vermögensgegenstände und Schulden erscheinen daher in der Bilanz des Käufers nicht zu den Buchwerten, zu denen sie beim Verkäufer angesetzt wurden. Sie sind vielmehr beim Käufer zu dem Wert zu bilanzieren, den der Käufer dafür entrichtet hat. Identifizierbare stille Reserven (stille Rücklagen, vgl. Abschnitt D 5.2.3.1) und Lasten, die beim Verkäufer vor dem Erwerb in der Bilanz verborgen blieben, werden so beim Asset Deal aufgedeckt und finden Eingang in die Bilanz des Käufers. Es gibt jedoch auch ökonomische Werte, die der Käufer nicht als eigenständige Vermögensgegenstände bilanzieren darf, obgleich sie mit einem künftigen wirtschaftlichen Nutzen in Form höherer Überschüsse verbunden sind und somit den Unternehmenswert beeinflussen. Beispielhaft können das Know-how der Mitarbeiter, eine gesunde Organisationsstruktur, gute Beziehungen zu Lieferanten und Kunden, günstige Marktzugänge, geplante Restrukturierungen des erworbenen Unternehmens sowie Synergien aus der Bündelung von Aktivitäten bzw. Know-how aufgezählt werden. Wurden solche Werte im Rahmen eines Asset Deals miterworben, so sind die übernommenen Unternehmensteile als Ganzes für den Käufer mehr wert als die Summe der bilanzierten Vermögensgegenstände abzüglich der bilanzierten Schulden. Der genaue Mehrwert, der sog. **Geschäfts- oder Firmenwert** (GoF), ist jedoch schon wegen der großen Anzahl ökonomischer Werte verschiedenster Art schwer zu beziffern.

Basis einer Ermittlung des Wertes, den der Käufer zu zahlen bereit ist, und damit des Geschäfts- oder Firmenwertes ist eine Unternehmensbewertung. Dabei wird der Wert des Unternehmens als Barwert erwarteter künftiger Überschüsse (z. B. Cashflows oder Erträge) mittels Methoden der Investitionsrechnung bestimmt. Es ist zu beachten, dass der Käufer andere Vorstellungen über den Wert des Kaufgegenstandes hat als der Verkäufer. Es ergeben sich abweichende Unternehmenswerte aus Verkäufer- und Käufersicht. Eine Transaktion wird i. d. R. nur dann zustande kommen, wenn der Käufer mehr Überschüsse mit den erworbenen Betriebsteilen generieren kann als der Verkäufer. Der Käufer ist daher bereit, einen Kaufpreis oberhalb des aus Verkäufersicht ermittelten Unternehmenswertes zu zahlen. Das Kaufgeschäft ist dann für beide vorteilhaft.

Für Bilanzierungszwecke wird hinsichtlich des Geschäfts- oder Firmenwertes zwischen originärem (selbst geschaffenen) und derivativem (entgeltlich erworbenen) Geschäfts- oder Firmenwert unterschieden. Der **originäre Geschäfts- oder Firmenwert** entsteht im Rahmen des Wirtschaftens im Unternehmen bei Nutzung der geschäftsinternen Ressourcen und beinhaltet somit z. B. Faktoren wie ein gut abgestimmtes Produktionsprogramm, einen soliden Kundenstamm sowie die Qualifikation und Motivation der Mitarbeiter. Der originäre Geschäfts- oder Firmenwert steht nicht in unmittelbarem Zusammenhang mit einem Unternehmenserwerb. Er wird vom/im Unternehmen selbst geschaffen und berechnet sich als Differenz zwischen dem *Unternehmenswert* und den zu Zeitwerten bewerteten Vermögensgegenständen abzüglich Schulden (*Substanzwert*). Da die Ermittlung des Unternehmenswertes stark zukunftsorientiert ist und eine Vielzahl von Annahmen über die künftigen Überschüsse erfordert, ist der originäre Geschäfts- oder Firmenwert stark von subjektiven Einflüssen geprägt. Ein originärer Geschäfts- oder Firmenwert darf daher in Analogie zu § 248 II HGB nicht aktiviert werden.

Im Unterschied dazu wird der **derivative Geschäfts- oder Firmenwert** aus dem im Rahmen eines Asset Deals entrichteten Kaufpreis abgeleitet. Er berechnet sich als Differenz zwischen dem Kaufpreis und der Summe der im Rahmen des Asset Deals übernommenen und zu Zeitwerten bewerteten Vermögensgegenstände abzüglich Schulden (Substanzwert). Der Kaufpreis übersteigt üblicherweise den Substanzwert, so dass ein positiver derivativer Geschäfts- oder Firmenwert (auch derivativer *Goodwill* genannt) üblich ist. Abbildung 106 veranschaulicht die vorstehend eingeführten Begriffe in Bezug auf das *zu erwerbende* Unternehmen bei *beiderseitig vorteilhaftem* Unternehmenserwerb.

Gemäß § 246 I S. 4 HGB ist der derivative Geschäfts- oder Firmenwert ein zeitlich begrenzt nutzbarer Vermögensgegenstand. Als solcher ist er unter dem Konto *0310 – Geschäfts- oder Firmenwert* verpflichtend zu aktivieren und über seine wirtschaftliche Nutzungsdauer planmäßig abzuschreiben. Der Abschreibungsaufwand ist auf dem Konto *6511 – Abschreibungen auf Geschäfts- oder Firmenwert* zu verbuchen. Wie bei der Kontobezeichnung des Kontos 0310 auffällt, wird der Zusatz „derivativ" oft weggelassen. Der Grund dafür ist, dass nur ein derivativer Geschäfts- oder Firmenwert Eingang in die Bilanz (des Käufers) findet. Der Ausweis des (derivativen) Geschäfts- oder Firmenwertes erfolgt gemäß § 266 II HGB als Unterposten der immateriellen Vermögensgegenstände des Anlagevermögens. In der Steuerbilanz besteht für den Geschäfts- oder Firmenwert, der zu den entgeltlich erworbenen immateriellen Wirtschaftsgütern des Anlagevermögens zählt, ebenfalls eine Aktivie-

2. Bewertung des Anlagevermögens

rungspflicht (§ 5 II EStG). Jedoch ist er dort unabhängig von seiner wirtschaftlichen Nutzungsdauer planmäßig linear über 15 Jahre abzuschreiben (§ 7 I S. 3 EStG).

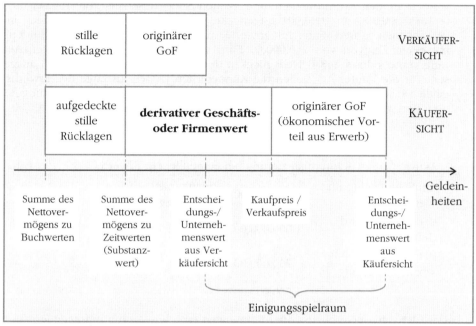

Abbildung 106: Geschäfts- oder Firmenwert (beiderseitig vorteilhaftes Geschäft)

> Beispiel:
> Die Käufer AG erwirbt zum 31.12.2010 im Rahmen eines Asset Deals alle identifizierbaren Vermögensgegenstände und Schulden der Verkäufer GmbH. Letztere bekommt den Kaufpreis von 1.200.000,00 Euro noch am selben Tag auf das Bankkonto überwiesen. Vor dem Erwerb stellen sich die Bilanzen (zu Buchwerten) der Käufer AG und der Verkäufer GmbH zum 31.12.2010 wie folgt dar (Werte in Euro):

Aktiva	Bilanz Käufer AG		Passiva
Grundstücke und Gebäude	650.000,00	Eigenkapital	2.000.000,00
Betriebs- und Geschäftsausstattung	450.000,00	Verbindlichkeiten	800.000,00
Flüssige Mittel	1.700.000,00		
	2.800.000,00		2.800.000,00

Aktiva	Bilanz Verkäufer GmbH		Passiva
Grundstücke und Gebäude	850.000,00	Eigenkapital	600.000,00
Betriebs- und Geschäftsausstattung	250.000,00	Verbindlichkeiten	500.000,00
	1.100.000,00		1.100.000,00

Die Grundstücke und Bauten der Verkäufer GmbH haben aufgrund örtlich gestiegener Grundstückspreise einen Zeitwert von 1.000.000,00 Euro. Durch den Erwerb werden in den Grundstücken und Bauten stille Reserven von 150.000,00 Euro (= 1.000.000,00 − 850.000,00) aufgedeckt. Die Verkäufer GmbH hatte sich in den vergangenen Jahren einen lukrativen Kundenstamm aufgebaut. Die Kundenlisten mit einen Zeitwert von 250.000,00 Euro werden in Folge des expliziten Aktivierungsverbots des § 248 II HGB nicht in der Bilanz der Verkäufer GmbH ausgewiesen. Für die Käufer AG stellen die Kundenlisten jedoch im Zuge des Erwerbs entgeltlich erworbene immaterielle Vermögensgegenstände des Anlagevermögens dar und sind zu aktivieren. Nach Aufdeckung stiller Rücklagen von 400.000,00 Euro (= 150.000,00 + 250.000,00) ergibt sich folgendes Bild für den Käufer:

Zeitwertbilanz der Verkäufer GmbH aus Sicht der Käuferbilanzierung bei entgeltlichem Erwerb

Aktiva		Passiva	
Ähnliche Rechte und Werte	250.000,00	Eigenkapital (Substanzwert)	1.000.000,00
Grundstücke und Gebäude	1.000.000,00	Verbindlichkeiten	500.000,00
Betriebs- und Geschäftsausstattung	250.000,00		
	1.500.000,00		1.500.000,00

Der (derivative) Geschäfts- oder Firmenwert errechnet sich nun folgendermaßen:

	Kaufpreis	1.200.000,00	
−	Zeitwert der erworbenen Vermögensgegenstände	1.500.000,00	Substanzwert = 1.000.000,00
+	Zeitwert der erworbenen Schulden	500.000,00	
=	Geschäfts- oder Firmenwert	200.000,00	

Nach der Wertermittlung bilanziert der Käufer die im Rahmen des Unternehmenserwerbs entgeltlich erworbenen Vermögensgegenstände und Schulden. Zudem werden die Bezahlung des Kaufpreises und der Geschäfts- oder Firmenwert verbucht. Der zusammengesetzte Buchungssatz des Unternehmenserwerbs lautet:

0230	Ähnliche Rechte und Werte	250.000,00				
0510	Bebaute Grundstücke	1.000.000,00				
0850	Sonstige Betriebsausstattung	250.000,00				
0310	Geschäfts- oder Firmenwert	200.000,00	an	4250	Langfristige Bankverbindlichkeiten	500.000,00
				2800	Guthaben bei Kreditinstituten	1.200.000,00

2. Bewertung des Anlagevermögens

Kontendarstellung:

S	0230	H		S	4250	H
4250, 2800	250.000,00				0230, 0510, 0850, 0310	500.000,00

S	0510	H		S	2800	H
4250, 2800	1.000.000,00				0230, 0510, 0850, 0310	1.200.000,00

S	0850	H
4250, 2800	250.000,00	

S	0310	H
4250, 2800	200.000,00	

Es ergibt sich folgende Bilanz der Käufer AG zum 31.12.2010 nach dem Unternehmenserwerb, wobei die Unterkonten im Rahmen der Bilanzerstellung über Hauptkonten abgeschlossen wurden:

Aktiva	Bilanz Käufer AG (nach Erwerb)		Passiva
Ähnliche Rechte und Werte	250.000,00	Eigenkapital	2.000.000,00
Geschäfts- oder Firmenwert	200.000,00	Verbindlichkeiten	1.300.000,00
Grundstücke und Gebäude	1.650.000,00		
Betriebs- und Geschäftsausstattung	700.000,00		
Flüssige Mittel	500.000,00		
	3.300.000,00		3.300.000,00

Abschließend sei noch erwähnt, dass sowohl im Handels- als auch im Steuerrecht bei Vorliegen von Indikatoren für eine voraussichtlich dauernde Wertminderung eine außerplanmäßige Abschreibung des Geschäfts- oder Firmenwertes auf den niedrigeren beizulegenden Zeitwert verpflichtend vorzunehmen ist (§ 253 III S. 3 HGB). Entfallen in Folgeperioden die Gründe der Wertminderung, darf jedoch keine Wertaufholung beim Geschäfts- oder Firmenwert vorgenommen werden. Diesbezüglich existieren explizite Verbote (§ 253 V S. 2 HGB, § 6 I Nr. 1 S. 4 EStG). Mittels dieser Verbote soll verhindert werden, dass ein selbst geschaffener Geschäfts- oder Firmenwert im Zuge der Wertaufholung aktiviert wird. Es wird angenommen, dass der gestiegene Wert eher auf Zuwächse eines originären Geschäfts- oder Firmenwertes als auf die Wertaufholung eines früher entgeltlich erworbenen und außerplanmäßig abgeschriebenen Geschäfts- oder Firmenwertes zurückzuführen ist.

3 Bewertung des Umlaufvermögens

3.1 Allgemeine Bewertungsgrundsätze

Neben dem Anlagevermögen ist auch das Umlaufvermögen zum Bilanzsichtag zu bewerten. Zu letzterem gehören alle Vermögensgegenstände, die nicht zum Anlagevermögen, d. h. die dem Geschäftsbetrieb nicht dauerhaft dienen, und nicht zu den Rechnungsabgrenzungsposten (vgl. Abschnitt D 4) zählen. Der Fokus dieses Kapitels liegt auf der Bewertung von Vorräten (Abschnitt D 3.2), Forderungen (Abschnitt D 3.3) und Wertpapieren des Umlaufvermögens (Abschnitt D 3.4).

3.1.1 Anschaffungswertprinzip

Nach § 253 I HGB sind im *Handelsrecht* auch beim Umlaufvermögen die **Anschaffungs- und Herstellungskosten** die absolute **Höchstgrenze der Bewertung**. Dies gilt auch im *Steuerrecht* (Maßgeblichkeitsprinzip).

3.1.2 Strenges Niederstwertprinzip

In der *Handelsbilanz* gilt im Umlaufvermögen sowohl bei dauerhafter als auch vorübergehender Wertminderung nach § 253 IV HGB eine Abwertungspflicht auf den niedrigeren Tageswert (strenges Niederstwertprinzip).

In der *Steuerbilanz* besteht bei dauerhafter Wertminderung ein Wahlrecht zur Abwertung auf einen niedrigeren Teilwert nach § 6 I Nr. 2 S. 2 EStG. Dieses Wahlrecht kann in der Steuerbilanz unabhängig von der Behandlung in der Handelsbilanz ausgeübt werden (vgl. Erläuterungen zur Anwendung des § 5 I S. 1 Halbsatz 2 EStG im BMF-Schreiben vom 12.03.2010). Bei nur vorübergehender Wertminderung hingegen ist eine Abwertung auf den niedrigeren Teilwert verboten. Insofern liegt hier kein strenges Niederstwertprinzip vor.

Wertminderung voraussichtlich	HB	StB
vorübergehend	*Gebot*	*Verbot*
dauerhaft	*Gebot*	*Wahlrecht*

Abbildung 107: Außerplanmäßige Abschreibungen im Umlaufvermögen

Es sei darauf hingewiesen, dass im Umlaufvermögen nur außerplanmäßige und **keine planmäßigen Abschreibungen** existieren. Anders als die Vermögensgegenstände des Anlagevermögens, unterliegen die Vermögensgegenstände des Umlaufvermögens nicht einer laufenden Wertminderung. Eine außerplanmäßige Abschreibung erfolgt im Falle einer außerplanmäßigen Wertminderung von den Anschaffungs- und Herstellungskosten auf den niedrigeren Tageswert (Handelsrecht) bzw. Teilwert (Steuerrecht). Die Regelungen zur Ermittlung des Tages- bzw. Teilwerts unterscheiden sich jedoch je nach der Zugehörigkeit der Vermögensgegenstände zu bestimmten Posten des Umlaufvermögens. Deshalb wird in den folgenden Abschnitten D 3.2 bis D 3.4 jeweils nach der Bestimmung der AHK auf die Bemessungsvorschriften für den Tages- bzw. Teilwert eingegangen.

3.2 Bewertung von Vorräten

3.2.1 Allgemeines

Wie bereits behandelt wurde, kann die Ermittlung der Bestandsveränderungen an Roh-, Hilfs- und Betriebsstoffen (vgl. Abschnitt C 2.3.7 bzw C 2.4.4) durch Vergleich von Anfangs- und Schlussbestand des jeweiligen Bestandskontos erfolgen.

S	Vorrat A	H	S	Vorrat B	H
Anfangsbestand	Schlussbestand		Anfangsbestand		Schlussbestand
	Bestandsminderung			Bestandsmehrung	

Bestandsveränderungen bei Roh-, Hilfs- und Betriebsstoffen bewirken zum Bilanzstichtag im Fall einer Bestandsminderung eine Erhöhung bzw. im Fall einer Bestandsmehrung eine Verminderung des Materialaufwands (§ 275 II Nr. 5a HGB) der entsprechenden Periode. Die Wirkungen von Bestandsveränderungen bei unfertigen und fertigen Erzeugnissen werden in Abschnitt D 3.2.3 diskutiert.

Bevor die Ermittlung der Bestandsveränderungen allerdings erfolgen kann, sind zunächst die Werte der Schlussbestände zu bestimmen. Der Schlussbestand wiederum ergibt sich aus dem Produkt der am Bilanzstichtag noch im Lager befindlichen Stückzahl des jeweiligen Vorrats (Mengenkomponente) und den Anschaffungskosten dieser Vorräte (Wertkomponente). Die Mengenkomponente lässt sich relativ unproblematisch mittels Inventurmethode bzw. mittels Skontrationsmethode (vgl. Abschnitt C 2.4.4) ermitteln. Die Bestimmung der historischen Anschaffungskosten ist hingegen nicht ohne Weiteres möglich. Der Schlussbestand eines Vorrates stammt üblicherweise aus mehreren Lieferungen bzw. bei fertigen und unfertigen Erzeugnissen aus mehreren Produktionschargen. Vermischen sich z. B. die Vorräte im Lager (z. B. bei Flüssigkeiten, Gasen, Schüttgütern), so können bei schwankenden Einstandspreisen die Anschaffungs- bzw. Herstellungskosten des Schlussbestandes nicht mehr eindeutig bestimmt werden. Eine korrekte Einzelbewertung wäre mit erheblichem administrativem Mehraufwand (z. B. getrennte Lagerung jedes einzelnen Zugangs) verbunden. Der Gesetzgeber erlaubt daher die Anwendung vereinfachter Verfahren zur Ermittlung der Anschaffungskosten des Schlussbestandes gleichartiger Vermögensgegenstände des Vorratsvermögens. Allgemein anzumerken ist, dass ein solches Bewertungsvereinfachungsverfahren sowie dessen Anwendung den Grundsätzen ordnungsmäßiger Buchführung (GoB) genügen müssen. So dürfen z. B. die der Vereinfachung zugrunde liegenden Annahmen nicht im krassen Widerspruch zu den tatsächlichen Verhältnissen stehen.

Abbildung 108 gibt einen Überblick über handelsrechtlich zulässige Bewertungsvereinfachungsverfahren. Im Anschluss werden in Abschnitt D 3.2.2 einige ausgewählte Bewertungsvereinfachungsverfahren näher betrachtet.

3. Bewertung des Umlaufvermögens

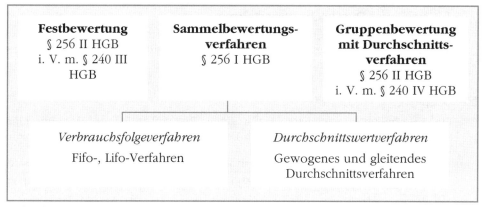

Abbildung 108: Bewertungsvereinfachungsverfahren

3.2.2 Ausgewählte Bewertungsvereinfachungsverfahren für Vorräte

3.2.2.1 Festbewertung

Gemäß § 256 S. 2 i. V. m. § 240 III HGB können neben Gegenständen des Sachanlagevermögens auch Roh-, Hilfs- und Betriebsstoffe, deren Bestand in Größe, Wert und Zusammensetzung nur geringfügig variiert, mit einer gleichbleibenden Menge und einem gleichbleibenden Wert angesetzt werden, wenn sie *regelmäßig ersetzt* werden und ihr *Gesamtwert für das Unternehmen von nachrangiger Bedeutung* ist. Die Bedeutung des Festwertverfahrens im Bereich der Vorratsbewertung beschränkt sich jedoch auf wenige Arten von Vorräten. Dies sind z. B. Klein- und Ersatzteile, Hotelwäsche sowie Brennmaterialien wie Kohle, Flüssiggas oder Heizöl.

Die erstmalige (Festwert-)Bewertung unterscheidet sich nicht von der Bewertung anderer Vorräte. Es ist eine physische Bestandsaufnahme (Inventur) vorzunehmen und die dabei ermittelten Mengen sind zu Anschaffungskosten zu bewerten. In den Folgeperioden wird der so bestimmte Festwert solange beibehalten, wie die oben genannten Voraussetzungen erfüllt sind. Werden Vorräte eingekauft, so ist der Gegenwert sofort als Aufwand zu erfassen. Die Buchungstechnik ist damit identisch mit der verbrauchsorientierten Verbuchung (vgl. Abschnitt C 2.3). Alle drei Jahre ist i. d. R. eine körperliche Bestandsaufnahme durchzuführen.

3.2.2.2 Durchschnittswertverfahren

Vorratsvermögen sowie andere gleichartige oder annähernd gleichwertige, bewegliche Vermögensgegenstände des Anlage- und Umlaufvermögens (insbesondere Wertpapiere), welche zu schwankenden Preisen eingekauft wurden und die während des Geschäftsjahres einer häufigen Fluktuation unterliegen, sollten nach dem sog. **Durchschnittswertverfahren** (§ 240 IV HGB) bewertet werden. Dies ist vorteilhaft, da am Ende des Geschäftsjahres nicht mehr ohne Schwierigkeiten feststellbar ist, welche Waren verkauft wurden und welche Waren noch vorhanden sind. Der *Wert des Schlussbestandes* (SB) entsteht hierbei aus dem Produkt der durch die Inventur festgestellen Stückzahlen und den sog. durchschnittlichen Anschaffungskosten. Die durchschnittlichen Anschaffungskosten ergeben sich je nach Ausprägung des Durchschnittswertverfahrens:

1. Gewogenes Durchschnittsverfahren

Bei dieser auch als „Perioden-Durchschnittspreismethode" bezeichneten Ausprägung des Durchschnittswertverfahrens wird der Durchschnitt aus Anfangsbestand und allen Zukäufen ermittelt. Dies ist handels- (§ 240 IV i. V. m. § 256 II HGB) und steuerrechtlich (R 6.8 III S. 3 EStR) zulässig.

▷ Beispiel:

Ein Unternehmen verzeichnete für einen Rohstoff folgende Bestandsveränderungen. Diese Tabelle ist Grundlage für alle noch folgenden Verfahrensbeispiele.

		Menge in kg	AK je kg	AK gesamt
01.01	AB	500	4,00	2.000,00
01.02	Abgang	100		
05.04.	Zugang	1.000	3,50	3.500,00
01.05.	Abgang	300		
20.09.	Zugang	2.500	5,00	12.500,00
01.10.	Abgang	2.800		
10.12.	Zugang	1.200	4,10	4.920,00
	SB	2.000		

Die durchschnittlichen Anschaffungskosten errechnen sich hier wie folgt:

$$\frac{2.000,00 + 3.500,00 + 12.500,00 + 4.920,00}{500 + 1.000 + 2.500 + 1.200} = \frac{22.920,00}{5.200} = 4,41 \text{ Euro}/\text{kg}$$

Die Anschaffungskosten des Schlussbestandes sind 2.000 · 4,41 = 8.820,00 Euro.

2. Gleitend gewogenes Durchschnittsverfahren

Bei diesem ebenfalls handels- und steuerrechtlich zulässigen Verfahren werden die durchschnittlichen Anschaffungkosten nach jedem Zugang errechnet und sind so Grundlage für die Bewertung der bis zum nächsten Zugang auftretenden Abgänge.

▷ Beispiel:

		kg	AK je kg	AK gesamt
01.01	AB	500	4,00	2.000,00
01.02	Abgang	100	4,00	–400,00
	Bestand	*400*	*4,00*	*1.600,00*
05.04.	Zugang	1.000	3,50	3.500,00
	Bestand	*1.400* ⟶	*3,64* ⟵	*5.100,00*
01.05.	Abgang	300	3,64	–1.092,00
	Bestand	*1.100*	*3,64*	*4.008,00*
20.09.	Zugang	2.500	5,00	12.500,00
	Bestand	*3.600* ⟶	*4,59* ⟵	*16.508,00*
01.10.	Abgang	2.800	4,59	–12.852,00
	Bestand	*800*	*4,59*	*3.656,00*
10.12.	Zugang	1.200	4,10	4.920,00
	SB	2.000 ⟶	**4,29** ⟵	**8.576,00**

Die Anschaffungskosten des Schlussbestandes betragen demnach 8.576,00 Euro. (Es wurde zur besseren Veranschaulichung mit gerundeten Werten gerechnet. Es treten also Rundungsfehler auf.)

3.2.2.3 Verbrauchsfolgeverfahren

Eine weitere Gruppe gemäß § 256 HGB zulässiger Bewertungsvereinfachungsverfahren für gleichartige Vermögensgegenstände des Vorratsvermögens sind die sog. Verbrauchsfolgeverfahren. Nach Handels- und Steuerrecht sind nur bestimmte Verbrauchsfolgeverfahren zulässig. Verbrauchsfolgeverfahren unterstellen eine bestimmte zeitliche Abfolge des Verbrauchs von Vorräten. So kann beispielsweise angenommen werden, dass zuerst diejenigen Vorräte abgehen (z. B. durch Verbrauch oder Veräußerung), die zuletzt zugegangen sind (sog. Lifo-Verfahren, Lifo = Last-in-first-out). Wie bei allen anderen Bewertungsvereinfachungsverfahren, ist darauf zu achten, dass das angewendete Verfahren nicht im krassen Widerspruch zu den tatsächlichen Verhältnissen steht. So darf z. B. verderbliche Ware nicht nach dem Lifo-Verfahren bewertet werden, da das Lager dann buchtechnisch jedoch nicht tatsächlich tendenziell aus verdorbenen Waren bestehen würde.

Die folgende Abbildung stellt die nach § 256 I HGB zulässigen Verbrauchsfolgeverfahren gegenüber. Im Anschluss daran werden beide Verfahren auf das Beispiel aus Abschnitt D 3.2.2.2 angewendet.

	Lifo (Last-in-first-out)	**Fifo** (First-in-first-out)
Verbrauchsfolgefiktion	Zuerst gehen diejenigen Vorräte ab, die zuletzt zugegangen sind.	Zuerst gehen diejenigen Vorräte ab, die zuerst zugegangen sind.
Beispiele zur Lagerlogik	Stapelung, Schichtung	Silo, Fließband
Bewertung von Abgängen tendenziell zu	AHK der neuesten Bestände	AHK der ältesten Bestände
Bewertung des Schlussbestandes tendenziell zu	AHK der ältesten Bestände	AHK der neuesten Bestände
Handelsrecht	Wahlrecht	Wahlrecht
Steuerrecht	Wahlrecht (§ 6 I Nr. 2a EStG)	Verbot (R 6.9 I EStR) (Ausnahme: R 6.8 IV S. 6 EStR)

Abbildung 109: Gegenüberstellung von Lifo- und Fifo-Methode

Entspricht das Fifo-Verfahren der tatsächlichen Verbrauchsfolge (z. B. bei Hochsilolagerung oder verderblicher Ware), greift das steuerrechtliche Verbot nicht. In diesen Fällen stellt das Fifo-Verfahren nämlich keine Bewertungsvereinfachung sondern eben den tatsächlichen Verbrauchsverlauf dar.

Das Stetigkeitsprinzip erfordert, ein einmal gewähltes Verfahren grundsätzlich beizubehalten. Nur in begründeten Fällen ist ein Wechsel möglich. So z. B. bei einer Änderung der tatsächlichen zeitlichen Verbrauchsfolge.

▷ Beispiel zum Lifo-Verfahren:

Da die neuesten Bestände zuerst abgebaut werden, besteht der Schlussbestand (2.000 kg) tendenziell aus den ältesten Beständen. Man könnte nun vermuten, dass 500 kg des Schlussbestandes folglich aus dem Anfangsbestand, 1.000 kg aus Zugang 1 und die restlichen 500 kg aus Zugang 2 stammen. Die AK des Schlussbestandes würden dann $500 \cdot 4{,}00 + 1.000 \cdot 3{,}50 + 500 \cdot 5{,}00 = 8.000{,}00$ Euro betragen. Ein solches als *Perioden-Lifo* bezeichnetes Vorgehen hätte jedoch eine gravierende Schwäche. Es wäre nicht auszuschließen, dass bestimmte Lagerbestände buchtechnisch als Abgang behandelt würden, obwohl sie tatsächlich noch gar nicht zugegangen sind. Z. B. würde im Zuge der Perioden-Lifo-Fiktion im Beispiel der Zugang 3 (1.200 kg) als Abgang behandelt werden und folglich nicht in den Schlussbestand eingehen, obwohl die Stoffe aus Zugang 3 physisch gar nicht abgehen konnten, da der letzte Abgang der Periode vor der Beschaffung dieser Stoffe passierte. In diesem Fall wären die GoB verletzt.

Es ist daher dem sog. *permanenten Lifo-Verfahren* den Vorzug zu geben. Im Zuge des permanenten Lifo-Verfahrens werden nach jedem Abgang zunächst das Lifo-Prinzip zur Ermittlung der Herkunft der abgegangenen Vorräte angewendet und anschließend die Auswirkungen des Abgangs auf die Zusammensetzung des Restlagerbestandes bestimmt. Dadurch wird die Chronologie der Lagerbestandsveränderungen bei der Ermittlung des Schlussbestandes berücksichtigt. Abgang 1 (100 kg) kann nur aus dem Anfangsbestand sein. Es verbleiben 400 kg vom Anfangsbestand. Abgang 2 (300 kg) stammt gemäß dem Lifo-Prinzip aus Zugang 1, da dieser zuletzt zugangen ist. Es verbleiben 700 kg von Zugang 1. Abgang 3 (2.800 kg) wird gemäß Lifo-Prinzip zunächst aus Zugang 2 (2.500 kg) bedient. Damit ist von Zugang 2 nichts mehr übrig. Die restlichen 300 kg von Abgang 3 kommen gemäß dem Lifo-Prinzip folglich aus Zugang 1. Es bleiben von Zugang 1 noch $700 - 300 = 400$ kg im Schlussbestand übrig. Der Schlussbestand (2.000 kg) besteht daher aus 400 kg AB, 400 kg Zugang 1 und 1.200 kg Zugang 3. Es ergeben sich Anschaffungskosten des Schlussbestandes gemäß permantem Lifo-Verfahren in Höhe von $1.200 \cdot 4{,}10 + 400 \cdot 3{,}50 + 400 \cdot 4{,}00 = 7.920{,}00$ Euro.

▷ Beispiel zum Fifo-Verfahren:

Da die ältesten Bestände zuerst abgebaut werden, besteht der Schlussbestand (2.000 kg) aus den neuesten Beständen. Aus Zugang 3 stammen daher 1.200 kg des Schlussbestandes und die restlichen 800 kg aus Zugang 2. Die Anschaffungskosten des Schlussbestandes betragen somit $1.200 \cdot 4{,}10 + 800 \cdot 5{,}00 = 8.920{,}00$ Euro.

Eine Unterscheidung in Perioden-Fifo und permanentes Fifo ist nicht notwendig. Beide führen zum selben Ergebnis, da die Zeitpunkte der Zugänge keine Rolle spielen. Die Lagerabgänge speisen sich stets aus den ältesten Beständen.

3.2.3 Bestandsveränderungen fertiger und unfertiger Erzeugnisse

3.2.3.1 Lagerbestandsveränderungen und Periodenabgrenzung

I. d. R. variieren die (Schluss-)Bestände an fertigen und unfertigen Erzeugnissen jährlich. Eine Ursache dafür sind z. B. schwankende Absatzzahlen bei den Fertigerzeugnissen. Die in einem Jahr abgesetzte Menge weicht dann von der produzierten Menge ab. Dies hat zur Folge, dass sich die in der GuV erfassten Aufwendungen aus der Produktion (z. B. Material- und Personalaufwendungen) und die Erträge

(z. B. Umsatzerlöse) aus dem Absatz der fertigen Erzeugnisse auf *unterschiedliche Mengen* beziehen und eine periodengerechte Erfolgsermittlung beeinträchtig wird.

▷ Beispiel:

Einem Uhrenhersteller liegen in den Perioden 1 und 2 folgende Daten vor. Die Zusammensetzung der Aufwandspositionen wird in Abschnitt D 3.2.3.2 detailliert. Die verwaltungsbezogenen Aufwendungen sind allein Aufwendungen der allgemeinen Verwaltung, besitzen also anders als produktions- und vertriebsbezogene Aufwendungen keinen direkten Bezug zur Produktions- oder Absatzmenge.

	Periode 1	Periode 2
Anfangsbestand (in ME)	0	5.000
Produktionsmenge (in ME)	20.000	20.000
Absatzmenge (in ME)	15.000	25.000
Schlussbestand (in ME)	5.000	0
Bestandsveränderung (in ME)	+5.000	-5.000
produktionsbezogene Aufwendungen	1.000.000,00	1.000.000,00
vertriebsbezogene Aufwendungen	75.000,00	125.000,00
verwaltungsbezogene Aufwendungen	100.000,00	100.000,00
sonstige betriebliche Aufwendungen	50.000,00	0,00
Summe der Aufwendungen	1.225.000,00	1.225.000,00
Umsatzerlöse	1.125.000,00	1.875.000,00
vorläufiger Erfolg	*-100.000,00*	*650.000,00*

Der in der vorstehenden Darstellung ausgewiesene Erfolg in den beiden Perioden unterscheidet sich erheblich, obgleich die produzierten Mengen in beiden Perioden nicht voneinander abweichen. Dies liegt daran, dass sich bei Lagerbestandsveränderungen an fertigen und unfertigen Erzeugnissen die produktionsbezogenen Aufwendungen auf andere Mengen beziehen als die Umsatzerlöse und die absatzbezogenen Aufwendungen. Der so ermittelte Periodenerfolg wäre daher in keiner Weise aussagekräftig. Damit dennoch ein periodengerechter Erfolg ermittelt werden kann, wird eine *zeitliche und sachliche Periodenabgrenzung* notwendig. Diese Periodenabgrenzung muss gewährleisten, dass die produktionsbezogenen Aufwendungen der Periode zugeordnet werden, in der der Absatz der betreffenden Erzeugnisse erfolgt. Denn dann beziehen sich Aufwendungen und Erträge auf die gleiche Mengenbasis, nämlich die abgesetzte Menge an Erzeugnissen. Eine Zuordnung der Erträge zu der Periode der Aufwandsentstehung scheidet hingegen wegen des Realisationsprinzips (vgl. Abschnitt A 4.3.2.4) aus.

Bezogen auf das obige Beispiel wären die auf der Folgeseite dargestellten Anpassungen im Zuge einer periodengerechten Erfolgsermittlung (verpflichtend) vorzunehmen. In Periode 1 werden nur 15.000 der 20.000 produzierten Güter verkauft. 5.000 gehen auf Lager. Um einen aussagekräftigen Periodenerfolg zu ermitteln, dürfen den Verkaufserlösen der 15.000 Produkte nur die zu ihrer Herstellung angefallenen Aufwendungen und nicht die Aufwendungen aller 20.000 Stück gegenübergestellt werden. Es werden daher die mit den eingelagerten Produkten verbundenen Aufwendungen in Höhe von 250.000,00 Euro von den Gesamtaufwendungen subtrahiert. Eine derart vorgenommene Korrektur bzw. eine *Lager-*

bestandserhöhung hat also einen aufwandssenkenden bzw. einen *Ertragscharakter*. Der Erfolg der Periode 1 steigt um 250.000,00 Euro. In Periode 2 werden 5.000 Stück mehr verkauft als produziert. Den Erlösen der 25.000 verkauften Stück dürfen also nicht nur die Aufwendungen der 20.000 produzierten Stück sondern müssen zusätzlich die Aufwendungen der 5.000 aus dem Lager entnommenen Stück gegenübergestellt werden. Die *Lagerbestandsminderung* in Periode 2 hat also einen *Aufwandscharakter*. Der Erfolg in Periode 2 sinkt um 250.000,00 Euro.

	Periode 1	Periode 2
Summe der Aufwendungen	1.225.000,00	1.225.000,00
– Aufwendungen der auf Lager produzierten Produkte	250.000,00	0,00
+ Aufwendungen der aus dem Lager entnommenen Produkte	0,00	250.000,00
= bereinigter Gesamtaufwand	975.000,00	1.475.000,00
Umsatzerlöse	1.125.000,00	1.875.000,00
Erfolg	*150.000,00*	*400.000,00*
Erfolgsveränderung/ Periodenabgrenzung	250.000,00 (Ertrag)	–250.000,00 (Aufwand)

Angenommen, im Beispiel wird das Wahlrecht zur Aktivierung angemessener Teile von auf den Zeitraum der Herstellung entfallenden Kosten der allgemeinen Verwaltung gemäß § 255 II S. 3 HGB ausgeübt. Es seien sämtliche allgemeine Verwaltungskosten als aktivierungsfähig unterstellt. Für die fertigen Erzeugnisse aktiviert der Uhrenhersteller daher neben den produktionsbezogenen Aufwendungen von 50,00 Euro/Stück (Wertuntergrenze) in Periode 1 zusätzlich 5,00 Euro/Stück. Es resultieren damit folgende Periodenabgrenzungen/Erfolgsveränderungen:

	Periode 1	Periode 2
Summe der Aufwendungen	1.225.000,00	1.225.000,00
– Aufwendungen der auf Lager produzierten Produkte	275.000,00	
+ Aufwendungen der aus dem Lager entnommenen Produkte	0,00	275.000,00
= bereinigter Gesamtaufwand	950.000,00	1.500.000,00
Umsatzerlöse	1.125.000,00	1.875.000,00
Erfolg	*175.000,00*	*375.000,00*
Erfolgsveränderung / Periodenabgrenzung	275.000,00 (Ertrag)	–275.000,00 (Aufwand)

Wie zu erkennen ist, erhöht sich im Zuge der Aktivierung angemessener Teile der Verwaltungskosten der Erfolg der Periode, in der auf Lager produziert wird und daher eine entsprechende Aktivierung erfolgt. In der Periode, in der die Güter wieder aus dem Lager entnommen werden, kehrt sich dieser Effekt um. Die vormals aktivierten Verwaltungskostenanteile bewirken dann einen höheren Aufwand.

Neben dem Aspekt der periodengerechten Gewinnermittlung (GuV-Sicht) lässt sich das Erfordernis einer Periodenabgrenzung noch aus dem Blickwinkel der Bilanz begründen. Die sich zum Bilanzstichtag im wirtschaftlichen Eigentum des Unternehmens befindlichen Vorräte werden per Inventur mengenmäßig ermittelt und anschließend mit ihren Herstellungskosten bewertet. Durch Gegenüberstellung des Schlussbestandes mit dem Anfangsbestand ergibt sich die Veränderung des Lagerbestandes (*Bestandsveränderung*), die erfolgswirksam zu verbuchen ist. Die Maßnahmen sowie das Ergebnis der Periodenabgrenzung unterscheiden sich bei der bilanzorientierten Sichtweise jedoch nicht von der GuV-orientierten.

Die Periodenabgrenzung kann auf zweierlei Art und Weise erfolgen. Einerseits ist eine explizite Anpassung der Aufwendungen mittels eines gesonderten Erfolgspostens denkbar (*Bruttoausweis*). Andererseits können aber auch direkt nur die Aufwendungen für die abgesetzte Menge ausgewiesen werden (*Nettoausweis*). § 275 I HGB gewährt diesbezüglich dem Bilanzierenden ein *Wahlrecht* zwischen dem sog. **Gesamtkostenverfahren** (Bruttoausweis) und dem sog. **Umsatzkostenverfahren** (Nettoausweis). Beide Verfahren führen betragsmäßig zum gleichen Jahresüberschuss/Jahresfehlbetrag und unterscheiden sich lediglich in der Form des Ausweises der Aufwendungen. Der in ihren Bezeichnungen verankerte Wortteil „Kosten" ist als irreführend zu betrachten, da im externen Rechnungswesen nur Aufwendungen und Erträge in der GuV gegenübergestellt werden.

§ 275 II HGB gibt für Kapitalgesellschaften die gesetzliche Gliederung der GuV in Staffelform nach dem Gesamtkostenverfahren wieder. Die Gliederung unterscheidet sich dabei nur in den ersten Positionen (operative Geschäftstätigkeit) von der des Umsatzkostenverfahrens gemäß § 275 III HGB, was in Abbildung 110 deutlich wird, die beide Verfahren vergleichend gegenüberstellt. (Zwischenergebnisse sind kursiv hervorgehoben.) Es sei außerdem angemerkt: 1.) Kleine und mittelgroße Kapitalgesellschaften dürfen gemäß § 276 HGB beim Gesamtkostenverfahren die Posten Nr. 1 bis 5 und beim Umsatzkostenverfahren die Posten Nr. 1 bis 3 und 6 zu einem Posten „Rohergebnis" zusammenfassen. 2.) Der GuV-Posten Nr. 3 „andere aktivierte Eigenleistungen" (vgl. Abschnitt C 9) dient ebenso wie der hier behandelte Posten Nr. 2 der zeitlichen und sachlichen Periodenabgrenzung.

Bei nach HGB bilanzierenden Unternehmen in Deutschland dominiert das Gesamtkostenverfahren. Oft aufgeführte Vorzüge des Gesamtkostenverfahrens sind, dass die Daten direkt ohne Anpassung aus der Finanzbuchhaltung übernommen werden können, der Effekt der Bestandsveränderung auf den Erfolg durch den gesonderten Ausweis sichtbar wird und der Bilanzleser zudem einen besseren Überblick über die Aufwandsstruktur des Unternehmens erhält.

3.2.3.2 Gesamtkostenverfahren

Es ist in Abbildung 110 zu erkennen, dass die beim *Gesamtkostenverfahren* vorzunehmende explizite Anpassung der Aufwendungen an die abgesetzte Menge (Periodenabgrenzung) im GuV-Posten Nr. 2 „Erhöhung oder Verminderung des Bestandes an fertigen und unfertigen Erzeugnissen" ausgewiesen wird. Sowohl Bestandserhöhungen als auch Bestandsminderungen werden also im selben Posten korrigiert. Dieser Erfolgsposten kann somit einen positiven Wert (Ertrag, bei Bestandserhöhungen) oder negativen Wert (Aufwand, bei Bestandsminderungen) annehmen. Gemäß § 277 II HGB sind sowohl mengenmäßige als auch wertmäßige Bestandsveränderungen unter diesem Posten auszuweisen. Zu den *mengenmäßigen Bestandsveränderungen* zählen z. B. Inventurdifferenzen, die entstehen, wenn der per Inventur ermittelte mengenmäßige Lagerbestand von dem Bestand laut

Lagerbuchhaltung abweicht (z. B. bei Schwund, Brand oder Diebstahl). Auch Niederstwertabschreibungen (vgl. Abschnitt D 3.2.4) bei fertigen und unfertigen Erzeugnissen sind als *wertmäßige Bestandsveränderungen* grundsätzlich unter diesem Posten auszuweisen.

Gesamtkostenverfahren (§ 275 II HGB)	Umsatzkostenverfahren (§ 275 III HGB)
1. Umsatzerlöse	1. Umsatzerlöse
2. Erhöhung oder Verminderung des Bestandes an fertigen und unfertigen Erzeugnissen	2. Herstellungskosten der zur Erzielung der Umsatzerlöse erbrachten Leistungen
3. andere aktivierte Eigenleistungen	*3. Bruttoergebnis vom Umsatz*
4. sonstige betriebliche Erträge	4. Vertriebskosten
5. Materialaufwand:	5. allgemeine Verwaltungskosten
a) Aufwendungen für Roh-, Hilfs- und Betriebsstoffe und für bezogene Waren	6. sonstige betriebliche Erträge
b) Aufwendungen für bezogene Leistungen	
6. Personalaufwand:	
a) Löhne und Gehälter	
b) soziale Abgaben und Aufwendungen für Altersversorgung und für Unterstützung	
7. Abschreibungen:	
a) auf immaterielle Vermögensgegenstände des Anlagevermögens und Sachanlagen	
b) auf Vermögensgegenstände des Umlaufvermögens, soweit diese die in der Kapitalgesellschaft üblichen Abschreibungen überschreiten	
8. sonstige betriebliche Aufwendungen	7. sonstige betriebliche Aufwendungen
9. Erträge aus Beteiligungen	8. Erträge aus Beteiligungen
10. Erträge aus anderen Wertpapieren und Ausleihungen des Finanzanlagevermögens	9. Erträge aus anderen Wertpapieren und Ausleihungen des Finanzanlagevermögens
11. sonstige Zinsen und ähnliche Erträge	10. sonstige Zinsen und ähnliche Erträge
12. Abschreibungen auf Finanzanlagen und auf Wertpapiere des Umlaufvermögens	11. Abschreibungen auf Finanzanlagen und auf Wertpapiere des Umlaufvermögens
13. Zinsen und ähnliche Aufwendungen	12. Zinsen und ähnliche Aufwendungen
14. Ergebnis der gewöhnlichen Geschäftstätigkeit	*13. Ergebnis der gewöhnlichen Geschäftstät.*
15. außerordentliche Erträge	14. außerordentliche Erträge
16. außerordentliche Aufwendungen	15. außerordentliche Aufwendungen
17. außerordentliches Ergebnis	*16. außerordentliches Ergebnis*
18. Steuern vom Einkommen und vom Ertrag	17. Steuern vom Einkommen und vom Ertrag
19. sonstige Steuern	18. sonstige Steuern
20. Jahresüberschuss/Jahresfehlbetrag	*19. Jahresüberschuss/Jahresfehlbetrag*

Abbildung 110: GuV in Staffelform (Gesamtkosten- vs. Umsatzkostenverfahren)

3. Bewertung des Umlaufvermögens

▷ Beispiel:

Basierend auf dem Beispiel im Abschnitt D 3.2.3.1 seien folgende (Detail-)Angaben gegeben:

Bestandsentwicklungen	Periode 1	Periode 2	Kontenstände	Periode 1	Periode 2
Anfangsbestand	0	5.000	6000	350.000,00	350.000,00
Produktionsmenge	20.000	20.000	6030	39.000,00	45.000,00
Absatzmenge	15.000	25.000	6200	604.000,00	640.000,00
Schlussbestand	5.000	0	6520	182.000,00	190.000,00
Bestandsveränderung	+5.000	–5.000	6550	50.000,00	0,00

Betriebsabrechnungsbogen Periode 1	Material	Fertigung	Verwaltung	Vertrieb	Σ
Materialeinzelkosten	350.000,00				350.000,00
Fertigungseinzelkosten		400.000,00			400.000,00
Einzelkosten	*350.000,00*	*400.000,00*			
Hilfs- und Betriebsstoffe	5.000,00	20.000,00	5.000,00	9.000,00	39.000,00
übrige Personalkosten	25.000,00	50.000,00	75.000,00	54.000,00	204.000,00
Abschreibungen (davon außerplanmäßig)	20.000,00	180.000,00 (50.000,00)	20.000,00	12.000,00	232.000,00
Gemeinkosten	*50.000,00*	*250.000,00*	*100.000,00*	*75.000,00*	
Σ	400.000,00	650.000,00	100.000,00	75.000,00	1.225.000,00

Betriebsabrechnungsbogen Periode 2	Material	Fertigung	Verwaltung	Vertrieb	Σ
Materialeinzelkosten	350.000,00				350.000,00
Fertigungseinzelkosten		400.000,00			400.000,00
Einzelkosten	*350.000,00*	*400.000,00*			
Hilfs- und Betriebsstoffe	5.000,00	20.000,00	5.000,00	15.000,00	45.000,00
übrige Personalkosten	25.000,00	50.000,00	75.000,00	90.000,00	240.000,00
Abschreibungen (davon außerplanmäßig)	20.000,00	130.000,00	20.000,00	20.000,00	190.000,00
Gemeinkosten	*50.000,00*	*200.000,00*	*100.000,00*	*125.000,00*	
Σ	400.000,00	600.000,00	100.000,00	125.000,00	1.225.000,00

Die Aufwendungen im Verwaltungsbereich in Höhe von 100.000,00 Euro betreffen ausschließlich die allgemeine Verwaltung und sind vollumfänglich aktivierungsfähig. Verwaltungsaufwendungen im Material- und Fertigungsbereich sind bereits in den einzelnen Gemeinkostenkategorien dieser Bereiche berücksichtigt.

Lagerbestandszugänge sollen zur Wertobergrenze bewertet werden. Dies bedeutet, dass das Wahlrecht zur Aktivierung angemessener Teile der allgemeinen Verwaltungsaufwendungen (vgl. Abschnitt C 9.1) auszuüben ist.

Periode 1: Es sind zunächst die Herstellungskosten der dem Lager zugeführten Fertigerzeugnisse zu ermitteln:

Materialeinzelkosten	350.000,00
Fertigungseinzelkosten	400.000,00
Einzelkosten	*750.000,00*
Materialgemeinkosten	50.000,00
(davon planmäßige Abschreibungen)	(20.000,00)
Fertigungsgemeinkosten	200.000,00
(davon planmäßige Abschreibungen)	(130.000,00) *Wertuntergrenze 1.000.000,00*
Verwaltungskosten	100.000,00
Gemeinkosten	*350.000,00*
Herstellungkosten für 20.000 Stück	1.100.000,00 *Wertobergrenze*
Herstellungskosten pro Stück	55,00

Buchung der *Bestandsmehrung* (5.000 Stück · 55,00 Euro/Stück) an fertigen Erzeugnissen:

2200 Fertige Erzeugnisse	275.000,00	an	5202 Bestandsveränderungen an fertigen Erzeugnissen	275.000,00

Der Abschluss des Kontos 5202 erfolgt über das GuV-Konto:

5202 Bestandsveränderungen an fertigen Erzeugnissen	275.000,00	an	8020 GuV	275.000,00

Das Gewinn- und Verlustkonto stellt sich im Beispiel nach den Abschlussbuchungen vereinfacht wie folgt dar:

S	8020		H
6000	350.000,00	5000	1.125.000,00
6030	39.000,00	*5202*	*275.000,00*
6200	604.000,00		
6520	182.000,00		
6550	50.000,00		
Jahresüberschuss	175.000,00		
	1.400.000,00		1.400.000,00

Periode 2: Die Herstellungskosten der Bestandsminderung an fertigen Erzeugnissen ergeben sich aus der Aktivierung in der Periode 1 und betragen daher 55,00 Euro/Stück bzw. 275.000,00 Euro.

Buchung der Bestandsminderung an fertigen Erzeugnissen:

5202 Bestandsveränderungen an fertigen Erzeugnissen	275.000,00	an	2200 Fertige Erzeugnisse	275.000,00

Das Gewinn- und Verlustkonto stellt sich im Beispiel nach den Abschlussbuchungen wie folgt dar:

3. Bewertung des Umlaufvermögens

S	8020		H
6000	350.000,00	5000	1.875.000,00
6030	45.000,00		
6200	640.000,00		
6520	190.000,00		
5202	*275.000,00*		
Jahresüberschuss	375.000,00		
	1.875.000,00		1.875.000,00

Zusammenfassend lässt sich bezogen auf das Beispiel für die Periode 2 folgender schematischer Zusammenhang zwischen den Bestands- und Erfolgskonten beim Gesamtkostenverfahren festhalten:

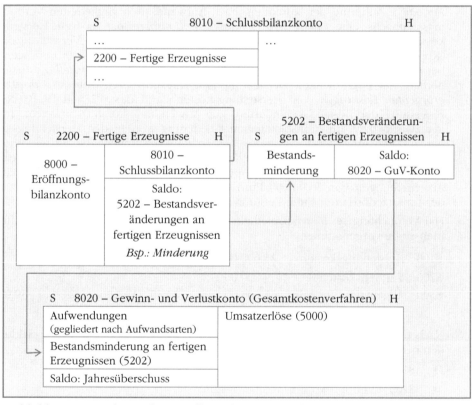

Abbildung 111: Schritte der Erstellung der GuV nach Gesamtkostenverfahren

3.2.3.3 Umsatzkostenverfahren

Beim Nettoausweis gemäß *Umsatzkostenverfahren* werden in der GuV direkt nur die Aufwendungen ausgewiesen, die auf die abgesetzte Menge entfallen (sog. Umsatzaufwendungen). Daher müssen die einzelnen Aufwandsarten jeweils um den Teil gekürzt bzw. erweitert werden, der auf die Bestandserhöhung bzw. die Bestandsminderung entfällt.

Die Aufwendungen werden beim Umsatzkostenverfahren anders als beim Gesamtkostenverfahren nicht nach den Arten von Einsatzfaktoren bei der Produktion, sondern nach ihrem Entstehungsort bzw. Zweck ausgewiesen. Die gesetzliche Gliederung gemäß § 275 III HGB ähnelt der Grobgliederung von Kostenstellen nach den Funktionsbereichen des Unternehmens (Herstellungs-, Verwaltungs-, Vertriebsbereich). Es erfolgt eine Unterteilung in die *Herstellungskosten der zur Erzielung der Umsatzerlöse erbrachten Leistungen, Vertriebskosten, allgemeine Verwaltungskosten* und *sonstige betriebliche Aufwendungen*. Eine Mehrung (bzw. Minderung) des Bestandes an fertigen und unfertigen Erzeugnissen führt beim Umsatzkostenverfahren letztlich zu einer Verminderung (bzw. Erhöhung) der Umsatzaufwendungen.

▷ Beispiel:
Es seien dieselben Ausgangsdaten unterstellt wie im Rahmen des Beispiels zum Gesamtkostenverfahren in Abschnitt D 3.2.3.2.

Periode 1: Aufgrund der laufenden, nach Aufwandsarten gegliederten Verbuchung muss zunächst eine *Umgliederung nach Funktionsbereichen,* d. h. in Herstellungskosten (Konto 8100), Vertriebskosten (Konto 8200), allgemeine Verwaltungskosten (Konto 8300) und sonstige betriebliche Aufwendungen (Konto 8400) erfolgen. Dabei gilt es zu beachten, dass die inhaltliche Bedeutung der *Herstellungskosten* innerhalb der Begrifflichkeit *Herstellungskosten der zur Erzielung der Umsatzerlöse erbrachten Leistungen* vom Herstellungskostenbegriff des § 255 II HGB (der zur Bewertung der Bestandsveränderung zur Anwendung kommt) abweicht. Infolge der zweck- bzw. funktionsbezogenen Gliederung werden den Herstellungskosten der zur Erzielung der Umsatzerlöse erbrachten Leistungen alle Einzel- und Gemeinkosten zugerechnet, die dem Material- und Fertigungsbereich zuzurechnen sind. So sind im vorliegenden Beispiel insbesondere auch die außerplanmäßigen Abschreibungen von 50.000,00 Euro in den Herstellungskosten der zur Erzielung der Umsatzerlöse erbrachten Leistungen zu berücksichtigen.

Die Verbuchung sei hier beispielhaft für das Konto 6030 – Aufwendungen für Betriebsstoffe vorgenommen:

8100	Herstellungskosten	25.000,00			
8200	Vertriebskosten	9.000,00			
8300	Allgemeine Verwaltungskosten	5.000,00	an	6030 Aufwendungen für Betriebsstoffe	39.000,00

Nach dieser Aufwandszurechnung ergeben sich in Periode 1 folgende Salden auf den betreffenden Konten:

- 8100 – Herstellungskosten: 1.050.000,00 Euro
- 8200 – Vertriebskosten: 75.000,00 Euro
- 8300 – Allgemeine Verwaltungskosten: 100.000,00 Euro
- 8400 – Sonstige betriebliche Aufwendungen: 0,00 Euro

Da der GuV-Ausweis beim Umsatzkostenverfahren auf Nettobasis erfolgt, sind im Zuge der buchhalterischen Erfassung der Lagerbestände die Aufwandspositionen um die Teile zu kürzen, die auf die Produktion der nicht abgesetzten Produkte entfallen (Herstellungskosten = 5.000 Stück · 50 Euro/Stück und Verwaltungkosten = 5.000 Stück · 5 Euro/Stück). Den Umsatzerlösen werden so nur die zur Herstellung der abgesetzten Produkte erforderlichen Aufwendungen gegenübergestellt.

Buchung:

2200 Fertige Erzeugnisse	275.000,00	an	8100	Herstellungskosten der zur Erzielung der Umsatzerlöse erbrachten Leistungen	250.000,00
			8300	Allgemeine Verwaltungskosten	25.000,00

Die GuV nach Umsatzkostenverfahren besitzt dann in Periode 1 folgende Gestalt:

S		8030		H
8100	800.000,00	5000		1.125.000,00
8200	75.000,00			
8300	75.000,00			
Jahresüberschuss	175.000,00			
	1.125.000,00			1.125.000,00

Da es sich lediglich um eine andere Form des Ausweises handelt, stimmt der Jahresüberschuss von 175.000,00 Euro mit dem Jahresüberschuss bei Anwendung des Gesamtkostenverfahrens überein.

Periode 2: Die Umgliederung der im Jahresverlauf angefallenen und nach Aufwandsarten verbuchten Aufwendungen muss zum Ende eines jeden Geschäftsjahres und damit auch in der Periode 2 erfolgen. Die Kontensalden stellen sich nach erfolgter Zuordnung folgendermaßen dar:

- 8100 – Herstellungskosten: 1.000.000,00 Euro
- 8200 – Vertriebskosten: 125.000,00 Euro
- 8300 – Allgemeine Verwaltungskosten: 100.000,00 Euro
- 8400 – Sonstige betriebliche Aufwendungen: 0,00 Euro

Da neben den Produkten der laufenden Produktion in der Periode 2 auch die sich zu Beginn des Geschäftsjahres noch im Lager befindlichen fertigen Erzeugnisse abgesetzt wurden, sind die laufenden Aufwendungen der Periode 2 um die Herstellungskosten der aus dem Lager abgesetzten Produkte zu erhöhen.

Buchung:

8100 Herstellungskosten der zur Erzielung der Umsatzerlöse erbrachten Leistungen	250.000,00			
8300 Allgemeine Verwaltungskosten	25.000,00	an	2200 Fertige Erzeugnisse	275.000,00

Die GuV nach Umsatzkostenverfahren zeigt damit in Periode 2 folgendes Bild:

S		5202		H
8100	1.250.000,00	5000		1.875.000,00
8200	125.000,00			
8300	125.000,00			
Jahresüberschuss	375.000,00			
	1.875.000,00			1.875.000,00

Wie auch in Periode 1 sind in Periode 2 der Jahresüberschuss nach Umsatzkostenverfahren und Gesamtkostenverfahren identisch.

Zusammenfassend gilt bezogen auf das Beispiel für die Periode 2 folgende Beziehung zwischen den Bestands- und Erfolgskonten beim Umsatzkostenverfahren:

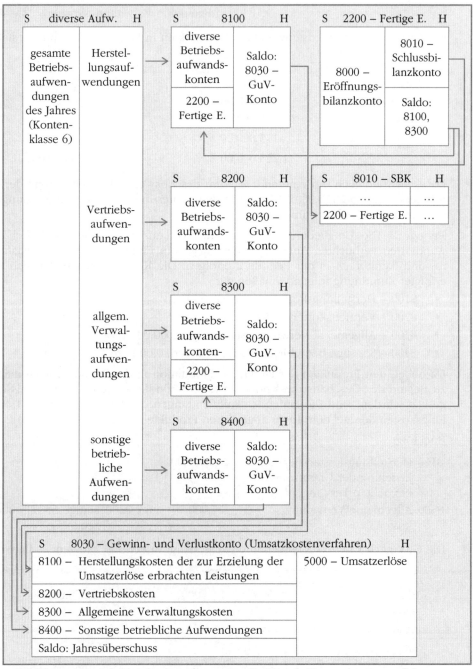

Abbildung 112: Schritte der Erstellung der GuV nach Umsatzkostenverfahren

3.2.4 Niederstwertabschreibungen im Vorratsvermögen

3.2.4.1 Allgemeines

Der im Rahmen der Einzelbewertung oder einer Bewertungsvereinfachung ermittelte Buchwert (Schlussbestand) an Vorräten ist zum Bilanzstichtag mit dem Tageswert (Handelsrecht) bzw. Teilwert (Steuerrecht) zu vergleichen, um zum letztlich zu bilanzierenden Wert zu gelangen. Hintergrund dieses Vergleiches ist das in den GoB verankerte Niederstwertprinzip (vgl. Abschnitt A 4.3.2.4).

Gemäß § 253 IV HGB besteht bei Vermögensgegenständen des Umlaufvermögens die *Pflicht*, auf den Wert zum Bilanzstichtag (**Tageswert**) abzuschreiben, sofern dieser niedriger ist. Die baldige Veräußerung bzw. der baldige Verbrauch ist ein Charakteristikum von Vorräten. Da insofern nicht mit einem künftigen Ausgleich der drohenden negativen Erfolgsbeiträge gerechnet werden kann, besteht die Abwertungspflicht *unabhängig davon*, ob der Tageswert voraussichtlich *dauerhaft oder nicht dauerhaft* unterhalb des im Rahmen der Einzelbewertung oder einer Bewertungsvereinfachung festgestellten Buchwerts (fortgeführte AHK) liegt (sog. *strenges Niederstwertprinzip*).

Steuerrechtlich ist hingegen der Buchwert (i. d. R. Anschaffungs- und Herstellungskosten) eines Vorratspostens nicht mit dem Tageswert, sondern mit dem **Teilwert** zu vergleichen. Eine Wertminderung auf einen niederigeren Teilwert ist jedoch gemäß § 6 I Nr. 2 EStG nur bei voraussichtlich *dauerhafter Wertminderung* zulässig (*Wahlrecht*). Eine Wertminderung ist dabei als voraussichtlich dauerhaft einzustufen, wenn erwartet wird, dass die Wertminderung über die gesamte voraussichtliche Verweildauer des Wirtschaftsgutes im Unternehmen anhält. Aufgrund des steuerlichen Wahlwahlrechtes ist eine handelsrechtlich erforderliche außerplanmäßige Abschreibung auf Vorräte nicht zwingend in der Steuerbilanz nachzuvollziehen. Der Bilanzierende (Steuerpflichtige) kann hierauf verzichten.

Der zum Vergleich in der Handelsbilanz heranzuziehende Tageswert ist primär aus einem Börsen- oder Marktpreis zum Bilanzstichtag abzuleiten. Kann ein Börsen- oder Marktpreis nicht festgestellt werden, so ist stattdessen ein sog. beizulegender Wert zum Bilanzstichtag zu ermitteln. Das HGB enthält jedoch keine näheren Vorschriften zur Bestimmung des sich aus dem Börsen- oder Marktpreis ergebenden Wertes oder des beizulegenden Wertes. Daher haben sich in der Bilanzierungspraxis diesbezüglich Grundsätze ordnungsmäßiger Buchführung herausgebildet, auf die im Folgenden eingegangen wird:

Während der **Börsenpreis** der an einer amtlichen Börse festgestellte Kurs ist, stellt der **Marktpreis** jenen Preis dar, der Vorräten einer bestimmten Gattung am Bilanzstichtag im Durchschnitt am betreffenden Markt (mit ausreichend Handelspartnern) gewährt wird. Dabei ist zu beachten, dass nur diejenigen Börsen und Märkte heranzuziehen sind, auf denen das Unternehmen tatsächlich tätig ist. Auf einen **beizulegenden Wert** ist hingegen dann abzustellen, wenn die betreffenden Vorräte nicht regelmäßig von einer ausreichend großen Anzahl von Marktteilnehmern gehandelt werden und folglich kein richtiger „Marktpreis" bestimmbar ist. Ein Tageswert ist dann vorsichtig unter Beachtung der GoB zu schätzen, z. B. auf Basis zeitlich vergleichbarer Anschaffungspreise. Ferner sind zudem wertmindernde Faktoren wie geringe Lagerbewegungen oder eingeschränkte Verwendbarkeit der Vorräte durch technische Veralterung, Beschädigung, Modeeinflüsse etc. zu beachten. Aus Gründen der Wesentlichkeit ist es unter Umständen zulässig, den beizulegenden Wert ausgehend von den Anschaffungskosten durch Abzug von pauschalen Gängigkeitsabschlägen (sog. *Gängigkeitabschreibungen*) zu bestimmen. Wurden im Geschäftsjahr beispielsweise nicht mehr als 50 % des Lageranfangsbestandes in der Produktion eingesetzt (geringe Umschlagshäufigkeit), sind Gängigkeitsabschläge von mindestens 30 % denkbar. Umstände, die eine derartige Vereinfachung rechtfertigen, sind z. B. umfangreiche Lagerbestände, die eine Berücksichtigung des Zustandes jedes einzelnen Gegenstandes erschweren.

Bei der Ermittlung der Tageswerte stellt sich generell die Frage, welcher Markt maßgeblich ist, der Beschaffungs- oder der Absatzmarkt (zur Begriffserklärung vgl. Abschnitt C 2.1). Die Beantwortung der Frage hängt von der *Art der Vorräte* ab, wie im Folgenden gezeigt wird:

Grundsätzlich ist handelsrechtlich der **Absatzmarkt** der maßgebliche Markt für einen Test bzgl. eines unter Umständen niedrigeren Tageswertes, da das Ziel des Niederstwertprinzips die Vorwegnahme künftiger Verluste (sog. *Prinzip der verlustfreien Bewertung*) ist. Maßgeblich für die Ermittlung eines möglichen Verlustes ist zuvor die wirtschaftliche Verwertung (z. B. durch Verkauf) des entsprechenden Vermögensgegenstandes auf dem Absatzmarkt. Letztlich würde bei einem künftigen Verkauf ein Verlust entstehen, wenn der dabei auf dem Absatzmarkt erwirtschaftete Ertrag (Veräußerungserlös abzüglich Erlösschmälerungen) nicht die insgesamt für den Gegenstand angefallenen Aufwendungen zuzüglich der noch bis zur Veräußerung anfallenden Aufwendungen decken würde. Oder anders ausgedrückt, wenn der *Nettoveräußerungswert* (vgl. Abbildung 113) die AHK unterschreitet. Der Börsenkurs bzw. Marktpreis zum Bilanzstichtag gilt hierbei als objektiver Repräsentant des voraussichtlichen (künftigen) Erlöses. Sollte ein Börsenkurs bzw. Marktpreis nicht feststellbar sein, ist im Zuge der Ermittlung des beizulegenden Wertes bei Maßgeblichkeit des Absatzmarktes stattdessen von einem vorsichtig geschätzten Veräußerungserlös z. B. auf Basis der Preise vergleichbarer Güter zum Bilanzstichtag auszugehen.

Abweichend hiervon ist der **Beschaffungsmarkt** maßgeblich bei Roh-, Hilfs- und Betriebsstoffen (Normalbestände) sowie bei fertigen und unfertigen Erzeugnissen, die fremdbezogen werden können. Ferner ist bei Handelswaren und Überbeständen an unfertigen und fertigen Erzeugnissen, die fremdbezogen werden können, neben dem Absatzmarkt auch der Beschaffungsmarkt maßgeblich (*doppelte Maßgeblichkeit*). Betragen z. B. die AHK 1.000,00 Euro, die WBK 950,00 Euro und der NVW 1.030,00 Euro, so ist vom bisherigen Buchwert 1.000,00 Euro auf den niedrigeren Wert von NVW und WBK, also auf 950,00 Euro, abzuschreiben. Deutlich ist zu erkennen, dass in dem Beispiel kein Verlust aus dem Geschäft droht, da die bereits angeschafften Vorräte voraussichtlich demnächst mit 30,00 Euro Gewinn verkauft werden. Die doppelte Maßgeblichkeit ist daher in der Literatur nicht unumstritten, da sie insofern nicht der Verlustantizipation dient. Vielmehr wird in diesem Fall durch die Abschreibung ein entgangener Gewinn (sog. Opportunitätskosten) von 50,00 Euro erfasst. Der Gewinn entgeht dabei durch den Verzicht auf die Alternative, die Güter nicht erst später (zum Stichtag) zu niedrigeren Wiederbeschaffungskosten beschafft zu haben.

Abbildung 113 fasst die genannten handelsrechtlichen Vorschriften zusammen. Einzelne Aspekte daraus werden in den beiden nachfolgenden Abschnitten vertieft.

	Absatzmarkt	Beschaffungsmarkt	Absatz- und Beschaffungsmarkt
Anwendungsbereich	• Überbestände an RHB-Stoffen • Unfertige und fertige Erzeugnisse, soweit keine Möglichkeit zum Fremdbezug besteht (Normalbestände)	• RHB-Stoffe (Normalbestände) • Unfertige und fertige Erzeugnisse, soweit Möglichkeit zum Fremdbezug besteht (Normalbestände)	• Handelswaren • Überbestände an fremdbeziehbaren unfertigen und fertigen Erzeugnissen
Tageswert	Nettoveräußerungswert (NVW) = vorauss. Erlös – Erlösschmälerungen – noch anfallende Kosten bis zur Veräußerung	Wiederbeschaffungskosten (WBK) = Wiederbeschaffungspreis + Anschaffungsnebenkosten – Anschaffungskostenminderungen	Wiederherstellungskosten (WHK) Berechnung als Selbstkosten auf Basis von Stichtagswerten (zum Kalkulationsschema vgl. Abschnitt C 9.1)	niedrigerer Wert aus NVW und WBK/WHK

Abbildung 113: Absatz-/Beschaffungsmarkt und Tageswert bei Vorräten

Hinsichtlich der Ermittlung des steuerlichen Teilwertes von Vorräten lässt die gesetzliche Definition des § 6 I Nr. 1 EStG (vgl. Abschnitt D 2.2.2.2) keine praktisch umsetzbaren Rückschlüsse zu. Daher haben sich *widerlegbare* Teilwertvermutungen in der Rechtssprechung und Finanzverwaltung entwickelt und durchgesetzt. Hiernach ist grundsätzlich der *Beschaffungsmarkt* maßgeblich. Es wird widerlegbar vermutet, dass der Teilwert bei RHB-Stoffen und Handelswaren durch die Wiederbeschaffungskosten (ohne Abzug von Skonti) und bei unfertigen und fertigen Erzeugnissen durch die Wiederherstellungskosten repräsentiert wird. Mittels nachweislich geringerer Veräußerungserlöse oder der Notwendigkeit von Gängigkeitsabschreibungen (z. B. bei Produktmängeln) kann die Teilwertvermutung widerlegt werden. Der sich unter Berücksichtigung dieser Sachverhalte ergebende niedrigere Wert stellt den Teilwert dar.

Sind die Vorräte *zur Veräußerung bestimmt* (i. d. R. Waren, Fertigerzeugnisse, Überbestände), ist steuerlich neben dem Beschaffungsmarkt auch der Absatzmarkt maßgeblich (*doppelte Maßgeblichkeit*). Bei der Ermittlung des Nettoveräußerungserlöses ist hierbei im Vergleich zum Handelsrecht vom Verkaufserlös zusätzlich zu den Selbstkosten noch ein durchschnittlicher Unternehmergewinn abzuziehen.

3.2.4.2 Abschreibungen bei Roh-, Hilfs-, und Betriebsstoffen

Bei der Bewertung von Roh-, Hilfs- und Betriebsstoffen kann nicht der Absatz im Fokus der Betrachtung stehen, da RHB-Stoffe i. d. R. nicht durch Verkauf wirtschaftlich verwertet werden (Ausnahme: Überbestände). Vielmehr werden RHB-Stoffe bei der Produktion unfertiger und fertiger Erzeugnisse eingesetzt. Eine Ermittlung des Tageswertes der RHB auf Basis der Absatzpreise dieser (fertigen und unfertigen) Erzeugnisse scheidet aus, da dies die Ermittlung der einzelnen Ertragsanteile der eingesetzten RHB-Stoffe erfordern würde. Diese Ermittlung ist jedoch kaum objektiv möglich. Daher wird bei der Tageswertermittlung von RHB-Stoffen auf den **Beschaffungsmarkt** der RHB-Stoffe abgestellt, denn die Wiederbeschaffungskosten sind objektiv ermittelbar und können bei gegebener Wiederbeschaffungsabsicht als Untergrenze für den Ertragsanteil interpretiert werden. Dabei wird unterstellt, dass im Falle einer beabsichtigten Wiederbeschaffung davon auszugehen ist, dass die Erträge aus dem Verkauf der produzierten Erzeugnisse die Aufwendungen für die Wiederbeschaffung der zu deren Produktion notwendigen RHB-Stoffe decken. Auch wirken sich Senkungen der Beschaffungsmarktpreise i. d. R. wegen des Konkurrenzdrucks auf die künftigen Absatzmarktpreise aus. Es wird vermutet, dass letztlich die Wiederbeschaffungskosten des Unternehmens den erwarteten künftigen Nutzen der RHB-Stoffe besser widerspiegeln als die (historischen) Anschaffungskosten. Diese Vermutung bzw. Auffassung wird jedoch in der Literatur nicht vollumfänglich geteilt.

Die **Wiederbeschaffungskosten** zum Bilanzstichtag ergeben sich auf Basis des Anschaffungspreises zum Bilanzstichtag (Wiederbeschaffungspreis) unter Hinzurechnung von üblicherweise anfallenden Anschaffungsnebenkosten und Abzug von Anschaffungskostenminderungen (z. B. Rabatte, Skonti). Als Wiederbeschaffungspreis ist in erster Linie wegen seiner Objektivität der Börsen- oder Marktpreis zum Bilanzstichtag heranzuziehen. Nur sofern sich kein Börsen- oder Marktpreis feststellen lässt und folglich ein beizulegender Wert ermittelt werden muss, sind stattdessen vergleichbare Anschaffungspreise zum Bilanzstichtag heranzuziehen.

Überbestände an RHB-Stoffen bilden eine Ausnahme. Da Überbestände eben nicht mehr in der Produktion eingesetzt werden können, bleibt als ökonomisch sinnvollste Alternative deren Verwertung auf dem Absatzmarkt. Dieser ist daher zur Bestimmung der Tageswerte von Überbeständen an RHB-Stoffe heranzuziehen.

Die Zuordnung einer auf dieser Basis ermittelten außerplanmäßigen Abschreibung auf Roh- Hilfs- oder Betriebsstoffe zu einer Aufwandskategorie ist davon abhängig, ob die GuV nach dem Gesamtkostenverfahren oder nach dem Umsatzkostenverfahren aufgestellt wird. Bei Anwendung des Umsatzkostenverfahrens ist zudem der Funktionsbereich (Herstellung, Verwaltung, Vertrieb), in dem der wertgeminderte Vorrat eingesetzt wird, von Bedeutung. In der nachfolgenden Abbildung sind die diesbezüglichen Regelungen des § 275 HGB systematisiert:

	§ 275 II - Gesamtkostenverfahren		§ 275 III - Umsatzkostenverfahren	
	Pos.	Bezeichnung	Pos.	Bezeichnung
in üblicher Höhe	5.a)	Aufwendungen für Roh-, Hilfs- und Betriebsstoffe und bezogene Waren	2.	Herstellungskosten
			4.	Vertriebskosten
			5.	Allgemeine Verwaltungskosten
in unüblicher Höhe	7.b)	Abschreibungen im Umlaufvermögen, soweit diese die in der Kapitalgesellschaft üblichen Abschreibungen überschreiten	7.	sonstige betriebliche Aufwendungen
außerordentlich	16.	außerordentliche Aufwendungen	15.	außerordentliche Aufwendungen

Abbildung 114: Ausweis außerplanmäßiger Abschreibungen auf RHB-Stoffe

3. Bewertung des Umlaufvermögens

▷ Beispiel:

In einem Unternehmen fallen innerhalb eines Geschäftsjahres die nachfolgenden Geschäftsvorfälle bezüglich eines Rohstoffs (mit Anfangsbestand 0,00 Euro) an:

1. Einkauf von 20.000 kg zu 9,50 Euro/kg → 190.000,00 Euro
2. Einkauf von 5.550 kg zu 10,00 Euro/kg → 55.500,00 Euro
3. Einkauf von 15.000 kg zu 8,50 Euro/kg → 127.500,00 Euro

Die Verbuchung erfolge bestandsorientiert und die Ermittlung des Werkstoffeinsatzes auf Basis der Inventurmethode (vgl. Abschnitt C 2.4.4). Die Inventur hat ergeben, dass sich zum Geschäftsjahresende noch 10.000 kg des Rohstoffs im Lager befinden. Daraus folgt, dass im Geschäftsjahr insgesamt 30.550 kg des Rohstoffs verbraucht wurden. Bei Anwendung des gewogenen Durchschnittswertverfahrens (vgl. Abschnitt D 3.2.2.2) ergeben sich durchschnittliche Anschaffungskosten von 9,20 Euro/kg und damit ein bewerteter (vorläufiger) Schlussbestand von 92.000,00 Euro (= 10.000 kg · 9,20 Euro/kg) sowie ein bewerteter Rohstoffverbrauch in Höhe von 281.000,00 Euro (= 373.000,00 Euro − 92.000,00 Euro).

Die im Rahmen der Niederstwerttests heranzuziehenden Vergleichswerte (Tages- und Teilwert) seien der Einfachheit halber identisch und liegen bei:

a) dauerhaft 8,40 Euro/kg   c) vorübergehend 8,40 Euro/kg

b) dauerhaft 9,70 Euro/kg   d) vorübergehend 9,70 Euro/kg

Das Durchschnittswertverfahren ist handels- und steuerrechtlich zulässig, sodass sich unter Beachtung des strengen Niederstwert- (vgl. Abschnitt D 3.1.2) und des Anschaffungswertprinzips (vgl. Abschnitt D 3.1.1) folgende Bilanzansätze ergäben:

	Handelsbilanz		Steuerbilanz	
a)	Tageswert < AK Ansatzpflicht des niedrigeren Tageswertes	8,40 · 10.000 = 84.000,00	Teilwert < AK Ansatzwahlrecht des niedrigeren Teilwertes	8,40 · 10.000 = 84.000,00
b)	Tageswert > AK max. Ansatz der AK	9,20 · 10.000 = 92.000,00	Teilwert > AK max. Ansatz der AK	9,20 · 10.000 = 92.000,00
c)	Tageswert < AK Ansatzpflicht des niedrigeren Tageswertes	8,40 · 10.000 = 84.000,00	Teilwert < AK Ansatzverbot des niedrigeren Teilwertes	9,20 · 10.000 = 92.000,00
d)	Tageswert > AK max. Ansatz der AK	9,20 · 10.000 = 92.000,00	Teilwert > AK max. Ansatz der AK	9,20 · 10.000 = 92.000,00

Im Fall a) ergibt sich damit z. B. in der Handelsbilanz ein Wertminderungbedarf von 8.000,00 Euro (= 92.000,00 − 84.000,00 Euro). Während diese außerplanmäßige Abschreibung in der Handelsbilanz verpflichtend vorzunehmen ist, kann in der Steuerbilanz auf eine entsprechende Abschreibung verzichtet werden.

Bei Aufstellung der Gewinn- und Verlustrechnung nach Gesamtkostenverfahren erfolgt der **Ausweis** einer außerplanmäßigen Wertminderung bei RHB-Stoffen (ebenso wie bei Handelswaren) unter der GuV-Position „Aufwendungen für Roh-, Hilfs- und Betriebsstoffe und für bezogene Waren" (§ 275 II Nr. 5 a HGB). Der Industriekontenrahmen sieht für derartige Beträge eine Erfassung auf Konto *6090 – Sonderabschreibungen auf Roh-, Hilfs- und Betriebsstoffe und auf bezogene Waren* vor. Im Fall a) des obigen Beispiels würde der Buchungssatz damit wie folgt lauten:

6090 Sonderabschreibungen auf Roh-, Hilfs- und Betriebsstoffe und auf bez. Waren	8.000,00	an	2000 Rohstoffe/ Fertigungsmaterial	8.000,00

Kontendarstellung:

S	6090		H	S	2000		H
6000	*8.000,00*	8020	8.000,00	8000	0,00	6000	281.000,00
				4400	190.000,00	*6090*	*8.000,00*
				4400	55.500,00	8010	84.000,00
S	6000		H	4400	127.500,00		
2000	281.000,00	8020	281.000,00		373.000,00		373.000,00

Bei Aufstellung der GuV nach dem Gesamtkostenverfahren sind über das normale Niveau hinausgehende Wertminderungsbeträge unter der GuV-Position „Abschreibungen auf Vermögensgegenstände des Umlaufvermögens, soweit diese die in der Kapitalgesellschaft üblichen Abschreibungen überschreiten" (§ 275 II Nr. 7 b HGB) auszuweisen. Die überschreitenden Wertminderungsbeträge müssen zur Bereitstellung dieser Information auf ein gesondertes Konto umgebucht werden. Der IKR sieht bei Vorräten dafür das Konto *6570 – Unübliche Abschreibungen auf Vorräte* vor. Liegt bezogen auf das obige Beispiel Fall a) das normale Wertminderungsniveau bei 6.000,00 Euro, ist folglich der überschreitenden Betrag in Höhe von 2.000,00 Euro umzubuchen:

6570 Unübliche Abschreibungen auf Vorräte	2.000,00	an	6090 Sonderabschreibungen auf Roh-, Hilfs- und Betriebsstoffe und auf bez. Waren	2.000,00

3.2.4.3 Abschreibungen bei fertigen und unfertigen Erzeugnissen

Bei (unfertigen und fertigen) Erzeugnissen wird unterschieden, ob sie fremdbezogen werden können oder nicht. Bei der Möglichkeit zum Fremdbezug ist der Beschaffungsmarkt, andernfalls ist der Absatzmarkt maßgeblich. Bei Maßgeblichkeit des Absatzmarktes sind von den voraussichtlichen Erlösen alle bis zur Veräußerung noch anfallenden Aufwendungen abzuziehen. Diesbezüglich kommen insbesondere in Betracht: Kosten bis zur Fertigstellung (bei unfertigen Erzeugnissen), Lager-, Verpackungs-, Verkaufs-, Transport und Finanzierungskosten.

Kann bei einer Ermittlung des Vergleichswertes vom Beschaffungsmarkt aus kein Börsen- oder Marktpreises bestimmt werden, so ist der beizulegende Wert in Form von **Wiederherstellungskosten** (sog. Reproduktionskosten) zu ermitteln. Auch diese sind von Herstellungskosten des § 255 HGB zu unterscheiden. Sie können ermittelt werden, indem die Selbstkosten der Erzeugnisse auf Basis der Kostenverhältnisse am Bilanzstichtag im Rahmen einer Kostenträgerstückrechnung (z. B. Zuschlagskalkulation) neu kalkuliert werden. Dahinter steht die Fiktion der Reproduktion der Erzeugnisse aus aktuell beschafften Inputgütern zum Bilanzstichtag. Als Indikatoren für einen Wertminderungsbedarf bei fertigen oder unfertigen Erzeugnissen zählen dann beispielsweise gesunkene Wiederbeschaffungskosten für RHB-Stoffe oder günstigere Produktionsverfahren (d. h. in deren Folge geringere fiktive Fertigungskosten). Bei der Kalkulation sind jedoch nicht nur derartige Kostensenkungen, sondern vielmehr sämtliche Kostenänderungen einzubeziehen, also z. B. auch ein evtl. Anstieg der Verwaltungsgemeinkosten.

Die Zuordnung eines festgestellten Wertminderungsbedarfs zu einer GuV-Position ist auch bei fertigen und unfertigen Erzeugnissen davon abhängig, nach welchem Verfahren der Ausweis in der GuV erfolgt:

	§ 275 II - Gesamtkostenverfahren		§ 275 III - Umsatzkostenverfahren	
	Pos.	Bezeichnung	Pos.	Bezeichnung
in üblicher Höhe	2.	Bestandsveränderungen	2.	Herstellungskosten der zu Erzielung der Umsatzerlöse erbrachten Leistungen
	5. b)	Aufwendungen für bezogene Leistungen		
in unüblicher Höhe	7. b)	Abschreibungen im Umlaufvermögen, soweit diese die in der Kapitalgesellschaft üblichen Abschreibungen überschreiten		
außerordentlich	16.	außerordentliche Aufwendungen	15.	außerordentliche Aufwendungen

Abbildung 115: Ausweis außerplanmäßiger Abschreibungen auf Erzeugnisse

3.2.5 Zuschreibungen im Vorratsvermögen

Materiell sind Zuschreibungen im Vorratsvermögen nicht so bedeutend, da die Verweildauer von Vorräten im Unternehmen i. d. R. weniger als ein Jahr beträgt. Viele im Vorjahr wertgeminderte Vorräte werden im aktuellen Geschäftsjahr bei der Produktion eingesetzt oder verkauft. Für die restlichen wertgeminderten Vorräte (z. B. Ladenhüter) ist gemäß § 253 IV HGB wieder der Tageswert zu bestimmen. Wird dabei festgestellt, dass die Gründe der früheren außerplanmäßigen Wertminderung weggefallen sind, bzw. der aktuelle Tageswert nunmehr über dem Buchwert (d. h. dem früheren Tageswert) liegt, ist gemäß § 253 V HGB *ertragswirksam* zuzuschreiben (**Wertaufholungsgebot**). Die Zuschreibung der Vorräte darf jedoch höchstens bis zu den historischen Anschaffungs- und Herstellungskosten erfolgen (*Anschaffungswertprinzip*). Andernfalls würden noch nicht realisierte (künftige) Gewinne erfasst werden, was ein Verstoß gegen das in § 252 I Nr. 4 HGB verankerte Realisationsprinzip darstellen würde.

Die *steuerlichen* Regelungen (§ 6 I Nr. 2 S. 3 EStG) hinsichtlich des Wertaufholungsgebotes unterscheiden sich von den handelsrechtlichen Regelungen lediglich darin, dass zusätzlich eine Wertaufholung auch dann erforderlich wird, wenn sich die frühere Wertminderung als nicht dauerhaft herausgestellt hat.

3.3 Bewertung von Forderungen

3.3.1 Allgemeines

In diesem Abschnitt wird näher auf die Bewertung des Postens **Forderungen aus Lieferungen und Leistungen** eingegangen. Dabei handelt es sich um Forderungen, die entstehen, wenn ein Kunde seine Verbindlichkeit(en) aus der Lieferung von Waren oder Fertigerzeugnissen oder der Inanspruchnahme von Dienstleistungen nicht sofort bei Erhalt der Leistung begleicht. Nach § 253 I S. 1, IV S. 2 HGB und § 6 I Nr. 2 EStG sind Forderungen mit ihrem Nennwert (Rechnungsbetrag) oder mit dem niedrigeren beizulegenden Wert anzusetzen. Die Aktivierung der Forderung erfolgt zum Realisationszeitpunkt, d. h. nach Übertragung (fast) aller Risiken durch Wechsel des wirtschaftlichen Eigentümers. Lediglich das Risiko, dass der Leistungsempfänger (z. B. Kunde) seiner Zahlungsverpflichtung nicht (vollkommen) nachkommt (sog. Delkredererisiko, synonym: Zahlungsausfallrisiko) verbleibt. Beim Kaufvertrag ist der Realisierungzeitpunkt die Übergabe der Sache und beim Werkvertrag die Abnahme des gefertigten Objektes durch den Auftraggeber. Forderungen aus Lieferungen und Leistungen sind also ohne Rücksicht auf Rechnungsstellung oder Fälligkeit zu aktivieren, wenn die vertragliche Leistung oder die Lieferung erbracht wurde.

Nach der Wahrscheinlichkeit der Begleichung der Forderungen sind selbige in drei Kategorien einzuteilen:

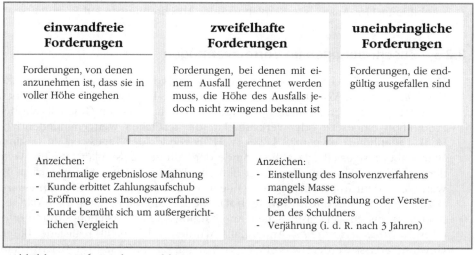

Abbildung 116: Forderungsklassen

Unter **Insolvenz** versteht man hierbei das Unvermögen einer Firma oder Privatperson, ihre fälligen finanziellen Verpflichtungen (Verbindlichkeiten) aufgrund eines Mangels an Zahlungsmitteln zu erfüllen (Zahlungsunfähigkeit). Bei einer gerichtlich festgestellten Zahlungsunfähigkeit wurde bis Ende 1998 ein Konkurs- oder Vergleichsverfahren beantragt. Der Konkurs führte zu einer zwangsweisen Auflösung eines Unternehmens. Das gesamte Vermögen (Konkursmasse) wurde durch einen vom Gericht bestellten Insolvenzverwalter verkauft und der Erlös daraus den Forderungen der Gläubiger gegenübergestellt. Die daraus ermittelte sog. Konkursquote diente dann schließlich zur Verteilung des Erlöses auf die Gläubiger. Beim Vergleich handelte es sich um eine freie Vereinbarung zwischen Schuldner und Gläubiger, die ein Konkursverfahren abwenden und den Fortbestand des Unternehmens sichern sollte. Dies wurde i. d. R. dadurch erreicht, dass die Gläubiger einen Teil der Schulden erlassen und/oder gestundet haben. Seit 1999 gilt in Deutschland ein einheitliches Insolvenzverfahren. Der wesentliche Unterschied zum Konkursrecht vor 1999 besteht darin, dass das Insolvenzverfahren versucht, zum Erhalt der wirtschaftlichen Existenz des Unternehmens beizutragen. Der Insolvenzantrag wird von einem Gläubiger oder dem Schuldner selbst beim zuständigen Amtsgericht (abhängig vom Geschäftssitz der Firma) gestellt.

Nach den Vorgaben des HGB (§ 252 Abs. 1 Nr. 3 HGB) wäre zum Bilanzstichtag eine Einzelbewertung jeder Forderung des Forderungsbestandes in Bezug auf ihren Abschreibungsbedarf vorzunehmen. Da aber nicht für jede Forderung das Ausfallrisiko bekannt ist, und die Bearbeitung jeder einzelnen Forderung einen zu hohen Arbeitsaufwand darstellt, erfolgt die Risikovorsorge in Abhängigkeit der bereits genannten Forderungskategorien:

Einwandfreie Forderungen → Pauschalwertberichtigung zum Bilanzstichtag zur Berücksichtigung des Delkredererisikos

Zweifelhafte Forderungen → Einzelwertberichtigung zum Bilanzstichtag

Uneinbringliche Forderungen → Einzelabschreibung sofort bei Ausfall

Bei der **Abschreibung auf Forderungen** handelt es sich wie bei der Abschreibung von Anlagevermögen um eine Aufwandsverbuchung mit entsprechend gewinnminderndem Charakter. Über die Verbuchung einer Abschreibung auf die Forderung zum Bilanzstichtag soll insofern sowohl dem niedrigeren Wert der Forderung in der Bilanz als auch dem hieraus resultierenden negativen Effekt auf das Jahresergebnis Rechnung getragen werden.

Auch bei Forderungen, deren Ausfall nicht absolut sicher ist, ist aus Gründen kaufmännischer Vorsicht ein Abschlag von der Nettoforderung vorzunehmen. Die Forderung ist mit dem Betrag des erwarteten Zahlungseingangs zu bewerten. Man spricht hierbei nicht von Abschreibung sondern von **Wertberichtigung**, da es sich nicht um einen tatsächlichen, sondern einen potenziellen Ausfall handelt.

3.3.2 Bewertung zweifelhafter Forderungen

Bestehen Zweifel an der Zahlungsfähigkeit eines Schuldners, so ist die ihm gegenüber bestehende Forderung mit deren Bruttobetrag auf das Konto *2470 – Zweifelhafte Forderungen* (auch genannt *Dubiose*) umzubuchen. Am Bilanzstichtag werden diese Forderungen mit dem wahrscheinlichen Wert (Eingang) angesetzt. Sie werden also um den **erwarteten Nettoausfall** berichtigt. Voraussetzung für eine weitgehend zuverlässige Schätzung des voraussichtlichen „Verlustes" sind natürlich ausreichende Informationen über die finanziellen Verhältnisse des Kunden.

Da der Ausfall noch nicht mit Sicherheit feststeht, erlaubt das Finanzamt **keine Kürzung der Umsatzsteuer** (§ 17 I UStG).

Einzelwertberichtigungen berücksichtigen das Ausfallrisiko einzelner Forderungen durch Abschläge. Bestehen mehrere Erwartungen hinsichtlich der Höhe der Wertminderung, so ist gemäß des Vorsichtsprinzips der Wert im ungünstigeren Fall zu wählen. Bei der Bewertung sind auch **werterhellende Tatsachen** (vgl. Abschnitt B 4.3.2.1) zu berücksichtigen (z. B. die Finanzlage des Schuldners zum Bilanzstichtag). Von den werterhellenden Tatsachen sind aber solche Ereignisse nicht berücksichtigungsfähig, die erst nach dem Bilanzstichtag eingetreten sind. Kommt z. B. ein schwacher Schuldner nach dem Bilanzstichtag durch Erbschaft oder Lottogewinn zu erheblichen Geldmitteln, so beeinflusst dieses Ereignis zwar den Wert der Forderung für dieses Geschäftsjahr, enthält aber nichts, was auf den objektiven Wert der Forderung zum Bilanzstichtag des vergangenen Geschäftsjahres schließen lässt. Hier können die späteren Ereignisse, welche die Bonität des Schuldners erst nach dem Stichtag gestärkt haben, nicht zur Ablehnung einer Wertberichtigung nach dem Stand des Bilanzstichtages führen.

Die **Einzelwertberichtigung** (vom Nettowert) kann sowohl direkt als auch indirekt erfolgen. Jede zweifelhafte Forderung wird dabei einzeln auf ihre Einbringlichkeit geprüft. Die **indirekte Wertberichtigung** zweifelhafter Forderungen hat sich in der Praxis weitgehend durchgesetzt. Während bei der direkten Methode die Wertberichtigungsbeträge direkt aus dem aktiven Bestandskonto (2470) ausgebucht werden, erfolgt die Verbuchung bei der indirekten Methode zunächst auf einem Wertberichtigungskonto (*3670 – Einzelwertberichtigungen auf Forderungen*) auf der Passivseite. Die Forderung (*brutto*) bleibt also in der Bilanz stets mit dem ursprünglichen Wert erhalten. Die Differenz aus dem Aktivposten (Forderung) und dem Wertberichtigungskonto (*netto*) ergibt schließlich den aktuellen Restbuchwert der verbleibenden Forderung einschließlich des gesamten Umsatzsteueranteils der ursprünglichen Forderung, da dieser nicht gekürzt werden darf.

Beispiel:

Bei einer Forderung (2.142,00 Euro) aus dem Jahr 2009, die im Laufe des Geschäftsjahres 2010 als einzige zweifelhaft wurde, rechnet der Gläubiger zum 31.12.2010 mit einem wahrscheinlichen Ausfall von 70 %.

Forderung brutto	2.142,00	(100 %)	
– 30 % wahrscheinlicher Eingang	642,60	(30 %)	
= wahrscheinlicher Ausfall brutto	1.499,40	(70 %)	(119 %)
– 19 % USt	239,40		(19 %)
= wahrscheinlicher Ausfall netto	1.260,00		(100 %)

Umbuchung der Forderung während des Geschäftsjahres 2010:

2470	Zweifelhafte Forderungen aus Lieferungen und Leistungen	2.142,00	an	2400	Forderungen aus Lieferungen und Leistungen	2.142,00

Buchungen am 31.12.2010:

1. Wertberichtigung:

| 6952 | Einzelwertberichtigungen | 1.260,00 an | 3670 | Einzelwertberichtigungen auf Forderungen | 1.260,00 |

2. Abschluss des Aufwandskontos 6952:

| 8020 | Gewinn- und Verlustkonto | 1.260,00 an | 6952 | Einzelwertberichtigungen | 1.260,00 |

3. Abschluss des Wertberichtigungskontos 3670:

Der Ausweis eines Wertberichtigungskontos auf der Passivseite der Bilanz ist Kapitalgesellschaften nach § 266 III HGB nicht gestattet. Um die Übersichtlichkeit des indirekten Verfahrens dennoch nutzen zu können, kann das Konto am Geschäftsjahresende über das Konto „Zweifelhafte Forderungen aus Lieferungen und Leistungen" abgeschlossen und so aus der Bilanz „ausgeblendet" werden.

| 3670 | Einzelwertberichtigungen auf Forderungen | 1.260,00 an | 2470 | Zweifelhafte Forderungen aus Lieferungen und Leistungen | 1.260,00 |

Kontendarstellung:

S	2470		H		S	3670		H
2400*	2.142,00	*3670***	1.260,00		*2470*	1.260,00	*6952*	1.260,00
		Wert 31.12.***	882,00					
	2.142,00		2.142,00		S	6952		H
					3670	1.260,00	*8020*	1.260,00

* brutto, ** netto, *** Der Wert zum 31.12. (Saldo) setzt sich zusammen aus dem wahrscheinlichen Zahlungseingang (brutto) von 642,60 Euro (= 2.142,00 · 0,3) und der Umsatzsteuer auf die Einzelwertberichtigung von 239,40 Euro (= 1.260,00 · 0,19), da die Umsatzsteuer nicht gekürzt werden darf.

Im *neuen Jahr* wird das Konto 3670 durch Ausbuchung der Einzelwertberichtigung aus dem Konto „zweifelhafte Forderungen" wieder eröffnet. Es wird dann als sog. *ruhendes Konto* behandelt. Das heißt, es wird das ganze Jahr lang nicht berührt und erst bei Bildung einer neuen EWB zum nächsten Bilanzstichtag wieder angesprochen. Auch bei Eingang oder Abschreibung einer zweifelhaften Forderung bleibt die EWB unangetastet.

Eröffnung des Kontos 3670:

| 2470 | Zweifelhafte Forderungen aus Lieferungen und Leistungen | 1.260,00 an | 3670 | Einzelwertberichtigungen auf Forderungen | 1.260,00 |

Bisher wurde davon ausgegangen, dass das Konto 3670 vor Einstellung der Einzelwertberichtigung einen Bestand von Null Euro aufweist. Beinhaltet dieses Konto bereits einen Wert aus dem Vorjahr, so ist dieser an die neue erforderliche Einzelwertberichtigung anzupassen:

1. Fall: Heraufsetzung der EWB

Auf Grundlage des vorhergehenden Beispiels wird nun davon ausgegangen, dass zum 31.12. des Folgejahres zwei Forderungen als zweifelhaft betrachtet werden. Bei einer Forderung A (3.451,00 Euro) wird mit einem Ausfall von 40 % bei einer Forderung B (9.044,00 Euro) mit einem Ausfall von 80 % gerechnet.

Es ist nun zunächst die Höhe der neuen erforderlichen EWB zu ermitteln und diese dann zur Bestimmung der neuen EWB mit der des Vorjahres bzw. dem Stand des Kontos 3670 zu vergleichen. Dies geschieht (inkl. Buchung) wie folgt:

	A		B		Gesamt
Forderung brutto	3.451,00	100 %	9.044,00	100 %	12.495,00
− wahrscheinlicher Eingang	2.070,60	60 %	1.808,80	20 %	3.879,40
= wahrscheinlicher Ausfall brutto	1.380,40	40 %	7.235,20	80 %	8.615,60
− 19 % USt	220,40		1.155,20		1.375,60
= wahrscheinlicher Ausfall netto	1.160,00		6.080,00		7.240,00
− vorhandene EWB					1.260,00
= Erhöhung, Heraufsetzung					5.980,00

Buchungssatz:

| 6952 | Einzelwertbe-richtigungen | 5.980,00 | an | 3670 | Einzelwertberichtigungen auf Forderungen | 5.980,00 |

Der Abschluss der Konten 6952 und 3670 sowie die Eröffnung im neuen Jahr erfolgt analog zum vorhergehenden Beispiel.

Abschluss des Kontos 6952 am 31.12.:

| 8020 | Gewinn- und Verlustkonto | 5.980,00 | an | 6952 | Einzelwertberichtigungen | 5.980,00 |

Abschluss des Kontos 3670 am 31.12.:

| 3670 | Einzelwertberichtigungen auf Forderungen | 7.240,00 | an | 2470 | Zweifelhafte Forderungen aus Lieferungen und Leistungen | 7.240,00 |

Eröffnung des Kontos 3670 im neuen Jahr:

| 2470 | Zweifelhafte Forderungen aus Lieferungen und Leistungen | 7.240,00 | an | 3670 | Einzelwertberichtigungen auf Forderungen | 7.240,00 |

Kontendarstellung zum 31.12.:

S	6952		H	S	3670		H
3670	5.980,00	8020	5980,00	2470	7.240,00	2470	1.260,00
						6952	5.980,00
					7.240,00		7.240,00

2. Fall: Herabsetzung der EWB

Läge die nötige EWB bei 560,00 Euro und nicht bei 7.240,00 Euro, so wäre eine Herabsetzung des vorhandenen EWB-Bestandes auf Konto 3670 erforderlich.

	notwendige EWB	560,00
−	vorhandene EWB	1.260,00
=	Herabsetzung, Auflösung	700,00

Buchung der Herabsetzung:

| 3670 | Einzelwertberichtigungen auf Forderungen | 700,00 | an | 5450 | Erträge aus der Auflösung oder Herabsetzung von Wertberichtigungen auf Forderungen | 700,00 |

Die weiteren Buchungen werden wie folgt durchgeführt:

Kontenabschluss am 31.12.:

| 5450 | Erträge aus der Auflösung oder Herabsetzung von Wertberichtigungen auf Forderungen | 700,00 | an | 8020 | Gewinn- und Verlustkonto | 700,00 |

| 3670 | Einzelwertberichtigungen auf Forderungen | 560,00 | an | 2470 | Zweifelhafte Forderungen aus Lieferungen und Leistungen | 560,00 |

Eröffnung des Kontos 3670 im Folgejahr:

| 2470 | Zweifelhafte Forderungen aus Lieferungen und Leistungen | 560,00 | an | 3670 | Einzelwertberichtigungen auf Forderungen | 560,00 |

Kontendarstellung zum 31.12.:

S	3670			H	S	5450			H
5450	700,00	2470	1.260,00		8020	700,00	3670	700,00	
2470	560,00								
	1.260,00		1.260,00						

3. Fall: Keine Veränderung

Stimmt der Wert der erforderlichen und der vorhandenen EWB zum Bilanzstichtag überein, so ist keine Anpassung erforderlich. Es erfolgt lediglich der Abschluss des Kontos 3670 über das Konto 2470 und die entsprechende Eröffnung im neuen Jahr. Im bisherigen Beispiel wäre in einem solchen Fall wie folgt zu buchen:

Kontenabschluss am 31.12.:

3670	Einzelwertberichtigungen auf Forderungen	1.260,00	an	2470 Zweifelhafte Forderungen aus Lieferungen und Leistungen	1.260,00

Eröffnung des Kontos 3670 im Folgejahr:

2470	Zweifelhafte Forderungen aus Lieferungen und Leistungen	1.260,00	an	3670 Einzelwertberichtigungen auf Forderungen	1.260,00

Alternativ zur Behandlung des Kontos 3670 als ruhendes Konto besteht zur Erreichung größerer Genauigkeit die Möglichkeit, das Konto 3670 bei sicherem Zahlungsausfall (vollständig oder teilweise) oder Eingang einer zweifelhaften Forderung um den entsprechenden Wert (gebuchte EWB zu dieser Forderung) herabzusetzen.

▶ Beispiel:

Wurde im Vorjahr für eine zweifelhafte Forderung in Höhe von 3.000,00 Euro (netto) eine Einzelwertberichtigung von 1.000,00 Euro gebildet und fallen nun im aktuellen Geschäftsjahr 1.500,00 Euro (netto) dieser Forderung aus (Rest geht auf dem Bankkonto ein), so ist neben der Abschreibung (1.500,00 Euro), eine Umsatzsteuerkorrektur (285,00 Euro), der Zahlungseingang (1.785,00 Euro) und der Forderungsausbuchung (1.785,00 Euro) folgende Anpassungsbuchung vorzunehmen:

3670	Einzelwertberichtigungen auf Forderungen	1.000,00	an	5450 Erträge aus der Auflösung oder Herabsetzung von Wertberichtigungen auf Forderungen	1.000,00

Insgesamt wird das Jahresergebnis in diesem Fall um 500,00 Euro belastet. Der Abschreibung von 1.500,00 Euro stehen Erträge aus der Auflösung der im Vorjahr gebildeten EWB von 1.000,00 Euro gegenüber.

3.3.3 Abschreibung uneinbringlicher Forderungen

Weiß man von einer bestimmten Forderung, dass sie mit absoluter Sicherheit vollständig (oder teilweise) ausfällt, ist sie *sofort* beim Feststehen der Uneinbringlichkeit in Handelsbilanz auf Null (bzw. den Wert des noch zu erwartenden Zahlungseingangs) abzuschreiben (§ 253 IV HGB: außerplanmäßige Abschreibung aufgrund des strengen Niederstwertprinzips). In der Steuerbilanz besteht diesbezüglich ein *Wahlrecht* (vgl. hierzu Abbildung 107). Der entstehende außergewöhnliche Aufwand in Höhe der Minderung des Nettowerts der Forderung wird auf dem Konto *6951 – Abschreibungen auf Forderungen wegen Uneinbringlichkeit* gebucht.

Im Zusammenhang mit Forderungsausfällen spricht man häufig von einer sog. *Konkursdividende* bzw. *Insolvenzquote* von z. B. 75 %. Dies bedeutet, dass ein Ausfall von 25 % der Forderung vorliegt.

3. Bewertung des Umlaufvermögens

▷ Beispiel:

Ein Hersteller verkauft an einen Einzelhändler Fertigerzeugnisse im Wert von 2.000,00 Euro netto. Nach ca. 1 Monat bittet der Einzelhändler um einen Zahlungsaufschub, der ihm aus Kulanzgründen auch gewährt wird. 2 Monate und mehrere Mahnungen später erhält das Unternehmen vom zuständigen Amtsgericht ein Schreiben, in dem mitgeteilt wird, dass ein eröffnetes Insolvenzverfahren mangels Masse eingestellt wurde. Es fallen hier insgesamt folgende Buchungen an:

1. Verkauf auf Ziel:

2400	Forderungen aus Lieferungen und Leistungen	2.380,00	an	5000	Umsatzerlöse für eigene Erzeugnisse	2.000,00
				4800	Umsatzsteuer	380,00

2. Umbuchung (Zahlungsaufschub → Forderung wird zweifelhaft):

Erscheint eine **Forderung** als **zweifelhaft**, wird sie aus Gründen der Klarheit aus dem Konto 2400 ausgebucht und auf das Konto *2470 – Zweifelhafte Forderungen aus Lieferungen und Leistungen* (vgl. Abschnitt D 3.3.2) übertragen. Es handelt sich dabei um einen einfachen Aktivtausch.

2470	Zweifelhafte Forderungen aus Lieferungen und Leistungen	2.380,00	an	2400	Forderungen aus Lieferungen und Leistungen	2.380,00

3. Abschreibung wegen Uneinbringlichkeit:

Auf dem Bestandskonto 2470 werden die zweifelhaften Forderungen brutto ausgewiesen. Wenn der **Zahlungsausfall entgültig** feststeht, erfolgt neben der **Abschreibung des Nettowertes** (Konto 6951) auch eine **Kürzung der berechneten Umsatzsteuer** (§ 17 II Nr. 1 UStG).

6951	Abschreibungen auf Forderungen wegen Uneinbringlichkeit	2.000,00				
4800	Umsatzsteuer	380,00	an	2470	Zweifelhafte Forderungen aus Lieferungen und Leistungen	2.380,00

Kontendarstellung:

S	2400			H	S	5000			H
5000, 4800	2.380,00	*2470*	2.380,00				*2400*	2.000,00	

S	2470			H	S	4800			H
2400	2.380,00	*6951, 4800*	2.380,00		*2470*	380,00	*2400*	380,00	

S	6951		H
2470	2.000,00		

Wäre der **Forderungsausfall** für den Gläubiger **absolut überraschend**, so kommt es zu keiner vorhergehenden Umbuchung der Forderung auf das Konto 2470. Die Abschreibung erfolgt dann direkt vom Konto 2400.

▷ Beispiel:

Anstelle der obigen Buchungen 2 und 3 wäre in diesem Fall wie folgt zu buchen:

6951	Abschreibungen auf Forderungen wegen Uneinbringlichkeit	2.000,00				
4800	Umsatzsteuer	380,00	an	2400	Forderungen aus Lieferungen und Leistungen	2.380,00

Anders als in den bisherigen Beispielen muss eine Forderung nicht stets zu 100 % ausfallen. Es kann auch vorkommen, dass eine **Forderung** noch zu einem **bestimmten Teil eingeht** und nur der Rest als entgültig verloren zu betrachten ist.

▷ Beispiel:

Die Zwangsvollstreckung bei einem Kunden (Forderung 3.666,00 Euro; bereits auf das Konto 2470 umgebucht) erbringt 2.000,00 Euro. Der Restbetrag der Forderung kann abgeschrieben werden.

Forderung	3.666,00	
− Eingang	2.000,00	
= Restforderung	1.666,00	(119 %)
− 19 % USt	266,00	(19 %)
= Abschreibung	1.400,00	(100 %)

Buchung:

2800	Guthaben bei Kreditinstituten (Bank)	2.000,00				
6951	Abschreibungen auf Forderungen wegen Uneinbringlichkeit	1.400,00				
4800	Umsatzsteuer	266,00	an	2470	Zweifelhafte Forderungen aus Lieferungen und Leistungen	3.666,00

Kontendarstellung:

S	2800	H	S	2470		H
2470	2.000,00		2400	3.666,00	2800, 6951, 4800	3.666,00

S	6951	H
2470 1.400,00		

S	4800	H
2470 266,00	2400 585,33	

3.3.4 Zahlungseingänge aus abgeschriebenen Forderungen

Sollte es vorkommen, dass eine bereits abgeschriebene Forderung dennoch vollständig oder teilweise eingeht, ist der im GuV-Konto gebuchte Aufwand (6951) durch eine entsprechende Ertragsbuchung auf dem *Konto 5495 – Zahlungseingänge aus abgeschriebenen Forderungen* ganz oder zum Teil zu neutralisieren.

▶ Beispiel: Zahlungseingang einer voll abgeschriebenen Forderung

Nach vollkommener Abschreibung einer Forderung (1.904,00 Euro) gegenüber einem Kunden gehen unerwartet noch im *selben Geschäftsjahr* 1.428,00 Euro auf dem Bankkonto ein.

Buchung:

2800	Guthaben bei Kreditinstituten (Bank)	1.428,00	an	5495	Zahlungseingänge aus abgeschriebenen Forderungen	1.200,00
				4800	Umsatzsteuer	228,00

Kontendarstellung:

S	2800	H		S	5495	H
5495, 4800	1.428,00				2800 1.200,00	

S	4800	H
2470 190,00	2800 228,00	

▶ Beispiel: Zahlungseingang einer teilweise abgeschriebenen Forderung

Auf eine Forderung (ursprünglicher Nettowert: 2.000,00 Euro) wurde entsprechend der mitgeteilten Insolvenzquote (50 %) eine Abschreibung in Höhe von 1.000,00 Euro vorgenommen. Zum Ende *des selben Geschäftsjahres* wird die ausstehende (Rest-)Forderung durch den Kunden beglichen. Der Zahlungseingang beträgt abweichend von der Insolvenzquote jedoch nunmehr 1.547,00 Euro.

Buchung:

2800	Guthaben bei Kreditinstituten (Bank)	1.547,00	an	2470	Zweifelhafte Forderungen aus Lieferungen und Leistungen	1.190,00
				5495	Zahlungseingänge aus abgeschriebenen Forderungen	300,00
				4800	Umsatzsteuer	57,00

Kontendarstellung:

S	2800	H	S	2470		H
2470, 5495, 4800	1.547,00		2400	2.380,00	6951, 4800	1.190,00
					2800	1.190,00

S	5495	H
	2800	300,00

S	4800	H
	2800	57,00

Es ist wichtig zu beachten, dass bei der Buchung der **Umsatzsteuersatz** anzuwenden ist, der im **Jahr des Ursprungsumsatzes** vorherrschend war. Dies bedeutet konkret 14 % bis 31.12.1992, 15 % bis 31.03.1998, 16 % bis 31.12.2006 und 19 % seit 2007. Wurde die Forderung bereits in einem *früheren Geschäftsjahr* abgeschrieben, ist bei Zahlungseingang das Konto *5490 – Periodenfremde Erträge* zu verwenden.

Beispiel:

Eine Forderung in Höhe von 1.160,00 Euro, die im Jahr 2006 gebildet und im Jahr 2009 voll abgeschrieben wurde, geht im Jahr 2011 in voller Höhe ein.

Buchung bei Zahlungseingang:

2800	Guthaben bei Kreditinstituten (Bank)	1.160,00	an	5490	Periodenfremde Erträge	1.000,00
				4800	Umsatzsteuer (16 %)	160,00

Kontendarstellung:

S	2800	H	S	5490	H
5490, 4800	1.160,00			2800	1.000,00

S	4800	H
	2800	160,00

3.3.5 Bewertung einwandfreier Forderungen

Nach Einzelbewertung der Forderungen im Hinblick auf spezielles Kreditrisiko verbleiben auf dem Konto 2400 ausschließlich einwandfreie Forderungen, von denen erwartet wird, dass sie in voller Höhe eingehen. Erfahrungswerte zeigen jedoch, dass auch bei vermeintlich sicheren Forderungen mit einem Zahlungsausfall gerechnet werden muss. Dieses **allgemeine Kreditrisiko** wird in Form von **Pauschalwertberichtigungen auf sichere Forderungen** in der Buchhaltung berücksichtigt. Die Pauschalwertberichtigung ist nichts anderes als ein pauschaler Abschlag auf nicht einzeln erkennbar gefährdete Forderungen.

Einzelwertberichtigte zweifelhafte Forderungen und risikolose Forderungen (z. B. in Folge einer bestehenden Kreditversicherung) dürfen *keiner* Pauschalwertberichtigung unterzogen werden. Die Ermittlung der Pauschalwertberichtigung erfolgt vom **Nettowert** der einwandfreien Forderungen. Der dabei verwendete Wertberichtigungssatz wird als **Delkrederesatz** bezeichnet. Dieser beruht auf Erfahrungswerten für Ausfallwagnis, Zinswagnis, Mahnkostenwagnis und ggf. Kurswagnis. Eine **Korrektur der Umsatzsteuer** ist analog zu zweifelhaften Forderungen **nicht gestattet** (erst bei endgültigem Zahlungsausfall).

Auch bei der Pauschalwertberichtigung kann zwischen einer indirekten und einer direkten Verbuchung unterschieden bzw. gewählt werden. Im Folgenden wird nur die indirekte Methode behandelt. Die **indirekte Pauschalwertberichtigung** ist der indirekten Einzelwertberichtigung buchungstechnisch sehr ähnlich. Die Wertberichtigungen (*6953 – Pauschalwertberichtigungen*) werden auf dem passiven Bestandskonto *3680 – Pauschalwertberichtungen auf Forderungen* gesammelt. Da Kapitalgesellschaften der Ausweis dieses Wertberichtigungskontos in der Bilanz nicht gestattet ist, erfolgt zum Jahresende der Abschluss dieses Kontos über das Konto 2400 – Forderungen aus Lieferungen und Leistungen.

Beispiel:

Der Gesamtforderungsbestand zum 31.12. liege bei 131.632,00 Euro. Darin enthalten sind zweifelhafte Forderungen im Wert von 21.200,00 Euro. Der Delkrederesatz (Erfahrungswert) liegt bei 2 %.

Ermittlung des Wertes der Pauschalwertberichtigung:

Gesamtforderungsbestand (Bilanzstichtag)	131.632,00	
− zweifelhafte Forderungen (Bilanzstichtag)	21.200,00	
= einwandfreie Forderungen (Bilanzstichtag)	110.432,00	(119 %)
− 19 % USt	17.632,00	(19 %)
= einwandfreie Forderungen netto	92.800,00	(100 %)
→ erforderliche Pauschalwertberichtigung	*1.856,00*	(= 0,02 · 92.800,00)

Buchungen zum 31.12.:

1. Wertberichtigung:

6953	Pauschalwertberichtigungen	1.856,00	an	3680	Pauschalwertberichtigungen auf Forderungen	1.856,00

2. Abschluss des Aufwandskontos 6953:

8020	Gewinn- und Verlustkonto	1.856,00	an	6953	Pauschalwertberichtigungen	1.856,00

3. Abschluss des Wertberichtigungskontos 3680:

3680	Pauschalwertberichtigungen auf Forderungen	1.856,00	an	2400	Forderungen aus Lieferungen und Leistungen	1.856,00

Kontendarstellung am 31.12.:

S	2400			H
5000,	131.632,00	2470		21.200,00
4800		3680		1.856,00
		8010		108.576,00
	131.632,00			131.632,00

S	3680			H
2400	1.856,00	6953		1.856,00

S	6953			H
3680	1.856,00	8020		1.856,00

Im Folgejahr ist dann wieder eine Eröffnung des Kontos 3680 durch Ausbuchung des entsprechenden Wertes aus dem Konto 2400 vorzunehmen. Bis zur Anpassung am Jahresende bleibt das Wertberichtigungskonto dann unberührt.

Buchung:

| 2400 | Forderungen aus Lieferungen und Leistungen | 1.856,00 | an | 3680 | Pauschalwertberichtigungen auf Forderungen | 1.856,00 |

Bei der bisherigen Verbuchung wurde unterstellt, dass das Konto 3680 vor Einstellung der Pauschalwertberichtigung einen Wert von 0,00 Euro aufweist. Liegt bereits aus dem Vorjahr ein Bestand vor, so ist dieser an die aktuell erforderliche Wertberichtigung anzupassen:

1. Fall: Heraufsetzung der PWB

Zum 31.12. wurde anhand der bereits behandelten Schematik eine erforderliche PWB von 3.200,00 Euro ermittelt. Die PWB des Vorjahres betrug 2.500,00 Euro.

	erforderliche PWB	3.200,00
–	PWB des Vorjahres	2.500,00
=	Heraufsetzung	700,00

Buchung:

| 6953 | Pauschalwertberichtigungen | 700,00 | an | 3680 | Pauschalwertberichtigungen auf Forderungen | 700,00 |

Der Abschluss der Konten 6953 und 3680 sowie die Eröffnung im neuen Jahr erfolgt analog zum vorhergehenden Beispiel.

Abschluss des Kontos 6953:

| 3680 | Pauschalwertberichtigungen auf Forderungen | 3.200,00 | an | 2400 | Forderungen aus Lieferungen und Leistungen | 3.200,00 |

Abschluss des Kontos 3680:

| 8020 | Gewinn- und Verlustkonto | 700,00 | an | 6953 | Pauschalwertberichtigungen | 700,00 |

3. Bewertung des Umlaufvermögens

Eröffnung des Kontos 3680 im Folgejahr:

| 2400 | Forderungen aus Lieferungen und Leistungen | 3.200,00 | an | 3680 | Pauschalwertberichtigungen auf Forderungen | 3.200,00 |

Kontendarstellung am 31.12.:

S	6953		H	S	3680		H
3680	700,00	*8020*	700,00	*2400*	3.200,00	2400	2.500,00
						6953	700,00
					3.200,00		3.200,00

2. Fall: Herabsetzung der PWB

Die erforderliche PWB sei 2.000,00 Euro. Die PWB des Vorjahres betrug 2.500,00 Euro. Es ist daher folgende Herabsetzung erforderlich:

erforderliche PWB	2.000,00
– PWB des Vorjahres	2.500,00
= Herabsetzung	500,00

Buchung:

| 3680 | Pauschalwertberichtigungen auf Forderungen | 500,00 | an | 5450 | Erträge aus der Auflösung oder Herabsetzung von Wertberichtungen auf Forderungen | 500,00 |

Die weiteren Buchungen werden wie folgt durchgeführt:

Kontenabschluss zum 31.12.:

| 5450 | Erträge aus der Auflösung oder Herabsetzung von Wertberichtungen auf Forderungen | 500,00 | an | 8020 | Gewinn- und Verlustkonto | 500,00 |

| 3680 | Pauschalwertberichtigungen auf Forderungen | 2.000,00 | an | 2400 | Forderungen aus Lieferungen und Leistungen | 2.000,00 |

Eröffnung Konto 3680 im Folgejahr:

| 2400 | Forderungen aus Lieferungen und Leistungen | 2.000,00 | an | 3680 | Pauschalwertberichtigungen auf Forderungen | 2.000,00 |

Kontendarstellung am 31.12.:

S	3680		H	S	5450		H
5450	500,00	2400	2.500,00	*8020*	500,00	*3680*	500,00
2400	2.000,00						
	2.500,00		2.500,00				

3. Fall: Keine Veränderung

Sind die erforderliche und die bereits vorhandene PWB identisch, ist keine Anpassung erforderlich. Es erfolgt lediglich der Abschluss des Kontos 3680 über das Konto 2400 und die entsprechende Eröffnung im neuen Jahr.

Kontenabschluss am 31.12.:

| 3680 | Pauschalwertberichtigungen auf Forderungen | 2.500,00 | an | 2400 | Forderungen aus Lieferungen und Leistungen | 2.500,00 |

Eröffnung des Kontos 3680 im Folgejahr:

| 2400 | Forderungen aus Lieferungen und Leistungen | 2.500,00 | an | 3680 | Pauschalwertberichtigungen auf Forderungen | 2.500,00 |

3.3.6 Bewertungsbesonderheit Fremdwährungsforderungen

International tätige Unternehmen haben i. d. R. auch Forderungen, die auf Fremdwährungen lauten. Solche *Fremdwährungsforderungen* (Valutaforderungen) können aufgrund von Wechselkursschwankungen an Wert verlieren, aber auch gewinnen. Sie sind daher am Bilanzstichtag nicht nur hinsichtlich ihres Ausfallrisikos, sondern auch im Hinblick auf Kursgewinne und -verluste zu untersuchen.

Werden Fertigerzeugnisse oder Handelswaren ins Ausland verkauft (exportiert), so lauten die Ausgangsrechnungen nicht selten auf die verwendete Fremdwährung. In der Buchführung ist dieser Vorgang jedoch in Euro zu erfassen (§ 244 HGB) und somit umzurechnen. Die Umrechnung erfolgt bei Entstehen der Forderung am Tag der Lieferung gemäß § 256a HGB zum *Devisenkassamittelkurs*, d. h. zum Mittelwert aus Geldkurs (Verkaufskurs) und Briefkurs (Kaufkurs). Der so ermittelte Betrag stellt die **Anschaffungskosten** der Fremdwährungsforderung dar.

Am Bilanzstichtag erfolgt eine erneute Bewertung der Fremdwährungsforderung. Dabei ist es von Belang, ob die Restlaufzeit der Forderung mehr als ein Jahr beträgt. Ist dies der Fall (**langfristige Fremdwährungsforderungen**), so ist das Imparitätsprinzip zu beachten. Dementsprechend ist zu jedem Bilanzstichtag zu prüfen, ob der mit dem Devisenkassamittelkurs umgerechnete Forderungswert die Anschaffungskosten über- oder unterschreitet. Ist der aktuelle Forderungswert geringer als die Anschaffungskosten, so muss zur Wahrung des *strengen Niederstwertprinzips* eine außerplanmäßige Abschreibung vorgenommen werden. Liegt der aktuelle Wert der Forderung hingegen oberhalb der Anschaffungskosten, so muss der entsprechende Bewertungsgewinn gemäß Realisationsprinzip solange unbe-

3. Bewertung des Umlaufvermögens

rücksichtigt bleiben, bis der entsprechende Gegenwert der Forderung eingeht und der Kursgewinn somit realisiert wird.

Beträgt die Restlaufzeit der Fremdwährungsforderung hingegen ein Jahr oder weniger (**kurzfristige Fremdwährungsforderungen**), so ist gemäß § 256a S. 2 HGB die Bewertung zum Bilanzstichtag in jedem Fall zum Devisenkassamittelkurs vorzunehmen. Liegt der so umgerechnete Forderungswert oberhalb der Anschaffungskosten, führt dies zwar zu einer erfolgswirksamen Vereinnahmung unrealisierter Gewinne, jedoch wird dieser Verstoß gegen das Realisationsprinzip wegen der kurzen Restlaufzeit als legitim erachtet.

Steuerrechtlich bleibt jedoch auch bei kurzfristigen Fremdwährungsforderungen das Imparitätsprinzip gewahrt. Eine Unterscheidung der Bewertung der Fremdwährungsforderung nach der Restlaufzeit ist daher steuerrechtlich nicht erforderlich.

▶ Beispiel 1: Langfristige Fremdwährungsforderung

Einem Kunden in den USA werden am 20.12.2010 Fertigerzeugnisse im Wert von 50.000,00 US-Dollar geliefert. Der Devisenkassamittelkurs lag zum Zeitpunkt der Lieferung bei 0,90 Euro/US-Dollar. Die Anschaffungskosten der Fremdwährungsforderung betragen demzufolge 45.000,00 Euro (= 50.000,00 · 0,9). Das Zahlungsziel beträgt 13 Monate (> 1 Jahr), sodass es sich um eine langfristige Fremdwährungsforderung. Da Exporte umsatzsteuerbefreit sind, ist wie folg zu buchen:

Buchungssatz:

| 2400 | Forderungen aus Lieferungen und Leistungen | 45.000,00 | an | 5000 | Umsatzerlöse für eigene Erzeugnisse | 45.000,00 |

Kontendarstellung:

S	2400	H	S	5000	H
5000	45.000,00			*2400*	45.000,00

Da die Kurse für Währungen ständigen Schwankungen unterliegen, kann es nun vorkommen, dass der Wert der Forderung am Bilanzstichtag vom ursprünglich gebuchten Wert abweicht. Denkbar sind die nachfolgenden vier Fälle:

Fall 1: Der **Kurs** ist **dauerhaft** auf 0,85 Euro/USD **gefallen**.

Ein solches Szenario ist denkbar, wenn die US-Wirtschaft sich in einer schlechten Konjunkturlage befindet und nicht von einer baldigen Erholung ausgegangen werden kann. Bei einer solchen (voraussichtlich) dauerhaften Wertminderung ist eine außerplanmäßige Abschreibung im Umlaufvermögen in der Handelsbilanz Pflicht (Niederstwertprinzip). Steuerrechtlich besteht ein Wahlrecht, das unabhängig von der handelsrechtlichen Pflicht ausgeübt werden kann (vgl. Abschnitt D 3.1.2).

Bilanzwert	45.000,00	
− aktueller Tageswert/Teilwert	42.500,00	(= 50.000,00 · 0,85)
= außerplanmäßige Abschreibung	2.500,00	

Buchung:

| 6954 | Kursverluste aus Forderungen in Fremdwährung | 2.500,00 | an | 2400 | Forderungen aus Lieferungen und Leistungen | 2.500,00 |

Kontendarstellung:

S	6954	H		S	2400		H
2400	2.500,00			5000	45.000,00	*6954*	2.500,00

Fall 2: Der **Kurs** ist **vorübergehend** auf 0,70 Euro/USD **gefallen**.

Handelsrechtlich besteht auch bei nur vorübergehender Wertminderung (z. B. bei Kursschwankungen) eine Wertminderungspflicht (strenges Niederstwertprinzip).

Bilanzwert	45.000,00	
– aktueller Tageswert	35.000,00	(= 50.000,00 · 0,70)
= außerplanmäßige Abschreibung	10.000,00	

Buchung:

| 6954 | Kursverluste aus Forderungen in Fremdwährung | 10.000,00 | an | 2400 | Forderungen aus Lieferungen und Leistungen | 10.000,00 |

Kontendarstellung:

S	6954	H		S	2400		H
2400	10.000,00			5000	45.000,00	*6954*	10.000,00

Steuerrechtlich darf bei nur vorübergehender Wertminderung im Umlaufvermögen ein niedrigerer Teilwert nicht angesetzt werden (Verbot). Der Bilanzansatz in der Steuerbilanz bliebe 45.000,00 Euro.

Fall 3: Der **Kurs** ist **dauerhaft** auf 0,95 Euro/USD **angestiegen**.

Der Bilanzwert von 45.000,00 Euro ist weiterhin anzusetzen und nicht der aktuelle Tageswert/Teilwert von 47.5000,00 Euro (= 50.000,00 · 0,95), da die Anschaffungskosten die absolute Wertobergrenze darstellen. Kursgewinne über die Anschaffungskosten hinaus dürfen sowohl im Steuer- als auch im Handelsrecht erst berücksichtigt werden, wenn sie durch Begleichen der Forderung realisiert werden.

Fall 4: Der **Kurs** ist **vorübergehend** auf 0,95 Euro/USD **angestiegen**.

Auch in diesem Fall greift das Anschaffungswertprinzip. Eine Wertaufholung oder Zuschreibung dürfte also maximal bis zu den Anschaffungskosten erfolgen. Der Bilanzansatz bleibt damit unverändert bei 45.000,00 Euro. Ob es sich um eine vorübergehende oder dauerhafte Kurssteigerung handelt, bleibt also ohne Bedeutung. Erst bei Eingang des Gegenwertes der Forderung gilt ein evtl. Kursgewinn als realisiert.

3. Bewertung des Umlaufvermögens

▶ **Beispiel 2: Kurzfristige Fremdwährungsforderung**

Unterstellt seien die gleichen Rahmenbedingungen wie in Beispiel 1, d. h. Lieferung von Fertigerzeugnissen am 20.12.2010 im Wert von 50.000,00 USD an einen Kunden in den USA. Der Kurs bei Lieferung ist 0,90 Euro/USD. Es soll jetzt jedoch davon ausgegangen werden, dass das Zahlungsziel nur 3 Monate (< 1 Jahr) beträgt, d. h. dass es sich um eine kurzfristige Fremdwährungsforderung handelt.

Der Buchungssatz bei Einbuchung der Forderung bleibt unverändert. Die Kursrückgänge und -steigerungen sind wie folgt zu behandeln:

Fall 1: Der Kurs ist dauerhaft auf 0,85 Euro/USD gefallen.

Auch bei kurzfristigen Fremdwährungsforderungen besteht bei dauerhafter Wertminderung eine Pflicht zur außerplanmäßigen Abschreibung (hier: 2.500,00 Euro) in der Handelsbilanz und ein Wahlrecht in der Steuerbilanz. Die obigen Ausführungen zu Fall 1 aus Beispiel 1 gelten somit analog.

Fall 2: Der Kurs ist vorübergehend auf 0,70 Euro/USD gefallen.

Auch in diesem Fall ist analog zu den Ausführungen zu Fall 2 aus Beispiel 1 vorzugehen. Die Verbuchung beider Fälle eines Rückgangs des Eurowertes unterscheidet sich bei kurzfristigen Fremdwährungsforderungen also nicht von der bei langfristigen. Anders ist dies jedoch bei der handelsrechtlichen Behandlung von Euro-Kurssteigerungen, da diese bei kurzfristigen Fremdwährungsforderungen auch über die Anschaffungskosten hinaus ertragswirksam zu erfassen sind (vgl. nachfolgende Fälle 3 und 4).

Fall 3: Der Kurs ist dauerhaft auf 0,95 Euro/USD gestiegen.

Da bei kurzfristigen Fremdwährungsforderungen handelsrechtlich ohne Beachtung des Realisationsprinzips mit dem Devisenkassamittelkurs des Abschlussstichtages umzurechnen ist, ist im vorliegenden Fall ein Kursgewinn ertragswirksam zu vereinnahmen. Dieser Kursgewinn ermittelt sich wie folgt:

aktueller Tageswert	47.500,00	(= 50.000,00 · 0,95)
– Bilanzwert	45.000,00	
= Werterhöhung (Kursgewinn)	2.500,00	

Buchungssatz:

2400	Forderungen aus Lieferungen und Leistungen	2.500,00	an	5450	Erträge aus der Werterhöhung von Gegenständen des Umlaufvermögens außer Vorräte und Wertpapiere	2.500,00

Kontendarstellung:

S	2400	H	S	5450	H
5000 45.000,00				*2400* 2.500,00	
5450 2.500,00					

Steuerrechtlich ist hingegen der Bilanzwert von 45.000,00 Euro weiterhin anzusetzen, da die Anschaffungskosten die absolute Wertobergrenze darstellen. Das Anschaffungswertprinzip wird somit steuerrechtlich gewahrt.

Fall 4: Der Kurs ist **vorübergehend** auf 0,95 Euro/USD **angestiegen**.

Die handels- und steuerrechtliche Berücksichtigung der nur vorübergehenden Werterhöhung der kurzfristigen Fremdwährungsforderung ist wie in Fall 3 vorzunehmen (Handelsbilanz: Zuschreibungspflicht, Steuerbilanz: Verbot).

3.4 Bewertung von Wertpapieren des Umlaufvermögens

Bekanntlich unterliegen Aktien ständigen Kursschwankungen, sodass zum Bilanzstichtag eine Wertanpassung erforderlich werden kann. Hierbei ist wieder das Imparitätsprinzip (vgl. Abschnitt A 4.3.2.4) in Form der Kombination von *strengem Niederstwertprinzip* (vgl. Abschnitt D 3.1.2) und *Anschaffungwertprinzip* (vgl. Abschnitt D 3.1.1) zu beachten. Und es lässt sich die in Abbildung 117 zu sehende Systematisierung bezüglich der Folgebewertung von Wertpapieren des Umlaufvermögens bei *Kapitalgesellschaften* ableiten. Es sei dabei nochmals betont, dass das steuerrechtliche Abwertungswahlrecht bei dauerhafter Wertminderung unabhängig von dem handelsrechtlichen Gebot ausgeübt werden kann (vgl. BMF-Schreiben vom 12.03.2010). Das Maßgeblichkeitsprinzip (§ 5 I EStG) greift also nicht. Somit ist in der Steuerbilanz auch ein Verzicht auf die außerplanmäßige Abschreibung bei dauerhafter Wertminderung der Wertpapiere des Umlaufvermögens denkbar.

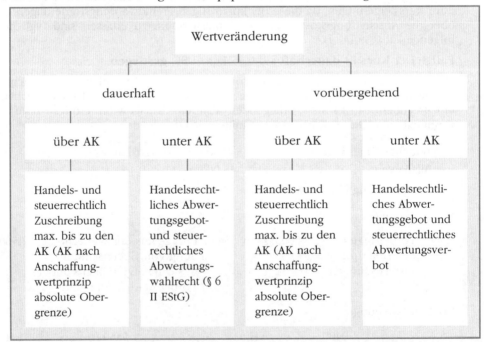

Abbildung 117: Bewertung von Wertpapieren des UV (Kapitalgesellschaften)

Für *Kreditinstitute* ist die vorstehende Übersicht in Folge steuerlicher Sonderregelungen nicht uneingeschränkt zutreffend. Gemäß § 6 I Nr. 2b EStG haben Kreditinstitute Wertpapiere, die zu Handelszwecken erworben wurden und keine Bewertungseinheiten darstellen, mit dem beizulegenden Zeitwert abzüglich eines Risikoabschlages in der Steuerbilanz zu bewerten.

Personengesellschaften, Einzelunternehmen und Kapitalgesellschaften haben bei Wegfall des Grundes für die außerplanmäßige Abschreibung im Handelsrecht ein Zuschreibungsgebot (vgl. Abschnitt D 2.2.1.3 bzw. D 3.2.5). Nach deutschem Handelsbilanzrecht darf sowohl bei dauerhafter als auch bei vorübergehender Werterhöhung die *Zuschreibung jedoch nicht über die Anschaffungskosten hinaus* erfolgen (*Anschaffungswertprinzip*). Eine Zuschreibung stellt im Gegensatz zu einer Abschreibung einen Ertrag dar. Ein Ertrag darf aber erst dann geltend gemacht werden, wenn er tatsächlich durch Umsatz realisiert worden ist (Gläubigerschutz). Das heißt, dass sich ein *Ertrag*, der sich durch eine Kurssteigerung über die AK hinaus ergibt, *erst bei Verkauf* der Aktien in der Gewinn- und Verlustrechnung niederschlagen darf.

Die Anschaffungskosten sind dabei je nach Vorliegen einer Streifbandverwahrung oder eines Girosammeldepots (vgl. Abschnitt D 2.2.4) anders zu bestimmen. Im nachfolgenden Beispiel wird angenommen, dass das Unternehmen die Wertpapiere bei einem Kreditinstitut in Einzelverwahrung gegeben hat und somit die Papiere und damit auch die Anschaffungskosten eindeutig zu identifizieren sind.

▶ Beispiel:

Ein Unternehmen erteilt im Jahr 2009 seiner Bank den Kaufauftrag über 100 Aktien der XY-AG zur kurzfristigen Geldanlage. Stückkurs: 250,00 Euro; Spesen: 1 % vom Kurswert. Es sind nun folgende Vorgänge in der Handelsbilanz zu buchen:

1. Buchung des Kaufs

Nach den Inhalten des Abschnitts C 10.2 ergibt sich folgende Kaufabrechnung:

Kurswert	25.000,00
+ Spesen	250,00
= Banklastschrift (Anschaffungkosten)	25.250,00

Buchung:

2720	Aktien	25.250,00	an	2800	Guthaben bei Kreditinstituten (Bank)	25.250,00

Kontendarstellung:

S	2720	H	S	2800	H
2800	25.250,00			*2720*	25.250,00

2. Dauerhafte Wertminderung

Zum Bilanzstichtag (31.12.2009) ist der Wert des Aktienpaketes voraussichtlich dauerhaft auf 80 % der Anschaffungskosten gefallen. Da eine dauerhafte Wertminderung vorliegt, ist eine Abschreibung auf den niedrigeren Tageswert handelsrechtlich Pflicht. Dies würde im Handelsrecht allerdings auch bei einer vorübergehenden Wertminderung gelten.

Buchwert	25.250,00	
– Tageswert	20.200,00	(= 80 % von 25.250,00)
= außerplanmäßige Abschreibung	5.050,00	

Buchung:

| 7420 | Abschreibungen auf Wertpapiere des Umlaufvermögens | 5.050,00 | an | 2720 | Aktien | 5.050,00 |

Kontendarstellung:

S	7420	H		S	2720		H
2720	5.050,00			2800	25.250,00	*7420*	5.050,00

3. Zuschreibung

Am Bilanzstichtag des Folgejahres (31.12.2010) ist der Tageswert dauerhaft auf 130 % der ursprünglichen Anschaffungskosten angestiegen.

	Buchwert	20.200,00	
−	Tageswert	32.825,00	(= 130 % von 25.250,00)
=	rechnerisch mögliche Zuschreibung	12.625,00	

Rein rechnerisch ergäbe sich ein Zuschreibungspotenzial von 12.625,00 Euro. Da aber die *Anschaffungskosten* die *absolute Wertobergrenze* darstellen, ist eine Zuschreibung bzw. Wertaufholung nur bis zu eben diesen zulässig.

	Anschaffungskosten	25.250,00
−	Buchwert	20.200,00
=	Zuschreibung	5.050,00

Der Betrag der Zuschreibung ist insofern auf die Höhe zuvor vorgenommener Abschreibungen beschränkt.

Buchung:

| 2720 | Aktien | 5.050,00 | an | 5783 | Erträge aus der Zuschreibung von Wertpapieren des Umlaufvermögens | 5.050,00 |

Kontendarstellung:

S	2720		H	S	5783		H
8000	20.200,00					*2720*	5.050,00
5783	5.050,00						

Läge der Tageswert zum 31.12.2010 beispielsweise dauerhaft bei 90 % der ursprünglichen Anschaffungskosten, würde eine Zuschreibung auf diesen Wert (Zuschreibung = Tageswert − Buchwert) und nicht auf die ursprünglichen Anschaffungskosten erfolgen.

4 Rechnungsabgrenzungsposten

4.1 Allgemeines

Im Laufe eines Geschäftsjahres können Zahlungen anfallen, die ganz oder teilweise als Aufwand oder Ertrag dem folgenden oder dem vorangegangenen Geschäftsjahr zuzurechnen sind. Ein typisches Beispiel hierfür ist die Vorauszahlung von Mieten. Wird etwa die Miete für den Monat Januar bereits im Dezember bezahlt, so findet der Geldabgang zwar im alten Jahr statt, die mit der Auszahlung entgoltene Leistung (z. B. die Überlassung der Räume zur Nutzung) erfolgt jedoch erst im nächsten Geschäftsjahr. Damit darf der Mietaufwand erst in der GuV-Rechnung des nächsten Geschäftsjahres erfasst werden.

Nach § 250 HGB dürfen Aufwendungen und Erträge nur in dem Geschäftsjahr angesetzt werden, in dem sie wirtschaftlich entstanden sind. Auf den Zeitpunkt der Zahlung kommt es dabei nicht an (§ 252 I Nr. 5 HGB). Die korrekte Aufwands- und Ertragszuweisung erfolgt durch die sog. **Rechnungsabgrenzung**. Die dazu verwendeten Rechnungsabgrenzungsposten lassen sich folgendermaßen gliedern:

	antizipative Posten (Erfolg vor Zahlung)		*transitorische Posten* (Zahlung vor Erfolg)	
Aktiv-posten	**sonstige Forderungen** (noch zu erhaltende betriebliche Einzahlungen)		**aktive Rechnungs-abgrenzung** (im Voraus geleistete betriebliche Auszahlungen)	
	Ertrag im alten Jahr	Einzahlung im neuen Jahr	Auszahlung im alten Jahr	Aufwand im neuen Jahr
Passiv-posten	**sonstige Verbindlichkeiten** (noch zu leistende betriebliche Auszahlungen)		**passive Rechnungs-abgrenzung** (im Voraus erhaltene betriebliche Einzahlungen)	
	Aufwand im alten Jahr	Auszahlung im neuen Jahr	Einzahlung im alten Jahr	Ertrag im neuen Jahr

Abbildung 118: Rechnungsabgrenzungsposten

4.2 Arten der Rechnungsabgrenzung

4.2.1 Transitorische Rechnungsabgrenzung

4.2.1.1 Aktive Rechnungsabgrenzung

Ein ganz oder teilweise im Folgejahr erfolgswirksamer Geschäftsvorfall (Aufwand oder Ertrag), der schon im ablaufenden Geschäftsjahr zahlungswirksam wurde, wird durch aktive oder passive Rechnungsabgrenzung periodengerecht abgegrenzt. Ein solcher Vorgang wird auch als sog. *transitorische* Rechnungsabgrenzung bezeichnet, da dadurch Aufwendungen oder Erträge in die GuV-Rechnung des folgenden Geschäftsjahres *übertragen* werden (§ 250 I, II HGB, § 5 V EStG).

Kommt es zu einer *Auszahlung im alten Jahr*, die *Aufwand im neuen Jahr* darstellt, wird eine *aktive Rechnungsabgrenzung* (§ 250 I HGB) vorgenommen. Dabei erfasst das Konto *2900 – Aktive Rechnungsabgrenzung* zum Jahresabschluss alle Auszahlungen des alten Jahres, die Aufwendungen des (der) nächsten Jahre(s) sind.

Beispiel 1:

Im November zahlt das Unternehmen die Miete für eine Lagerhalle in Höhe von 6.000,00 Euro für Dezember bis Februar *im Voraus* per Banküberweisung.

Betragsaufteilung (Aufwand)	
altes Jahr (1 Monat)	neues Jahr (2 Monate)
2.000,00	4.000,00

Buchungen:

1. Buchung der Zahlung im November:

| 6700 | Mieten, Pachten, Erbbauzinsen | 6.000,00 | an | 2800 | Guthaben bei Kreditinstituten (Bank) | 6.000,00 |

2. Rechnungsabgrenzung (Aktivierung) zum Bilanzstichtag:

| 2900 | Aktive Rechnungsabgrenzung | 4.000,00 | an | 6700 | Mieten, Pachten, Erbbauzinsen | 4.000,00 |

Kontendarstellung:

S	6700		H	S	2800	H
2800	6.000,00	*2900*	4.000,00		*6700*	6.000,00

S	2900	H
6700	4.000,00	

Der Aufwand, der in der GuV des alten Geschäftsjahres nicht auftauchen darf (4.000,00 Euro), wird zum Bilanzstichtag aus dem entsprechenden Aufwandskonto ausgebucht (vorbereitende Abschlussbuchung). Er stellt einen *Leistungsanspruch* (auf Raumüberlassung) dar und erscheint aufgrund dieses Forderungscharakters auf der Sollseite des aktiven Bestandskontos 2900. Der so gebildete Aktivposten dient dazu, den Aufwand der aktuellen Periode zu neutralisieren. Buchungstechnisch geschieht dies durch die Ausbuchung des Aufwands aus dem Konto 6700. Somit verbleiben in der GuV des alten Geschäftsjahres aus diesem Geschäftsvorfall genau 2.000,00 Euro Mietaufwand. Der Rest wird ins folgende Geschäftsjahr überführt.

Der Abschluss der beteiligten Konten zum 31.12. erfolgt ensprechend ihrer Kontennatur (Bestandskonten über das Schlussbilanzkonto, Erfolgskonten über das Gewinn- und Verlustkonto). Im Folgejahr wird der Rechnungsabgrenzungsposten aufgelöst und dadurch der Aufwand in der GuV des Geschäftsjahres geltend gemacht, in das er wirtschaftlich gehört.

3. Buchung der Auflösung des aktiven Rechnungsabgrenzungspostens im Folgejahr:

6700	Mieten, Pachten, Erbbauzinsen	4.000,00	an	2900	Aktive Rechnungsabgrenzung	4.000,00

Kontendarstellung:

S	6700	H	S	2900	H
2900	*4.000,00*		8000	4.000,00	*6700* *4.000,00*

▶ Beispiel 2:

Ein Mobilfunkunternehmen kauft im Dezember 2010 ein Handy für 300,00 Euro (netto) auf Ziel ein. Das Zahlungsziel beträgt 60 Tage. Die Bezahlung erfolgt im Januar 2011. Noch im Dezember wird dieses Handy an einen Kunden, der einen Mobilfunkvertrag über 24 Monate abgeschlossen hat, für 1,00 Euro (brutto) weitergegeben (Zahlung per EC-Karte).

Buchungen 2010:

1. Buchung des Zieleinkaufs des Handys im Dezember:

2280	Wareneinkaufskonto	300,00				
2600	Vorsteuer	57,00	an	4400	Verbindlichkeiten aus Lieferungen und Leistungen	357,00

2. Buchungen bei Weiterverkauf des Handys im Dezember:

2800	Guthaben bei Kreditinstituten (Bank)	1,00	an	5100	Warenverkaufskonto	0,84
				4800	Umsatzsteuer	0,16
6080	Wareneinsatzkonto	300,00	an	2280	Wareneinkaufskonto	300,00

Im Ergebnis dieser Buchungen würde sich für das Unternehmen aus der gesamten Transaktion für das Jahr 2010 ein Nettoaufwand von 299,16 Euro (= 300,00 – 0,84 ergeben. Da sich jedoch der Vertrag mit dem Kunden über 24 Monate erstreckt, ist dieser Nettoaufwand abzugrenzen und über die Vertragslaufzeit zu verteilen.

Betragsaufteilung (Aufwand)		
2010 (1 Monat)	2011 (12 Monate)	2012 (11 Monate)
12,47 Euro	149,58 Euro	137,12 Euro
(= 299,16 · 1/24)	(= 299,16 · 12/24)	(= 299,16 · 11/24)

Der Nettoaufwand für die Jahre 2011 und 2012 in Höhe von insgesamt 286,69 Euro ist zum 31.12.2010 aktivisch abzugrenzen.

3. Buchung der Rechnungsabgrenzung zum 31.12.2010:

| 2900 | Aktive Rechnungsabgrenzung | 286,69 | an | 6080 | Wareneinsatzkonto | 286,69 |

In den Jahren 2011 und 2012 ist der aktive Rechnungsabgrenzungsposten gemäß obiger Betragsaufteilung aufwandswirksam aufzulösen.

Buchungen 2011:

1. Bezahlung des Handys im Januar:

| 4400 | Verbindlichkeiten aus Lieferungen und Leistungen | 357,00 | an | 2800 | Guthaben bei Kreditinstituten (Bank) | 357,00 |

2. Anteilige Auflösung des aktiven Rechnungsabgrenzungspostens:

| 6080 | Wareneinsatzkonto | 149,58 | an | 2900 | Aktive Rechnungsabgrenzung | 149,58 |

Buchung 2012:

Anteilige Auflösung des aktiven Rechnungsabgrenzungspostens:

| 6080 | Wareneinsatzkonto | 137,12 | an | 2900 | Aktive Rechnungsabgrenzung | 137,12 |

4.2.1.2 Disagio als aktiver Rechnungsabgrenzungsposten

Zu den Rechnungsabgrenzungsposten zählt insbesondere auch das in Abschnitt C 11.4.4 behandelte **Disagio** oder Damnum (Unterschiedsbetrag zwischen Rückzahlung und Auszahlung einer aufgenommenen Verbindlichkeit). § 250 III HGB enthält nämlich das *Wahlrecht*, das Disagio sofort als Zinsaufwand zu buchen oder als aktiven Rechnungsabgrenzungsposten zu aktivieren und durch Abschreibung dieses Aktivpostens anteilig auf die gesamte Laufzeit der Verbindlichkeit zu verteilen. Im Steuerrecht ist diese Aktivierung und periodische Zurechnung *Pflicht* (§ 5 V EStG, H 6.10 EStH: Stichwort Damnum). Die Verteilung kann linear (bei endfälligen Darlehen) oder auch arithmetisch-degressiv (bei Ratentilgungskrediten, die aufgrund der laufenden Tilgung mit sinkenden Zinsen verbunden sind) erfolgen. Bei der Periodisierung wird dabei so vorgegangen wie bei den gleichnamigen Abschreibungsmethoden.

4. Rechnungsabgrenzungsposten

▶ Beispiel:

Bei der Verbuchung eines endfälligen Darlehens von 100.000,00 Euro im Januar mit einer Laufzeit von 10 Jahren wurde ein Disagio von 10.000,00 Euro aktiviert. Der dazugehörige Buchungssatz lautete:

2800	Guthaben bei Kreditinstituten (Bank)	90.000,00			
2901	Disagio	10.000,00	an	4250 Langfristige Bankverbindlichkeiten	100.000,00

Am Ende des ersten Jahres ist die erste Verteilungsbuchung zum Disagio vorzunehmen. Sie lautet folgendermaßen:

7540	Abschreibungen auf Disagio	1.000,00	an	2901 Disagio	1.000,00

Kontendarstellung:

S	7540	H	S	2901		H
2901	1.000,00		*4250*	10.000,00	*7540*	1.000,00

Anhand der Kontonummer 7540 (Unterkonto von Konto 7500 – Zinsen und ähnliche Aufwendungen) wird der Charakter der Abschreibung des Disagios deutlich. Beim Disagio handelt es sich um einen vorweg gezahlten Zins. Der aus der Auflösung des Disagios resultierende Aufwand ist daher als Zinsaufwand zu erfassen.

4.2.1.3 Passive Rechnungsabgrenzung

Kommt es zu einer *Einzahlung im alten Jahr*, die *Ertrag im neuen Jahr* darstellt, wird eine *passive Rechnungsabgrenzung* (§ 250 II HGB) vorgenommen. Dabei erfasst das Konto *4900 – Passive Rechnungsabgrenzung* zum Bilanzstichtag alle Einzahlungen des alten Jahres, die erst Erträge des (der) nachfolgenden Jahre(s) sind.

▶ Beispiel:

Ein Mieter überweist dem Unternehmen die Miete für Januar bereits im Dezember (also *im Voraus*). Noch im alten Geschäftsjahr gehen 650,00 Euro auf dem Firmenbankkonto ein.

Betragsaufteilung (Ertrag)	
altes Jahr (0 Monate)	neues Jahr (1 Monat)
0,00	650,00

Buchungen:

1. Zahlungseingang:

2800	Guthaben bei Kreditinstituten (Bank)	650,00	an	5400 Nebenerlöse (z. B. aus Vermietung und Verpachtung)	650,00

2. Rechnungsabgrenzung (Passivierung) zum Bilanzstichtag:

| 5400 | Nebenerlöse (z. B. aus Vermietung und Verpachtung) | 650,00 | an | 4900 | Passive Rechnungsabgrenzung | 650,00 |

Der bereits auf dem Konto 5400 gebuchte Mietertrag darf als periodenfremder Ertrag nicht in die Erfolgsrechnung des abgelaufenen Geschäftsjahres einbezogen werden. Er wird daher aus dem Ertragskonto aus- und auf dem passiven Bestandskonto 4900 gegengebucht. Somit ist der Ertrag aus dem abgelaufenen Geschäftsjahr ausgegliedert und kann in das folgende Geschäftsjahr überführt werden. Es muss sich bei dem Konto der passiven Rechnungsabgrenzung um ein Passivkonto handeln, da der Ertrag genau genommen eine *Leistungsschuld* (Verpflichtung zur Raumüberlassung an den Mieter), also eine Verbindlichkeit darstellt.

Kontendarstellung:

S	2800	H		S	5400	H
5400	650,00			*4900*	650,00	*2800*	650,00

				S	4900	H
					5400	650,00

Der Abschluss der beteiligten Konten zum 31.12. erfolgt gemäß ihrer Kontennatur (Erfolgskonten über das Gewinn- und Verlustkonto, Bestandskonten über das Schlussbilanzkonto). Zum 01.01. des neuen Geschäftsjahres wird der Ertrag durch die Auflösung des Rechnungsabgrenzungspostens periodengerecht zugeordnet.

3. Buchung im neuen Jahr:

| 4900 | Passive Rechnungsabgrenzung | 650,00 | an | 5400 | Nebenerlöse (z. B. aus Vermietung und Verpachtung) | 650,00 |

Kontendarstellung:

S	4900	H		S	5400	H
5400	650,00	8000	650,00		*4900*	650,00

4.2.2 Antizipative Rechnungsabgrenzung

4.2.2.1 Sonstige Verbindlichkeiten

Nachträgliche Zahlungen im neuen Geschäftsjahr, die wirtschaftlich gesehen und damit aufwandswirksam dem alten Geschäftsjahr zuzurechnen sind (*Aufwand im alten Jahr, Auszahlung im neuen Jahr*), werden als sonstige Verbindlichkeiten (Konto *4890 – Übrige sonstige Verbindlichkeiten*) im alten Geschäftsjahr passiviert. Auf diese Art und Weise fließt der Aufwand in die GuV des abgelaufenen Geschäftsjahres ein (*antizipative = vorweggenommene* Rechnungsabgrenzung). Erfolgt im neuen Geschäftsjahr die entsprechende Zahlung, so wird diese zu Lasten des antizipativen Rechnungsabgrenzungspostens verbucht. Die Zahlung hat daher im neuen Geschäftsjahr keine Erfolgswirkung.

▷ Beispiel:

Die Zinsen für ein langfristiges Darlehen von Oktober bis Februar (350,00 Euro) werden erst im März (d. h. *nachträglich*) per Postbanküberweisung beglichen.

Betragsaufteilung (Aufwand)	
altes Jahr (3 Monate)	neues Jahr (2 Monate)
210,00 Euro	140,00 Euro

Buchungen:

1. Passivierung des Aufwandes zum 31.12.:

7510 Zinsaufwendungen 210,00 an 4890 Übrige sonstige 210,00
Verbindlichkeiten

Es liegt zwar im alten Geschäftsjahr noch kein Zahlungsbeleg vor, doch zur periodengerechten Erfassung des Aufwandes ist die Buchung des Aufwandes im Sinne einer antizipatorischen Rechnungsabgrenzung vorzunehmen, da der Aufwand wirtschaftlich ins alte Geschäftsjahr gehört.

Kontendarstellung:

S	7510	H	S	4890	H
4890 210,00				*7510* 210,00	

2. Auflösung des antizipativen Passivpostens im neuen Geschäftsjahr:

4890 Übrige sonstige 210,00
Verbindlichkeiten
7510 Zinsaufwendungen 140,00 an 2850 Postgiroguthaben 350,00

Kontendarstellung:

S	4890	H	S	2850	H
2850 210,00	*8000* 210,00			*4890, 7510* 350,00	

S	7510	H
2850 140,00		

Im Zeitpunkt der Zahlung wird nicht der volle Betrag der Banküberweisung (350,00 Euro), sondern nur der Teil (140,00 Euro) aufwandswirksam wird, der wirtschaftlich gesehen als Zinsaufwand im neuen Geschäftsjahr entstanden ist.

4.2.2.2 Sonstige Forderungen

Erfolgen Zahlungseingänge für Erträge des abgelaufenen Geschäftsjahres erst im Folgejahr (*Ertrag im alten Jahr, Einzahlung im neuen Jahr*), so muss aus Gründen der periodengerechten Erfolgsermittlung der Ertrag bereits im alten Jahr gebucht werden. Da zum Bilanzstichtag eine Geldforderung (ein Zahlungsanspruch) besteht, erfolgt die Gegenbuchung als *sonstige Forderung* auf dem aktiven Bestandskonto *2690 – Übrige sonstige Forderungen*. Dies stellt sicher, dass bei Zahlungseingang im neuen Geschäftsjahr lediglich eine erfolgsneutrale Ausbuchung der Forderung stattfindet.

▷ Beispiel:

Ein Kunde bezahlt die Zinsen in Höhe von 200,00 Euro für den von ihm in Anspruch genommenen Kredit (November- und Dezemberzins) erst im Februar des Folgejahres (d. h. *im Nachhinein*).

Betragsaufteilung (Ertrag)	
altes Jahr (2 Monate)	neues Jahr (0 Monate)
200,00	0,00

Buchungen:

1. Aktivierung des Ertrages zum 31.12.:

| 2690 | Übrige sonstige Forderungen | 200,00 | an | 5710 | Zinserträge | 200,00 |

Kontendarstellung:

S	2690	H	S	5710	H
5710	200,00			*2690*	200,00

2. Auflösung des antizipativen Aktivpostens im neuen Geschäftsjahr:

| 2800 | Guthaben bei Kreditinstituten (Bank) | 200,00 | an | 2690 | Übrige sonstige Forderungen | 200,00 |

Kontendarstellung:

S	2800	H	S	2690	H
2690	200,00		8000 200,00	*2800*	200,00

4.2.3 Umsatzsteuerpflichtige Abgrenzungsfälle

Abgrenzungsfälle (z. B. bei Leasingraten) können auch im umsatzsteuerpflichtigen Bereich erforderlich werden. Da die Umsatzsteuer erfolgsneutral ist, muss sie als solche nicht gesondert abgegrenzt werden. Es ist lediglich zu entscheiden, wann die Buchung der Steuer zu erfolgen hat.

Die **Vorsteuer** (Konto 2600) kann nach § 15 I Nr. 1 UStG nur verbucht werden, wenn *die Rechnung vorliegt und die Lieferung oder Leistung erbracht wurde* oder *die Rechnung vorliegt und die Zahlung geleistet worden ist*.

▷ Beispiel:

Die Leasinggebühren für ein im Monat Dezember geleastes Fahrzeug in Höhe von 600,00 Euro (netto) werden erst im Januar bezahlt. Die Zuordnung des Leasingobjektes erfolgt beim Leasinggeber.

4. Rechnungsabgrenzungsposten

Fall 1: Die *Rechnung liegt* zum 31.12. *vor*.

Buchung zum 31.12.:

6710	Leasing	600,00				
2600	Vorsteuer	114,00	an	4890	Übrige sonstige Verbindlichkeiten	714,00

Buchung bei Zahlung im neuen Jahr:

4890	Übrige sonstige Verbindlichkeiten	714,00	an	2800	Guthaben bei Kreditinstituten (Bank)	714,00

Fall 2: Eine *Rechnung liegt* zum 31.12. *nicht vor*.

Buchung zum 31.12.:

6710	Leasing	600,00	an	4890	Übrige sonstige Verbindlichkeiten	600,00

Buchung bei Zahlung im neuen Jahr:

4890	Übrige sonstige Verbindlichkeiten	600,00				
2600	Vorsteuer	114,00	an	2800	Guthaben bei Kreditinstituten (Bank)	714,00

Die Leistung ist zum Bilanzstichtag zwar erbracht, doch darf ohne Beleg keine Buchung der Vorsteuer vorgenommen werden. Erst bei Zahlung ist die Vorsteuer auf dem Konto 2600 zu erfassen.

Umsatzsteuer (Konto 4800) wird mit Ablauf des Voranmeldungszeitraums fällig, in dem die *Lieferung* oder *Leistung erbracht* worden ist. Wird ein *Entgelt vor Lieferung oder Leistung* vereinnahmt, so entsteht die Umsatzsteuerschuld nach § 13 I Nr. 1 UStG *mit dem Zahlungseingang*. Dies gilt insbesondere für Anzahlungen. Das Vorliegen einer Rechnung ist nach diesen Vorschriften also nicht von Belang.

5 Rechsformabhängige Eigenkapitalbilanzierung und Erfolgsbuchung

5.1 Einzelunternehmen und Personengesellschaften

5.1.1 Allgemeines

Eigenkapital kann prinzipiell auf zweierlei Arten gebildet werden. Zum einen können Gesellschafter oder andere Personen und Institutionen (z. B. sog. Venture Capital Gesellschaften), die sich an der Unternehmung beteiligen wollen, Kapital in Form von Einlagen (Geld- oder Sacheinlagen) einbringen. Zum anderen kann sich das Eigenkapital auch durch das Nichtausschütten bzw. Einbehalten des Unternehmensgewinns (Gewinnthesaurierung) erhöhen. Je nach Rechtsform sind Unterschiede in Eigenkapitalgliederung und Erfolgsverbuchung zu beachten.

Für Einzelunternehmen und Personenhandelsgesellschaften (OHG, KG) schreibt der § 247 I HGB lediglich vor, dass das Eigenkapital gesondert auszuweisen ist, und eine hinreichende Aufgliederung vorgenommen werden soll. Spezielle Regelungen bestehen nicht. Was die Verteilung des Jahresergebnisses anbelangt, so existieren zwar gesetzliche Regelungen, doch stellen diese kein zwingendes Recht dar. Dies bedeutet, dass im Gesellschaftsvertrag beliebig davon abgewichen werden kann.

5.1.2 Einzelunternehmen

Typisch für Einzelunternehmen ist, dass der Unternehmer für alle Verbindlichkeiten seiner Unternehmung allein und unbeschränkt (mit Gesellschafts- und Privatvermögen) haftet. Gerade daher steht ihm auch der erwirtschaftete Gewinn in voller Höhe zu. Aufgrund der engen Verflechtung von Privats- und Unternehmenssphäre kommt es i. d. R. zu Transaktionen zwischen dem Privat- und Betriebsvermögen. Auf dem Eigenkapitalkonto des Unternehmers werden daher nicht nur die Erfolge sondern auch private Entnahmen und Einlagen verbucht. Aus Gründen der Übersichtlichkeit werden diese Entnahmen und Einlagen, wie bereits behandelt, auf dem sog. *Privatkonto* (vgl. Abschnitt C 13) gebucht, welches am Ende des Geschäftsjahres über das Konto „Eigenkapital" abgeschlossen wird. Die Erfolgsverbuchung und damit die Ermittlung des Eigenkapitalschlussbestandes bei Einzelunternehmen soll nun direkt anhand eines einfachen Beispiels dargestellt werden.

▷ Beispiel:

Ein Einzelunternehmen wies zu Geschäftsjahresbeginn ein Eigenkapital in Höhe von 500.000,00 Euro auf. Der Gewinn des laufenden Geschäftsjahres beläuft sich auf 50.000,00 Euro (Erträge 200.000,00; Aufwendungen 150.000,00). Im Laufe des Geschäftsjahres kam es zu Privatentnahmen in Höhe von 30.000,00 Euro und Privateinlagen von 5.000,00 Euro. Es ist der Bestand des Eigenkapitals am Jahresende zu ermitteln und alle dazu nötigen Buchungen sind durchzuführen.

Buchungen:

1. Abschluss des Privatkontos (Eigenkapitalminderung, da Entnahmen > Einlagen):

3000	Eigenkapital (Gesellschafter A)	25.000,00	an	3001	Privatkonto (Gesellschafter A)	25.000,00

2. Abschluss des GuV-Kontos (Eigenkapitalmehrung durch Gewinn):

8020	Gewinn- und Verlustkonto	50.000,00	an	3000	Eigenkapital (Gesellschafter A)	50.000,00

3. Abschluss des Eigenkapitalkontos:

3000	Eigenkapital (Gesellschafter A)	525.000,00	an	8010	Schlussbilanzkonto	525.000,00

Kontendarstellung:

S	3001		H		S	3000		H
...	30.000,00	...	5.000,00		3001	25.000,00	8000	500.000,00
		3000	25.000,00		8010	525.000,00	8020	50.000,00
	30.000,00		30.000,00			550.000,00		550.00,00

S	8020		H
...	150.000,00	...	200.000,00
3000	50.000,00		
	200.000,00		200.000,00

5.1.3 Offene Handelsgesellschaft (OHG)

Die offene Handelsgesellschaft (§§ 105-160 HGB) ist ein Zusammenschluss von mindestens zwei Personen zum Zweck des Betriebs eines Handelsgewerbes unter gemeinsamer Unternehmung. Die Haftung der Gesellschafter ist wie bei der Einzelunternehmung geregelt (unmittelbar und unbeschränkt mit Gesellschafts- und Privatvermögen). Die Gewinnverteilung unter den Gesellschaftern erfolgt nach den Regelungen des Gesellschaftsvertrages. Nur wenn darin keine individuellen Vereinbarungen getroffen wurden, greifen die gesetzlichen Vorschriften des § 121 HGB. Die buchhalterische Erfassung erfolgt analog zur Einzelunternehmung. Jeder Gesellschafter hat ein eigenes Eigenkapital- und Privatkonto. Private Einlagen und Entnahmen werden auf dem Privatkonto des jeweiligen Gesellschafters verbucht. Der Gewinn wird auf die einzelnen Eigenkapitalkonten verteilt.

▶ Beispiel:

Eine OHG hat im laufenden Geschäftsjahr einen Gewinn von 100.000,00 Euro erwirtschaftet, der unter den beiden Gesellschaftern A und B im Verhältnis 30:70 verteilt werden soll. Es kam im Geschäftsjahr durch Gesellschafter A zu Privateinlagen von 10.000,00 Euro und durch Gesellschafter B zu Privatentnahmen in Höhe von 20.000,00 Euro.

Buchung der Gewinnverteilung:

8020	Gewinn- und Verlustkonto	100.000,00	an	3000	Eigenkapital (Gesellschafter A)	30.000,00
				3010	Eigenkapital (Gesellschafter B)	70.000,00

Unter Berücksichtigung der Privateinlagen (Gesellschafter A: Konto 3001) und Privatentnahmen (Gesellschafter B: Konto 3011) stellen sich die Eigenkapitalkonten der Gesellschafter wie folgt dar:

S	3000		H	S	3010		H
8010	90.000,00	8000	50.000,00	3011	20.000,00	8000	100.000,00
		3001	10.000,00	8010	150.000,00	*8020*	70.000,00
		8020	30.000,00		170.000,00		170.00,00
	90.000,00		90.000,00				

5.1.4 Kommanditgesellschaft (KG)

Für die KG gelten die gleichen rechtlichen Vorschriften, wie bei der OHG, sofern die §§ 161-177a HGB keine abweichenden Regelungen vorsehen. Der generelle Unterschied zur OHG besteht in der Tatsache, dass hinsichtlich ihrer Haftung zwei Arten von Gesellschaftern zu unterscheiden sind. *Komplementäre* haften wie die Gesellschafter der OHG unbeschränkt mit Gesellschafts- und Privatvermögen. Bei *Kommanditisten* hingegen ist die Haftung auf ihre Einlagen beschränkt. Nur wenn die Einlage noch nicht vollständig erbracht ist, haftet ein Kommanditist mit seinem Privatvermögen für den verbleibenden Rest der Einlage.

Die Gewinnverteilung erfolgt nach den Regelungen im Gesellschaftsvertrag. Ist in diesem nichts bestimmt, greifen die §§ 167 III, 168 und 121 HGB. Die Buchung der Erfolgsverteilung erfolgt beim Komplementär analog einem OHG-Gesellschafter (Buchung auf dem Eigenkapitalkonto). Bei einem Kommanditisten hingegen erfolgt keine Verbuchung auf seinem Kommanditkapitalkonto (z. B. Konto 3070). Hat der Kommanditist seine *Einlage voll erbracht*, so wird sein Gewinnanteil, sofern er ihn nicht aus der Unternehmung entnimmt, auf einem sog. *Gewinnanteilskonto* gebucht. Dies stellt eine Verbindlichkeit der KG gegenüber dem Kommanditisten dar und wird daher in der Bilanz unter den „Sonstigen Verbindlichkeiten" (*4870 – Verbindlichkeiten gegenüber Gesellschaftern und Organmitgliedern*) erfasst. Hat ein Kommanditist seine *Einlage noch nicht voll erbracht*, entsteht in der Bilanz der Forderungsposten *„Ausstehende Einlagen"* (*0010 – Noch nicht eingeforderte ausstehende Einlagen* oder *0020 – Eingeforderte ausstehende Einlagen*) gegenüber dem Kommanditisten. Die ihm zustehenden Gewinnanteile werden in einem solchen Fall auf diesem Konto (im Haben) verbucht und reduzieren so die noch ausstehende Einlage. Im Falle einer Verlustzuweisung wird ein spezielles *Verlustanteilskonto* (*2670 – Forderungen an Gesellschafter und Organmitglieder*) angelegt. Zukünftige Gewinnzuweisungen werden so lange auf diesem Konto (im Haben) verbucht, bis der Verlust ausgeglichen ist (§ 169 I HGB). Erst dann dürfen neue Gewinnzuweisungen wieder entnommen werden.

▷ Beispiel:

In einer KG wurde hinsichtlich der Gewinnverteilung beschlossen, dass der Kompementär, dessen Eigenkapitalkonto 300.000,00 Euro aufweist, 100.000,00 Euro, der Kommanditist X 20.000,00 Euro, der Kommanditist Y 10.000,00 Euro und der Kommanditist Z 30.000,00 Euro erhalten. Der Kommanditist X hat seine Einlage voll erbracht und will seinen Gewinn im Unternehmen belassen. Kommanditist Y hat seine Einlage, die von der KG bereits eingefordert wurde, noch nicht voll erbracht. Konkret stehen noch 50.000,00 Euro aus. Kommandititst Z hat seine Einlage voll erbracht, sein Verlustanteilskonto weist aber noch einen Bestand aus der Vorperiode in Höhe von 70.000,00 Euro aus, der seinen aktuellen Gewinnanteil übersteigt.

Gewinnverteilungsverbuchung

8020	Gewinn- und Verlustkonto	160.000,00	an	3000	Eigenkapital (Gesellschafter A)	100.000,00
				4870	Verbindlichkeiten gegenüber Gesellschaftern und Organmitgliedern	20.000,00
				0020	Bereits eingeforderte ausstehende Einlagen	10.000,00
				2670	Forderungen an Gesellschafter und Organmitglieder	30.000,00

Kontenmäßig stellt sich dies wie folgt dar. Man beachte dabei, dass auf die Darstellung der Kommanditkapitalkonten verzichtet wurde, da sich diese nicht verändern.

S	8020		H		S	3000		H
...	...	...	...				8000	300.000,00
3000, 4870, 0020, 2670	*160.000,00*						*8020*	*100.000,00*
	...	...						

Kommanditist X

S	4870		H
		8020	*20.000,00*

Kommanditist Y

S	0020		H
8000	50.000,00	*8020*	*10.000,00*

Kommanditist Z

S	2670		H
8000	70.000,00	*8020*	*30.000,00*

Wie die Kontendarstellung zeigt, reduzieren sich die ausstehende Einlage von Kommanditist Y auf 40.000,00 Euro (50.000,00 – 10.000,00) und das Verlustkonto von Kommanditist Z auf 40.000,00 Euro (70.000,00 – 30.000,00). Für Kommanditist X entsteht eine Forderung von 20.000,00 Euro gegenüber der Gesellschaft. Das Eigenkapital des Komplementärs wächst auf einen Betrag von 400.000,00 Euro (300.000,00 + 100.000,00) an.

Man beachte, dass in der Praxis die Konten 4870, 0020 und 2670 eine Tiefengliederung nach Kommanditisten aufweisen. Dies bedeutet, dass jeder Kommanditist zur besseren Übersichtlichkeit sein eigenes Gewinn- und Verlustanteilskonto sowie ein Konto für ausstehende Einlagen (eingefordert und nicht eingefordert) erhält.

5.2 Kapitalgesellschaften

5.2.1 Allgemeines

Anders als Einzelunternehmen und Personengesellschaften sind Kapitalgesellschaften eigene Rechtspersönlichkeiten (juristische Personen), deren Haftung gegenüber den Gläubigern auf das Gesellschaftsvermögen beschränkt ist. Ihr Eigenkapital ist generell in einen festen Bestandteil (gezeichnetes Kapital) und in einem variablen Bestandteil (Rücklagen) zerlegt. Für große Kapitalgesellschaften schreibt § 266 III HGB folgende **Eigenkapitalgliederung** vor:

I.	Gezeichnetes Kapital
II.	Kapitalrücklage
III.	Gewinnrücklagen:
	1. gesetzliche Rücklage
	2. Rücklage für Anteile an einem herrschenden oder mehrheitlich beteiligten Unternehmen
	3. satzungsmäßige Rücklagen
	4. andere Gewinnrücklagen
IV.	Gewinnvortrag/Verlustvortrag
V.	Jahresüberschuss/Jahresfehlbetrag

Abbildung 119: Eigenkapitalgliederung großer Kapitalgesellschaften

Mit der Entstehung und Veränderung der einzelnen Positionen dieser Gliederung wird sich in den folgenden Abschnitten näher beschäftigt.

5.2.2 Gezeichnetes Kapital

5.2.2.1 Grund- und Stammkapital

Unter dem gezeichneten Kapital versteht man bei Kapitalgesellschaften den Wert, dessen Aufbringung die Gesellschafter in der Satzung zu Gunsten der Kapitalgesellschaft und damit unmittelbar ihrer Gläubiger garantiert haben. Auf diesen Betrag ist die Haftung der Gesellschafter für Verbindlichkeiten der Kapitalgesellschaft beschränkt (Haftungskapital, § 272 HGB). Da sich dieser Teil des Eigenkapitals als Summe der Nennwerte (Nominalwerte) der ausgegebenen (gezeichneten) Anteile ergibt (§ 272 HGB), wird er auch häufig als Nenn- oder Nominalkapital bezeichnet. Bei einer GmbH wird von **Stammkapital** (§ 42 I GmbHG), bei einer AG von **Grundkapital** (§ 7 AktG) gesprochen.

Eine **GmbH** muss nach § 5 I GmbHG bei Gründung 25.000,00 Euro Mindeststammkapital aufweisen. Nach § 5a GmbHG muss eine Gesellschaft, deren Stammkapital 25.000,00 Euro unterschreitet, die Bezeichnung „Unternehmergesellschaft (haftungsbeschränkt)" tragen. Die von jedem Gesellschafter auf das Stammkapital zu leistende Einlage wird als *Stammeinlage* bezeichnet. Dieser Begriff ist nicht mit einem *Geschäftsanteil* zu verwechseln, da dieser die Mitgliedschaft, also die Summe der Rechte und Pflichten eines Gesellschafters aus dem Gesellschaftsverhältnis (§ 14 GmbHG), ist.

Das Mindestgrundkapital einer **AG** liegt bei 50.000,00 Euro (§ 7 AktG) und ist in Aktien verbrieft, welche sich entweder im Eigentum der ursprünglichen Gründer befinden oder an der Börse gehandelt werden. Anders als ein GmbH-Anteil hat ein AG-Anteil Wertpapiercharakter. Der Wertpapiercharakter bedingt, dass man zur Ausübung der folgenden Aktionärsrechte Inhaber der Aktie sein muss:

- Teilnahmerecht an der Hauptversammlung (Versammlung der Aktionäre) und Stimmrecht
- Gewinnanspruch
- Anspruch auf Anteil am Liquidationserlös (bei Unternehmensauflösung)
- Anspruch auf Informationen vom Vorstand

Wie bereits erwähnt, gehören Aktien zu den Wertpapieren im engeren Sinne, den Effekten. Diese zeichnen sich dadurch aus, dass es von solchen Papieren viele gleichartige gibt, sie also völlig gleiche Rechte verkörpern und so gegeneinander austauschbar (vertretbar) sind. Aufgrund dieser Austauschbarkeit sind Aktien für den Börsenhandel geeignet.

5.2.2.2 Ausstehende Einlagen

Das gezeichnete Kapital ist nach § 272 I HGB zum Nennbetrag auszuweisen. Sind die Einlagen der Gesellschafter auf das gezeichnete Kapital noch nicht voll erbracht (ausstehende Einlagen: Forderungen der Gesellschaft gegenüber die Gesellschafter), so ist dies in der Bilanz kenntlich zu machen. Gemäß § 272 I HGB sind *nicht eingeforderte Einlagen* offen vom gezeichneten Kapital abzusetzen. Der verbleibende Betrag ist als Posten *„Eingefordertes Kapital"* der Passivseite auszuweisen. *Noch nicht bezahltes, eingefordertes Kapital* ist als Forderung auf der Aktivseite gesondert abzubilden. Dieser Ausweis der ausstehenden Einlagen führt dazu, dass das gezeichnete Kapital letztlich nur in Höhe des bereits eingeforderten Kapitals ausgewiesen wird.

Ausstehende Einlagen sind vorübergehend bei Gründung, Kapitalerhöhung (durch Satzungsänderung) oder Aufnahme weiterer Gesellschafter gegeben. Ihre buchhalterische Behandlung wird an nachfolgedem Beispiel verdeutlicht. Man beachte hierbei, dass der IKR dabei die Konten *2680 – Eingefordertes, noch nicht einge-*

zahltes Kapital und eingeforderte Nachschüsse und *3050 – Noch nicht eingeforderte Einlagen* vorsieht.

▷ Beispiel:

Das gezeichnete Kapital einer AG liegt zum Geschäftsjahresbeginn bei 300.000,00 Euro. Davon sind bereits 200.000,00 Euro eingezahlt. Von den noch nicht eingezahlten 100.000,00 Euro sind 30.000,00 Euro eingefordert.

Die entsprechenden Eröffnungsbuchungen lauten wie folgt:

8000	Eröffnungsbilanzkonto	300.000,00	an	3000	Gezeichnetes Kapital	300.000,00
3050	Noch nicht eingeforderte Einlagen	70.000,00	an	8000	Eröffnungsbilanzkonto	70.000,00
2680	Eingefordertes, noch nicht eingezahltes Kapital ...	30.000,00	an	8000	Eröffnungsbilanzkonto	30.000,00

In der Eröffnungsbilanz stellt sich der Sachverhalt konkret wie folgt dar (Werte in Tausend Euro):

A		Eröffnungsbilanz		P
	...	A. Eigenkapital		
B. Umlaufvermögen		I. Gezeichnetes Kapital	300	
II. Forderungen und sonstige Vermögensgegenstände		– nicht eingeforderte ausstehende Einlagen	70	
4. Eingefordertes, noch nicht eingezahltes Kapital	30	= Eingefordertes Kapital	230	
	...			...

Wie sich zeigt, sind also insgesamt 230.000,00 Euro eingefordert, von denen nur 30.000,00 Euro noch nicht eingezahlt sind. Von den Gesellschaftern wurden also bisher nur 200.000,00 Euro der erforderlichen 300.000,00 Euro eingezahlt.

5.2.3 Rücklagen

5.2.3.1 Allgemeines

Im Gegensatz zum gezeichneten Kapital, das im Zeitablauf eine gewisse Konstanz aufweist, sind Rücklagen variabler Natur. Durch die Bildung/Legung von Rücklagen wird zusätzlich zum Nominalkapital Eigenkapital generiert und damit das Unternehmen robuster gegen evtl. Krisen gemacht. So können erwirtschaftete Gewinne einbehalten (thesauriert) und in den Folgejahren zur Deckung auftretender Verluste herangezogen werden, ohne das Nominalkapital anzutasten.

Bei den Rücklagen sind offene und stille Rücklagen zu unterscheiden. **Offene Rücklagen** entstehen entweder als *Kapitalrücklagen* bei der Zuführung von Eigenkapital (Kapitalerhöhung oder Zuzahlung) oder als *Gewinnrücklagen* durch die Thesaurierung (Einbehaltung/Nichtausschüttung) von versteuerten Gewinnen.

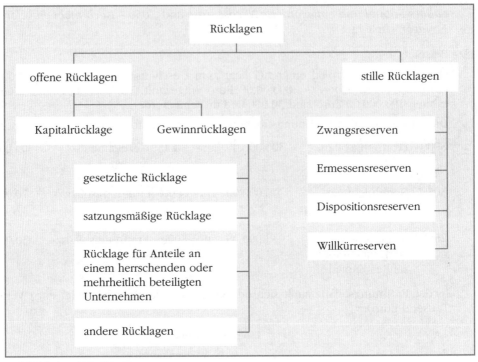

Abbildung 120: Rücklagen

Während die offenen Rücklagen aus der Bilanz ersichtlich, also offen erkennbar sind, kann die Höhe der **stillen Rücklagen** (stillen Reserven) nicht unmittelbar aus der Bilanz abgelesen werden. Stille Rücklagen können einerseits durch eine Nichtaktivierung oder eine Unterbewertung von Aktivposten entstehen. Andererseits können sie durch eine Überbewertung von Passivposten gebildet werden. Teilweise liegt die Bewertung derartiger Reserven im Entscheidungsbereich des Bilanzerstellers (Ermessens-, Willkür und Dispositionsreserven), teilweise sind sie aber auch gesetzlich bedingt (Zwangsreserven). **Zwangsreserven** sind im Wesentlichen die Folge expliziter (d. h. gesetzlich kodifizierter) Aktivierungsverbote wie z. B. das Verbot zur Aktivierung bestimmter selbst geschaffener immaterieller Vermögensgegenstände (z. B. selbst geschaffene Marken, Drucktitel, Kundenlisten etc.) gemäß § 248 II S. 2 HGB. Ermessens- und Dispositionsreserven entstehen vorrangig im Zuge der Beachtung des Vorsichtsprinzips. Während die **Dispositionsreserven** aus Ansatz- und Bewertungswahlrechten heraus resultieren (z. B. Wahlrecht zur Aktivierung von Herstellungskosten der Entwicklungsphase von selbst geschaffenen immateriellen Vermögensgegenständen gemäß § 248 II S. 1 HGB i. V. m. § 255 IIa HGB), sind **Ermessensreserven** Reflex der Unsicherheiten bei der Aufstellung von Schätzungen (z. B. Schätzung der Höhe einer Rückstellung). **Willkürreserven** entstehen bei Verstößen gegen Bilanzierungsvorschriften. Sie stehen insofern (anders als die anderen stillen Rücklagen) nicht im Einklang mit dem Gesetz.

Stille Rücklagen, die aus Aktivposten resultieren, lösen sich bei der Veräußerung der entsprechenden Vermögensgegenstände auf. Dem niedrig-/unterbewerteten Buchwert des Vermögensgegenstandes steht dann ein höherer Veräußerungspreis gegenüber. Man spricht in diesen Fällen von einem sog. Buchgewinn. Bei *stillen Rücklagen, die auf Passivposten entfallen*, erfolgt die Realisierung mit der Auflösung des zugrundeliegenden Postens. Da insbesondere bei stillen Rücklagen, die auf Aktivposten beruhen, der Zeitpunkt der Realisation des Buchgewinns vom Bilanzersteller beeinflussbar ist, kann mittels stiller Rücklagen das Jahresergebnis in bestimmtem Umfang beeinflusst/gesteuert werden. Aufgrund des gewinnerhöhenden Effektes erhöht sich bei Auflösung der stillen Rücklagen auch die steuerliche Bemessungsgrundlage. Insofern führt die Bildung/Legung von stillen Rücklagen nicht zu einer Steuerentlastung, sondern nur zu einer Steuerstundung bis zum Tag der Auflösung/Hebung der stillen Rücklagen.

5.2.3.2 Kapitalrücklage

Eine AG ist grundsätzlich verpflichtet, ihr Grundkapital in Aktien zu verbriefen. Gibt eine AG diese Aktien zu einem höheren Preis als ihren Nennbetrag aus, so bezeichnet man die Differenz zwischen Nennwert und Ausgabe-/Emissionskurs als Agio. Der Nennwert der Aktien wird im gezeichneten Kapital erfasst, das Agio in der Kapitalrücklage (§ 272 II Nr. 1 HGB).

Benötigt eine AG weiteres Kapital und kann sie sich nicht über Fremdkapital finanzieren, besteht die Möglichkeit der Kapitalerhöhung. Dabei werden neue Aktien (junge Aktien) ausgegeben. Auch hier kann es wieder zu einer Einstellung in die Kapitalrücklage kommen. Nicht zu vergessen ist, dass auch Zuzahlungen der Gesellschafter (§ 272 II Nr. 3 u. 4 HGB) die Kapitalrücklage erhöhen können (für weitere Erhöhungsgründe vgl. § 272 II HGB). Grundsätzlich gilt, dass hier *Mittel von außen* durch die Gesellschafter der Gesellschaft zugeführt werden.

5.2.3.3 Gewinnrücklagen

Diese Form der Rücklage wird aus dem versteuerten Gewinn, also aus *intern* erwirtschafteten Mitteln gebildet (§ 272 III HGB). Grundsätzlich sind folgende vier Typen von Gewinnrücklagen zu unterscheiden:

1. Gesetzliche Rücklage

Diese Position betrifft vornehmlich Aktiengesellschaften (§ 150 AktG) bzw. auch Kommanditgesellschaften auf Aktien (KGaA), d. h. Aktiengesellschaften, die an Stelle eines Vorstandes über persönlich haftende Gesellschafter (Komplementäre) verfügen. 5 % des Jahresüberschusses (abzüglich Verlustvortrag) werden jährlich so lange in die *gesetzliche Rücklage* eingestellt, bis diese zusammen mit den Kapitalrücklagen (ohne Zuzahlungen nach § 272 II Nr. 4 HGB) 10 % des Grundkapitals erreicht hat. Auch GmbHs können zur Bildung einer gesetzlichen Rücklage verpflichtet sein. Bis das Stammkapital einer GmbH 25.000,00 Euro erreicht hat, solange müssen sie 25 % des um einen Verlustvortrag geminderten Jahresüberschusses in die gesetzliche Rücklage einstellen (§ 5a III S. 1 i. V. m. § 5a V GmbHG).

2. Rücklage für Anteile an einem herrschenden oder mehrheitlich beteiligten Unternehmen

Erwirbt ein Tochterunternehmen Anteile seines Mutterunternehmens, d. h. des Unternehmens, von dem es beherrscht wird oder das am Tochterunternehmen mehrheitlich (mit mehr als 50 % der Anteile) beteiligt ist, so hat das Tochterunternehmen für diese Anteile eine *Rücklage für Anteile an einem herrschenden oder mehrheitlich beteiligten Unternehmen* zu bilden. Diese Rücklage muss der Höhe nach dem Wert der auf der Aktivseite bilanzierten Anteile an dem herrschenden oder mit Mehrheit beteiligten Unternehmen entsprechen (§ 272 IV S. 2 HGB). Die Rücklage ist zum Zeitpunkt der Bilanzerstellung aus dem Jahresüberschuss oder den frei verfügbaren Rücklagen (andere Gewinnrücklagen bzw. Kapitalrücklagen gemäß § 272 II Nr. 4 HGB) zu bilden. Insofern besteht in Höhe der gebildeten Rücklage eine Ausschüttungssperre. Die Rücklage ist aufzulösen, sobald zu einem späteren Zeitpunkt Anteile am herrschenden bzw. mehrheitlich beteiligten Unternehmen eingezogen, veräußert oder ausgegeben werden bzw. sobald sich für die auf der Aktivseite bilanzierten Anteile ein niedrigerer Betrag ergibt (§ 272 IV S. 4 HGB).

Die so gebildete Rücklage ist als Korrekturposition zum Eigenkapital des Mutter- und Tochterunternehmens zu werten. Eine offene Absetzung vom Eigenkapital wie beim Erwerb eigener Anteile (vgl. Abschnitt D 5.2.4) erfolgt daher nicht (bzw. erst im Zuge der Erstellung eines Konzernabschlusses).

3. Satzungsmäßige Rücklagen

Aus einbehaltenen versteuerten Gewinnen kann die Gesellschaft für in der Satzung (Gesellschaftsvertrag) festgelegte Zwecke (z. B. Forschung) eine spezielle Rücklage bilden. Nach § 58 I AktG darf dabei höchstens die Hälfte des Jahresüberschusses verwendet werden. Beträge, die in die gesetzliche Rücklage einzustellen sind, und ein unter Umständen bestehender Verlustvortrag sind hierbei vorab vom Jahresüberschuss abzuziehen. Wie die Bildung richtet sich auch die Auflösung der satzungsmäßigen Rücklagen nach den Vorschriften der Satzung der Gesellschaft.

4. Andere Gewinnrücklagen

In dieser Position können Eigenkapitalreserven aus versteuertem Gewinn zu den verschiedensten Zwecken gebildet werden. Die Rücklagen können dabei für zukünftige große und riskante Investitionsvorhaben, zum Auffangen von Verlusten aus speziellen Auslandsrisiken oder allgemeinen konjunkturellen Risiken und vielen anderen Zielsetzungen bestimmt sein.

Die Einstellung (Dotierung) in die anderen Gewinnrücklagen kann sich sowohl aus der Entscheidung der Hauptversammlung als auch aus der Entscheidung von Vorstand *und* Aufsichtsrat heraus ergeben. Dies ist davon abhängig, wer den Jahresabschluss feststellt. Stellen *Vorstand und Aufsichtsrat* den Jahresabschluss fest, so können sie (soweit die Satzung keinen höheren oder niedrigeren Wert vorsieht) bis zu 50 % des um einen evtl. Verlustvortrag und um die Pflichtdotierung der gesetzlichen Rücklage bereinigten Jahresüberschusses in die anderen Gewinnrücklagen einstellen (§ 58 II AktG). In den Fällen, in denen die Satzung Vorstand und Aufsichtsrat dazu ermächtigt, höhere Beträge in die anderen Gewinnrücklagen einzustellen, ist gemäß § 58 II S. 3 AktG zu beachten, dass keine Beträge in die anderen Gewinnrücklagen eingestellt werden dürfen, wenn diese nach Einstellung 50 % des Grundkapitals übersteigen würden. Sofern die Feststellung durch die *Hauptversammlung* erfolgt, und nur dann, kann die Satzung eine Einstellung von maximal 50 % des um Verlustvortrag und Einstellung in die gesetzliche Rücklage korrigierten Jahresüberschusses vorsehen (§ 58 I AktG). Für GmbHs bestehen derartige Einschränkungen nicht.

Darüber hinaus können Vorstand und Aufsichtsrat von Aktiengesellschaften bzw. Geschäftsführer von GmbHs gemäß § 58 IIa AktG bzw. § 29 IV GmbHG losgelöst davon, wer den Jahresabschluss feststellt, den Eigenkapitalanteil von Wertaufholungen bei Vermögensgegenständen des Anlage- und Umlaufvermögens sowie den Eigenkapitalanteil von bei der steuerlichen Gewinnermittlung gebildeten Rücklagen, für die die umgekehrte Maßgeblichkeit (Sonderposten mit Rücklageanteil) nicht einschlägig ist, in die anderen Gewinnrücklagen einstellen. Letztere Möglichkeit hat vor allem nach Verabschiedung des Bilanzrechtsmodernisierungsgesetzes an Bedeutung gewonnen, da das Prinzip der umgekehrten Maßgeblichkeit abgeschafft wurde.

▷ Beispiel:

Im Zuge einer Wertaufholung bei einer im Vorjahr außerplanmäßig abgeschriebenen Produktionsanlage hat eine Aktiengesellschaft im Jahr 2011 folgende Buchung vorgenommen:

| 0720 | Anlagen und Maschinen ... | 10.000,00 | an | 5440 | Erträge aus Werterhöhungen von Gegenständen des Anlagevermögens | 10.000,00 |

Kontendarstellung:

S	0720	H	S	5440	H
5440 10.000,00				*0720* 10.000,00	

Aus dieser Buchung ergibt sich eine Erhöhung des Gewinns (vor Steuern) um 10.000,00 Euro. Dieser Betrag muss jedoch noch versteuert werden. Nur der Gewinn nach Steuern steht zur Ausschüttung an die Anteilseigner zur Verfügung. Unterstellt man einen Steuersatz von 30 %, so beträgt daher der Fremdkapitalanteil (Steuerlast) 3.000,00 Euro und der Eigenkapitalanteil 7.000,00 Euro.

Abstrahiert man von jeglichen weiteren Geschäftsvorfällen und entschließen sich Vorstand und Aufsichtsrat den Eigenkapitalanteil der Wertaufholung gemäß § 58 IIa AktG in die anderen Gewinnrücklagen einzustellen, so wäre bei teilweiser Ergebnisverwendung (vgl. hierzu Abschnitt D 5.2.4.1 und 5.2.4.2 für nähere Details zur Verbuchung) wie folgt zu buchen:

| 3340 | Veränderungen der Gewinnrücklagen vor Bilanzergebnis | 7.000,00 | an | 3240 | Andere Gewinnrücklagen | 7.000,00 |

Kontendarstellung:

S	3340	H	S	3240	H
3240 7.000,00				*3340* 7.000,00	

5.2.4 Eigene Anteile

Erwirbt eine Kapitalgesellschaft eigene Anteile (Aktien, Geschäftsanteile), so bedeutet dies im Endeffekt eine Rückzahlung des den Anteilen entsprechenden gezeichneten Kapitals (und einer evtl. anteiligen Kapitalrücklage). Der Umfang ausgegebener Anteile ändert sich durch den (Rück-)Kauf nicht. Es sind aber aus dem Haftungskapital Mittel abgeflossen, da die nun im Eigentum des Unternehmens befindlichen eigenen Anteile im Insolvenzfall wertlos sein können. Damit sich aber die Gläubiger auf das Vorhandensein des festgeschriebenen gezeichneten Kapitals verlassen können, gilt folgendes:

Aktiengesellschaften dürfen gemäß § 56 AktG keine eigenen Aktien zeichnen, d. h. bei Emission erwerben. Begründet wird diese Bestimmung mit obiger Argumentation und außerdem damit, dass die Zeichnung zu einer realen Kapitalaufbringung für die Gesellschaft führen muss. Eine Umgehung wäre aber möglich, wenn zunächst ein Dritter die Aktien erwirbt und ihm die Gesellschaft diese wieder abkauft. Damit würde die Gesellschaft den Status erreichen, als hätte sie die Aktien bei Emission erworben. Daher ist dem Verbot der Zeichnung eigener Aktien auch ein Verbot an die Seite gestellt worden, eigene Aktien zu erwerben. Ein solches Verbot des Erwerbs eigener Anteile gibt es auch für die GmbH (§ 30 I i. V. m. 33 GmbHG).

Der § 71 I AktG regelt allerdings acht Fälle, in denen ausnahmsweise der Erwerb eigener Anteile möglich ist. Eine ähnliche Norm existiert mit dem § 33 GmbHG auch für GmbHs. Allerdings erfolgt hier lediglich eine Kodifizierung allgemeiner Voraussetzungen und keine fallweise Nennung wie im AktG.

Die Kapitalgesellschaft hat den Erwerb eigener Anteile durch die *offene Absetzung des Gegenwertes vom Eigenkapital* Rechnung zu tragen (§ 272 Ia HGB). Dabei ist der Nennbetrag bzw. der rechnerische Wert (bei nennwertlosen Stückaktien) in einer *Vorspalte* vom Posten „gezeichnetes Kapital" abzusetzen (§ 272 Ia S. 1 HGB). Ein zwischen Nennbetrag/rechnerischem Wert und Anschaffungskosten der Anteile verbleibender Differenzbetrag ist gemäß § 272 Ia S. 2 HGB mit den frei verfügbaren Rücklagen zu verrechnen. Unter dem Begriff „frei verfügbare Rücklagen" sind dabei die „anderen Gewinnrücklagen" und die Kapitalrücklagen nach § 272 II Nr. 4 HGB subsumiert. Beim Erwerb der eigenen Anteile anfallende Nebenkosten sind als Aufwand der Periode in der GuV zu erfassen (§ 272 Ia S. 3 HGB).

Werden erworbene eigene Anteile wieder veräußert, so entfällt gemäß § 272 Ib S. 1 HGB die offene Absetzung nach § 272 Ia HGB. Der Nennbetrag der wieder veräußerten Anteile erhöht das gezeichnete Kapital. Ein sich zwischen Nennbetrag und Veräußerungswert ergebender Differenzbetrag ist zunächst bis zur Höhe des in § 272 Ia S. 2 HGB geregelten Kürzungsbetrages der frei verfügbaren Rücklagen in die jeweiligen Rücklagen einzustellen (§ 272 Ib S. 2 HGB). Sofern darüber hinaus ein Differenzbetrag bestehen sollte, ist dieser gemäß § 272 Ib S. 3 HGB der Kapitalrücklage zuzuführen. Transaktionsnebenkosten stellen auch hier Aufwand der betrachteten Periode dar.

▷ Beispiel:

Eine AG erwirbt zum Zweck der Abwehr einer feindlichen Übernahme 10.000 eigene Aktien (Nennwert: 1,00 Euro je Aktie) zum Kurs von 2,50 Euro je Aktie zurück. Vor dieser Transaktion besitzt die Bilanz folgende Gestalt:

A	Bilanz *vor Erwerb* der eigenen Anteile		P
Bankguthaben	30.000,00	Eigenkapital	82.500,00
sonstige Aktiva	62.500,00	Gezeichnetes Kapital	40.000,00
		Kapitalrücklagen	25.000,00
		Gewinnrücklagen	17.500,00
		andere Rücklagen	17.500,00
		sonstige Passiva	10.000,00
	92.500,00		92.500,00

Durch den Erwerb der eigenen Anteile sinkt das gezeichnete Kapital in der Hauptspalte um 10.000,00 Euro (10.000 · 1,00) auf 30.000,00 Euro. Diese Senkung sowie der Ursprungsbetrag von 40.000,00 Euro werden in der Vorspalte gesondert ausgewiesen. Da der Veräußerungserlös mit 25.000,00 Euro (10.000 · 2,50) über dem Nennwert liegt, ist die dadurch reflektierte zusätzliche Kapitalrückzahlung von 15.000,00 Euro ebenfalls gesondert auszuweisen. Dies geschieht unter den anderen Rücklagen (oder alternativ unter den Kapitalrücklagen), indem in der Vorspalte der alte Rücklagenwert und die Rückzahlung angegegeben werden. In der Hauptspalte wird nur noch der reduzierte neue Rücklagenwert von 2.500,00 Euro (17.500,00 – 15.000,00) aufgeführt.

A	Bilanz *nach Erwerb* der eigenen Anteile			P
			Vorspalte	*Hauptspalte*
Bankguthaben	5.000,00	Eigenkapital		57.500,00
sonstige Aktiva	62.500,00	Gezeichnetes Kapital	*40.000,00*	*30.000,00*
		– Kapitalrückzahlung	*10.000,00*	
		Kapitalrücklagen		25.000,00
		Gewinnrücklagen		2.500,00
		andere Rücklagen	*17.500,00*	*2.500,00*
		– Kapitalrückzahlung	*15.000,00*	
		sonstige Passiva		10.000,00
	67.500,00			67.500,00

Nachdem der feindliche Übernahmeversuch von der Gegenseite offiziell als gescheitert erklärt wurde, veräußert die AG das Aktienpaket an einen ihrer Großaktionäre. Der Kurs beträgt mittlerweile 3,00 Euro pro Aktie.

A	Bilanz *nach Weiterverkauf* der eigenen Anteile		P
Bankguthaben	35.000,00	Eigenkapital	87.500,00
sonstige Aktiva	62.500,00	Gezeichnetes Kapital	40.000,00
		Kapitalrücklagen	30.000,00
		Gewinnrücklagen	17.500,00
		andere Rücklagen	17.500,00
		sonstige Passiva	10.000,00
	97.500,00		97.500,00

Wie sich zeigt, werden also zunächst die Eigenkapitalposten auf ihre ursprüngliche Höhe zurückgesetzt. Aufgrund des höheren Kurses werden anschließend das Bankkonto und die Kapitalrücklage um 5.000,00 Euro (10.000 · 0,50) erhöht.

5.2.5 Ergebnisverwendung und Eigenkapitalausweis

5.2.5.1 Grundlagen

Unter Beachtung der Vorschriften des § 266 III HGB und des § 268 I HGB kann das Eigenkapital von Kapitalgesellschaften in drei Formen ausgewiesen werden. Um die dazu benötigten Posten zu bestimmen, wird zunächst ein Blick auf das Gewinnverwendungsschema (§ 158 I AktG) für AGs geworfen. Einstellungen in die Kapitalrücklagen sind darin nicht enthalten, da es sich bei den Kapitalrücklagen um finanzielle Mittel handelt, die dem Unternehmen von außen zugeführt wurden. Dies können z. B. Agien bei Aktienemissionen zur Kapitalerhöhung sein

	Jahresüberschuss/-fehlbetrag
−	Verlustvortrag aus dem Vorjahr*
+	Gewinnvortrag aus dem Vorjahr*
+	Entnahmen aus Kapitalrücklagen
+	Entnahmen aus Gewinnrücklagen
−	Einstellungen in Gewinnrücklagen
=	Bilanzgewinn/-verlust
−	Ausschüttungen
=	Gewinn-/Verlustvortrag auf nächstes Jahr

* Gewinn- bzw. Verlustrest, der sich aufgrund des Ergebnisverwendungsbeschlusses des vergangenen Jahres ergeben hat (Gewinnrest: bedingt durch meist glatte Beträge bei Thesaurierung und Auschüttung; Verlustrest: nicht durch Rücklagenauflösung oder Zuzahlungen ausgeglichener Bilanzverlust)

Abbildung 121: Gewinnverwendung

Das Schema in Abbildung 121 sieht vor, den Jahresüberschuss/-fehlbetrag zunächst mit dem Gewinn- bzw. Verlustvortrag des Vorjahres zu verrechnen. Dies hat zur Folge, dass die Höhe des „verwendbaren" Betrages erhöht oder reduziert wird. Ist dieser verwendbare Betrag positiv, können Einstellungen in die Gewinnrücklagen vorgenommen werden bzw. sind in Folge gesetzlicher oder etwaiger Satzungsbestimmungen vorzunehmen. Sollte dieser aber negativ sein und droht damit ein Bilanzverlust, so können bzw. müssen Entnahmen aus Gewinn- und Kapitalrücklagen zum Ausgleich dieses Verlustes getätigt werden. Aus einem Bilanzgewinn können Dividendenausschüttungen erfolgen. Wurde ein Bilanzverlust nicht ausgeglichen (z. B. zur Erreichung eines höheren Verlustvortrages auf das nächste Jahr), dürfen keine Ausschüttungen erfolgen. Ein verbleibender Gewinn- oder Verlustrest ist auf das nächste Jahr vorzutragen.

Die drei mit der Ergebnisverwendung im Zusammenhang stehenden Ausweismöglichkeiten des Eigenkapitals sind die folgenden:

1. Vor Ergebnisverwendung:

Es wird ein Gewinnvortrag oder Verlustvortrag und Jahresüberschuss oder Jahresfehlbetrag ausgewiesen, also die typische Gliederung des § 266 III HGB verwendet. Ein solcher Ausweis ist nur dann möglich, wenn keine gesetzliche, satzungsmäßige oder gesellschaftsvertragliche Verpflichtung zur Dotierung bzw. Auflösung einer Rücklage besteht.

A. Eigenkapital
- I. Gezeichnetes Kapital
- II. Kapitalrücklage
- III. Gewinnrücklagen
  1. gesetzliche Rücklage
  2. Rücklage für Anteile an einem herrschenden oder mehrheitlich beteiligten Unternehmen
  3. satzungsmäßige Rücklagen
  4. andere Gewinnrücklagen
- IV. Gewinn-/Verlustvortrag   *(Vorjahr)*
- V. Jahresüberschuss/-fehlbetrag *(Aktuelles Jahr)*

2. Mit Berücksichtigung einer teilweisen Ergebnisverwendung:

Die Posten Gewinn-/Verlustvortrag und Jahresüberschuss/-fehlbetrag werden durch den Bilanzgewinn/-verlust ersetzt. Gleichzeitig sind Einstellungen in die bzw. Entnahmen aus den Rücklagen berücksichtigt worden. Ein vorhandener Gewinn-/Verlustvortrag aus dem Vorjahr ist in diesem Fall in den Bilanzgewinn/-verlust einzubeziehen und in der Bilanz oder im Anhang gesondert auszuweisen (§ 268 I HGB). Der Bilanzgewinn steht grundsätzlich zur Ausschüttung an die Aktionäre zur Verfügung. Jedoch kann im Rahmen der vollständigen Ergebnisverwendung über dessen Verwendung auch anderweitig entschieden werden.

3. Mit Berücksichtigung der vollständigen Ergebnisverwendung:

Der Bilanzgewinn/-verlust verschwindet bzw. wird 0,00 Euro, wenn über die teilweise Gewinnverwendung hinaus Einstellungen in bzw. Entnahmen aus Gewinnrücklagen, Ausschüttungen und der Gewinnvortrag bzw. Verlustvortrag auf das nächste Jahr erfolgen.

Es gilt grundsätzlich, dass *Gewinne* mit *positiven Vorzeichen* (Mehrung des Eigenkapitals) und *Verluste* mit *negativen Vorzeichen* (Minderung des Eigenkapitals) zu passivieren sind.

Beispiel:

Eine AG verfügt über eine Bilanzsumme von 200 Mio. Euro. Ihr gezeichnetes Kapital hat einen Stand von 25 Mio. Euro. Kapital- und Gewinnrücklagen liegen bei 23 und 32 Mio. Euro. Aus dem vorhergehenden Geschäftsjahr wurde ein Gewinn von 2 Mio. Euro vorgetragen. Im aktuellen Geschäftsjahr wurde ein Jahresüberschuss von 3 Mio. Euro erwirtschaftet. Rechnungsabgrenzungsposten werden aus der Betrachtung ausgeblendet.

Ohne Berücksichtigung der Ergebnisverwendung ergibt sich folgendes Bilanzbild:

A	Bilanz (*ohne Ergebnisverwendung*)		P
Aktiva	200	A. Eigenkapital	
		I. gezeichnetes Kapital	25
		II. Kapitalrücklage	23
		III. Gewinnrücklagen	32
		IV. *Gewinnvortrag*	*2*
		V. *Jahresüberschuss*	*3*
		Fremdkapital	115
	200		200

Nimmt man nun an, dass die Unternehmung beabsichtigt, 1 Mio. in die Gewinnrücklagen einzustellen und 4 Mio. an die Aktionäre auszuschütten, so ergibt sich:

Jahresüberschuss/-fehlbetrag	3 Mio.
+ Gewinnvortrag aus dem Vorjahr	2 Mio.
− Einstellungen in Gewinnrücklagen	1 Mio.
= Bilanzgewinn	4 Mio.
− Ausschüttungen	4 Mio.
= Gewinn-/Verlustvortrag auf nächstes Jahr	0 Mio.

Eine Dotierung der gesetzlichen Rücklage ist nicht erforderlich, da die Kapitalrücklage die in § 150 II AktG geforderte Mindesthöhe von 10 % des Grundkapitals überschreitet (vgl. Abschnitt D 5.2.2.3).

Die Bilanzen nach teilweiser und vollständiger Gewinnverwendung sind damit:

A	Bilanz (*teilweise Ergebnisverwendung*)		P
Aktiva	200	A. Eigenkapital	
		I. gezeichnetes Kapital	25
		II. Kapitalrücklage	23
		III. Gewinnrücklagen	33
		IV. *Bilanzgewinn*	*4*
		davon Gewinnvortrag 2	
		Fremdkapital	115
	200		200

A	Bilanz (*vollständige Ergebnisverwendung*)		P
Aktiva	200	A. Eigenkapital	
		I. gezeichnetes Kapital	25
		II. Kapitalrücklage	23
		III. Gewinnrücklagen	33
		Fremdkapital	119
	200		200

Zu beachten ist, dass nach Vorliegen der Gewinnverwendungsentscheidung (bei AG: Beschluss der Hauptversammlung), d. h. bei vollständiger Gewinnverwendung, eine auszuschüttende Dividende als Verbindlichkeit gegenüber den Aktionären zu betrachten ist und daher als Fremdkapital erfasst werden muss.

5.2.5.2 Verbuchung der Ergebnisverwendung

Die Verbuchung der Ergebnisverwendung ist abhängig davon, welche Bilanz (vor Ergebnisverwendung, nach teilweiser Ergebnisverwendung, nach vollständiger Ergebnisverwendung) abgebildet werden soll:

1. Bilanz vor Ergebnisverwendung

Wird die Bilanz vor Ergebnisverwendung aufgestellt, wird das Konto 8020 – Gewinn- und Verlustkonto über das Passivkonto *3400 – Jahresüberschuss/-fehlbetrag* abgeschlossen. Dieses Konto 3400 geht dann schließlich in die Schlussbilanz ein.

2. Bilanz nach teilweiser Ergebnisverwendung

Bei teilweiser Ergebnisverwendung wird der Saldo des Kontos 8020 – Gewinn- und Verlustkonto auf das *Konto 3350 – Bilanzergebnis* übertragen.

Bei Jahresüberschuss:

8020   GuV   an   3350   Bilanzergebnis

Bei Jahresfehlbetrag:

3350   Bilanzergebnis   an   8020   GuV

Auf dem Konto 3350 wird außerdem ein Gewinn- oder Verlustvortrag aus dem Vorjahr (*Konto 3320 – Ergebnisvortrag aus früheren Perioden*) verrechnet.

Bei Gewinnvortrag:

3320   Ergebnisvortrag aus früheren Perioden   an   3350   Bilanzergebnis

Bei Verlustvortrag:

3350   Bilanzergebnis   an   3320   Ergebnisvortrag aus früheren Perioden

Nach Abschluss dieser Buchungsvorgänge ist die eigentliche Ergebnisverwendung zu erfassen. Entnahmen aus und Einstellungen in Rücklagen werden aber nicht direkt auf dem Konto 3350 gebucht, sondern erfolgen unter Verwendung der zwischengeschalteten Konten *3340 – Veränderung der Gewinnrücklagen vor Bilanzergebnis* und *3330 – Entnahmen aus der Kapitalrücklage*.

Einstellungen in die Gewinnrücklagen:

3340   Veränderungen der Gewinn-   an   3210   Gesetzliche Rücklagen
       rücklagen vor Bilanzergebnis
                                         3220   Rücklage für Anteile an einem
                                                herrschenden oder mehrheit-
                                                lich beteiligten Unternehmen
                                         3230   Satzungsmäßige Rücklagen
                                         3240   Andere Gewinnrücklagen

Bei Entnahmen aus Rücklagen sind die Vorschriften des § 150 III und IV AktG zur Auflösung der gesetzlichen Rücklage und der Kapitalrücklage zu beachten. So dürfen etwa gesetzliche Rücklagen nur verwendet werden, wenn der Verlust nicht durch die Auflösung frei verfügbarer Rücklagen (satzungsmäßige und andere Gewinnrücklagen) ausgeglichen werden kann.

Entnahmen aus Gewinnrücklagen:

3210	Gesetzliche Rücklagen			
3220	Rücklage für Anteile an einem herrschenden oder mehrheitlich beteiligten Unternehmen			
3230	Satzungsmäßige Rücklagen			
3240	Andere Gewinnrücklagen	an	3340	Veränderungen der Gewinnrücklagen vor Bilanzergebnis

Entnahmen aus Kapitalrücklagen:

31..	Kapitalrücklage	an	3330	Entnahmen aus der Kapitalrücklage

Die Konten 3340 und 3330 werden dann über das Konto 3350 – Bilanzergebnis abgeschlossen und erhöhen oder reduzieren dieses somit.

Gewinnrücklagen Fall 1 (gesamte Einstellungen > Entnahmen):

3350	Bilanzergebnis	an	3340	Veränderungen der Gewinnrücklagen vor Bilanzergebnis

Gewinnrücklagen Fall 2 (gesamte Einstellungen < Entnahmen):

3340	Veränderungen der Gewinnrücklagen vor Bilanzergebnis	an	3350	Bilanzergebnis

Kapitalrücklagen:

3330	Entnahmen aus der Kapitalrücklage	an	3350	Bilanzergebnis

Das Konto Bilanzergebnis wird dann zusammen mit den Rücklagenkonten (alles Passivkonten) über das Schlussbilanzkonto abgeschlossen.

▶ Beispiel:

Die Passivseite der Bilanz einer Aktiengesellschaft enthält vor Berücksichtigung der Gewinnverwendungsbeschlüsse zum Bilanzstichtag unter anderem 5.000.000,00 Euro gezeichnetes Kapital, 300.000,00 Euro Kapitalrücklage, 50.000,00 Euro gesetzliche Rücklage und einen Verlustvortrag von 10.000,00 Euro. Zudem ist bekannt, dass der Gewinn des abgelaufenen Geschäftsjahres bei 200.000,00 Euro (Aufwendungen: 800.000,00 Euro, Erträge: 1.000.000,00 Euro) liegt.

Da Kapitalrücklage und gesetzliche Rücklage zusammen nur 350.000,00 Euro, also nur 7 % des gezeichneten Kapitals ausmachen, sind nach § 150 II AktG 5 % des um den Verlustvortrag des Vorjahres reduzierten Jahresüberschuss in die gesetzliche Rücklage einzustellen.

5. Rechsformabhängige Eigenkapitalbilanzierung und Erfolgsbuchung

Jahresüberschuss	200.000,00
− Verlustvortrag	10.000,00
	190.000,00 → davon 5 % = 9.500,00

Nach einer Dotierung von 9.500,00 Euro zur gesetzlichen Rücklage würde diese gemeinsam mit der Kapitalrücklage 7,19 % des gezeichneten Kapitals ausmachen. Da dieser Wert nach wie vor unterhalb der nach § 150 II AktG geforderten Mindesthöhe von 10 % liegt, muss eine Zuführung zur gesetzlichen Rücklage in voller Höhe, d. h. in Höhe von 9.500,00 Euro erfolgen.

Zudem machen Vorstand und Aufsichtsrat von ihrem Recht Gebrauch, maximal 50 % des um den Verlustvortrag und die erforderlichen Zuführungen zur gesetzlichen Rücklage verminderten Jahresüberschusses in die anderen Gewinnrücklagen einzustellen.

Jahresüberschuss	200.000,00
− Verlustvortrag	10.000,00
− Einstellungen in die gesetzliche Rücklage	9.500,00
	180.500,00 → davon 50 % = 90.250,00

Anhand dieser Angaben sollen nun alle Verbuchungen zur teilweisen Ergebnisverwendung durchgeführt werden.

(1) Übertragung des Jahresüberschusses auf das Bilanzergebniskonto:

8020	Gewinn- und Verlustkonto	200.000,00	an	3350	Bilanzergebnis	200.000,00

(2) Übertragung des Verlustvortrags auf das Bilanzergebniskonto:

3350	Bilanzergebnis	10.000,00	an	3320	Ergebnisvortrag aus früheren Perioden	10.000,00

(3) Einstellungen in die Gewinnrücklagen:

3340	Veränderungen der Gewinnrücklagen vor Bilanzergebnis	99.750,00	an	3210	Gesetzliche Rücklagen	9.500,00
				3240	Andere Gewinnrücklagen	90.250,00

(4) Kontenabschluss „Veränderungen der Gewinnrücklagen vor Bilanzergebnis":

3350	Bilanzergebnis	99.750,00	an	3340	Veränderungen der Gewinnrücklagen vor Bilanzergebnis	99.750,00

(5) Kontenabschluss „Bilanzergebnis":

3350	Bilanzergebnis	90.250,00	an	8010	Schlussbilanzkonto	90.250,00

(6) Kontenabschluss „gezeichnetes Kapital" und Abschluss der Rücklagenkonten:

a)

| 3000 | Gezeichnetes Kapital | 5.000.000,00 | an | 8010 | Schlussbilanzkonto | 5.000.000,00 |

b)

| 3100 | Kapitalrücklage | 300.000,00 | an | 8010 | Schlussbilanzkonto | 300.000,00 |

c)

| 3210 | Gesetzliche Rücklagen | 59.500,00 | an | 8010 | Schlussbilanzkonto | 59.500,00 |

d)

| 3240 | Andere Gewinnrücklagen | 90.250,00 | an | 8010 | Schlussbilanzkonto | 90.250,00 |

Kontendarstellung:

S	8020		H
Aufw.	800.000,00	Ertr.	1.000.000,00
(1)	200.000,00		
	1.000.000,00		1.000.000,00

S	3350		H
(2)	10.000,00	(1)	200.000,00
(4)	99.750,00		
(5)	90.250,00		
	200.000,00		200.000,00

S	3340		H
(3)	99.750,00	(4)	99.750,00
	99.750,00		99.750,00

S	3320		H
AB	10.000,00	(2)	10.000,00
	10.000,00		10.000,00

S	3210		H
(6c)	59.500,00	AB	50.000,00
		(3)	9.500,00
	59.500,00		59.500,00

S	3240		H
(6d)	90.250,00	(3)	90.250,00
	90.250,00		90.250,00

S	3100		H
(6b)	300.000,00	AB	300.000,00
	300.000,00		300.000,00

S	3000		H
(6a)	5.000.000,00	AB	5.000.000,00
	5.000.000,00		5.000.000,00

5. Rechsformabhängige Eigenkapitalbilanzierung und Erfolgsbuchung

S	8010	H	Bilanzansätze:
	(6a)	5.000.000,00	← Gezeichnetes Kapital
	(6b)	300.000,00	← Kapitalrücklage
	(6c)	59.500,00	← Gesetzliche Gewinnrücklage
	(6d)	90.250,00	← Andere Gewinnrücklagen
	(5)	90.250,00	← Bilanzergebnis

3. Bilanz nach vollständiger Ergebnisverwendung

Die *vollständige Ergebnisverwendung* schließt an die teilweise Ergebnisverwendung an. Wurde die Verwendung des Bilanzergebnisses beschlossen, wird das Bilanzergebnis durch Ergebnisausschüttung (Dividende), weitere Zuführungen zu anderen Gewinnrücklagen und den Gewinnvortrag „aufgezehrt". Dies gilt allerdings nur im Falle des Bilanzgewinns, da bei einem Bilanzverlust keine weitere Bilanzergebnisverwendung stattfinden kann.

Häufig wird das Bilanzergebniskonto auch über ein sog. Gewinnverwendungskonto abgeschlossen und dieses dann über die beschriebene Ergebnisverwendung (Dividende etc.) aufgelöst. Der IKR sieht ein solches aber nicht vor. Stattdessen wird direkt folgendermaßen gebucht:

3350	Bilanzergebnis	an	3360	Ergebnisausschüttung
			3380	Einstellungen in Gewinnrücklagen nach Bilanzergebnis
			3390	Ergebnisvortrag auf neue Rechnung

Anschließend sind noch folgende Buchungstätigkeiten durchzuführen: Das *Konto 3360* stellt eine Verbindlichkeit gegenüber den Gesellschaftern dar und kann als solche unter den „sonstigen Verbindlichkeiten" ausgewiesen (umgebucht) oder direkt durch Gegenbuchung auf einem Zahlungsmittelkonto beglichen werden. Das *Konto 3380* ist durch Gegenbuchung auf den entsprechenden Gewinnrücklagenkonten aufzulösen. Das *Konto 3390* ist über das Schlussbilanzkonto abzuschließen. Im neuen Geschäftsjahr muss aber eine Umbuchung auf das Konto 3320 – Ergebnisvortrag aus früheren Perioden erfolgen, da dieses Konto wieder für den Jahresabschluss benötigt wird.

6 Fremdkapital

6.1 Allgemeines

Im Unterschied zum Eigenkapital, das dem Unternehmen von den Eigenkapitalgebern (Eigentümern) zeitlich unbefristet überlassen wird, steht **Fremdkapital** dem Unternehmen nur zeitlich befristet zur Verfügung. Dem Fremdkapital liegen stets Verpflichtungen zu Grunde, die mit einer bestimmten Fristigkeit beglichen werden müssen. Für die Bilanzierung ist es dabei von Belang, inwieweit die Verpflichtung ihrem Eintritt bzw. ihrer Höhe nach feststeht. Steht zum Bilanzstichtag sowohl die Höhe als auch der Eintritt selbst fest, so handelt es sich um eine *Verbindlichkeit* (vgl. Abschnitt D 6.3), die als solche zu bilanzieren ist. Sind hingegen zum Bilanzstichtag der Eintritt selbst und/oder die Höhe der Verpflichtung unsicher, so spricht man von *Rückstellungen* (vgl. Abschnitt D 6.2). Diese sind ebenfalls zu passivieren, d. h. auf der Passivseite der Bilanz auszuweisen. Von den Rückstellungen zu unterscheiden sind die sog. *Eventualverbindlichkeiten*. Hierbei handelt es sich um mögliche Verpflichtungen mit deren Eintritt allerdings nicht gerechnet wird. Ihnen fehlt es an dem die Verpflichtung begründenen Ereignis in der Vergangenheit. Eventualverbindlichkeiten können sein:

- Verpflichtungen aus der Übernahme von Bürgschaften;
- Verpflichtungen aus Gewährleistungsverträgen;
- Verpflichtungen aus der Gewährung von Sicherheiten für die Verbindlichkeiten Dritter.

Eventualverbindlichkeiten dürfen nicht passiviert werden. Sie sind jedoch „unterhalb des Bilanzstrichs" anzugeben.

Als Bestandteile des Fremdkapitals, d. h. „oberhalb des Bilanzstrichs" sind auch die *passiven Rechnungsabgrenzungsposten* (vgl. Abschnitt D 4.2.1.3) und die *passiven latenten Steuern* (vgl. Abschnitt D 7) anzugeben.

6.2 Rückstellungen

6.2.1 Allgemeines

Die *aufwandswirksame* Passivierung von Rückstellungen dient dem Zweck, *künftige*, hinsichtlich ihres Entstehens oder ihrer Höhe und gegebensfalls ihres Fälligkeitszeitpunkts *unsichere Mittelabflüsse, die wirtschaftlich im abgelaufenen Geschäftsjahr entstanden sind, dem abgelaufenen Geschäftsjahr als Aufwand zuzuordnen*. Hintergrund ist also eine *periodengerechte Erfolgsermittlung*. Die Bildung von Rückstellungen am Jahresende wird außerdem durch das *Vorsichtsprinzip*, welches eine Vorsorge für bereits wirtschaftlich verursachte zukünftig erwartete Mittelabflüsse verlangt, und das *Vollständigkeitsprinzip*, das unter anderem zu einem vollständigen Ausweis aller ungewissen Verbindlichkeiten verpflichtet, begründet. Sie dient insofern in erster Linie dem Gläubigerschutz.

Grundsätzlich stellen Rückstellungen Fremdkapital dar, da bereits Ansprüche Dritter bestehen oder Vorsorge für Zahlungen an Dritte getroffen wird, auch wenn in beiden Fällen die endgültige Höhe der Schuld noch nicht bekannt ist. Eine Ausnahmen bilden Aufwandsrückstellungen, bei denen keine Verpflichtungen gegenüber Dritten bestehen (vgl. hierzu Abschnitt D 6.2.2)

6.2.2 Ansatz und Ausweis von Rückstellungen

§ 249 HGB unterscheidet Verbindlichkeits- und Aufwandsrückstellungen. Während *Verbindlichkeitsrückstellungen* aus unsicheren *Außenverpflichtungen* (d. h. Verpflichtungen gegenüber Dritten) resultieren, beruhen *Aufwandsrückstellungen* auf unsicheren *Innenverpflichtungen* (d. h. Verpflichtungen gegenüber sich selbst). Anders als bei Verbindlichkeitsrückstellungen, kann sich der Bilanzierende also bei Aufwandsrückstellung der entsprechenden Verpflichtung entziehen. Trotz der Namensgebung sind sowohl Verbindlichkeits- als auch Aufwandsrückstellungen aufwandswirksam zu bilden.

Zu den **Verbindlichkeitsrückstellungen** zählen Rückstellungen für:

- ungewisse Verbindlichkeiten (§ 249 I S. 1 HGB)
- drohende Verluste aus schwebenden Geschäften (sog. *Drohverlustrückstellungen*; § 249 I S. 1 HGB)

Zu den Rückstellungen für ungewisse Verbindlichkeiten zählen insbesondere:

- Rückstellungen für Pensionsverpflichtungen (für Alt- und Neuzusagen)
- Rückstellungen für pensionsähnliche und indirekte Verpflichtungen
- Steuerrückstellungen für tatsächliche und latente Steuern (§ 274 I HGB)
- Rückstellungen für sonstige ungewisse Verbindlichkeiten (z. B. Prozesskosten Abschluss-, Prüfungs- und Beratungskosten, Berufsgenossenschaftsbeiträge, Boni, Bürgschaftsinanspruchnahme, gesetzliche Gewährleistungspflichten, gewinnabhängige Entgelte, Patentrechtsverletzung, Provisionsverpflichtungen, Sozialverpflichtungen, Pfandgeld, Rekultivierung usw.)

Für Verpflichtungen des Unternehmens gegenüber sich selbst (Innenverpflichtungen) besteht grundsätzlich ein *Passivierungsverbot*. Ausnahme sind einzig folgende zu passivierende **Aufwandsrückstellungen**:

- Gewährleistungen ohne rechtliche Verpflichtung (sog. *Kulanzrückstellungen*; § 249 I S. 2 Nr. 2 HGB)
- unterlassene Instandhaltung mit Nachholung innerhalb der ersten 3 Monate des folgenden Geschäftsjahres (sog. *Instandhaltungsrückstellungen*; § 249 I S. 2 Nr. 1 HGB)
- im Folgejahr nachgeholte Abraumbeseitigung (§ 249 I S. 2 Nr. 1 HGB)

Die Zuordnung von Kulanzrückstellungen zu den Aufwands- bzw. Verbindlichkeitsrückstellungen in der Literatur ist strittig. Da bei Garantieleistungen, die den Kunden vom Unternehmen über die gesetzliche Frist hinaus gewährt werden, keine rechtliche Verpflichtung besteht (obgleich eine wirtschaftliche Verpflichtung durchaus z. T. bestehen mag), werden die damit verbundenen Kulanzrückstellungen in diesem Buch als Aufwandsrückstellungen klassifiziert. Für die praktische Bilanzierung von Kulanzrückstellungen ist diese Uneinigkeit in der Literatur belanglos, da der Gesetzgeber explizit zur Passivierung von Kulanzrückstellungen verpflichtet.

Abbildung 122 zeigt die wichtigsten Ansatzpflichten und -verbote für Rückstellungen in der Handels- und Steuerbilanz. Zudem ist zu beachten, dass für *alle nicht explizit vom Gesetzgeber geregelten Sachverhalte* die Bildung von Rückstellungen (z. B. für das allgemeine Unternehmensrisiko) nach § 249 II HGB unzulässig ist.

Grundsätzlich sind die handelsrechtlichen Vorschriften bezüglich der Bilanzierung von Rückstellungen auch für die Steuerbilanz einschlägig. Allerdings erfährt dieser Grundsatz Einschränkungen in Folge steuerlicher Sondervorschriften, die sich insbesondere aus der Finanzrechtsprechung ergeben haben. Beispielhaft seien hier die Rückstellungen für drohende Verluste aus schwebenden Geschäften genannt. Sofern aus der Erfüllung eines zweiseitig bindenden und noch nicht erfüllten Vertrages (*schwebendes Geschäft*) ein Verlust droht, ist handelsrechtlich verbindlich eine *Drohverlustrückstellung* zu bilden (§ 249 I HGB). Steuerrechtlich existiert für solche Sachverhalte jedoch ein explizites Verbot zur Bildung einer Rückstellung (§ 5 IV a EStG).

Aufwandsrückstellungen			Verbindlichkeitsrückstellungen	
unterlassene Instandhaltung mit Nachholung im 1. Quartal des Folgejahres	Abraumbeseitigung im Folgejahr	Gewährleistung ohne rechtlichen Grund (sog. Kulanzrückstellung)	ungewisse Verbindlichkeiten	drohende Verluste aus schwebenden Geschäften (sog. Drohverlustrückstellung)
Ansatzpflicht in der Handelsbilanz § 249 I HGB				
Ansatzpflicht in der Steuerbilanz § 5 I EStG			Ansatzverbot § 5 IV a EStG	

Abbildung 122: Ansatzvorschriften für Rückstellungen

Die einzelnen Rückstellungen sind gemäß § 266 III HGB entsprechend der folgenden Gruppen zu gliedern und auf der Passivseite der Bilanz auszuweisen:
- Rückstellungen für Pensionen und ähnliche Verpflichtungen
- Steuerrückstellungen
- sonstige Rückstellungen

Auf die Besonderheiten der Bilanzierung von Altersvorsorgeverpflichtungen, insbesondere die Bilanzposten „Rückstellungen für Pensionen und ähnliche Verpflichtungen" sowie „aktiver Unterschiedsbetrag aus der Vermögensverrechnung", wird in diesem Buch nicht eingegangen.

Eine gebildete Rückstellung darf gemäß § 249 II S. 2 HGB nur *aufgelöst* werden, sobald der Grund, der in der Vergangenheit zu ihrer Bildung geführt hat, entfallen ist (z. B. wenn ein Gerichtsprozess, in dessen Zusammenhang eine Rückstellung gebildet wurde, gewonnen ist).

6.2.3 Bewertung von Rückstellungen

6.2.3.1 Allgemeines

Die Bewertung von Rückstellungen folgt § 253 I S. 2 und § 253 II HGB. Rückstellungen sind gemäß § 253 I S. 2 HGB *in Höhe des nach vernünftiger kaufmännischer Beurteilung notwendigen Erfüllungsbetrages* der künftigen Verpflichtung anzusetzen. Die Ermittlung des **Erfüllungsbetrages** kann dabei anhand glaubwürdiger Daten (Expertenschätzung) sowie anhand wahrscheinlicher Daten erfolgen. Dabei ist zu beachten, dass nach § 252 I Nr. 4 HGB (Grundsatz der Vorsicht) bei einer Bandbreite gleichwahrscheinlicher Werte derjenige Wert anzusetzen ist, der mit dem höchsten Mittelabfluss einhergeht.

Steht im Falle einer *Drohverlustrückstellung* (vgl. Abschnitt D 6.2.2) das schwebende Geschäft im Zusammenhang mit aktivierten Vermögensgegenständen des Umlaufvermögens, so sind zunächst diese Vermögensgegenstände in Höhe des drohenden Verlustes abzuschreiben. Eine Rückstellung für drohende Verluste wird in Höhe des nach vollständiger Abschreibung der Vermögensgegenstände noch verbleibenden Betrages gebildet.

Steuerrechtlich sind bei der Rückstellungsbewertung insbesondere folgende Abweichungen zu den handelsrechtlichen Vorschriften hervorzuheben, die insbesondere in Abschnitt D 6.2.3.2 vertieft werden:

- keine Berücksichtigung künftiger Preis- und Kostensteigerungen (§ 6 I Nr. 3a Buchstabe f EStG)
- pauschaler Abzinsungssatz von 5,5 % (§ 6 I Nr. 3a Buchstabe e EStG)
- keine Bildung einer Drohverlustrückstellung gemäß § 5 Abs IV a EStG (damit auch keine Wertanpassung damit in Zusammenhang stehender Vermögensgegenstände)

6.2.3.2 Besonderheiten bei langfristigen Rückstellungen

Liegt der voraussichtliche/wahrscheinliche Mittelabfluss *mehr als ein Jahr* in der Zukunft (sog. **langfristige Rückstellungen**), so ist der Erfüllungsbetrag abzuzinsen (§ 253 II HGB). Da der Erfüllungsbetrag jenen Betrag darstellt, zu dem die Verpflichtung voraussichtlich in Zukunft zu begleichen ist, sind bei langfristigen Rückstellungen auch Preis- und Kostensteigerungen bis zum Erfüllungszeitpunkt im Erfüllungsbetrag zu berücksichtigen. Die notwendige **Abzinsung** (Diskontierung) muss mit dem durchschnittlichen Marktzins fristenkongruenter Verpflichtungen der vergangenen sieben Geschäftsjahre erfolgen. Die Abzinsungssätze werden monatlich von der *Deutschen Bundesbank* bekanntgegeben und auf ihrer Internetseite http://www.bundesbank.de/statistik/statistik_zinsen.php veröffentlicht (§ 253 II S. 4 HGB).

Verbindlichkeitsrückstellungen sind stets in der Periode aufwandswirksam zu bilden, in der sie rechtlich und wirtschaftlich verursacht worden sind. Bei langfristigen Rückstellungen weichen jedoch in einigen Fällen die rechtliche und wirtschaftliche Verursachung zeitlich voneinander ab. Aufgrund dessen wird eine Unterscheidung langfristiger Rückstellungen in Voll- und Ansammlungsrückstellungen notwendig. **Vollrückstellungen** sind dadurch gekennzeichnet, dass sie vollständig in ein und derselben Periode rechtlich und wirtschaftlich begründet werden. **Ansammlungsrückstellungen** entstehen zwar rechtlich auch nur in einer Periode, wirtschaftlich gesehen ist jedoch der laufende Geschäftsbetrieb für die künftige Verpflichtung ursächlich. Der wirtschaftlichen Verursachung Rechnung tragend sind Ansammlungsrückstellungen aufwandswirksam *über mehrere Jahre* verteilt bis zum Erfüllungszeitpunkt zu bilden. Der Begriff „Ansammlungsrückstellung" ist also etwas irreführend, da es nicht um eine Ansammlung der Rückstellung, sondern vielmehr um eine Verteilung des Rückstellungsaufwandes über den Zeitraum der Nutzung geht.

Eine Rückstellungsbildung über mehrere Jahre betrifft insbesondere solche Verpflichtungen, bei denen am Ende der Nutzungsdauer bestimmter Sachanlagen jene zurückgebaut bzw. entsorgt werden müssen und der frühere Zustand wiederhergestellt werden muss. Beispiele derartiger Sachanlagen sind Kernkraftwerke oder Ölplattformen, aber auch Funkmasten auf fremden Häusern oder Mietereinbauten in angemieteten Betriebsräumen. Durch die Ansammlung des Erfüllungsbetrages der Entsorgungs-/Rückbauverpflichtungen über die Nutzungsdauer der betreffenden Sachanlage im Zuge der Rückstellungsbildung wird der künftige Mittelabfluss auf die Perioden als Aufwand verteilt, in denen die Sachanlage betrieblich genutzt wird. Im Zuge von Produktion und Absatz werden in diesen Perioden die mit dem Aufwand sachlich zusammenhängenden Erträge realisiert. Ansammlungsrückstellungen werden somit dem Prinzip der zeitlichen und sachlichen Periodenabgrenzung im Rahmen einer *periodengerechten Gewinnermittlung* gerecht. Wird eine Ansammlungsrückstellung von einer Kapitalgesellschaften oder einer haftungsbeschränkte Personengesellschaften gebildet, so muss im Anhang stets der Differenzbetrag zur Vollverpflichtung angeben werden (§ 285 Nr. 3 HGB).

Vollrückstellungen sind *im Jahr ihrer Entstehung* zum **Barwert des künftigen Erfüllungsbetrages** zu bilden und *in den Folgejahren aufzuzinsen*. Ansammlungsrückstellungen hingegen sind *jedes Jahr* zum **Barwert des Anteils des künftigen Erfüllungsbetrages** zu bewerten, **der auf die bereits abgelaufene Laufzeit der Rückstellung entfällt**. Details dazu werden in den Beispielen zur Rückstellungsverbuchung in Abschnitt D 6.2.4 behandelt.

Langfristige Rückstellungen sind in den Folgejahren an den jeweils aktuellen Barwert des gesamten (bei Vollrückstellungen) bzw. anteiligen (bei Ansammlungsrückstellungen) Erfüllungsbetrages anzupassen. Dieser Barwert steigt von Jahr zu Jahr. Bei Vollrückstellungen ist die Steigerung des Barwertes einzig darauf zurückzuführen, dass der Zeitpunkt der (wahrscheinlichen) Inanspruchnahme näher rückt und somit die Abzinsungszeit bei der Barwertermittlung jährlich sinkt. Gemäß § 277 V HGB sind derartige Aufzinsungsbeträge gesondert unter dem Posten „Zinsen und ähnliche Aufwendungen" auszuweisen. Sie sind damit im Gegensatz zum Rückstellungszuführungsbetrag bei Rückstellungsbildung Bestandteil des Finanz- und nicht des Betriebsergebnisses. Bei Ansammlungsrückstellungen ist die jährliche Steigerung des (Bar-)Wertes der Rückstellung darüber hinaus zum Teil auch auf die jährlich anzusammelnden Rückstellungszuführungsbeträge (z. B. sonstiger betrieblicher Aufwand) zurückzuführen, was bei der Verbuchung zu berücksichtigen ist.

6.2.4 Verbuchung von Rückstellungen

Die Verbuchung der Rückstellungsbildung am Bilanzstichtag erfolgt nach dem folgenden einfachen Buchungsschema:

Aufwandskonto (Nettowert)	an	Rückstellungskonto (Nettowert)

Es wird grundsätzlich das **Aufwandskonto** belastet, dass bei tatsächlich erfolgter Auszahlung im laufenden Geschäftsjahr auch belastet worden wäre (z. B. Aufwendungen für Rohstoffe bei einer Rückstellung für einen drohenden Verlust aus einem Rohstoffgeschäft). Besteht Unklarheit über den Aufwandstyp (z. B. könnten bei Gewährleistungen Personal- oder Materialaufwendungen vorliegen), ist unter den „sonstigen betrieblichen Aufwendungen" (*6980 – Zuführungen zu Rückstellungen*) zu buchen.

Bei umsatzsteuerpflichtigen Aufwendungen sind auf dem **Rückstellungskonto** (je nach Rückstellungstyp Konto der Gruppe 37, 38 oder 39 des IKR) grundsätzlich nur die **Nettowerte** zu verbuchen, da noch keine Leistung erbracht wurde und kein Beleg zur Bestimmung der Vorsteuerhöhe vorliegt. Erst bei Rechnungseingang und erfolgter Leistung darf eine Buchung auf dem Konto 2600 erfolgen.

Es wird also zum Bilanzstichtag ein Aufwand verrechnet, sodass selbiger in der GuV-Rechnung des abgelaufenen Geschäftsjahres zum Ansatz kommt. Durch die Gegenbuchung auf dem passiven Rückstellungskonto wird sichergestellt, dass im Jahr der Inanspruchnahme der Rückstellung, d. h. im Jahr des Mittelabflusses, die *Inanspruchnahme der Rückstellung* einen *erfolgsneutralen Charakter* hat. Wurde die Rückstellung zum Zeitpunkt der Bildung allerdings zu hoch oder zu niedrig geschätzt, entsteht in Höhe der Differenz zur Inanspruchnahme ein *sonstiger betrieblicher Ertrag bzw. Aufwand*. Dabei ist zur Wahrung des Vorsichtsprinzips zu beachten, dass ein Aufwand aus der „*Unterschätzung*" einer Rückstellung *sofort* zum Zeitpunkt des Bekanntwerdens zu erfassen ist. Der Ertrag aus einer „*Überschätzung*" einer Rückstellung ist hingegen *erst mit der Auflösung* der Rückstellung zu vereinnahmen.

Unterstellt man vereinfachend, dass bis zum Zeitpunkt der Auflösung keine anderweitigen Informationen vorliegen, so sind folgende Buchungsfälle bei **Rückstellungsauflösung** zu unterscheiden:

Fall 1: *tatsächlicher Aufwand > Rückstellung*

Rückstellungskonto		
Aufwandskonto		
(evtl. Vorsteuer)	an	Zahlungsmittelkonto

Fall 2: *tatsächlicher Aufwand < Rückstellung*

Rückstellungskonto		
(evtl. Vorsteuer)	an	Zahlungsmittelkonto
		Ertragskonto

6. Fremdkapital

Fall 3: *tatsächlicher Aufwand = Rückstellung*

Rückstellungskonto		
(evtl. Vorsteuer)	an	Zahlungsmittelkonto

Die Auflösung einer Rückstellung ist nach dem Grundsatz der Richtigkeit und Willkürfreiheit verpflichtend, wenn die Gründe für die Rückstellungsbildung weggefallen sind (R 5.7 XIII EStR, H 5.7 XIII EStH). Eine willkürliche, d. h. vorzeitige Auflösung ist nach § 249 II S. 2 HGB nicht zulässig.

▷ Beispiel:
Ein Unternehmen rechnet damit, dass für das abgelaufene Geschäftsjahr ein Bescheid über die Gewerbeertragsteuer in Höhe von ca. 10.000,00 Euro eingeht. Der Steueraufwand ist am 31.12. zu buchen.

Buchung:

| 7700 | Gewerbeertragsteuer | 10.000,00 | an | 3800 | Rückstellungen für Gewerbeertragsteuer | 10.000,00 |

Kontendarstellung:

S	7700	H	S	3800	H
3800	10.000,00			7700	10.000,00

Im neuen Jahr wird nun der tatsächliche Aufwand von a) 10.000,00 Euro, b) 8.000,00 Euro bzw. c) 12.000,00 Euro per Banküberweisung beglichen. In diesen drei Fällen ist folgendermaßen zu buchen:

a) *Die Schätzung stimmt.*
Die Rückstellung wird aufgelöst. Es kommt zu keiner erfolgswirksamen Buchung im neuen Geschäftsjahr.

Buchung:

| 3800 | Rückstellungen für Gewerbeertragsteuer | 10.000,00 | an | 2800 | Guthaben bei Kreditinstituten (Bank) | 10.000,00 |

Kontendarstellung:

S	3800	H		S	2800	H
2800	10.000,00	8000	10.000,00		3800	10.000,00

b) *Die Schätzung war zu hoch.*
Der im vorhergehenden Geschäftsjahr gebuchte Aufwand war zu hoch. Bei Auflösung der Rückstellung ist daher ein „ausgleichender" Ertrag zu buchen. Für diesen „*sonstigen betrieblichen Ertrag*" sieht der IKR speziell das *Konto 5480 – Erträge aus der Herabsetzung von Rückstellungen* vor.

Buchung:

3800	Rückstellungen für Gewerbeertragsteuer	10.000,00	an	2800	Guthaben bei Kreditinstituten (Bank)	8.000,00
				5480	Erträge aus der Herabsetzung von Rückstellungen	2.000,00

Kontendarstellung:

S	3800		H		S	2800		H
2800, 5480	10.000,00	8000	10.000,00				3800	8.000,00

S	5480		H
		3800	2.000,00

c) *Die Schätzung war zu niedrig.*

Der im vorhergehenden Geschäftsjahr gebuchte Aufwand war zu niedrig. Es ist daher die Buchung eines zusätzlichen Aufwandes erforderlich. Dieser *„sonstige betriebliche Aufwand"* wird im IKR auf dem Konto *6930 – Andere sonstige betriebliche Aufwendungen* erfasst. In der Literatur findet man aber auch häufig die Aussage, dass in einem solchen Fall das Konto des ursprünglich gebuchten Aufwands (also hier 7700) zu verwenden ist.

Buchung:

3800	Rückstellungen für Gewerbeertragsteuer	10.000,00				
6930	Andere sonstige betriebliche Aufwendungen	2.000,00	an	2800	Guthaben bei Kreditinstituten (Bank)	12.000,00

Kontendarstellung:

S	3800		H		S	2800		H
2800	10.000,00	8000	10.000,00				3800, 6930	12.000,00

S	6930		H
2800	2.000,00		

Bei der Verbuchung von **langfristigen Rückstellungen** (vgl. Abschnitt D 6.2.3.2) sind gewisse Besonderheiten zu beachten. Es kann hier nach der Brutto- oder der Nettomethode verfahren werden. Diese Methoden unterscheiden sich darin, welcher Teil der Zuführung zur Rückstellung dem Betriebsergebnis (z. B. als sonstiger betrieblicher Aufwand) und welcher Teil dem Finanzergebnis (z. B. als Zinsaufwand) zuzuordnen ist. Während sich bei der *Bruttomethode* der dem Betriebsergebnis zuzurechnende Teil anhand des Erfüllungsbetrages (bzw. des anteiligen Erfüllungsbetrages bei Ansammlungsrückstellungen) bemisst, stellt die *Nettomethode* auf den Barwert des Erfüllungsbetrages (bzw. auf den Barwert des anteiligen Erfüllungsbetrages bei Ansammlungsrückstellungen) ab. Die sich nach Verrechnung des Betriebsaufwandes ergebende Differenz zum Zuführungsbetrag ist dann bei beiden Methoden im Zinsergebnis zu erfassen. Beim Vergleich beider Methoden bleibt insofern festzustellen, dass das Betriebsergebnis bei Anwendung der Nettomethode höher ausfällt. Dem steht jedoch ein geringeres Zinsergebnis als bei Anwendung der Bruttomethode gegenüber, sodass sich die Wirkung auf das Jahresergebnis bei beiden Methoden nicht unterscheidet. Im Rahmen der folgenden Beispiele kommt die in der Praxis stärker verbreitete Nettomethode zur Anwendung.

Beispiel: Langfristige Vollrückstellung

Für einen laufenden Rechtsstreit, für den eine gerichtliche Entscheidung erst in zwei Jahren zu erwarten ist, wird am 31.12.2009 eine Rückstellung für die Anwaltskosten gebildet. Der Abzinsungssatz beträgt nach Angaben der Deutschen Bundesbank 3,97 %. Der künftige Erfüllungsbetrag wird auf 12.000,00 Euro geschätzt.

Zum 31.12.2009 ergibt sich ein Barwert des Erfüllungsbetrages von 11.101,08 Euro (= $12.000,00 / 1,0397^2$).

Buchung zum 31.12.2009:

| 6770 | Rechts- und Beratungskosten | 11.101,08 | an | 3930 | Rückstellungen für andere ungewisse Verbindlichkeiten | 11.101,08 |

Kontendarstellung:

S	6770	H	S	3930		H
3930 11.101,08			8010 11.101,08		*6770* 11.101,08	

Zum 31.12.2010 beträgt der Barwert 11.541,79 Euro (= 12.000,00 / 1,0397). Die Rückstellung ist somit um 440,71 Euro (11.541,79 – 11.101,08 oder alternativ 11.101,08 · 0,0397) aufzuzinsen. Wie in Abschnitt D 6.2.3.2 erwähnt, ist der Aufzinsungsbetrag im Finanzergebnis auszuweisen. Seine Verbuchung erfolgt daher auf dem Konto *7590 – Sonstige Zinsen und ähnliche Aufwendungen*.

Buchung zum 31.12.2010:

| 7590 | Sonstige Zinsen und ähnliche Aufwendungen | 440,71 | an | 3930 | Rückstellungen für andere ungewisse Verbindlichkeiten | 440,71 |

Kontendarstellung:

S	7590	H	S	3930		H
3930 440,71			8010 11.541,79		8000 11.101,08	
					7590 440,71	

Zum 31.12.2011 ist noch keine gerichtliche Entscheidung gefallen. Sie wird aber für die nächsten Monate erwartet. In Folge des vereinbarten erfolgsabhängigen Hono-

rars liegt zu diesem Zeitpunkt auch noch keine Anwaltsrechnung vor. Damit besteht der Rückstellungsgrund zum 31.12.2011 immer noch. Die Rückstellung ist erneut aufzuzinsen. Der Wertansatz der Rückstellung muss am 31.12.2011 zum Erfüllungsbetrag erfolgen und beträgt 12.000,00 Euro. Daher muss die Rückstellung um 458,21 Euro (12.000,00 − 11.541,79 bzw. 11.541,79 · 0,0397) aufgezinst werden.

Buchung zum 31.12.2011:

7590	Sonstige Zinsen und ähnliche Aufwendungen	458,21	an	3930	Rückstellungen für andere ungewisse Verbindlichkeiten	458,21

Kontendarstellung:

S	7590		H	S	3930		H
3930	458,21			8010	12.000,00	8000	11.541,79
						7590	458,21

Im Januar 2012 fällt die gerichtliche Entscheidung unerwartet zu Ungunsten des Unternehmens aus. Für den Fall der Niederlage war jedoch auch ein geringeres Anwaltshonorar (7.000,00 Euro netto) vereinbart worden. Die Rückstellung ist daher vollständig auszubuchen. In Höhe des zu entrichtenden Honorars ist eine Inanspruchnahme der Rückstellung zu erfassen. Der Restbetrag wird ertragswirksam aufgelöst. Die Begleichung der Anwaltsrechnung erfolgt über das Bankkonto.

Buchung Januar 2012:

3930	Rückstellungen für andere ungewisse Verbindlichkeiten	12.000,00				
2600	Vorsteuer	1.330,00	an	2800	Guthaben bei Kreditinstituten (Bank)	8.330,00
				5480	Erträge aus der Herabsetzung von Rückstellungen	5.000,00

Kontendarstellung:

S	3930		H	S	2800		H
2800, 5480	12.000,00	8000	12.000,00			3930, 2600	8.330,00

S	2600		H	S	5480		H
2800, 5480	1.330,00					3930, 2600	5.000,00

▶ Beispiel: Langfristige Ansammlungsrückstellung

Ein Energieversorger erwirbt zum 01.01.2010 eine bereits voll betriebsbereite Biogasanlage und muss diese gemäß Genehmigungsverfahren nach Ablauf der Nutzungszeit zurückbauen. Damit besteht eine rechtliche Verpflichtung, die zu einem künftigen Mittelabfluss führt. Da eine gewisse Unsicherheit bezüglich Höhe und Eintrittszeitpunkt des Mittelabflusses gegeben ist, wird keine Verbindlichkeit, sondern eine Rückstellung passiviert. Die Nutzungszeit der Biogasanlage wird auf 20 Jahre und die Rückbaukosten werden zum 2010 vorherrschenden Preisniveau auf 60.000,00 Euro geschätzt. Der Energieversorger schätzt eine jährliche durchschnittliche Preissteigerungsrate von 1 %. Der künftige Erfüllungsbetrag beläuft sich somit auf 73.211,40 Euro (= 60.000,00 · $1{,}01^{20}$). Der Abzinsungssatz gemäß § 253 II HGB beträgt nach Angaben der Deutschen Bundesbank 5,38 %.

Das Unternehmen hat sich für eine Ansammlungsrückstellung entschieden. Bei (hier vorliegender) unwesentlicher Höhe des Erfüllungsbetrages könnte die Rückstellung jedoch alternativ auch als Vollrückstellung erfolgen, d. h. in Höhe des Barwertes des gesamten Erfüllungsbetrages im ersten Jahr gebildet werden. Diese Vereinfachung ist aus Wirtschaftlichkeitsaspekten sinnvoll, da dabei der Grundsatz der zeitlichen und sachlichen Periodenabgrenzung nicht wesentlich verletzt wird. Im Gegensatz dazu handelt es sich z. B. bei Entsorgungskosten von Kernkraftwerken um Millionenbeträge, wodurch der Erfüllungsbetrag bei Entsorgungsrückstellungen von Kernkraftwerken stets wesentlich ist.

Die Rückstellung für diese Rückbauverpflichtung ist zum 31.12.2010 (Restnutzungsdauer: 19 Jahre, bereits abgelaufene Zeit: 1 Jahr) zum Barwert des auf das 1. Nutzungsjahr entfallenden Erfüllungsbetrages zu passivieren, d. h. mit einem Wert in Höhe von 1.352,52 Euro (= 1/20 · 73.211,40 Euro · $1 / 1{,}0538^{19}$). Gemäß Nettomethode ist dieser wie folgt zu verbuchen:

Buchung zum 31.12.2010:

6980	Zuführungen zu Rückstellungen (soweit nicht unter anderen Aufwendungen erfassbar)	1.352,52	an	3930	Rückstellungen für andere ungewisse Verbindlichkeiten	1.352,52

Zum 31.12.2010 (Restnutzungsdauer: 18 Jahre, bereits abgelaufene Zeit: 2 Jahre) beträgt der Barwert des anteiligen Erfüllungsbetrages bei unverändertem Abzinsungssatz 2.850,57 Euro (= 2/20 · 73.211,40 Euro · $1 / 1{,}0538^{18}$). Der Wert der Rückstellung ist somit um 1.498,05 Euro (= 2.850,57 − 1.352,52) zu erhöhen. Der Teil, der dem Barwert des Anteils des Erfüllungsbetrages, der auf das Jahr 2011 entfällt, entspricht, ist als Betriebsaufwand (Konto 6980) zu erfassen. Der Teil, der der Verzinsung der durch die Rückstellung im abgelaufenen Jahr gebundenen Mittel entspricht, ist als Zinsaufwand (Konto 7590) zu erfassen. Rechentechnisch ist es am vorteilhaftesten, zunächst den Zinsaufwand zu berechnen: 1.352,52 · 0,0538 = 72,77 Euro. Der Betriebsaufwand beträgt dann 1.425,28 Euro (= 1.498,05 − 72,77).

Buchung zum 31.12.2011:

6980	Zuführungen zu Rückstellungen (soweit nicht unter anderen Aufwendungen erfassbar)	1.425,28				
7590	Sonstige Zinsen und ähnliche Aufwendungen	72,77	an	3930	Rückstellungen für andere ungewisse Verbindlichkeiten	1.498,05

Die nachfolgende Tabelle verdeutlicht, wie die Rückbaurückstellung über die Nutzungsdauer angesammelt wird und wie dementsprechend zu buchen ist.

Bilanz-stichtag des Jahres	Wert der Rückstellung	Wertänderung der Rückstellung (Konto 3930)	Zinsaufwand (Konto 7590)	Betriebsaufwand (Konto 6980)
2010	1.352,52	1.352,52	0,00	1.352,52
2011	2.850,57	1.498,05	72,77	1.425,28
2012	4.505,89	1.655,32	153,36	1.501,96
2013	6.331,08	1.825,19	242,42	1.582,77
2014	8.339,61	2.008,53	340,61	1.667,92
2015	10.545,94	2.206,33	448,67	1.757,66
2016	12.965,53	2.419,59	567,37	1.852,22
2017	15.614,94	2.649,41	697,55	1.951,87
2018	18.511,90	2.896,96	840,08	2.056,88
2019	21.675,38	3.163,48	995,94	2.167,54
2020	25.125,67	3.450,29	1.166,14	2.284,15
...	...	...	...	...
2025	47.493,69	5.241,52	2.273,17	2.968,36
2026	53.176,90	5.683,21	2.555,16	3.128,05
2027	59.334,16	6.157,26	2.860,92	3.296,34
2028	66.000,03	6.665,86	3.192,18	3.473,69
2029	73.211,40	7.211,37	3.550,80	3.660,57

Die Verbuchung der Auflösung der Ansammlungsrückstellung erfolgt wie bei anderen Rückstellungen (vgl. vorhergehende Beispiele).

Abschließend ist darauf hinzuweisen, dass die Bewertung langfristiger Rückstellungen an jedem Bilanzstichtag auf Basis der aktuellen Schätzungen bezüglich des Erfüllungsbetrages, der Restlaufzeit und des Diskontierungssatzes erfolgen muss. Langfristige Rückstellungen sind in der Bilanz letztlich mit jenem Barwert auszuweisen, der sich auf Basis dieser **aktuellen Informationen** ergibt. In den obigen Beispielen wurde vereinfachend angenommen, dass in den Folgeperioden keine Informationen (z. B. ein veränderter Abzinsungssatz) eingegangen sind, die eine Schätzungsänderung veranlassen würden.

6.3 Verbindlichkeiten

6.3.1 Allgemeines

Verbindlichkeiten sind Verpflichtungen, die am Bilanzstichtag ihrer Höhe und Fälligkeit nach feststehen. Sie sind durch einen Rechtsakt begründet, d. h. das Unternehmen kann sich der aus der Verpflichtung ergebenden wirtschaftlichen Belastung nicht entziehen. Verbindlichkeiten stellen daher immer Schulden dar. Gegliedert nach Gläubigergruppen gehören dazu die folgenden Positionen:

- *Anleihen* (langfristige Fremdfinanzierung mit meist sehr großem Volumen, z. B. Industrieobligationen, Wandel- und Optionsschuldverschreibungen)
- *Verbindlichkeiten gegenüber Kreditinstituten* (Bankkredite, in Höhe der in Anspruch genommenen Kreditsumme, d. h. nicht in Höhe des tatsächlich ausbezahlten oder zugesagten Betrages)
- *erhaltene Anzahlungen auf Bestellungen* (Anzahlungen von Kunden, insbesondere zur Vorfinanzierung von langfristigen Fertigungsaufträgen)
- *Verbindlichkeiten aus Lieferungen und Leistungen* (Lieferantenkredite, d. h. das Unternehmen hat Lieferungen oder Leistungen erhalten, ohne dafür bisher eine Gegenleistung erbracht zu haben)
- *Verbindlichkeiten aus der Annahme gezogener Wechsel und der Ausstellung eigener Wechsel* (Wechsel sind dabei Wertpapiere, die selbständige Zahlungsverpflichtungen enthalten.)
- *Verbindlichkeiten gegenüber verbundenen Unternehmen* (Zahlungsverpflichtungen gegenüber Unternehmen, an denen man z. B. die Mehrheit der Stimmrechte hält)
- *Verbindlichkeiten gegenüber Unternehmen, mit denen ein Beteiligungsverhältnis besteht* (Zahlungsverpflichtungen gegenüber Unternehmen, die durch eine dauerhafte Beteiligung (i. d. R. 20-50 % der Stimmrechte) mit dem eigenen Unternehmen verbunden sind)
- *sonstige Verbindlichkeiten* (Sammelposten restlicher Verbindlichkeiten, z. B. Steuerschulden, Sozialabgaben, Schulden gegenüber Nichtbanken oder anderen Unternehmen, Verbindlichkeiten aus Lohn)

6.3.2 Ansatz und Ausweis von Verbindlichkeiten

Nach § 246 I S. 1 HGB müssen grundsätzlich alle Schulden und damit alle Verbindlichkeiten im Jahresabschluss enthalten sein. Eine Saldierung von Verbindlichkeiten mit Forderungen darf gemäß § 246 II S. 1 HGB grundsätzlich nicht vorgenommen werden. Ausnahmen vom Saldierungsverbot bestehen lediglich für Vermögensgegenstände und Schulden, für die Bewertungseinheiten gemäß § 254 HGB gebildet wurden, sowie für unverbriefte Forderungen/Verbindlichkeiten, die gegeneinander aufrechenbar sind und für langfristig fällige Verbindlichkeiten aus Altersvorsorgeverträgen. Letztere sind gemäß § 246 II S. 2 HGB mit Vermögensgegenständen zu verrechnen, die dem Zugriff aller Gläubiger entzogen sind und ausschließlich der Bedienung von Altersvorsorge- oder ähnlichen Verpflichtungen dienen.

Die Höhe von Verbindlichkeiten mit einer Restlaufzeit von bis zu einem Jahr ist gesondert auszuweisen (§ 268 V HGB). Der Gesamtbetrag sowie weitere Details zu Verbindlichkeiten mit einer Restlaufzeit von mehr als 5 Jahren und gesicherte Verbindlichkeiten (z. B. durch Grundpfandrechte, Pfandrechte an beweglichen Sachen, Sicherungsübereignung, Sicherungsabtretung) sind im Anhang anzugeben (§ 285 Nr. 1 a, b HGB). Außerdem sind Verbindlichkeiten gegenüber Gesellschaftern gesondert auszuweisen (§ 42 III GmbHG).

Ferner müssen mittlere oder große Kapitalgesellschaften gemäß § 266 III HGB i. V. m. § 266 I HGB sowie haftungsbeschränkte Gesellschaften gemäß § 264a HGB ihre Verbindlichkeiten nach oben genannten Gläubigergruppen strukturieren. Zudem sind sie verpflichtet, Angaben zu bestimmten *außerbilanziellen Geschäften* im Anhang anzugeben, sofern diese Angaben für die Beurteilung der Finanzlage erforderlich sind (§ 285 III HGB i. V. m. § 288 HGB). Solche außerbilanziellen Geschäfte sind beispielsweise bestimmte Leasing- und Factoringtransaktionen. Hierbei gehen die Unternehmen vertragliche Verpflichtungen ein, die weder die Definition einer Rückstellung noch die einer Verbindlichkeit erfüllen. Es handelt sich insofern nicht um eine bilanziell zu erfassende Schuld. Da jedoch aufgrund der vertraglichen Bindung ein künftiger Mittelabfluss gegeben ist, ist dieser entsprechend angabepflichtig, sofern er eine wesentliche Höhe erreicht.

6.3.3 Bewertung von Verbindlichkeiten

6.3.3.1 Allgemeines

Nach § 253 I S. 2 HGB sind Verbindlichkeiten *handelsrechtlich* mit dem **Erfüllungsbetrag** anzusetzen. Ist der Erfüllungsbetrag höher als der Auszahlungsbetrag, so darf der Unterschiedsbetrag (Disagio) als Rechnungsabgrenzungsposten auf der Aktivseite ausgewiesen werden (§ 250 III HGB, vgl. Abschnitt D 4.2.1.2).

Steuerrechtlich sind Verbindlichkeiten mit ihren **Anschaffungskosten** oder einem höheren Teilwert anzusetzen (§ 6 I Nr. 3 i. V. m. Nr. 2 EStG). Als Anschaffungskosten gilt wiederum der Erfüllungsbetrag der Verbindlichkeit (analoge Anwendung von H 6.10 EStH: Stichwort Anschaffungskosten). Ob in der Steuerbilanz die Anschaffungskosten einer Verbindlichkeit oder ein höherer Teilwert zu berücksichtigen ist, hängt davon ab, ob es sich um eine dauerhafte oder nur vorübergehende Erhöhung des Wertes handelt. Bei *dauerhafter Werterhöhung* ist der *Ansatz des höheren Teilwerts* Pflicht. Bei nur vorübergehender Erhöhung darf dagegen steuerlich kein höherer Wert angesetzt werden. Hat sich der Teilwert nach einer vorangegangenen Erhöhung wieder vermindert bzw. ist die Erhöhung nicht mehr dauerhaft, ist steuerlich eine *Wertreduzierung* bis zum gesunkenen Teilwert bzw. maximal bis zur Bewertungsuntergrenze (Erfüllungsbetrag) vorzunehmen.

Handelsrechtlich besteht sowohl bei vorübergehender als auch bei dauerhafter Erhöhung ein *Aufwertungsgebot*. Ergibt sich im Zeitablauf wieder eine dauerhafte Verminderung des Erfüllungsbetrages, so ist die Höherbewertung der Verbindlichkeit wieder rückgängig zu machen. Die Regelungen zur *Wertaufholung* gelten insofern analog.

Wertminderung voraussichtlich	HB	StB
vorübergehend	*Gebot*	*Verbot*
dauerhaft	*Gebot*	*Gebot*

Abbildung 123: Aufwertungsgebote und -verbote bei Verbindlichkeiten

Ferner sind Verbindlichkeiten *steuerrechtlich* grundsätzlich unter Anwendung eines Diskontierungssatzes von 5,5 % **abzuzinsen** (§ 6 I Nr. 3 S. 1 EStG). Nicht abgezinst werden müssen gemäß § 6 I Nr. 3 S. 2 EStG folgende Verbindlichkeiten:

- Verbindlichkeiten mit einer Restlaufzeit von weniger als 12 Monaten
- verzinsliche Verbindlichkeiten (d. h. expliziter Zinssatz > 0 %)
- Verbindlichkeiten, die auf einer Auszahlung oder Vorleistung beruhen

Handelsrechtlich besteht ein solches Abzinsungsgebot gemäß § 253 II S. 3 HGB für Verbindlichkeiten aus einer Rentenverpflichtung (z. B. Leibrente), für die eine Gegenleistung nicht mehr zu erwarten ist. Dabei ist ein Abzinsungssatz zur Anwendung zu bringen, der der Restlaufzeit nach dem durchschnittlichen Marktzinssatz der letzten sieben Jahre entspricht. Vereinfachend kann auch der durchschnittliche Marktzinssatz verwendet werden, der einer Restlaufzeit von 15 Jahren entspricht (§ 253 II S. 2 HGB). Die durchschnittlichen Marktzinssätze werden monatlich von der Deutschen Bundesbank veröffentlicht (vgl. dazu Abschnitt D 6.2.3.2).

Beispiel:

Zur Finanzierung eines Grundstückskaufs wurde am 01.07.2010 bei einer Bank ein Darlehen in Höhe von 90.000,00 Euro aufgenommen. Der Darlehenszins beträgt 2,05 % p. a. bei einer halbjährlich nachschüssig (d. h. am Ende des Halbjahres) zu zahlenden Annuität von 5.000,00 Euro und einer Darlehenslaufzeit von 10 Jahren. Der Auszahlungsbetrag beträgt 98 % der Darlehenssumme (Disagio von 2 % bzw. 1.800,00 Euro). Vom Wahlrecht zur Aktivierung des Disagios (§ 250 II HGB) und linearer Abschreibung über die Darlehenslaufzeit soll Gebrauch gemacht werden.

Buchung zum 01.06.2010:

2800	Guthaben bei Kreditinstituten (Bank)	88.200,00			
2901	Disagio	1.800,00	an	4250 Langfristige Bankverbindlichkeiten	90.000,00

Zum 31.12. wird die halbjährlich nachschüssig zu zahlende Annuität von 5.000,00 Euro an die Bank überwiesen. Diese besteht aus einem Zins- und einem Tilgungsanteil. Der Zinsanteil beträgt 922,50 Euro (= 90.000,00 · 0,0205 · ½ Jahr). In Höhe der restlichen 4.077,50 Euro (= 5.000,00 − 922,50) wird das Darlehen getilgt. Zudem ist das aktivierte Disagio mit einem Betrag von 90,00 Euro (= 1.800,00 / 10 Jahre · ½ Jahr) für das abgelaufene Halbjahr abzuschreiben.

Buchungen zum 31.12.2010:

7510	Zinsaufwendungen	922,50			
4250	Langfristige Bankverbindlichkeiten	4.077,50	an	2800 Guthaben bei Kreditinstituten (Bank)	5.000,00
7540	Abschreibung auf Disagio	90,00	an	2901 Disagio	90,00

Auf die Angabe der Abschlussbuchungssätze wird an dieser Stelle verzichtet. In der nachfolgenden Kontendarstellung sind aber dennoch die Abschlussgegenbuchungen zur Veranschaulichung der Kontenschlussbestände enthalten.

Kontendarstellung:

S	2800		H	S	4250		H
4250	88.200,00	*7510, 4250*	5.000,00	*2800*	4.077,50	*2800, 2901*	90.000,00
		8010	83.200,00	8010	85.922,50		

S	2901		H	S	7540		H
4250	1.800,00	*7540*	90,00	*2901*	90,00	*8020*	90,00
		8010	1.710,00				

S	7510		H
2800	922,50	*8020*	922,50

Beispielhaft für die restliche Laufzeit des Darlehens werden nachfolgend die Buchungen im Jahr 2011 dargestellt.

Buchung zum 30.06.2011:

7510	Zinsaufwendungen	880,71				
4250	Langfristige Bankverbindlichkeiten	4.119,29	an	2800	Guthaben bei Kreditinstituten (Bank)	5.000,00

Der Zinsanteil der Annuität beträgt 880,71 Euro (= 85.922,50 · 0,0205 · ½ Jahr) und der Tilgungsanteil 4.119,29 Euro (5.000,00 − 880,71). Damit beläuft sich die Restverbindlichkeit zum 30.06.2011 auf 81.803,21 Euro (= 85.922,50 − 4.119,29). Auf dieser Basis wird wieder der Zinsanteil der nächsten Zahlung am 31.12.2011 bemessen (Zinsanteil = 81.803,21 · 0,0205 · 0,5 = 838,48 Euro, Tilgungsanteil = 5.000,00 − 838,48 = 4.161,52 Euro). Zudem ist zum Jahresende das Disagio für das abgelaufene Jahr mit 180,00 Euro (= 1.800,00 / 10 Jahre · 1 Jahr) abzuschreiben.

Buchungen zum 31.12.2011:

7510	Zinsaufwendungen	838,48				
4250	Langfristige Bankverbindlichkeiten	4.161,52	an	2800	Guthaben bei Kreditinstituten (Bank)	5.000,00

7540	Abschreibung auf Disagio	180,00	an	2901	Disagio	180,00

Kontendarstellung:

S	2800		H	S	4250		H
8000	83.200,00	*7510, 4250*	5.000,00	*2800*	4.119,29	8000	85.922,50
		7510, 4250	5.000,00	*2800*	4.161,52		
		8010	73.200,00	8010	77.641,69		

S		2901		H	S		7540		H
8000	1.710,00	*7540*	180,00		*2901*	180,00	8020	180,00	
		8010	1.530,00						

S		7510		H
2800	880,71	8020	1.719,19	
2800	838,48			

Der bei der Begründung/Entstehung einer Verbindlichkeit ermittelte Erfüllungsbetrag stellt die Bewertungsuntergrenze dar, d. h. ein sich unter Umständen während der (Rest-)Laufzeit der Verbindlichkeit ergebender niedrigerer Erfüllungsbetrag darf nicht berücksichtigt werden. Ergibt sich hingegen im Zeitablauf ein höherer Erfüllungsbetrag, so ist die Verbindlichkeit zwingend mit diesem höheren Wert zu bewerten (**passivisches Höchstwertprinzip**, zur buchungstechnischen Behandlung vgl. Abschnitt D 6.3.3.2). Diese Ungleichbehandlung von Wertminderungen und Werterhöhungen von Schulden ist Ausdruck des Imparitätsprinzips (und somit des Vorsichtsprinzips), das auch für Vermögensgegenstände – allerdings dort mit anderem Vorzeichen in Form des Niederstwertprinzips, vgl. z. B. die Abschnitte D 2.2, D 3.2.4 und D 3.3.3) zur Anwendung kommt. Bei Nichtberücksichtigung des Imparitätsprinzips würden Bewertungsgewinne ausgewiesen, die als solche jedoch noch nicht realisiert wurden. Ein niedrigerer Erfüllungsbetrag einer Verbindlichkeit wird erst dann erfolgswirksam, wenn die Verbindlichkeit auch zu diesem niedrigeren Betrag erfüllt/beglichen wird.

6.3.3.2 Bewertungsbesonderheit Fremdwährungsverbindlichkeiten

Fremdwährungsverbindlichkeiten (Valutaverbindlichkeiten) sind Verbindlichkeiten, die in ausländischer Währung zu begleichen sind. Diese entstehen z. B. durch

- den Kauf von Stoffen, Bauteilen etc. bei ausländischen Lieferanten
  (Buchung auf 4400 – Verbindlichkeiten aus Lieferungen und Leistungen),
- die Ausgabe von Anleihen an ausländische Kreditgeber
  (Buchung auf 4100 – Anleihen),
- die Aufnahme von Krediten bei ausländischen Kreditgebern
  (Buchung auf 4200 – Kurzfristige Bankverbindlichkeiten oder 4250 – Langfristige Bankverbindlichkeiten).

Bei solchen Geschäften besteht, sofern sie nicht entsprechend abgesichert wurden, das Risiko, dass durch Wechselkursschwankungen eine Erhöhung der Schuld eintreten kann. Andererseits kann sich selbige aber auch verringern.

Der Ansatz von Fremdwährungsverbindlichkeiten hat ebenfalls zum **Erfüllungsbetrag** zu erfolgen. Da der Jahresabschluss nach § 244 HGB in Euro aufzustellen ist, müssen die in Fremdwährung lautenden Verbindlichkeiten in Euro umgerechnet werden. Gemäß § 256a HGB erfolgt die Umrechnung am Tag des Zugangs der Verbindlichkeit mit dem Devisenkassamittelkurs, d. h. dem Mittelwert aus Geldkurs und Briefkurs. Auch an den darauffolgenden Bilanzstichtagen (Folgebewertung) ist gemäß § 256a HGB zunächst auf den Erfüllungsbetrag i. V. m. dem jeweils zum Bilanzstichtag aktuellen Devisenkassamittelkurs (Stichtagskurs) abzustellen. Da jedoch auch bei Fremdwährungsverbindlichkeiten das Höchstwertprinzip zu beachten ist, kann der zum aktuellen Stichtagskurs umgerechnete Erfüllungsbetrag nur dann den Wertansatz bilden, wenn er höher oder gleich dem Einbuchungsbetrag der Fremdwährungsverbindlichkeit ist. Ist der Devisenmittelkassakurs (in Preisnotierung, d. h. Euro je Fremdwährungseinheit) im Zeitablauf gesunken und somit die zum Stichtagskurs umgerechnete Fremdwährungsverbindlichkeit geringer als der Erfüllungsbetrag bei Einbuchung, so darf keine niedrigere Bewertung der Fremdwährungsverbindlichkeit erfolgen. Andernfalls würden unrealisierte Gewinne ausgewiesen. Der bei Zugang der Fremdwährungsverbindlichkeit ermittelte Euro-Betrag bildet damit die Bewertungsuntergrenze für die Folgebewertung. Dies gilt auch in dem Fall, wenn nach einem Anstieg des Devisenkassamittelkurses (in Preisnotierung) dieser in der Folgeperiode wieder zurückgeht. In diesem Fall ist die Fremdwährungsverbindlichkeit abzuwerten, jedoch maximal bis zu dem bei Zugang angesetzten Euro-Betrag. Fremdwährungsverbindlichkeiten mit einer *Restlaufzeit von über einem Jahr* sind also in der *Handelsbilanz* mit dem *höheren Wert aus Euro-Betrag bei Zugang und Euro-Betrag zum aktuellen Stichtag* zu bewerten. In der *Steuerbilanz* ist eine Werterhöhung einer Fremdwährungsverbindlichkeit gemäß § 6 I Nr. 3 EStG hingegen nur dann aufwandswirksam nachzuvollziehen, wenn es sich um eine *dauerhafte* Wertänderung (Kursverlust) handelt.

Fremdwährungsverbindlichkeiten mit einer *Restlaufzeit von bis zu einem Jahr* werden gemäß § 256a S. 2 HGB *stets zum Stichtagskurs* (Devisenmittelkassakurs) bewertet. Folglich sind nicht realisierte Kursgewinne und Kursverluste gleichermaßen erfolgswirksam zu erfassen. Das Imparitätsprinzip gilt *handelsrechtlich* insofern bei kurzfristigen Fremdwährungsverbindlichkeiten nicht. *Steuerrechtlich* behält das Imparitätsprinzip hingegen auch bei kurzfristigen Fremdwährungsverbindlichkeiten seine Gültigkeit. In der Steuerbilanz kommt es daher nicht zu unrealisierten Gewinnen.

Wurde im Zusammenhang mit einer bestehenden Fremdwährungsverbindlichkeit eine Bewertungseinheit gemäß § 254 HGB gebildet, so bleiben nicht realisierte Währungsverluste unberücksichtigt, wenn ihnen in gleicher Höhe nicht realisierte Währungsgewinne aus einem Gegengeschäft gegenüberstehen.

▶ Beispiel:
Bei einem ausländischen Lieferanten werden Rohstoffe zu einem Einkaufspreis von 15.000,00 US-Dollar bezogen. Der Devisenkassamittelkurs am Tag des Rechnungseingangs betrug 1,10 Euro/US-Dollar. Der Euro-Betrag der Fremdwährungsverbindlichkeit bei Zugang beträgt somit 16.500,00 Euro (= 15.000,00 · 1,1). Die zu berücksichtigende Einfuhrumsatzsteuer sei zur Vereinfachung vernachlässigt.

Buchung (verbrauchsorientierte Verbuchung):

| 6000 | Aufwendungen für Rohstoffe | 16.500,00 | an | 4400 | Verbindlichkeiten aus Lieferungen und Leistungen | 16.500,00 |

Kontendarstellung:

S	6000	H	S	4400	H
4400 16.500,00				*6000* 16.500,00	

6. Fremdkapital

Zum 31.12. treten nun annahmegemäß die folgenden beiden Fälle auf:

Fall 1: Der Erfüllungsbetrag liegt aufgrund von Kursschwankungen bei 18.000,00 Euro. Es ist von einer dauerhaften Erhöhung der Verbindlichkeit aufgrund der Kursänderung auszugehen, sodass für die vorliegende kurzfristige Fremdwährungsverbindlichkeit sowohl handels- als auch steuerrechtlich eine Aufwertungspflicht besteht. Die Fremdwährungsverbindlichkeit ist folglich um 1.500,00 Euro (18.000,00 − 16.500,00) aufzuwerten.

Gemäß § 277 V S. 2 HGB müssen Kapitalgesellschaften Erträge und Aufwendungen aus der Währungsumrechnung innerhalb des sonstigen betrieblichen Ergebnisses ausweisen. Im IKR werden Aufwertungen auf dem Konto 6970 – *Kursverluste bei Verbindlichkeiten in Fremdwährung* erfasst.

Buchung:

6970	Kursverluste bei Verbindlichkeiten in Fremdwährung	1.500,00	an	4400	Verbindlichkeiten aus Lieferungen und Leistungen	1.500,00

Kontendarstellung:

S	6970	H		S	4400	H
4400	1.500,00				6000	16.500,00
					6970	1.500,00

Fall 2: Läge der aktuelle Erfüllungsbetrag z. B. bei 13.000,00 Euro und wird davon ausgegangen, dass die Wertveränderung dauerhaft ist, so müsste in der Steuerbilanz wegen des Höchstwertprinzips trotzdem der ursprüngliche Erfüllungsbetrag von 16.500,00 Euro angesetzt werden. In der Handelsbilanz darf jedoch ein noch unrealisierter Ertrag in Höhe von 3.500,00 Euro (= 16.5000,00 − 13.000,00), der sich aufgrund der verminderten Verbindlichkeit ergibt, gebucht werden.

Buchung:

4400	Verbindlichkeiten aus Lieferungen und Leistungen	3.500,00	an	5470	Kursgewinne bei Verbindlichkeiten in Fremdwährung	3.500,00

Kontendarstellung:

S	4400	H		S	5470	H
5470	3.500,00	6000	16.500,00		4400	3.500,00

7 Latente Steuern

7.1 Intention der Bilanzierung latenter Steuern

In Abschnitt C 14 wurde die Verbuchung von Steuern behandelt. Der Betrag, den das Unternehmen an den Fiskus zahlen muss, ergibt sich dabei aus Berechnungen gemäß den einschlägigen Steuergesetzen. Der Steuerbetrag lässt sich allgemein durch Multiplikation der Steuerbemessungsgrundlage mit dem Steuersatz errechnen. Bei Steuern vom Einkommen und vom Ertrag (z. B. Körperschafts- und Gewerbesteuer) wird i. d. R der steuerrechtliche Gewinn als Steuerbemessungsgrundlage herangezogen.

Wie bereits in Abschnitt B 1.3 deutlich wurde, entstehen aufgrund des Maßgeblichkeitsprinzips häufig keine Unterschiede zwischen handelsrechtlicher und steuerrechtlicher Bilanzierung. Nur in Fällen, in denen das Steuerrecht eine vom Handelsrecht abweichende Bilanzierung verpflichtend vorschreibt oder optional zulässt, sind *Unterschiede zwischen steuerrechtlichem und handelsrechtlichem Gewinn* möglich. Exemplarisch für derartige Durchbrechungen der Maßgeblichkeit sind neben den in Abschnitt B 1.3.2 aufgeführten Beispielen auch folgende Sachverhalte:

- Ausübung des Wahlrechts des § 248 II HGB i. V. m. § 255 IIa HGB zur Aktivierung von Herstellungskosten der Entwicklungsphase für selbst geschaffene immaterielle Vermögensgegenstände des Anlagevermögens in der Handelsbilanz bei gleichzeitigem Aktivierungsverbot in der Steuerbilanz (vgl. Abschnitt C 9.2)
- Anwendung des steuerrechtlich verbotenen Fifo-Verfahrens bei der Bewertung von Vorräten in der Handelsbilanz (vgl. Abschnitt D 3.2.2.3)
- steuerfreie Rücklagen, die nur nach Steuerrecht gebildet werden dürfen (z. B. Rücklage nach § 6b EStG).

Mittels des nachfolgenden Beispiels soll gezeigt werden, wie Differenzen zwischen handelsrechtlicher und steuerrechtlicher Bilanzierung das Bild der Ertrags- und Vermögenslage des Unternehmens im Jahresabschluss verzerren können und wie diese Fehldarstellungen mittels sog. **latenter Steuern** behoben werden können.

> Beispiel:
>
> Ein Unternehmen kauft am 01.01.2010 eine Maschine für 10.000,00 Euro mit einer geplanten wirtschaftlichen Nutzungsdauer von 5 Jahren. In der Handelsbilanz ist eine lineare Abschreibung vorgesehen. Diese beträgt 2.000,00 Euro pro Jahr. Im Rahmen der Förderung kleiner und mittlerer Betriebe sind unter bestimmten Voraussetzungen gemäß § 7g V EStG Sonderabschreibungen im Jahr der Anschaffung und den vier folgenden Jahren von insgesamt maximal 20 % möglich. Handelsrechtlich sind derartige Sonderabschreibungen untersagt. Das Unternehmen beschließt aus Gründen der Steuerstundung, im Jahr der Anschaffung in der Steuerbilanz neben der linearen Abschreibung eine Sonderabschreibung von 20 % (2.000,00 Euro) vorzunehmen. Die Maschine wird somit in Handels- und Steuerbilanz wie folgt abgeschrieben:

Geschäftsjahr	2010	2011	2012	2013	2014
Handelsbilanzansatz	8.000	6.000	4.000	2.000	0
Handelsrrechtl. Abschreibung	2.000	2.000	2.000	2.000	2.000
Steuerbilanzansatz	6.000	4.500	3.000	1.500	0
Steuerrechtl. Abschreibung	4.000	1.500	1.500	1.500	1.500

Es gilt dabei in 2010 für den Handelsbilanzansatz 10.000,00 − 2.000,00 = 8.000,00 Euro und den Steuerbilanzansatz 10.000,00 − 4.000,00 = 6.000,00 Euro, da die steuerrechliche Abschreibung 10.000,00 : 5 + 2.000,00 = 4.000,00 Euro beträgt. Die Werte der Folgejahre entstehen analog, mit der Ausnahme, dass die steuerrechtliche Abschreibung dann nur noch 6.000,00 : 4 = 1.500,00 Euro beträgt.

Der handelsrechtliche Gewinn vor Abschreibung der Maschine und Steuern des Unternehmens entspreche vereinfachend dem steuerrechtlichen Gewinn vor Abschreibung und betrage jedes Jahr 20.000,00 Euro. Der relevante Unternehmenssteuersatz sei in allen Jahren 30 %.

Die Steuerschuld des Unternehmens gegenüber dem Finanzamt ermittelt sich dann für die Jahre 2010 bis 2014 wie folgt:

Geschäftsjahr	2010	2011	2012	2013	2014
Steuerrechtl. Gewinn vor Abschreibung	20.000	20.000	20.000	20.000	20.000
Steuerrechtl. Abschreibung	4.000	1.500	1.500	1.500	1.500
Steuerrechtl. Gewinn	16.000	18.500	18.500	18.500	18.500
Steuerschuld (Steuersatz: 30 %)	4.800	5.550	5.550	5.550	5.550

Der handelsrechtliche Gewinn der betrachteten Jahre ergibt sich folgendermaßen:

Geschäftsjahr	2010	2011	2012	2013	2014
Handelsrechtl. Gewinn vor Abschreibung und Steuern	20.000	20.000	20.000	20.000	20.000
Handelsrechtl. Abschreibung	2.000	2.000	2.000	2.000	2.000
Handelsr. Gewinn vor Steuern	18.000	18.000	18.000	18.000	18.000
(tatsächlicher) Steueraufwand	4.800	5.550	5.550	5.550	5.550
Handelsrechtl. Gewinn	13.200	12.450	12.450	12.450	12.450

Im Jahr 2010 entsteht eine Differenz zwischen handelsrechtlichem Gewinn vor Steuern und steuerrechtlichem Gewinn in Höhe von 2.000,00 Euro durch die steuerrechtliche Mehrabschreibung. Bis 2014 gleicht sich diese Differenz aus, da in den Jahren 2011 bis 2014 in der Steuerbilanz jeweils 500,00 Euro weniger als in der Handelsbilanz abgeschrieben werden. Grund dafür ist, dass die Anschaffungskosten von 10.000,00 Euro in der Steuerbilanz mittels Abschreibungen anders verteilt werden als in der Handelsbilanz.

Geschäftsjahr	2010	2011	2012	2013	2014
Differenz: handelsr. Gewinn vor Steuern − steuerrechtl. Gewinn	2.000	−500	−500	−500	−500
Steuern auf Differenz	600	−150	−150	−150	−150

Wie bereits in Abschnitt A 2 deutlich wurde, ist im Handelsrecht die wirtschaftliche Entstehung maßgebend für die Verbuchung von Erträgen und Aufwendungen und nicht die Zu- bzw. Abflüsse von Zahlungsmitteln. Die Steuerzahlung in 2010 beträgt 4.800,00 Euro. Bei deren Ermittlung werden jedoch (steuerliche) Abschreibungen von 4.000,00 Euro berücksichtigt. Der tatsächliche wirtschaftliche Werteverzehr, der gemäß Handelsrecht abgebildet werden soll, beläuft sich aber nur auf 2.000,00 Euro, so dass im Jahr 2010 auf den um 2.000 Euro höheren Gewinn ein zusätzlicher Steueraufwand in Höhe von 2.000,00 · 0,3 = 600,00 Euro wirtschaftlich verursacht wird. Dieser neben der Steuerzahlung zusätzlich verursachte Steueraufwand wird als sog. latenter (d. h. verdeckter) Steueraufwand bezeichnet. Dieser latente Steueraufwand ist aus handelsbilanzieller Sicht mit einer latenten Steuerschuld (sog. passive latente Steuern) in gleicher Höhe zu verbunden (*Konto 3850 – Passive latente Steuern*). Es ist nämlich für das Unternehmen in 2010 bereits absehbar, dass es aufgrund der höheren steuerlichen Bemessungsgrundlagen in den Jahren 2011 bis 2014 je 150 Euro (insgesamt 600 Euro) mehr Steuern an das Finanzamt zahlen muss als aus handelsrechtlicher Sicht zu leisten wären.

Damit das Vermögen und der Gewinn der Periode die wirtschaftlichen Verhältnisse des Unternehmens wiederspiegeln, muss 2010 also folgende aufwandswirksame Buchung vorgenommen werden:

7751 Latenter Steueraufwand   600,00   an   3850 Passive latente Steuern   600,00

Kontendarstellung:

S	7751	H	S	3850	H
3850	*600,00*			*7751*	*600,00*

Der Industriekontenrahmen sieht für die Verbuchung der Erfolgswirkungen latenter Steuern das Konto *7750 – Latente Steuern* vor. Aus didaktischen Gründen wird in diesem Buch auf den Unterkonten *7751 – Latenter Steueraufwand* und *7752 – Latenter Steuerertrag* gebucht. Während Buchungen auf dem Konto 7751 den Saldo des Kontos 7750 (Aufwandskonto) erhöhen, wird dieser durch Buchungen auf dem Konto 7752 vermindert.

In den Jahren 2011 bis 2014 wird die latente Steuerschuld durch die höheren Steuerzahlungen beglichen. Die passive latente Steuer muss also jährlich ertragswirksam mittels folgender Buchung aufgelöst werden:

3850 Passive latente Steuern   150,00   an   7752 Latenter Steuerertrag   150,00

Kontendarstellung (2011 bis 2014):

S	3850	H	S	7752	H
7752	*150,00*			*3850*	*150,00*

Bei der Betrachtung der Verbuchung der latenten Steuerschuld in 2010 lässt sich feststellen, dass der aus der Steuerbilanz resultierende tatsächliche Steueraufwand (4.800 Euro) zusammen mit dem latenten Steueraufwand (600 Euro) genau dem fiktiven Steueraufwand auf den handelsrechtlichen Gewinn vor Steuern (fiktiv, da der handelsrechtliche Gewinn nicht Steuerbemessungsgrundlage ist) in Höhe von 18.000,00 · 0,3 = 5.400,00 Euro entspricht. Gleiches gilt in den Jahren 2011 bis 2014. Hier wird über den latenten Steuerertrag eine betragsmäßige Übereinstimmung von handelsrechtlichen Gesamtsteueraufwand und fiktiven Steuern auf den handelsrechtlichen Gewinn vor Steuern herbeigeführt.

Geschäftsjahr	2010	2011	2012	2013	2014
Handelsr. Gewinn vor Steuern	18.000	18.000	18.000	18.000	18.000
Tatsächlicher Steueraufwand	4.800	5.550	5.550	5.550	5.550
Latenter Steueraufwand (+) Latenter Steuerertrag (–)	600	–150	–150	–150	–150
Handelsrechtl. Gesamtsteueraufwand	5.400	5.400	5.400	5.400	5.400
Fiktive Steuern auf handelsrechtlichen Gewinn vor Steuern	5.400	5.400	5.400	5.400	5.400

Aufgrund der engen Verknüpfung von Bilanz und Gewinn- und Verlustrechnung sowohl im Handels- als auch im Steuerrecht, spiegeln sich diese Differenzen ebenso in Handels- und Steuerbilanz wieder. Unterschiedliche Abschreibungen führen im Zeitablauf nicht nur zu unterschiedlichen handels- und steuerrechtlichen Gewinnen, sondern auch zu unterschiedlich hohen Bilanzansätzen. Es ist daher möglich, bei der Ermittlung latenter Steuern auf bilanzielle Differenzen zwischen Handelsbilanz und Steuerbilanz abzustellen:

Geschäftsjahr	2010	2011	2012	2013	2014
Handelsrechtlicher Bilanzansatz	8.000	6.000	4.000	2.000	0
Steuerrechtlicher Bilanzansatz	6.000	4.500	3.000	1.500	0
Bilanzielle Differenz	2.000	1.500	1.000	500	0
(latente) Steuern auf bilanz. Differenz	600	450	300	150	0
Änderung der (latenten) Steuern auf die bilanzielle Differenz	600	–150	–150	–150	–150

Eine **latente Steuerschuld** (sog. *passive latente Steuern, Konto 3850*) würde eine aus handelsrechtlicher Sicht erwartete Steuer(mehr)belastung bei Abbau der bilanziellen Differenz signalisieren. Ist im Zuge des Abbaus der bilanziellen Differenz hingegen mit einer Steuerentlastung zu rechnen, so ist im Zeitpunkt des Entstehens der Differenz eine **latente Steuerforderung** (sog. *aktive latente Steuer, Konto 2950*) zu erfassen.

7.2 Bilanzierung latenter Steuern nach § 274 HGB

7.2.1 Ansatz latenter Steuern

Die nachfolgenden Regelungen müssen von kleinen Kapitalgesellschaften nicht angewendet werden. Kleine Kapitalgesellschaften sind gemäß § 274 a Nr. 5 HGB von der Bilanzierung latenter Steuern befreit.

7. Latente Steuern

Die Bilanzierung latenter Steuern in der Handelsbilanz ist in § 274 HGB geregelt. In einem ersten Schritt sind für Vermögensgegenstände, Schulden und Rechnungsabgrenzungsposten die Differenzen zwischen den handels- und steuerrechtlichen Bilanzansätzen zu ermitteln. Der Fokus des § 274 HGB liegt nach dem Inkrafttreten des BilMoG damit nunmehr auf bilanziellen Differenzen, er folgt insofern dem sog. **Temporary-Konzept**. Das sich an Ergebnisunterschieden (GuV) orientierende sog. **Timing-Konzept** wurde mit dem BilMoG abgelöst.

> Beispiel:
>
> Mit dem Inkrafttreten des BilMoG ist die *umgekehrte Maßgeblichkeit* abgeschafft worden. Hiernach war es früher z. B. möglich bzw. teilweise auch erforderlich, steuerliche Sonderabschreibungen auch in der Handelsbilanz vorzunehmen. Da dies nun nicht mehr zulässig ist, wird den Unternehmen, die in der Vergangenheit solche Sonderabschreibungen vorgenommen haben, durch Art. 67 EGHGB ein Wahlrecht eingeräumt, diese Sonderabschreibungen rückgängig zu machen und den entsprechenden Betrag (erfolgsneutral) in die Gewinnrücklagen einzustellen.

Angenommen bei einem Unternehmen betrage die Differenz des handelsrechtlichen Buchwertes einer Maschine nach Sonderabschreibung zu den fortgeführten Anschaffungskosten ohne Sonderabschreibung 20.000,00 Euro. Die Inanspruchnahme des Wahlrechtes des Art. 67 EGHGB wäre dann wie folgt zu buchen:

0720 Anlagen und Maschinen ...   20.000,00   an   3240 Andere Gewinnrücklagen   20.000,00

Da die Buchwertanpassung der Maschine im Zuge der vorstehenden Buchung erfolgsneutral erfolgt, wird der handelsrechtliche Gewinn hierdurch nicht beeinflusst. Aus diesem Sachverhalt heraus kommt es daher nicht zu einer Ergebnisdifferenz, die nach dem Timing-Konzept Ausgangspunkt der Beurteilung der Bildung einer latenten Steuer war. Anders gesagt, würde man bei Anwendung des Timing-Konzeptes (fälschlicherweise) nicht zur Bildung einer latenten Steuer kommen.

Das Temporary-Konzept hingegen stellt auf die bilanziellen Wertansätze ab. Im vorliegenden Beispiel ist der handelsrechtliche Bilanzansatz nach der erfolgsneutralen Buchwertanpassung um 20.000,00 Euro höher als in der Steuerbilanz, in der die Sonderabschreibung fortbesteht. Da sich aus der Buchwertanpassung auch künftig eine höhere handelsrechtliche Abschreibung der Maschine ergibt und damit der handelsrechtliche Gewinn niedriger ausfällt als in der Steuerbilanz, sind in den Folgejahren mehr Steuern zu zahlen, als aus handelsrechtlicher Sicht zu leisten wären (vgl. hierzu auch das Beispiel in Abschnitt D 7.1). Es ist daher im vorliegenden Fall eine latente Steuerschuld (passive latente Steuer) zu erfassen. Damit bleibt festzuhalten, dass nach Inkrafttreten des BilMoG nur das sich an bilanziellen Differenzen orientierende Temporary-Konzept zu einer sachgerechten Darstellung führt.

Da die bilanzielle Differenz in Höhe von 20.000,00 Euro im Beispiel im Zuge einer erfolgsneutralen Wertberichtigung entstanden ist, ist auch die damit verbundene latente Steuerschuld erfolgsneutral zu erfassen. Andernfalls würde das Bild der Ertragslage des Unternehmens verzerrt werden. Bei einem unterstellten Steuersatz von 30 % beträgt die passive latente Steuer 6.000,00 Euro (= 20.000,00 · 0,3) und ist buchungstechnisch wie folgt zu bilden:

3240 Andere Gewinnrücklagen   6.000,00   an   3850 Passive latente Steuern   6.000,00

Im vorangegangenen Beispiel war neben der bilanziellen Differenz auch eine steuerliche Wirkung des Differenzabbaus infolge der künftigen Abschreibungen gegeben. Dies ist jedoch nicht immer der Fall, wenn positive oder negative bilanzielle Differenzen zwischen den handelsrechtlichen und steuerlichen Wertansätzen vorliegen. Zu latenten Steuern führen diese Differenzen nur dann, wenn sie sich in künftigen Geschäftsjahren voraussichtlich abbauen und daraus eine entsprechende Steuerwirkung entsteht. Wann genau sich die Differenzen abbauen, d. h. ob der Zeitpunkt des Abbaus (wie im Beispiel in Abschnitt D 7.1) bekannt ist (sog. **temporäre Differenzen**) oder ob der Zeitpunkt noch nicht genau feststeht (sog. **quasi-permanente Differenzen**) ist nach dem § 274 HGB zugrundeliegenden Temporary-Konzept ohne Belang. Spätestens bei Veräußerung der betreffenden Vermögensgegenstände oder durch Begleichen der entsprechenden Schulden bauen sich die bilanziellen Differenzen ab. Grundsätzlich sind daher zwar für alle bilanziellen Differenzen bei Vermögensgegenständen, Schulden und Rechnungsabgrenzungsposten latente Steuern zu bilden. Wenn jedoch der Abbau einer bilanziellen Differenz aufgrund spezieller steuerlicher Normen nicht besteuert wird, ist eine künftige Steuermehrbelastung bzw. eine Steuerentlastung ausgeschlossen. Daher kann aus handelsrechtlicher Sicht zum Zeitpunkt der Entstehung der bilanziellen Differenz weder eine latente Steuerschuld noch eine latente Steuerforderung bestehen.

Beispiel:

Ein Unternehmen, das die Fördervoraussetzungen des InvZulG erfüllt, hat für die Beschaffung einer förderfähigen Maschine (Anschaffungskosten 500.000,00 Euro) eine Investitionszulage in Höhe von 125.000,00 Euro erhalten. Das Unternehmen hat sich in der Handelsbilanz für die Kürzung des Förderbetrages von den Anschaffungskosten entschieden und daher wie folgt gebucht:

Buchung zum Zeitpunkt der Anschaffung:

0720	Anlagen und Maschinen ...	500.000,00			
2600	Vorsteuer	95.000,00	an	2800 Guthaben bei Kreditinstituten (Bank)	595.000,00

Buchung nach Eingang des Förderbetrages:

2800	Bank	125.000,00	an	0720 Anlagen und Maschinen ...	125.000,00

Gemäß § 13 InvZulG 2010 gehört die Investitionszulage nicht zu den Einkünften im Sinne des Einkommensteuergesetzes. Sie mindert daher auch nicht die steuerlichen Anschaffungs- und Herstellungskosten. Die steuerliche Bemessungsgrundlage bleibt insofern zu jedem Zeitpunkt von der gewährten Zulage unbeeinflusst. Das heißt inbesondere, dass die in den Folgejahren handelsrechtlich niedrigere Abschreibung von 75.000 Euro (= 375.000,00 Euro : 5 Jahre) steuerlich nicht zum Tragen kommt. Es bleibt steuerlich bei der Abschreibung von 100.000,00 Euro (= 500.000,00 Euro : 5 Jahre) auf die ursprünglichen Anschaffungskosten.

Im Ergebnis bleibt festzuhalten, dass zwar nach der Verbuchung des Förderbetrages in der Handelsbilanz eine bilanzielle Differenz zwischen Handels- und Steuerbilanz gegeben ist. Da jedoch die Investitionszulage steuerfrei bleibt, kann sich aus

7. Latente Steuern

dem Abbau der Differenz, der über die Nutzungsdauer durch die unterschiedlich hohen handelsrechtlichen und steuerrechtlichen Abschreibungen erfolgt, keine künftige Steuerbe- bzw. -entlastung ergeben. Der Ansatz einer latenten Steuer ist damit im vorliegenden Fall ausgeschlossen.

Wie das Beispiel zeigt, kommt eine Berücksichtigung einer latenten Steuer immer dann nicht in Betracht, wenn der *Sachverhalt von der Besteuerung ausgenommen* ist. In vielen Fällen führen steuerfreie Sachverhalte jedoch erst gar nicht zu bilanziellen Differenzen, so dass sie von vornherein nicht als Steuerlatenzen in Betracht kommen. Dies ist insbesondere bei (steuerlich) nicht abzugsfähigen Betriebsausgaben wie z. B. Bußgeldern, Bewirtungsaufwendungen und 50 % der Aufsichtsratsvergütungen der Fall.

Die nachfolgende Übersicht fasst die Arten bilanzieller Differenzen sowie die daraus resultierenden latenten Steuern zusammen. Dabei ist jeweils unterstellt, dass mit dem Abbau der Differenz eine entsprechende Steuerbe- bzw. -entlastung verbunden ist. Ferner muss im Falle einer latenten Steuerforderung im Zeitpunkt der Bildung der Differenz eine künftige Steuerentlastung auch wahrscheinlich sein. Es muss also im Zeitpunkt des Abbaus der Differenz mit hinreichender Sicherheit entweder der steuerliche Gewinn ausreichend hoch sein oder es müssen genügend latente Steuerschulden zum Verrechnen vorliegen. Zudem sei angemerkt, dass sich sich die nachfolgenden Erläuterungen zu latenten Steuern aus didaktischen Gründen auf Vermögensgegenstände und Schulden beschränken. Wie jedoch der Gesetzestext des § 274 I HGB vermuten lässt, können latente Steuern auch aus bilanziellen Differenzen bei Rechnungsabgrenzungsposten resultieren. Dies wäre zum Beispiel der Fall, wenn das Wahlrecht zur Aktivierung eines Disagios in der Handelsbilanz nicht ausgeübt würde. Hier wären aktive latente Steuern zu erfassen.

Differenz aufgrund …	aktive latente Steuern((latente Steuerforderungen)	passive latente Steuern((latente Steuerschulden)
Ansatz eines Vermögensgegenstandes	handelsrechtlich und steuerlich kein Ansatz steuerlich Ansatz	handelsrechtlich und steuerlich Ansatz kein Ansatz
Ansatz einer Schuld	handelsrechtlich und steuerlich Ansatz kein Ansatz	handelsrechtlich und steuerlich kein Ansatz Ansatz
Wertansatz von Vermögensgegenständen	handelsrechtlich < steuerlich	handelsrechtlich > steuerlich
Wertansatz von Schulden	handelsrechtlich > steuerlich	handelsrechtlich < steuerlich

Abbildung 124: Steuerlatenzen

Wie aus Abbildung 124 deutlich wird, können die Differenzen bei den einzelnen Bilanzposten durchaus unterschiedliche Vorzeichen aufweisen. Die daraus resultierenden einzelnen latenten Steuerschulden und -forderungen können miteinander verrechnet werden (Saldierungswahlrecht). Überwiegen die latenten Steuerschulden die latenten Steuerforderungen, so dass insgesamt eine latente Steuerschuld vorliegt, *muss* dieser Passivüberhang gemäß § 274 I S.1 HGB in der Bilanz unter dem Passivposten „E. Passive latente Steuern" ausgewiesen werden (**Passivierungspflicht**). Ergibt sich hingegen insgesamt eine latente Steuerforderung (**Aktivüberhang**), *kann* diese gemäß § 274 I S. 2 HGB unter dem Aktivposten „D. Aktive latente Steuern" ausgewiesen werden (**Aktivierungswahlrecht**). Das Aktivierungswahlrecht bezieht sich folglich nur auf den Aktivüberhang, d. h. den Teil der latenten Steuerforderungen, dem keine latenten Steuerschulden gegenüberstehen. Verzichtet man auf einen saldierten Ausweis von latenten Steuerschulden und -forderungen (§ 274 I S. 3), so sind zunächst die latenten Steuerschulden unter „E. Passive latente Steuern" zu passivieren. Vorhandene latente Steuerforderungen sind bis zur Höhe der latenten Steuerschulden unter „D. Aktive latente Steuern" zu aktivieren (Aktivierungspflicht). Bei darüber hinaus gehenden latenten Steuerforderungen (Aktivüberhang) greift wiederum das Aktivierungswahlrecht. Sowohl das Aktivierungs- als auch das Saldierungswahlrecht sind in Folgeperioden stetig (vgl. Abschnitt A 4.3.2.4) auszuüben. Die latenten Steueraufwendungen und -erträge, die im Rahmen der Bildung und des Abbaus von Differenzen entstehen, sind in der Gewinn- und Verlustrechnung gesondert unter dem Posten „Steuern vom Einkommen und vom Ertrag" auszuweisen.

Dem Gläubigerschutz Rechnung tragend, belegt § 268 VIII S. 2 HGB Gewinne in Höhe des aktivierten Aktivüberhangs mit einer Ausschüttungssperre, die gewährleisten soll, dass nach Ausschüttung mindestens Mittel in Höhe des aktivierten Aktivüberhangs im Unternehmen verbleiben.

§ 274 I S. 4 HGB fordert explizit eine Berücksichtigung **steuerlicher Verlustvorträge** (bei der Ermittlung aktiver latenter Steuern, sofern deren Verrechnung innerhalb der nächsten fünf Jahre zu erwarten ist. Grundsätzlich muss ein Unternehmen nur Ertragsteuern zahlen, wenn im Geschäftsjahr steuerlich ein Gewinn erwirtschaftet wurde. Das Steuerrecht eröffnet den Unternehmen nun beim Anfallen steuerlicher Verluste die Option, diese Verluste in künftigen Geschäftsjahren steuerlich gewinnmindernd zu verrechnen. Ein solcher steuerlicher Verlustvortrag führt also dazu, dass das Unternehmen in künftigen ertragreicheren Jahren weniger Steuern zahlen muss. Der Gesetzgeber beschränkt den Verrechnungszeitraum auf 5 Jahre. Ist in diesem Zeitraum nach dem Anfallen eines steuerlichen Verlustes eine steuerentlastende Verlustverrechnung wahrscheinlich, existiert eine latente Steuerforderung, die analog zu anderen latenten Steuerforderungen zu behandeln ist.

7.2.2 Bewertung latenter Steuern

Maßgeblich für die Höhe der latenten Steuerschuld bzw. -forderung sind die im Zeitpunkt des Abbaus der bilanziellen Differenz geltenden **unternehmensindividuellen Steuersätze** (§ 274 II S. 1 HGB), denn diese bestimmen die in dieser Zeit eintretende Steuerbe- bzw. -entlastung. Da die Entwicklung künftiger Steuersätze nicht mit hinreichender Sicherheit vorausgesehen werden kann, finden i. d. R. die Steuersätze Anwendung, die am Bilanzstichtag gelten. Künftige Steuersatzänderungen und andere Steuergesetzesänderungen sind nur insoweit zu berücksichtigen, als der Bundesrat den Änderungen bereits zugestimmt hat. Eine Diskontierung der Beträge aus latenten Steuerforderungen bzw. Steuerschulden ist nicht zulässig (§ 274 II S. 1 HGB).

Für die Bemessung latenter Steuern sind alle Ertragsteuern relevant, für die das Unternehmen Steuersubjekt ist. Bei deutschen Kapitalgesellschaften umfasst dies die Körperschaftsteuer, den Solidaritätszuschlag und die Gewerbesteuer, bei Einzelunternehmen und Personengesellschaften nur die Gewerbesteuer. Einkommensteuern auf betriebliche Gewinne hingegen sind irrelevant, da hier die Privatperson Steuersubjekt ist.

Die Steuerbemessungsgrundlage der **Körperschaftsteuer** (ist das zu versteuernde Einkommen, auf das der Körperschaftsteuersatz von 15 % angewendet wird. Der **Solidaritätszuschlag** wird in Höhe von 5,5 % auf die Körperschaftssteuer erhoben. Steuerbemessungsgrundlage für die **Gewerbesteuer** ist der Gewerbeertrag, der sich auf Basis des Gewinns aus Gewerbebetrieb durch diverse Hinzurechnungen (z. B. 25 % der Zinsaufwendungen) und Kürzungen ermitteln lässt. Besteuert wird dieser mit dem Gewerbesteuersatz, der als Produkt aus der Steuermesszahl von 3,5 % und dem gemeindespezifischen Hebesatz berechnet wird. Bei einem beispielhaften typischen Hebesatz von 400 % und unter der Annahme, dass der Gewerbeertrag und der Gewinn aus Gewerbebetrieb gleich sind, ergäbe sich somit bei Berücksichtigung aller vorstehend genannten Steuern eine Gesamtsteuerbelastung in Höhe von $0{,}15 + 0{,}15 \cdot 0{,}055 + 0{,}035 \cdot 4 = 0{,}2983 = 29{,}83\,\%$.

7.3 Beispiele latenter Steuern nach HGB

7.3.1 Beispiele aktiver latenter Steuern

Eine *latente Steuerforderung* (aktive latente Steuer) entsteht, wenn durch den Abbau einer bestehenden bilanziellen Differenz in künftigen Geschäftsjahren weniger Steuern an das Finanzamt zu zahlen sind als aus handelsrechtlicher Sicht in diesen Jahren zu zahlen wären (künftige Steuerentlastung), d. h. der steuerrechtliche Gewinn in diesen Jahren geringer als der handelsrechtliche Gewinn vor Steuern ist. Bei *Vermögensgegenständen* geschieht der Abbau der Differenz i. d. R. durch (unterschiedlich hohe) Abschreibungen oder durch Veräußerung und bei *Schulden* gewöhnlich durch deren Begleichung. Der steuerrechtliche Gewinn ist z. B. bei der Veräußerung eines Vermögensgegenstandes (unabhängig vom Verkaufspreis) geringer als der handelsrechtliche Gewinn vor Steuern, sofern der Vermögensgegenstand vor Veräußerung in der Steuerbilanz zu einem höheren Wert als in der Handelsbilanz stand. Bei der Begleichung einer Schuld hingegen ist der steuerrechtliche Gewinn immer dann geringer als der handelsrechtliche Gewinn vor Steuern, wenn die Schuld vor ihrer Begleichung in der Steuerbilanz mit einem niedrigeren Wert als in der Handelsbilanz geführt wurde. Es ergeben sich prinzipiell in folgenden Fällen aktive latente Steuern:

Fall	Steuerbilanzansatz		Handelsbilanzansatz
(1)	Vermögensgegenstand	>	Vermögensgegenstand
(2)	Vermögensgegenstand	>	kein Vermögensgegenstand (z. B. Aktivierungsverbot)
(3)	Schuld	<	Schuld
(4)	keine Schuld (z. B. Passivierungsverbot)	<	Schuld

⊠ Beispiel zu Fall (1):

Die X-GmbH erwirbt am 01.01.2010 ein Unternehmen, woraus sich ein derivativer Geschäfts- oder Firmenwert in Höhe von 120.000,00 Euro ergibt. Die Unternehmensleitung legt fest, dass dieser über 5 Jahre linear in der Handelsbilanz abgeschrieben werden soll. Steuerrechtlich ist eine lineare Abschreibung über 15 Jahre geboten. Folglich werden in der Handelsbilanz 24.000,00 Euro (= 120.000,00 : 5) und in der Steuerbilanz 8.000,00 Euro (= 120.000,00 : 15) jedes Jahr vom Geschäfts- oder Firmenwert abgeschrieben. Es ergibt sich bei einem Unternehmenssteuersatz von 30 % folgendes Bild:

Jahr	HB-Ansatz	HB-Abschr.	StB-Ansatz	StB-Abschr.	bilanz. Differenz	aktive lat. St.	Änderung akt. lat. St.
2010	96.000	24.000	112.000	8.000	−16.000	4.800	4.800
2011	72.000	24.000	104.000	8.000	−32.000	9.600	4.800
2012	48.000	24.000	96.000	8.000	−48.000	14.400	4.800
2013	24.000	24.000	88.000	8.000	−64.000	19.200	4.800
2014	0	24.000	80.000	8.000	−80.000	24.000	4.800
2015	0	0	72.000	8.000	−72.000	21.600	-2.400
2016	0	0	64.000	8.000	−64.000	19.200	-2.400
...	...	...	...	...	...	...	...
2023	0	0	8.000	8.000	−8.000	2.400	-2.400
2024	0	0	0	8.000	0	0	-2.400

In den Jahren 2010 bis 2014 entstehen bilanzielle Differenzen, da in der Handelsbilanz eine höhere Abschreibung vorgenommen wird als in der Steuerbilanz (24.000,00 > 8.000,00). Der Abbau der Differenzen erfolgt in den Jahren 2015 bis 2024, da nur noch in der Steuerbilanz abgeschrieben wird. Im Zuge des Differenzabbaus fällt der steuerrechtliche Gewinn geringer aus als der handelsrechtliche Gewinn vor Steuern. Die tatsächliche Steuerschuld ist also niedriger als die fiktive Steuerschuld. In den Jahren 2010 bis 2014 baut sich insofern sukzessive eine latente Steuerforderung auf, da in den Jahren 2015 bis 2024 mit einer steuerlichen Entlastung aus handelsrechtlicher Sicht zu rechnen ist. Bei einem Unternehmenssteuersatz von 30 % werden in den Jahren 2010 bis 2014 jeweils aktive latente Steuern in Höhe von 4.800 Euro gebildet. Es ist in den Jahren *2010 bis 2014* jeweils zum 31.12. wie folgt ertragswirksam zu buchen:

| 2950 | Aktive latente Steuern | 4.800,00 | an | 7752 | Latenter Steuerertrag | 4.800,00 |

Kontendarstellung:

S	2950	H	S	7752	H
7752	4.800,00			2950	4.800,00

Insgesamt betragen die aktiven latenten Steuern im Jahr 2014 somit 24.000,00 Euro (= 80.000,00 · 0,3). Die Auflösung der aktiven latenten Steuern wird in den Jahren *2015 bis 2024* jeweils zum 31.12. aufwandswirksam verbucht:

| 7751 | Latenter Steuerauf-wand | 2.400,00 | an | 2950 | Aktive latente Steuern | 2.400,00 |

Kontendarstellung:

S	7751	H	S	2950	H
2950	2.400,00			*7751*	2.400,00

▷ Beispiel zu Fall (4):

Es wird am 16.09.2010 ein Vertrag über die Herstellung einer Maschine mit einem Kunden abgeschlossen. Die Maschine soll am 24.04.2011 geliefert werden. Der vereinbarte Kaufpreis beträgt 50.000,00 Euro. Für die Herstellung sind Kosten in Höhe von 43.000,00 Euro geplant. Die benötigten Bauteile sollen im Februar beschafft und die Maschine soll im März 2011 gebaut werden. Wegen einer sich auf die Materialkosten auswirkenden Rohstoffknappheit erhöhen sich die Kosten bereits im Dezember 2010 auf 54.000,00 Euro, so dass sich durch Herstellung und Verkauf der Maschine in 2011 ein Verlust in Höhe von 4.000 Euro abzeichnet. Dieser Verlust ist handelsrechtlich bereits 2010 durch Bildung einer Drohverlustrückstellung für schwebende Geschäfte zu antizipieren (vgl. Abschnitt D 6.2.2). § 5 IV a EStG verbietet hingegen die Bildung einer Drohverlustrückstellung in der Steuerbilanz. Es entsteht somit zum 31.12.2010 eine bilanzielle Differenz in Höhe von 4.000,00 Euro. Durch Inanspruchnahme bzw. Auflösung der handelsrechtlichen Rückstellung im Jahr des Verkaufs (2011) wird die bilanzielle Differenz abgebaut. Dabei wird der steuerrechtliche Gewinn geringer ausfallen als der handelsrechtliche Gewinn vor Steuern, da der dann zu realisierende Verlust handelsrechtlich schon 2010 aufwandswirksam wurde. Schon im Jahr 2010 ist also eine Steuerminderzahlung in 2011 absehbar. Der Unternehmenssteuersatz betrage 30 %. Ferner habe der Bundesrat im Oktober 2010 einer Steuererhöhung in 2011 zugestimmt, die in 2011 zu einem Unternehmenssteuersatz von 40 % führt. Am 31.12.2010 ist somit eine Steuerentlastung für 2011 in Höhe von 1.600,00 Euro (= 4.000,00 · 0,40) zu erwarten, die als aktive latente Steuer zu behandeln ist. Mit dem bilanziellen Differenzabbau in 2011 werden auch die aktiven latenten Steuern (aufwandswirksam) aufgelöst.

Buchung in 2010:

| 2950 | Aktive latente Steuern | 1.600,00 | an | 7752 | Latenter Steuerertrag | 1.600,00 |

Kontendarstellung:

S	2950	H	S	7752	H
7752	1.600,00			*2950*	1.600,00

Buchung in 2011:

| 7751 | Latenter Steuerauf-wand | 1.600,00 | an | 2950 | Aktive latente Steuern | 1.600,00 |

Kontendarstellung:

S	7751	H	S	2950	H
2950	1.600,00			*7751*	1.600,00

7.3.2 Beispiele passiver latenter Steuern

Eine *latente Steuerschuld* (passive latente Steuer) wird auf eine bilanzielle Differenz gebildet, wenn bei Abbau der Differenz in künftigen Geschäftsjahren der steuerrechtliche Gewinn höher als der handelsrechtliche Gewinn vor Steuern ausfällt, so dass mehr Steuern an das Finanzamt zu zahlen sind als aus handelsrechtlicher Sicht wirtschaftlich verursacht wurden (künftige Steuermehrbelastung). Dies ist z. B. bei der Veräußerung eines Vermögensgegenstandes der Fall, wenn der Vermögensgegenstand vor Veräußerung in der Steuerbilanz mit einem geringeren Wert als in der Handelsbilanz stand. Bei der Begleichung einer Schuld hingegen ist der steuerrechtliche Gewinn höher als der handelsrechtliche Gewinn vor Steuern, wenn die Schuld vor ihrer Begleichung in der Steuerbilanz mit einem höheren Wert als in der Handelsbilanz angesetzt wurde. Die folgende Tabelle gibt einen Überblick über die allgemeinen Fälle passiver latenter Steuern.

Fall	Steuerbilanzansatz		Handelsbilanzansatz
(5)	Vermögensgegenstand	<	Vermögensgegenstand
(6)	kein Vermögensgegenstand (z. B. Aktivierungsverbot)	<	Vermögensgegenstand
(7)	Schuld	>	Schuld
(8)	Schuld	>	keine Schuld (z. B. Passivierungsverbot)

▷ Beispiel zu Fall (5):

Siehe dazu das einführende Beispiel in Abschnitt D 7.1.

▷ Beispiel zu Fall (6):

Ein Software-Hersteller entwickelt 2010 ein Vertriebssteuerungssystem zur eigenen Verwendung. § 248 II HGB i. V. m. § 255 II a HGB eröffnet dem Software-Hersteller nun das Wahlrecht, die in der Entwicklungsphase angefallenen Herstellungskosten des selbst erstellten immateriellen Vermögensgegenstandes unter bestimmten Voraussetzungen zu aktivieren (vgl. Abschnitt C 9.2). Diese Voraussetzungen seien im Beispiel für Entwicklungsaufwendungen in Höhe von 750.000,00 Euro erfüllt. Der Software-Hersteller übt das Wahlrecht aus. In der Steuerbilanz ist eine Aktivierung dieser Aufwendungen jedoch verboten. Aus diesem Sachverhalt resultiert daher eine bilanzielle Differenz bei den immateriellen Vermögensgegenständen in Höhe von 750.000,00 Euro. Abgebaut wird diese Differenz durch die Abschreibung des immateriellen Vermögensgegenstandes über die Nutzungsdauer in der Handelsbilanz. Bei einer Nutzungsdauer von 3 Jahren ergibt sich eine jährliche lineare Abschreibung in den Jahren 2011 bis 2013 von 250.000,00 Euro. Der steuerrechtliche Gewinn ist in diesen Jahren höher als der handelsrechtliche Gewinn vor Steuern, da nur in der Handelsbilanz abgeschrieben wird. Der relevante Unternehmenssteuersatz sei 40 %. Aus handelsrechtlicher Sicht liegt somit 2010 eine künftige Steuerbelastung vor, die durch passive latente Steuern in Höhe von 300.000,00 Euro (= 750.000,00 · 0,40) abzubilden ist. In den Jahren 2011 bis 2013 werden die passiven latenten Steuern ertragswirksam aufgelöst.

Buchung in 2010:

| 7751 | Latenter Steueraufwand | 300.000,00 | an | 3850 | Passive latente Steuern | 300.000,00 |

Kontendarstellung:

S		7751	H		S		3850	H
3850	300.000,00						7751	300.000,00

Buchungen jeweils in 2011 bis 2013:

| 3850 | Passive latente Steuern | 100.000,00 | an | 7752 | Latenter Steuerertrag | 100.000,00 |

Kontendarstellung:

S		3850	H		S		7752	H
7752	100.000,00						3850	100.000,00

▶ Beispiel zu Fall (7):

Im Zuge der Inbetriebnahme einer Biogasanlage (31.12.2010) entsteht bei einem Energieversorgungsunternehmen eine Verpflichtung die Anlage nach Beendigung der Nutzung (in 20 Jahren) zurückzubauen. Die geschätzten Rückbaukosten (Erfüllungsbetrag in 20 Jahren) belaufen sich auf 1.000.000,00 Euro. Zur Ermittlung des Wertsatzes der Rückstellung ist der Erfüllungsbetrag sowohl handelsrechtlich als auch steuerrechtlich zu diskontieren. Handelsrechtlich ist zur Diskontierung der durchschnittliche Marktzins fristenkongruenter Verpflichtungen der vergangenen sieben Jahre heranzuziehen. Dieser Zinssatz sei mit 7,0 % angenommen. In der Handelsbilanz ist die Rückstellung daher mit einem Betrag von 258.419,00 Euro (= 1.000.000,00 : $1,07^{20}$) zu bilanzieren. Der für die Ermittlung des Rückstellungsbetrages in der Steuerbilanz heranzuziehende Abzinsungssatz ergibt sich aus § 6 I Nr. 3a Buchstabe e EStG und beträgt konstant 5,5 %. Der Wertansatz in der Steuerbilanz beträgt damit 342.728,96 Euro (= 1.000.000,00 : $1,055^{20}$). Der handelsrechtliche Wertansatz der Rückstellung (Schuld) ist also um 84.309,96 Euro geringer als in der Steuerbilanz. Bei einem unterstellten Steuersatz von 30,0 % ergibt sich eine latente Steuer in Höhe von 25.292,99 Euro (= 84.309,96 · 0,3).

Da zum Ende der Nutzungsdauer der Biogasanlage sowohl handelsrechtlich als auch steuerrechtlich der Rückstellungsbetrag 1.000.000,00 Euro betragen muss (zur Systematik der Aufzinsung von Rückstellungen vgl. Abschnitt D 6.2.4), fallen in den Folgejahren in Summe im handelsrechtlichen Jahresabschluss höhere Zinsaufwendungen an, als dies nach Steuerrecht der Fall ist. Daher fällt der steuerrechtliche Gewinn in den Folgeperioden höher aus, als der handelsrechtliche. Aus handelsrechtlicher Sicht handelt es sich insofern um eine künftige Steuerbelastung, die als passive latente Steuer zu erfassen ist.

Buchung in 2010:

| 7751 | Latenter Steueraufwand | 25.292,99 | an | 3850 | Passive latente Steuern | 25.292,99 |

Kontendarstellung:

S	7751		H	S	3850		H
3850	*25.292,99*					*7751*	*25.292,99*

Unterstellt man für die Folgejahre eine Konstanz der Abzinsungssätze, so ergibt sich im Zeitablauf folgendes Bild. Die Bilanzansätze ergeben sich darin jeweils durch Aufzinsung des Vorjahreswertes mit 7,0 % (Handelsbilanz) bzw. 5,5 % (Steuerbilanz und die latenten Steuern (ab 2011) als 30 % der Differenzveränderung.

	Handels- bilanz	Steuer- bilanz	Differenz	Veränd. der Differenz	latente Steuer	
2010	258.419,00	342.728,96	84.309,96		25.292,99	
2011	276.508,33	361.579,06	85.070,72	760,76	228,23	
2012	295.863,92	381.465,90	85.601,99	531,26	159,38	
2013	316.574,39	402.446,53	85.872,14	270,15	81,05	25.761,64
2014	338.734,60	424.581,09	85.846,49	−25,65	−7,69	
2015	362.446,02	447.933,05	85.487,03	−359,46	−107,84	
2016	387.817,24	472.569,37	84.752,12	−734,90	−220,47	
2017	414.964,45	498.560,68	83.596,23	−1.155,89	−346,77	
2018	444.011,96	525.981,52	81.969,56	−1.626,67	−488,00	
2019	475.092,80	554.910,50	79.817,71	−2.151,85	−645,56	
2020	508.349,29	585.430,58	77.081,29	−2.736,42	−820,93	
2021	543.933,74	617.629,26	73.695,52	−3.385,77	−1.015,73	
2022	582.009,10	651.598,87	69.589,77	−4.105,75	−1.231,73	
2023	622.749,74	687.436,81	64.687,07	−4.902,70	−1.470,81	
2024	666.342,22	725.245,83	58.903,61	−5.783,46	−1.735,04	
2025	712.986,18	765.134,35	52.148,17	−6.755,43	−2.026,63	
2026	762.895,21	807.216,74	44.321,53	−7.826,64	−2.347,99	
2027	816.297,88	851.613,66	35.315,79	−9.005,74	−2.701,72	
2028	873.438,73	898.452,42	25.013,69	−10.302,10	−3.090,63	
2029	934.579,44	947.867,30	13.287,86	−11.725,83	−3.517,75	
2030	1.000.000,00	1.000.000,00	0,00	−13.287,86	−3.986,36	−25.761,64

Wir zu erkennen ist, muss in den Jahren 2011 bis 2013 analog der Buchungssystematik in 2010 die passive Latente Steuer zunächst weiter erhöht werden.

Buchungsbeispiel für 2011:

7751	Latenter Steuerauf- wand	228,23	an	3850	Passive latente Steuern	228,23

Kontendarstellung:

S	7751		H	S		3850		H
3850	*228,23*			8010	25.521,22	8000	25.292,99	
						7751	228,23	
					25.521,22		25.521,22	

Ab dem Jahr 2014 vermindert sich die bilanzielle Differenz bzw. fällt der Steuerbilanzgewinn infolge gegenüber dem Handelsrecht geringerer Zinsaufwendungen erstmals höher aus. Dies bedeutet, dass die in den Vorjahren durch die Passivierung der latenten Steuer antizipierte Steuermehrbelastung in 2014 und den Folgejahren sukzessive eintritt. Daher ist die passive latente Steuer bis 2030 entsprechend aufzulösen.

Beispielbuchung für 2014:

3850	Passive latente Steuern	7,69	an	7752	Latenter Steuerertrag	7,69

Kontendarstellung:

S	3850		H		S	7752	H
7752	7,69	8000	25.761,64			3850	7,69
8010	25.753,95						
	25.761,64		25.761,64				

8 Weitere Bestandteile von Jahresabschlüssen

8.1 Anlagengitter/Anlagespiegel

Kapitalgesellschaften (mit Ausnahme kleiner Kapitalgesellschaften, die nach § 274a Nr. 1 HGB davon befreit sind) müssen gemäß § 268 II HGB die Entwicklung der einzelnen Posten des Anlagevermögens im Geschäftsjahr entweder in der Bilanz oder im Anhang aufzeigen. Eine solche Darstellung wird als **Anlagengitter** (bzw. auch Anlagespiegel) bezeichnet. Das Anlagengitter ist nach der *direkten Bruttomethode* aufzustellen, wonach der Buchwert eines jeden Anlagepostens zum Bilanzstichtag wie folgt hergeleitet wird:

Buchwert des Anlagepostens zum Bilanzstichtag	=	Summe der (ursprünglichen) AHK aller Vermögensgegenstände des Anlagepostens, die sich zum Bilanzstichtag im Schlussbestand befinden	−	Summe aller bis zum Bilanzstichtag gebuchten Wertänderungen bei diesen Vermögensgegenständen (sog. *kumulierte Abschreibungen*)

▶ Beispiel:

Die Anlagevermögensposition „Technische Anlagen und Maschinen" (Posten A.II.2. gemäß § 266 II HGB) der Bilanz einer GmbH bestehe zum 31.12.2010 (Bilanzstichtag) laut Inventur aus zwei Fertigungsmaschinen. Die Maschinen 1 und 2 wurden am 01.07.2006 bzw. 01.01.2008 zu Anschaffungskosten in Höhe von 40.000,00 Euro bzw. 60.000,00 Euro beschafft. Die Summe der ursprünglichen AHK des Postens A.II.2. beträgt daher 100.000,00 Euro. Die Maschinen werden seit der Aktivierung linear über eine Nutzungsdauer von 8 Jahren (Maschine 1) bzw. 10 Jahren (Maschine 2) abgeschrieben. Von der Anschaffung bis zum 31.12.2010 wurden planmäßig insgesamt 40.500 Euro (= 40.000,00 : 8 Jahre · 4,5 Jahre + 60.000,00 : 10 Jahre · 3 Jahre) abgeschrieben. Die Maschinen wurden seit der Anschaffung weder außerplanmäßig abgeschrieben noch zugeschrieben. Die kumulierten Abschreibungen sind somit 40.500,00 Euro. Der Buchwert des Postens zum 31.12.2010 beträgt daher gemäß obiger Formel 59.500,00 Euro (= 100.000,00 − 40.500,00).

Als Pflichtbestandteile des Anlagengitters sind gemäß § 268 II S. 2 HGB ausgehend von den gesamten Anschaffungs- und Herstellungskosten, die Zugänge, Abgänge, Umbuchungen, Zuschreibungen des Geschäftsjahres und die kumulierten Abschreibungen gesondert aufzuführen. Die Abschreibungen des Geschäftsjahres sind gemäß § 268 II S. 3 HGB entweder in der Bilanz bei dem betreffenden Anlageposten zu vermerken oder im Anhang in einer der Bilanzgliederung des Anlagevermögens entsprechenden Aufgliederung anzugeben. Insofern besteht ein Wahlrecht, die Abschreibungen der laufenden Periode in einer gesonderten Spalte des Anlagengitters auszuweisen. In der Praxis ist häufig die folgende Darstellungsform, die allen obigen Anforderungen gerecht wird, anzutreffen:

	Anschaffungs- und Herstellungskosten					Kumulierte Abschreibungen						Buchwerte	
	(1) Bestand am 1.1. zu AHK	(2) (+) Zugänge im GJ zu AHK	(3) (−) Abgänge im GJ zu AHK	(4) (±) Umbuchungen im GJ zu AHK	(5) (=) Bestand am 31.12. zu AHK	(6) kumul. Abschr. Stand 1.1.	(7) (+) Abschr. des GJ	(8) (−) kumul. Abschr. auf Abgänge des GJ	(9) (−) Zuschr. des GJ	(10) (±) kumul. Abschr. auf Umbuchg. des GJ	(11) (=) kumul. Abschr. Stand 31.12.	(12) [(5)−(11)] Buchwert am 31.12.	(13) Buchwert am 31.12. des Vorjahres
Einzelne Posten des Anlagevermögens (entsprechend der Bilanzgliederung) ...													
Beispiel: (s.u.)													
Technische Anlagen u. Masch.	200,00	+60,00	−75,00	+55,00	240,00	120,00	+40,00	−46,25	−5,00	0,00	108,75	131,25	80,00
Gel. Anzahlungen u. Anl. im Bau	50,00	+25,00	0,00	−55,00	20,00	0,00	0,00	0,00	0,00	0,00	0,00	20,00	50,00

Anmerkungen: 1.1. bzw. 31.12. stehen stellvertretend für den Anfang bzw. das Ende des Geschäftsjahres; Einheit im Bsp.: Tausend Euro

Abbildung 125: Mögliche Darstellungsform eines Anlagengitters

Jede Zeile im obigen Anlagengitter gibt die Entwicklung eines bestimmten Postens des Anlagevermögens wieder. Die zeilenweise Aufgliederung des Anlagevermögens erfolgt dabei analog zur vorgenommenen Gliederung in der Bilanz. Anhand der Spalten lässt sich die Entwicklung des Anlagevermögens seit dem Zeitpunkt des Zugangs einschließlich des abgelaufenen Geschäftsjahres nachvollziehen. Der Vorteil der obigen Darstellungsform ist, dass bei der Erstellung des Anlagengitters der Fokus verstärkt auf den Ansatz- und Bewertungsänderungen des Geschäftsjahres liegt (Spalten 2 bis 4 und 7 bis 10). Die Werte zum Anfang des Geschäftsjahres (Spalten 1, 6, 13) entsprechen den Werten zum Ende des Vorjahres (Spalten 5, 11, 12 aus Vorjahres-Anlagengitter). Die gesamten AHK des Schlussbestandes (Spalte 5) und die darauf entfallenden kumulierten Abschreibungen bis Ende des Geschäftsjahres (Spalte 11) lassen sich dann auf Basis der Werte zum Anfang des Geschäftsjahres durch Berücksichtigung der Ansatz- und Bewertungsänderungen im Geschäftsjahr berechnen: (5) = (1) + (2) − (3) ± (4) und (11) = (6) + (7) − (8) − (9) ± (10). Letztlich ergibt sich der Buchwert des Anlagepostens zum Ende des Geschäftsjahres nach der direkten Bruttomethode als Differenz aus (5) und (11).

Zu den Spalten des Anlagengitters sein folgendes angemerkt:

- Spalte 1 enthält die Summe der ursprünglichen AHK aller am Anfang des Geschäftsjahres in dem betreffenden Anlageposten bilanzierten Vermögensgegenstände; unabhängig davon, wie lange sie sich schon im Unternehmen befinden und welchen Buchwert sie aktuell haben. Dieser Wert ist für jeden Anlageposten der entsprechenden Zeile aus Spalte 5 des Vorjahres-Anlagengitters zu entnehmen.

- In Spalte 2 werden die AHK des im Geschäftsjahr zugegangenen Anlagevermögens aufgeführt. Zu den Zugängen zählen dabei Anschaffungen (z. B. Maschinenkauf), aktivierte Eigenleistungen (z. B. Aktivierung selbst geschaffener immaterieller Anlagegegenstände) und Nachaktivierungen.

- Als Abgänge von Anlagegütern gelten z. B. Veräußerung, Verschrottung, Privatentnahme, Abschreibung auf den Wert 0,00 Euro (d. h. ohne Erinnerungswert) oder auch der Ablauf eines Patents. Beim Abgang wird der Buchwert vollständig ausgebucht. Im Zuge der direkten Bruttomethode sind daher sowohl die AHK (Spalte 3) als auch die kumulierten Abschreibungen (Spalte 8) um die entsprechenden Werte der abgegangenen Anlagegüter zu vermindern.

- Werden innerhalb des Geschäftsjahres einzelne Vermögensgegenstände von einem zu einem anderen Anlageposten umgebucht, so sind neben den (ursprünglichen) AHK (Spalte 4) auch die darauf entfallenden kumulierten Abschreibungen (Spalte 10) bei dem einen Posten auszubuchen und bei dem anderen Posten einzubuchen. So ist z. B. ein im Bau befindliches Betriebsgebäudes nach der Fertigstellung von dem Konto *0950 − Anlagen im Bau* in das Konto *0530 − Betriebsgebäude* umzubuchen. Bei Umbuchungen vom Umlauf- ins Anlagevermögen wird nur die Einbuchung in den Spalten 4 und 10 sichtbar, da das Umlaufvermögen im Anlagengitter nicht dargestellt wird.

- Die Abschreibungen (Spalte 7) und die Zuschreibungen (Spalte 9) des Geschäftsjahres werden für jeden Anlageposten gesondert ausgewiesen. Als Zuschreibungen im Anlagevermögen sind die Wertaufholungen im abgelaufenen Geschäftsjahr für vergangene außerplanmäßige Abschreibungen zu erfassen. Abschreibungen erhöhen und Zuschreibungen (als Wertkorrekturen vergangener Abschreibungen) verringern die kumulierten Abschreibungen.

Das folgende Beispiel verdeutlicht die Erstellung eines Anlagengitters anhand zweier Anlageposten. Das Ergebnis ist im unteren Teil von Abbildung 125 zu finden.

▷ Beispiel:

Betrachtet werden die Anlageposten „Technische Anlagen und Maschinen" (Posten 1) sowie „Geleistete Anzahlungen und Anlagen im Bau" (Posten 2). Aus dem Anlagengitter des Vorjahres (2009) werden historische AHK des Anfangsbestandes für Posten 1 in Höhe von 200.000,00 Euro und für Posten 2 von 50.000,00 Euro in die Spalte 1 des Anlagengitters 2010 übertragen. Ebenfalls werden die kumulierten Abschreibungen des Jahresendes 2009 von 120.000,00 Euro für Posten 1 und 0,00 Euro für Posten 2 in das Anlagengitter 2010 in Spalte 6 vorgetragen. Die folgenden Sachverhalte im Geschäftsjahr 2010 tangieren die Posten 1 und 2 und sind entsprechend im Anlagengitter abzubilden:

a) Am 27.07.2010 wird eine Maschine des Anlagevermögens zum Preis von 35.000,00 Euro (netto) verkauft. Ursprünglich wurde die Maschine mit Anschaffungskosten von 75.000,00 Euro aktiviert. Der Buchwert zum Zeitpunkt des Abgangs beträgt 28.750,00 Euro. Die kumulierten Abschreibungen der Maschine belaufen sich daher auf 46.250,00 Euro (= 75.000,00 − 28.750,00). Die AHK der abgegangenen Maschine (Posten 1) werden in Spalte 3 und die kumulierten Abschreibungen in Spalte 8 ausgewiesen.

b) Am 17.05.2010 wird eine Maschine zu Anschaffungskosten von 60.000,00 Euro beschafft. Der Zugang wird in Spalte 2 unter den „Technischen Anlagen und Maschinen" aufgeführt.

c) Eine Fertigungsanlage, die sich seit dem 15.10.2009 im Bau befand, wurde am 12.02.2010 fertiggestellt. Herstellungskosten fielen 2009 in Höhe von 30.000,00 Euro und 2010 in Höhe von 25.000,00 Euro an. Im Anlagengitter 2010 sind die Herstellungskosten 2009 Bestandteil des Anfangsbestandes (Spalte 1) des Postens 2. Die HK des Jahres 2010 werden als Zugang (Spalte 2) abgebildet. Mit der Fertigstellung wird die Anlage zu ihren gesamten Herstellungskosten (55.000,00 Euro) in den Posten 1 umgebucht. Der Umbuchungsvorgang ist in Spalte 4 zu erfassen. Da bis zur Fertigstellung keine Abschreibungen der im Bau befindlichen Anlage gebucht wurden, ist keine Umbuchung in Spalte 10 darzustellen. Die Abschreibungen der Anlage seit Fertigstellung (12.02.2010) sind in den Abschreibungen 2010 (Spalte 7) des Postens 1 enthalten.

d) Aufgrund des Wegfalls eines früheren Wertminderungsgrundes wurde eine technische Anlage zum Jahresende um 5.000,00 Euro zugeschrieben. Die Zuschreibung wird in Spalte 9 gezeigt.

e) Die gesamten planmäßigen und außerplanmäßigen Abschreibungen des Geschäftsjahres 2010 betragen bei den technischen Anlagen und Maschinen 40.000,00 Euro und bei den geleisteten Anzahlungen und Anlagen im Bau 0,00 Euro. Sie werden in Spalte 7 aufgeführt.

Die sich nach Berücksichtigung der Ansatz- und Bewertungsänderungen a) bis e) ergebenden Anschaffungs- und Herstellungskosten des Schlussbestandes 2010 und die darauf entfallenden kumulierten Abschreibungen für beide Anlageposten werden in den Spalten 5 und 11 errechnet. Die Differenz dieser Werte stellt den Buchwert des jeweiligen Anlagepostens zum Jahresende dar (Spalte 12). Dieser entspricht dem in der Bilanz ausgewiesenen Buchwert des jeweiligen Postens.

8.2 Kapitalflussrechnung

Um der Zielsetzung eines den tatsächlichen Verhältnissen entsprechenden Bildes der Vermögens-, Finanz- und Ertragslage (§ 264 II S. 1; § 297 II S. 2 HGB) gerecht zu werden, wird der Jahresabschluss regelmäßig um eine Kapitalflussrechnung ergänzt. Dieses zusätzliche Informationsinstrument liefert ergänzende Aussagen über die *finanzielle Entwicklung* des Unternehmens, die nicht unmittelbar aus Bilanz, Gewinn- und Verlustrechnung und Anhang entnommen werden können.

Aus betriebswirtschaftlicher Sicht handelt es sich bei der Kapitalflussrechnung um eine für die externe Berichterstattung aufbereitete **Finanzierungsrechnung**. Sie ist als Stromgrößenrechnung konzipiert und verwendet Ein- und Auszahlungen als Basisrechnungsgrößen. Diese Rechengrößen werden zu unterschiedlichen Zahlungsstromsalden zusammengefasst, die auch als **Cashflows** bezeichnet werden. Die Kapitalflussrechnung ist eine Veränderungsrechnung, die Informationen über die Herkunft und Verwendung der finanziellen Mittel eines Unternehmens bereitstellt. Sie erweitert den Jahresabschluss mit der Darstellung der Zu- und Abgänge an liquiden Mitteln um eine wesentliche Dimension der Finanzlage eines Unternehmens. Die **Finanzlage** skizziert die Liquiditätssituation des Unternehmens und beschreibt einerseits die Fähigkeit, Einzahlungsüberschüsse zu erwirtschaften sowie andererseits die Fähigkeit des Unternehmens, Zahlungsverpflichtungen nachkommen zu können. Die Adressaten des Jahresabschlusses erhalten somit Informationen darüber, wie sich Geschäfts-, Investitions- und Finanzierungsvorgänge auf die Finanzlage des Unternehmens auswirken.

Die Kapitalflussrechnung zählt zu den Pflichtbestandteilen eines Konzernabschlusses eines Mutterunternehmens (§ 297 I S. 1 HGB). Kapitalmarktorientierte Kapitalgesellschaften (§ 264d HGB), die nicht zur Erstellung eines Konzernabschlusses verpflichtet sind, müssen gemäß § 264 I S. 2 HGB ihren Jahresabschluss ebenfalls um eine Kapitalflussrechnung ergänzen. Aufgrund ihrer weiten Verbreitung in der internationalen Rechnungslegung (z. B. IFRS) sind auch zahlreiche Unternehmen zu einer freiwilligen Veröffentlichung einer Kapitaflussrechnung übergegangen.

Die Aufstellung der Kapitalflussrechnung kann auf zwei Arten erfolgen. Zum einen können die benötigten Informationen direkt aus einer laufenden Erfassung aller zahlungswirksamen Geschäftsvorfälle entnommen werden. Zum anderen kann eine Kapitalflussrechnung indirekt, also durch Überleitung aus den Daten des Jahresabschlusses, ermittelt werden. Die *direkte Methode* erfordert eine Zahlungsrechnung, d. h. eine Dokumentation des jeweiligen Verwendungszwecks eines Zahlungsvorganges im Zuge der laufenden Buchführung. In der Praxis ist die *indirekte Ermittlung* der Kapitalflussrechnung zumindest für die Zwecke der externen Berichterstattung weit verbreitet. Sofern ein Unternehmen im Investitions- und Finanzierungsbereich eben keine separate Zahlungsrechnung durchführt, kann mittels der indirekten Methode auf bereits vorhandene Daten (vorrangig aus GuV und Bilanz) zurückgegriffen werden.

Für die Aufstellung der Kapitalflussrechnung im handelsrechtlichen Jahresabschluss nach der indirekten Methode wird im „Deutsche Rechnungslegungsstandards" (DRS) Nr. 2 folgendes *Mindestgliederungsschema* (Quelle: Kessler/Leinen/Strickmann, Handbuch BilMoG, 2. Aufl., 2010, S. 157) empfohlen. Es wird dabei gemäß DRS 2 Tz. 2d von konzernabschlussspezifischen Sachverhalten abstrahiert.

<table>
<tr><td rowspan="15">Ursachenrechnung</td><td>Periodenergebnis</td></tr>
<tr><td>+/- Abschreibungen/Zuschreibungen auf Gegenstände des Anlagevermögens</td></tr>
<tr><td>+/- Zunahme/Abnahme der Rückstellungen</td></tr>
<tr><td>+/- Sonstige zahlungsunwirksame Aufwendungen/Erträge (z. B. Abschreibungen eines aktivierten Disagios)</td></tr>
<tr><td>-/+ Gewinn/Verlust aus dem Abgang von Gegenständen des Anlagevermögens</td></tr>
<tr><td>-/+ Zunahme/Abnahme der Vorräte, Forderungen aus Lieferungen und Leistungen sowie anderer Aktiva, die nicht der Investitions- und Finanzierungstätigkeit zuzuordnen sind</td></tr>
<tr><td>+/- Zunahme/Abnahme der Verbindlichkeiten aus Lieferungen und Leistungen sowie anderer Passiva, die nicht der Investitions- und Finanzierungstätigkeit zuzuordnen sind</td></tr>
<tr><td>+/- Ein- und Auszahlungen aus außerordentlichen Posten</td></tr>
<tr><td>= **Cashflow aus laufender Geschäftstätigkeit (I)**</td></tr>
<tr><td>+/- Einzahlungen/Auszahlungen aus Desinvestition/Investition in das Sachanlagevermögen</td></tr>
<tr><td>+/- Einzahlungen/Auszahlungen aus Desinvestition/Investition in das immat. Anlagevermögen</td></tr>
<tr><td>+/- Einzahlungen/Auszahlungen aus Desinvestition/Investition in das Finanzanlagevermögen</td></tr>
<tr><td>+/- Einzahlungen/Auszahlungen aufgrund von Finanzmittelanlagen im Rahmen der kurzfristigen Finanzmitteldisposition</td></tr>
<tr><td>= **Cashflow aus Investitionstätigkeit (II)**</td></tr>
<tr><td>+ Einzahlungen aus Eigenkapitalzuführungen (z. B. Kapitalerhöhungen, Verkauf eigener Anteile)</td></tr>
<tr><td rowspan="5"></td><td>- Auszahlungen an Gesellschafter (z. B. Dividenden, Erbwerb eigener Anteile, Eigenkapitalrückzahlungen)</td></tr>
<tr><td>+ Einzahlungen aus der Begebung von Anleihen und aus der Aufnahme von (Finanz-)Krediten</td></tr>
<tr><td>- Auszahlungen aus der Tilgung von Anleihen und (Finanz-)Krediten</td></tr>
<tr><td>= **Cashflow aus Finanzierungstätigkeit (III)**</td></tr>
<tr><td>Zahlungswirksame Veränderung des Finanzmittelfonds (Summe (I), (II) und (III))</td></tr>
<tr><td rowspan="3">Änderungs-
rechnung</td><td>+/- Wechselkurs- und bewertungsbedingte Änderungen des Finanzmittelfonds</td></tr>
<tr><td>+ Finanzmittelfonds am Anfang der Periode</td></tr>
<tr><td>= **Finanzmittelfonds am Ende der Periode**</td></tr>
</table>

Abbildung 126: Mindestgliederungsschema der Kapitalflussrechnung

Aus dem Gliederungsschema in Abbildung 126 wird deutlich, dass die Kapitalflussrechnung aus zwei Teilrechnungen besteht. Im Zuge der **Änderungsrechnung** wird die absolute Veränderung des liquiden Mittelbestandes bestimmt. Diese lässt sich parallel auch durch den Vergleich der Bestände an liquiden Mitteln aus der Bilanz ableiten, sodass eine Abstimmung der beiden Rechenwerke möglich ist. Die Änderungsrechnung übernimmt in diesem Zusammenhang eine Nachweisfunktion. Sie verknüpft die bilanzielle Änderung des liquiden Mittelbestandes und dessen Zerlegung innerhalb der Kapitalflussrechnung. Diese Zerlegung erfolgt im Rahmen der **Ursachenrechnung** und liefert Erkenntnisse über die Herkunft und Verwendung der liquiden Mitteländerung. Die Gliederung orientiert sich dabei an den unternehmerischen Aktivitäten.

Der **Cashflow aus laufender Geschäftstätigkeit** beinhaltet alle Mittelzu- und -abflüsse, die mit der Umsatztätigkeit des Unternehmens verbunden sind. Die hier erfasste Veränderung der finanziellen Mittel resultiert insofern aus der Herstellung und Lieferung von Gütern sowie der Erbringung von Dienstleistungen. Diese operative Cashflowgröße gibt Auskunft, in welchem Umfang das Unternehmen Zahlungsmittel durch die eigene Geschäftstätigkeit generieren kann. Sie wird deshalb auch als Maßgröße für die Innenfinanzierungskraft des Unternehmens bezeichnet.

Der **Cashflow aus Investitionstätigkeit** umfasst alle Ein- und Auszahlungen, die mit dem Erwerb und Verkauf langfristiger Vermögensgegenstände verbunden sind. Die erworbenen Ressourcen dienen dem Unternehmen mittel- bzw. unmittelbar zur Erzielung von Mittelzuflüssen in künftigen Perioden, z. B. in Form von Einzahlungen aus dem Absatz von Fertigerzeugnissen, die mit Hilfe einer Produktionsanlage hergestellt wurden. Diese Cashflowgröße ist ein Indikator für den Kapitalbedarf des Unternehmens. Eine hohe Investitionstätigkeit (dokumentiert durch hohe Auszahlungen bzw. niedrigen Cashflow aus Investitionstätigkeit) lässt darauf schließen, dass das Unternehmen bestrebt ist, auch in Zukunft positive Cashflows aus der laufenden Geschäftstätigkeit zu sichern.

Der **Cashflow aus Finanzierungstätigkeit** beinhaltet alle Mittelzu- und -abflüsse, die den Umfang und die Zusammensetzung der Eigenkapitalposten und Finanzschulden betreffen. Demzufolge werden in diesem Bereich sämtliche Transaktionen mit Eigen- und Fremdkapitalgebern (Außenfinanzierung) erfasst.

Die Summe der Cashflows aller drei Bereiche entspricht der gesamten Veränderung der liquiden Mittel. Die Kapitalflussrechnung liefert so im Ergebnis eine Vielzahl von Informationen über die Zusammensetzung dieser Veränderung, die nicht aus der Bilanz ersichtlich sind. So ist beispielsweise ersichtlich, ob ein Unternehmen den Kapitalbedarf der Periode mit Hilfe der finanziellen Mittel aus dem laufenden Geschäft, durch Außenfinanzierung oder durch Abbau der Zahlungsmittel gedeckt hat. Zudem ließe sich erkennen, ob ein Unternehmen die Zahlungsfähigkeit durch die Zuflüsse aus der Geschäftstätigkeit oder nur durch den Verkauf von Anlagevermögen aufrechterhalten hat. Eine ähnliche Überlegung ließe sich auch für die Erfüllung von Zahlungsverpflichtungen, z. B. die Tilgung eines Kredites, anstellen. Die Kapitalflussrechnung liefert dem Adressaten des Jahresabschlusses somit wichtige Informationen für die Analyse der Liquiditätssituation eines Unternehmens. Allerdings sind der Aussagekraft der Ergebnisse auch Grenzen gesetzt, da es sich um eine retrospektive Betrachtung handelt und daher nur die vergangene Entwicklung aufgezeigt werden. Die Gewinnung von Erkenntnissen bezüglich der künftigen Liquiditätssituation des Unternehmens ist deshalb nur bedingt möglich.

8.3 Eigenkapitalspiegel

Der **Eigenkapitalspiegel** (synonym Eigenkapitalveränderungsrechnung) gibt Aufschluss über die Ursachen der *Veränderungen des Eigenkapitals* im abgelaufenen Geschäftsjahr. Gemäß § 264 I S. 2 HGB ist er verpflichtender Bestandteil des Jahresabschlusses *kapitalmarktorientierter Kapitalgesellschaften*.

Wie schon bei der Kapitalflussrechnung, enthält das Handelsgesetzbuch auch keine näheren Vorgaben über die Gliederung des Eigenkapitalspiegels. Eine Orientierungshilfe bietet DRS 7 „Konzerneigenkapital und Konzerngesamtergebnis". Der Eigenkapitalspiegel wird i. d. R. in tabellarischer Form aufgestellt. Dabei wird das Eigenkapital in Posten aufgegliedert. Nach DRS 7.7 sind u. a. das gezeichnete Kapital, nicht eingeforderte ausstehende Einlagen, eigene Anteile, Kapitalrücklagen und das erwirtschaftete Eigenkapital gesondert aufzuführen. Für jeden Eigenkapitalposten erfolgt dann die Überleitung vom Wert zu Beginn des Geschäftsjahres zum Wert zum Ende des Geschäftsjahres. Die Veränderungen der Eigenkapitalposten können hierbei auf Transaktionen mit den Eigenkapitalgebern (z. B. Kapitalerhöhungen, -herabsetzungen, Erwerb/Einziehung eigener Anteile, Dividendenzahlungen), auf das vom Unternehmen im abgelaufenen Geschäftsjahr erwirtschaftete Eigenkapital (Jahresüberschuss/-fehlbetrag) und auf die Ergebnisverwendung des im abgelaufenen oder in vergangenen Geschäftsjahren erwirtschafteten Eigenkapitals (z. B. Gewinnrücklagenbildung, Ergebnisvortrag) zurückgeführt werden.

Abbildung 127 (Quelle: Kessler/Leinen/Strickmann, Handbuch BilMoG, 2. Aufl., 2010, S. 153-154), die konzernabschlussspezifische Sachverhalte ausblendet, zeigt beispielhaft den Aufbau eines Eigenkapitalspiegels für einen Jahresabschluss nach HGB. Zu den gebundenen Rücklagen zählen dabei i. d. R. Kapitalrücklagen, gesetzliche Rücklage, satzungsmäßige Rücklagen und Rücklagen für Anteile an einem herrschenden oder mit Mehrheit beteiligten Unternehmen. Frei verfügbar sind die anderen Gewinnrücklagen und ggf. auch teilweise die Kapitalrücklagen.

		Stand Gj.-Beginn	Zuführungen	Auf-/Abwertungen	Ausschüttungen/Herabsetzungen	Stand Gj.-Ende
	gezeichnetes Kapital	…	…	…	…	…
−	eigene Anteile	…	…	…	…	…
−	nicht eingeforderte ausstehende Einlagen	…	…	…	…	…
=	eingefordertes Kapital					
+	gebundene Rücklagen	…	…	…	…	…
+	frei verfügbare Rücklagen	…	…	…	…	…
+	erwirtschaftetes Eigenkapital	…	…	…	…	…
=	Eigenkapital	…	…	…	…	…

Abbildung 127: Eigenkapitalspiegel für den Jahresabschluss nach HGB

Da Einstellungen und Entnahmen aus den Kapitalrücklagen und den einzelnen Posten der Gewinnrücklagen gemäß § 152 II und III AktG gesondert auszuweisen sind, ist es sinnvoll, die gebundenen und frei verfügbaren Rücklagen im Eigenkapitalspiegel detaillierter aufzugliedern.

ANHANG

Hier im Anhang finden Sie einen für Lernzwecke verkürzten und modifizierten Auszug aus dem Industriekontenrahmen (Kontenplan). Auf eine detaillierte Darstellung der Kontenklasse 9 (Kosten- und Leistungsrechnung) wurde dabei verzichtet, da es sich hier um kein unmittelbares Thema der Buchführung und Bilanzierung handelt. Da der Industriekontenrahmen vom BDI bisher nicht an die aktuelle Rechtslage angepasst wurde, wurden Konten, die im Zuge gesetzlicher Neuerungen nicht mehr relevant sind, mit „frei" belegt. Vereinzelt wurden auch neue Konten geschaffen und dabei insbesondere auch auf frei gewordene Kontennummern zurückgegriffen.

Den Kontenplan finden Sie zur handlicheren Verwendung bzw. zum Ausdruck auch in digitaler Form im Online-Service des Buches.

ANHANG

Übungskontenplan gemäß IKR

Kontenklasse 0
Aktiva
Immaterielle Vermögensgegenstände und Sachanlgen

<table>
<tr><td>

00 Ausstehende Einlagen (bei Kapitalgesellschaften: auf das gezeichnete Kapital, bei Kommanditgesellschaften: ausstehende Kommanditeinlagen; § 272 I S. 2 HGB)
    0010 Noch nicht eingeforderte Einlagen
    0020 Eingeforderte Einlagen
01 Frei
Immaterielle Vermögensgegenstände (§ 248 II HGB)
02 Konzessionen, gewerbl. Schutzrechte und ähnliche Rechte und Werte sowie Lizenzen an solchen Rechten und Werten
    0210 Konzessionen
    0220 Gewerbliche Schutzrechte
    0230 Ähnliche Rechte und Werte
    0240 Lizenzen an Rechten und Werten
03 Geschäfts- oder Firmenwert
    0310 Geschäfts- oder Firmenwert
    0320 Verschmelzungsmehrwert
04 Geleistete Anzahlungen auf immaterielle Vermögensgegenstände
Sachanlagen
05 Grundstücke, grundstücksgleiche Rechte und Bauten einschl. der Bauten auf fremden Grundstücken
    0500 Unbebaute Grundstücke
    0510 Bebaute Grundstücke
    0530 Betriebsgebäude
    0540 Verwaltungsgebäude
    0550 Andere Bauten
    0560 Grundstückseinrichtungen
    0570 Gebäudeeinrichtungen
    0590 Wohngebäude
06 Frei

</td><td>

07 Technische Anlagen und Maschinen
    0700 Anlagen und Maschinen der Energieversorgung
    0710 Anlagen der Materiallagerung und -bereitstellung
    0720 Anlagen und Maschinen der mechanischen Materialbearbeitung, -verarbeitung und -umwandlung
    0730 Anlagen für Wärme-, Kälte- und chemische Prozesse sowie ähnliche Anlagen
    0740 Anlagen für Arbeitssicherheit und Umweltschutz
    0750 Transportanlagen und ähnliche Betriebsvorrichtungen
    0760 Verpackungsanlagen und -maschinen
    0770 Sonstige Anlagen und Maschinen
    0780 Reservemaschinen und -anlagenteile
    0790 Geringwertige Anlagen und Maschinen
        0791 GWG-Sammelposten I
08 Andere Anlagen, Betriebs- und Geschäftsausstattung
    0800 Andere Anlagen
    0810 Werkstätteneinrichtung
    0820 Werkzeuge, Werksgeräte u. Modelle, Prüf- u. Messmittel
    0830 Lager und Transporteinrichtungen
    0840 Fuhrpark
    0850 Sonstige Betriebsausstattung
    0860 Büromaschinen, Organisationsmittel und Kommunikationsanlagen
    0870 Büromöbel und sonst. Geschäftsausstattung
    0880 Reserveteile für Betriebs- u. Geschäftsausstattung
    0890 Geringwertige Gegenstände der Betriebs- und Geschäftsausstattung
        0891 GWG-Sammelposten II
09 Geleistete Anzahlungen und Anlagen im Bau
    0900 Geleistete Anzahlungen auf Sachanlagen
    0950 Anlagen im Bau

</td></tr>
</table>

Kontenklasse 1	Kontenklasse 2
Aktiva	**Aktiva**
Finanzanlagen	**Umlaufvermögen und aktive Rechnungsabgrenzung**
1 Finanzanlagen	*Vorräte*
10 Frei	**20** Roh-, Hilfs- und Betriebsstoffe
11 Anteile an verbundenen Unternehmen	**2000** Rohstoffe/Fertigungsmaterial
(§ 271 II HGB)	**2001** Bezugskosten
1100 - an einem herrschenden oder	**2002** Nachlässe
einem mit Mehrheit beteiligten	**2010** Vorprodukte/Fremdbauteile
Unternehmen, der Konzernmutter,	**2011** Bezugskosten
Tochterunternehmen und sonstigen	**2012** Nachlässe
verb. Unternehmen	**2020** Hilfsstoffe
12 Ausleihungen an verb. Unternehmen	**2021** Bezugskosten
1200 - gesichert	**2022** Nachlässe
1250 - ungesichert	**2030** Betriebsstoffe
13 Beteiligungen (§ 271 I HGB)	**2031** Bezugskosten
1300 Beteiligungen an assoziierten	**2032** Nachlässe
Unternehmen	**2070** Sonstiges Material
1350 Andere Beteiligungen	**21** Unfertige Erzeugnisse, unfertige Leistungen
14 Ausleihungen an Unternehmen mit	**2100** Unfertige Erzeugnisse
denen ein Beteiligungsverhältnis besteht	**2190** Unfertige Leistungen
1400 - gesichert	**22** Fertige Erzeugnisse und Handelswaren
1450 - ungesichert	**2200** Fertige Erzeugnisse
15 Wertpapiere des Anlagevermögens	**2280** Waren
1500 Stammaktien	**2281** Bezugskosten
1510 Vorzugsaktien	**2282** Nachlässe
1520 Genussscheine	**23** Geleistete Anzahlungen auf Vorräte
1530 Investmentzertifikate	**2300** Geleistete Anzahlungen auf Vorräte
1540 Gewinnobligationen	*Forderungen und sonst. Vermögensgegenstände (24-26)*
1550 Wandelschuldverschreibungen	**24** Forderungen aus Lieferungen und Leistungen
1560 Festverzinsliche Wertpapiere	**2400** Forderungen aus Lieferungen u. Leistungen
1580 Optionsscheine	**2420** Kaufpreisforderungen
1590 Sonstige Wertpapiere	**2450** Wechselforderungen aus Lief. u. Leist.
16 Sonstige Ausleihungen	(Besitzwechsel)
1600 Genossenschaftsanteile	**2470** Zweifelhafte Forderungen aus Lief. u. Leist.
1610 Gesicherte sonstige Ausleihungen	(Dubiose)
1630 Ungesichertere sonstige Ausleihungen	**25** Forderungen gegen verbundene Unternehmen und
1640 Ausleihungen an Mitarbeiter, an Organ-	gegen Unternehmen, mit denen ein Beteiligungs-
mitglieder und an Gesellschafter	verhältnis besteht
1690 Übrige sonstige Finanzanlagen	
17 Frei	
18 Frei	
19 Frei	

Übungskontenplan gemäß IKR

Kontenklasse 2 **Aktiva** **Umlaufvermögen und aktive Rechnungsabgrenzung**	Kontenklasse 3 **Passiva** **Eigenkapital und Rückstellungen**

26 Sonstige Vermögensgegenstände
   2600 Vorsteuer
   2630 Sonstige Forderungen an Finanzbehörden
   2640 Forderungen an Sozialversicherungsträger
   2650 Forderungen an Mitarbeiter
   2660 Andere sonstige Forderungen
   (z.b. Ansprüche auf Versicherungs- sowie Schadenersatzleistungen, Kostenvorschüsse, Kautionen und sonstige Sicherheitsleistungen)
   2670 Forderungen an Gesellschafter und Organmitglieder
   2680 Eingefordertes, noch nicht eingezahltes Kapital und eingeforderte Nachschüsse (§ 272 I S. 3 HGB)
   2690 Übrige sonstige Vermögensgegenstände
27 Wertpapiere des Umlaufvermögens
   2700 Anteile an verbundenen Unternehmen
   2710 Eigene Anteile
   Sonstige Wertpapiere
   2720 Aktien
   2730 Variabel verzinsliche Wertpapiere
   2740 Festverzinsliche Wertpapiere
   2750 Finanzwechsel
   2780 Optionsscheine
   2790 Sonstige Wertpapiere
28 Flüssige Mittel
   2800 Guthaben bei Kreditinstituten (Bank)
   2850 Postgiroguthaben
   2860 Schecks
   2870 Bundesbank
   2880 Kasse
   2890 Nebenkassen
29 Aktive Rechnungsabgrenzung
   2900 Aktive Rechnungsabgrenzung
      2901 Disagio (§ 268 VI HGB)
   2910 Zölle und Verbrauchssteuern
   2930 Andere aktive Rechnungsabgrenzungsposten
   2950 Aktive latente Steuern
   2990 Nicht durch Eigenkapital gedeckter Fehlbetrag
	3 Eigenkapital und Rückstellungen
	Eigenkapital (§ 272 HGB)
	30 Gezeichnetes Kapital/Kapitalkonto
	   Bei Einzelkaufleuten und Personengesell.:
	   3000 Kapital Gesellschafter A
	      3001 Privatkonto A
	   3010 Kapital Gesellschafter B
	      3011 Privatkonto B
	   Bei Kommanditgesellschaften:
	   3070 Kommanditkapital Gesellschafter C
	   3080 Kommanditkapital Gesellschafter D
	   Bei Kapitalgesellschaften:
	   3000 Gezeichnetes Kapital
	   (Grund-, Stammkapital)
	   3050 noch nicht eingeforderte Einlagen
	31 Kapitalrücklage
	   3110 Aufgeld aus der Ausgabe von Anteilen
	   3120 Aufgeld a. d. A. v. Wandelschuldverschreibungen
	   3130 Zahlung aus der Gewährung eines Vorzugs für Anteile
	   3140 Andere Zuzahlungen von Gesellsch. in das Eigenkapital
	   3180 Eingeforderte Nachschüsse
	32 Gewinnrücklagen
	   3210 Gesetzliche Rücklagen
	   3220 Rücklage für Anteile an einem herrschenden oder mehrheitlich beteiligten Unternehmen
	   3230 Satzungsmäßige Rücklagen
	   3240 Andere Gewinnrücklagen
	33 Ergebnisverwendung
	   (anstelle Bilanzposition A IV "Gewinnvortrag/Verlustvortrag" gem. § 266 III HGB)
	   3310 Jahresergebnis des Vorjahres
	   3320 Ergebnisvortrag aus früheren Perioden
	   3330 Entnahmen aus der Kapitalrücklage
	   3340 Veränderungen der Gewinnrücklagen vor Bilanzergebnis
	   3350 Bilanzergebnis (Bilanzgewinn/-verlust)
	   3360 Ergebnisausschüttung
	   3370 Zusätzlicher Aufwand oder Ertrag aufgrund Ergebnisverwendungsbeschluss
	   3380 Einstellungen in Gewinnrücklagen nach Bilanzergebnis
	   3390 Ergebnisvortrag auf neue Rechnung

Kontenklasse 3	Kontenklasse 4
Passiva	**Passiva**
Eigenkapital und Rückstellungen	**Verbindlichkeiten und passive Rechnungsabgrenzung**

34 Jahresüberschuss/-fehlbetrag
    3400 Jahresüberschuss/-fehlbetrag
35 Frei
36 Wertberichtigungen
    (Bei Kapitalgesellschaften als Passivposten
    der Bilanz nicht zulässig)
    3610 - zu Sachanlagen
    3650 - zu Finanzanlagen
    3670 Einzelwertberichtigungen auf Ford.
    3680 Pauschalwertberichtigungen auf Ford.
Rückstellungen (§ 249 HGB)
37 Rückstellungen für Pensionen und ähnliche
    Verpflichtungen
    3700 Rückstellungen für Pensionen und
    pensionsähnliche Verpflichtungen
38 Steuerrückstellungen
    3800 Gewerbeertragsteuer
    3810 Körperschaftsteuer
    3820 Kapitalertragsteuer
    3830 Ausländische Quellensteuer
    3840 And. Steuern v. Einkommen und Ertrag
    3850 Passive latente Steuern
    3890 Sonstige Steuerrückstellungen
39 Sonstige Rückstellungen
    3900 - für Personalaufwendungen und die
    Vergütung an Aufsichtsgremien
    3910 - für Gewährleistung
        3911 Vertragsgarantie
        3915 Kulanzgarantie
    3920 - für Rechts- und Beratungskosten
    3930 - für and. ungewisse Verbindlichkeiten
    3970 - für drohende Verluste aus
    schwebenden Geschäften
    3980 - für unterlassene Instandhaltung
    3990 - für andere Aufwendungen
	4 Verbindlichkeiten und passive Rechnungsabgrenzung
	40 Frei
	41 Anleihen
	42 Verbindlichkeiten gegenüber Kreditinstituten
	    4200 Kurzfristige Bankverbindlichkeiten
	    4250 Langfristige Bankverbindlichkeiten
	43 Erhaltene Anzahlungen auf Bestellungen
	    4300 Erhaltene Anzahlungen auf Bestellungen
	44 Verbindlichkeiten aus Lieferungen und Leistungen
	    4400 Verbindlichkeiten aus Lieferungen u. Leistungen
	    4420 Kaufpreisverbindlichkeiten
	45 Wechselverbindlichkeiten (Schuldwechsel)
	46 Verbindlichkeiten gegenüber verb. Unternehmen
	    4600 - aus Lieferungen und Leistungen (Inland)
	    4650 - aus Lieferungen und Leistungen (Ausland)
	    4690 Sonstige Verbindlichkeiten
	47 Verbindlichkeiten gegenüber Unternehmen, mit
	    denen ein Beteiligungsverhältnis besteht
	    4700 - aus Lieferungen und Leistungen (Inland)
	    4750 - aus Lieferungen und Leistungen (Ausland)
	    4790 Sonstige Verbindlichkeiten
	48 Sonstige Verbindlichkeiten
	    4800 Umsatzsteuer
	    4810 Umsatzsteuer (nicht fällig)
	    4820 Umsatzsteuervorauszahlung
	    4830 Sonstige Verbindl. gegenüber Finanzbehörden
	    4840 Verbindl. gegenüber Sozialversicherungsträgern
	    4850 Verbindl. gegenüber Mitarbeitern
	    4860 Andere sonstige Verbindl. (z.B. aus vermögens-
	    wirksamen Leistungen)
	    4870 Verbindl. gegenüber Gesellschaftern und
	    und Organmitgliedern
	    4890 Übrige sonstige Verbindlichkeiten
	49 Passive Rechnungsabgrenzung
	    4900 Passive Rechnungsabgrenzung

Übungskontenplan gemäß IKR

Kontenklasse 5
GuV
Erträge

50 Umsatzerlöse für eigene Erzeugnisse und andere eigene Leistungen (§ 277 I HGB)
    5000 Umsatzerlöse für eigene Erzeugnisse
    5001 Erlösberichtigungen
    5050 Umsatzerlöse für andere eig. Leistung
    5051 Erlösberichtigungen
51 Umsatzerlöse für Waren und sonst. Umsatzerlöse
    5100 Umsatzerlöse für Waren
    5101 Erlösberichtigungen
    5190 Sonstige Umsatzerlöse
    5191 Erlösberichtigungen
52 Erhöhung oder Verminderung des Bestandes an unfertigen und fertigen Erzeugnissen
    5200 Bestandsveränderungen
    5201 Bestandsveränderungen an unfertigen und nicht abgerechneten Erzeugnissen
    5202 Bestandsveränderungen an fertigen Erzeugnissen
53 Aktivierte Eigenleistungen
    5300 Selbsterstellte Anlagen
    5390 Sonstige andere aktivierte Eigenleistungen
54 Sonstige betriebliche Erträge
    5400 Nebenerlöse
    5401 Leasingerträge
    5402 Erträge aus Vermietung und Verpachtung
    5410 Sonstige Erlöse (z.B. aus Provisionen, Lizenzen oder dem Abgang eines Gegenstandes des AV)
    5420 Entnahme von Gegenständen u. sonst. Leistungen (umsatzsteuerpflichtige Lieferungen und Leistungen ohne Entgelt gem. § 1 I Nr. 2a, b, c und 3 UStG)
    5430 Andere sonstige betriebl. Erträge (z.B. empfangene Schadensersatzleistungen, Schuldennachlass, Investitionszulagen)
    5440 Erträge aus der Werterhöhung von Gegenständen des Anlagevermögens (Zuschreibungen)
    5450 Erträge aus der Werterhöhung von Gegenstände des Umlaufvermögens außer Vorräten und Wertpapieren (Erträge aus der Auflösung oder Herabsetzung von Wertberichtigungen auf Forderungen)
    5460 Erträge aus dem Abgang von Vermögensgegenständen (immaterielle Vermögensgegenstände, Sachanlagen und Umlaufvermögen, sofern nicht unter anderen Erlösen)
    5470 Kursgewinne bei Verbindlichkeiten in Fremdwährung
    5480 Erträge aus der Herabsetzung v. Rückstellungen
    5490 Periodenfremde Erträge (soweit nicht bei Ertragsarten zu erfassen)
    5495 Zahlungseingänge aus abgeschriebenen Forderungen
55 Erträge aus Beteiligungen
Beteiligung an verbundenen Unternehmen
    5500 Erträge aus Beteiligungen an verbundenen Unternehmen, mit denen Verträge über Gewinngemeinschaft, Gewinnabführung oder Teilgewinnabführung bestehen und aus Beteiligungen an anderen verb. Unternehmen
    5520 Erträge aus Zuschreibungen zu Anteilen an verbundenen Unternehmen
    5530 Erträge aus dem Abgang von Anteilen an verbundenen Unternehmen
Beteiligung an nicht verbundenen Unternehmen
    5550 Erträge aus Beteiligungen an nicht verbundenen Unternehmen, mit denen Verträge über Gewinngemeinschaft, Gewinnabführung oder Teilgewinnabführung bestehen und aus anderen Beteiligungen
    5570 Erträge aus Zuschreibungen zu Anteilen an nicht verbundenen Unternehmen
    5580 Erträge dem Abgang von Anteilen an nicht verbundenen Unternehmen
56 Erträge aus anderen Wertpapieren und Ausleihungen des Finanzanlagevermögens (verb. u. nicht verb. Untern.)
    5600 Erträge aus anderen Finanzanlagen
57 Sonstige Zinsen und ähnliche Erträge
    5710 Zinserträge (inkl. sonstiger Zinsen und ähnlicher Erträge von verbundenen Unternehmen)
    5730 Diskonterträge
    5760 Zinserträge aus Forderungen
    5780 Erträge aus Wertpapieren des Umlaufvermögens (aus Zinsen und Dividenden)
    5783 Erträge a.d. Zuschreibung von Wertpapieren des UV
    5784 Erträge a.d. Abgang von Wertpapieren des UV
    5790 Sonstige Zinsen und zinsähnliche Erträge
58 Außerordentliche Erträge (§ 277 IV HGB)
    5800 Außerordentliche Erträge
59 Erträge aus Verlustübernahme

Kontenklasse 6
GuV
Betriebliche Aufwendungen

Materialaufwand
60 Aufwendungen für Roh-, Hilfs,- und Betriebsstoffe sowie für bezogene Waren
    6000 Aufwendungen für Rohstoffe/Fertigungsmat.
        6001 Bezugskosten
        6002 Nachlässe
    6010 Aufwendungen für Vorprod./Fremdbauteile
        6011 Bezugskosten
        6012 Nachlässe
    6020 Aufwendungen für Hilfsstoffe
        6021 Bezugskosten
        6022 Nachlässe
    6030 Aufwendungen für Betriebsstoffe/Verbrauchswerkzeuge
        6031 Bezugskosten
        6032 Nachlässe
    6040 Aufwendungen für Verpackungsmaterial
        6041 Bezugskosten
        6042 Nachlässe
    6050 Aufwendungen für Engergie
    6060 Aufwendungen für Reparaturmaterial (soweit nicht unter 6160)
    6070 Aufwendungen für sonstiges Material
    6080 Aufwendungen für bezogene Waren
    6090 Sonderabschreibungen auf Roh-, Hilfs-, und Betriebsstoffe und auf bezogene Waren
61 Aufwendungen für bezogene Leistungen
    6100 Fremdleistungen für Erzeugnisse und andere Umsatzleistungen
    6110 Fremdleistungen für die Auftragsgewinnung (bei Auftragsfertigung, soweit einzelnen Aufträgen zurechenbar)
    6120 Entwicklungs-, Versuchs- u. Konstruktionsarbeiten durch Dritte
    6130 Weitere Fremdleistungen (z.B. Garantieleistungen, Leiharbeitskräfte)
    6140 Ausgangsfrachten und Fremdlager (inkl. Versicherung und anderer Nebenkosten)
    6150 Vertriebsprovisionen
    6160 Fremdinstandhaltung und Reparaturmaterial
    6170 Sonst. Aufwendungen f. bezogene Leistungen
Personalaufwand
62 Löhne
    6200 Löhne für geleistete Arbeitszeit einschließlich tarifl., vertragl. oder arbeitsbed. Zulagen
    6210 Löhne für andere Zeiten (z.B. Urlaub, Krankh.)
    6220 Sonstige tarifliche oder vertragliche Aufwendungen für Lohnempfänger
    6230 Freiwillige Zuwendungen
    6250 Sachbezüge
    6260 Vergütungen an gewerbliche Auszubildende
    6290 Sonstige Aufwendungen mit Lohncharakter

63 Gehälter
    6300 Gehälter einschließlich tariflicher, vertraglicher oder arbeitsbedingter Zulagen
    6310 Urlaubs- und Weihnachtsgeld
    6320 Sonst. tarifl. oder vertragl. Aufwendungen
    6330 Freiwillige Zuwendungen
    6350 Sachbezüge
    6360 Vergütung an techn./kaufm. Auszubildende
    6390 Sonstige Aufwendungen mit Gehaltscharakter
64 Soziale Abgaben und Aufwendungen zur Altersversorgung und für Unterstützung
Soziale Abgaben
    6400 AGeA zur Sozialversicherung (Lohnbereich)
    6410 AGeA zur Sozialversicherung (Gehaltsbereich)
    6420 Beiträge zur Berufsgenossenschaft
    6430 Sonstige soziale Abgaben
Aufwendungen für Altersversorgung
    6440 Gezahlte Betriebsrenten (einschl. Vorruhestandsgeld)
    6450 Veränderungen der Pensionsrückstellungen
    6460 Aufwendungen für Direktversicherungen
    6470 Zuweisungen an Pensions- und Unterstützungskassen
    6480 Sonstige Aufwendungen für Altersversorgung
Aufwendung für Unterstützung
    6490 Beihilfen und Unterstützungsleistungen
65 Abschreibungen
Abschreibungen auf Anlagevermögen
    6510 Abschreibungen auf immat. Vermögensgegenstände des AV
        6511 Abschreibungen auf den Geschäfts- oder Firmenwert
    6520 Abschreibungen auf Sachanlagen
    6540 Abschreibungen auf geringw. Gegenst. d. AV
    6550 Außerplanmäßige Abschr. auf Sachanlagen
Abschreibungen auf Umlaufvermögen
(soweit das i. d. Gesellschaft übliche Maß überschreitend § 275 II Nr. 7b HGB)
    6570 Unübliche Abschreibungen auf Vorräte
    6580 Unübliche Abschreibungen auf Forderungen und sonstige Vermögensgegenstände
Sonstige betriebliche Aufwendungen (66-70)
66 Sonstige Personalaufwendungen
    6600 Aufw. für Personaleinstellung
    6610 Aufw. für übernommene Fahrtkosten
    6620 Aufw. für Werksarzt und Arbeitssicherheit
    6630 Personenbezogene Versicherungen
    6640 Auf. für Fort- und Weiterbildung
    6650 Aufw. für Dienstjubiläen
    6660 Aufw. für Belegschaftsveranstaltungen
    6670 Aufw. für Werksküche und Sozialeinrichtungen
    6690 Übrige sonstige Personalaufwendungen

Übungskontenplan gemäß IKR

Kontenklasse 6	Kontenklasse 7
GuV	**GuV**
Betriebliche Aufwendungen	**Weitere Aufwendungen**
67 Aufwendungen für die Inanspruchnahme von Rechten und Diensten	70 Betriebliche Steuern
6700 Mieten, Pachten, Erbbauzinsen	7000 Gewerbekapitalsteuer
6710 Leasing	7010 Vermögensteuer
6720 Lizenzen und Konzessionen	7020 Grundsteuer
6730 Gebühren	7030 Kraftfahrzeugsteuer
6750 Kosten des Geldverkehrs	7050 Wechselsteuer
6760 Provisionsaufwendungen	7060 Gesellschaftsteuer
(soweit nicht unter 6110 oder 6150)	7070 Ausfuhrzölle
6770 Rechts- und Beratungskosten	7080 Verbrauchsteuern
6780 Aufwendungen für den Aufsichtsrat	7090 Sonstige betriebliche Steuern
68 Aufwendungen für Kommunikation	71 Frei
(Dokumentation, Information, Reisen, Werbung)	72 Frei
6800 Büromaterial	73 Frei
6810 Zeitungen und Fachliteratur	74 Abschreibungen auf Finanzanlagen und auf Wertpapiere des UV und Verluste aus entsprechenden Abgängen
6820 Post	
6850 Reisekosten	7400 Abschreibungen auf Finanzanlagen
6860 Gästebewirtung und Repräsentation	7420 Abschreibungen auf Wertpapiere des Umlaufvermögens
6870 Werbung	
6880 Spenden	7450 Verluste aus dem Abgang von Finanzanlagen
6890 Sonstige Aufwendungen für Kommunikation	
69 Aufwendungen für Beiträge und Sonstiges sowie Wertkorrekturen und periodenfremde Aufwendungen	7460 Verluste aus dem Abgang von Wertpapieren des UV
6900 Versicherungsbeiträge (diverse)	7490 Aufwendungen aus Verlustübernahme
6910 Kfz-Versicherungsbeiträge	
6920 Beiträge zu Wirtschaftsverbänden u. Berufsvertretungen	75 Zinsen und ähnliche Aufwendungen
6930 Andere sonstige betriebliche Aufwendungen (Verluste aus Schadensfällen, Forderungsverzicht, Aufwendungen zu Entnahmen)	7510 Zinsaufwendungen
	7530 Diskontaufwand
	7540 Abschreibung auf Disagio
6950 Verluste aus Wertminderungen von Gegenständen des Umlaufvermögens (außer Vorräten u. Wertpapieren)	7590 Sonstige Zinsen und ähnl. Aufw.
	76 Außerordentliche Aufwendungen
6951 Abschreibungen auf Forderungen wegen Uneinbringlichkeit	7600 Außerordentliche Aufwendungen
	77 Steuern vom Einkommen und Ertrag
6952 Einzelwertberichtigung	7700 Gewerbeertragsteuer
6953 Pauschalwertberichtigung	7710 Körperschaftsteuer
6954 Kursverluste bei Forderungen in Fremdwährung und Valutabeständen	7720 Kapitalertragsteuer
	7730 Ausländische Quellensteuer
6960 Verluste aus dem Abgang v. Vermögensgegenständen (außer Verluste aus Vorräten und Wertpapieren)	7750 Latente Steuern
	7751 Latenter Steueraufwand
	7752 Latenter Steuerertrag
6970 Kursverluste bei Verbindlichkeiten in Fremdwährung	7790 Sonstige Steuern vom Einkommen und Ertrag
6980 Zuführung zu Rückstellungen (soweit nicht unter anderen Aufwendungen erfassbar)	78 Sonstige Steuern
	7800 Sonstige Steuern
6990 Periodenfremde Aufwendungen (soweit nicht bei den betreffenden Aufwandsarten zu erfassen)	79 Aufwendungen aus Gewinnabführungsvertrag

Kontenklasse 8	Kontenklasse 9
Ergebnisrechnungen	**Kosten- und Leistungsrechnung**

80 Eröffnung/Abschluss
    8000 Eröffnungsbilanzkonto
    8010 Schlussbilanzkonto
    8020 Gewinn- und Verlustkonto
        (Gesamtkostenverfahren)
    8030 Gewinn- und Verlustkonto
        (Umsatzkostenverfahren)
Konten der Kostenbereiche für die GuV im Umsatzkostenverfahren
81 Herstellungskosten
82 Vertriebskosten
83 Allgemeine Verwaltungskosten
84 Sonstige betriebliche Aufwendungen
Konten der kurzfristigen Erfolgsrechnung (KER) und für innerjährige Rechnungsperioden (Monat, Quartal oder Halbjahr)
85 Korrekturkonten zu den Erträgen der Kontenklasse 5
86 Korrekturkonten zu den Aufwendungen der Kontenklasse 6
87 Korrekturkonten zu den Aufwendungen der Kontenklasse 7
88 Kurzfristige Erfolgsrechnung
89 Innerjährige Rechnungsabgrenzung
	90 Unternehmensbezogene Abgrenzungen (betriebsfremde Aufwendungen und Erträge)
	91 Kostenrechnerische Korrekturen
	92 Kostenarten und Leistungsarten
	93 Kostenstellen
	94 Kostenträger
	95 Fertige Erzeugnisse
	96 Interne Lieferungen und Leistungen sowie deren Kosten
	97 Umsatzkosten
	98 Umsatzleistungen
	99 Ergebnisausweis

Literaturverzeichnis

Adler, H., Düring, W., Schmaltz, K. (1995): „Rechnungslegung und Prüfung der Unternehmen: Kommentar zum HGB, AktG, GmbHG, PublG nach den Vorschriften des Bilanzrichtliniengesetzes", 6. Auflage, Stuttgart.

Baetge, J., Kirsch, H.-J., Thiele, S. (2011): „Bilanzen", 11. Auflage, München.

Bähr, G., Fischer-Winkelmann, W.F., List, S. (2006): „Buchführung und Jahresabschluss", 9. Auflage, Wiesbaden.

Bitz, M., Schneeloch, D., Wittstock, W. (2011): „Der Jahresabschluss: Nationale und internationale Rechtsvorschriften, Analyse und Politik", 5. Auflage, München.

Burkhardt, F., Kostede, W., Schumacher, B. (2007): „Rechnungswesen: Buchführung und Kostenrechnung für Industrie und Handel - 850 Testaufgaben mit Lösungen", 14. Auflage, Ludwigshafen.

Coenenberg, A. G., Haller, A., Mattner, G., Schultze, W. (2009): „Einführung in das Rechnungswesen: Grundzüge der Buchführung und Bilanzierung", 3. Auflage, Stuttgart.

Coenenberg, A.G. (2005): „Jahresabschluss und Jahresabschlussanalyse", 20. Auflage, Landsberg am Lech.

Deuschle, F.-M., Gönner, K., Männel, R. (2000): „Rechnungswesen Industrie", 2. Auflage, Troisdorf.

Dey, G. (1997): „Einführung in das betriebliche Rechnungswesen - Finanzbuchhaltung mit EDV-Unterstützung", 5. Auflage, München, Wien.

Döring, U., Buchholz, R. (2009): „Buchhaltung und Jahresabschluss - Mit Aufgaben und Lösungen", 11. Auflage, Berlin.

Eisele, W. (2002): „Technik des betrieblichen Rechnungswesens: Buchführung - Kosten- und Leistungsrechnung - Sonderbilanzen", 7. Auflage, München.

Engelhardt, W.H., Raffée, H., Wischermann, B. (2006): „Grundzüge der doppelten Buchhaltung", 7. Auflage, Wiesbaden.

Federmann, R. (2000): „Bilanzierung nach Handels- und Steuerrecht", 11. Auflage, Berlin.

Gabele, E., Mayer, H. (2003): „Buchführung", 8. Auflage, München, Wien.

Gabele, E., Mayer, H. (2003): „Buchführung: Übungsaufgaben mit Lösungen", 5. Auflage, München, Wien.

Goldstein, E. (2003): „Anlagenbuchhaltung: Einstieg, Gestaltungsmöglichkeiten", 1. Auflage, Freiburg.

Hahn, H., Wilkens, K. (2007): „Buchhaltung und Bilanz - Teil A: Grundlagen der Buchhaltung - Einführung am Beispiel der Industriebuchführung", 7. Auflage, München, Wien.

Hahn, H., Wilkens, K. (2000): „Buchhaltung und Bilanz - Teil B: Bilanzierung", 2. Auflage, München, Wien.

Hayn, S., Waldersee, G.G. (2008): „IFRS/HGB/HGB-BilMoG im Vergleich: Synoptische Darstellung mit Bilanzrechtsmodernisierungsgesetz", 7. Auflage, Stuttgart.

Hayn, S., Waldersee, G.G. (2008): „IFRS/US-GAAP/HGB im Vergleich: Synoptische Darstellung für den Einzel- und Konzernabschluss", 6. Auflage, Stuttgart.

Heinhold, M. (2006): „Buchführung in Fallbeispielen", 10. Auflage, Stuttgart.

Heno, R. (2006): „Jahresabschluss nach Handelsrecht, Steuerrecht und internationalen Standards (IFRS)", 5. Auflage, Heidelberg.

Hermsen, J. (2006): „Rechnungswesen der Industrie - IKR", 9. Auflage, Bochum.

Irgel, L. (2004): „Gablers Wirtschaftswissen für Praktiker - Zuverlässige Orientierung in allen kaufmännischen Fragen", 5. Auflage, Wiesbaden.

Jung, H. (2008): „Allgemeine Betriebswirtschaftslehre", 11. Auflage, München.

Kessler, H., Leinen, M., Strickmann, M. (2010): „Handbuch BilMoG: Der praktische Leitfaden zum Bilanzrechtsmodernisierungsgesetz", 2. Auflage, Freiburg, Berlin, München.

Kirsch, H. (2009): „Einführung in die internationale Rechnungslegung nach IFRS", 6. Auflage, Herne.

Kopei, D., Zimmermann, R. (2006): „Bilanzsteuerrecht: 90 Praktische Fälle", 12. Auflage, Osnabrück.

Korth, H.-M. (1990): „Industriekontenrahmen: Kontierung und Jahresabschlussgliederung", München.

KPMG (2007): „US-GAAP: Rechnungslegung nach US-amerikanischen Grundsätzen - Grundlagen der US-GAAP und SEC-Vorschriften", 4. Auflage, Düsseldorf.

Meyer, C. (2009): „Bilanzierung nach Handels- und Steuerrecht unter Einschluss der Konzernrechnungslegung und der internationalen Rechnungslegung - Darstellung, Kontrollfragen, Aufgaben, Lösungen", 20. Auflage, Herne.

Niemann, U. (2006): „Immaterielle Wirtschaftsgüter im Handels- und Steuerrecht - Bilanzierung, Bewertung, Sonderfälle", 2. Auflage, Berlin.

Pellens, B., Fülbier, R.U., Gassen, J. (2008): „Internationale Rechnungslegung: IFRS 1 bis 8, IAS 1 bis 41, IFRIC-Interpretationen, Standardentwürfe - Mit Beispielen, Aufgaben und Fallstudie", 7. Auflage, Stuttgart.

Petersen, K., Zwirner, C., Künkele, K.P. (2011): „BilMoG in Beispielen: Anwendung und Übergang - Praktische Empfehlungen für den Mittelstand", 2. Auflage, Herne.

Quick, R., Wolz, M. (2009): „Bilanzierung in Fällen: Grundlagen, Aufgaben und Lösungen nach HGB und IFRS", 4. Auflage, Stuttgart.

Rudorfer, M. (1999): „Rechnungswesen für die Fachoberschule: Geschäftsbuchführung (IKR) nach dem Bilanzrichtlinien-Gesetz, Kosten- und Leistungsrechnung", 5. Auflage, Köln, München.

Scherrer, G. (2009): „Rechnungslegung nach neuem HGB: Eine anwendungsorientierte Darstellung mit zahlreichen Beispielen", 2. Auflage, München.

Schildbach, T. (2007): „Der handelsrechtliche Jahresabschluss", 8. Auflage, Herne, Berlin.

Schmolke, S., Deitermann, M., Rückwart, W.-D. (2003): „Industrielles Rechnungswesen GKR", 24. Auflage, Bochum.

Schmolke, S., Deitermann, M., Rückwart, W.-D. (2007): „Industriebuchführung mit Kosten- und Leistungsrechnung IKR", 30. Auflage, Bochum.

Schmolke, S., Deitermann, M., Rückwart, W.-D. (2009): „Industrielles Rechnungswesen IKR", 37. Auflage, Bochum.

Schöttler, J., Spulak, R. (2009): „Technik des betrieblichen Rechnungswesens - Lehrbuch zur Finanzbuchhaltung", 10. Auflage, München, Wien.

Schüler, M. (2006): „Einführung in das betriebliche Rechnungswesen - Buchführung für Industrie und Handelsbetriebe", 1. Auflage, Heidelberg.

Stehle, H., Stehle, A., Leuz, N. (2006): „Bilanzierung nach Handels- und Steuerrecht - Tabellarische Übersichten", 6. Auflage, Stuttgart.

Wöhe, G. (1997): „Bilanzierung und Bilanzpolitik: Betriebswirtschaftlich, handelsrechtlich, steuerrechtlich: Mit einer Einführung in die verrechnungstechnischen Grundlagen", 9. Auflage, München.

Wöhe, G., Kußmaul, H. (2007): „Grundzüge der Buchführung und Bilanztechnik", 6. Auflage, München.

Wöhe, G., Mock, S. (2010): „Die Handels- und Steuerbilanz: Betriebswirtschaftliche, handels- und steuerrechtliche Grundsätze der Bilanzierung", 6. Auflage, München.

Stichwortverzeichnis

Abschlussbuchung 83, 260
Abschreibung 42
 –, außerplanmäßige 32, 281, 283, 288,
 .... 295, 311, 319, 324,
 .... 332, 336
 –, degressive 271, 279
 –, Leistungs- 275
 –, lineare 268, 279
 –, planmäßige 32, 265
 –, progressive 274
 –, zeitanteilige 276
Abschreibungsbasis 267
Abschreibungsplan 267
Absetzung 265, 275
Abzahlungsdarlehen 227
Abzinsung 374, 385
Aktiva 22, 63
Aktivierung 39
Aktivtausch 49
Andienungsrecht 236
Anfangsbestand 55
Angebotskalkulation 147
Anhang 17, 44
Anlagen im Bau 176, 189, 206
Anlagengitter/Anlagespiegel 45, 407
Anlagevermögen 18, 30, 265
Annuitätendarlehen 227
Ansatzvorschrift 23
Anschaffungskosten 32, 167, 200, 267,
 .... 283, 284, 286, 295,
 .... 317, 332, 337, 384
 –, fortgeführte 33
 –, nachträgliche 167
Anschaffungskostenminderungen 167
Anschaffungsnebenkosten 168, 175
Anschaffungswert 295
Anschaffungswertprinzip 37, 283, 317,
 .... 336, 337
Anteile, eigene 360
Antizipationsprinzip 37
Anzahlung 120, 155
Asset Deal 289
Aufwand 6, 40, 71

–, Anschaffungs- 167
–, außerordentlicher 26, 43
–, betrieblicher 26, 42, 77
–, betriebsfremder 26
–, Erhaltungs- 182
–, Finanz- 43
–, Herstellungs- 182
–, Material- 42
–, neutraler 26, 77
–, periodenfremder 26
–, Personal- 42
–, Vertriebs- 149
–, Zins- 217, 229, 232, 342
Aufwandskonto 74
Ausgabe 5
Ausgangsrechnung 148
Außenverpflichtung 372
Ausweisvorschrift 23
Auszahlung 5

Bareinkaufspreis 107
Barverkaufspreis 147
Barwertvergleichsmethode 241
Bearbeitungsgebühr 221
Beleg 58
Belegwesen 16
Berufsgenossenschaft 145
Bestandsaufnahme 22
Bestandskonto 56
 –, aktives 56
 –, passives 56
Bestandsmehrung 41, 123, 296
Bestandsminderung 41, 123, 124, 296
bestandsorientiert 108, 126
Bestandsveränderung 123, 296, 303
Beteiligung 211
Betriebsstoff 105
Bewertungseinheit 35
Bewertungsvorschrift 23
Bezugsaufwand 109, 126, 163
Bilanz 4, 17, 18, 22, 259
Bilanzbuch 9
Bilanzgliederung 29

Bilanzidentität 33, 57
Bilanzierungsfähigkeit 27
Bilanzierungsverbot 28
Bilanzierungswahlrecht 29
Bilanzklarheit 25
Bilanzstetigkeit 33
Bilanzstichtag 18
Bilanzverkürzung... 51
Bilanzverlängerung...................................... 50
Bilanzwahrheit 26
Bonus 114, 129, 134, 151, 165, 178
Buchführung
 –, doppelte... 58
 –, Grundsätze ordnungsmäßiger............ 14
Buchführungspflicht
 –, derivative 13
 –, handelsrechtliche 10
 –, originäre 13
 –, steuerrechtliche 13
Buchungslesen 66
Buchungssatz 58
Buchungsvorgänge
 –, erfolgsneutrale.................................... 70
 –, erfolgswirksame 70
Bundesanzeiger, elektronischer 263

Cashflow 411, 413

Delkredererisiko 318
Delkrederesatz 329
Differenz
 –, quasi-permanente 396
 –, temporäre 396
Disagio 222, 232, 342
Distanzrechnung 72, 250
Dividende... 213
Dubiose 319
Durchschnittsbewertung 297

Effekten 207
Effektivverzinsung 222
Eigenkapital........................... 19, 23, 349, 353
 –, negatives 63
Eigenkapitalmehrung 72, 74, 245
Eigenkapitalminderung 72, 74, 245
Eigenkapitalspiegel............................. 45, 413
Eigenleistung, aktivierte 41, 199
Eigentum 28
Eingangsrechnung 108, 126, 167

Einkaufskalkulation 106
Einlage
 –, ausstehende 351, 354
 –, Geld- 248
 –, Privat- 245
 –, Sach- 249
Einnahme 5
Einstandspreis 107
Einzahlung 5
Einzelbewertung 34
Einzelkosten 199
Einzelunternehmen 349
Einzelwertberichtigung.................... 319, 320
Entnahme
 –, Geld- 246
 –, Nutzungs- 246
 –, Privat- 245
 –, Sach- 247
Erfolgskonto 74
Erfüllungsbetrag 32, 374, 384, 387
Ergebnis
 –, Bilanz- 362
 –, neutrales... 77
 –, ordentliches 77
Ergebnisverwendung 362
Erinnerungswert 271
Eröffnungsbilanz 53, 57, 64
Eröffnungsbilanzkonto 63
Ertrag 6, 40, 71
 –, außerordentlicher 26, 43
 –, betrieblicher............................ 26, 42, 77
 –, betriebsfremder 26
 –, Finanz- 42
 –, neutraler 26, 77
 –, periodenfremder................................ 26
 –, Zins- 217, 219
Ertragskonto 74
Ertragslage 18

Festbewertung.. 296
Feststellung... 263
Fifo-Verfahren 299
Finanzanlagen 30
Finanzbuchhaltung 4
Finanzierungsrechnung 411
Finanzlage... 18, 411
Folgebewertung 32
Forderung 30, 318
 –, einwandfreie 328

–, Fremdwährungs- 332
–, sonstige 346
–, uneinbringliche 324
–, Valuta- 332
–, zweifelhafte 319
Forschung 200, 203
Freiberufler 10, 13, 93
Fremdbauteil 105
Fremdfinanzierung 221
Fremdkapital 30, 371
Fristigkeit 29

Gebäudebau 188
Gegenkonto 59
Gehalt 138, 140
Gemeinkosten 157, 168, 199
Gesamtkostenverfahren 82, 303
Geschäft, schwebendes 373
Geschäfts- oder Firmenwert 290
Geschäftsjahr 9
Geschäftsvorfall 9
Gewerbebetrieb 10
Gewerbesteuer 399
Gewinn 72, 73, 76
Gewinn- und Verlustkonto 75
Gewinn- und Verlustrechnung ... 4, 17, 18,
 .... 40, 73
Gewinnvortrag 362
Gläubigerpapier 207
Going-Concern-Prinzip 34
Goodwill 290
Größenklassen
 –, Kapitalgesellschaften 17
 –, Publizitätsgesetz 31
Grundbuch 4, 9
Grunderwerbsteuer 185, 187
Grundsteuer 185
Grundstückskauf 185, 186
Gruppenbewertung 296

Haben 54
Habenzinsen 224
Handelswarenkalkulation 157
Hauptbuch 4, 9
Herstellkosten 201
Herstellungskosten 32, 200, 267, 283,
 .... 284, 286, 295, 317
–, fortgeführte 33
Hilfsstoff 105

Höchstwertprinzip 33, 36, 387
Imparitätsprinzip 38
Inhaberaktie 208
Innenverpflichtung 372
Insolvenz 318
Instandhaltung 181
Interimskonto 192
Inventar 18
Inventur 21
Inventurmethode 130
Investitionsdarlehen 226
Inzahlungnahme 196

Jahresabschluss 17
Jahresfehlbetrag 41
Jahresüberschuss 41

Kapital 23
–, eingefordertes 354
–, gezeichnetes 353
–, Grund- 354
–, Stamm- 354
Kapitalflussrechnung 45, 411
Kapitalgesellschaft 353
Kaufmann
–, Form- 11
–, Ist- 10
–, Kann- 11
–, Nicht- 10
Kirchensteuer 139
Kommanditgesellschaft 351
Kommanditist 351
Komplementär 351
Kontenart 85
Kontengruppe 85
Kontenklasse 85
Kontenplan 86
Kontenrahmen 85
Konto 53
Kontoführungsgebühren 224
Kontokorrentkredit 224
Kontosumme 54
Körperschaftsteuer 399
Kosten 7
–, Einarbeitungs- 168
–, Finanzierungs- 168
–, kalkulatorische 7, 168
–, laufende 168

Kreditaufnahme 228
Kreditgebühren 229, 230
Kreditkosten 221
Kreditvergleich 221
Kreditzinsen 229, 230
Kreditzückzahlung 231
Kursgewinn 212
Kursverlust... 212
Kurswert 208, 215

Lagebericht 17, 45
Leasing 137, 235
   –, Finanzierungs-........................... 236, 237
   –, Operating.................................. 235, 237
   –, Spezial-... 236
Leistung 7
   –, kalkulatorische 7
   –, vermögenswirksame 143
Lieferantenkredit... 223
Lieferbedingungen 111
Lifo-Verfahren 299
liquide Mittel 30
Liquidierbarkeit 29
Listeneinkaufspreis 107
Listenverkaufspreis 147
Lohn 138, 140
Lohnsteuer... 139
Lohnzusatzkosten 146

Mängelrüge 113, 129, 151, 178
Maßgeblichkeit.. 39
   –, Durchbrechung 39
Miete 137

Namensaktie.. 208
Nebenbuch.. 9
Nennbetragsaktie 209
Nennwert... 208
Nettogeldvermögen 5
Nettoveräußerungserlös 313
Niederstwertprinzip 32, 36, 282, 295,
   ....311, 324, 332, 336
Nutzungsdauer.. 267

Offene Handelsgesellschaft 350
Offenlegung 263

Pacht 137
Passiva 23, 63

Passivierung.. 39
Passivtausch.. 50
Pauschalwertberichtigung 319, 328
Periodenabgrenzung..................................... 24
Personengesellschaft................................... 349
Pivatkonto 245
Preisnachlass 112
Privatkonto 349
Produktionsfaktor 105

Rabatt 112, 126, 151, 177
Ratenkredit 225
Realisationsprinzip 37
Rechnungsabgrenzung 339
   –, aktive 340
   –, antizipative 344
   –, passive 343
   –, sachliche 25
   –, transistorische 340
   –, zeitliche 25
Rechnungswesen
   –, externes 4
   –, internes 3
Reihenform... 54
Reinvermögen 6, 19
Reserve
   –, Dispositions- 356
   –, Ermessens- 356
   –, stille 356
   –, Willkür- 356
   –, Zwangs- 356
Restbuchwert.. 269
Richtigkeit 16, 26
Rohstoff... 105
Rücklage 355
   –, Gewinn- 355, 357
   –, Kapital- 355, 357
Rücksendung............ 116, 129, 152, 162, 178
Rückstellung 371
   –, Ansammlungs- 375, 380
   –, Aufwands- 372
   –, Drohverlust- 373, 374
   –, Instandhaltungs- 372
   –, Kulanz- 372
   –, langfristige 374, 378
   –, Verbindlichkeits- 372
   –, Voll- 375, 379

Sachanlagen..30, 175

Stichwortverzeichnis

Saldierungsverbot 76
Saldo 54
   –, Haben- 57
   –, Soll- 57
Sammelbewertung 296
Schlussbestand 55
Schlussbilanz 65
Schlussbilanzkonto 63
Schuld 19, 27
   –, kurzfristige 30
   –, langfristige 30
Selbstkosten 199
Selbstkostenpreis 147
Share Deal 289
Skonto 115, 129, 151, 153, 178, 179, 223
Skontrationsmethode 130
Solidaritätszuschlag 139, 399
Soll 54
Sollzinsen 224
Sondereinzelkosten 199
Sozialversicherung 139
   –, Arbeitgeberanteil 141
   –, Arbeitnehmeranteil 140
Spesen 209, 212, 215, 217
Staffelform 53
Stammaktie 209
Steuer 43
   –, aktive latente 394, 397, 399
   –, aktivierungspflichtige 251
   –, betriebliche 252
   –, durchlaufende 253
   –, latente 391
   –, passive latente 393, 394, 397, 402
   –, private 253
Steuernachzahlung 255
Steuerrückerstattung 254
Stichtagsbilanzierung 34
Stornobuchung 60, 116, 129, 152
Stückaktie 209
Stückkurs 208
Systembuch 9

Tageswert 281, 311
Tatsache
   –, wertbegründende 24
   –, werterhellende 24
Teilamortisationsvertrag 236
Teilhaberpapier 207
Teilwert 283, 311

Temporary-Konzept 395
Tilgungsplan 226
Timing-Konzept 395
T-Konto 54

Übersichtlichkeit 25
Überziehungszinsen 224
Umlaufvermögen 18, 30, 295
Umsatzerlöse 41, 148
Umsatzkostenverfahren 81, 307
Umsatzsteuer 91, 347
Umsatzsteuerbemessungsgrundlage 93
Umsatzsteuererklärung 94
Umsatzsteuerrückerstattung 97
Umsatzsteuersatz 93
Umsatzsteuervoranmeldung 94
Umsatzsteuervorauszahlung 94, 99
Unfallversicherung 145
Unterkonto 110, 113, 128, 151, 160, 245
Unternehmen, verbundene 211

Valutierung 215
Verbindlichkeit 371, 382
   –, Eventual- 371
   –, Fremdwährungs- 387
   –, sonstige 344
   –, Valuta- 387
Verbrauchsfolgefiktion 299
verbrauchsorientiert 108
Verlust 72, 73, 76
Verlustvortrag 362, 398
Vermittlungsgebühr 221
Vermögen 23
Vermögensgegenstand 27, 39
   –, immaterieller 203
Vermögenslage 18
Verrechnungsverbot 26
Verständlichkeit 16
Verzeichnis 20
Vollamortisationsvertrag 236
Vollständigkeit 16, 24
Vorabschlussbuchung 83, 124, 125, 260
Vorräte 30, 296
Vorschuss 142
Vorsichtsprinzip 35
Vorsteuer 92, 168, 346
Vorzugsaktie 209

Warenkonten, getrennte 159

Warenkonto, gemischtes 158
Werkstoffverbrauch 122, 130
Wert, beizulegender 32, 311
Wertaufholung 33, 282, 284, 317, 337, 384
Wertpapier 30, 207, 288, 336
 –, festverzinsliches 215
Wertstellung 215
Wesentlichkeit 27
Wiederbeschaffungskosten 313, 314
Wiederherstellungskosten 313, 316
Willkürfreiheit 26
Wirtschaftlichkeit 27
Wirtschaftsgut 39
 –, geringfügiges 169, 170

–, geringwertiges 169, 171, 277
Wirtschaftsjahr 13

Zahllast 92, 94, 95
Zahllastpassivierung 101
Zieleinkauf 6
Zieleinkaufspreis 107
Zielverkauf 6
Zielverkaufspreis 147
Zins 216, 221
Zinsdarlehen 228
Zinsstaffelmethode 241
Zugangsbewertung 32
Zuschreibung 33, 282, 284, 317, 337, 384